Das politische System der Niederlande

Markus Wilp

Das politische System der Niederlande

Eine Einführung

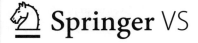

Markus Wilp
Zentrum für Niederlande-Studien
Universität Münster
Münster
Deutschland

ISBN 978-3-531-18579-8   ISBN 978-3-531-19123-2 (ebook)
DOI 10.1007/978-3-531-19123-2

Die Deutsche Nationalbibliothek verzeichnet diese Publikation in der Deutschen Nationalbibliografie; detaillierte bibliografische Daten sind im Internet über http://dnb.d-nb.de abrufbar.

Springer VS
© VS Verlag für Sozialwissenschaften | Springer Fachmedien Wiesbaden GmbH, Wiesbaden 2012
Dieses Werk einschließlich aller seiner Teile ist urheberrechtlich geschützt. Jede Verwertung, die nicht ausdrücklich vom Urheberrechtsgesetz zugelassen ist, bedarf der vorherigen Zustimmung des Verlags. Das gilt insbesondere für Vervielfältigungen, Bearbeitungen, Übersetzungen, Mikroverfilmungen und die Einspeicherung und Verarbeitung in elektronischen Systemen.

Die Wiedergabe von Gebrauchsnamen, Handelsnamen, Warenbezeichnungen usw. in diesem Werk berechtigt auch ohne besondere Kennzeichnung nicht zu der Annahme, dass solche Namen im Sinne der Warenzeichen- und Markenschutz-Gesetzgebung als frei zu betrachten wären und daher von jedermann benutzt werden dürften.

Einbandentwurf: KünkelLopka GmbH, Heidelberg

Gedruckt auf säurefreiem und chlorfrei gebleichtem Papier.

Springer VS ist eine Marke von Springer DE. Springer DE ist Teil der Fachverlagsgruppe Springer Science+Business Media
www.springer-vs.de

Inhaltsverzeichnis

Abbildungsverzeichnis IX

Tabellenverzeichnis XI

Verzeichnis der Infoboxen XIII

Abkürzungsverzeichnis XV

1 Einleitung 1
1.1 Zur Zielsetzung und Zielgruppe dieses Buches 3
1.2 Allgemeine inhaltliche Vorbemerkungen 5
1.3 Aufbau und Inhalte des Buches 7
1.4 Verwendete Literaturbasis 8
1.5 Danksagungen 9

2 Die Verfassung in Vergangenheit und Gegenwart 11
2.1 Die Verfassungsgeschichte im Überblick 12
    2.1.1 Die Verfassung von 1798 14
    2.1.2 Konstitutionelle Änderungen 1814/1815 16
    2.1.3 Die Verfassungsänderung von 1848 18
    2.1.4 Modifikationen an der niederländischen Verfassung nach 1848 . . . 22
    2.1.5 Verfassungsänderungen in der Diskussion 25
2.2 Aktuelle Verfassungsinhalte 29
    2.2.1 Gliederung und Inhalte der niederländischen Verfassung 30
    2.2.2 Das Prozedere für Verfassungsänderungen 32
    2.2.3 Die Stellung der Verfassung in Politik und Gesellschaft 34

3 Politische Kultur im Wandel 39
3.1 Historische Determinanten 40

	3.1.1	Die versäulte niederländische Gesellschaft	40
	3.1.2	Von der Versäulung zur Entsäulung	46
3.2	Neuere Entwicklungen und Fragestellungen	49
	3.2.1	Die Auflösung der gesellschaftlichen Säulen und ihre Auswirkungen	50
	3.2.2	Der Aufschwung des Populismus	55
	3.2.3	Migrations- und Integrationsfragen in der niederländischen Politik	68
	3.2.4	Ist die niederländische Demokratie in der Krise?	75
4	**Zentrale Akteure in der niederländischen Politik**	79
4.1	Das Königshaus	80
	4.1.1	Zur Geschichte des Königshauses	81
	4.1.2	Zur Thronfolge	84
	4.1.3	Funktionen	90
	4.1.4	Zur politischen und gesellschaftlichen Stellung der Monarchie	93
4.2	Das Parlament	97
	4.2.1	Zur Geschichte des niederländischen Parlaments	98
	4.2.2	Funktionen der Ersten und Zweiten Kammer	100
	4.2.3	Zur Zusammensetzung des Parlaments	105
	4.2.4	Organisation	108
	4.2.5	Die Diskussionen über die Erste Kammer	114
4.3	Die Regierung	117
	4.3.1	Aufgaben der Regierung	118
	4.3.2	Zusammensetzung der Regierung und Kompetenzverteilung	119
	4.3.3	Zur Rolle des Ministerpräsidenten	125
	4.3.4	Regierungen in den Niederlanden: allgemeine Erläuterungen	128
	4.3.5	Regierungen in den Niederlanden: ein zeitlicher Überblick	132
4.4	Weitere Akteure	136
	4.4.1	Staatsrat, Allgemeine Rechnungskammer und Ombudsmann	137
	4.4.2	Beratungseinrichtungen	140
	4.4.3	Interessengruppen	144

5	**Wichtige politische Prozesse**	151
5.1	Wahlen	152
	5.1.1 Die Entwicklung des niederländischen Wahlrechts im Überblick	153
	5.1.2 Wahlbeteiligung und Wahlkämpfe	156
	5.1.3 Zentrale Charakteristika des aktuellen niederländischen Wahlrechts	159
	5.1.4 Vorzüge und Nachteile des niederländischen Wahlrechts	163
	5.1.5 Das niederländische Wahlrecht in der Diskussion	169
5.2	Der Prozess der Regierungsbildung	174
	5.2.1 Regierungsbildung in der Praxis: Die Bildung des Kabinetts Rutte I	176
	5.2.2 Zur Diskussion über den Ablauf der Regierungsbildung	179
5.3	Der Ablauf der Gesetzgebung	184
	5.3.1 Das Verfahren der Gesetzgebung	185
	5.3.2 Zum Zusammenspiel zwischen Regierung und Parlament	188
6	**Das niederländische Parteiensystem**	191
6.1	Rahmenbedingungen	192
	6.1.1 Zur rechtlichen Stellung der niederländischen Parteien	193
	6.1.2 Die Organisation der Parteien	196
	6.1.3 Die Parteienfinanzierung in den Niederlanden	199
	6.1.4 Parteien und ihre Mitglieder	203
	6.1.5 Zur Kritik an den Parteien	206
6.2	Allgemeine Erläuterungen zur Entwicklung der Parteienlandschaft	210
	6.2.1 Allgemeine Anmerkungen zur niederländischen Parteienlandschaft	211
	6.2.2 Wichtige Parteien in der niederländischen Geschichte	214
6.3	Die wichtigsten Gruppierungen in der aktuellen Politik	220
	6.3.1 *Christen-Democratisch Appèl* (CDA)	222
	6.3.2 *Partij van de Arbeid* (PvdA)	235
	6.3.3 *Volkspartij voor Vrijheid en Democratie* (VVD)	256
	6.3.4 *Partij voor de Vrijheid* (PVV)	275
	6.3.5 *Socialistische Partij* (SP)	281
	6.3.6 *Democraten66* (D66)	290
	6.3.7 *GroenLinks* (GL)	298
	6.3.8 *ChristenUnie* (CU)	306
	6.3.9 *Staatkundig Gereformeerde Partij* (SGP)	311
	6.3.10 *Partij voor de Dieren* (PvdD)	315

7	**Provinzen und Gemeinden**	319
7.1	Die Provinzen	320
	7.1.1 Wichtige Akteure auf der Ebene der Provinzen	320
	7.1.2 Die Bedeutung der Provinzen im niederländischen Staatsaufbau	323
7.2	Die Gemeinden	325
	7.2.1 Wichtige Akteure auf kommunaler Ebene	326
	7.2.2 Die Bedeutung der Gemeinden im niederländischen Staatsaufbau	330
8	**Anhang**	333
8.1	Die Verfassung des Königreichs der Niederlande	333
8.2	Übersichten über die Wahlergebnisse von 1918 bis 2010	358
	Quellen- und Literaturverzeichnis	363

Abbildungsverzeichnis

3.1	Wahlergebnisse im Zeitverlauf (1918–2010)	49
3.2	Vertrauen zu ausgewählten Institutionen (2001–2010)	76
3.3	Vertrauenswerte für die Regierung im Vergleich (2001–2011)	77
4.1	Wichtige politische Akteure im Überblick	80
4.2	Stammbaum des Hauses Oranien-Nassau	84
4.3	Die königliche Familie (im Jahr 2011)	89
5.1	Wahlbeteiligung auf den unterschiedlichen Politikebenen (1970–2011)	157
5.2	Zahl der Parteien in der Zweiten Kammer	165
5.3	Die Mandatsverteilung nach der Wahl 2010	177
5.4	Dauer der Regierungsbildung im Zeitverlauf	181
5.5	Der Gang der Gesetzgebung	187
6.1	Organisationsgrad der Parteien im Zeitverlauf (1948–2010)	204
6.2	Vertrauen der Niederländer in ausgewählte Einrichtungen (Herbst 2010)	207
6.3	Mandatswechsel bei den Wahlen 1948–2010 (in %)	213
6.4	Stammbaum ausgewählter politischer Parteien	219
6.5	Ergebnisse der Parlamentswahlen 2006 und 2010	220
6.6	Wahlergebnisse des CDA und seiner Vorgängerorganisationen (1918–2010)	234
6.7	Mitgliederentwicklung des CDA (1980–2011)	234
6.8	Wahlergebnisse der PvdA und ihrer Vorgängerorganisationen (1918–2010)	253
6.9	Mitgliederentwicklung der PvdA (1947–2011)	254
6.10	Wahlergebnisse der VVD und ihrer Vorgängerorganisationen (1918–2010)	272
6.11	Mitgliederentwicklung der VVD (1948–2011)	273
6.12	Wahlergebnisse der SP (1977–2010)	289

6.13	Mitgliederentwicklung der SP (1992–2011)	289
6.14	Wahlergebnisse der D66 (1967–2010)	297
6.15	Mitgliederentwicklung der D66 (1966–2011)	297
6.16	Wahlergebnisse von GL und der Vorgängerorganisationen (1946–2010)	304
6.17	Mitgliederentwicklung von GL (1991–2011)	305
6.18	Wahlergebnisse der CU und ihrer Vorgängerorganisationen (1952–2010)	310
6.19	Mitgliederentwicklung der CU (2002–2011)	310
6.20	Wahlergebnisse der SGP (1918–2010)	314
6.21	Mitgliederentwicklung der SGP (1945–2011)	314

Tabellenverzeichnis

4.1	Fraktionsvorsitzende in der Zweiten Kammer	110
4.2	Die Sitzverteilung in der Zweiten Kammer	112
4.3	Die Sitzverteilung in der Ersten Kammer	112
4.4	Die Zusammensetzung des Kabinetts Rutte I	124
4.5	Die niederländischen Regierungen von 1946 bis 2011	133
5.1	Prozedere der Mandatsverteilung nach der Wahl 2010	163
6.1	Politische Leiter der im Parlament vertretenen Parteien	198
6.2	Staatliche Zuschüsse für die Parteien 2008 und 2009	202
6.3	Mitgliederzahlen ausgewählter niederländischer Parteien (1980–2010)	205
7.1	Die niederländischen Provinzen	321

Verzeichnis der Infoboxen

Infobox I: Johan Rudolf Thorbecke 21
Infobox II: Pim Fortuyn 57
Infobox III: Wilhelm von Oranien 81
Infobox IV: Königin Beatrix 86
Infobox V: Der Sturz des Kabinetts Balkenende IV 129
Infobox VI: Ruud Lubbers 225
Infobox VII: Jan Peter Balkenende 229
Infobox VIII: Willem Drees 238
Infobox IX: Joop den Uyl 242
Infobox X: Wim Kok 246
Infobox XI: Hans Wiegel 259
Infobox XII: Frits Bolkestein 263
Infobox XIII: Trots op Nederland 266
Infobox XIV: Mark Rutte 270
Infobox XV: Jan Marijnissen 288
Infobox XVI: Hans van Mierlo 295

Abkürzungsverzeichnis

AOV	Algemeen Ouderen Verbond
ARP	Anti-Revolutionaire Partij
BP	Boerenpartij
BVL	Bond van Vrije Liberalen
CBS	Centraal Bureau voor de Statistiek
CD	Centrumdemocraten
CDA	Christen-Democratisch Appèl
CDJA	Christen-Democratisch Jongeren Appèl
CDP	Christen-Democratische Partij
CDU	Christelijk-Democratische Unie
CHU	Christelijk Historische Unie
CNV	Christelijk Nationaal Vakverbond
CP	Centrumpartij
CP'86	Centrumpartij '86
CPB	Centraal Planbureau
CPG	Centrum voor Parlementaire Geschiedenis (an der Universität Nimwegen)
CPH	Communistische Partij Holland
CPN	Communistische Partij in/van Nederland
CU	ChristenUnie
D66	Democraten66
DNPP	Documentatiecentrum Nederlandse Politieke Partijen (an der Universität Groningen)
DS'70	Democratisch Socialisten'70
EB	Economische Bond
EVP	Evangelische Volkspartij
FNV	Federatie Nederlandse Vakbeweging
GL	GroenLinks
GPV	Gereformeerd Politiek Verbond
JOVD	Jongeren Organisatie „Vrijheid en Democratie"
KEN-ml	Kommunistische Eenheidsbeweging Nederland/marxistisch-leninistisch

KPNml	Kommunistiese Partij/marxisties-leninisties
KVP	Katholieke Volkspartij
LDC	Liberaal Democratisch Centrum
LN	Lefbaar Nederland
LPF	Lijst Pim Fortuyn
LSP	Liberale Staatspartij
LU	Liberale Unie
MHP	Vakcentrale voor Middengroepen en Hoger personeel
MNP	Milieu- en Natuurplanbureau
NCPN	Nieuwe Communistische Partij Nederland
NCW	Nederlands Christelijk Werkgeversverbond
NESB	Nationaal Europese Sociale Beweging
NKV	Nederlands Katholiek Vakverbond
NKWP	Nederlandse Kring voor Wetenschap der Politiek
NSB	Nationaal Socialistische Beweging
NVU	Nederlandse Volks-Unie
NVV	Nederlands Verbond van Vakbewegingen
OSF	Onafhankelijke Senaatsfractie
PBL	Planbureau voor de Leefomgeving
PDC	Parlementair Documentatie Centrum (an der Universität Leiden)
PNVD	Partij voor Naastenliefde, Vrijheid en Diversiteit
PPR	Politieke Partij Radicalen
PSP	Pacifistisch-Socialistische Partij
PSP'92	Pacifistische Socialistische Partij '92
PvdA	Partij van de Arbeid
PvdD	Partij voor de Dieren
PvdV	Partij van de Vrijheid
PVV	Partij voor de Vrijheid
RB	Radicale Bond
RKPN	Rooms Katholieke Partij Nederland
RKSP	Rooms-Katholieke Staatspartij
RPB	Ruimtelijk Planbureau
RPF	Reformatorisch Politieke Federatie
SCP	Sociaal en Cultureel Planbureau
SDAP	Sociaal Democratische Arbeiders Partij
SDB	Sociaal-Democratisch Bond
SDP	Sociaal Democratische Partij
SER	Sociaal-Economische Raad
SGP	Staatkundig-Gereformeerde Partij
SP	Socialistische Partij
STAR	Stichting van de Arbeid

TON	Trots op Nederland
VB	Vrijheidsbond
VCN	Verbond van Communisten in Nederland
VDB	Vrijzinnig-Democratische Bond
VNG	Vereniging van Nederlandse Gemeenten
VNO	Verbond van Nederlandse Ondernemingen
VNO-NCW	Verbond van Nederlandse Ondernemingen-Nederlands Christelijk Werkgeversverbond
VVD	Volkspartij voor Vrijheid en Democratie
WBS	Wiardi Beckman Stichting
WRR	Wetenschappelijke Raad voor het Regeringsbeleid
ZNS	Zentrum für Niederlande-Studien (an der Universität Münster)

Einleitung 1

Die politische Geschichte der Niederlande war im Vergleich zu der anderer europäischer Staaten über Jahrzehnte durch ein hohes Maß an Kontinuität gekennzeichnet. Auf der Grundlage stabiler demokratischer Strukturen und befördert durch die feste Zuordnung großer Bevölkerungsteile zu wenigen bedeutenden Parteien, von denen keine jemals in der Lage war, eine Mehrheitsposition zu erlangen, konnten Konflikte in der Regel pragmatisch eingedämmt und große politische Umbrüche vermieden werden. Von (insbesondere ausländischen) Beobachtern wurden die politischen Entwicklungen in den Niederlanden vor diesem Hintergrund häufig als wenig spektakulär, manchmal sogar als vergleichsweise langweilig bewertet. Dieses Bild hat sich mittlerweile gewandelt, wobei vor allem die Entwicklungen der letzten Jahre im Ausland nicht nur viel Beachtung fanden, sondern auch die Frage aufwarfen, ob die häufig gepflegten Bilder der Niederlande nicht grundlegend revidiert werden müssen. Zu nennen sind in diesem Kontext unter anderem folgende Geschehnisse:

- Im Wahlkampf des Jahres 2002 gelang es dem politischen Newcomer Pim Fortuyn (Infobox II) innerhalb weniger Monate, die politische Landschaft der Niederlande erheblich zu verändern. Inhaltlich basierten Fortuyns spektakuläre Erfolge auf seiner Kritik an der über Jahre sehr beliebten Regierung Kok (1994–2002) und auf seinen kontroversen Forderungen in den Bereichen der Migrations- und Integrationspolitik, die auch im Ausland viel Aufmerksamkeit erfuhren. Gleichzeitig verstieß Fortuyn mit seinem oftmals polarisierenden und von vielen als populistisch bewerteten Auftreten gegen einige der bis dahin gültigen politischen Gepflogenheiten, wodurch er bei überraschend vielen niederländischen Bürgern Sympathien gewann. Der Aufstieg Fortuyns endete am 6. Mai 2002, als er von einem radikalen Umweltaktivisten in Hilversum erschossen wurde – ein Mord, der nicht nur die niederländischen Bürger schockierte, sondern auch im Ausland mit Bestürzung aufgenommen wurde. Die Partei Fortuyns, die *Lijst Pim Fortuyn* (LPF), erzielte bei der Parlamentswahl, die wenige Tage nach dem Verbrechen stattfand, ein spektakuläres Ergebnis und trug für einige Monate sogar Regierungsverantwortung. Diese Erfolge waren wegen großer interner Spannungen, die letztlich sogar zur Auflösung der Partei führten, jedoch nur von kurzer Dauer.[1]

- Am 2. Dezember 2004 erschütterte ein weiterer Mord die Niederlande: Der durch seine Arbeiten und Äußerungen bekannte und immer wieder polarisierende Filmemacher Theo van Gogh wurde auf den Straßen Amsterdams von einem islamistischen Fundamentalisten marokkanischer Herkunft erstochen. Hintergrund der Tat war vor allem die Beteiligung van Goghs am Kurzfilm *Submission*, in dem die Unterdrückung muslimischer Frauen durch drastische Bilder und Texte thematisiert wird. Die Ermordung van Goghs hatte für das gesellschaftliche Klima in den Niederlanden erhebliche Auswirkungen. Zum einen rückten die nach dem 11. September 2001 häufig erörterten Fragen der inneren Sicherheit noch weiter in den Vordergrund. Zum anderen erhielten auch die Themen Migration und Integration, die ebenfalls bereits in den Jahren zuvor breit diskutiert worden waren, zusätzliche Aufmerksamkeit. Die bis heute andauernden Kontroversen über Migrations- und Integrationsfragen spiegeln die in dieser Hinsicht vorhandenen Ängste, Unsicherheiten und Vorbehalte vieler Niederländer wider und deuten darauf hin, dass die niederländische Gesellschaft von tiefen Rissen durchzogen ist (Abschn. 3.2). Dieser Umstand widerspricht dem lange Zeit im Ausland vorherrschenden Bild der toleranten und liberalen Niederlande deutlich.
- Auch in anderer Hinsicht wurde das Bild der Niederlande vor einigen Jahren erschüttert: Am 1. Juni 2005 stimmte eine deutliche Mehrheit der Niederländer im Rahmen eines Referendums gegen die Annahme des sogenannten Europäischen Verfassungsvertrags. Dieses Votum, dem neben inhaltlichen Bedenken auch innenpolitische Unzufriedenheiten und Fehler der Vertragsbefürworter bei der Kampagnenführung zugrunde lagen, trug dazu bei, dass der Europäische Integrationsprozess in eine schwere Krise geriet. Es warf zudem die Frage auf, inwiefern die traditionell als europafreundlich geltenden Niederländer diesen Prozess, an dem sie von Beginn an beteiligt waren, derzeit noch unterstützen.
- Hinsichtlich des niederländischen Parteiensystems haben sich insbesondere seit Beginn der 1990er Jahre immer wieder große Verschiebungen ergeben, die nicht nur im nationalen Kontext intensiv erörtert wurden, sondern auch im Ausland viel Beachtung fanden (Kap. 6). Das Ergebnis der Parlamentswahl vom 9. Juni 2010 war erneut von massiven Umbrüchen gekennzeichnet, die wiederum zu breiten Diskussionen führten. Ein wichtiger Grund hierfür war die historische Niederlage des christdemokratischen *Christen-Democratisch Appèl* (CDA; Abschn. 6.3.1), die unter anderem die Amtszeit des seit 2002 amtierenden Ministerpräsidenten Jan Peter Balkenende (Infobox VII) been-

---

[1] Die LPF bekam bei der Wahl im Mai 2002 17,0 % der Stimmen und erzielte somit das beste Ergebnis einer neugegründeten Partei in der politischen Geschichte der Niederlande. Bereits bei der vorgezogenen Neuwahl, die im Januar 2003 stattfand, verlor die Partei vor dem Hintergrund innerparteilicher Konflikte jedoch zwei Drittel ihrer Wählerschaft wieder. Im Jahr 2006 gelang ihr dann nicht einmal mehr der Einzug in das Parlament.

dete.² Nachfolger Balkenendes ist seit Herbst 2010 Mark Rutte (Infobox XIV) von der konservativ-liberalen *Volkspartij voor Vrijheid en Democratie* (VVD; Abschn. 6.3.3), die nach einem spektakulären Höhenflug in den Monaten vor der Wahl nun zum ersten Mal in ihrer über sechzigjährigen Geschichte die stärkste Fraktion im niederländischen Parlament stellt.³ Weitaus mehr Aufmerksamkeit als die Niederlage des CDA und der Erfolg der VVD erhielt jedoch vor allem im Ausland das Ergebnis einer anderen Gruppierung: Die *Partij voor de Vrijheid* (PVV; Abschn. 6.3.4) mit ihrem Protagonisten Geert Wilders bekam 15,5 % der Stimmen und wurde somit zur drittstärksten Kraft in der niederländischen Politik. Das große Echo, das dieses Resultat hervorrief, erklärt sich dadurch, dass Wilders in den letzten Jahren die politischen Diskussionen in den Niederlanden wesentlich geprägt hat und er mit seinen kontroversen Inhalten, insbesondere mit seiner kritischen Haltung zum Islam, sowie seinem polarisierenden Auftreten auch im Ausland viel Beachtung fand. Vor diesem Hintergrund wurde der Umstand, dass die PVV die seit Herbst 2010 amtierende Minderheitsregierung aus VVD und CDA durch eine Duldungsvereinbarung unterstützt, in vielen ausländischen Kommentaren kritisiert und es wird derzeit mit Sorge beobachtet, welche Folgen diese Konstruktion für die Ausrichtung der niederländischen Politik in den nächsten Jahren haben wird.

Die hier nur kurz angesprochenen Geschehnisse können als Fingerzeige auf signifikante politische und gesellschaftliche Umbrüche dienen und legen somit die Schlussfolgerung nahe, dass die Zeit der Stabilität in der niederländischen Politik der Vergangenheit angehört. Die Wandlungen der letzten Jahre sind sehr komplex und können sicherlich unterschiedlich bewertet werden – sie machen die niederländische Politik jedoch zweifelsohne zu einem besonders spannenden Untersuchungsgegenstand.

1.1 Zur Zielsetzung und Zielgruppe dieses Buches

Zu wenigen anderen Ländern haben die Deutschen derart enge und freundschaftliche Kontakte wie zu den Niederlanden. Viele Bundesbürger haben durch Reisen persönliche Eindrücke vom Nachbarland im Westen gesammelt, niederländische Freunde und Bekannte oder sind im Rahmen ihres Berufes grenzüberschreitend tätig. Auf lokaler und regionaler Ebene finden sich insbesondere entlang der Grenze zahlreiche Formen der Kooperation in den unterschiedlichsten Bereichen. Auch wenn man eine weitere Perspektive wählt, sticht die Intensität der Austauschprozesse zwischen Deutschland und den Niederlanden hervor. So sind die wirtschaftlichen Verbindungen zwischen beiden Ländern überaus eng:

---

² Nur 13,6 % der Wähler gaben dem CDA ihre Stimme – gegenüber der letzten Wahl im Jahr 2006, bei der die Partei mit 26,5 % der Stimmen bereits kein gutes Ergebnis erzielen konnte, hatte sich der Wähleranteil somit nahezu halbiert.
³ Die VVD erhielt bei der Wahl 2010 20,5 % der Stimmen. Mark Rutte ist der erste liberale Ministerpräsident der Niederlande seit 1918.

Importe aus und Exporte nach Deutschland sind – dies ist vielen bekannt – für die niederländische Ökonomie von enormer Bedeutung. Weniger Bewusstsein besteht hinsichtlich der wirtschaftlichen Relevanz der Niederlande für die Bundesrepublik: Aus entsprechenden Statistiken geht hervor, dass die Niederlande einer der wichtigsten Handelspartner der Bundesrepublik sind.[4] Auf der Homepage des Auswärtigen Amtes wird vor diesem Hintergrund die bemerkenswerte Tatsache festgehalten, dass weltweit nur eine Grenze, die zwischen den USA und Kanada, einen stärkeren grenzüberschreitenden Wirtschaftsverkehr aufweist als die deutsch-niederländische.[5] Die schon weit ausgebaute wirtschaftliche Vernetzung zwischen den zwei Nachbarstaaten, die auf eine lange historische Tradition zurückblicken kann, intensiviert sich dabei – dies zeigen die aktuellen Wachstumsraten deutlich – weiter im schnellen Tempo.[6]

Auch auf politischer Ebene sind die deutsch-niederländischen Beziehungen überaus eng. Beide Länder sind seit vielen Jahren füreinander wichtige Partner, deren bilaterale Beziehungen sich nach den traumatischen Erfahrungen der deutschen Besatzung (1940–1945) im Lauf der letzten Jahrzehnte sukzessive verbessert haben und die mittlerweile durch ein hohes Maß an gegenseitigem Vertrauen geprägt sind.[7] Von besonderer Bedeutung für die deutsch-niederländische Kooperation sind sicher vor allem die gemeinsamen Mitgliedschaften in verschiedenen internationalen Organisationen wie vor allem der EU und der NATO, durch die die Geschicke beider Staaten eng miteinander verknüpft sind.[8]

Trotz der engen gesellschaftlichen, wirtschaftlichen und politischen Verflechtungen haben die meisten Deutschen eher geringe Kenntnisse in Bezug auf die Strukturen, Prozesse und Akteure des niederländischen politischen Systems sowie hinsichtlich der aktuellen politischen Entwicklungen im westlichen Nachbarland. Dieser Umstand erklärt sich zum Teil dadurch, dass die Niederlande in der Regel als relatives kleines Land angesehen werden und der niederländischen Politik somit für Deutschland nicht in dem Maße eine Bedeutung zu-

---

[4] Als Beleg hierfür sei auf die Daten des deutschen Statistischen Bundesamtes und des Zentralen Statistikbüros der Niederlande (*Centraal Bureau voor de Statistiek*, CBS) zum Thema Außenhandel verwiesen, die unter www.destatis.de bzw. unter www.cbs.nl aufgerufen werden können.

[5] Vgl. Auswärtiges Amt (2010).

[6] Die intensive Verbindung zwischen der deutschen und niederländischen Wirtschaft, die unter anderem auf der traditionell großen Bedeutung des Rotterdamer Hafens für deutsche Güter beruht, wird beispielsweise betrachtet in: Klemann und Wielenga (Hrsg.) (2009).

[7] Ein von Friso Wielenga verfasstes Buch, in dem die Geschichte der deutsch-niederländischen Beziehungen seit 1945 untersucht wird, trägt somit auch den treffenden Titel *Vom Feind zum Partner*. Auf der Homepage des Auswärtigen Amtes und des niederländischen Außenministeriums wird die Bedeutung der deutsch-niederländischen Beziehungen explizit herausgestellt und deren aktuell guter Zustand nachdrücklich hervorgehoben. Vgl. Auswärtiges Amt (2010) und Ministerie van Buitenlandse Zaken (2010).

[8] Wie intensiv das gemeinsame Auftreten ist, belegen im Bereich der Sicherheitspolitik beispielhaft die Aktivitäten des in Münster stationierten Deutsch-Niederländischen-Korps, das in den letzten Jahren unter anderem in Afghanistan eingesetzt wurde.

gemessen wird, wie das bei größeren und damit einflussreicheren Ländern der Fall ist.[9] Er ist sicher auch darauf zurückzuführen, dass die niederländische Politik in den deutschen Medien (vor diesem Hintergrund) vergleichsweise wenig Beachtung findet. Zwar wurde in den letzten Jahren immer wieder über politische Entwicklungen und Ereignisse im Nachbarland berichtet – das mediale Interesse scheint sich jedoch stets nur themenbezogen und diskontinuierlich auf die Niederlande zu richten.[10]

Bestrebungen, einen Überblick über die Grundlagen der niederländischen Politik zu gewinnen und ein Verständnis für die aktuellen Nachrichten aus dem Nachbarland zu entwickeln, werden weiterhin dadurch erschwert, dass es kein aktuelles deutschsprachiges Überblickswerk zum politischen System der Niederlande gibt, mit dessen Hilfe man sich fundiert und umfassend informieren kann. Vorhanden sind zwar einige Aufsätze in thematisch relevanten Büchern – diese bieten jedoch in der Regel entweder nur einen allgemeinen Überblick oder sie konzentrieren sich auf spezifische Themen.[11] Die Zielsetzung dieses Buches setzt an diesem Punkt an. In seinem Verlauf werden zentrale Grundlagen und Strukturen des politischen Systems der Niederlande mitsamt ihrer Hintergründe erläutert und analysiert. Zudem werden wichtige politische Prozesse und ausgewählte Akteure vorgestellt und untersucht. Das Buch soll somit – im Sinne des zuvor Geschriebenen – dazu beitragen, eine wichtige Lücke in der deutschen Publikationslandschaft zu schließen und interessierten Bürgern eine Grundlage für die Auseinandersetzung mit der Politik im westlichen Nachbarland bieten. Es richtet sich darüber hinaus in besonderer Weise an Studierende und Berufstätige, die sich im Rahmen ihres Studiums bzw. ihrer Arbeit mit den Niederlanden beschäftigen oder in den Niederlanden aufhalten.

1.2 Allgemeine inhaltliche Vorbemerkungen

In Anbetracht der anvisierten Zielsetzung sind einige Vorbemerkungen zur inhaltlichen Tiefe und zur Gestaltung der folgenden Ausführungen erforderlich. Das Buch strebt einen fundierten Überblick für die oben genannten Personenkreise an, somit beinhaltet es Erläuterungen zu vielen wichtigen Themen in gebündelter Form. Zugleich wurde darauf geachtet, das Buch nicht mit zu vielen detaillierten Informationen zu überfrachten. Anhand

---

[9] Andeweg und Irwin weisen zu Recht darauf hin, dass das Staatsgebiet der Niederlande zwar klein ist, das Land mit etwa 16,6 Millionen Einwohnern jedoch eine recht große Bevölkerungszahl und zudem eine starke Wirtschaftskraft aufweist. Vgl. Andeweg und Irwin (2009, S. 1–2).

[10] In älteren Publikationen wurde das im Ausland zu beobachtende Desinteresse an der niederländischen Politik teilweise darauf zurückgeführt, dass es dieser an interessanten Geschehnissen und somit an Schlagzeilen mangele. In Anbetracht der zum Teil Aufsehen erregenden Entwicklungen der letzten Jahre hat dieser Erklärungsansatz seine Überzeugungskraft allerdings mittlerweile verloren.

[11] Der Verfasser dieses Buches ist (Mit-)Autor von zwei Aufsätzen, in denen das politische System der Niederlande auf rund 30 bzw. circa 45 Seiten dargestellt wird. Vgl. Wilp (2007b, S. 61–92), Lepszy und Wilp (2009, S. 405–450). Die Inhalte dieser Beiträge bieten eine Grundlage für das vorliegende Buch, die an vielen Stellen erheblich erweitert und vertieft wird.

der jeweiligen Literaturangaben und Internetverweise bietet sich dem Leser jedoch in allen Kapiteln die Möglichkeit, einen Zugang zu spezifischeren Informationen zu erhalten. Hingewiesen sei zudem bereits an dieser Stelle auf die Quellen- und Literaturangaben am Ende des Buches, die eine intensivere Einarbeitung in spezifische Themen erleichtern können.

Wie bei jeder anderen Publikation mit einer vergleichbaren inhaltlichen Ausrichtung war es auch beim Verfassen des vorliegenden Buches an verschiedenen Stellen erforderlich, inhaltliche Grenzen zu setzen, um die Fülle des zu bearbeitenden Stoffes einzuschränken. Im Folgenden werden somit einige Aspekte, denen für die niederländische Politik durchaus eine Bedeutung zukommt, nicht berücksichtigt. So werden beispielsweise die Eigenarten des niederländischen Rechtssystems ebenso nicht thematisiert wie die Position der überseeischen Gebiete der Niederlande.[12] Ebenfalls nicht besprochen wird der Einfluss der europäischen Ebene auf die niederländische Politik. Die Niederlande gehören ebenso wie die Bundesrepublik Deutschland zu den Gründungsmitgliedern der Europäischen Union. Im Lauf der Jahrzehnte hat folglich auch die niederländische Regierung Kompetenzen in verschiedenen Politikbereichen auf die europäische Ebene übertragen. Somit wird auch die niederländische Politik in einem hohen Maße von europäischen Entscheidungen vorbestimmt und beeinflusst. Da es sich hierbei um kein spezifisch niederländisches Phänomen handelt, wird auf diese Thematik im Folgenden nicht vertiefend eingegangen.[13] Andere Inhalte, wie beispielsweise die Rolle der Interessengruppen in der niederländischen Politik, werden zum Teil nur in sehr knapper Form behandelt. Die Auswahl der Auslassungen und die Setzung von Schwerpunkten sind in diesem Buch – auch wenn sich so weit wie möglich an sachlichen Erwägungen und an vergleichbaren Publikationen orientiert wurde – zu einem gewissen Grad subjektiv und somit auch kritikwürdig.

Um den Leser das Verständnis bestimmter Aspekte zu erleichtern, bietet es sich in Anbetracht des anvisierten Zielpublikums für die folgenden Ausführungen an, die Bundesrepublik Deutschland als Vergleichsobjekt heranzuziehen. Somit wird im Verlauf des Buches immer wieder auf prägnante Gemeinsamkeiten und Unterschiede zwischen beiden Ländern hingewiesen. Da die Zielsetzung dieser Publikation darin besteht, einen möglichst aktuellen Überblick über relevante Themen zu vermitteln, werden an vielen Stellen nicht nur grundlegende Sachverhalte angesprochen, sondern auch gegenwärtige Themenbezüge und aktuelle Kontroversen einbezogen. Konkret bedeutet dies, dass im Folgenden Ent-

---

[12] Die Niederlande gehörten zu den europäischen Staaten, die in der Vergangenheit über ein großes Kolonialreich herrschten. Nach der Unabhängigkeit Indonesiens im Jahr 1949 und Surinams im Jahr 1975 sind heute nur noch die vor der Nordostküste Südamerikas liegenden Inseln Bonaire, Curacao, Saba, St. Eustatius, St. Maarten und Aruba Bestandteil des niederländischen Königreichs. Hinsichtlich der Autonomie der Inseln wurden in der letzten Zeit weitreichende Änderungen getroffen. Nähere Informationen zu diesem Thema sind unter anderem auf der Seite des niederländischen Innenministeriums unter www.rijksoverheid.nl/onderwerpen/caribische-deel-van-het-koninkrijk zu finden.
[13] Informationen zu den Determinanten und zur Geschichte der niederländischen Europapolitik finden sich unter anderem in: Hellema (2009), Garvert (2007, S. 207–238) und Pastoors (2005).

wicklungen und Ereignisse berücksichtigt werden, die bis zum Herbst des Jahres 2011 stattfanden.

1.3 Aufbau und Inhalte des Buches

Das vorliegende Buch teilt sich in insgesamt acht Kapitel auf. Nach dieser Einleitung werden im zweiten Kapitel Genese und zentrale Grundlagen des niederländischen politischen Systems thematisiert. Dies geschieht zunächst durch eine Auseinandersetzung mit der Verfassungsgeschichte, anhand derer wichtige historische Entwicklungen nachvollzogen werden können. Im Anschluss werden erste allgemeine Inhalte der niederländischen Verfassung und die derzeitige Stellung dieses Dokuments in Politik und Gesellschaft behandelt.

Im dritten Kapitel folgen Erläuterungen zur Entwicklung der niederländischen politischen Kultur. Im Fokus stehen hierbei erst das Konzept der sogenannten Versäulung und der Prozess der Entsäulung. Anschließend werden dann einige Betrachtungen zur aktuellen politischen Kultur der Niederlande vorgenommen. Die Ausführungen beschäftigen sich dabei unter anderem mit der weiter voranschreitenden Auflösung der gesellschaftlichen Milieus und deren Folgen sowie dem seit Anfang des Jahrtausends zu beobachtenden Aufschwung populistischer Gruppierungen.

Das vierte Kapitel befasst sich danach mit zentralen Akteuren im politischen System der Niederlande. Zunächst wird hier auf das Königshaus, das Parlament und die Regierung eingegangen. Im Rahmen der einzelnen Unterkapitel werden wichtige Informationen zu diesen Akteuren sowie zu ihren Funktionen in der niederländischen Politik vermittelt. Im Anschluss werden im vierten Unterkapitel einige weitere politische Akteure – unter anderem der Staatsrat, zentrale Beratungseinrichtungen und ausgewählte Interessengruppen – in kurzer Form vorgestellt.

Im fünften Kapitel werden drei politische Prozesse behandelt, die für die niederländische Politik von zentraler Bedeutung sind. Das Augenmerk richtet sich zunächst auf das Thema Wahlen, das besonders intensiv betrachtet wird, weil die langjährigen Kontroversen über (vermeintlich) erforderliche Änderungen am bestehenden Wahlrecht verdeutlichen, wie schwierig sich derartige Reformprozesse in der niederländischen Politik gestalten. Danach wird auf den in den Niederlanden sehr komplexen Prozess der Regierungsbildung eingegangen. Im dritten Unterkapitel richtet sich das Augenmerk dann auf den Gang der Gesetzgebung.

Die Auseinandersetzung mit den niederländischen Parteien, die im sechsten Kapitel stattfindet, gliedert sich in einen allgemeinen und einen spezifischen Teil auf. Im allgemeinen Teil werden die rechtliche Verankerung der Parteien, ihre Finanzierung und weitere grundsätzliche Aspekte behandelt. Der spezifische Teil hat dann eine Beschäftigung mit den wichtigsten Gruppierungen in der aktuellen niederländischen Politik zum Inhalt. Da im Vergleich zu Deutschland relativ viele Parteien Beachtung finden müssen und da durch die Auseinandersetzung mit diesen Inhalten vor allem einige zentrale Entwicklungen in der niederländischen Politik aufgezeigt werden können, hat das sechste Kapitel einen vergleichsweise großen Umfang.

Die vorliegende Publikation konzentriert sich nahezu ausschließlich auf die nationale Politikebene. Es erscheint jedoch unerlässlich, die Bedeutung und die Funktionen der niederländischen Gemeinden und Provinzen sowie deren Organisation zumindest allgemein zu erörtern. Im siebten Kapitel findet die Auseinandersetzung mit diesen Punkten statt.

In Kap. 8 ist erstens eine deutsche Fassung der niederländischen Verfassung aufgenommen worden. Darüber hinaus finden sich hier Übersichten über die Wahlergebnisse der letzten Jahrzehnte. Am Ende des Buches steht das Quellen- und Literaturverzeichnis, das als Grundlage für eine tiefere Einarbeitung in relevante Themen dienen kann.

1.4 Verwendete Literaturbasis

Bei der Anfertigung dieses Buches wurde auf möglichst viele deutschsprachige Publikationen zur niederländischen Politik zurückgegriffen. Da diese Texte – wie oben dargestellt – bei verschiedenen Themen allerdings nicht ausreichen, bilden niederländischsprachige Titel den Großteil der verwendeten Literaturbasis. Zudem finden verschiedene englischsprachige Schriften Verwendung.[14]

Nach dieser allgemeinen Vorbemerkung sollen nun einige für die Erstellung dieses Buches besonders wichtige Werke kurz genannt werden. Gute Überblicke über das politische System der Niederlande finden sich in Galen Irwins und Rudy Andewegs *Governance and politics of the Netherlands*, von dem 2009 die dritte Auflage veröffentlicht wurde, in Jan van Deths und Jan Vis' *Regeren in Nederland. Het politieke en bestuurlijke bestel in vergelijkend perspectief*, das 2006 in dritter Auflage erschien, und in Ron van Doorens *Traditie en transformatie* aus dem Jahr 2005.[15] Bezüglich der geschichtlichen und rechtlichen Grundlagen vieler Themen wurden vor allem Friso Wielengas *Die Niederlande. Politik und politische Kultur im 20. Jahrhundert* aus dem Jahr 2008, die neunte Auflage von J.M. de Meijs und I.C. van der Vlies' *Inleiding tot het staatsrecht en het bestuursrecht* aus dem Jahr 2004 und die 15. Auflage von A.D. Belinfantes und J.L. de Reedes *Beginselen van het Nederlands staatsrecht* aus dem Jahr 2005 genutzt.[16]

Neben diesen und verschiedenen weiteren Monographien und Sammelbänden fanden beim Schreiben dieser Publikation viele Aufsätze aus den Jahrbüchern Verwendung, die vom Zentrum für Niederlande-Studien (ZNS) in Münster, vom Dokumentationszentrum für die politischen Parteien der Niederlande (*Documentatiecentrum Nederlandse Politieke Partijen*, DNPP) in Groningen und vom Zentrum für parlamentarische Geschichte (*Cen-*

---

[14] Eine ausführliche Übersicht über die im Zeitraum von 1998 bis 2008 erschienene englischsprachige Literatur zur niederländischen Politik bietet: Woldendorp (2008, S. 381–428).
[15] Vgl. Andeweg und Irwin (2009), van Deth und Vis (2006) und van Dooren (2005).
[16] Vgl. Wielenga (2008), de Meij und van der Vlies (2004), Belinfante und de Reede (2005).

trum voor Parlementaire Geschiedenis, CPG) in Nimwegen herausgegeben werden.[17] Aktuelle Aufsätze wurden zudem den Zeitschriften *Acta Politica* und *Res Publica* entnommen, die von der Niederländischen Vereinigung für Politikwissenschaft (*Nederlandse Kring voor Wetenschap der Politiek*, NKWP) veröffentlicht werden und in der renommierte Forscher immer wieder verschiedene Aspekte der niederländischen Politik behandeln.

Bei der Arbeit an diesem Buch wurde zudem intensiv auf Texte und Informationen aus dem Internet zurückgegriffen. Von zentraler Bedeutung war vor allem die Seite www.parlement.com, die vom Parlamentarischen Dokumentationszentrum (*Parlementair Documentatie Centrum*, PDC) an der Universität Leiden zur Verfügung gestellt wird und auf der sich umfangreiche Informationen zur niederländischen Politik und zu niederländischen Politikern finden. Sehr nützlich für die Erstellung dieses Buches waren auch die Homepage des DNPP (www.dnpp.nl) und die offiziellen Internetseiten der verschiedenen staatlichen Organe. Verwiesen sei zudem auf das vom ZNS in Münster betreute Onlineportal www.niederlandenet.de, das aktuelle Informationen und Hintergrunddossiers zur Verfügung stellt. Viele relevante Daten wurden aus Publikationen oder aus dem Onlineangebot des Zentralen Statistikbüros der Niederlande (*Centraal Bureau voor de Statistiek*, CBS, www.cbs.nl) entnommen.

Um die Lesbarkeit dieses Buches für ein deutschsprachiges Publikum zu erhöhen, finden sich in seinem Verlauf ausschließlich deutsche und englische Zitate. Auszüge aus niederländischen Texten werden in deutscher Übersetzung angeführt.

1.5 Danksagungen

An dieser Stelle möchte ich einigen Personen danken, deren Unterstützung bei der Arbeit an diesem Buch von großer Bedeutung war. Mein erster Dank richtet sich an den Direktor des Zentrums für Niederlande-Studien an der Universität Münster, Prof. Dr. Friso Wielenga – nicht nur, weil er mich bei der Erstellung dieser Publikation intensiv beraten hat, sondern vor allem, weil er mein Interesse für die niederländische Politik vor mittlerweile etwa zehn Jahren geweckt und mich seither stets gefördert hat. Verschiedene Experten aus Deutschland und den Niederlanden haben Teile des Manuskripts gelesen: (in alphabetischer Reihenfolge) der Politikwissenschaftler und stellvertretende Direktor der *Wiardi Beckman Stichting* (WBS) Frans Becker, der Historiker Dr. Peter van Dam von der Universität Amsterdam, der Politikwissenschaftler Prof. Dr. Jan van Deth von der Universität Mannheim, der Soziologe und ehemalige niederländische Parlamentarier Paul Kalma, der Politikwissenschaftler Dr. Paul Lucardie von der Universität Groningen und der Historiker Prof. Dr. Henk te Velde von der Universität Leiden. Ich möchte all diesen Personen ganz

---

[17] Weiterführende Informationen zum ZNS sind auf der Internetseite www.hausderniederlande.de einzusehen. Die Geschichte und die Tätigkeiten des DNPP und des CPG werden auf den jeweiligen Homepages (www.rug.nl/dnpp und www.ru.nl/cpg) vorgestellt, zudem finden sich wichtige Erläuterungen in: van Baalen (2008, S. 11–13) und in Voerman (2008, S. 35–39).

herzlich für ihre Hilfe und für ihre wertvollen Anmerkungen danken. Ebenfalls meinen Dank aussprechen möchte ich meinen Kolleginnen und Kollegen im Haus der Niederlande, da ich durch den Austausch mit Ihnen in den letzten Jahren viele neue Einsichten gewinnen konnte. In Bezug auf dieses Buch richtet sich mein Dank in besonderer Weise an Frau Annegret Klinzmann und an Frau Johanna Holthausen. Abschließend möchte ich meinen Ansprechpartnern beim VS Verlag, vor allem Herrn Frank Schindler, für die gute Zusammenarbeit danken. Widmen möchte ich dieses Buch meiner Frau und meinem Sohn.

Münster, im Dezember 2011   Markus Wilp

Die Verfassung in Vergangenheit und Gegenwart 2

Der Zugang zum politischen System der Niederlande erfolgt in diesem Buch zunächst durch eine Betrachtung der landesspezifischen Verfassungsgeschichte und -inhalte. Diese Herangehensweise bietet sich erstens deshalb an, weil durch die Auseinandersetzung mit der Verfassungsgeschichte ein Überblick über die Entwicklung der politischen Ordnung gewonnen werden kann. Zweitens kommt der Verfassung für den niederländischen Staatsaufbau und die niederländische Politik im Allgemeinen eine überragende Bedeutung zu: Sie dient nicht nur als höchste Rechtsnorm des Landes, die dem staatlichem Handeln einen Rahmen und zugleich Grenzen setzt, sondern sie legt auch die Grundstruktur des politischen Systems fest, indem sie das Verhältnis der staatlichen Institutionen zueinander regelt. Zudem definiert sie das Verhältnis zwischen Staat und Bürgern – sie erkennt den Bürgern beispielsweise bestimmte Rechte und Freiheiten zu.[1] Eine Betrachtung der niederländischen Verfassungsgeschichte und -inhalte erscheint in Anbetracht dieser Aspekte geeignet, um grundlegende Kenntnisse zur niederländischen Politik zu sammeln und damit ein inhaltliches Fundament für die weiteren Kapitel zu legen.

Die Niederlande blicken auf eine lange Geschichte zurück, in deren Verlauf sich die politischen Machtkonstellationen aufgrund interner Entwicklungen, vielfach jedoch auch wegen äußerer Einflüsse mehrfach drastisch änderten. Die erste allgemein gültige Verfassung der Niederlande stammt mit der „*Verfassung für das batavische Volk*" („*Staatsregeling voor het Bataafsche Volk*") aus dem Jahr 1798. Die nachfolgende historische Betrachtung nimmt dieses Datum als Ausgangspunkt und konzentriert sich somit vornehmlich auf jene Entwicklungen, die sich in den letzten rund 200 Jahren vollzogen haben und die die Grundlagen für das heutige politische System der Niederlande bilden.[2] Das Augenmerk liegt dabei insbesondere darauf, die Hintergründe und Entstehungskontexte der aktuellen

---

[1] Die Bedeutung der niederländischen Verfassung verdeutlicht anschaulich: Frissen (2008, S. 25).
[2] Vgl. Aerts (2007b, S. 13). An dieser Stelle ist darauf hinzuweisen, dass die relevanten Entwicklungen in diesem Buch in recht knapper Form erläutert werden. Für tiefer gehende Informationen sei auf die Literaturangaben in den Fußnoten und auf folgende Publikationen, in denen die niederländische Ge-

politischen Ordnung zu beleuchten. Im Fall der Niederlande sind verschiedene Punkte dabei von besonderem Interesse, beispielsweise handelt es sich um eines der wenigen Länder, das nach einer langen republikanischen Phase zur Staatsform der Monarchie gelangte – in vielen anderen europäischen Ländern vollzog sich eine gegenläufige Entwicklung. Bemerkenswert ist auch, dass die Niederlande mit der Verfassung von 1814/1815, die seither mehrfach und zum Teil massiv verändert wurde, derzeit eine der ältesten konstitutionellen Ordnungen der Welt und somit eine lange Verfassungstradition besitzen.[3] Die im Lauf der Zeit vorgenommenen Veränderungen an der Verfassung werfen zudem einige Fragen von entscheidender Bedeutung auf – unter anderem die, wie sich die Verhältnisse zwischen Provinzen und Zentralstaat, zwischen König und Parlament sowie zwischen Bürgern und Staat entwickelt haben. Im Rahmen des Abschn. 2.1 wird auf diese Punkte und darüber hinaus auch auf aktuelle Diskussionen über die Notwendigkeit von Verfassungsänderungen eingegangen.

Im Anschluss an die Betrachtung der Verfassungsgeschichte und der aktuellen Reformkontroversen soll in relativ knapper Form auf die aktuelle Gestalt der niederländischen Verfassung eingegangen werden. Ziel hierbei ist es, die derzeitige Struktur der niederländischen Verfassung zu erläutern und zugleich erste Inhalte vorzustellen. Weiterhin wird im Abschn. 2.2 auch auf das Prozedere bei Verfassungsänderungen eingegangen und die Bedeutung der niederländischen Verfassung in Politik und Gesellschaft thematisiert.

2.1 Die Verfassungsgeschichte im Überblick

Am 30. Januar 1648 schloss die Republik der Vereinigten Niederlande nach langen Verhandlungen im Krameramtshaus zu Münster (dem heutigen „Haus der Niederlande") einen Vertrag mit Spanien, den sogenannten Frieden von Münster (*Vrede van Münster*).[4] Dieser Vertrag, bei dem es sich um einen Teil des Westfälischen Friedens handelte, bildete die Grundlage für die internationale Anerkennung der niederländischen Republik. Mit ihm ging der sogenannte Achtzigjährige Krieg (1568–1648) mit Spanien zu Ende, in dem über Jahrzehnte religiöse, politische und wirtschaftliche Interessengegensätze ausgetragen worden waren, in dem Wilhelm von Oranien (1533–1584; Infobox III) den Ehrentitel „Vater des Vaterlandes" erhalten und das Haus Oranien-Nassau dauerhaft mit der niederländi-

---

schichte ausführlich betrachtet wird, verwiesen: Wielenga (2008), Aerts (2007b), Lademacher (1993), Wielenga (2012), Bosmans und van Kessel (2011).

[3] Van Deth und Vis halten hierzu fest: „Die niederländische Verfassung datiert aus der Zeit von 1813–1815, aber für diesen Gesetzestext gilt, dass inzwischen so viele Anpassungen, Erweiterungen und Überarbeitungen vorgenommen wurden, dass man kaum von einem Fortbestehen der ursprünglichen Verfassung sprechen kann." Van Deth und Vis (2006, S. 48, Übersetzung durch den Verfasser). Eine ähnliche Einschätzung findet sich bei Barkhuysen et al. (2009, S. 9).

[4] Für die Gründung des niederländischen Staates waren vor 1648 die Gründung der Utrechter Union im Jahr 1579 und die Unabhängigkeitserklärung von Philipp II. von Spanien im Jahr 1581 von großer Bedeutung.

2.1 Die Verfassungsgeschichte im Überblick

schen Nation verbunden hatte und in dem auch wichtige Vorentscheidungen hinsichtlich der bis heute gültigen Grenzen des niederländischen Staates getroffen wurden.

Bei der Republik, die aus den sieben Provinzen Holland, Seeland, Utrecht, Friesland, Groningen, Overijssel und Geldern bestand, handelte es sich um einen Zusammenschluss souveräner Teilstaaten.[5] Die Hoheit über die Gesetzgebung, die Rechtsprechung und die Steuern lag folglich bei den Provinzen, die nur in ausgewählten Bereichen, vor allem in Bezug auf die Verteidigung und die auswärtigen Angelegenheiten, gemeinsame Politik machten. Die Macht war dabei keineswegs gleich verteilt, bestimmender Einfluss kam vielmehr der bevölkerungsstarken und einflussreichen Provinz Holland zu, die auch den Löwenanteil der Finanzmittel zur Verfügung stellte. Die Beschlussfassung der Provinzen erfolgte durch gemeinsame Versammlungen in den bereits seit 1464 bestehenden Generalstaaten (*Staten-Generaal*, Abschn. 4.2) – einem Gremium, in das die Provinzen Vertreter entsandten. Diese Gesandten waren streng an die Vorgaben aus ihrer jeweiligen Heimatprovinz gebunden, was dazu führte, dass sie häufig Rücksprache halten mussten. Da die Entscheidungen in den Generalstaaten zudem größtenteils einstimmig gefällt wurden, jede Provinz somit über das Vetorecht verfügte, gestalteten sich die Verhandlungen oftmals schwierig und zeitraubend.[6] Ein echtes Staatsoberhaupt existierte in der Republik der Vereinigten Niederlande nicht, jedoch amtierte zumeist ein Statthalter aus dem Hause Oranien-Nassau (Abschn. 4.1), dessen wichtigste Aufgabe in der militärischen Behauptung der Republik in Kriegszeiten lag.[7] Eine zentrale Stellung besaßen zudem die sogenannten Ratspensionäre, die als Vertreter der einzelnen Provinzen ständige Mitglieder der Generalstaaten waren und dort großen Einfluss ausüben konnten. Sie fungierten zudem als Vermittler zwischen den Provinzen sowie zwischen der Republik und anderen Staaten. Insbesondere der Ratspensionär der Provinz Holland hatte zu Zeiten der Republik eine sehr bedeutsame Machtposition inne. Dieses Amt bekleideten wichtige Namen der niederländischen Geschichte wie (der noch als Landesadvokat bezeichnete) Johan van Oldenbarnevelt (1547–1619) und Johan de Witt (1625–1672).

Das 17. Jahrhundert gilt in den Niederlanden, obwohl diese häufig in militärische Auseinandersetzungen verwickelt waren, als „Goldenes Jahrhundert". Die Republik erlebte un-

---

[5] Van Deth und Vis weisen darauf hin, dass es sich bei der Republik der Vereinigten Niederlande um einen der ersten föderal aufgebauten Staaten in der modernen Geschichte handelte. Vgl. van Deth und Vis (2006, S. 91). Lademacher schreibt über sie: „Die Republik, so ist geschrieben worden, ist aus der Verneinung geboren. Verneinung, das heißt hier Auflehnung gegen die spanische Herrschaft und den mit dieser Herrschaft eng verbundenen Zwang zum katholischen Glauben." Lademacher (1996/97, S. 61). Für weitere Informationen und Literaturhinweise zur niederländischen Republik siehe: Lademacher (1993, S. 150 ff.), Aerts (2007b, S. 16 ff.), Lademacher (2007), Prak (2009, S. 129–145), Stuurman (2006, S. 191 ff.), Wielenga (2012).

[6] Vgl. u. a. Kortmann und Bovend'Eert (1998, S. 28 f.).

[7] Die Statthalter der Niederlande, die allesamt aus dem Haus Oranien-Nassau stammten, waren: Wilhelm I. (1559–1567 und 1572–1584), Moritz (1585–1625), Friederich Heinrich (1625–1647), Wilhelm II. (1647–1650), Wilhelm III. (1672–1702), Wilhelm IV. (1747–1751) und Wilhelm V. (1751–1795). Die sogenannten statthalterlosen Phasen erstreckten sich auf die Jahre zwischen 1650 und 1672 sowie zwischen 1702 und 1747.

ter der treibenden Kraft der Provinz Holland politisch, ökonomisch, wissenschaftlich und vor allem auch kulturell eine Blütezeit. Im Lauf des 18. Jahrhunderts verlor sie jedoch international an Einfluss, zudem durchliefen die Niederlande verschiedene wirtschaftliche Krisen. Vor diesem Hintergrund und inspiriert durch die Ideen der Aufklärung sowie die politischen Entwicklungen in Amerika und Frankreich formierte sich eine Bewegung, die die Modernisierung und die Demokratisierung des Staates forderte. Der Konflikt zwischen dieser Bewegung der „Patrioten" und den konservativen, dem Haus Oranien verbundenen Kräften führte im letzten Viertel des 18. Jahrhunderts zu schweren Auseinandersetzungen.[8] Die oraniertreuen Kräfte erhielten in ihrem Kampf zur Aufrechterhaltung des Status quo massive Unterstützung aus dem Ausland und konnten sich dadurch zunächst gegen die Patrioten durchsetzen. Erst als Frankreich, in das viele Patrioten geflohen waren und das der Republik 1793 den Krieg erklärt hatte, im Jahr 1795 die Niederlande einnahm, änderte sich die Konstellation grundlegend. Der amtierende Statthalter, Wilhelm V., wurde am 18. Januar 1795 ins Exil nach England vertrieben und einen Tag später kam es zur Gründung der sogenannten Batavischen Republik (1795–1806).[9]

2.1.1 Die Verfassung von 1798

Unter den veränderten politischen Rahmenbedingungen war es den Patrioten, die die vormals amtierenden Regenten aus ihren Ämtern verbannten, möglich, ihre zentralen politischen Vorstellungen zu realisieren. Die Ideale der Französischen Revolution wurden propagiert und in den meisten Provinzen fand eine Erklärung der Menschenrechte statt. Die vorherige Organisation des Staates veränderte man massiv, unter anderem schaffte man das Amt des Statthalters ab und ersetzte man die Generalstaaten durch eine gewählte Nationalversammlung. Ein zentrales Ziel in den Anfangsjahren der Batavischen Republik bestand zudem in der Schaffung einer verfassungsmäßigen Ordnung. Nach jahrelangen und überaus schwierigen Verhandlungen, einem gescheiterten Referendum und einem von französischer Seite unterstützten Staatsstreich trat 1798 mit der *Verfassung für das batavische Volk* die erste allgemein gültige Verfassung der Niederlande in Kraft.[10] In den Diskussionen über diese Verfassung war man sich vor allem nicht einig über die zukünftige Bedeutung der

---

[8] Siehe hierzu: Aerts (2007b, S. 22 ff.), Lademacher (1993, S. 380 ff.), Velema (1998, S. 25 ff.), Informationsdienst der niederländischen Regierung (2005, S. 13 f.), Arblaster (2006, S. 167 ff.), Slotboom und Verkuil (2010, S. 10 ff.), Beekelaar (2009, S. 27 ff.).
[9] Der Name der Batavischen Republik lehnt sich an den Volksstamm der Bataver an, der zu Zeiten Cäsars das niederländische Gebiet bewohnte. Die Bataver wurden damit als Vorfahren der Einwohner der modernen Niederlande betrachtet.
[10] Zu den geschichtlichen Hintergründen und Inhalten der Verfassung von 1798 siehe: Roosendaal (2005, S. 9 ff.), Aerts (2007b, S. 38 ff.), Velema (1998, S. 21 ff.). Die Bedeutung, die der Verfassungsentwicklung Ende des 18. Jahrhunderts für einige Zeit zukam, unterstreicht van der Tang, der darauf hinweist, dass konstitutionelle Fragen damals überall im Land kontrovers diskutiert wurden. Vgl. van der Tang (2008, S. 87).

2.1 Die Verfassungsgeschichte im Überblick

Provinzen gewesen. In dieser Frage setzten sich letztlich die Befürworter eines Einheitsstaates durch: Die Provinzen entmachtete man, an ihre Stelle traten Departements nach französischem Vorbild.[11] Die Verfassung legte darüber hinaus die Volkssouveränität und Grundrechte fest, auch ein allgemeines Wahlrecht wurde konstitutionell verankert. Durch die Trennung zwischen Kirche und Staat erleichterte sie zudem das politische Engagement von Nichtprotestanten.

Trotz ihrer aus der heutigen Sicht zweifelsohne modernen Inhalte besaß die Verfassung von 1798, die bereits 1801 ein erstes Mal grundlegend überarbeitet und dabei substantiell modifiziert wurde, schon rasch und fortan stets ein relativ schlechtes Renommee. Bis heute wird ihre Bedeutung in der Literatur zwar an verschiedenen Stellen herausgestellt, in der öffentlichen Wahrnehmung jedoch kaum zur Kenntnis genommen, geschweige denn gewürdigt.[12] Für dieses Phänomen lassen sich verschiedene Erklärungen finden.[13] In entsprechenden Texten wird unter anderem angeführt, dass die Verfassung auf äußerst kritische Weise und letztlich nur unter starkem französischen Druck und Einfluss zustande kam. Als nationales Identifikationsmoment schien sie vor diesem Hintergrund wenig geeignet zu sein – vor allem, da sie niederländische Traditionen und Werte zu wenig berücksichtigt habe. Insbesondere die Tatsache, dass das Haus Oranien-Nassau in der streng republikanisch geprägten konstitutionellen Ordnung von 1798 keine Berücksichtigung fand, störte und stört das Verhältnis der oraniertreuen Niederländer zu diesem Dokument nachhaltig. Weiterhin wird kritisch angemerkt, dass die Verfassung in ihren Inhalten und Zielen zu abstrakt und ambitioniert gewesen sei, was den eher nüchternen und realistischen Haltungen der Niederländer zu keiner Zeit entsprach.

Der Batavischen Republik war nur eine kurze Lebensdauer beschieden: Bereits 1806 wurde das „Königreich Holland" (1806–1810) mit Napoleon Bonapartes Bruder Ludwig Napoleon als Staatsoberhaupt geschaffen. Der Grund für diese Umgestaltung der politischen Verhältnisse lag in erster Linie darin, dass der französische Kaiser einen stärkeren Zugriff auf die Niederlande wünschte, um vor allem die Wirkung der Seeblockade gegen England zu verstärken. Da der Schwarzhandel mit den britischen Inseln weiter florierte

---

[11] Die Verfassung beginnt somit dann auch mit dem Satz: „Het Bataafsche Volk, zig vormende *tot eenen ondeelbaren staat* (...) verklaart de navolgende stellingen als den wettigen grondslag waarop Het zijne Staatsregeling vestigt..." (Hervorhebungen durch den Verfasser). Ihr vollständiger Text sowie alle nachfolgenden Fassungen der niederländischen Verfassung sind im Internet einzusehen unter www.denederlandsegrondwet.nl.

[12] Dieser Sachverhalt wurde im Jahr 1998 sehr deutlich, als man die Verfassungsänderungen von 1848 feierte, die Verfassung von 1798 jedoch kaum berücksichtigte. Zum Inhalt der Verfassung schreibt Velema: „Die Art und Weise, in der die Verfassung von 1798 zu Stande gekommen war, verdiente sicherlich keinen Schönheitspreis. Dennoch war dies ein Dokument, für das die Bataver sich nicht zu schämen brauchten." Velema (1998, S. 38, Übersetzung durch den Verfasser). Roosendaal hält sogar fest, dass die Verfassung von 1798 eine der modernsten und fortschrittlichsten ihrer Zeit gewesen sei. Vgl. Roosendaal (2005, S. 10). Auf den modernen Charakter der Verfassung verweisen auch: van Deth und Vis (2006, S. 26).

[13] Die nachfolgenden Ausführungen basieren auf: Roosendaal (2005, S. 9), van Sas und te Velde (1998, S. 9), Velema (1998, S. 39), te Velde (2006, S. 18 ff.).

und sein Bruder seine Erwartungen insgesamt nicht erfüllte, verleibte Napoleon 1810 die Niederlande in das französische Staatsgebiet ein. Damit galt in den Niederlanden für einige Jahre (1810–1813) das französische Recht.[14]

Die Jahre von 1795 bis 1813 stellen insgesamt einen äußerst bedeutsamen Einschnitt in der Entwicklung des niederländischen politischen Systems dar. Die zur Zeit der niederländischen Republik etablierte politische Machtverteilung verlor unwiderruflich ihre Bedeutung. Unter französischem Einfluss verlagerte sich vor allem die politische Macht von den Provinzen auf die zentrale Ebene. Mit der Entstehung eines Einheitsstaates verlor eine lange Tradition – wie sich herausstellen sollte nachhaltig – ihre Bedeutung.

2.1.2 Konstitutionelle Änderungen 1814/1815

Nach der Niederlage Napoleons in der Völkerschlacht bei Leipzig im Jahr 1813 verließen die französischen Truppen das niederländische Staatsgebiet. Wilhelm Friedrich, der älteste Sohn des Statthalters Wilhelm V., kehrte daraufhin Ende des Jahres 1813 in die Niederlande zurück.[15] Die Zäsur, die diese Rückkehr bedeutete, erklärt sich daraus, dass er nicht Anspruch auf das Amt des Statthalters, sondern auf den Titel des „souveränen Fürsten" erhob und diesen Anspruch auch umsetzen konnte. Um seine Regentschaft zu sichern, befürwortete er die Verabschiedung einer Verfassung. Die neue konstitutionelle Ordnung trat 1814 in Kraft, sie stellte einen deutlichen Bruch mit den republikanischen und föderalen Traditionen der Niederlande dar.[16] Somit entstand 1814 in den Niederlanden eine konstitutionelle Ordnung mit einem Mitglied der Familie Nassau-Oranien als Staatsoberhaupt – seit dieser Zeit und damit nunmehr nahezu 200 Jahren haben Mitglieder dieses Hauses, das historisch seit Wilhelm von Oranien (Infobox III) in besonderer Weise mit der Geschichte der Niederlande verbunden ist, diese Funktion inne. Die historische Zäsur, die die Verfassung von 1814 im Vergleich zur Zeit der Republik darstellt, erklärt sich zudem durch den Umstand, dass die politische Macht weitgehend auf der nationalen Ebene belassen wurde und somit weiterhin die Grundlage für einheitliche Regelungen in den Bereichen Finanzen, Verwaltung, Rechtsprechung und Gesetzgebung vorhanden war. Die Stellung der vor 1795 mächtigen Provinzen blieb entscheidend geschwächt.

Die Verfassung von 1814 musste bereits im Jahr darauf überarbeitet werden.[17] Der Grund hierfür lag darin, dass auf dem Wiener Kongress, auf dem man über die Neuord-

---

[14] Zu den Entwicklungen der Jahre 1806 bis 1813 siehe: Aerts (2007b, S. 47 ff.), Lademacher (1993, S. 398 ff.).

[15] Vgl. hierzu: van Zanten (2006, S. 60–71), Beekelaar (2009, S. 29 f.). Zu den nachfolgenden Entwicklungen siehe: Aerts (2007b, S. 60 ff.), Lademacher (1993, S. 405 ff.).

[16] Eine wichtige Rolle bei der Gestaltung der neuen Verhältnisse nahm Gijsbert Karel van Hogendorp (1762–1834) ein, der, unter anderem als Vorsitzender der Verfassungskommissionen 1813/14 und 1815, großen Einfluss auf die Ausgestaltung der neuen politischen Ordnung ausübte. Vgl. Aerts (2007b, S. 55 ff.).

[17] Siehe hierzu: van Sas (1998, S. 117 ff.), Aerts (2007b, S. 64 ff.), Vis (2005, S. 27 ff.).

2.1 Die Verfassungsgeschichte im Überblick

nung Europas diskutierte, beschlossen wurde, Frankreich mit starken Nachbarn zu umgeben, um einem erneuten französischen Expansionsstreben Einhalt zu gebieten und Stabilität in Europa zu gewährleisten. Vor diesem Hintergrund entschied man, die Niederlande mit den Gebieten des heutigen Belgiens – den sogenannten südlichen Niederlanden – zu vereinen. 1815 entstand damit das „Vereinigte Königreich der Niederlande" (1815–1830). In der Verfassung für den neu entstandenen Staat war nicht mehr die Rede von einem souveränen Fürsten, vielmehr konnte Wilhelm Friedrich sich im September 1815 als König Wilhelm I. huldigen lassen.

Die Staatsordnung des Jahres 1815 räumte dem Monarchen weiterhin eine besonders starke Machtposition ein. Die Minister waren beispielsweise nur ihm gegenüber verantwortlich und konnten von ihm nach Belieben berufen und entlassen werden. Das niederländische Parlament hatte dagegen nur eine schwache Position inne, es war vor allem lediglich in Ansätzen in der Lage, die Politik der Regierung zu kontrollieren oder zu beeinflussen.[18] Es gliederte sich von 1815 an in zwei Kammern, auf deren Zusammensetzung die niederländische Bevölkerung zunächst keinen direkten Einfluss hatte. Die Erste Kammer wurde vor allem mit Rücksicht auf die Interessen der belgischen Adligen neu ins Leben gerufen. Ihre Mitglieder ernannte der König direkt und zwar auf Lebenszeit. Hierdurch konnte er bestimmenden Einfluss auf dieses Gremium ausüben, das somit auch *„la ménagerie du roi"* genannt wurde. Der Politikwissenschaftler Berndt hält zur Besetzung der Ersten Kammer fest: „Die Erste Kammer bestand aus vierzig bis sechzig Notabeln, die vom Oranierkönig aufgrund von Besitz, Geburt oder wegen besonderer Verdienste um den Staat auf Lebenszeit ernannt wurden." Zu den Aufgaben der Kammer schreibt der Autor: „Für den König stellte die neue Institution, die selten und nichtöffentlich zusammentrat, ein verlässliches Instrument dar, falls die mit Initiativrecht ausgestattete Zweite Kammer ihm nicht genehme Gesetze verabschiedete."[19] Die Zweite Kammer setzte sich aus Abgeordneten zusammen, die von den Provinzen für eine Dauer von drei Jahren bestimmt wurden. Dabei stellten die nördlichen Niederlande ebenso viele Abgeordnete wie die südlichen, die Sitzungen der Zweiten Kammer fanden zunächst abwechselnd in Den Haag und Brüssel statt.

Trotz aller gegenläufigen Bemühungen blieb das Bündnis zwischen den nördlichen und südlichen Niederlanden nach 1815 stets brüchig.[20] Die wichtigsten Ursachen hierfür waren konfessioneller, finanzieller, politischer und sprachlicher Natur. Im Jahr 1830 brachen schließlich Unruhen in Belgien aus, die in ihrem Verlauf immer stärker auf die Etablierung eines eigenen Staates abzielten und sich rasch ausweiteten. Wilhelm I. versuchte diese Entwicklung militärisch zu unterdrücken, musste seine Bestrebungen jedoch wegen des einsetzenden internationalen Drucks bald aufgeben. Somit erlangte Belgien die Unabhängigkeit, die von den Niederlanden allerdings erst 1839 endgültig anerkannt wurde.[21] Seither haben

---

[18] Vgl. Belinfante und de Reede (2005, S. 87 f.), Visser (2008, S. 41 f.).
[19] Berndt (2010, S. 390 f.).
[20] Vgl. hierzu: Aerts (2007b, S. 72 ff.), Beekelaar (2009, S. 30 ff.).
[21] Dies hatte unter anderem zur Folge, dass das niederländische Parlament über Jahre stets nur zur Hälfte besetzt war, weil die belgischen Abgeordneten fehlten.

sich die Staatsgrenzen des niederländischen Staates nur noch geringfügig verändert. Die belgische Unabhängigkeit wurde 1840 endgültig verfassungsrechtlich anerkannt. Im Zuge der Verfassungsänderung dieses Jahres stärkte man unter anderem auch die Stellung des Parlaments durch eine Ausweitung des Budgetrechts. Die Minister waren zudem fortan für ihr Handeln strafrechtlich, jedoch noch nicht politisch verantwortlich.[22]

2.1.3 Die Verfassungsänderung von 1848

Die Loslösung Belgiens nahm Wilhelm I., der wegen seiner gegen den zunehmend liberaler werdenden Zeitgeist gerichteten Politik und privater Gründe in der Kritik stand, mit großer Resignation zur Kenntnis. Er trat 1840 zurück und sein Sohn, Wilhelm II., wurde Staatsoberhaupt.[23] Dieser regierte, obwohl die Liberalen zunächst Hoffnungen in ihn gesetzt hatten, nach einiger Zeit in ähnlicher Weise wie sein Vater. Seine Politik änderte sich jedoch massiv, als 1848 in Frankreich und in Deutschland revolutionäre Unruhen ausbrachen und wirtschaftliche Probleme auch in Amsterdam und Den Haag zu kleineren Erhebungen führten. Aus Furcht davor, dass sich ähnliche Geschehnisse wie in den Nachbarländern auch in den Niederlanden ereignen könnten, wurde der König – wie er selbst bemerkte – über Nacht von einem sehr Konservativen zu einem sehr Liberalen.[24] Er schaffte, nachdem in den Jahren zuvor weiterreichende Änderungen an der Verfassung noch abgelehnt worden waren, die Möglichkeit für eine grundlegende Überarbeitung der konstitutionellen Ordnung.[25] Wielenga schreibt über diesen Vorgang: „Die Verfassung von 1848 war nicht durch eine liberale Revolution zustande gekommen, sondern durch einen wetterwendischen Fürsten, der die Flucht nach vorn angetreten hatte, und durch die Person Thorbeckes, der innerhalb von zehn Tagen ein neues Grundgesetz vorgelegt hatte. Es war ein gewaltloser Umsturz, der unerwartet gekommen war und somit auch nicht als logischer

---

[22] Vgl. Belinfante und de Reede (2005, S. 88–90), Visser (2008, S. 42 f.), Bovend'Eert und Kummeling (2010, S. 312 ff.), van Deth und Vis (2006, S. 30 f.), van Sas (1998, S. 129 ff.). Im Rahmen der Verfassungsänderung von 1840 legte man darüber hinaus die Zahl der Abgeordneten in der Zweiten Kammer auf 58 fest.

[23] Ron van Dooren schreibt resümierend, dass Wilhelm I. wie ein aufgeklärter Despot herrschte, der zwar das Beste für sein Volk wollte, jedoch selbst festlegte, was hierunter zu verstehen sei. Vgl. van Dooren (2005, S. 19). Beekelaar äußert folgende Einschätzung: „Er war ein unermüdlicher und hart arbeitender Autokrat, der es als seine Pflicht ansah, Führer seines Volks zu sein, das schließlich durch Gottes Gnade seiner Sorge anvertraut worden war.". Beekelaar (2009, S. 30, Übersetzung durch den Verfasser). Für nähere Informationen siehe: Aerts (2007b, S. 68 ff.), Kunze (2007a, S. 109 ff.).

[24] Lucardie schreibt zur damaligen historischen Situation: „Tatsächlich herrschte in den Niederlanden eine gewisse Unruhe, und es fanden in Amsterdam kleinere Aufstände statt, die Furcht des Königs erscheint rückblickend jedoch ein wenig übertrieben." Lucardie (2007b, S. 8, Übersetzung durch den Verfasser).

[25] Hooykaas weist auf den interessanten Umstand hin, dass der König die damalige gemäßigt-liberale Parlamentsmehrheit überging, indem er eine Kommission mit der Überarbeitung der Verfassung betraute, die nur aus radikalen Liberalen bestand. Vgl. Hooykaas (1996/97, S. 45).

2.1 Die Verfassungsgeschichte im Überblick

Endpunkt einer sich anbahnenden Entwicklung betrachtet werden kann."[26] Das bis heute bestehende politische System der Niederlande geht in seinen Grundzügen ganz wesentlich auf die Verfassungsänderungen von 1848 zurück, die in zentralen Punkten fundamental von den zuvor gültigen Regelungen abwichen.[27]

Eine überaus bedeutende Änderung bestand darin, dass seither die Minister für die Politik verantwortlich sind und sich dem Parlament gegenüber verantworten müssen. Die Zeit, in der sie lediglich als Diener oder Zuarbeiter des Monarchen fungierten, war somit beendet. Die zentrale Formulierung, die noch heute in der Verfassung (Artikel 42) zu finden ist, lautet: „Der König ist unverletzlich; die Minister sind verantwortlich." Belinfante und de Reede verdeutlichen die Bedeutung der vorgenommenen Änderung für die Stellung des Monarchen, indem sie festhalten, dass dieser fortan nicht mehr Herrscher mit weitreichenden Befugnissen, sondern nur noch Aushängeschild einer vom Vertrauen des Parlaments abhängigen Regierung war.[28] Die neue konstitutionelle Ordnung veränderte auch die Position des Parlaments im niederländischen Staatsaufbau signifikant. Diesem ist es seither möglich, nicht mehr nur die Rechtmäßigkeit, sondern auch die inhaltliche Ausrichtung und die Effektivität des politischen Handelns der Regierung zu kontrollieren und – sofern dies für erforderlich erachtet wird – zu beeinflussen. Die Abgeordneten aus beiden Kammern erhielten zu diesem Zweck wichtige Kontrollinstrumente, beispielsweise wurde das Budgetrecht erheblich ausgeweitet. Zudem hat das Parlament seither die Möglichkeit, Gesetzesvorlagen der Regierung zu ändern. Darüber hinaus verfügen die Parlamentarier seit 1848 auch über das Interpellations- und das Enqueterecht. Insgesamt hat sich durch diese Neuerungen das Verhältnis zwischen Regierung und Parlament substantiell verändert und sich das Machtzentrum im politischen System der Niederlande deutlich in Richtung des Parlaments verlagert.

Im Rahmen der politischen Neuerungen des Jahres 1848 änderte man auch die Modalitäten hinsichtlich der Zusammensetzung der beiden Parlamentskammern. Die Erste Kammer wird seit 1848 nicht mehr vom König bestellt, sondern von den Abgeordneten der Provinzparlamente gewählt. Das passive Wahlrecht erstreckte sich zunächst nur auf sehr wohlhabende Bürger, die entsprechenden Vorgaben wurden im Lauf der folgenden Jahrzehnte allerdings sukzessive ausgeweitet. Die Mitglieder der Zweiten Kammer werden seit 1848 direkt vom Volk entsandt. Die Wahlen fanden zunächst auf Grundlage des Zensuswahlrechtes statt, nach dem anfangs nur etwa 10 % der über 23 Jahre alten Männer ihr

---

[26] Wielenga (2008, S. 24).
[27] Zur Verfassungsänderung von 1848 siehe u. a.: te Velde (2007b, S. 100 ff.), Elzinga (1998, S. 84 ff.), Lademacher (1993, S. 434 ff.), van Sas (1998, S. 135 ff.), te Velde (1998, S. 147 ff.), Drentje (2006, S. 148–161), Hooykaas (1996/97, S. 45 ff.), Aerts (2007b, S. 90 ff.), Beekelaar (2009, S. 32 ff.). Henk te Velde weist darauf hin, dass das Jahr 1848 für die Niederlande und Deutschland insgesamt eine sehr unterschiedliche Bedeutung hatte: „Während es in vielen deutschen Staaten eigentlich das Scheitern des liberalen Durchbruchs bedeutete, war die Verfassungsreform, die Thorbecke in den Niederlanden durchführen konnte, ein großer liberaler Sieg." Te Velde (1996/97, S. 164).
[28] Vgl. Belinfante und de Reede (2005, S. 90). Die Bedeutung der neuen Regelung unterstreichen auch: Elzinga (1998, S. 85), te Velde (2006, S. 17).

Votum abgeben durften. Über die Hintergründe dieser Festlegung schreibt Lucardie: „Mit dem Volk meinten die Liberalen allerdings vor allem die wohlhabenden und gebildeten Bürger männlichen Geschlechts – ihre eigene Anhängerschaft also. Radikale Demokraten wollten weiter gehen, aber die Liberalen betrachteten die Ausweitung des Wahlrechts als eine Angelegenheit für die ferne Zukunft. Sie befürchteten, dass eine schnelle Ausweitung das gesamte System durcheinander bringen könnte." Der Autor führt über die Grundlage dieser Betrachtungsweise weiter aus, dass die Bevölkerung 1848 zu großen Teilen aus ungebildeten Bauern, Handwerkern, Tagelöhnern und Arbeitslosen bestand, denen die Liberalen einen verantwortungsbewussten Umgang mit dem Wahlrecht nicht zutrauten. Die Sorge bestand nach Lucardie vor allem darin, dass die eben genannten Gruppen Abgeordneten, die zu losen Versprechungen und Bestechungen griffen, den Einzug in das Parlament ermöglichen könnten. Wenn die Mehrheit des Parlaments aus solchen Leuten bestünde, wäre die Freiheit gefährdet und es könnte, ebenso wie in Frankreich nach der Revolution, zu schrecklichen Entwicklungen kommen. „Der gebildete und wohlhabende Bürger würde dagegen", so führt Lucardie über die damaligen Überlegungen weiter aus, „selbstständig und besonnen seine Stimme einem ehrlichen und ruhigen Kandidaten geben, der seine Freiheit und seinen Besitz beschützen würde."[29] Es ist abschließend darauf hinzuweisen, dass die niederländische Bevölkerung durch die Verfassungsänderung von 1848 auch neue Rechte und Freiheiten, beispielsweise im Bereich der Bildung und des Versammlungsrechts, erlangte.

Die soeben vorgestellten tiefgreifenden Neuerungen sind eng mit dem Namen des Liberalen Johan Rudolf Thorbecke (1798–1872) verbunden, der – unter anderem als Vorsitzender der Verfassungskommission – wesentlich an der Schaffung der neuen politischen Ordnung beteiligt war. Später wirkte er als Vorsitzender des Ministerrats maßgeblich an der Ausführung und Interpretation der neuen konstitutionellen Rahmenbedingungen mit. Die hohe Bedeutung, die den Verfassungsänderungen von 1848 bis heute zuerkannt wird, wird unter anderem daran deutlich, dass der Staatsaufbau der Niederlande bis heute als „Haus von Thorbecke" bezeichnet wird.[30]

---

[29] Lucardie (2007b, S. 10 f., Übersetzungen durch den Verfasser).
[30] Als deutliches Zeichen für die Bedeutung, die der Verfassungsänderung von 1848 zuerkannt wird, können die Feierlichkeiten des Jahres 1998 dienen, da sie unter der Überschrift „*150 jaar Grondwet*" stattfanden. Henk te Velde stellt heraus, dass im Jahr 1848 zwar wichtige Änderungen an der konstitutionellen Ordnung von 1814/15 vorgenommen wurde, jedoch keine neue Verfassung Gültigkeit erlangte: „Die Struktur der Verfassung blieb 1848 vollständig erhalten, und die Modifikationen änderten ihre Basis nicht. Was geschah, war alles andere als die Einführung der Volkssouveränität, nicht einmal der Demokratie, sondern eine Stärkung des repräsentativen Systems." Te Velde (2007a, S. 36). Hinsichtlich der Rolle Thorbeckes weist Hooykaas auf einen weiteren wichtigen Punkt hin, indem er verdeutlicht, dass Thorbecke keineswegs alle seine Vorstellungen durchsetzen konnte. Hooykaas (1996/97, S. 45).

Infobox I: Johan Rudolf Thorbecke

Der liberale Politiker Johan Rudolf Thorbecke wurde am 14. Januar 1798 in Zwolle geboren. Nach seiner Schulzeit, die er in seiner Geburtsstadt und in Amsterdam verbrachte, studierte er von 1815 bis 1820 in Amsterdam und Leiden. Nach dem Ende des Studiums lebte er zunächst einige Jahre in Deutschland (1820–1823) und dann, nach einer kurzen Zeit in den Niederlanden (1823–1825), in Belgien, wo er von 1825 bis 1830 als Wissenschaftler an der Universität Gent arbeitete. Nach seiner wegen der politischen Umbrüche jener Zeit erforderlichen Rückkehr in die Niederlande war er von 1831 bis 1849 an der Universität Leiden tätig. Im Rahmen seiner akademischen Aktivitäten setzte Thorbecke sich intensiv mit staatsrechtlichen und politischen Fragen auseinander. Vor allem machte er sich weitreichende Gedanken zu einer Überarbeitung der niederländischen Verfassung und veröffentlichte zu diesem Thema auch verschiedene Publikationen. Ab Beginn der 1840er Jahre arbeitete er als Parlamentarier in der Zweiten Kammer. Erhebliche Beachtung fand sein Ende des Jahres 1844 gemeinsam mit acht Mitstreitern eingereichter Antrag, die Verfassung grundlegend zu modernisieren.[31] Da die Zweite Kammer diese Pläne jedoch nicht unterstützte, erhielt er erst 1848, als er als Vorsitzender der vom König eingesetzten Verfassungskommission agierte, die Möglichkeit, weitreichende Änderungen am politischen System der Niederlande vorzunehmen.

Im Anschluss an diese und weitere politische Tätigkeiten übernahm er von 1849 bis 1853 das erste Mal den Vorsitz im Ministerrat, während er zugleich das Amt des Innenministers bekleidete. In seiner Amtszeit konnte er wichtige Gesetzesvorhaben wie beispielsweise ein Wahlgesetz, ein Provinzgesetz und ein Gemeindegesetz realisieren, die die niederländische politische Ordnung nachhaltig prägen. Von 1853 bis 1862 war Thorbecke erneut als Parlamentarier aktiv, bevor er von 1862 bis 1866 wieder Innenminister und Vorsitzender des Ministerrats wurde. In dieser zweiten Regierungszeit setzte er sich insbesondere für den Freihandel und die Verbesserung der Infrastruktur ein. Nach einer erneuten Zeit als Parlamentarier füllte Thorbecke von 1871 bis zu seinem Tod 1872 für kurze Zeit zum dritten Mal das Amt des Vorsitzenden des Ministerrates und des Innenministers aus.

Johan Rudolf Thorbeckes Familie hatte deutsche Wurzeln, auch er heiratete im Jahr 1836 mit Adelheid Solger, der Tochter des deutschen Philosophen K.W.F. Solger, eine Deutsche. Das in Leiden lebende Paar bekam vier Söhne und zwei Töchter. Thorbecke starb am 4. Juni 1872, etwa zwei Jahre nach dem Tod seiner Frau, in

---

[31] Der Antrag ging als „Entwurf der Neun" („*Negenmannenvoorstel*") in die parlamentarische Geschichte der Niederlande ein. Siehe hierzu: van Sas (1998, S. 129 ff.). Die politischen Haltungen Thorbeckes werden beschrieben in: Wielenga (2008, S. 21 ff.), Swart (2007).

> Den Haag.³² Auch wenn sein Handeln und sein Auftreten – unter anderem wegen seines zum Teil als schwierig, stur und hart bewerteten Charakters sowie seines scharfen Umgangs mit politischen Gegnern – nicht immer unumstritten war, besaß und besitzt er wegen seiner Verdienste um die politische Ordnung ein überragendes Renommee. Um dies beispielhaft zu belegen, sei an dieser Stelle auf die Homepage der Zweiten Kammer verwiesen, auf der zu lesen ist: „Obgleich mehr fachkundige Führungsleute ihren Beitrag zur Überarbeitung der Verfassung leisteten, kann der Liberale Thorbecke (1798–1872) ohne Konkurrenz als Begründer der modernen niederländischen Demokratie gelten."³³

2.1.4 Modifikationen an der niederländischen Verfassung nach 1848

Das Jahr 1848 ist für die Verfassungsgeschichte der Niederlande zweifelsohne von zentraler Bedeutung. Dies bedeutet jedoch nicht, dass in diesem Jahr eine Antwort auf alle drängenden Fragen gefunden wurde. Der grundlegende Konflikt zwischen König und Parlament war beispielsweise noch nicht endgültig zugunsten des Parlaments gelöst. Vielmehr versuchte Wilhelm III., der nach dem Tod seines Vaters 1849 das Königsamt übernommen hatte und weiterhin das Recht zur Parlamentsauflösung besaß, auch in der Folgezeit, entscheidenden Einfluss auf die niederländische Politik zu nehmen. In den 1860er Jahren kam es zu mehreren Konflikten, in denen er politische Entscheidungen durch die Auflösung des Parlaments zu beeinflussen versuchte. Der König musste jedoch letztlich einsehen, dass dem Parlament nun die zentrale Position im niederländischen politischen System zukam. Der Ausgang dieses Konfliktes legte auch fest, dass die Regierungsvertreter in den Niederlanden von der Unterstützung des Parlaments abhängig sind – verlieren sie dieses, müssen sie ihren Rücktritt erklären. Diese Festlegung, die als Vertrauensregel bezeichnet wird, besitzt bis heute, obwohl sie nirgendwo schriftlich verankert ist, eine zentrale Bedeutung für die niederländische Politik.³⁴

---

[32] Hooykaas schreibt, dass Thorbecke überaus glücklich verheiratet war und dass der Tod seiner Frau ihm einen schweren Schlag versetzte, von dem er sich nicht mehr erholte. „Er wurde wohl noch zum dritten Mal Minister, aber nur, weil es politisch nicht anders ging. Seine Kräfte waren gebrochen." Hooykaas (1996/97, S. 54).

[33] Vgl. www.tweedekamer.nl/hoe_werkt_het/tweede_kamer_door_de_eeuwen_heen/1795-1848_naar_een_grondwet/vernieuwing/index.jsp#0 (Übersetzung durch den Verfasser). Eine ähnliche Einschätzung findet sich unter anderem bei: van Sas (1998, S. 141). Das Leben und Wirken Thorbeckes wird in zahlreichen Publikationen beleuchtet. Verwiesen sei hier lediglich auf: van Baarle (1996), Drentje (2004), Hooykaas (1996/97, S. 45–60), te Velde (2007b, S. 101 ff.).

[34] Nähere Information zu den Geschehnissen in den 1860er Jahren finden sich u. a. bei: van Dooren (2005, S. 20 f.), Bosmans und van Kessel (2011, S. 14 f.), van Deth und Vis (2006, S. 32–34), Visser (2008, S. 44 ff.), de Meij und van der Vlies (2004, S. 36–38), Bovend'Eert und Kummeling (2010,

2.1 Die Verfassungsgeschichte im Überblick

Auch bei weiteren fundamentalen Fragen bestand nach 1848 noch Handlungsbedarf. Die Diskussionen konzentrierten sich in den letzten Jahrzehnten des 19. und zu Anfang des 20. Jahrhunderts vor allem auf zwei Themen: die Ausweitung des Wahlrechts und die finanzielle Gleichstellung staatlicher und konfessioneller Bildungsangebote. Obwohl sich die Zahl der wahlberechtigten Bürger durch mehrere Reformen, unter anderem im Rahmen einer Verfassungsänderung aus dem Jahr 1887, sukzessive vergrößert hatte, erhielt die vor allem von progressiven Liberalen und Sozialisten vorgebrachte Forderung nach einem allgemeinen Wahlrecht stetig mehr Nachdruck.[35] Viele Katholiken und Protestanten standen einer Ausweitung des Wahlrechts skeptisch gegenüber, ihre zentrale Forderung bestand zu dieser Zeit in der finanziellen Gleichstellung der christlichen und staatlichen Bildungsaktivitäten. Im Rahmen der sogenannten Pazifikation (*Pacificatie*) des Jahres 1917 verbanden die politischen Gruppierungen die Lösungen für beide Themen miteinander.[36] Man führte auf der einen Seite 1917 das allgemeine Wahlrecht für Männer, zwei Jahre später auch das aktive Wahlrecht für Frauen ein.[37] Im Jahr 1922 fanden somit die ersten Wahlen statt, an denen die gesamte niederländische Bevölkerung teilnehmen konnte. Im Zuge der Reform wurde auch das zuvor verwendete Mehrheitswahlrecht bei Wahlen auf nationaler, regionaler und kommunaler Ebene durch das Verhältniswahlrecht abgelöst (Abschn. 5.1). Die andere Seite des 1917 geschlossenen Kompromisses bestand darin, dass die Protestanten und Katholiken ihre Forderung nach einer finanziellen Gleichbehandlung der konfessionellen Bildung erfolgreich umsetzen konnten.[38]

Mit dem Jahr 1917 endete das „Jahrhundert der Verfassung" – eine Zeit, in der die konstitutionelle Ordnung nicht nur massiv verändert, sondern auch permanent diskutiert wurde.[39] Im weiteren Verlauf der ersten Hälfte des 20. Jahrhunderts nahm man noch verschiedene weniger bedeutungsvolle Änderungen an der niederländischen Verfassung vor. So

---

S. 410 ff.). Zur niederländischen Politik in der Zeit von 1848 bis 1917 allgemein siehe: te Velde (2007b, S. 108 ff.), Bosmans und van Kessel (2011, S. 11 ff.).

[35] Im Rahmen der Verfassungsänderung von 1887 wurde nicht nur den Kreis der Wahlberechtigten für die Zweite Kammer erweitert, sondern man erleichterte auch den Zugang zur Ersten Kammer. Zudem wurde die Größe des Parlaments verändert: Die Erste Kammer besaß fortan 50 und die Zweite Kammer 100 Mitglieder.

[36] Siehe hierzu: Wielenga (2008, S. 20 ff.), de Rooy (2007, S. 183 ff.), van Deth und Vis (2006, S. 36 ff.).

[37] Das passive Wahlrecht besaßen die niederländischen Frauen bereits seit 1917. Im Rahmen der Verfassungsänderung von 1917 wurden auch die bis dahin noch geltenden spezifischen Anforderungen für ein Mandat in der Ersten Kammer aufgehoben.

[38] Zu diesem Thema siehe die Informationen auf der Seite www.denederlandsegrondwet.nl, seine historischen Hintergründe beleuchtet: de Haan (1998, S. 183 ff.).

[39] Die Bezeichnung „Jahrhundert der Verfassung" wird in einem Buch von van Sas und te Velde aus dem Jahr 1998 verwendet, sie bezieht sich dabei auf die Zeit von 1798 bis 1917. Der Titel des Buches lautet somit *Das Jahrhundert der Verfassung. Verfassung und Politik in den Niederlanden, 1798–1917*. Van Sas und te Velde (1998). Auch Kortmann und Bovend'Eert halten fest: „Trotz späterer Verfassungsänderungen kann man jene von 1917 als die konstitutionelle Abrundung des Verfassungsaufbaus der Niederlande ansehen." Kortmann und Bovend'Eert (1998, S. 3, Übersetzung durch den Verfasser).

wurde 1922 beispielsweise der Wahlmodus der Ersten Kammer modifiziert, das Recht auf Kriegsdienstverweigerung verfassungsrechtlich verankert und die Thronfolgeregelung verändert. 1937 schuf man dann die Möglichkeit, Minister ohne Portefeuille (*minister zonder portefeuille*, Abschn. 4.3) zu benennen. Zudem ist seither die Trennung zwischen (Minister-)Amt und (Abgeordneten-)Mandat konstitutionell verankert. Die Grundpfeiler der politischen Ordnung wurden durch diese Regelungen jedoch nicht mehr verändert. Auch die Zeit der deutschen Besatzung (1940–1945) blieb nach dem Historiker Blom nur eine Periode ohne nachhaltigen Einfluss: „Dutch political institutions triumphantly withstood the test of the war. Though during the war most of them were temporarily suspended, they reappeared virtually unchanged at the end of the war."[40]

In den Jahrzehnten nach dem Ende des Zweiten Weltkrieges wurden verschiedene kleinere Verfassungsänderungen vorgenommen, beispielsweise erhöhte man 1956 die Zahl der Abgeordneten in der Ersten (von 50 auf 75) und Zweiten Kammer (von 100 auf 150) deutlich. Der Grund hierfür lag in der allgemeinen Ausweitung des staatlichen Handelns, die mit einer erhöhten Arbeitsbelastung der Abgeordneten einherging. Die Altersgrenze für das aktive Wahlrecht wurde von 23 Jahren 1963 auf 21 Jahre und 1971 auf 18 Jahre reduziert. Zudem wurden im Prozess der Dekolonisierung verschiedene Anpassungen der Verfassung vorgenommen.[41]

1983 kam es dann zu einer umfassenden Überarbeitung der niederländischen Verfassung.[42] Die wesentlichen Änderungen bestanden darin, dass man zum einen den Verfassungstext klarer ordnete und die Sprache modernisierte. Darüber hinaus wurden zum anderen einige inhaltliche Änderungen vorgenommen. Vor allem wurde das passive Wahlalter (auf 18 Jahre) gesenkt, der Wahlzyklus der Ersten Kammer neu geregelt (Wahl sämtlicher Abgeordneter alle vier Jahre) sowie der Grundrechtskatalog neu geordnet und um einige Grundrechte – unter anderem den aus symbolischen Gründen sehr bedeutsamen Diskriminierungsartikel (Artikel 1) – erweitert (Abschn. 2.2). Die sozialen Grundrechte, die neu in die Verfassung aufgenommen wurden, beziehen sich unter anderem auf die Schaffung von Arbeitsplätzen (Artikel 19) und den Schutz der Umwelt (Artikel 21). Für Ausländer, die bestimmte Voraussetzungen erfüllen, schuf man die Möglichkeit, das kommunale Wahlrecht zu erlangen. Die Erste und Zweite Kammer haben seit 1983 das Recht, ihren jeweiligen Vorsitzenden selbst zu wählen. Die Todesstrafe, die bereits seit Jahrzehnten nicht mehr angewendet wurde, schaffte man darüber hinaus 1983 endgültig ab. Die Thronfolge (Abschn. 4.1) wurde insofern geändert, als dass das Geschlecht hierbei keine Rolle mehr spielt, Söhne somit seither nicht mehr bevorzugt werden. Schließlich wurde die 1975 realisierte Unabhängigkeit Surinams konstitutionell anerkannt.

---

[40] Zitiert nach: Andeweg und Irwin (2009, S. 20).
[41] Der Prozess der Dekolonisierung wird unter anderem behandelt in: Wielenga (2008, S. 294–304), Lademacher (1993, S. 647 ff.), van den Doel (2004, S. 241 ff.), de Graaff (1996/97, S. 9–18), Daalder (2003b).
[42] Zum Thema siehe: Kortmann (2008, S. 7 ff.), Barkhuysen et al. (2009, S. 17 ff. und S. 27 ff.).

Insgesamt hat die Überarbeitung des Jahres 1983 dazu geführt, dass sich die niederländische Verfassung äußerlich betrachtet erheblich veränderte. Inhaltlich sollte die Bedeutung der Überarbeitung jedoch nicht überschätzt werden, da die zentralen Elemente der konstitutionellen Ordnung erhalten blieben. Bei den Modifikationen handelte es sich nach allgemeiner Einschätzung insgesamt vor allem um eine zeitgemäße Verdeutlichung bereits bestehender Verfassungsgrundsätze sowie um eine Anpassung des Verfassungstextes an eine bereits praktizierte Verfassungswirklichkeit.[43] Zum Teil wurde die Überarbeitung vor diesem Hintergrund auch spöttisch als „Face-Lifting einer alten Dame" bezeichnet.[44] Kortmann gelangt hinsichtlich der Verfassungsänderung zu dem Urteil, dass diese selbstverständlich auf dem Bestehenden basierte und nur wenige Modernisierungen vorgenommen wurden. Er charakterisiert die Modifikationen somit nicht vollständig als „alten Wein in neuen Schläuchen", sondern als „alte Verfassung in einer neuen, strafferen Form", wobei seiner Auffassung zufolge wenig Wertvolles bei der Überarbeitung verloren gegangen ist.[45]

In den Jahren nach 1983 erfuhr die niederländische Verfassung noch einige Änderungen. So wurden unter anderem die Regelungen zum Schutz der Wohnung (Artikel 12) modifiziert, Änderungen im Bildungsbereich durchgesetzt und das Prozedere für Verfassungsänderungen etwas vereinfacht. Darüber hinaus veränderte man beispielsweise auch die Grundlagen für die Einsätze niederländischer Streitkräfte in internationalen Konflikten.[46]

2.1.5 Verfassungsänderungen in der Diskussion

Die niederländische Verfassungsgeschichte nach 1945 weist – dies haben die vorangegangenen Ausführungen gezeigt – keine größeren Brüche auf. Dies bedeutet jedoch nicht, dass weitreichende Verfassungsänderungen nicht auch in den letzten Jahrzehnten zu manchen Zeiten in Politik und Gesellschaft intensiv diskutiert wurden. Die Hintergründe dieser Diskussionen sind dabei über die Jahre hinweg weitgehend konstant geblieben: Die Notwendigkeit für Verfassungsänderungen wird stets vor allem damit begründet, dass das Verhältnis der Bürger zum Staat verbessert werden müsse, da es in der Bevölkerung ein hohes Maß an politischer Unzufriedenheit oder anders: eine „Kluft" zwischen Bürgern

---

[43] Der Historiker Henk te Velde charakterisiert die Verfassungsüberarbeitung in diesem Sinne als „eine verspätete Schlussfolgerung der politischen Entwicklungen in den sechziger Jahren." Sie folgte seiner Auffassung zufolge der Politik, statt ihr Form zu geben; darum konnte sie relativ geräuschlos eingeführt werden. Te Velde (2006, S. 35).

[44] Vgl. ter Horst (2008, S. 1).

[45] Vgl. Kortmann (2008, S. 16).

[46] Eine Auflistung der Verfassungsänderungen der Jahre 1983 bis 2007 findet sich in: Ministerie van Binnenlandse Zaken en Koninkrijkrelaties (Hrsg.) (2008, S. 147–149). Informationen zu aktuellen Verfassungsänderungen und zu entsprechenden Vorhaben sind auf der Seite des niederländischen Innenministeriums unter www.minbzk.nl/onderwerpen/grondwet-en/grondwet-en-statuut sowie auf der Seite www.denederlandsegrondwet.nl einzusehen.

und Politik gebe (Kap. 3).[47] Die Kontroversen über Verfassungsänderungen thematisieren damit hauptsächlich Vorschläge, die auf die Verbesserung der Partizipations- und Einflussmöglichkeiten der niederländischen Bürger abzielen. Bei anderen Reformvorhaben steht die Absicht im Vordergrund, die Transparenz politischer Prozesse zu erhöhen, um diesen damit mehr Legitimität zu verleihen.[48]

In den 1960er Jahren erlebten Kontroversen über derartige Modifikationen der konstitutionellen Ordnung eine erste Hochphase. Im Rahmen eines tiefgreifenden Wertewandels sowie des Aufbrechens der politischen Lager entstanden neue politische Erwartungen und damit auch Forderungen nach einer grundlegenden Revision der Verfassung. Diese Ansprüche wurden von neuen politischen Kräften wie beispielsweise der Partei *Democraten 66* (D66, Abschn. 6.3.6), die die demokratische Erneuerung als Hauptanliegen auf ihre Fahnen geschrieben hatte, aufgenommen und auf die politische Tagesordnung platziert.[49] Vorgeschlagen wurde zu dieser Zeit unter anderem die Einführung eines anderen Wahlrechts, um den Bezug der Bürger zu „ihren" Abgeordneten zu stärken. Auch die Direktwahl des Ministerpräsidenten durch das Parlament sowie eine damit verbundene Umstrukturierung des Regierungsbildungsprozesses forderten kritische Stimmen, die dabei die Ansicht vertraten, dass die Bürger zu wenig Einfluss auf die Entstehung neuer Kabinette hätten und dass der entsprechende Prozess zu kompliziert und zu wenig transparent sei (Abschn. 5.2). Diese und weitere Vorschläge, wie beispielsweise auch die Anregungen zur Abschaffung der von Kritikern als überflüssig bewerteten Ersten Kammer, wurden von den Politikern sehr ausführlich und kontrovers diskutiert, sie ließen sich jedoch aufgrund der bestehenden Mehrheitsverhältnisse im Parlament und aufgrund der Tatsache, dass für Änderungen an der konstitutionellen Ordnung sehr hohe verfassungsrechtrechtliche Hürden überwunden werden müssen, letztlich allesamt nicht realisieren.

Ab Anfang der 1990er Jahre diskutierte man wieder verstärkt über die Notwendigkeit von Verfassungsänderungen. Insbesondere nach der Wahl 1994, als eine Koalition aus der sozialdemokratischen *Partij van de Arbeid* (PvdA, Abschn. 6.3.2), der VVD und der D66 unter Ministerpräsident Wim Kok (Infobox X) gebildet wurde, schienen die Chancen für die Realisierung einiger langer Zeit angestrebter Vorhaben günstig zu stehen. Die Vorschläge zielten dabei wiederum vor allem auf die Verbesserung der Partizipationsmöglichkeiten der Bevölkerung ab. Die Einführung sogenannter korrektiver Referenden, mit denen die Bürger das letzte Wort in bestimmten Sachfragen erhalten hätten, scheiterte jedoch im

---

[47] Über diese vielzitierte Kluft schreiben Thomassen und Esaisasson: „What exactly is meant with ,the gap' between people and politics is anything but clear. It is more a metaphor than a well-defined phenomenon. But usually it seems to refer to a mixture of weak bonds between people and politics and a lack of trust in politicians. Therefore, bridging the gap refers both to closer bonds and an increase of trust in politicians." Thomassen und Esaiasson (2006, S. 228). Weitere Erläuterungen finden sich bei: Thomassen (2011, S. 211 ff.), van Baalen (2008 S. 18), Raad voor het openbaar bestuur (2010, S. 11 ff.), Frissen (2009, S. 118 ff.).

[48] Weitere inhaltliche Kritikpunkte an der niederländischen Verfassung finden sich unter anderem bei: Frissen (2008, S. 25 ff.), Kortmann (2008 S. 17 ff.).

[49] Vgl. hierzu: van Baalen (2008, S. 14 ff.).

Mai 1999 in einer Aufsehen erregenden Sitzung, die als „Nacht von Wiegel" in die politische Geschichte der Niederlande einging und eine ernste Regierungskrise verursachte, äußerst knapp am Veto der Ersten Kammer.[50] Referenden sind als Instrument, mit denen die Bürger direkt Stellung zu einem Thema beziehen können, somit in den Niederlanden zwar derzeit durchaus möglich, sie dürfen jedoch nur einen beratenden und keinen ausschlaggebenden Charakter tragen.[51]

Nicht nur zu Zeiten der Ministerpräsidentschaft Koks, sondern auch im zweiten, aus CDA, VVD und D66 bestehenden Kabinett unter dem Christdemokraten Jan Peter Balkenende (Infobox VII) beriet man in den Niederlanden über Modifikationen am Wahlsystem. Die verschiedenen Vorschläge, die insbesondere wiederum von der D66 unterbreitet wurden, zielten – ebenso wie jene aus den 1960er Jahren – vor allem darauf ab, die Bindung zwischen Wählern und Gewählten zu verbessern. Sie führten letztlich wiederum zu keinem konkreten Ergebnis (siehe Abschn. 5.1). Auch die Kritik an der Ersten Kammer (Abschn. 4.2) und an dem Verfahren der Regierungsbildung blieb bis heute ohne Auswirkungen.

Die unternommenen Initiativen zur Einführung des direkt gewählten Bürgermeisters standen hingegen Anfang des Jahres 2005 scheinbar kurz vor einem erfolgreichen Abschluss. Sie scheiterten jedoch im März 2005 – im Rahmen des „Abends von van Thijn" („*Avond van van Thijn*") – ebenso wie die Einführung korrektiver Referenden am Widerstand der Ersten Kammer.[52] Als Reaktion hierauf kam es zu einer Regierungskrise, die in diesem Fall den Rücktritt des damaligen stellvertretenden Ministerpräsidenten und

---

[50] Die Einführung solcher Referenden war bereits 1994 in die Koalitionsvereinbarung der neuen Regierung aufgenommen worden. Als die Erste Kammer am 18./19. Mai 1999 über die Verfassungsänderung entschied, waren alle anderen Hürden bereits überwunden, so dass der entsprechenden Sitzung entscheidende Bedeutung zukam. Da neben den Regierungsparteien nur *GroenLinks* (GL) und die *Socialistische Partij* (SP) den Vorschlag unterstützten, war es notwendig, dass alle Abgeordneten aus diesen Fraktionen für den Antrag stimmten. Die Bezeichnung „Nacht von Wiegel" erklärt sich dadurch, dass letztlich der VVD-Senator und ehemalige Parteileiter Hans Wiegel (Infobox XI) – entgegen dem Kurs seiner Partei und der Regierung und trotz erheblichen politischen Drucks – die entscheidende Stimme gegen die Reforminitiative aussprach. Die erforderliche Zweidrittelmehrheit wurde folglich genau um eine Stimme verfehlt, was zu einer massiven Regierungskrise führte. Ministerpräsident Kok, der in dieser Krise seinen Rücktritt angeboten hatte, konnte die Arbeit mit seinem Kabinett jedoch nach Verhandlungen fortsetzen. Vgl. hierzu: van Merrienboer (1999, S. 59 ff.), Wendt (2010, S. 54 ff.).

[51] Das bisher einzige Beispiel für ein solches beratendes Referendum stellt die im Jahr 2005 durchgeführte Abstimmung über die Annahme der sogenannten EU-Verfassung dar. Es sei an dieser Stelle darauf hingewiesen, dass auch weiterhin Anstrengungen zur Einführung bindender Referenden unternommen werden. Es erscheint derzeit jedoch eher fraglich, ob diese Unternehmungen kurz- und mittelfristig erfolgreich sein können.

[52] Der diskutierte Vorschlag, der in der Zweiten Kammer die erforderliche Mehrheit erhalten hatte, sah die Einführung gewählter Bürgermeister im Jahr 2006 vor. Die Abgeordneten der PvdA in der Ersten Kammer, deren Einwilligung für die erforderliche Mehrheit erforderlich war, stellten hinsichtlich der Kompetenzverteilung und der zeitlichen Umsetzung Bedingungen, die vom zuständigen Minister De Graaf (D66) nur zum Teil erfüllt wurden. Da die Zugeständnisse von der PvdA-Fraktion

ehemaligen Spitzenkandidaten der D66, Thom de Graaf, nach sich zog. Diese sogenannte Osterkrise (*paascrisis*) konnte erst nach langen Gesprächen gelöst werden, sie schwächte die Stabilität des Kabinetts Balkenende II letztlich nachhaltig.[53] Überlegungen zur demokratischen Erneuerung wurden im Anschluss weiter diskutiert, unter anderem entstanden ein aus 140 Personen bestehendes Bürgerforum, das sich mit dem Wahlrecht befasste (*Burgerforum kiesstelsel*), und ein Nationalkonvent *(Nationale conventie)* aus 14 Wissenschaftlern, der verschiedene Themen aufgriff. Die Ergebnisberichte beider Gremien wurden 2006 veröffentlicht, in Anbetracht der zwischenzeitlich veränderten politischen Rahmenbedingungen blieben sie jedoch nahezu folgenlos.[54]

Es ist in Anbetracht der bisherigen Erfahrungen resümierend festzuhalten, dass sich trotz aller Initiativen, Kommissionen und Kontroversen an den Grundlagen des politischen Systems der Niederlande in den letzten Jahrzehnten wenig verändert hat.[55] Die Misserfolge der Reformbemühungen sind zum einen sicher auf das komplizierte und anspruchsvolle Verfahren zur Änderung der niederländischen Verfassung zurückzuführen (siehe Abschn. 2.2). Zum anderen gibt es in Bezug auf jeden der Reformvorschläge ein großes Maß an Skepsis unter den politisch Verantwortlichen. So wird beispielsweise gegen die Einführung korrektiver Referenden eingewendet, dass diese dem repräsentativen System der Niederlande widersprächen, dass sie das Treffen konkreter politischer Entscheidungen und die Erstellung einer stringenten Politik erschwerten, und dass sie in manchen Fällen einer gut organisierten Minderheit mehr Einfluss als einer schweigenden Mehrheit gäben.[56] Im Ergebnis tragen derartige Bedenken dazu bei, dass die notwendigen Mehrheiten nicht zustande kommen, das „Haus von Thorbecke" in seinen Grundfesten unverändert bleibt.[57]

---

als nicht ausreichend bewertet wurden, stimmte sie geschlossen gegen den Vorschlag, dem es somit an der erforderlichen Mehrheit fehlte. Siehe hierzu: Koole (2010, S. 347 ff.).

[53] Vgl. van Deth und Vis (2006, S. 70 ff.), Hippe et al. (2005, S. 15 f.).

[54] Vgl. Burgerforum Kiesstelsel (2006), Nationale Conventie (2006).

[55] Um den großen Umfang an vorbereitenden Arbeiten zu verdeutlichen, sei in diesem Kontext unter anderem an die verschiedenen Kommissionen erinnert, die sich ausführlich mit möglichen Wegen zur Erneuerung des niederländischen Staatsaufbaus beschäftigt haben, insbesondere an die 1967 eingerichtete Staatskommission Cals/Donner (1967–1971), an die 1982 einberufene Staatskommission Biesheuvel (1982–1985), an die Kommission de Koning (1990–1993) und aktuell an die Staatskommission Grondwet (2009–2010), die Ende 2010 ihre Empfehlungen aussprach. Weiterführende Informationen zum Thema demokratische Erneuerung vermitteln: van Baalen (2008, S. 13 ff.), Kennedy (2004b, S. 12 ff.), Visscher (2000, S. 12 ff.).

[56] Die in den Niederlanden geführten Diskussionen über die Einführung von Volksabstimmungen beleuchtet ausführlich: Wendt (2010).

[57] In diesem Sinne äußern sich unter anderem: van der Kolk und Thomassen (2006, S. 125) und van Dooren (2005, S. 24). Nach van Baalen besteht die zentrale Erklärung für das Scheitern der bisherigen Reformbemühungen darin, dass die Politiker alles beim Alten lassen möchten. „Diejenigen, die die Macht haben, sind mehrheitlich nicht davon begeistert, den Bürgern mehr Einfluss zuzugestehen." van Baalen (2008, S. 21). Vgl. hierzu: Ziemann (2009, S. 314–336), Raad voor het openbaar bestuur (2010, S. 47 f.). Es sei darauf hingewiesen, dass in der niederländischen Politik weiterhin verschiedene Anträge behandelt werden, die auf Möglichkeiten der demokratischen Erneuerung abzielen. Entsprechende Überlegungen finden sich beispielsweise in: Pels (2011, S. 209 ff.).

Es bleibt abzuwarten, wie sich die politische Lage, die sich nach den hektischen und zum Teil turbulenten Geschehnissen der letzten Jahre in einem fortdauernden Umbruch befindet, entwickelt und ob sich die Rahmenbedingungen für bedeutende Änderungen am politischen System in der näheren Zukunft ändern werden.[58] In der aktuellen Situation ist festzuhalten, dass die Niederlande, die in Deutschland in verschiedenen Kontexten häufig mit schnellen und effektiven Reformen verbunden werden, hinsichtlich ihrer politischen Ordnung durch ein hohes Maß an Kontinuität geprägt sind und sich Veränderungen in diesem Bereich in den letzten Jahrzehnten stets schwierig gestalteten.

2.2 Aktuelle Verfassungsinhalte

An dieser Stelle sollen nun die Struktur und die Inhalte der aktuellen niederländischen Verfassung dargestellt werden.[59] Hierbei ist zu beachten, dass viele Verfassungsinhalte im Verlauf der nächsten Kapitel noch ausführlich zur Sprache kommen und somit an dieser Stelle nur genannt und nicht besprochen werden. Bevor auf die konkreten Inhalte der niederländischen Verfassung eingegangen wird, soll auf einen zentralen Unterschied zu vielen anderen europäischen Ländern hingewiesen werden: Die Niederlande kennen (zumindest bisher) auf nationaler Ebene keine Verfassungsgerichtsbarkeit, der die Aufgabe obliegen würde, verabschiedete oder beabsichtigte Gesetze auf ihre Vereinbarkeit mit den der Verfassung zugrunde liegenden Normen zu überprüfen und durch eine entsprechende Rechtsprechung und verbindliche Verfassungsinterpretation das Verfassungsrecht weiterzuentwickeln.[60] In Artikel 120 der niederländischen Verfassung heißt es hierzu sehr deutlich: „Der Richter beurteilt nicht die Verfassungsmäßigkeit von Gesetzen und Verträgen." Nach Timmermans, Scholten und Oostlander beruht diese Regelung auf der Auffassung, „dass das Parlament als höchstes nationales Organ der Gesetzgebung die Verfassungskonformität im Verlauf des Gesetzgebungsprozesses selbst beurteilt, so dass dieses Urteil gleichzeitig

---

[58] Einen Überblick über die derzeitigen Aktivitäten der niederländischen Regierung in diesem Bereich ist einzusehen unter www.rijksoverheid.nl/onderwerpen/democratie-en-burgerparticipatie#ref-minbzk.
[59] Eine deutsche Fassung des Verfassungstextes, anhand derer die folgenden Ausführungen nachvollzogen werden können, findet sich in Kap. 8. Wichtige Informationen und Links zu aktuellen Verfassungsfragen können auf der Seite des niederländischen Innenministeriums unter www.rijksoverheid.nl/onderwerpen/grondwet-en-statuut#ref-minbzk eingesehen werden. Vielfältige Angaben zu den Inhalten der Verfassung und zu vielen relevanten Themen finden sich zudem auf der neuen Seite www.denederlandsegrondwet.nl, die vom Parlamentarischen Dokumentationszentrum an der der Universität Leiden, dem niederländischen Innenministerium, dem Montesquieu-Institut und dem Institut für Niederländische Geschichte betrieben wird. Hier finden sich auch alle Verfassungstexte seit 1798, umfangreiche Erläuterungen zu jedem Verfassungsartikel und viele Literaturangaben.
[60] Für nähere Informationen zum Thema siehe: de Meij und van der Vlies (2004, S. 114 ff.), Belinfante und de Reede (2005, S. 13 f.), van der Woude (2009, S. 42 ff.), Barkhuysen et al. (2009, S. 67 ff.), Nationale Conventie (2006, S. 45 ff.).

als weise und bindend angesehen wird."[61] Zudem wird gegen eine richterliche Prüfung der Gesetzgebung auf die Vereinbarkeit mit der Verfassung angeführt, dass im Rahmen des Gesetzgebungsverfahrens (siehe Abschn. 5.3) bereits entsprechende Kontrollen von Seiten der Regierung, des Staatsrates (Abschn. 4.4.1) und des Parlaments durchgeführt würden, dass diese der Gewaltenteilung widerspräche, dass die Gerichte nicht im für diese Aufgabe ausreichenden Maße demokratisch legitimiert seien und dass die richterliche Prüfung zudem die Rechtssicherheit negativ beeinträchtige. Trotz dieser Punkte werden insbesondere in den letzten Jahren immer mehr Stimmen laut, die sich für eine Modifikation bzw. Ergänzung des Artikels 120 aussprechen. Die entsprechenden Forderungen basieren auf verschiedenen Überlegungen – beispielsweise soll durch eine richterliche Prüfung der normative Gehalt der Verfassung gestärkt und der Schutz der Bürger vor dem Staat verbessert werden. In den letzten Jahren wurden verschiedene Vorschläge unterbreitet, eine richterliche Prüfung der Gesetzgebung zumindest bis zu einem gewissen Grad zuzulassen – inwiefern diese Vorschläge, die sich derzeit zum Teil in der Bearbeitung befinden, in naher Zukunft umgesetzt werden, ist momentan noch nicht vollständig abzusehen.[62] Hingewiesen werden muss abschließend darauf, dass die niederländische Gesetzgebung bisher zwar nicht auf nationaler Ebene, jedoch selbstverständlich schon im internationalen Rahmen auf ihre Vereinbarkeit mit dem europäischen Recht und internationalen Verträgen geprüft wird.[63]

2.2.1 Gliederung und Inhalte der niederländischen Verfassung

Die niederländische Verfassung gliedert sich seit 1983 in acht Kapitel, die insgesamt 142 Artikel enthalten.[64] Grundsätzlich ist zu sagen, dass die niederländische Verfassung damit, ebenso wie viele andere Verfassungen, nicht sehr umfangreich ist. Eine wesentliche Ursache hierfür liegt darin, dass die konstitutionelle Ordnung viele Aspekte nicht im Detail festlegt, sondern den Gesetzgeber mit den entsprechenden Regelungen beauftragt. So

---

[61] Timmermans et al. (2008, S. 274).
[62] Eine Initiative zur Veränderung des Artikels 120 wurde vor einiger Zeit von der ehemaligen Leiterin von GL, Femke Halsema, eingebracht. Nachdem diese Initiative in der ersten Lesung Zustimmung fand, müssen nochmals beide Kammern dem Änderungsvorschlag zustimmen. Zum Thema siehe: Staatscommissie Grondwet (2010, S. 43 ff.) und die Informationen auf der Internetseite www.denederlandsegrondwet.nl.
[63] Der Artikel 94 der niederländischen Verfassung bietet hierfür eine wichtige Grundlage. Er lautet: „Innerhalb des Königreichs geltende gesetzliche Vorschriften werden nicht angewandt, wenn die Anwendung mit allgemein verbindlichen Bestimmungen von Verträgen und Beschlüssen völkerrechtlicher Organisationen nicht vereinbar ist."
[64] Auf die am Ende der Verfassung stehenden zusätzlichen Artikel, wird hier nicht eingegangen. Verwiesen sei diesbezüglich auf: Heij und Visser (2007, S. 321 ff.).

2.2 Aktuelle Verfassungsinhalte

finden sich beispielsweise bedeutsame Bestimmungen zu den Provinzen im *Provinciewet*, zu den Gemeinden im *Gemeentewet* und zu den Wahlen im *Kieswet*.[65]

Im ersten Kapitel (Artikel 1–23) der niederländischen Verfassung sind seit 1983 die Grundrechte zusammengefasst, die zuvor verstreut im Verfassungstext zu finden waren.[66] Die Bündelung der Grundrechte und ihre Platzierung am Anfang der Verfassung zeigt natürlich die Bedeutung, die ihnen beigemessen wird. Der 1983 neu aufgenommene Artikel 1 ist für das Selbstverständnis der Niederlande von zentraler Bedeutung, da er jede Form der Diskriminierung verbietet. Er lautet: „Alle, die sich in den Niederlanden aufhalten, werden in gleichen Fällen gleich behandelt. Niemand darf wegen seiner religiösen, weltanschaulichen oder politischen Anschauungen, seiner Rasse, seines Geschlechts oder aus anderen Gründen diskriminiert werden."[67] In den folgenden Artikeln 2 bis 18 werden weitere „klassische" Grundrechte formuliert, unter anderem das Wahlrecht (Artikel 4), das Recht auf Religionsfreiheit (Artikel 6), das Recht auf Meinungsfreiheit (Artikel 7) und das Recht auf körperliche Unversehrtheit (Artikel 11). Anders als im deutschen Grundgesetz enthält die niederländische Verfassung darüber hinaus auch sogenannte soziale Grundrechte, die allerdings lediglich einen Aufforderungscharakter tragen und die somit nicht einklagbar sind. So heißt es zu Beginn des Artikels 19 beispielsweise: „Die Schaffung von genügend Arbeitsplätzen ist Gegenstand der Sorge des Staates und der anderen öffentlich-rechtlichen Körperschaften." In den folgenden Artikeln (20–23) werden zudem unter anderem die Verteilung des Wohlstandes und der Schutz der Umwelt als Aufgaben des Staates definiert. Über die Aufnahme entsprechender Inhalte in die Verfassung – ein Thema, das auch in Deutschland immer wieder diskutiert wird – urteilen Experten unterschiedlich. Eine überaus kritische Haltung zu diesen Artikeln nimmt Kortmann ein, der es grundsätzlich nicht als sinnvoll ansieht, in einer Verfassung derartige Aufgaben zu formulieren. Zudem schätzt er den praktischen Nutzen der sozialen Grundrechte als äußerst gering ein. Sein klares Urteil lautet somit: „Aus konstitutionellen Gesichtspunkten sind soziale Grundrechte ein

---

[65] Belinfante und de Reede erläutern hierzu: „Die Verfassung ist dazu bestimmt, Prinzipien zu liefern, die die Grundlage für Gesetzgebung und Verwaltung bieten. Das bedeutet, dass in vielen Fällen diese Grundlagen in weiteren Regelungen ausgearbeitet werden müssen." Belinfante und de Reede (2005, S. 24, Übersetzung durch den Verfasser). An anderer Stelle weisen die Autoren darauf hin, dass bestimmte Regelungen von hoher politischer Bedeutung nicht in der Verfassung erläutert werden, sondern – wie beispielsweise das Verfahren der Regierungsbildung oder die Vertrauensregel – als ungeschriebenes Recht wirksam sind.

[66] Umfassende Informationen zu diesen Artikeln finden sich in: Belinfante und de Reede (2005, S. 248–299), de Meij und van der Vlies (2004, S. 263–302), Kortmann und Bovend'Eert (1998, S. 135–154), Jansen (1998, S. 97 ff.), Heij und Visser (2007, S. 15–65), Barkhuysen et al. (2009, S. 47 ff.), Staatscommissie Grondwet (2010, S. 53 ff.).

[67] Die Aufnahme dieses Artikels wurde 1983 über alle Parteigrenzen hinweg äußerst positiv bewertet. In der entsprechenden Debatte wurde unter anderem geäußert, dass alle Niederländer stolz auf diesen Artikel sein könnten und dass er die Krönung der gesamten Überarbeitung darstelle. Vgl. ter Horst (2008, S. 1). Die Bedeutung des ersten Artikels der Verfassung für die niederländische Politik unterstreicht: Tjeenk Willink (2006, S. 8).

Unding. Sie verursachen allerdings kein größeres Übel, solange sie nur als politische Spielereien für ratlose, umherirrende Politiker gesehen werden."[68]

Über den Inhalt der Grundrechte und ihre Bedeutung besteht in vielen Staaten Europas Konsens, auch in den Niederlanden bilden sie selbstverständlich einen festen Bestandteil der staatlichen Ordnung. Dies bedeutet nicht, dass einzelne Grundrechte nicht gelegentlich kritisch thematisiert werden. So haben sich Pim Fortuyn und Geert Wilders beispielsweise in den letzten Jahren vor dem Hintergrund der Kontroversen über das multikulturelle Zusammenleben auf provokante Weise mit dem ersten Verfassungsartikel auseinandergesetzt. Aktuell richten sich die Diskussionen stark auf die Stellung der (formal gleichgestellten) Grundrechte zueinander, hierbei vor allem auf die Frage, wie das Verhältnis zwischen dem Diskriminierungsverbot und der Religionsfreiheit auf der einen und der Meinungsfreiheit auf der anderen Seite gestaltet werden sollte.[69] Zudem finden, unter anderem in diesem Kontext, derzeit auch Kontroversen über die schwierige Frage statt, unter welchen Umständen, auf welcher Grundlage und bis zu welchem Grad Grundrechte beschnitten werden dürfen. Aktuell wird zudem die Frage erörtert, inwiefern die Fortentwicklung des internationalen Rechts und die durch das Internet ausgelösten Veränderungen im Datenverkehr Anpassungen der Grundrechte erforderlich machen.[70]

In den nachfolgenden Kapiteln (2–7) der niederländischen Verfassung wird der Staatsaufbau der Niederlande geregelt. So enthält die Verfassung jeweils ein Kapitel zur Regierung (Kap. 2, Artikel 24–49) und zu den Generalstaaten (Kap. 3, Artikel 50–72), in dem die Organisationsmerkmale und Funktionen dieser Institutionen erläutert werden. Im vierten Kapitel (Artikel 73–80) folgen die entsprechenden Angaben zum Staatsrat, zur Allgemeinen Rechnungskammer, zum Nationalen Ombudsmann und zu ständigen Beratungsgremien. Kapitel 5 (Artikel 81–111) setzt sich mit der Gesetzgebung und Verwaltung auseinander, Kap. 6 (Artikel 112–122) mit dem Thema Rechtsprechung. Die Aufgaben und Funktionen der Provinzen, Gemeinden und anderen öffentlich-rechtlichen Körperschaften werden im Kap. 7 (Artikel 123–136) beleuchtet. Die entsprechenden Bestimmungen kommen im weiteren Verlauf dieses Buches noch ausführlich zur Sprache.

2.2.2 Das Prozedere für Verfassungsänderungen

Die Verfassung schließt mit dem achten Kapitel (Artikel 137–142), in dem die Bestimmungen zur Änderung der Verfassung festgehalten werden. Es ist grundsätzlich zu konstatieren, dass das Verfahren für Verfassungsänderungen, das in seinen Grundzügen aus dem Jahr 1848 stammt, zwar vor einiger Zeit geringfügig vereinfacht wurde, es jedoch noch immer

---

[68] Kortmann (2008, S. 11 f., Übersetzung durch den Verfasser). Zum Thema siehe auch: Cliteur und Voermans (2009, S. 35 ff.), Barkhuysen et al. (2009, S. 55), Deschouwer und Hooghe (2008, S. 39 f.).
[69] Anschaulich hierzu: van Dooren (2005, S. 25). Umfassende Informationen zum Thema Meinungsfreiheit in den Niederlanden finden sich in: van Dijk (2007), Fennema (2009).
[70] Vgl. hierzu u. a.: Staatscommissie Grondwet (2010, S. 53 ff.).

2.2 Aktuelle Verfassungsinhalte

sehr hohe Anforderungen stellt.[71] Es sieht vor, dass ein Änderungsentwurf zunächst in beiden Kammern des Parlaments mit absoluter Mehrheit angenommen werden muss. Daraufhin werden für die Zweite Kammer Neuwahlen ausgeschrieben. Auf diese Weise soll es den Bürgern ermöglicht werden, Einfluss auf die Entscheidung über die Verfassungsänderung zu nehmen. In der Praxis findet die neue Zusammenstellung des Parlaments zumeist im Rahmen der regulären Neuwahlen statt, etwaige Verfassungsänderungen stoßen in den Wahlkämpfen eher selten auf Interesse.[72] Nach einer erneuten Beratung muss die Verfassungsänderung in beiden Kammern des Parlaments mit Zweidrittelmehrheit verabschiedet werden, um dann letztlich Gültigkeit zu erlangen.[73]

Die soeben genannten hohen Hürden zur Verfassungsänderung haben dazu beigetragen, dass Änderungen an der konstitutionellen Ordnung von einem breiten und stabilen politischen Konsens getragen werden müssen. Kritisch wird in diesem Kontext erstens die Rolle der Ersten Kammer gesehen: Eine Minderheit ihrer Abgeordneten kann eine Entscheidung, die von einer großen Mehrheit in beiden Kammern getragen wird, verhindern. Da die Erste Kammer über Jahrzehnte beim Treffen derartiger Entscheidungen zurückhaltend agierte, handelte es sich hierbei lange Zeit um eine eher abstrakte Sorge. In den letzten Jahren sind jedoch verschiedene große Reformprojekte – erinnert sei an die im Abschn. 2.1 genannten Abstimmungen über die Einführung korrektiver Referenden und über die Direktwahl der Bürgermeister – am Veto der Ersten Kammer gescheitert, wobei nicht nur staatsrechtlichen Überlegungen, sondern durchaus auch parteipolitischen Erwägungen eine Bedeutung zukam. Vor diesem Hintergrund hat die Kritik am Einfluss der Ersten Kammer neue Nahrung erhalten.[74]

Zweitens wird die Regelung, dass die Bürger im Rahmen der regulären Neuwahlen ihre Meinung zu Verfassungsänderungen ausdrücken sollen, kritisch bewertet. In den Wahlkämpfen werden etwaige Verfassungsänderungen zumeist kaum thematisiert, sodass es den Bürgern an den erforderlichen Informationen mangelt. Zugleich kommen bei den

---

[71] Zum Prozedere in der Zeit vor 1848 und zur Entwicklung des aktuellen Verfahrens siehe www.denederlandsegrondwet.nl.

[72] Ausnahmen von der Regel, dass verfassungsrechtlich relevante Fragen kaum Eingang in die Wahlkämpfe bzw. Interesse in der Bevölkerung finden, stellen die Wahlen der Jahre 1886 und 1917 dar, bei denen die unterschiedlichen Haltungen zu Wahlrechts- und Bildungsfragen eine wichtige Bedeutung besaßen. Bei den Parlamentswahlen im Jahr 1948 kam der verfassungsrechtlich relevanten Frage nach einer etwaigen Anerkennung der indonesischen Unabhängigkeit ein hoher Stellenwert zu.

[73] Zum Thema siehe: Belinfante und de Reede (2005, S. 300–305), Heij und Visser (2007, S. 308 ff.), Raad van State (2008, S. 8 f.). Die eben angesprochene geringfügige Vereinfachung des Verfahrens besteht darin, dass seit Mitte der 1990er Jahre die Erste Kammer für die zweite Lesung nicht mehr neu zusammengesetzt werden muss.

[74] Ein Vorschlag, um den Einfluss der Ersten Kammer zu begrenzen, besteht darin, die zweite Abstimmung im Parlament, bei der eine Zweidrittelmehrheit erforderlich ist, in einer gemeinsamen Versammlung der Ersten und der mitgliederstärkeren Zweiten Kammer durchzuführen. Hierdurch würde die Chance darauf, dass Mitglieder der Ersten Kammer einen Vorschlag zu Fall bringen, vermindert.

Wahlentscheidungen Präferenzen für Parteien oder Personen, Haltungen zu aktuellen Themen und der jeweiligen politischen Stimmung eine hohe Bedeutung zu. Durch die derzeit übliche Herangehensweise können die Niederländer nicht zwischen diesen Aspekten und ihrer Einstellung zu bestimmten Verfassungsmodifikationen unterscheiden, was ihre Einflussmöglichkeiten senkt. Darüber hinaus ist zu bedenken, dass bei einem Wahlgang zumeist zeitgleich über mehrere Verfassungsmodifikationen abgestimmt wird, der Bürger jedoch nur eine Stimme abgeben kann.[75] Trotz dieser Kritikpunkte kamen bisher nur sporadisch Vorschläge zur Änderung des Verfahrens zur Sprache, die allesamt zu keiner Neuordnung führten.

2.2.3 Die Stellung der Verfassung in Politik und Gesellschaft

Am Ende dieses Kapitels soll der Umstand erörtert werden, dass die Niederlande, obwohl sie auf eine derart lange Verfassungstradition zurückblicken können, keine ausgeprägte Verfassungsverbundenheit oder gar -euphorie kennen, wie sie beispielsweise in Amerika oder in (West-)Deutschland nach 1949 zu beobachten ist. Eindringlich äußerte sich hierzu die ehemalige Innenministerin Guusje ter Horst in einer Rede, die sie Anfang 2008 hielt. Sie sagte unter anderem: „Die Verfassung von 1983 lebt nicht wirklich und sie hat damit nicht die gesellschaftliche Bedeutung, die sie haben müsste. Dies gilt allen gesellschaftlichen Diskussionen und Fragen, die die Verfassung in ihrem Kern betreffen, zum Trotz."[76] Auch der Staatsrat konstatiert in einer aktuellen Stellungnahme, dass sowohl der symbolisch-inspirierende als auch der juristisch-normative Gehalt der niederländischen Verfassung begrenzt seien, diese weder gekannt noch „gefühlt" werde. Damit sei sie – anders als die amerikanische Verfassung oder das deutsche Grundgesetz – keine Grundlage für Nationalstolz und die Identifikation mit dem eigenen Land.[77] Die niederländische Verfassung wird darüber hinaus kaum öffentlich wahrgenommen – ein Symposium, das im Februar 2008 anlässlich des 25-jährigen Jubiläums der Verfassungsüberarbeitung von 1983 stattfand, stand somit unter dem Titel *Die unsichtbare Verfassung* (*De onzichtbare grondwet*). Auch das Ergebnis einer Anfang 2008 durchgeführten repräsentativen Befragung ist in dieser Hinsicht bezeichnend: Zwar fanden nicht weniger als 94 % der befragten Nieder-

---

[75] Um diese Problematik zu lösen, wurde unter anderem vorgeschlagen, dass die Kammern des niederländischen Parlaments nur einmal und dabei mit Zweidrittelmehrheit über eine Verfassungsänderung abstimmen sollen und ihr Änderungsvorschlag im Anschluss den Bürgern per Referendum zur Entscheidung vorgelegt wird. Vgl. Nationale Conventie (2006, S. 47 ff.). Mehr Informationen zu möglichen Reformen des Änderungsverfahrens finden sich unter www.denederlandsegrondwet.nl.
[76] Ter Horst (2008, S. 2, Übersetzung durch den Verfasser).
[77] Vgl. Raad van State (2008, S. 3). Zum Hintergrund dieser Einschätzung siehe: Barkhuysen et al. (2009, S. 18 ff.).

2.2 Aktuelle Verfassungsinhalte

länder die Verfassung wichtig, 84 % der Untersuchungsteilnehmer gaben aber auch an, den Inhalt der Verfassung kaum oder überhaupt nicht zu kennen.[78]

Diese aktuelle Untersuchung fügt sich ebenso wie die derzeitige Kritik an der mangelnden gesellschaftlichen Verankerung der Verfassung nach Einschätzung verschiedener Experten in eine lange Tradition ein, nach der das Verhältnis der Niederländer zu ihrer Verfassung zu keiner Zeit sehr intensiv gewesen sei. Van Bijsterveld hält beispielsweise fest, dass die niederländische Verfassung nie eine Verfassung der Bürger, sondern immer eine Verfassung der Juristen, Beamten und Wissenschaftler gewesen sei.[79] Auch nach van der Tang hat das Desinteresse an konstitutionellen Fragen bzw. Themen in den Niederlanden eine lange Tradition. Die niederländische Regierung beschäftigt sich seiner Einschätzung zufolge erst seit einigen Jahren mit diesem Thema, was ihn zu der Schlussfolgerung führt, dass die Niederlande kein Land mit einer ausgeprägten Verfassungstradition und Verfassungskultur sind.[80]

Für die wenig bedeutsame Stellung der niederländischen Verfassung finden sich verschiedene Erklärungen.[81] In der Literatur wird unter anderem darauf hingewiesen, dass es wegen der langen Evolution der Verfassung kein zentrales Datum gibt, auf das man Bezug nehmen kann und dass die Identifikation der Niederländer mit „ihrer" Verfassung lange Zeit nicht milieu- bzw. parteiübergreifend vorhanden war.[82] Weitaus häufiger und auch überzeugender wird in diesem Kontext dahingehend argumentiert, dass der Text der Verfassung zu wenig zugänglich und ansprechend sei.[83] Van der Tang äußert sich zu diesem Punkt folgendermaßen: „Wer aber die niederländische Verfassung zur Hand nimmt und diese unbefangen zu lesen versucht, der muss zu dem Ergebnis gelangen, dass deren Väter

---

[78] Diese Einschätzung schien einer Grundlage nicht zu entbehren: In der Untersuchung zeigte sich, dass die Befragten die Aufgaben zur Verfassung tatsächlich oftmals nicht richtig lösen konnten. Die entsprechenden Auswertungen finden sich in ausführlicher Form unter www.rijksoverheid.nl/onderwerpen/grondwet-en-statuut.

[79] Vgl. van Bijsterveld (2008, S. 74).

[80] Vgl. van der Tang (2008, S. 88). An anderer Stelle schreibt der Verfasser: „Es ist aber auffällig, dass in den Niederlanden, wo die ersten Schritte für die Schaffung einer Verfassung bis 1795 zurückgehen, und die doch zu den stabilen konstitutionellen Demokratien gezählt werden müssen, das Gesetz, das für den Staat von so grundlegender Bedeutung ist, in der Gesellschaft eine so bescheidene, beinahe untergeordnete Stellung einnimmt. Von Zuneigung zur Verfassung ist wenig zu spüren, und von einem Gefühl des Stolzes scheint schon gar nicht die Rede zu sein." Van der Tang (2008, S. 87, Übersetzung durch den Verfasser). Eine ähnliche Einschätzung findet sich bei: Cliteur und Voermans (2009, S. 47).

[81] Zu den folgenden Punkten siehe: van Sas und te Velde (1998, S. 15 ff.), ter Horst (2008, S. 1 ff.), te Velde (2006, S. 15 f. und 27 ff.), van Bijsterveld (2008, S. 76 f.).

[82] In diesem Zusammenhang ist darauf hinzuweisen, dass es in den Niederlanden keinen öffentlich bekannten Feier- oder Gedenktag gibt, den die Bürger mit der Verfassung verbinden. Allerdings werden Einbürgerungen am 24. August vorgenommen. Der Grund für diese Terminwahl liegt darin, dass am 24. August 1815 die Verfassung für das Vereinigte Königreich der Niederlande in Kraft trat. Vgl. van der Tang (2008, S. 85 f.).

[83] So heißt es in einem Artikel zum Thema eindeutig: „Die niederländische Verfassung ist kein inspirierendes Dokument." Van Bijsterveld et al. (2008, S. 1, Übersetzung druch den Verfasser).

und die nachfolgenden Bearbeitergenerationen dieses Dokuments nur in geringem Maße von der Muse geküsst wurden. Das Ganze macht einen wenig beseelten Eindruck, und inspirierende Momente im Verfassungstext sind nur mit Mühe zu entdecken."[84] Wichtig erscheint auch die Tatsache, dass die identifikatorische und verbindende Funktion, die einer Verfassung in manchen Staaten zukommt, in den Niederlanden nicht so sehr von der Verfassung, sondern viel stärker vom Königshaus ausgeübt wird. Der niederländische Staatsrat liefert eine weitere Erklärung für die bescheidene Rolle der niederländischen Verfassung, indem er auf die niederländische Tradition des pragmatischen Pluralismus hinweist. Für ihn liegt in dem Bestreben, über Verhandlungen zu einem Konsens zu gelangen, eine Ursache dafür, dass eine Fixierung auf bestimmte Werte und Grundsätze möglichst vermieden werden soll, was sich selbstverständlich auf den normativen Gehalt der konstitutionellen Ordnung auswirkt. Darüber hinaus spielt für den Staatsrat auch eine Rolle, dass die Bürger in den Niederlanden seit langer Zeit kaum in Kontakt zur Verfassung gelangten.[85]

In den letzten Jahren sind vermehrt kritische Diskussionen über die Bedeutung der Verfassung in Politik und Gesellschaft geführt worden. Vor diesem Hintergrund hat die niederländische Regierung Handlungsbedarf gesehen und sich auf Bemühungen zur Aufwertung der Verfassung geeinigt. Um die Bekanntheit der Verfassung zu erhöhen, unternahm sie verschiedene öffentlichkeitswirksame Aktivitäten.[86] So soll in Zukunft ein insbesondere für Schüler konzipiertes „Haus für die Demokratie und den Rechtsstaat" die Grundlagen des politischen Systems der Niederlande verstehen lernen, wurde ein sogenannter Verfassungspfad in Den Haag eingerichtet und wird nun jährlich ein nationales „Verfassungsquiz" durchgeführt.[87] Vor allem wird jedoch derzeit darüber diskutiert, auf welche Weise die Verfassung zugänglicher gestaltet werden und darüber hinaus einen symbolischeren und inspirierenderen Charakter erhalten kann.[88] Um sich mit diesen und weiteren Fragen zu beschäftigen, wurde – wie bereits im Koalitionsabkommen der Regierung Balkenende IV Anfang 2007 vereinbart – Mitte 2009 eine Kommission, die *Staatscommissie Grondwet*, eingerichtet, die sich aus Verfassungsexperten zusammensetzte und Ende 2010 ihre Ergebnisse präsentierte.[89]

---

[84] Van der Tang (2008, S. 94, Übersetzung durch den Verfasser). Es existiert in den Niederlanden vor dem Hintergrund dieser Kritik ein Buch mit dem Titel *De Grondwet in eenvoudig Nederlands*, das 2007 von Karen Heij und Wessel Visser veröffentlicht wurde. Am Anfang dieses Buches heißt es, dass die Verfassung so schwer verständlich sei, dass selbst Experten Schwierigkeiten mit dieser hätten. Vgl. Heij und Visser (2007, S. 5).
[85] Vgl. Raad van State (2008, S. 3).
[86] Vgl. Hirsch Ballin (2010, S. 1 f.).
[87] Siehe hierzu die Informationen unter:www.rijksoverheid.nl/onderwerpen/democratie-en-burgerparticipatie/ und unter www.grondwetpad.nl.
[88] Vgl. hierzu: van der Tang (2008, S. 100 ff.).
[89] Zur Arbeit der Staatskommission siehe: www.staatscommissiegrondwet.nl. Auf dieser Homepage finden sich nicht nur Informationen zum Auftrag, zur Zusammensetzung und zur Arbeit der Kommission, sondern auch verschiedene Publikationen, die Grundlagen für deren Tätigkeiten bildeten. Die Ergebnisse der Kommissionsarbeit sind nachzulesen in: Staatscommissie Grondwet (2010).

2.2 Aktuelle Verfassungsinhalte

Eine Frage, mit der sich die Kommission beschäftigte, lautete, ob der Verfassung eine Präambel vorangestellt werden sollte.[90] Hintergrund für diese Frage ist der Umstand, dass die konstitutionelle Ordnung der Niederlande – anders als die Verfassung von 1798, in der sich zudem auch einige allgemeine Bestimmungen fanden – trotz gelegentlicher Initiativen seit 1814 keine derartigen Text mehr enthält. In den aktuellen Diskussionen wird für die Aufnahme einer Präambel angeführt, dass diese auf inspirierende Weise beispielsweise die Verankerung grundlegender gesellschaftlicher und politischer Werte und Prinzipien ermöglichen würde und sie auf diese Weise die Verbindung der Bürger zur Verfassung verbessern könnte. Auch könnte eine Präambel nach Meinung der Befürworter die Identifikation der Bürger zu ihrem Land fördern und einen positiven Einfluss auf das gesellschaftliche Miteinander haben, indem sie in einer Zeit voller Umbrüche Orientierung, Inspiration, Halt und Perspektive bietet. Gegen die Aufnahme einer Präambel wird hingegen angeführt, dass diese dem Charakter der Verfassung, der sich durch Nüchternheit und Offenheit kennzeichnet, widerspräche. Kritiker zweifeln zudem an, ob die erhofften Effekte einer in diesem historischen Kontext formulierten Präambel nicht überschätzt werden bzw. ob von einer Präambel derartige Effekte überhaupt ausgehen. Um gemeinsame Werte zu schaffen bzw. zu betonen und die nationale Identität zu stärken, werden von diesen Kritikern eher andere Schritte, wie zum Beispiel die intensivere Auseinandersetzung mit entsprechenden Inhalten im Bildungsbereich, als sinnvoll erachtet. Fraglich erscheint es den Kritikern zudem, welches rechtliche Gewicht einer Präambel zukäme und vor allem, auf welche konkreten Inhalte man sich verständigen sollte und könnte. In Anbetracht dieser Punkte hat sich die *Staatscommissie Grondwet* gegen die Aufnahme einer Präambel ausgesprochen, allerdings schlägt sie die konstitutionelle Verankerung einer „allgemeinen Bestimmung" vor. In dieser will sie festhalten, dass die Niederlande ein demokratischer Rechtsstaat sind, der die Menschenwürde respektiert und schützt und dessen Handeln nur auf gesetzlicher Grundlage stattfindet.[91]

Ein zweiter Punkt, der zur Stärkung der Position der niederländischen Verfassung diskutiert wird, besteht darin, deren Struktur und Sprache zu ändern.[92] Wie oben bereits dargestellt wurde, bewerten viele Kommentatoren den Verfassungstext als zu sperrig und für die meisten Bürger wenig zugänglich. Sowohl der Staatsrat als auch die *Staatscommissie Grondwet* haben sich mit diesem Thema befasst und sind dabei zu dem Ergebnis gelangt, dass Verfassungen als Rechtsdokumente grundsätzlich schwierig zu lesen sind und Vereinfachungen zu rechtlichen Problemen führen können. In Anbetracht dieses Umstands sehen sie eher Handlungsbedarf darin, die Kenntnisse der Bürger über die zentralen Verfassungsnormen und -inhalte zu steigern. Die *Staatscommissie Grondwet* schlägt zudem strukturelle Modifikationen, die Umformulierung einzelner Verfassungsartikel sowie sprachliche

---

[90] Zu diesem Thema siehe: Cliteur und Voermans (2009, S. 1 ff.), van Bijsterveld (2008, S. 77 ff.), Raad van State (2008, S. 5 f.), Nationale Conventie (2006, S. 42 ff.), ter Horst (2008, S. 2 f.).
[91] Vgl. Staatscommissie Grondwet (2010, S. 35 ff.).
[92] Vgl. hierzu u. a.: Nationale Conventie (2006, S. 42).

Vereinheitlichungen vor, um die Zugänglichkeit des Dokuments für die Bürger zu verbessern.[93]

Inwiefern die Vorschläge der Kommission bzw. die Ergebnisse der derzeitigen Diskussionen von Seiten der Politik aufgegriffen werden, steht derzeit noch nicht fest. Die aktuellen Überlegungen zeigen jedoch deutlich, dass hinsichtlich der Funktionen und der gesellschaftlichen Bedeutung der Verfassung in manchen Kreisen Änderungsbedarf gesehen wird. Begründet wird diese Haltung vor allem damit, dass eine Verfassung, die nur von Experten geschätzt wird, nicht den heutigen Anforderungen entspräche. In einer Zeit der wirtschaftlichen, kulturellen, gesellschaftlichen und politischen Umbrüche erscheint es Befürwortern einer Veränderung wichtig, dass eine Verfassung für die einzelnen Bürger Klarheit über politische Grundwerte schafft und ein verbindendes Element darstellt.[94] Kritiker bewerten eine derartige Vorstellung als problematisch. Eine Grundlage hierfür kann beispielsweise die Auffassung sein, dass eine Verfassung als juristisches Dokument primär dazu dient, die Bürger vor staatlichen Übergriffen zu schützen. Vor diesem Hintergrund ist es nicht erforderlich, dass die Bürger sich für die Verfassung interessieren oder diese als ansprechend beurteilen.[95] Es erscheint angesichts dieser widerstreitenden Haltungen für die Politik zunächst erforderlich, eine klare Vorstellung darüber zu finden, welche Bedeutung und welche Funktionen der Verfassung zugeschrieben werden sollten. Erst auf dieser Grundlage können dann die (eventuell) erforderlichen Änderungen durchgeführt werden. Es wird in den nächsten Jahren spannend zu beobachten sein, welche Entscheidungen in dieser Hinsicht getroffen werden.

---

[93] Vgl. Raad van State (2008, S. 4 f.), Staatscommissie Grondwet (2010, S. 28 ff.). An dieser Stelle sei darauf hingewiesen, dass sich die *Staatscommissie Grondwet* auch mit einigen weiteren Themen befasst hat, beispielsweise auch mit dem Verhältnis zwischen dem internationalen und dem nationalen Recht und mit der Frage, ob der Grundrechtekatalog überarbeitet werden sollte. Siehe hierzu u. a.: Staatscommissie Grondwet (2010), Peters et al. (2009) und die Informationen auf der Internetseite der Kommission.
[94] Vgl. van Bijsterveld (2008, S. 76). Ähnliche Inhalte finden sich bei: ter Horst (2008, S. 2 f.).
[95] Vgl. Kortmann (2008, S. 15).

3 Politische Kultur im Wandel

Der Begriff der politischen Kultur bezeichnet in der Wissenschaft die Verteilung der politischen Meinungen, Einstellungen und Werte in einer Gesellschaft. Er bezieht sich somit auf die subjektive Haltung der Bürger zur Politik. Die wissenschaftliche Erforschung der politischen Kultur erstreckt sich auf eine große Zahl unterschiedlicher Bereiche und ist somit – in den Niederlanden ebenso wie in Deutschland – durch eine Fülle an unterschiedlichen Schwerpunktsetzungen gekennzeichnet. In Anbetracht der Komplexität des Themenfeldes kann das Ziel der folgenden Ausführungen nicht darin bestehen, einen erschöpfenden Überblick über die politische Kultur der Niederlande in Vergangenheit und Gegenwart zu geben. Dies gilt auch deshalb, weil im Folgenden auch die eher umgangssprachliche Verwendung des Begriffes politische Kultur Berücksichtigung finden soll, indem auch auf den in den Niederlanden zu beobachtenden Stil der politischen Auseinandersetzungen eingegangen wird. Die Betrachtungen beschränken sich im Ergebnis somit auf die Erörterung einiger zentraler Themen. Die Zielsetzung liegt hierbei zum einen darin, prägende historische Charakteristika und Wandlungen der niederländischen politischen Kultur zu beleuchten. Im Abschn. 3.1 wird folglich zunächst auf die sogenannte Versäulung der niederländischen Gesellschaft eingegangen, die die politische Kultur des Landes über Jahrzehnte entscheidend prägte. Zudem werden hier Ursachen und Verlauf der Entsäulung behandelt. Zum anderen sollen im Folgenden (Abschn. 3.2) Aspekte erörtert werden, die für die derzeitige politische Kultur der Niederlande von wichtiger Bedeutung sind. In diesem Kontext werden vor allem die mittlerweile weitreichende Auflösung der gesellschaftlichen Milieus und die hieraus resultierenden Folgen für die Stabilität der politischen Landschaft, der Aufschwung des Populismus und der Hintergrund der in den letzten Jahren zu beobachtenden Kontroversen über Migrations- und Integrationsfragen thematisiert. Am Ende des Kapitels sollen dann einige aktuelle Haltungen der Niederländer zum politischen System analysiert werden.

3.1 Historische Determinanten

In vielen Texten, die sich mit der politischen Kultur der Niederlande beschäftigen, wird zu Beginn darauf hingewiesen, dass die Niederlande auf der Grundlage religiöser und ideologischer Spannungen ein Land der politischen Minderheiten sind, in dem weder Protestanten noch Katholiken, Liberale oder Sozialisten jemals eine hegemoniale Position erobern konnten (Abschn. 6.2). Diese Konstellation prägt die politische Geschichte des Landes in entscheidender Weise.[1] Im Lauf des 19. Jahrhunderts gelangten verschiedene Themen von hervorgehobener Bedeutung – vor allem die Bildungsfrage, die Frage des allgemeinen Wahlrechts und die soziale Frage – auf die Tagesordnung, was zu heftigen Konflikten zwischen den gesellschaftlichen Gruppen führte. Zu Beginn des 20. Jahrhunderts konnten einige zentrale Spannungen befriedet werden und es wurden pragmatische Wege der Kooperation und Kompromissfindung beschritten, die sich bis heute – wenn auch inzwischen in deutlich abgeschwächter Form – auf das Zusammenspiel verschiedener Akteure und das politische Geschehen im Allgemeinen auswirken.[2]

3.1.1 Die versäulte niederländische Gesellschaft

Prägend für die politische Kultur der Niederlande in der ersten Hälfte des 20. Jahrhunderts ist die sogenannte Versäulung, die gesellschaftliche und politische Segmentierung der Gesellschaft entlang weltanschaulicher Trennungslinien.[3] Der Begriff Versäulung bezieht sich auf das Bild eines griechischen Tempels, dessen Säulen – ebenso wie die gesellschaftlichen Milieus in den Niederlanden – getrennt voneinander stehen, jedoch durch ein gemeinsames Dach verbunden sind. Säulen sind dabei nach Kruijt idealtypisch „auf einer weltanschaulichen Grundlage basierende, gesetzlich gleichberechtigte Blöcke gesellschaftlicher Organisationen und Formen des Zusammenlebens in einer größeren, weltanschaulich gemischten, aber rassisch und ethnisch überwiegend homogenen demokratischen Gesellschaft (Nation)."[4] Erste Anfänge der Versäulung – deren langfristige Wurzeln in einem

---

[1] Andeweg und Irwin halten beispielsweise fest: „The Netherlands is a country of minorities, which is without doubt the single most important characteristic of Dutch politics." Andeweg und Irwin (2009, S. 22).

[2] Wielenga bringt dies zum Ausdruck, indem er schreibt: „Die Niederlande (…) waren ein Land vieler Minderheiten, die sich in religiöser bzw. weltanschaulicher Hinsicht oft diametral gegenüberstanden, aber dennoch Zusammenarbeit vielfach nicht ausschlossen. Dem lag nicht politischer Konsens, sondern Pragmatismus zugrunde, ein Umstand, der für das richtige Verständnis der politischen Geschichte und Kultur der Niederlande des 20. Jahrhunderts von zentraler Bedeutung ist." Wielenga (2008, S. 12).

[3] Das Thema Versäulung analysieren unter anderem ausführlich: Lijphart (1992), Wielenga (2008, S. 97 ff.), de Rooy (2007, S. 196 ff.), van Dam (2008, S. 413 ff.), Koole (1995, S. 33 ff.), Frissen (2009, S. 109 ff.), Lepszy (1979, S. 13 ff.), Andeweg und Irwin (2009, S. 33 ff.).

[4] Zitiert nach: Wielenga (2008, S. 98).

historisch verankerten Streben nach Autonomie und Dezentralisierung zu finden sind – werden oftmals in die zweite Hälfte des 19. Jahrhunderts datiert, in der vor allem in protestantischen Gruppen der Gedanke von der „Souveränität im eigenen Kreis" Bedeutung gewann und auch im katholischen Milieu die Forderung nach möglichst weitreichender Subsidiarität aufkam.[5] Als wichtiger Ausgangspunkt der „versäulten Ära" gilt die Anfangsphase des 20. Jahrhunderts bis zum Jahr 1917, in dem mit der finanziellen Gleichstellung der konfessionellen Bildung und der Einführung des allgemeinen Wahlrechts zwei wichtige Streitpunkte zwischen den gesellschaftlichen Gruppen aufgelöst werden konnten. Mit dieser Pazifikation wurde der Diversität der niederländischen Gesellschaft Rechnung getragen und diese zugleich erhöht, da in den 1920er und 1930er Jahren die für die Versäulung typische Entstehung säulengebundener Organisationen in intensivierter Form stattfand, was die Trennungslinien zwischen den verschiedenen Milieus verstärkte. Die Hochzeit der Versäulung dauerte nach allgemeiner Einschätzung anschließend bis zu den 1960er Jahren an.

Die einzelnen Säulen waren durch jeweils spezifische Grundsätze sowie durch eigene und miteinander vernetzte Organisationen und Institutionen (wie zum Beispiel Parteien, Vereine, Zeitungen und Bildungseinrichtungen) gekennzeichnet.[6] Hinsichtlich der Zahl der Säulen finden sich in der Literatur je nach verwendeter Definition verschiedene Angaben. Häufig wird zwischen vier Säulen – einer katholischen, einer protestantischen, einer sozialistischen und einer liberalen Säule – unterschieden. In anderen Modellen werden die sozialistische und die liberale Säule zu einer „neutralen" Säule zusammengefasst. Diese gemeinsame Säule wird dann oftmals in eine obere liberale und eine untere sozialistische Hälfte aufgeteilt. Ein Grund für diese Verbindung liegt darin, dass die liberale Strömung über ein weniger starkes Organisationsnetzwerk verfügte, was nach Auffassung mancher Autoren ihren Status als eigene Säule in Frage stellt.[7] Bei allen Einteilungen ist zu beachten, dass die Säulen keineswegs einheitliche Blöcke bildeten – in ihnen gab es vielmehr zum Teil deutliche interne Spannungen. Um dies zu dokumentieren sei hier nur beispielhaft auf die verschiedenen Strömungen innerhalb der protestantischen Glaubensgemeinschaft hingewiesen. Zudem bestanden zwischen allen Säulen große Unterschiede hinsichtlich des Organisationsgrades. Das mit dem Begriff der Versäulung assoziierte Bild des griechischen Tempels ist somit nur als stark vereinfachendes Modell einer komplexeren Wirklichkeit zu verstehen – auch weil es durchaus – anders als dieses Bild suggeriert – sehr wohl Verbindungen zwischen den einzelnen Gruppen gab.[8] Ein besonders wichtiger Punkt besteht zudem darin, dass selbst zur Hochzeit der Versäulung weite Teile der niederländischen

---

[5] Zum Thema siehe unter anderem: van Dam (2011a, S. 23 ff.).
[6] Vgl. hierzu: Lijphart (1992, S. 47 ff.), Andeweg und Irwin (2009, S. 31). Es sei an dieser Stelle darauf hingewiesen, dass die beiden in der Wissenschaft intensiv diskutierten Begriffe Säulen und Milieus im Rahmen dieses Kapitels weitgehend synonym verwendet werden.
[7] Anschaulich hierzu: Wielenga (2008, S. 98). Weitere Erläuterungen zu diesem Thema finden sich bei: Lijphart (1992, S. 27 ff.), Andeweg und Irwin (2009, S. 31 f.), Koole (1995, S. 34 f.), Hellemans (2006, S. 242 f.).
[8] Vgl. hierzu: van Dam (2011a., S. 16 ff.).

Bevölkerung nicht oder nur bis zu einem gewissen Grad in ein bestimmtes Milieu eingebunden waren.

Bezüglich der Funktionen, die die Säulen erfüllten, bestehen verschiedene Interpretationen. Die Säulen werden unter anderem als Instrument der politischen Eliten zur sozialen Kontrolle der Bevölkerung, als Weg gesellschaftlicher Gruppen zur Beseitigung sozialer Benachteiligungen oder als Ausdruck traditioneller niederländischer Gesellschaftsgeschichte bewertet. In seinem Buch zur niederländischen Geschichte im 20. Jahrhundert schreibt Wielenga zusammenfassend: „Sie boten Geborgenheit und Identität, waren ein Vehikel für Parteibildung, Emanzipation und soziale Mobilität und gaben den Eliten ein Instrument zur Kontrolle der eigenen Anhänger wie auch zur Abgrenzung gegen staatlichen Einfluss in die Hand. Darüber hinaus boten die Säulen einen Schutzraum gegen die Schockwellen der sozialökonomischen Modernisierung ab 1870. Industrialisierung, Urbanisierung und andere Formen der Modernisierung vollzogen sich auf diese Weise für Viele im vertrauten Rahmen der eigenen Säule, die unerwünschte Auswüchse dämpfen und die positiven Errungenschaften (…) gerade zum Vorteil der eigenen Gruppe nutzbar machen konnte."[9]

Eine Aufsplitterung der Gesellschaft in verschiedene Säulen bzw. Milieus war im angesprochenen Zeitraum selbstverständlich auch in anderen Ländern zu beobachten – sie stellt somit keineswegs ein spezifisch niederländisches Phänomen dar.[10] In den Niederlanden war die Trennung der einzelnen Gruppen jedoch, sowohl was den internen Zusammenhalt der Säulen als auch was deren Abgrenzung voneinander anging, stärker ausgeprägt. Vor diesem Hintergrund stellen die Niederlande im angegebenen Zeitraum für einige Wissenschaftler ein Paradebeispiel für eine versäulte Gesellschaft dar.[11] Für viele Bürger bedeutete dies konkret, dass ihr Leben in vielen Bereichen im hohen Maße durch ihre Zugehörigkeit zu einer sozialen Gruppe geprägt wurde.[12]

Eine Frage, die in der Literatur zum Thema einen breiten Raum einnimmt, lautet, wie trotz der vergleichsweise starken Segmentierung der niederländischen Gesellschaft ein stabiler Staat bestehen konnte. Mit der Beantwortung dieser Frage hat sich unter anderem der Politikwissenschaftler Arend Lijphart beschäftigt, der im Jahr 1968 auf der Grundlage verschiedener Werke zur niederländischen Gesellschaftsstruktur sein Buch *The politics of Accomodation. Pluralism and Democracy in the Netherlands* (im Niederländischen: *Verzuiling, pacificatie en kentering in de Nederlandse politiek*) veröffentlicht hat. Nach Lijphart gewährleistete vor allem die Kooperation der Säuleneliten die Stabilität des niederländischen Staates.[13] Die Regeln, die hierbei Beachtung fanden und die somit als Grundla-

---
[9] Wielenga (2008, S. 31). Siehe hierzu auch: van Dam (2008, S. 419 ff.).
[10] Vgl. hierzu unter anderem: Hellemans (2006, S. 239 ff.).
[11] Vgl. Koole (1995, S. 33).
[12] Anschaulich hierzu: Wielenga (2008, S. 98 f.).
[13] Vgl. Lijphart (1992, S. 79 ff.). Andere wichtige Forscher zu diesem Thema, deren Erkenntnisse Lijphart in seiner Forschung aufgriff, waren unter anderem die Soziologen van Doorn und Kruijt sowie der Politologe Daalder. Vgl. hierzu beispielsweise: van Dam (2011a, S. 62 ff.).

ge der niederländischen „Befriedungsdemokratie" bzw. „Konsensdemokratie" fungierten, umfassten verschiedene Punkte.[14] Vor allem war es zur Wahrung der Stabilität Ziel der politischen Elite, sachliche Lösungen anzustreben – das Austragen ideologischer Konflikte hatte sich diesem Bestreben unterzuordnen. Das Treffen grundsätzlicher weltanschaulicher Entscheidungen wurde vor diesem Hintergrund möglichst vermieden, um größere Brüche zu vermeiden. Wenn dies nicht möglich war, wurde auf der Basis einer von allen Seiten akzeptierten pragmatischen Toleranz nach Kompromissen gesucht, die von allen Säulen mitgetragen werden konnten. Zur Eindämmung etwaiger Spannungen wurden politisch brisante Fragen dabei depolitisiert, indem sie auf Sachfragen reduziert und dann möglichst rational angegangen wurden. Im Ergebnis stellte die Beschlussfassung eine Verteilungsgerechtigkeit her, die die Vertreter der einzelnen Säulen ihren Anhängern anschließend gut vermitteln konnten. Die politische Entscheidungsfindung fand möglichst ohne direkte Beteiligung der Bevölkerung statt, da man emotionale Aufwallungen und Polarisierungen vermeiden wollte. Über den Verlauf der Verhandlungen bewahrte die Elite zudem Stillschweigen, da eine kritische Öffentlichkeit der Aushandlung von Kompromissen schaden könnte. Die Ausführung der vereinbarten Beschlüsse oblag der Regierung, in der die Spitzenvertreter der Säulen vertreten waren. Vom Parlament wurde erwartet, dass es der Regierung die hierfür erforderlichen Freiräume gewährt.

Nach Lijphart wurden die genannten Punkte niemals offiziell festgelegt, sondern haben sich diese sich im Lauf der Zeit entwickelt. Seine Überlegungen sind in den letzten Jahrzehnten immer wieder Gegenstand deutlicher Kritik geworden. Unter anderem wurde ihm vorgeworfen, dass sein Modell der versäulten Gesellschaft zu einfach sei, da es – wie oben bereits angesprochen – Bevölkerungsgruppen und Unterschiede in den Säulen ignorieren würde. Auch die von Lijphart vorgenommene Fokussierung auf den Zeitraum von 1917 bis 1967 wird in Anbetracht der über diese Daten hinausreichenden Kontinuitäten von vielen Wissenschaftlern kritisiert. Zu bedenken ist auch, dass es trotz der Suche nach Kompromissen und sachlichen Lösungen immer wieder zu bedeutsamen Konflikten zwischen den verschiedenen Gruppen kam. Darüber hinaus werden verschiedene Erklärungsansätze und Deutungen zum Teil als nicht zutreffend bzw. ausreichend erachtet.[15] Trotz dieser Kritik gilt Lijpharts Werk bis heute als eine wichtige Betrachtung zur politischen Kultur der Niederlande. Die von ihm analysierten Regeln politischer Entscheidungsfindungsprozesse trugen mit dazu bei, dass der niederländische Staat trotz der gesellschaftlichen Gegensätze stets eine stabile Grundlage hatte. Sie führten zudem dazu, dass die niederländische Politik insbesondere für ausländische Betrachter oftmals langweilig wirkte, weil Emotionen in vielen

---

[14] Vgl. hierzu unter anderem: Lijphart (1992, S. 116 ff.), Wielenga (2008, S. 100 f.). Zum Konzept der Konsensdemokratie siehe: Lijphart (1992, S. 167 ff.), van Praag (2006b, S. 270 f.).

[15] Vgl. Wielenga (2008, S. 102 ff.), Koole (1995, S. 36 ff.), van Praag (2006b, S. 275 ff.), van Dam (2008, S. 428 ff.), van Dam (2012), Andeweg und Irwin (2009, S. 38 ff.). Eine sehr umfassende Kritik findet sich bei van Dam, der die Versäulung in einem aktuellen Buch sogar als „niederländischen Mythos" bezeichnet und für einen anderen Blick auf die niederländische Geschichte plädiert. Vgl. hierzu: van Dam (2011a), van Dam (2011b, S. 52 ff.).

Fällen eingedämmt und Konflikte häufig im kleinen Rahmen und auf pragmatische Weise gelöst wurden.

Derartige Entscheidungsprozesse konnten nur auf der Grundlage einer spezifischen politischen Haltung der Bevölkerung funktionieren. Von den Bürgern wurde verlangt, dass sie den Vertretern ihrer jeweiligen Säule vertrauten, auf eigene Forderungen weitgehend verzichteten und die durch die Elitendiskurse getroffenen Entscheidungen akzeptierten. Die Säuleneliten, die häufig Ämter in verschiedenen Bereichen innehatten, waren aufgefordert, durch ihr Handeln die Stabilität der sozialen Einbindung zu fördern. Sie profitierten bei den Bemühungen zur Vermittlung ihrer Entscheidungen von der bestehenden politischen Kultur: Demoskopische Daten zeigen, dass Gehorsam und Obrigkeitstreue zu Zeiten der Versäulung in den Niederlanden weit verbreitet waren.[16] Ein großer Teil der Bevölkerung gab vor dem Hintergrund der bestimmenden Rolle der politischen Eliten und der Depolitisierung vieler Themen in Umfragen sogar an, nicht an Politik interessiert zu sein.[17] Eine aktive Partizipation der Bürger am Prozess der politischen Entscheidungsfindung war zu Zeiten der Versäulung nicht gefordert, sie wurde sogar als störend empfunden. Lucardie, Voerman und Wielenga halten somit fest: „Die Eliten der Massenparteien und Massenorganisationen trafen sich regelmäßig. So entwickelte sich in den Niederlanden eine Konkordanzdemokratie – wenn nicht eine Konkordanzoligarchie, weil die Bevölkerung recht wenig Einfluss auf die Kompromisse zwischen den politischen Eliten nehmen konnte."[18]

Die Auswirkungen der Versäulung auf die politische Orientierung der Bürger werden sehr deutlich, wenn man die Wahlergebnisse aus dieser Zeit betrachtet.[19] Auf der Grundlage der festen Zugehörigkeit weiter Bevölkerungsteile zu einem Milieu wurden einige bedeutende Parteien kontinuierlich von einer großen Anhängerschaft unterstützt. Im Ergebnis führte dies zu einem hohen Maß an politischer Stabilität: Die politische Landschaft der Niederlande veränderte sich von Beginn des 20. Jahrhunderts bis zum Beginn der 1960er Jahre – und somit über die Zäsur der Besatzungszeit hinweg – kaum. Aarts und Thomassen schreiben hierzu: „Until the early 1960 s the Netherlands were the prototype of a ‚frozen' party system, reflecting the cleavage structure of the beginning of the 20th century. The outcome of elections was almost totally predictable as most voters were loyal to the zuil

---

[16] Michels schreibt, dass zur Zeit der Versäulung, „political attitudes of Dutch citizens could be characterized by passivity and a broad acceptance of the authority of the elites. This passivity can partly be explained by the dominance of the elites, but was also due to the political attitude of the Dutch in general. As Daalder argued, the Dutch attitude towards authority could be characterized as a mixture of deference and indifference." Michels (2008, S. 478). Daten, die die politische Haltung der Niederländer zur Zeit der Versäulung dokumentieren, finden sich beispielsweise bei: Lijphart (1992, S. 135 ff.), Wielenga (2008, S. 102).

[17] Vgl. van Deth und Vis (2006, S. 141).

[18] Lucardie et al. (2011, S. 247).

[19] Vgl hierzu auch: Lijphart (1992, S. 35 ff.), Wielenga (2008, S. 106 ff.). Zur Entwicklung des niederländischen Parteiensystems siehe auch die Ausführungen im Kap. 6.

3.1 Historische Determinanten

(i. e. pillar) to which they belonged and voted accordingly."[20] Wahlen wurden vor diesem Hintergrund manchmal sogar spöttisch als Volkszählungen betitelt. Mit der katholischen KVP (*Katholieke Volkspartij* bzw. vor 1940 *Rooms-Katholieke Staatspartij*, RKSP), der protestantischen *Anti-Revolutionaire Partij* (ARP), der ebenfalls protestantischen *Christelijk Historische Unie* (CHU), der sozialdemokratischen PvdA (bzw. vor 1940 *Sociaal Democratische Arbeiders Partij*, SDAP) und der liberalen VVD (bzw. ihrer Vorgängerorganisationen) dominierten fünf große Parteien fortdauernd die niederländische Politik, wobei sich die Gewichte der einzelnen Gruppierungen – wenn man von einem Bedeutungsverlust der Liberalen absieht – im Lauf der Jahrzehnte nicht grundlegend verschoben. Zusammen erhielten die fünf Gruppierungen bei den Wahlen vor dem Zweiten Weltkrieg jeweils etwa 80 % der Stimmen. Nach dem Ende der Besatzung erhöhte sich dieser Anteilswert sogar noch: In den 1950er Jahren entfielen teilweise über 90 % der Stimmen auf diese Gruppierungen.

Die festen Parteibindungen zur Zeit der Versäulung schmälerten die Chancen für neue Parteien im entscheidenden Maße. Zwar waren – begünstigt durch das bestehende Wahlrecht (Abschn. 5.1) – fortdauernd relativ viele Parteien im Parlament vertreten, die Bedeutung der kleineren Parteien blieb jedoch stets eng begrenzt. Die Zuordnung weiter Teile der Bevölkerung in ein Milieu liefert somit auch eine wichtige Erklärung dafür, warum es in den 1930er Jahren in den Niederlanden, anders als in verschiedenen europäischen Ländern, trotz aller auch hier auftretenden wirtschaftlichen Probleme und politischen Unzufriedenheiten keinen größeren Aufschwung des politischen Extremismus gab. Lucardie dokumentiert dies anschaulich, indem er schreibt: „Die Radikalisierung der Arbeiter und des Mittelstandes wurde von der Versäulung erheblich gebremst. Wenn ein kalvinistischer Ladenbesitzer, ein katholischer Bauer oder ein sozialdemokratischer Arbeiter zur NSB oder CPN übertrat, verlor er nicht nur die Sympathie seiner Kollegen, sondern auch seine Mitgliedschaft im Berufsverband oder der Gewerkschaft sowie in vielfältigen Vereinen. Außerdem konnte er sogar aus der Kirche ausgeschlossen werden."[21] Die linksextreme

---

[20] Aarts und Thomassen (2008, S. 203). Auch Mair verweist auf die Stabilität der Parteibindungen zur Zeit der Versäulung, indem er schreibt: „In the 1950 s, in the heyday of verzuiling, the Netherlands had one of the most stable electorates in Europe." Mair (2008, S. 249). Hingewiesen sei auf den Umstand, dass in Niederlanden zu dieser Zeit eine Meldepflicht bei Wahlen bestand, eine Stimmenthaltung für die meisten niederländischen Wähler auch vor diesem Hintergrund somit keine Option war.

[21] Lucardie (2006b, S. 332). Als Gründe für die Erfolglosigkeit der NSB führt der Verfasser an anderer Stelle ihren sich radikalisierenden Kurs und ihre Anlehnung an die deutschen Nationalsozialisten an. Koole weist auf einen weiteren Punkt hin, indem er das Verhalten der damaligen politischen Elite als Grund für das Scheitern rechter Bewegungen anführt. „Vor allem der Ministerpräsident der 30er Jahre, der ARP-Politiker Colijn, strahlte eine dermaßen große Autorität aus, dass ‚der Ruf nach einem starken Mann' aus der faschistischen Ecke relativ wenig Gehör fand. Colijn und seine Kabinette standen für ‚Recht und Ordnung', und auch diese sehr autoritäre Politik nahm den Extrem-Rechten den Wind aus den Segeln." Koole (1995, S. 36, Übersetzung durch den Verfasser). Wielenga äußert sich ähnlich über Colijn, „der sich als ‚starker Mann' zwar an die Regeln des parlamentarisch-demokratischen Systems hielt, angesichtes seiner Plädoyers für eine energische Führerschaft, für die

Communistische Partij in (später: *van*) *Nederland* (CPN) erhielt vor dem Krieg bei Wahlen zur Zweiten Kammer nie mehr als 3,3 % der Stimmen. Unmittelbar nach dem Krieg gewann diese Partei einmal über 10 % der Stimmen – vor dem Hintergrund der einsetzenden Ost-West-Konfrontation verlor sie wegen ihres sowjetfreundlichen Kurses jedoch rasch wieder an Bedeutung.[22] Auch die rechtsextreme *Nationaal Socialistische Beweging* (NSB) kam über einen Stimmenanteil von 4,2 % nicht hinaus.[23] Mit ihren wenigen Sitzen blieb die von italienischen und deutschen Ideen beeinflusste NSB damit „eine Randerscheinung in der niederländischen Politik."[24]

3.1.2 Von der Versäulung zur Entsäulung

Die deutsche Besatzung im Zeitraum von 1940 bis 1945 wird oftmals als bedeutende Zäsur in der niederländischen Geschichte bewertet. Wenn man sich die Zusammensetzung der Regierungsbündnisse und (damit einhergehend) die Ausrichtung der Politik in den ersten Nachkriegsjahren anschaut, ist eine solche Einteilung zum Teil durchaus gerechtfertigt. Zu beachten ist jedoch auch, dass in gesellschaftlicher Hinsicht die versäulten Strukturen – obwohl verschiedene Kreise versuchten, diese zu durchbrechen – nach Kriegsende rasch wieder an Bedeutung gewannen und somit in dieser Hinsicht von einer wichtigen Kontinuitätslinie zu sprechen ist. Andeweg und Irwin halten sogar fest: „In many respects the postwar years even became the heyday of consociational democracy, and of political stability."[25] In der Folgezeit – spätestens ab Ende der 1950er/Anfang der 1960er Jahre – stellten sich die versäulten Strukturen jedoch nach und nach als überholt heraus und auch die Bemühungen der Säuleneliten, gegen die Anfänge der Entsäulung vorzugehen, erwiesen sich nun im zunehmende Maße als erfolglos. Ein gutes Beispiel hierfür stellt ein Hirtenbrief der katholischen Bischöfe aus dem Jahr 1954 mit dem Titel *Der Katholik im öffentlichen Leben dieser Zeit* dar. In diesem Schreiben versuchten die Bischöfe, ihren Anhang von einer Annäherung an die sozialistische Säule zu warnen, indem sie unter anderem schrieben, dass es mit dem katholischen Glauben nicht zu vereinbaren sei, sozialistische Presseerzeugnisse zu

---

Stärkung der Exekutive und für das Zurückdrängen des Volkseinflusses jeodch als ein autoritärer Demokrat betrachtet werden darf." Wielenga (2008, S. 17). An anderer Stelle untersucht der Verfasser ausführlich die niederländische Demokratie in den 1920er und 1930er Jahren. Vgl. Wielenga (2008, S. 118 ff.). Informationen zur Bekämpfung der Wirtschaftskrise der 1930er Jahre finden sich in: Langeveld (2009, S. 37 ff.).

[22] Vgl. Lucardie (2007b, S. 40 und S. 49 f.).
[23] Bei der Wahl zu den Provinzparlamenten im Jahr 1935 hatte die NSB 7,9 % der Stimmen erhalten und somit ihr bestes Ergebnis erzielt. Auch wenn ein solches Resultat im internationalen Vergleich als wenig bemerkenswert erscheint, wurde hierüber in den Niederlanden selbst heftig diskutiert. Parteiführer des NSB war Anton Mussert, der nach dem Kriegsende zum Tode verurteilt und hingerichtet wurde. Für weitere Informationen zur Partei siehe: Wielenga (2008, S. 128 ff.), Vossen (2003, S. 163 ff.), Lucardie (2007b, S. 41 ff.).
[24] Lucardie (2006b, S. 332).
[25] Andeweg und Irwin (2009, S. 41).

3.1 Historische Determinanten

konsumieren, an Versammlungen von Sozialisten teilzunehmen oder entsprechenden Organisationen anzugehören. Denjenigen Katholiken, die dieser Warnung zuwiderhandelten, wurde sogar die Verweigerung der heiligen Sakramente und des kirchlichen Begräbnisses angedroht.[26] Obwohl entsprechende Inhalte auch schon in der Vergangenheit verbreitet worden waren, riefen sie nun ein großes Echo und massive Kritik hervor. Auch wenn der Hirtenbrief somit auf Teile der katholischen Anhängerschaft eine disziplinierende Wirkung gehabt hat, zeigen die durch ihn ausgelösten Reaktionen doch vor allem, dass sich das gesellschaftliche Klima im Wandel befand.

Im Lauf der nachfolgenden Jahrzehnte verloren die Säulen sukzessive an Bindungskraft, was sich unter anderem darin ausdrückte, dass die Trennungslinien zwischen ihnen verschwammen und sich auch die zuvor entsprechend der Säulenstruktur gestaffelten Organisationen (Parteien, Gewerkschaften, Arbeitgeberverbände usw.) in verschiedenen Bereichen aufeinander zu bewegten und sich in manchen Fällen sogar zusammenschlossen. Das schleichende Ende der versäulten Strukturen kann auf verschiedene (vornehmlich langfristig wirkende) Trends zurückgeführt werden, deren Bedeutung zum Teil unterschiedlich bewertet wird. Hinzuweisen ist sicherlich auf den Anstieg des Bildungsniveaus, das allgemeine Wohlstandswachstum, die einsetzende Säkularisierung, die immer größere Mobilität, den Wandel der Medienlandschaft und die Modernisierungen in der Berufswelt sowie im privaten Bereich. Diese Veränderungen, die zu einer Individualisierung der Lebensstile führten, trugen allesamt dazu bei, dass die Bedingungen der versäulten Gesellschaft ebenso wie die Identifikation mit einer Säule nun – insbesondere von jüngeren Bürgern – im zunehmenden Maße hinterfragt wurden.[27] Die eben angesprochenen Wandlungen verursachten in politischer Hinsicht – in den Niederlanden ebenso wie in vielen anderen Ländern – auch einen Wertewandel, der im Sinne der von Inglehart beschriebenen *silent revolution* mit der Aufwertung sogenannter postmaterialistischer Themen und damit auch mit deutlicher Kritik an der bestehenden politischen Kultur einherging. Immer weniger Bürger waren bereit, sich auf eine folgsame und passive Rolle im politischen Leben zu beschränken, wodurch auch die dominierende Rolle der Eliten an Akzeptanz verlor. Deren Autorität war nicht mehr selbstverständlich, sodass sie gezwungen waren, immer mehr Überzeugungsarbeit zu leisten, um ihren Bedeutungsverlust zumindest einzugrenzen. Der Wertewandel in der Bevölkerung führte auch dazu, dass neue politische Themen an Bedeutung gewannen und Forderungen nach Mitsprache und Transparenz immer stärker aufkamen.[28] Vor diesem Hintergrund ist es dann auch zu erklären, warum zu dieser

---

[26] Vgl. de Liagre-Böhl (2007, S. 277).

[27] Wielenga bringt dies folgendermaßen zum Ausdruck: „In den 1960er Jahren entstand allmählich ein anderer Typus Bürger. Individualisierung und Säkularisierung bereiteten der übersichtlichen politisch-gesellschaftlichen Einteilung ein Ende und unterminierten die versäulten Macht- und Verhaltensmuster." Wielenga (2008, S. 311). Zu den Hintergründen und zum Verlauf der Entsäulung siehe auch: de Liagre-Böhl (2007, S. 297 ff.), Andeweg und Irwin (2009, S. 41 ff.), Lijphart (1992, S. 11 ff. und S. 203 ff.), van Dam (2011b, S. 52 ff.), Wielenga (2001, S. 147 ff.), van Dam (2011a, S. 75 ff.).

[28] Nach van Praag lag einer der Anlässe für die politische Unzufriedenheit dieser Zeit darin, dass Anfang der 1960er Jahre mehrere Kabinette vorzeitig zerbrachen und die Bürger keine Möglichkeit

Zeit Diskussionen über Reformen am politischen System, die insbesondere zur Verbesserung der Einflussmöglichkeiten der Bürger und zu mehr Offenheit führen sollten, – wie im Kap. 2 bereits erwähnt – eine erste Hochphase erlebten.

In den Niederlanden entstanden vor dem Hintergrund der gesellschaftlichen Umwälzungen und der politischen Unzufriedenheiten Protestbewegungen, die sich inhaltlich unter anderem mit Fragen der Gleichberechtigung, des Umweltschutzes und der politischen Teilhabe beschäftigten. Darüber hinaus wurden von ihnen die Obrigkeitshörigkeit und die Konsumorientierung in der niederländischen Bevölkerung kritisiert und Themen der internationalen Politik aufgegriffen. Die wichtigsten Gruppen, die sogenannten *Provos*, *Kabouters* und *Dolle Mina's* wollten durch ihre Aktionen provozieren und verwirren – sie rüttelten jedoch nicht (wie es in Deutschland zu dieser Zeit zum Teil der Fall war) und schon gar nicht gewaltsam an den Grundfesten von Staat und Gesellschaft.[29] Es wurde anders als im östlichen Nachbarland kaum radikalen Ideologien angehangen und auch nicht im derartigen Maße eine Abrechnung mit der älteren Generation angestrebt. Zudem reagierten auch die Säuleneliten anders als in der Bundesrepublik: Statt eine konfrontative Haltung einzunehmen, versuchten diese in vielen Fällen verständnisvoll auf die neuen Forderungen zu reagieren.[30] Im Bereich der Bildung konnten die protestierenden Studenten vor diesem Hintergrund einen wichtigen Erfolg feiern, da im Jahr 1970 ein neues Hochschulgesetz erlassen wurde, das ihnen mehr Einfluss gab.

Durch die dargestellten Veränderungen ergaben sich auch tiefgreifende Wandlungen in der politischen Landschaft (Kap. 6). Einige etablierte Parteien verloren ab Mitte der 1960er Jahre Teile ihrer vorher überaus treuen Stammklientel, was ihre Position schwächte. Diese Entwicklung traf vor allem die KVP und die CHU, die innerhalb von weniger als zehn Jahren beinahe die Hälfte ihrer zuvor stabilen Stimmenanteile einbüßten (1963: 31,9 bzw. 8,6 %, 1972: 17,7 bzw. 4,8 %). Eine Auswirkung dieser Entwicklung lag darin, dass sich die drei großen konfessionellen Parteien, die sich im Rahmen der gesellschaftlichen Veränderungen aufeinander zu bewegt hatten, zum christdemokratischen CDA zusammenschlossen (Abschn. 6.3.1). Auch die Sozialdemokratie musste zunächst gewisse Verluste hinnehmen, die jedoch nur von kurzer Dauer waren. Der liberalen VVD gelang es hingegen sogar, mit ihrer liberalen Ausrichtung von den gesellschaftlichen Wandlungen zu profitieren: Sie erzielte ab Beginn der 1970er Jahre deutlich bessere Ergebnisse als in den Jahrzehnten hervor.

Durch die (kurzzeitigen) Verluste der etablierten Parteien ergaben sich Chancen für neue Gruppierungen, die es – wie beispielsweise die *Pacifistisch-Socialistische Partij* (PSP, gegründet 1957), die *Boerenpartij* (BP, gegründet 1958/59), die *Politieke Partij Radicalen*

---

erhielten, durch Wahlen Einfluss auf die zukünftige Zusammensetzung der neuen Regierung zu nehmen. Vgl. van Praag (2006b, S. 280 f.). Siehe hierzu auch: de Liagre-Böhl (2007, S. 306 f.).

[29] Zur Provo-Bewegung siehe: Pas (2003).

[30] Wielenga hält somit fest: „Die Auseinandersetzungen zwischen der Protestbewegung und dem ‚Establishment' waren in den Niederlanden im Gegensatz zur Bundesrepublik nicht verbissen, hasserfüllt oder aggressiv, sondern spielerisch." Wielenga (2008, S. 308). Zum Thema siehe auch: Wielenga (2001, S. 137 ff.), Lucardie (2007b, S. 57 ff.), de Liagre-Böhl (2007, S. 298 ff.).

3.2 Neuere Entwicklungen und Fragestellungen

Abb. 3.1 Wahlergebnisse im Zeitverlauf (1918–2010)

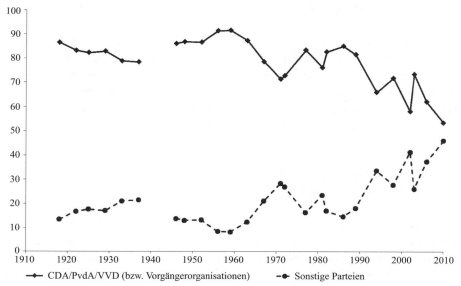

— CDA/PvdA/VVD (bzw. Vorgängerorganisationen)   --•-- Sonstige Parteien

Quelle: CBS; Eigene Darstellung

(PPR, gegründet 1968) oder die *Democratisch Socialisten'70* (DS'70, gegründet 1970) – in ihren Programmen verstanden, die neuen Themen, Forderungen und Unzufriedenheiten aufzugreifen.[31] Besondere Bedeutung erlangte die D66, die den politischen Wandel in das Zentrum ihrer Bemühungen stellte und hiermit rasch große Erfolge erzielen konnte. Die quantitative Bedeutung der soeben angesprochenen Veränderungen ist anhand der Wahlergebnisse aus dieser Zeit gut zu illustrieren: Bei den Wahlen der Jahre 1956 und 1959 entfielen jeweils nur rund 8 % der Stimmen auf andere als die fünf großen Parteien. Dieser Anteilswert erhöhte sich anschließend auf über 28 % bei der Wahl 1971 (Abb. 3.1). Die politische Landschaft der Niederlande wurde somit seit Beginn der 1960er Jahre bunter und instabiler.

3.2 Neuere Entwicklungen und Fragestellungen

Nach der Auseinandersetzung mit Ver- und einsetzender Entsäulung sollen im Folgenden einige aktuelle Charakteristika der niederländischen politischen Kultur angesprochen wer-

---

[31] Auf die PSP, die PPR und die DS'70 wird im weiteren Verlauf des Buches noch weiter eingegangen. Bei der *Boerenpartij* (BP) handelte es sich um eine konservative Protestpartei, die 1967 nahezu 5 % der Stimmen erhielt. Sie verschwand zu Beginn der 1980er Jahre aus dem Parlament und löste sich dann auf. Vgl. Vossen (2004, S. 250 ff.), van Kessel und Krouwel (2011, S. 306), Reuter (2009, S. 110 ff.).

den. Hierbei wird zunächst an die Inhalte des vorangegangenen Unterkapitels angeknüpft, indem die mittlerweile weitreichende Auflösung der gesellschaftlichen Milieus sowie deren Auswirkungen auf die politische Landschaft behandelt werden. Anschließend wird auf den in den letzten Jahren zu beobachtenden Aufschwung des Populismus, der eng mit den Namen Pim Fortuyn und Geert Wilders verbunden ist, eingegangen, wobei vor allem dessen Hintergründe erörtert werden sollen. Auf einen besonders wichtigen Aspekt, die wachsende Bedeutung migrations- und integrationspolitischer Fragen, wird dabei separat eingegangen. Im letzten Teil des Kapitels folgt dann eine Auseinandersetzung mit der aktuellen Politikzufriedenheit in den Niederlanden.

3.2.1 Die Auflösung der gesellschaftlichen Säulen und ihre Auswirkungen

Die lange dominanten versäulten Gesellschaftsstrukturen haben in den letzten Jahrzehnten im Rahmen eines langsam voranschreitenden Prozesses immer mehr an Bedeutung verloren.[32] Bedeutsame Belege für diese Entwicklung bestehen in der seit Anfang der 1960er Jahre rapide sinkenden Zahl an Bürgern, die sich einer Glaubensgemeinschaft zugehörig fühlen, und in der sukzessiven Auflösung der klassischen Anhängerschaft der Sozialdemokratie.[33] Im Ergebnis hat die Auflösung der traditionellen Säulen sukzessive zur Herausbildung einer äußerst komplexen Gesellschaftsstruktur geführt, die durch ein hohes Maß an Individualisierung gekennzeichnet ist. Während sich die Aufteilung der Bevölkerung in soziale Milieus in den Niederlanden zur Zeit der Versäulung somit besonders weitreichend gestaltete, kann für die heutige Zeit eine auch im internationalen Vergleich außergewöhnlich unübersichtliche Situation konstatiert werden.

Diese Unübersichtlichkeit wirkt sich auch auf die politische Kultur der Niederlande aus. Die politische Aufteilung der Bevölkerung fand zur Zeit der Versäulung bei vielen Bürgern auf der Grundlage fester Parteibindungen statt. In inhaltlicher Hinsicht dominierten zwei große Konfliktlinien: In sozioökonomischer Hinsicht standen sich (beispielsweise hinsichtlich der Rolle des Staates und der Wohlstandsverteilung) linke und rechte und in soziokultureller Hinsicht religiöse und säkulare Positionen gegenüber. In der heutigen Zeit ergibt sich ein wesentlich komplexeres Bild: Die politische Kultur ist durch eine Vielzahl

---

[32] Über den zeitlichen Verlauf dieser Entwicklung schreibt Andeweg: „Pillarization in the Netherlands did not disappear abruptly, but various indicators show gradual erosion starting in the 1960 s and an all but complete disappearance since the late 1980s." Andeweg (2008, S. 257). Zu den gesellschaftlichen Veränderungen siehe auch: Andeweg und Thomassen (2011, S. 24 ff.), Raad voor het openbaar bestuur (2010, S. 21 ff.).

[33] Andeweg und Irwin schreiben zur Säkularisierung der niederländischen Gesellschaft: „From being one of the more religious societies in Europe, the Netherlands has become the society within Europe with the lowest percentage of religious adherents (…)." Andeweg und Irwin (2009, S. 13). Zahlen, die diese Entwicklung dokumentieren, finden sich bei: Wielenga (2008, S. 307).

3.2 Neuere Entwicklungen und Fragestellungen

unterschiedlicher Wertorientierungen, Interessen und Meinungen geprägt.[34] Diese Situation stellt die Parteien, die nicht mehr im früheren Maße über eine feste Anhängerschaft verfügen, vor eine schwierige Aufgabe, schließlich ist es – wie Jos de Beus anschaulich erläutert – wesentlich schwieriger 16 Millionen Individualisten zu repräsentieren als zwei soziale Klassen oder drei Säulen.[35] Hierbei ist auch zu bedenken, dass viele Niederländer vor dem Hintergrund des gestiegenen Bildungsniveaus, vielfältiger Informationsmöglichkeiten und eines gewachsenen Selbstbewusstseins politische Bindungen und Autoritäten heute wesentlich stärker hinterfragen als dies früher der Fall war. Van Kessel und Krouwel bringen die Veränderung anschaulich zum Ausdruck, indem sie schreiben, dass der folgsame Bürger der Versäulung mittlerweile Platz für eine höher gebildete, mündigere und besser informierte Wählerschaft gemacht hat, die ihre Stimme nicht unkritisch einer Partei gibt, sondern wirklich wählt.[36] Michels umreißt die Veränderung mit folgenden Worten: „Dutch society has developed from a society in which passivity and allegiance to the elites of the pillars was the dominant political attitude of the citizens, into a society marked by growing demands and dissatisfaction among citizens and a growing concern among politicians about a widening gap with the public."[37]

Die hier thematisierten Veränderungen haben die zu Zeiten der Versäulung gültigen Spielregeln der Pazifikationspolitik teilweise aufgehoben: Eine Depolitisierung brisanter Fragen ist beispielsweise in der heutigen Zeit in dieser Form ebenso wenig möglich wie die Durchführung von geheimen Elitenverhandlungen. Vom Parlament wird heute zudem eine viel kritischere Kontrolle des Regierungshandelns erwartet. Schon in den 1970er kam es zudem zu einer ersten Phase der Polarisierung des politischen Geschehens.[38] In Bezug auf die politische Partizipation der Bürger kann ebenfalls ein Wandel konstatiert werden, da diese nicht mehr nur bei Wahlen ihre Stimmen abgeben, sondern auch vielfältige andere Formen politischer Beteiligung nutzen. Die Entwicklung hin zu einer größeren Partizipation der Bevölkerung wurde beispielsweise Mitte der 1980er Jahre deutlich, als viele Niederländer sich in der Friedensbewegung engagierten.[39] Die seit Jahren immer wieder aufkommenden Kontroversen über die Notwendigkeit zur demokratischen Erneuerung des politischen

---

[34] Zum Thema siehe: Keman und Pennings (2011, S. 247 ff.), van Kessel und Krouwel (2011, S. 311 ff.), Aarts und Thomassen (2008, S. 211 ff.), Otjes (2011, S. 405 ff.).
[35] Vgl. Raad voor het openbaar bestuur (2010, S. 25).
[36] Vgl. van Kessel und Krouwel (2011, S. 313). Eine ähnliche Einschätzung findet sich bei Wielenga, der schreibt: „Individualisiert, ohne viel Respekt vor Autoritäten, wenig gebunden an Partei, Kirche oder Bewegung, aber doch politisch bewusst, das sind die aktuellen politisch-mentalen Kernbegriffe, die sich inzwischen durchgesetzt und verbreitet haben." Wielenga (2008, S. 376). Zum Thema siehe auch: van den Brink (2005, S. 85 ff.).
[37] Michels (2008, S. 478).
[38] Vgl. hierzu unter anderem: Pennings und Keman (2008, S. 154 ff.).
[39] Ausführliche Informationen zum Thema politische Partizipation finden sich bei: Leyenaar und Jacobs (2011, S. 83 ff.), Wille (2011, S. 103 ff.), Denters et al. (2011, S. 119 ff.), Bovens und Wille (2010, S. 393–422), Michels (2008, S. 472–492), van Houwelingen et al. (2011, S. 185 ff.), van Deth und Vis (2006, S. 144 ff.).

System können zudem als Ausdruck neuer politischer Ansprüche vieler Bürger nach mehr Mitsprache gedeutet werden.

Die gesellschaftlichen Umbrüche der letzten Jahrzehnte implizieren immense Folgen für die politische Landschaft. Feste Bindungen zu den Parteien sind heute nur noch im weitaus geringeren Maße vorhanden: Untersuchungen haben in Bezug auf die klassische Klientel der Christdemokratie gezeigt, dass zwischen 1956 und 1986 „the size of the religious groups in society has dramatically decreased and furthermore that it has also become far less self-evident that those belonging to a particular social group also vote for the party traditionally representing that group."[40] Wie Aarts und Thomassen auf Grundlage von Zahlen für die Jahre 1986 und 2006 zeigen, hat sich die Entsäulung auch in diesem Zeitraum weiter fortgesetzt und sich beispielsweise die Zahl der praktizierenden Katholiken nochmals stark verringert. Auch die Bindung der praktizierenden Katholiken und Protestanten zum CDA hat sich weiter abgeschwächt.[41] Beim klassischen Klientel der sozialdemokratischen Partei fand eine ähnliche Entwicklung statt, da dieses im Zuge des voranschreitenden wirtschaftlichen Strukturwandels immer kleiner wird und darüber hinaus seine traditionelle Bindung zur Sozialdemokratie zumindest partiell gelöst hat. Von den Mitgliedern der säkularen Arbeiterklasse hat somit bei der Wahl 2006 nur noch ein Drittel für die PvdA gestimmt – dieser Anteilswert lag selbst Ende der 1980er Jahre noch bei rund 60 %.

An die Stelle fester Parteibindungen ist insbesondere seit Beginn der 1990er Jahre Unberechenbarkeit getreten. Diese Unberechenbarkeit prägt das Bild der niederländischen Politik in den letzten Jahren im entscheidenden Maße. Sie kann darauf zurückgeführt werden, dass durch die Auflösung der Parteibindungen in Verbindung mit einer im Vergleich zu Deutschland offeneren politischen Kultur immer mehr Wechselwähler (im Niederländischen: „schwebende" Wähler) das politische Geschehen prägen. Diese Wähler – die selbstverständlich nicht völlig frei schweben, sondern in der Regel mehreren, programmatisch verwandten politischen Gruppierungen zugeneigt sind – müssen von den Parteien von Wahl zu Wahl neu überzeugt werden.[42] Das Wahlverhalten eines großen Teils der Bevölkerung ist somit volatil: Die Bürger entscheiden dabei nicht nur zwischen unterschiedlichen Parteien, sondern auch zwischen Wahl und Nichtwahl.[43] Die Wechselwähler richten eine Vielzahl unterschiedlicher Erwartungen an die Parteien, die jeweiligen Prioritäten werden dabei individuell gesetzt. Auch für die traditionell großen Parteien ergibt sich die Schwierigkeit, in Anbetracht dieser Komplexität eine weitreichende Integrationskraft zu entfalten. Dieser Punkt erklärt auch, warum hohe Wahlergebnisse einer Partei, wie man sie aus der Vergangenheit kennt, derzeit und perspektivisch immer schwieriger realisierbar erschei-

---

[40] Aarts und Thomassen (2008, S. 206).
[41] Vgl. Aarts und Thomassen (2008, S. 206 f.).
[42] Cuperus schreibt hierzu: „Fast jeder Bürger ist ein Wechselwähler geworden, der von Wahl zu Wahl seine Stimme festlegt, wenn auch innerhalb einer – wie Politikwissenschaftler sagen – einigermaßen stabilen ‚rechten oder linken Auswahl' von parteipolitischen Optionen." Cuperus (2011, S. 168).
[43] Um die Bedeutung der Nichtwahl zu dokumentieren, sei hier darauf hingewiesen, dass bei der Wahl 2010 über drei Millionen Wahlberechtigte nicht gewählt haben – zum Vergleich: die VVD erhielt als stärkste Partei bei dieser Wahl rund 1,9 Millionen Stimmen.

3.2 Neuere Entwicklungen und Fragestellungen

nen. Diese Prognose wird auch durch den Umstand gestützt, dass das Ausmaß der Parteibindungen in den Niederlanden auch vom Alter der Wähler abhängig ist: Vor allem jüngere Menschen weisen keine festen Parteibindungen mehr auf und entscheiden somit zu jeder Wahl neu, für welche Partei bzw. ob sie stimmen wollen.[44]

In verschiedenen Untersuchungen werden die angesprochenen Entwicklungen auf überzeugende Weise dokumentiert. Sie zeigen deutlich, dass das Wahlverhalten der niederländischen Bürger im Lauf der Zeit immer unberechenbarer wurde und heute auch im internationalen Vergleich sehr wechselhaft ist.[45] Auf besonders anschauliche Weise nachgewiesen wird dieser Umstand durch Berechnungen von Peter Mair, der Wahlergebnisse in verschiedenen europäischen Ländern analysiert und dabei zu dem Ergebnis gelangt, dass die Volatilität in den Niederlanden bei den letzten Wahlen sowohl in historischer als auch in komparativer Perspektive sehr groß war.[46] In einem Überblick über die letzten Jahrzehnte hält er fest, dass die niederländische Politik lange Zeit durch ein hohes Maß an Stabilität geprägt war: „From 1994 onwards, however, the picture has changed completely. Volatility levels are now the highest in Western Europe, with the most unstable elections, those of 1994, 2002 and 2006, breaking all sorts of historical records. Simply put: there is no other political system in Europe in which such high levels of instability have been recorded in the context of what are otherwise ‚normal' social and political circumstances."[47]

Die Wahl vom 9. Juni 2010 bestätigt die Volatilität des Wahlverhaltens in den Niederlanden erneut, und zwar auf eindrucksvolle Weise. Der Demoskop Maurice de Hond hält in einer Nachbetrachtung der Wahl sogar fest, dass das Wahlergebnis zeige, dass die niederländische Politik seiner Einschätzung zufolge vollständig aus dem Lot geraten sei. Nach seinen Berechnungen hat knapp die Hälfte der Wähler 2010 eine andere Partei ge-

---

[44] Irwin und van Holsteyn halten es unter anderem vor diesem Hintergrund für eine risikolose Vorhersage, „that volatility in the Dutch electorate will continue and probably even increase." Irwin und van Holsteyn (2008, S. 196).

[45] In einem Bericht mit dem Titel *De sterke volatiliteit van het Nederlands electoraat*, der auf der Internetseite www.peil.nl im Juni 2010 veröffentlicht wurde, steht, dass bei den Wahlen bis zu Beginn der 1960er Jahre stets mehr als 85 % der Niederländer die Partei wählten, die sie auch bei der jeweils vorherigen Wahl unterstützt haben. Dieser Wert ist in der Folgezeit und vor allem seit Beginn der 1990er Jahre dann deutlich gesunken. Nähere Analysen zum Wahlverhalten in den Niederlanden finden sich unter anderem bei: Irwin und van Holsteyn (2008, S. 181 ff.), van der Eijk und van Praag (2006, S. 126 ff.), Andeweg und Thomassen (2011, S. 47 ff.), Irwin und van Holsteyn (2011, S. 336 ff.), van der Brug (2002, S. 230 ff.), van Deth und Vis (2006, S. 123 ff.), Andeweg und Irwin (2009, S. 109 ff.), Wielenga (2010, S. 78 f.).

[46] Vgl. Mair (2008, S. 237 ff.). Der Autor kommt im Rahmen seiner Berechnungen, in die er die Wahlen in Westeuropa im Zeitraum von 1950 bis 2006 einbezieht, unter anderem zu dem Ergebnis, dass drei der letzten Wahlen in den Niederlanden (1994, 2002 und 2006) zur „Top Ten" der Wahlen mit den größten Verschiebungen gehören. Dieser Umstand ist besonders bemerkenswert, da die meisten anderen Wahlen auf dieser Liste in Zeiten großer politischer Umbrüche stattgefunden haben. Zur Volatilität der niederländischen Wählerschaft siehe auch: Keman und Pennings (2011, S. 256 ff.), Andeweg und Thomassen (2011, S. 47 ff.), van der Brug (2008, S. 33 ff.).

[47] Mair (2008, S. 249). Auf die Unberechenbarkeit der niederländischen Wählerschaft verweisen auf anschauliche Weise auch: Becker und Cuperus (2006, S. 83).

wählt als bei der letzten Wahl im Jahr 2006. Noch bemerkenswerter ist für ihn jedoch die Tatsache, dass in den Monaten vor der Wahl über ein Drittel der Bürger seine Wahlpräferenz geändert hat. In Anbetracht dieser Zahlen gelangt de Hond zu der Einschätzung, dass das Wahlergebnis zu einer zufälligen Momentaufnahme reduziert sei und sich kurz nach dem Wahltermin wieder ganz anders darstellen könnte.[48] Vor diesem Hintergrund hängen Wahlerfolge von Wahl zu Wahl stark von kurzfristig wirkenden Faktoren ab: vor allem von der aktuellen Stimmung in der Bevölkerung, vom jeweiligen programmatischen Angebot, von der Beliebtheit der zur Wahl stehenden Kandidaten, vom Erfolg der eigenen Wahlkampfführung sowie vom Raum, den die anderen Gruppierungen im Parteienspektrum bieten.

Die Auflösung der Parteibindungen wirkt sich, wie im Kap. 6 dieses Buches noch ausführlicher gezeigt wird, zum einen auf die etablierten Parteien aus – dies zeigen die stark schwankenden Wahlergebnisse der PvdA, CDA und VVD nach 1994 deutlich. Die wachsende Zahl an Wählern ohne feste Parteibindung erhöht gleichzeitig die Chancen für neue politische Gruppierungen, die aktuelle politische Stimmungen, vorhandene Probleme und politische Unzufriedenheiten bei den Bürgern für sich nutzen können. In den Niederlanden ist es vor diesem Hintergrund vor allem Pim Fortuyn mit seiner *Lijst Pim Fortuyn* (LPF) und Geert Wilders mit seiner *Partij voor de Vrijheid* (PVV) in den letzten Jahren gelungen, unentschlossene bzw. unzufriedene Wähler zu gewinnen und spektakuläre Wahlerfolge zu erringen. Auch die Erfolge der *Socialistische Partij* (SP) und der kurzzeitige Aufschwung Rita Verdonks mit der Gruppierung *Trots op Nederland* (TON, Infobox XIII) können vor diesem Hintergrund gedeutet werden.

Abschließend sei hinsichtlich der Auflösung der Parteibindungen und der Volatilität der Wähler darauf hingewiesen, dass diese Erscheinungen häufig kritisch gewertet werden. So werden beispielsweise die zunehmende Komplexität der Parteienlandschaft sowie die aus dieser Komplexität erwachsenen Schwierigkeiten beispielsweise bei der Regierungsbildung oder bei den parlamentarischen Prozessen als Probleme definiert. In diesem Zusammenhang ist allerdings erstens darauf hinzuweisen, dass es sich keineswegs um spezifisch niederländische Phänomene handelt, entsprechende Entwicklungen vielmehr in verschiedenen europäischen Ländern zu beobachten sind. Zudem können die Veränderungen auch positiv gedeutet werden: In der aktuellen Politik basieren die Wahlentscheidungen vieler Bürger nicht auf der Zugehörigkeit zu einer Säule, sondern auf aktuellen politischen Präferenzen. Hierdurch erfolgt die Stimmabgabe vieler Bürger überlegter und sind die Parteien stärker gefordert, ihre Inhalte und Kandidaten überzeugend zu präsentieren.[49]

---

[48] Vgl. de Hond (2010, S. 1).
[49] Vgl. hierzu: Thomassen (2011, S. 221 ff.).

3.2.2 Der Aufschwung des Populismus

Eine nicht nur im eigenen Land überaus intensiv und kontrovers diskutierte, sondern auch im Ausland weit beachtete Entwicklung in der niederländischen Politik besteht darin, dass Parteien, die sowohl im öffentlichen als auch im wissenschaftlichen Diskurs oftmals als „populistisch" bezeichnet werden, bei den Wahlen der letzten Jahre große Erfolge erzielen konnten.[50] Hinsichtlich des Begriffs „Populismus" ist darauf hinzuweisen, dass dieser nicht nur im öffentlichen Sprachgebrauch, sondern auch in wissenschaftlichen Texten in den letzten Jahren überaus häufig auftaucht. Hierbei finden zum Teil sehr unterschiedliche Definitionen Verwendung, was insgesamt zu einem diffusen Verständnis darüber führt, was der Terminus im jeweiligen Kontext impliziert.[51] Häufig werden Gruppen als populistisch bezeichnet, die durch eine für sich selbst reklamierte Nähe zu „den (einfachen) Bürgern", ihre demonstrative Distanz zu den anderen Parteien, ihre einfachen (und in vielen Fällen provokanten) Antworten auf komplexe Fragestellungen, ihre starke Personenorientierung sowie ihr polarisierendes Auftretens gekennzeichnet sind.[52] Henk te Velde weist darauf hin, dass in den Niederlanden Bestrebungen derartig ausgerichteter politischer Parteien über Jahrzehnte relativ erfolglos geblieben waren.[53] In den letzten Jahren hat sich dieses Bild gewandelt: Verschiedene Gruppierungen, denen populistische Charakteristika zugewiesen werden – wie vor allem die LPF, die PVV, die SP oder auch kurzzeitig TON (Infobox XIII) – haben bei den letzten Wahlen bemerkenswerte Erfolge erzielen können und einen Bei-

---

[50] Nach Wielenga und Hartleb besteht im Ländervergleich zwischen Deutschland und den Niederlanden sogar der wichtigste politische Unterschied zurzeit darin, „dass seit dem kometenhaften Aufstieg der Bewegung Pim Fortuyns im Jahr 2002 (...) in den Niederlanden der Rechtspopulismus einen festen Platz erobert zu haben scheint." Wielenga und Hartleb (2011, S. 8). Einen wichtigen Hintergrund für diesen Unterschied benennt Nijhuis „Mit Fortuyn zu kokettieren war möglich, denn man betrachtete ihn nicht als eine Gefahr für den demokratischen, liberalen Rechtsstaat. Diese Angst ist in der politischen Kultur in den Niederlanden im Gegensatz zu Deutschland kaum vorhanden. In den Niederlanden ist Rechtspopulismus eher Folklore, in Deutschland hingegen bitterer Ernst." Nijhuis (2003, S. 87).
[51] Erläuterungen zum Begriff finden sich unter anderem bei: Lucardie (2011, S. 17 ff.), Wielenga und Hartleb (2011, S. 10 ff.), Decker (2011, S. 40 ff.), Koole (2009, S. 47 f.), Cuperus (2009, S. 102 ff.), Reuter (2011, S. 57 ff.), Hakhverdian und Knoop (2007, S. 404 ff.), Reuter (2009, S. 34 ff.), de Lange und Rooduijn (2011, S. 320 f.).
[52] Wichtig ist, dass eine klare Trennung zwischen populistischen und nicht-populistischen Parteien in der Realität kaum möglich erscheint, die Unterschiede vielmehr graduell sind und die jeweilige Bewertung stark von den Analyseschwerpunkten und den verwendeten Bewertungskriterien abhängt.
[53] Vgl. te Velde (2010, S. 245 ff.). Informationen zum Populismus in der niederländischen Geschichte finden sich auch bei: Vossen (2004, S. 248 ff.), Koole (2009, S. 48 ff.), Reuter (2009, S. 78 ff.). Zum Thema allgemein sowie zu den aktuellen Diskussionen über Populismus siehe auch: van Reybrouck (2009, S. 9 ff.), Pels (2011, S. 20 ff.), Zijderveld (2009, S. 7 ff.), Frissen (2009, S. 147 ff.), ten Hooven (2010, S. 76 ff.), Becker (2010, S. 17 ff.).

trag dazu geleistet, dass sich die Themen und Gepflogenheiten der niederländischen Politik gewandelt haben.[54]

Die beiden Politiker, die in den Diskursen der letzten Jahre die Aufmerksamkeit im In- und Ausland in besonderer Weise auf sich zogen, waren Pim Fortuyn mit seiner Partei LPF und Geert Wilders mit der von ihm gegründeten PVV. In seiner kurzen politischen Karriere war Fortuyn überaus erfolgreich. Als Spitzenkandidat der Vereinigung *Leefbaar Rotterdam* konnte er bei der Kommunalwahl im März 2002 in seiner Heimatstadt einen furiosen Wahlsieg verbuchen. Die Umfrageergebnisse für seine eigene Partei, die kurzfristig ins Leben gerufene LPF, waren vor der Parlamentswahl im Mai 2002 sehr positiv, zum Teil wurde Fortuyn sogar als neuer Ministerpräsident gehandelt. Die Wahl selbst, die neun Tage nach seiner Ermordung stattfand, wird allgemein als politisches Erdbeben beurteilt: 17 % der Wähler stimmten für die erst wenige Monate zuvor gegründete LPF, die damit bis zur Neuwahl Anfang 2003 die zweitstärkste Fraktion im Parlament stellte – ein Aufstieg, den es in dieser Form in der niederländischen Geschichte noch nicht gegeben hatte.[55] Die LPF wurde im Anschluss an die Wahl Koalitionspartner in der Regierung Balkenende I, die jedoch wegen interner Querelen in der führungslosen LPF nur knapp drei Monate im Amt war.[56] In der Folgezeit verlor sie dann zunehmend an Unterstützung: Die Partei musste bei der Wahl 2003 erhebliche Einbußen hinnehmen, verpasste 2006 den Einzug in die Zweite Kammer und hat sich mittlerweile aufgelöst.

Geert Wilders, dessen politische Karriere und Programm im weiteren Verlauf dieses Buches noch ausführlicher behandelt werden (Abschn. 6.3.4), war einige Jahre als Fraktionsmitarbeiter und Parlamentarier für die konservativ-liberale VVD aktiv, bevor er diese Partei im Jahr 2004 aus programmatischen Gründen verließ und seine eigene Gruppierung, die PVV, gründete. Sowohl bei seinen Aktivitäten gegen den Europäischen Verfassungsvertrag im Jahr 2005, bei der Parlamentswahl 2006, bei der Europawahl des Jahres 2009 sowie bei den Kommunalwahlen des Jahres 2010 erzielte er mit seiner Partei große Erfolge. Den Höhepunkt in der bisherigen Geschichte der Partei stellt allerdings die Parlamentswahl des Jahres 2010 dar, bei der auf die PVV 15,5 % der Stimmen entfielen. Seit Herbst 2010 toleriert die PVV die Minderheitsregierung aus VVD und CDA.

---

[54] Eine Untersuchung zur Programmatik dieser Parteien und zur Übernahme populistischer Inhalte bei etablierten Parteien bieten: de Lange und Rooduijn (2011, S. 321 ff.). Einschätzungen zum Thema finden sich zudem bei: Koole (2009, S. 52 ff.), Pels (2011, S. 29 ff.).

[55] Analysen zur Wahl des Jahres 2002 finden sich bei: van Praag (2003, S. 5–22), Pellikaan et al. (2003, S. 23–49), Brants und van Praag (Hrsg.) (2005), Pennings und Keman (2003, S. 51–68), van Holsteyn et al. (2003, S. 69–87), Hippe et al. (2002, S. 23 ff.), de Vries und van der Lubben (2005), Mamadouh und van der Wusten (2002, S. 181 ff.), de Rooy und te Velde (2005, S. 75 ff.), Reuter (2009, S. 119 ff.).

[56] In diesen drei Monaten war eine Vielzahl an parteiinternen Kontroversen zu beobachten, die in einem heftigen Streit zwischen Gesundheitsminister und Vizepremier Bomhoff und Wirtschaftsminister Heinsbroek gipfelten. Vgl. hierzu: Bosmans und van Kessel (2011, S. 227 ff.). Die Probleme der LPF erörtern anschaulich: van Praag (2003, S. 17), Woyke (2002, S. 153).

3.2 Neuere Entwicklungen und Fragestellungen

Infobox II: Pim Fortuyn

Pim Fortuyn wurde am 19. Februar 1948 in Velsen geboren.[57] Nach seiner Schulzeit studierte er von 1967 bis 1971 an der Freien Universität in Amsterdam Soziologie. Von 1972 bis 1988 war er anschließend als Dozent an der Reichsuniversität Groningen tätig. In dieser Zeit arbeitete er zudem an seiner Promotion, die er 1980 erfolgreich abschloss, und in diversen Nebentätigkeiten. Ab Ende der 1980er Jahre war Fortuyn auf verschiedenen Feldern aktiv, unter anderem als politischer Berater, als Inhaber einer Stiftungsprofessur an der Universität Rotterdam und als Leiter einer Kampagne zur Einführung des Studententickets. Zudem schrieb Fortuyn in den 1990er Jahren Kolumnen für das konservative Wochenblatt *Elsevier* und einige Bücher, in denen er sich mit unterschiedlichen Themen der niederländischen Politik befasste.

Parteipolitisch durchlief Fortuyn in seinem Leben mehrere Stationen: Bis 1989 war er Mitglied (im linken Flügel) der PvdA, anschließend schloss er sich der VVD an.[58] Den Sprung auf die große politische Bühne wagte Fortuyn, der durch seine vorherigen Tätigkeiten eine gewisse Bekanntheit als Kritiker der etablierten Parteien sowie der von ihm ausgemachten politischen Missstände besaß, im Jahr 2001. Nachdem er diese Entscheidung im August verkündet hatte, übernahm er im November das Amt des Spitzenkandidaten der neuen Partei *Leefbaar Nederland* (LN).[59] In dieser Funktion war Fortuyn, obwohl er LN Aufmerksamkeit und einen gewissen Aufschwung in den Umfragen sicherte, nicht unumstritten: Rasch wurden deutliche Spannungen zwischen seinen Vorstellungen und den Haltungen in der Partei deutlich. Nach einem Zeitungsinterview, in dem er unter anderem den Islam als „rückständige Kultur" bezeichnet und für die Einschränkung des ersten Verfassungsartikels zugunsten der Meinungsfreiheit plädiert hatte, erfolgten im Fe-

---

[57] Die offizielle Schreibweise des Namens lautet Fortuijn, wesentlich verbreiteter ist jedoch die hier verwendete Fassung Fortuyn.

[58] Wallage schreibt hierzu: „Fortuyns Suche nach einer politischen Heimat scheiterte immer wieder aufs Neue. Entweder war sein Talent zu groß für die mittelmäßige Gruppe, in der er Zuflucht suchte, oder es mangelte ihm an den grundlegenden Fähigkeiten zur Zusammenarbeit. In der Konsequenz durchlief er das gesamte Spektrum von der äußersten Linken bis zum Ausspielen von Themen, die bis vor kurzem der extrem Rechten vorbehalten gewesen waren." Wallage (2005, S. 39).

[59] Hauptziel der Partei LN war es, das politische System zu demokratisieren: „Die Bürger sollten den Einfluss auf die Regierung wieder gewinnen, den die etablierten Parteien ihnen genommen hatten. Genauso wie die aristokratisch-bürgerliche Elite im 18. Jahrhundert alle politischen Ämter unter sich verteilte, tat das nach Meinung der neuen Partei nun die Elite aus Berufspolitikern der großen Parteien. Um das Parteienkartell aufzubrechen, wollte Leefbaar Nederland den Bürgern die Möglichkeit geben, ihre Bürgermeister, Volksvertreter (in den Wahlkreisen) und ihren Ministerpräsidenten direkt zu wählen." Lucardie (2006b, S. 338). Zu *Leefbaar Nederland* sowie den kommunalen *Leefbaar*-Gruppierungen siehe: Reuter (2011, S. 66 ff.), Wansink (2004, S. 53 ff.), van Praag (2003, S. 7 f.), Chorus und de Galan (2002, S. 24 ff.), Lucardie (2003, S. 209 ff.), van Praag (2001, S. 98 ff.).

bruar 2002 die Trennung von LN und anschließend die Errichtung einer eigenen Partei, der *Lijst Pim Fortuyn* (LPF), die er als Spitzenkandidat in den Wahlkampf für die Parlamentswahl 2002 führte.[60] Bei den Gemeinderatswahlen Anfang März 2002 konnte er in seiner Heimatstadt, wo er zugleich als Spitzenkandidat der lokal aktiven Partei *Leefbaar Rotterdam* aktiv war, mit einem Wahlergebnis von beinahe 35 % einen ersten großen Erfolg verbuchen.[61] Die LPF, die bereits in der Zeit zuvor recht gute Umfragewerte erzielen konnte, erlebte nach der Kommunalwahl einen bemerkenswerten Aufschwung, der dazu führte, dass Fortuyn sogar als neuer Ministerpräsident gehandelt wurde. Am 6. Mai 2002 wurde Fortuyn im Medienpark in Hilversum vom radikalen Tierschützer Volkert van der Graaf erschossen, was im ganzen Land zu bestürzten Reaktionen führte.[62] Cuperus schreibt hierzu: „Das Attentat löste eine Periode von fast nationaler Volkstrauer aus, und es gab das Begräbnis von ‚Pim', vergleichbar mit der Stimmung rund um den Tod von Prinzessin Diana in England."[63] Bei Woyke heißt es: „Das Attentat hat die niederländische Gesellschaft vollkommen schockiert. Ähnlich wie in Schweden bis zum Attentat auf Ministerpräsident Olof Palme glaubte man, daß man in einem kleinen Land eine derartige Toleranz entwickelt habe, daß Polizeischutz für Politiker nicht erforderlich sei. Das Attentat hat eine Gesellschaft mit voller Wucht getroffen, die einfach

---

[60] Sein im März 2002 veröffentlichtes Buch *De puinhopen van acht jaar paars* (*Die Trümmerhaufen nach acht Jahren violetter Regierung*), in dem er die Regierung Kok massiv kritisierte, diente der LPF dabei als Wahlprogramm. LN verlor nach dem Bruch mit Fortuyn an Bedeutung und erhielt bei der Wahl im Mai 2002 nur zwei Mandate.

[61] Nach der Wahl kam es vor Ort zur Bildung einer Koalition aus LPF, CDA und VVD – hiermit war die PvdA erstmals in ihrer Hochburg nicht an der kommunalen Exekutive beteiligt. Fortuyn saß für einige Monate der Fraktion von *Leefbaar Rotterdam* im Gemeinderat vor. Für die weiteren politischen Entwicklungen war die am Abend der Wahl im Fernsehen ausgestrahlte Debatte zwischen den Spitzenkandidaten der großen Parteien von Bedeutung, die für Fortuyn einen sehr positiven und vor allem für Melkert (PvdA) und Dijkstal (VVD) sehr schlechten Verlauf nahm. „Seit der Fernsehdebatte der führenden Politiker am 6. März 2002 stellte sich nicht mehr die Frage, ob die etablierten Parteien bei den Parlamentswahlen vom Mai 2002 eine Niederlage erleiden würden, sondern wie hoch diese ausfallen würde." Wielenga (2008, S. 358).

[62] Vgl. hierzu: de Vries und van der Lubben (2005, S. 15 ff.).

[63] Cuperus (2003, S. 48). Es handelte sich um den ersten politischen Mord in der niederländischen Geschichte seit dem Lynchmord an den Brüdern de Witt im Jahr 1672. Im Rahmen der emotionalen Aufwallungen nach der Tat kam es zu heftigen Anfeindungen gegen politische Gegner Fortuyns, denen vorgeworfen wurde, den politischen Newcomer dämonisiert zu haben. In diesem Kontext ließ sich der beispielsweise der LPF-Vorsitzende Langendam zu der Aussage hinreißen, dass die Kugel von links gekommen sei. Fortuyn wurde zunächst in Driehuis in den Niederlanden beerdigt, sein Leichnam wurde zwei Monate später nach Provesano in Italien, wo Fortuyn zwischenzeitlich wohnte, überführt.

nicht glauben konnte, daß in ihrem Land der traditionellen Toleranz überhaupt ein politischer Mord geschehen konnte."[64]

Fortuyn, der von seinen politischen Konkurrenten zuerst weitgehend ignoriert und dann heftig kritisiert wurde, zog im Rahmen seiner kurzen politischen Karriere überaus viel Aufmerksamkeit auf sich. Gründe hierfür liegen vor allem in seiner massiven Kritik an den anderen Parteien und in seinen politischen Inhalten, mit denen er auf kontroverse Weise politische Tabus brach. Das Ausmaß des öffentlichen Interesses ist zudem durch das Auftreten Fortuyns zu erklären, das ihm wesentlich von den anderen niederländischen Politikern unterschied. Hinzuweisen ist hierbei sicherlich auf die provozierende Art, mit der er in politischen Diskussionen agierte und die immer wieder zu Aufsehen erregenden Konflikten führte.[65] Auch sein Hang zur Exzentrik, die offene Präsentation seines Wohlstandes und der Umgang mit seiner Homosexualität widersprachen politischen Traditionen und führten zu einem hohen öffentlichen Interesse an seiner Person. Dieses Interesse erklärt sich darüber hinaus auch dadurch, dass Fortuyn als besonders charismatisch und geschickt im Umgang mit den Medien galt. Zusammenfassend war Fortuyn nach dem Historiker te Velde ein „unniederländischer" Politiker, der durch sein Auftreten den seit Jahrzehnten gepflegten politischen Führungsstil konterkarierte.[66]

Die LPF verband nach Lucardie, Voerman und Wielenga „einen gemäßigten Nationalismus und eine starke Furcht vor ‚Islamisierung' mit liberalen Auffassungen auf sozioökonomischen Gebiet und einer populistischen Kritik an der politischen Elite."[67] Seine Inhalte, die er mit öffentlichkeitswirksamen, provokanten und zum

---

[64] Woyke (2002, S. 150). Zum politischen Werdegang Fortuyns, zur Geschichte der LPF sowie den Hintergründen für die Erfolge der Partei siehe: Bos und Breedveld (2002, S. 39 ff.), Chorus und de Galan (2002), Eckardt (2003), Wansink (2004), Pennings und Keman (2003, S. 51 ff.), Pels (2003), Bosscher (2003, S. 232 ff.), te Velde (2003, S. 20 ff.), Ellemers (2002, S. 252 ff.), Reuter (2011, S. 68 ff.). Zum Leben Fortuyns siehe auch dessen Autobiographie mit dem Titel *Autobiografie van een babyboomer*. Fortuyn (2002b).

[65] Zum Teil wurde in diesem Zusammenhang von „Pims Gesetz" gesprochen, nach dem dort, wo Fortuyn auftauchte, Streit vorprogrammiert war.

[66] Te Velde (2003, S. 11 f.). Eine ähnliche Einschätzung findet sich unter anderem bei: van Baalen (2008, S. 19). Nach Nijhuis war Fortuyn war ein „eitler, pedantischer und oft zickiger Dandy, der die Pose des Provokateurs und Spaßmachers liebte." Nijhuis (2003, S. 82). Wallage sieht in Fortuyn eine komplexe Figur: „In verschiedener Hinsicht war er progressiv, aber zweifellos verlieh er auch einem Hang nach ‚früher' Ausdruck, nach der Welt der sozialen Kontrolle, des Monokulturalismus, und damit nach jener Zeit, in der die Welt noch übersichtlich war und in der Migranten noch Gastarbeiter waren, die in die Heimat zurückkehren würden." Wallage (2005, S. 38). Siehe hierzu auch: de Vries und van der Lubben (2005, S. 79 ff.).

[67] Lucardie et al. (2011, S. 250). Krouwel und Lucardie schreiben über die Programmatik des politischen Newcomers: „Fortuyn did not propagate an explicit ideology, but combined economic liberalism with populism and moderate (liberal rather than ethnic) nationalism – and mixed these with rather personal memories, in his political manifesto." Krouwel und Lucardie (2008, S. 287).

Teil sogar verletzenden Äußerungen verbreitete, waren die zentrale Grundlage dafür, dass Fortuyn im In- und Ausland als rechter, teilweise sogar rechtsextremer Politiker be- bzw. verurteilt und im Zuge der Diskussion über den neuen Rechtspopulismus in Europa in eine Reihe mit Personen wie beispielsweise dem Franzosen Jean-Marie Le Pen, dem Flamen Filip Dewinter oder dem Österreicher Jörg Haider gestellt wurde.[68] Fortuyn selbst lehnte derartige Vergleiche entschieden ab. In der Tat bringen Vergleiche sowohl hinsichtlich der nationalen Kontexte als auch hinsichtlich der politischen Inhalte große Unterschiede zutage, sodass in dieser Hinsicht differenzierte Betrachtungen vonnöten sind. Anders als manche der Rechtspopulisten im europäischen Ausland war Fortuyn beispielsweise eine Überbetonung des Nationalen ebenso fremd wie das Denken in rassistischen Strukturen oder die (Über-)Betonung konservativer und familiärer Werte. Cuperus schreibt hierzu: „Es ging ihm nicht um das eigene Volk, die eigene Rasse oder Rassismus, sondern um die Anpassung an grundlegende Werte und Freiheiten, ohne Rücksicht auf Herkunft oder Hautfarbe."[69] Das von ihm verfolgte, zum Teil auch exkludierende Gesellschaftsbild verfolgte er jedoch unnachgiebig und häufig auf provokante und polarisierende Weise. Zudem wählte er zur Verbreitung seiner Inhalte eine „postmodern-xenophobe Rhetorik"[70], mit der er sich deutlich vom bisher bekannten politischen Umgang mit den Themen Immigration und Integration absetzte.

In der Bevölkerung erwarb Fortuyn durch sein Auftreten große Sympathien. Wesentlich wichtiger für seine Erfolge war jedoch die inhaltliche Zustimmung vieler Niederländer zu seinen Standpunkten. Zudem wurde er von vielen als Alternative zu den Parteien aus der übervoll erscheinenden politischen Mitte gesehen. Untersuchungen zur Wählerschaft der LPF zeigen, dass deren Aufschwung keineswegs nur auf ausgewählten Bevölkerungsgruppen, sondern auf einer breiten Basis beruhte.[71]

---

[68] Van der Brug schreibt hierzu: „Just like the LPF, these parties have mobilized electoral support by making the mix of immigration and crime their core campaign issue. It is no wonder therefore that foreign observers have called Fortuyn ,a right-wing populist', ,extreme right', or ,xenophobic', even though many Dutch observers do not share this view." van der Brug (2003, S. 89 f.).
[69] Cuperus (2003, S. 55).
[70] Böcker und Thränhardt (2003, S. 4).
[71] Informationen zur Wählerschaft der LPF finden sich bei: Dekker (2003, S. 98 ff.), van Praag (2001, S. 102 ff.), Wansink (2004, S. 186 ff.), Mamadouh und van der Wusten (2002, S. 181 ff.), Ellemers (2002, S. 260 f.), van der Brug (2003, S. 101 ff.), van der Zwan (2004, S. 79 ff.), Reuter (2009, S. 166 ff.), van der Brug (2004, S. 84 ff.), van Holsteyn et al. (2003, S. 71 ff.).

3.2 Neuere Entwicklungen und Fragestellungen

> Auch nach seinem Tod besitzt Fortuyn in den Niederlanden weiter hohes Ansehen – als Fingerzeig hierfür kann eine im Jahr 2004 durchgeführte Umfrage zu der Frage, wer der größte Niederländer in der Geschichte sei, herangezogen werden, bei der Fortuyn (vor Willem von Oranien und Willem Drees) sogar den ersten Platz erreichte. Wichtiger erscheint jedoch der Umstand, dass seine Themen und sein Auftreten – wie die Entwicklungen der letzten Jahre zeigen – die politische Agenda und den politischen Umgang bis heute prägen.[72]

An dieser Stelle sollen einige Erklärungsansätze für die Erfolge der LPF und der PVV in den letzten Jahren angesprochen werden.[73] Hierbei ist natürlich zu beachten, dass beide Parteien zwar gewisse Ähnlichkeiten aufweisen, sie sich in verschiedener Hinsicht jedoch auch deutlich voneinander unterscheiden und sich zudem die politischen Rahmenbedingungen im Lauf der Zeit gewandelt haben.[74] Die Betrachtung konzentriert sich im Folgenden somit auf Aspekte, die sowohl für die LPF als auch für die PVV von Bedeutung waren. Grundsätzlich ist hierbei selbstverständlich zunächst nochmals auf die oben analysierte Auflösung der traditionellen Parteibindungen hinzuweisen, die die allgemeine Grundlage für derart große Erfolge neuer politischer Gruppierungen bildet. Zudem ist sicherlich zu erwähnen, dass sich die offene politische Kultur der Niederlande und das bestehende Wahlrecht (Abschn. 5.1) – und dies ist ein wichtiger Unterschied zu Deutschland – positiv auf die Chancen populistischer Newcomer auswirken. Eine wichtige Bedeutung kommt darüber hinaus zweifelsohne dem Umstand zu, dass es Fortuyn gelang, durch kritische Haltungen zu den Themen Immigration und Integration in der niederländischen Bevölkerung vorhandene Ängste, Unsicherheiten und Vorbehalte zu nutzen. Auch Wilders' bisherige Erfolge sind zu einem wesentlichen Teil auf diesen Punkt zurückzuführen. In den letzten Jahren haben sich entsprechende Fragen somit zu einem neuen und mittlerweile überaus bedeutsamen Streitthema in der niederländischen Politik entwickelt, auf das im Folgenden noch ausführlicher eingegangen wird.

Ein weiterer wichtiger Punkt zur Erklärung der Wahlerfolge der LPF und der PVV seit 2002 besteht darin, dass sowohl Fortuyn als auch Wilders als Sprachrohr politischer Unzufriedenheit fungieren konnten. In inhaltlicher Hinsicht war dies besonders in den Bereichen der Immigration und Integration zu beobachten. Aber auch auf anderen Feldern konnten Fortuyn und Wilders Punkte sammeln – erinnert sei in diesem Zusammenhang an Fortuyns Kritik am niederländischen Gesundheitssystem, an den Problemen im Bildungssystem sowie an den Schwierigkeiten im öffentlichen Nahverkehr oder an Wilders'

---

[72] Vgl. hierzu: Cuperus (2003, S. 43 f.), Otjes (2011, S. 400 ff.), Reuter (2011, S. 72), Krouwel und Lucardie (2008, S. 298 f.).
[73] Die Erfolge der LPF und der PVV wurden mittlerweile in einer großen Zahl an Untersuchungen thematisiert. Zur tieferen Einarbeitung in die Thematik sei auf die in den Fußnoten genannten Literaturtitel hingewiesen.
[74] Zum Vergleich zwischen Fortuyn und Wilders siehe beispielsweise: Vossen (2011, S. 101 f.).

Plädoyers für die Beibehaltung sozialer Leistungen und für Verbesserungen im Bereich der inneren Sicherheit. Den Protagonisten der LPF und der PVV gelang es mit diesen Inhalten, Probleme aufzuzeigen, die viele Menschen bewegten, und den Unmut über die Regierungspolitik für sich zu nutzen.[75] Als deutlicher Beleg für den Unmut unter den Bürgern kann der Umstand herangezogen werden, dass die unterschiedlichen Regierungskoalitionen bei den letzten Wahlen stets deutliche Verluste hinnehmen mussten.[76]

Die mit den eigenen Inhalten verbundene Kritik gegenüber den „etablierten" politischen Parteien war dabei auch deshalb erfolgreich, weil diese für die Reformen der letzten Jahre, die sich zum Teil negativ auf den Umfang und die Qualität staatlicher Leistungen auswirkten, verantwortlich gemacht werden konnten. Aktuelle Bezugspunkte der Kritik sind vor allem Veränderungen auf dem Arbeitsmarkt und im Bereich des Sozialstaats, die ihren Ursprung unter anderem im demographischen Wandel und vor allem in der Internationalisierung des Wirtschaftsgeschehens haben. Die voranschreitende Internationalisierung eröffnet, da die niederländische Wirtschaft stark vom Außenhandel abhängig ist, vielfältige neue Chancen, auf die die politische Elite häufig verweist. Sie wird von vielen Bürgern jedoch auch als Bedrohung gesehen, weil sie sich durch die Veränderungen überfordert sehen, sich den veränderten Anforderungen des Wirtschaftslebens nicht gewachsen fühlen und Sorgen vor Einschnitten im sozialen Netz haben.[77] Die Erwartungen an die Politik sind dementsprechend groß – vor allem sollen die bisherige soziale Sicherheit und Wohlstandsentwicklung auch unter den veränderten Rahmenbedingungen bewahrt bzw. sogar ausgebaut werden. Das Regierungshandeln in den Niederlanden hat in den letzten Jahren auf der Grundlage wirtschaftlicher und gesellschaftlicher Notwendigkeiten den Erwartungen der Bürger häufig nicht entsprochen. Die durchgeführten Reformen haben dem Ansehen der etablierten Parteien nach Cuperus massiv geschadet: „Die Parteien der Mitte verloren in den rauen Jahren der wirtschaftlichen Umstrukturierungen in den Augen vieler ihr ‚soziales Gesicht'. Einsparungen und Sanierungen wurden als Modernisierung und Verbesserung verkauft, was dem Vertrauen in die neue Politik nicht gut getan hat. Hier ergeben sich optimale Gelegenheitsstrukturen für populistische Parteien."[78]

Die Bündelung politischer Unzufriedenheiten besitzt noch eine zweite Dimension: Neben der inhaltlichen Ausrichtung der Politik wurden zudem auch die Formen der politischen Beschlussfassung kritisiert. Ein Punkt, der seit Jahren viel Beachtung erfährt, ist die oben bereits angesprochene Kluft zwischen den Bürgern und der politischen Elite. An diese richtet sich der Vorwurf, sie hätte (willentlich) den Kontakt zur Gesellschaft verlo-

---

[75] Die Relevanz dieses Punktes für den Erfolg Fortuyns unterstreichen: Cuperus (2003, S. 55 f.), Pennings und Keman (2003, S. 52), Pellikaan et al. (2003, S. 36).

[76] Vgl. Andeweg und Thomassen (2011, S. 58 ff.). Aus den hier angeführten Daten geht hervor, dass es im Jahr 1998 letztmals vorkam, dass eine Regierungskoalition (Kabinett Kok I) mit Zugewinnen aus einer Wahl hervorging

[77] Vgl. hierzu: Cuperus (2009), Cuperus (2003, S. 59 ff.), Becker und Cuperus (2006, S. 96 ff.), Becker (2010, S. 19 ff.).

[78] Cuperus (2011, S. 172). Auch die Erfolge der SP sind teilweise vor diesem Hintergrund zu betrachten.

ren, würde die Nöte und Unsicherheiten der Bürger nicht mehr kennen und sogar eine eigene, für Außenstehende kaum verständliche Sprache sprechen. Van den Brink bringt diese Sichtweise anschaulich zum Ausdruck, indem er schreibt: „Das Denken, Sprechen und Entscheiden über das Gemeinwohl liegt in den Händen politischer Profis, die – vor allem wenn es um die nationale und die regionale Ebene geht – eine in sich abgeschlossene Welt schaffen (…) Normale Bürger finden zur abgeschlossenen politischen Welt kaum einen Zugang."[79] Derartige Kritik wird häufig mit einem historischen Verweis versehen, indem der politischen Führung eine „Regentenmentalität" vorgeworfen wird: Ihre Vertreter würden sich aufführen wie die Regenten zur Zeit der niederländischen Republik, die Macht und wichtige Posten unter sich aufteilten.[80]

Pim Fortuyn und Geert Wilders haben diese Kritik in den letzten Jahren aufgegriffen und mit ihrer für sich selbst reklamierten Nähe zu Bevölkerung, ihrer „klaren Sprache" sowie ihrem Versprechen, die verkrusteten Strukturen aufzubrechen und eine „neue Politik" einzuführen, unzufriedene Wähler angesprochen.[81] Vor diesem Hintergrund ist es dann auch nicht überraschend, dass der Wahlerfolg der LPF im Jahr 2002 oftmals als „Aufstand der Bürger" gegen die politische Elite bezeichnet wird.[82] Dieser wird bis heute vorgeworfen, dass es ihr (trotz der in den letzten Jahren durchgeführten Bemühungen, näheren Kontakt zur Bevölkerung herzustellen) nicht gelingt, die Verbindungen zu den Bürgern im hin-

---

[79] Van den Brink (2005, S. 89). Lucardie beschreibt die Kritik folgendermaßen: „Die Eliten hätten sich wie eine Kaste vom Volk isoliert. Früher hätten sie aufgrund der Vermittlungsleistung der ideologischen Massenparteien noch Kontakte zum Volk gepflegt, aber heute wären die Parteien zu engen Kader- oder Karriereparteien geschrumpft, die nur durch Fernsehpropaganda Wähler zu mobilisieren versuchten. Kein Wunder also, dass diese Karriereparteien sich kaum um die wirklichen Probleme des Volkes kümmerten." Lucardie (2006b, S. 338). Es ist hierbei zu berücksichtigen, dass politisches Handeln in den Niederlanden immer komplexer, technokratischer und damit schwerer zu kommunizieren ist. Zum Thema siehe auch: Pels (2011, S. 52 ff.).

[80] Vgl. hierzu: van Baalen (2008, S. 13 f.), te Velde (2010, S. 29 ff.), Stuurman (2006, S. 205 f.).

[81] Eine kritische Haltung zur „neuen Politik" formuliert Tromp: „Die ‚neue Politik' sollte der politischen Kultur der ‚Hinterzimmerpolitik', der Abwesenheit politischer ‚Transparenz', den Kompromissen als den bestmöglichen Ergebnissen, dem Fachwissen und der Professionalität als Maskerade, um das ‚normale Volk' auszuschließen und vielen mehr ein Ende bereiten. Kurz gesagt die ‚neue Politik' war im Kern eine Form von Anti-Politik und sie wurde in der viel zitierten Phrase Fortuyns zusammengefasst: ‚Ich sage was ich denke, und ich tue was ich sage.' Aber dies läuft begreiflicherweise nicht auf einen Aufruf zu Ehrlichkeit in der Politik hinaus, sondern es ist vielmehr eine Einladung zivilisiertes Verhalten aufzugeben und sich in Unverschämtheiten gegenseitig zu übertreffen." Vgl. Tromp (2005, S. 70). Zum Thema siehe auch: Bosmans (2008, S. 117 ff.).

[82] „The electoral victory of the newcomer Pim Fortuyn in the 2002 elections made it clear that something had gone wrong in Dutch politics. Long known as a stable democracy, the Netherlands suddenly became an example of the uprising of the citizens against the political elites." Michels (2008, S. 477 f.). Die Position Fortuyns als „politischen Outsider" dokumentieren auch: Wallage (2005, S. 39), te Velde (2003, S. 19).

reichenden Maße zu verbessen – ein Vorwurf, aus dem vor allem Wilders immer wieder Kapital schlägt.[83]

Hieran schließt sich ein weiterer Aspekt an, der in diesem Kontext ebenfalls eine Bedeutung besitzt: Die Unzufriedenheit mit den „etablierten" politischen Parteien selbst. Deren sinkende Integrationskraft wird häufig auf deren gerade in letzter Zeit oftmals als mangelhaft bewertete programmatische Profilierung zurückgeführt.[84] In dieser Hinsicht ist eine Vielzahl an kritischen Kommentaren zu vernehmen, vor allem sei das inhaltliche Profil der Parteien unklar, mangele es ihnen an Kernbotschaften und klaren Positionen, würden auch Themen von grundsätzlicher Bedeutung von ihnen immer nur situativ und wenig grundsätzlich behandelt und fehle es ihnen an zusammenhängenden Zukunftsvisionen und -konzepten. Weiterhin wird ihnen vorgeworfen, dass sie sich vermeintlich nicht mehr von ihren Grundüberzeugungen, sondern nur noch von Umfragewerten und gesellschaftlichen Stimmungen (also dem *waan van de dag*) leiten lassen würden.[85] Vielen Bürgern erscheinen die Parteien im Ergebnis inhaltlich nicht mehr erkenn- und unterscheidbar, sodass bei ihnen ein Eindruck von Beliebigkeit entsteht.[86]

Für diese Kritik finden sich verschiedene Hintergründe. In Anbetracht der volatilen Wählerschaft bemühen sich die Parteien ihre Positionen häufig so zu umreißen, dass möglichst viele Bürger sich auf sie verständigen können. Auch kontroverse Themen werden folglich oftmals nicht zur programmatischen Profilierung genutzt. Es ist auch zu bedenken, dass die „etablierten" Parteien eher Regierungsverantwortung anstreben. Mit diesem Punkt geht nahezu zwangsläufig ein Mangel an inhaltlicher Profilierung einher, da sie zum einen in ihren Programmen und in Wahlkämpfen – anders als die populistischen Konkurrenten – sehr weitreichende und damit vielleicht auch wenig realistische Inhalte nicht verbreiten können bzw. wollen, um keine unhaltbaren Erwartungen an die Ergebnisse der Regierungsarbeit in der nächsten Legislaturperiode zu schüren. Zum anderen stehen sie häufig vor der – in Anbetracht der Umbrüche in der niederländischen Parteienlandschaft immer schwierigeren – Aufgabe, Koalitionen mit verschiedenen Partnern in unterschiedlichen Kontexten zu schließen. Mit der hierfür notwendigen Flexibilität kollidiert die Forderung nach einem möglichst umfassenden, spezifischen und unverrückbaren Kern an Zielsetzungen und Programmpunkten.

In den Niederlanden waren Parteien, die mit erkennbaren Forderungen bzw. einem vergleichsweise klaren Profil auftraten, in letzter Zeit erfolgreich darin, Stimmen zu gewinnen. Vor allem das Beispiel Wilders belegt, dass dieser im Gegensatz zu den politischen Konkurrenten klare und markante Forderungen äußern kann, weil er eine stärker

---

[83] Cuperus schreibt hierzu: „Die heutige Elite scheint verlernt zu haben, die Gesellschaft zu führen. Ohne eigene Basis oder Säule und ohne eine auf breiter Ebene geteilte Ideologie agiert sie frei schwebend." Cuperus (2011, S. 174).

[84] Vgl. hierzu: Keman und Pennings (2011, S. 251 ff.), Andeweg und Thomassen (2011, S. 52 ff.).

[85] Vgl. Koop und van Holsteyn (2008, S. 275–299), Witteveen (2006, S. 14 ff.), van Holsteyn und Irwin (2006, S. 55 ff.).

[86] Siehe hierzu: van der Kolk und Aarts (2011, S. 267 ff.).

3.2 Neuere Entwicklungen und Fragestellungen

eingegrenzte Wählerschaft ansprechen will und zumindest bislang weniger Rücksicht auf strategische Überlegungen nehmen muss. Er akzeptiert dabei, wie beispielsweise seine Ausführungen zu Fragen der Migrations- und Integrationspolitik dokumentieren, dass diese Forderungen komplexe politische Sachverhalte auf oftmals unzulässige Weise vereinfachen und zu gesellschaftlichen Spannungen führen. Als Konsequenz hat Wilders einerseits wegen seiner politischen Inhalte in den letzten Jahren heftige Kritik erfahren, andererseits trugen diese jedoch auch dazu bei, dass viele Bürger ihm ein klares programmatisches Profil zuordnen konnten, was eine wichtige Grundlage seiner derzeitigen Erfolge ist. Die Wahlerfolge der LPF und der PVV sind somit auch als Ausdruck der Sehnsucht vieler Bürger nach Klarheit zu begreifen – Klarheit, die andere Parteien ihnen wegen der genannten Aspekte offenbar oftmals nur in unzureichender Weise bieten können.[87]

Die Erfolge von Fortuyn und Wilders sind weiterhin nicht zu erfassen, wenn man die Rolle der Medien und den Wandel der politischen Umgangsformen außer Acht lässt.[88] Die Medien, die sich in einem äußerst umkämpften und fragmentierten Wirtschaftssegment bewegen, müssen in der heutigen Zeit intensiv um die Aufmerksamkeit der Bürger kämpfen.[89] Hieran schließt sich häufig die Kritik an, dass die politische Berichterstattung immer kritischer, oberflächlicher und stärker auf Schlagzeilen ausgerichtet wird.[90] Politiker sind vor diesem Hintergrund aufgefordert, sich als Medienprofis im Kampf um Beachtung durchzusetzen. Dem hierbei sehr erfolgreichen und im Umgang mit dem Medien geschickten Wilders kommen – ebenso wie Fortuyn vor einigen Jahren – die aktuellen Formen der politischen Berichterstattung zugute, da diese ihm (schon aus Umsatzgründen) viel Raum geben, seine kontroversen Inhalte zu verbreiten.[91] Neben seinem Auftreten wirken sich auch die markanten Formulierungen, die von Pim Fortuyn oder von Geert Wilders geäußert wurden bzw. werden, in politischen Debatten durchaus positiv aus: In den Wahl-

---

[87] Die Relevanz dieses Aspekts für den Erfolg Fortuyns veranschaulicht Wielenga: „Mit seinem provokativen Auftreten und seinen teilweise radikalen Äußerungen trat er als bunter ‚ganz-anders‘-Politiker auf der rechten Seite in Erscheinung und gab den Bürgern das Gefühl, es gebe mehr zu wählen als nur eine Partei aus der übervollen politischen Mitte." Wielenga (2008, S. 356). Zu bedenken ist hierbei, dass gerade die violette Koalition, also der Zusammenschluss von Sozialdemokraten und Liberalen, die sich zuvor über lange Zeit heftige Konflikte geliefert hatten, dazu führte, dass die politische Landschaft in den Augen vieler Bürger zu einem großen Teil egalisiert wurde. Hierauf verweisen: Tromp (2005, S. 60), Krouwel und Lucardie (2008, S. 292), Cuperus (2003, S. 49 ff.).

[88] Zur Rolle der Medien in der niederländischen Politik siehe: Slotboom und Verkuil (2010, S. 128 ff.), van Praag (2006a, S. 155 ff.), ten Hooven (2010, S. 144 ff.), Pels (2011, S. 158 ff.).

[89] Zur Geschichte und aktuellen Gestalt der niederländischen Medienlandschaft siehe: de Beus et al. (2011, S. 391 ff.), Wijfjes (2007, S. 273 ff.).

[90] Die Qualität der derzeitigen Berichterstattung wird untersucht in: Kleinnijenhuis und Takens (2011, S. 407 ff.), van Praag (2010, S. 75 ff.).

[91] Über Fortuyn heißt es in der Literatur: „it is unmistakable that Fortuyn was the darling of the media (…). It seemed as if every radio and television program wanted him to appear and the print media followed his every moment." Van Holsteyn et al. (2003, S. 76). Einschätzungen zum Thema finden sich auch bei: van Praag (2003, S. 9), Reuter (2009, S. 237 ff.), de Vries und van der Lubben (2005, S. 70 ff.), Cuperus (2003, S. 56 f.), Wansink (2004, S. 220 ff.).

kämpfen der letzten Jahre zeigte sich immer wieder, dass die politischen Konkurrenten aus den anderen Parteien, die sich um differenziertere und sachlichere Argumentationen bemühten, in den vorherrschenden Formaten nicht oder nur bedingt in der Lage waren, die inhaltlichen Probleme der LPF- oder PVV-Standpunkte offenzulegen.[92]

Zur Zeit der Versäulung dienten die personellen Angebote der Parteien zur Stärkung vorhandener Bindungen und zur Mobilisierung der eigenen Klientel. Durch die feste Einbindung großer Bevölkerungsteile in ihre Milieus konnte man durch eine geschickte Kandidatenauswahl hingegen kaum neue Wähler gewinnen. Van Wijnen schreibt hierzu: „It is highly unlikely that the portrayal of Colijn as a strong leader in harsh times led many Catholics to vote for the protestant Anti Revolutionary Party. It is likely that, as far as candidate characteristics had any effect on voting behavior, this became apparent in the strengthening of existing party loyalties of certain social segments."[93] Durch die sinkende Bedeutung der gesellschaftlichen Milieus und die wachsende Zahl schwebender Wähler kommt den Vertretern der Parteien in der heutigen Zeit ein größeres – wenn auch, wie verschiedene Untersuchungen zeigen, nur selten entscheidendes – Gewicht bei der politischen Orientierung der Bürger zu.[94] Von dieser Entwicklung profitieren die populistischen Parteien in den letzten Jahren im besonderen Maße. Ebenso wie es bei der LPF mit ihrem Gründer und Namensgeber Pim Fortuyn vor einigen Jahren zu beobachten war, ist auch der Erfolg der PVV durch die starke Konzentration des öffentlichen Interesses auf die Person Geert Wilders begünstigt worden, der durch sein Auftreten, seine „klare Sprache" und die ihm zuerkannte Authentizität viele Bürger für sich und seinen politischen Inhalte gewinnen konnte.[95] Hierbei spielt auch eine Rolle, dass Politik in den Niederlanden häufig als eher langweilig galt – Fortuyn und Wilders haben mit ihrem Auftreten und ihren Inhalten Spannung in die Diskussionen bringen können.[96] Von der zunehmenden Personalisierung profitiert Wilders auch deshalb im besonderen Maße, weil seine Partei – ebenso wie im Fall

---

[92] Zum Thema siehe: de Bruijn (2011), Becker und Cuperus (2010, S. 4).

[93] Van Wijnen (2000, S. 433).

[94] Vgl. van Holsteyn und Andeweg (2006, S. 105 ff.), Kleinnijenhuis et al. (2007a, S. 101 ff.), Irwin und van Holsteyn (2011, S. 339 f.).

[95] Über die Bedeutung Fortuyns für die Erfolge der LPF schreiben Irwin und van Holsteyn: „If there was ever a candidate who was the personification of his party, it was Pim Fortuyn. His party actually took his name (Lijst Pim Fortuyn), and the astounding victory of 26 seats at the 2002 elections can be contributed solely to Fortuyn's efforts." Irwin und van Holsteyn (2008, S. 193).

[96] Vgl. hierzu: te Velde (2010, S. 118 ff.). Der Autor schreibt an anderer Stelle: „Bis zu Fortuyns Auftreten in der Politik hatten die Wähler in den Niederlanden immer eine Vorliebe für etwas steife, verlegene, verwaltungsmäßige oder mürrische Typen gehabt, die sich zwar in verschiedener Hinsicht voneinander unterschieden, von denen aber kaum einer das ‚Bad in der Menge' liebte. Im Gegensatz zu der von Drees etablierten Tradition nun genoß Fortuyn überdeutlich die theatralischen Seiten der Politik: Er versuchte, gerade als Person aufzufallen, er hatte mit Regeln – ganz zu schweigen von Parteien – nicht zu tun, und er wollte ‚das' Volk mobilisieren." Te Velde (2003, S. 20). Zur Bildformung in der niederländischen Presse siehe: Walter und van Holsteyn (2007).

3.2 Neuere Entwicklungen und Fragestellungen

Fortuyn die LPF – sowohl personell als auch organisatorisch große Defizite aufweist und somit nur bedingt in der Lage ist, Wähler zu mobilisieren.[97]

Hinsichtlich des politischen Umgangs kennzeichnen sich Fortuyn und Wilders durch ihr kontroverses und polarisierendes Auftreten, durch das sie die zuvor beachteten Grenzen des politisch Korrekten immer wieder verletzen. Der Ton der niederländischen Politik hat sich vor diesem Hintergrund in den letzten Jahren verschärft, beispielsweise wird in den Wahlkämpfen vermehrt sogenanntes *negative campaigning* betrieben.[98] Inhaltlich profilieren sich Fortuyn und Wilders in den letzten Jahren vor allem durch polarisierende Aussagen zu Migrations- und Integrationsfragen. Noch stärker als Fortuyn fokussiert Wilders dabei vor allem soziokulturelle Themen – insbesondere die Frage, inwiefern „der Islam" eine Bedrohung für „die niederländische Gesellschaft" darstellt. In seinem Bemühen, Aufmerksamkeit zu erlangen und zu polarisieren, verwendet er dabei immer wieder Ausdrücke und Vergleiche, die in anderen Ländern das sofortige Ende seiner politischen Karriere bedeuten würden – beispielsweise bezeichnete er den Islam als totalitäre Ideologie und den Koran als faschistisches Buch, das mit Hitlers *Mein Kampf* zu vergleichen sei. Der Umstand, dass diese Aussagen von vielen niederländischen Bürgern toleriert werden, ist darauf zurückzuführen, dass dem Recht auf Meinungsfreiheit in der niederländischen Gesellschaft traditionell ein sehr hoher Stellenwert zuerkannt wird. Auch die von verschiedenen Seiten angestellten Bestrebungen, rechtlich gegen Wilders vorzugehen, verliefen unter anderem vor diesem Hintergrund erfolglos.[99]

Abschließend ist an dieser Stelle darauf hinzuweisen, dass die Erfolge Fortuyns und Wilders durch die Auflösung der gesellschaftlichen Milieus ermöglicht, durch die Offenheit der politischen Kultur und das bestehende Wahlsystem erleichtert, durch die mit den aktuellen wirtschaftlichen und kulturellen Wandlungen einhergehenden Unsicherheiten in der Bevölkerung begünstigt und durch politische Entwicklungen – insbesondere die weit verbreitete Unzufriedenheit mit den politischen Konkurrenten – befördert wurden. Die Bewertung der Erfolge der LPF und der PVV fällt sehr unterschiedlich aus: Während manche Forscher Gefahren für die repräsentative Demokratie sehen, bewerten andere die neuen populistischen Gruppen als wichtige Ergänzung des Parteiensystems, die zur Kanalisation gesellschaftlicher Konflikte und politischer Unzufriedenheiten hilfreich sein

---

[97] Die Bedeutung erfolgreicher Kandidaten hat in den letzten Jahren auch wiederholt zum Erfolg anderer Parteien beitragen: Erinnert sei beispielsweise an die Erfolge von Ruud Lubbers in den 1980er und Wim Koks in den 1990er Jahren oder an die Zugewinne der PvdA bei der Wahl 2003, die wesentlich dem neuen Spitzenkandidaten Wouter Bos zu verdanken waren. Zum Thema Personalisierung siehe auch: Pels (2011, S. 129 ff.), van Zoonen (2006, S. 29 ff.), Sitalsing und Wansink (2010, S. 15 ff.), van Wijnen (2000, S. 430 ff.).
[98] Vgl. Walter (2007, S. 135 ff.).
[99] Meindert Fennema weist hierbei auf den interessanten Umstand hin, dass der rechte Politiker Janmaat wegen seiner Äußerungen in den 1980er und 1990er Jahren isoliert und gerichtlich verurteilt wurde – in der heutigen Zeit geht Wilders in seinen Äußerungen nach Fennema zum Teil weiter, ohne dass derartige Konsequenzen erfolgen. Vgl. Geysels et al. (2008, S. 59 f.).

können.[100] Inwiefern es sich beim Aufschwung des niederländischen Populismus nur um ein zwischenzeitliches Phänomen handelt, ist derzeit noch nicht endgültig abzusehen. Aktuell spricht jedoch vieles dafür, dass auch in Zukunft Raum für derartige Gruppierungen im Parteienspektrum sein wird. Wielenga hält somit fest: „Der Populismus hat in der niederländischen Politik einen festen Platz erobert. Nie zuvor war die Unvorhersehbarkeit in der niederländischen Politik so groß wie seit 2002, und die Erwartung, dass dies in Zukunft zu einem festen Muster werden wird, scheint berechtigt."[101]

3.2.3 Migrations- und Integrationsfragen in der niederländischen Politik

Über wenige andere Themen wurden in den Niederlanden in den letzten Jahren derart intensiv und kontrovers diskutiert wie über die Immigration und Integration von Zuwanderern.[102] Die entsprechenden Fragestellungen haben sich mittlerweile zu einem zentralen Streitthema in der niederländischen Politik entwickelt, das sich seit einiger Zeit deutlich auf die gesellschaftliche Stimmung und die politischen Einstellungen vieler Niederländer auswirkt.[103] Die Kontroversen über Migrations- und Integrationsfragen trugen somit auch wesentlich zu den in den letzten Jahren zu beobachtenden Wandlungen der politischen Landschaft und insbesondere zu den eben angesprochenen Erfolgen von Pim Fortuyn und Geert Wilders bei verschiedenen Wahlen bei. Der Umstand, dass Migrations- und Integrationsfragen in den Niederlanden zum Gegenstand derart kontroverser und polarisierender Diskussionen geworden sind, scheint dabei nicht zum traditionell vorherrschenden Bild der Niederlande zu passen. Über viele Jahre wurde schließlich kaum ein anderes Land in Europa für seine Integrationspolitik derart gelobt: Man ging lange Zeit allgemein davon aus, dass die niederländische Politik frühzeitig sachliche und pragmatische Maßnahmen ergriffen und die Zuwanderer im Land somit in scheinbar vorbildlicher Weise gefördert hatte. Die weit verbreitete Bewunderung für die Niederlande erstreckte sich zudem auch auf den gesellschaftlichen Umgang mit dem Thema Integration, der sich nach Auffassung vieler Kommentatoren – anders als in anderen Ländern – durch Liberalität und Toleranz kennzeichnete. Das somit vorhandene Bild der politisch fortschrittlichen und gesellschaftlich offenen Niederlande, in denen Integration viel besser funktioniert als anderswo, wurde von Politikern und Bürgern im Ausland aber auch durchaus in den Niederlanden selbst lange Zeit gepflegt. Sogar die wissenschaftliche Forschung, die ein solches Image eigentlich immer wieder kritisch prüfen sollte, akzeptierte zumeist die allgemeine Sichtweise und

---

[100] Zu dieser Diskussion siehe beispielsweise: Lucardie (2011, S. 33 ff.), de Vries et al. (2011, S. 211 ff.).
[101] Wielenga (2008, S. 364).
[102] Informationen zu den entsprechenden Kontroversen finden sich unter anderem bei: Wilp (2006, S. 11 ff.), Koopmans (2007, S. 31 ff.), Tillie (2009, S. 7 ff.), Böcker und Groenendijk (2004, S. 347 ff.), Andeweg und Irwin (2009, S. 44 ff.).
[103] Die Bedeutung dieser Themen wird unter anderem veranschaulicht in: van der Brug et al. (2011, S. 288), Andeweg und Thomassen (2011, S. 54 ff.), van Kessel und Krouwel (2011, S. 311 ff.).

3.2 Neuere Entwicklungen und Fragestellungen

hinterfragte nur selten, ob die so oft vorgenommenen Zuschreibungen den tatsächlichen Gegebenheiten überhaupt (noch) entsprechen.[104]

Um die Frage zu beantworten, warum die Themen Zuwanderung, Integration und Multikulturalität in den Niederlanden in den letzten Jahren zum Gegenstand derart heftiger Diskussionen wurden, kann hier zunächst auf einige allgemeine Aspekte verwiesen werden, die auch in anderen Ländern dazu geführt haben, dass diese Felder an Beachtung hinzugewonnen haben. Zu nennen ist beispielsweise die steigende Zahl an Zuwanderern, die die objektive Bedeutung integrationspolitischer Fragestellung erhöht hat: In den Niederlanden lebten 1980 nur etwa 476.000 sogenannte nichtwestliche Allochthone, diese Zahl hat sich in den letzten Jahrzehnten sukzessive auf derzeit circa 1,9 Millionen Personen gesteigert.[105] Der Anteil dieser Bevölkerungsgruppe an der Gesamtbevölkerung hat sich somit von rund drei auf über 11 % gesteigert, wobei dieser Wert regional und hierbei vor allem in den großen Städten im Westen des Landes weitaus höher liegt. Bevölkerungsprognosen zeigen zudem, dass der Zuwandereranteil auch in der nächsten Zeit weiter deutlich zunehmen wird.

Ein zweiter wichtiger Punkt, der in anderen Ländern ebenfalls von Bedeutung ist, steht im Zusammenhang mit der veränderten Gesellschaftsstruktur: die Frage der nationalen Identität. In den Niederlanden hat es vor dem Hintergrund der lange Zeit bestehenden gesellschaftlichen Differenzen vergleichsweise lange gedauert, bis ein stärkeres und weniger unterschiedliches Gefühl der nationalen Einheit und Identität weit verbreitet war.[106] In der heutigen Zeit ist die Frage, welche spezifischen Eigenschaften die niederländische Gesellschaft kennzeichnen, vor dem Hintergrund der voranschreitenden Globalisierung, der Vertiefung des Europäischen Integrationsprozesses und der wachsenden Heterogeni-

---

[104] Das lange Zeit in dieser Hinsicht hohe Renommee der Niederlande wird anschaulich dokumentiert in: Beelen (2003, S. 60), Böcker und Thränhardt (2003, S. 3), Engelen (2004, S. 486).

[105] Die in den Niederlanden verwendete Unterscheidung zwischen Autochthonen und Allochthonen ist in den meisten anderen Ländern (und auch in Deutschland) wenig gebräuchlich. Nach der niederländischen Definition sind Autochthone in den Niederlanden geborene Personen mit zwei aus den Niederlanden stammenden Elternteilen. Zur Gruppe der Allochthonen gehören folglich all jene Menschen, die selbst im Ausland geboren wurden oder von denen zumindest ein Elternteil aus dem Ausland stammt. Hinsichtlich der Allochthonen wird in den Niederlanden eine weitere Unterscheidung getroffen. Die Zuwandererbevölkerung wird in so genannte „westliche" und „nichtwestliche" Allochthone unterteilt, wobei die Einteilung keineswegs vornehmlich auf der Grundlage geographischer, sondern auf der Basis wirtschaftlicher und sozialer Aspekte stattfindet. Im Zentrum der niederländischen Diskussionen und Politik steht die Gruppe der nichtwestlichen Allochthonen. Bei ihnen handelt es sich um Zugewanderte aus Süd- und Mittelamerika, aus Afrika, aus der Türkei sowie aus den Staaten Asiens mit Ausnahme Indonesiens und Japans.

[106] Wielenga weist darauf hin, dass die Jahre 1940 bis 1945 in dieser Hinsicht eine wichtige Station bildeten: „Ein entscheidender Schritt auf dem Weg zur nationalen Einheit folgte im Zweiten Weltkrieg, als die deutsche Besatzung die Grenzen zwischen den Säulen für einige Jahre verschwimmen ließ und der gemeinsame äußere Feind dem nationalen Zusammengehörigkeitsgefühl kräftige Impulse gab." Wielenga (2008, S. 13). Zum Thema siehe beispielsweise auch: Pels (2007, S. 13 ff.), Schnabel (2008, S. 25 ff.), Brand und van der Sijs (2007, S. 43 ff.), Wielenga (2010, S. 80 f.), Lijphart (1992, S. 86 ff.).

tät der Bevölkerung immer schwieriger zu beantworten. In Teilen der Bevölkerung wird diese Entwicklung überaus skeptisch gesehen, da man den Verlust „niederländischer Werte" fürchtet und eine nostalgische Sehnsucht hin zur „guten alten Zeit", als die Verhältnisse noch übersichtlicher waren, verspürt. Nach Schnabel trägt dies zu einem Gefühl der Entfremdung oder zumindest zu einer Sorge vor Entfremdung bei.[107] Sehr deutlich wurden die entsprechenden Besorgnisse, die Fortuyn in vielen seiner Publikationen und Äußerungen aufgriff, beispielsweise im September 2007, als die aus Argentinien stammende Prinzessin Maxima in einer Rede die Auffassung formulierte, dass es „den Niederländer" und „die niederländische Identität" nicht gebe. Diese Aussage führte zu einem Sturm der Entrüstung, in dessen Rahmen unter anderem Geert Wilders scharfe Kritik an den von Maxima vorgetragenen Inhalten übte. Die Politik hat versucht, auf die seit langer Zeit vorhandene gesellschaftliche Unsicherheit zu reagieren, indem beispielsweise ein Kanon zur niederländischen Geschichte in Auftrag gegeben und lange über ein (letztlich aus Kostengründen nicht realisiertes) national-historisches Museum diskutiert wurde.[108] Auch die derzeitigen Überlegungen darüber, der Verfassung eine Präambel zuzufügen (Abschn. 2.2), sind vor diesem Hintergrund zu interpretieren. Trotz dieser (geplanten) Maßnahmen besteht hinsichtlich der nationalen Identität weiterhin eine Unruhe in der niederländischen Bevölkerung, die sich auch auf den Umgang mit migrations- und integrationspolitischen Fragen im Allgemeinen und den Haltungen gegenüber dem Islam im Besonderen auswirkt.

Unter anderem vor dem Hintergrund dieser und weiterer Aspekt wird in vielen Ländern Europas in den letzten Jahren intensiv über die Themen Zuwanderung und Integration diskutiert – ein Umstand, der übrigens auch vor dem Hintergrund durchgeführter politischer Reformen und (zum Teil hieraus erwachsender) gesellschaftlicher Unsicherheiten zu interpretieren ist. Nahezu allerorten gab und gibt es somit kritische Stimmen, die Integrationsergebnisse kontinuierlich skeptisch bewerten und massive, zum Teil grundsätzliche Bedenken gegen das Zusammenleben von Menschen mit unterschiedlichen kulturellen Prägungen äußern. Aus vielen demoskopischen Erhebungen geht hervor, dass ein großer Teil der Bürger in den europäischen Staaten dem Thema Integration im Allgemeinen und dem Leben in einer (wie auch immer definierten) multikulturellen Gesellschaft im Besonderen mit Unbehagen, Ängsten oder auch mit offenen Vorbehalten gegenüber steht.[109] Um zu verstehen, warum die Kontroversen ausgerechnet in den Niederlanden besonders intensiv verliefen, muss im Folgenden der politische Umgang mit Integrationsfragen erörtert werden.

---

[107] Vgl. Schnabel (2008, S. 31 f.). Aktuelle Entwicklungen hierzu werden beleuchtet in: Pels (2007, S. 19 ff.), Pels (2011, S. 56 ff.).

[108] Der Kanon zur niederländischen Geschichte, der unter anderem im Geschichtsunterricht Anwendung findet, ist im Internet unter http://entoen.nu/einzusehen.

[109] Die Integration von Zuwanderern gehört somit grundsätzlich zu jenen politischen Themen, mit denen Politiker breite Bevölkerungsschichten erreichen und mobilisieren können. Dementsprechend ist die politische Elite stets in Versuchung, in der Bevölkerung vorhandene Stimmungen, Besorgnisse und Vorurteile durch „klare Worte" auf diesem Gebiet zu nutzen und sich öffentlichkeitswirksam zu profilieren. Im angloamerikanischen Sprachraum wird in diesem Zusammenhang von „playing the race card" gesprochen.

3.2 Neuere Entwicklungen und Fragestellungen

Nachdem die Themen Immigration und Integration ab Anfang der 1980er Jahre verstärkt auf die politische Agenda gelangten, hielten sich die etablierten Parteien zunächst an eine Vereinbarung, nach der verantwortungsvoll mit ihnen umzugehen ist. Die Gültigkeit dieses *gentlemen's agreement* zeigte sich insbesondere bei Wahlkämpfen, in denen – im Gegensatz beispielsweise zu Deutschland – keine polarisierenden und konfrontativen Kontroversen über entsprechende Fragen stattfanden. Als Grundlagen für diese bemerkenswerte Entwicklung werden in der Literatur unter anderem die historische Tradition der Niederlande als Zuwanderungsland, die traditionell stark auf internationalen Handel ausgelegte Wirtschaftsstruktur, die landestypische Toleranz- und Beratungskultur und die vorhandene Einsicht in die Notwendigkeit der Integration angeführt.[110] Die Depolitisierung der entsprechenden Themen, die – wenn man von kleineren Erfolgen rechter Parteien absieht – nach allgemeiner Auffassung in weiten Teilen der Bevölkerung anfangs unterstützt wurde, versuchte man auch in den 1990er Jahren fortzusetzen.[111] Es zeigte sich jedoch, dass – unter anderem vor dem Hintergrund der steigenden Zuwandererzahl, fortdauernder Integrationsprobleme sowie des Umbaus des niederländischen Sozialstaates – die Stimmung in der Bevölkerung kritischer wurde und sich die Debatten über Immigrations- und Integrationsfragen verschärften und ausweiteten.[112] In Umfragen äußerten sich die befragten Niederländer nun auch skeptischer gegenüber Zuwanderern als im vorherigen Jahrzehnt.[113] Vor der Wahl im Jahr 1994, bei der die fremdenfeindliche Partei *Centrumdemocraten* (CD) 2,8 % der Stimmen erhielt und somit das beste Ergebnis einer rechten Partei in der Nachkriegszeit erzielte, kam Migrations- und Integrationsfragen erstmals eine wichtige Bedeutung zu.[114] Auch die Zahl der gewaltsamen Übergriffe gegen Migranten stieg zu Beginn der 1990er Jahre an.[115] Entgegen des zu dieser Zeit noch weitverbreiteten

---

[110] Nachdem es bereits in den 1960er und 1970er Jahren zu Ausschreitungen gegen Zuwanderer gekommen war, machten vor allem die Terrorakte junger Molukker in den 1970er Jahren die Notwendigkeit zur Integration deutlich. Zu diesem Thema siehe: Arntz (2010, S. 78 ff.).

[111] Aus demoskopischen Daten geht dann auch hervor, dass die Haltungen gegenüber Zugewanderten in den 1980er Jahren zwar ein gewisses Maß an Skepsis zeigten, sich jedoch insgesamt recht positiv darstellten. Vgl. Böcker und Groenendijk (2004, S. 348).

[112] In diesem Kontext ist darauf hinzuweisen, dass eine gewisse Skepsis gegenüber dem Thema Zuwanderung in der niederländischen Nachkriegsgeschichte durchaus Tradition hat – trotzdem erfuhren die Niederlande in den letzten Jahrzehnten quantitativ bedeutsame Zuwanderungsbewegungen, vor allem aus den ehemaligen Kolonialgebieten (Indonesien, Surinam, Niederländische Antillen und Aruba), im Rahmen der Arbeitskräfteanwerbung und des Familienzuzugs (vor allem aus der Türkei und Marokko) sowie durch die Aufnahme von Asylsuchenden. Zur Zuwanderungsgeschichte der Niederlande siehe beispielsweise: Wilp (2007a, S. 32 ff.), Wilp (2007c, S. 243 ff.).

[113] Vgl. Böcker und Groenendijk (2004, S. 348 f.). Die Autoren erläutern hier, dass in den 1990er Jahren „die Zahl derjenigen Niederländer zunahm, die der Auffassung waren, dass es zu viele Ausländer gebe und dass diese störten. Im Jahre 1998 stand beinahe die Hälfte der Befragten der Vorstellung, Menschen einer anderen ethnischen Gruppe zum Nachbarn zu haben, mehr oder wenig ablehnend gegenüber (...).""

[114] Siehe hierzu die entsprechenden Daten bei: Aarts und Thomassen (2008, S. 216).

[115] Vermeulen und Penninx belegen diesen Sachverhalt mit folgendem Zitat: „Especially in the period from 1992 to 1994 there were many violent incidents. A study from 1995 among Turks, Moroccans

„multikulturellen Images" der Niederlande trat zudem eine zunehmende Skepsis über das Zusammenleben von Menschen aus verschiedenen Kulturen immer offener zutage.[116]

Die Vertreter der großen niederländischen Parteien, die sich in den 1980er Jahren zunächst klar zum Gedanken einer multikulturellen Gesellschaf bekannt hatten, griffen die veränderte gesellschaftliche Stimmung in der Bevölkerung kaum auf. Lediglich Frits Bolkestein, damaliger Fraktionsvorsitzender der VVD, äußerte sich ab Beginn der 1990er Jahre in Reden und verschiedenen Publikationen kritisch über die Grenzen und Gefahren einer multikulturellen Gesellschaft und über die Ausrichtung der bisherigen Integrationspolitik.[117] Obwohl er mit seinen Äußerungen aus verschiedenen Kreisen heftige Kritik erfuhr, gewannen seine Inhalte zweifelsohne deutlichen Einfluss auf die Integrationsdiskussionen in den Niederlanden.[118] Sie bildeten, da Bolkestein in der Bevölkerung auf relativ große Unterstützung stieß, zudem eine der Grundlagen dafür, dass seine VVD zu dieser Zeit bei Wahlen gute Ergebnisse erzielte. Die Chancen anderer Parteien, mit kritischen Inhalten zu punkten, wurden durch die Äußerungen Bolkesteins geschmälert.[119]

Trotz der Aussagen Bolkesteins fühlten sich viele Niederländer in ihren Sorgen über die wachsende Zahl an Zuwanderern und der damit einhergehenden Veränderung der Gesellschaft von der politischen Elite nicht ausreichend ernstgenommen – das Thema schwelte somit weiter unter der Oberfläche. Dieser Umstand zeigte sich im Jahr 2000 sehr deutlich, als ein Zeitungsartikel des Publizisten Paul Scheffer mit dem Titel *Het multiculturele drama* (*Das multikulturelle Drama*) erschien, in dem dieser sich skeptisch über den Stand und die Perspektiven der Integration von Migranten in den Niederlanden äußerte.[120] In der Öffentlichkeit und sogar im politischen Diskurs rief der Aufsatz ein außerordentlich großes Echo hervor, wobei die Reaktionen zwischen starker Zustimmung und deutlicher Kritik schwankten. Nach Cuperus hat der Aufsatz dazu beigetragen, die Schwerpunkte der niederländischen Integrationskontroversen zu verschieben: „Seit dieser zur Panikmache tendierenden Analyse wird die multikulturelle Debatte verstärkt in Begriffen wie Anpassung, Assimilierung, kulturelle Integration und mangelhafte Integration geführt. Dies ge-

---

and Surinamese revealed that 63 percent felt threatened by right-extremist parties and their electoral supporters." Vermeulen und Pennix (2000, S. 19).

[116] Eine im Jahr 1995 durchgeführte Umfrage führte in diesem Sinne zu dem vielleicht überraschenden Ergebnis, dass den Kulturen und Traditionen der Zuwanderer in den Niederlanden weitaus weniger Wertschätzung entgegengebracht wurde als dies in anderen Ländern (wie beispielsweise in Deutschland) der Fall war. Vgl. Böcker und Thränhardt (2003, S. 6).

[117] Die von Bolkestein in dieser Hinsicht getätigten Äußerungen bilden nach Böcker und Thränhardt den „Anfang einer Kette von Diskursen, die den Islam als gefährlich, andersartig und nicht integrationsfähig definierten." Böcker und Thränhardt (2003, S. 5).

[118] Nach Leiprecht und Lutz hat sich die politische Kultur nach den Diskussionen über die Äußerungen Bolkesteins schleichend verändert, da die Zuwanderer zunehmend als „Belastung der Gesellschaft" gesehen wurden. Vgl. Leiprecht und Lutz (2003, S. 97).

[119] Vgl. Lucardie (2011, S. 30).

[120] Der Text des Artikels ist einzusehen unter http://retro.nrc.nl/W2/Lab/Multicultureel/scheffer.html.

3.2 Neuere Entwicklungen und Fragestellungen

schah auf Kosten von dem und als Ersatz für den früheren Diskurs, der in den Begriffen des Multikulturalismus geführt worden war."[121]

Die soeben vorgestellten Hintergründe bilden eine wichtige Erklärung dafür, warum Fortuyn mit seiner kritischen Haltung zu Immigrations- und Integrationsfragen derart viel Unterstützung gewinnen konnte: Viele Bürger fühlten sich zu dieser Zeit bei diesen Themen nicht repräsentiert und waren froh, dass Fortuyn die bisherigen Tabus aufbrach.[122] Tromp hält in diesem Zusammenhang fest: „Das Multikulturalismus-Thema war mindestens acht Jahre vor den Wahlen des Jahres 2002 latent vorhanden, aber keine Partei war (…) bereit, dieses Thema auf die politische Tagesordnung zu setzen. Diejenigen, die für die LPF stimmten, taten dies, weil Fortuyn den Multikulturalismus eben sehr wohl zu seinem Thema gemacht hatte."[123] Zu beachten sind hierbei auch die Auswirkungen der Anschläge vom 11. September 2001 auf die gesellschaftliche Stimmung – schließlich waren die Reaktionen auf die Terrorakte in den USA in den Niederlanden besonders massiv, was sich unter anderem in einer im Vergleich zu anderen Ländern hohen Zahl an Übergriffen auf Muslime zeigte.[124] Die in der Öffentlichkeit sehr präsente und breit diskutierte terroristische Bedrohung trug fortan zu einem Gefühl der Unsicherheit und dem Verlangen nach einem harten politischen Kurs bei – Faktoren, die der Fortuyn-Bewegung zusätzlichen Auftrieb gaben.[125]

Fortuyn selbst hatte sich mit entsprechenden Fragen schon zu der Zeit beschäftigt, als er noch als Kolumnist tätig war. Hinsichtlich des Themas Zuwanderung plädierte er über Jahre für eine Politik, die die Möglichkeiten der Einreise in die Niederlande stark begrenzen sollte. Die mit der bisherigen Politik erzielten Integrationserfolge bewertete er skeptisch. Er forderte mehr Anpassungsbereitschaft von den Zuwanderern und von der Regierung eine Politik, die mehr Engagement verlangte. Sein Hauptaugenmerk lag dabei stets auf dem Bereich der sozio-kulturellen Integration und hierbei insbesondere auf Wertefragen. Fortuyn war ein starker Befürworter demokratischer und liberaler Freiheiten und ein entschiedener Gegner des Kulturrelativismus. Insbesondere den Islam, den er wiederholt als „rückständige Kultur" bezeichnete, sah er als Gefahr für die von ihm geschätzten Werte an.[126] Mit

---

[121] Cuperus (2003, S. 54). Weitere Informationen zum Artikel und zu den anschließenden Reaktion finden sich bei beispielsweise bei: List (2003, S. 120 ff.).

[122] Vgl. Andeweg und Irwin (2009, S. 47), Krouwel und Lucardie (2008, S. 292). Cuperus hält in diesem Kontext fest: „Es ist auch rückwirkend betracht immer noch bemerkenswert, wie wenig der Immigrations- und Integrationsprozess benannt und problematisiert wurde, wodurch gerade ein riskantes Vakuum für extreme Parteien entstand. Wie soziologisch naiv kann eine Gesellschaft sein?" Cuperus (2011, S. 166).

[123] Tromp (2005, S. 70).

[124] Vgl. Thränhardt (2002, S. 247 f.). Der Autor schreibt hier: „In den Monaten nach dem New Yorker Anschlag konstatierte die ‚Europäische Beobachtungsstelle gegen Rassismus und Fremdenfeindlichkeit' in den Niederlanden mehr Übergriffe gegen Moslems als in allen anderen EU-Ländern." Siehe hierzu auch Eckardt (2003, S. 85 ff.).

[125] Anschaulich hierzu: Pellikaan et al. (2003, S. 36 f.).

[126] Aus diesem Grund hatte er bereits 1997 ein Buch mit dem Titel *Tegen de islamisering van onze cultuur. Nederlandse identiteit als fundament* (*Gegen die Islamisierung unserer Kultur. Niederländische*

seinen Äußerungen war er mit seiner Partei insgesamt in der Lage, „to introduce a new line of conflict – the cultural one – that had been ignored by the political elite, but was highly salient to the electorate."[127]

Nach dem Tod Fortuyns nahmen die von ihm angesprochenen Inhalte im öffentlichen und politischen Diskurs weiter einen breiten Raum ein. Im Rahmen der Diskussion über die Vereinbarkeit „niederländischer Werte" mit „muslimischen Traditionen" erlangte die aus Somalia stammende und heute in den USA lebende Ayaan Hirsi Ali eine große Bedeutung, da sie sich immer wieder kritisch mit dem Islam und vor allem der Stellung der Frauen im Islam auseinandersetzte.[128] Ihre Inhalte machten sie zum Hassobjekt radikaler Islamisten, die sie über Jahre bedrohten und die damit einen fortdauernden Polizeischutz erforderlich machten. Die Ernsthaftigkeit dieser Bedrohungen erwies sich Ende des Jahres 2004, als Theo van Gogh von einem radikalen Islamisten ermordet wurde. Mit van Gogh hatte Hirsi Ali den Kurzfilm *Submission* produziert, in dem die Unterdrückung muslimischer Frauen anhand drastischer Bilder und Texte thematisiert wird. Der Mord an van Gogh hatte für das gesellschaftliche Klima in den Niederlanden erhebliche Auswirkungen. Die bereits in den Jahren zuvor breit diskutierten Integrationsprobleme und Fragen der inneren Sicherheit wurden von vielen nun neu bewertet. Zudem gewann das bereits angesprochene Gefühl der Bedrohung bzw. der Unsicherheit, das seit den Anschlägen vom 11. September 2001 vorhanden war und sich mit den in der Folgezeit verübten Terrorakten (unter anderem in Madrid und London) verstärkt hatte, neue Nahrung und eine spezifisch niederländische Dimension.[129]

Auch in den letzten Jahren nahmen migrations- und integrationspolitische Fragen – wie die kurzzeitigen Erfolge von Rita Verdonk und der Aufschwung von Geert Wilders be-

---

Identität als Fundament) verfasst und ließ er in der Folgezeit immer wieder kritische und polarisierende Kommentare verlauten.

[127] Aarts und Thomassen (2008, S. 212).

[128] Die Titel ihrer ersten Bücher, *De zoontjesfabriek* (*Die Söhnefabrik*) und *De maagdenkooi* (*Der Jungfrauenkäfig*), sprechen diesbezüglich eine deutliche Sprache. Hirsi Ali (2004a,b). Durch ihre skeptischen Einschätzungen sowie ihre direkte, fordernde und provozierende Art stand Hirsi Ali immer wieder in der Kritik. Die im Vorangegangenen bereits beschriebenen Tendenzen in der niederländischen Gesellschaft führten jedoch gleichzeitig dazu, dass sie eine zeitlang eine der beliebtesten Politikerinnen in den Niederlanden war. Ihre Autobiographie ist auch in deutscher Sprache mit dem Titel *Mein Leben, meine Freiheit* erschienen. Hirsi Ali (2006). Ein Interview mit Hirsi Ali aus dem Jahr 2005 ist nachzulesen bei: Bos und Breedveld (2005, S. 122 ff.).

[129] Noch am Tag des Mordes fanden sich viele Niederländer zu einem Protestmarsch zusammen. In den folgenden Wochen bestimmten die Themen Migration, Integration und Terrorismus die öffentlichen und politischen Kontroversen, wobei insbesondere die Gruppe der marokkanischen Zuwanderer immer wieder kritische Aufmerksamkeit erfuhr. Die zum Teil aufgeheizte öffentliche Stimmung trug mit dazu bei, dass sich eine ganze Serie von kleineren Anschlägen auf religiöse Einrichtungen und Schulen ereignete. Erst nach einigen Monaten legte sich die Aufregung und es kehrte eine gewisse Normalität ein. Die Geschehnisse im Umfeld des Mordes an van Gogh sowie deren Hintergründe werden in einer Vielzahl an Publikationen beleuchtet. Verwiesen sei hier vor allem auf zwei auch in deutscher Sprache veröffentlichte und gut lesbare Titel: Buruma (2007) und Mak (2005). Zum Thema siehe auch: de Vries (2006, S. 63 ff.), van Dijk (2007, S. 87 ff.), van Luin (Hrsg.) (2005).

legen – im politischen Diskurs der Niederlande einen breiten Raum ein. Das im Ausland lange Zeit gültige Bild der toleranten und liberalen Niederlande hat sich durch die Geschehnisse der letzten Jahre deutlich und voraussichtlich auch nachhaltig gewandelt. In den Niederlanden selbst ist der Stolz auf das eigene Integrationsmodell längst einer massiven Skepsis gewichen. Neben fortdauernden Problemen im Bereich der sozioökonomischen Integration besteht ein wichtiger Grund hierfür darin, dass das Zusammentreffen verschiedener Kulturen von vielen Niederländern mit großer Skepsis betrachtet wird.[130] Zu diesem mittlerweile äußerst intensiv untersuchten Thema gibt es eine Vielzahl an demoskopischen Daten, die die unterschiedlichen Wertevorstellungen und die sich daraus ergebenden Klüfte in der niederländischen Gesellschaft dokumentieren.[131] Die Zahlen machen deutlich, dass es eine der großen Herausforderungen der Zukunft sein wird, den sozialen Frieden durch ein höheres Maß an gegenseitigem Verständnis zu erhöhen.

3.2.4 Ist die niederländische Demokratie in der Krise?

In den letzten Jahren finden sich immer wieder kritische Stimmen, die unter anderem die politische Instabilität in der aktuellen Politik, die oftmals zu vernehmende Kritik an der politischen Elite sowie an den politischen Institutionen, den Bedeutungszuwachs populistischer Gruppierungen, den vermeintlichen Niedergang der etablierten Parteien und die Forderungen nach demokratischer Erneuerung als Krisenzeichen der niederländischen Politik interpretieren.[132] Es stellt sich die Frage, inwiefern tatsächlich von einer (eventuell stetig wachsenden) Unzufriedenheit der Bürger mit der niederländischen Demokratie und ihren Institutionen zu sprechen ist. Am Ende dieses Kapitels soll dieser Frage durch die Betrachtung einiger aktueller Studien nachgegangen werden.

Ein Ergebnis der Untersuchungen zu den Haltungen der Niederländer zum politischen System besteht darin, dass zwischen verschiedenen Ebenen zu unterscheiden ist: Die Haltungen zu einzelnen politischen Institutionen stellt sich bei vielen Bürgern deutlich anders dar als zum politischen System insgesamt.[133] Die entsprechenden Daten zeigen deutlich, dass das Vertrauen zu zentralen Akteuren in der niederländischen Politik schwankt (Abb. 3.2). Insbesondere im Zeitraum ab 2002 fallen die entsprechenden Werte, die Ende der 1990er und auch noch zu Beginn des neuen Jahrzehnts auf einem hohen Niveau lagen, relativ negativ aus: Sowohl die Regierung als auch das Parlament und die Parteien wurden zu dieser Zeit kritischer gesehen als in den Jahren zuvor und danach. Bovens und Wille

---

[130] Zum Thema siehe unter anderem: van Dijk (2007, S. 22 ff.), Zemni (2008, S. 303 ff.).
[131] Vgl. hierzu unter anderem: Gijsberts und Lubbers (2009, S. 254 ff.), Dekker und den Ridder (2011, S. 67 f.), van der Brug et al. (2011, S. 287 ff.),
[132] Anschaulich hierzu: Dekker und den Ridder (2011, S. 59). Zum Thema siehe auch: Koole (2009, S. 54 ff.).
[133] Die nachfolgenden Ausführungen basieren vor allem auf: Bovens und Wille (2011, S. 25 ff.), Andeweg und Thomassen (2011, S. 15 ff.), Thomassen (2011, S. 213 ff.), Dekker und den Ridder (2011, S. 55 ff.), Raad voor het openbaar bestuur (2010, S. 16 f.).

Abb. 3.2 Vertrauen zu ausgewählten Institutionen (2001–2010)

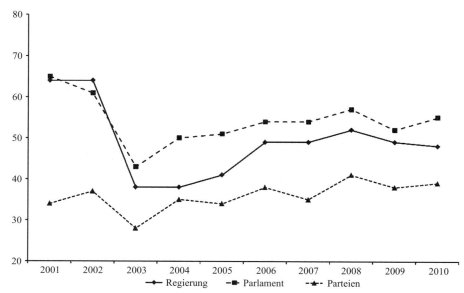

Quelle: Dekker und den Ridder (2011, S. 61); Eigene Darstellung

führen diesen Umstand vor allem auf den Aufstieg und die Ermordung Fortuyns sowie die ökonomische Entwicklung zu dieser Zeit zurück.[134] Anschließend ist in Bezug auf alle genannten Akteure wieder ein Zuwachs des Vertrauens zu erkennen, die Werte erreichen jedoch nicht mehr das Niveau der Jahre 2001 und 2002.

Der Umstand, dass das Vertrauen zu den genannten Akteuren niederländischer Politik schwankt, ist zweifelsohne als normale Entwicklung in einem demokratischen Staat mit kritischer Öffentlichkeit und unterschiedlichen Interessenlagen zu bewerten. In der Literatur wird somit auch darauf hingewiesen, dass die Lage nur dann als problematisch zu bewerten wäre, wenn das Vertrauen der Bürger dauerhaft auf einem niedrigen Niveau bleiben würde. Hiervon kann in den Niederlanden nicht die Rede sein – vor allem, weil diese traditionell und auch aktuell weiterhin ein sogenanntes *high-trust-country* darstellen, in dem die Vertrauenswerte regelmäßig wesentlich höher ausfallen als im EU-Durchschnitt.[135] Um dies zu verdeutlichen werden in der Abb. 3.3 die Vertrauenswerte hinsichtlich der niederländischen Regierung mit den entsprechenden Zahlen aus Deutschland und mit dem EU-Durchschnitt verglichen.

---

[134] Vgl. Bovens und Wille (2011, S. 34 f.).
[135] Bovens und Wille führen als Hintergründe für diesen Umstand, die lange demokratische Tradition der Niederlande, das bestehende Wahlrecht und das Funktionieren des Staates an. Vgl. Bovens und Wille (2011, S. 36).

3.2 Neuere Entwicklungen und Fragestellungen 77

Abb. 3.3 Vertrauenswerte für die Regierung im Vergleich (2001–2011)

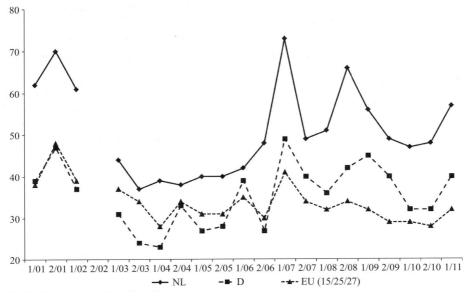

Quelle: Eurobarometer; Eigene Darstellung

Ein weiteres wichtiges Ergebnis aktueller Untersuchungen besteht zudem darin, dass die Zufriedenheit mit dem Funktionieren der niederländischen Demokratie – anders als man vielleicht vermuten könnte – in den letzten Jahrzehnten (bei gewissen Schwankungen) ansteigt und seit Jahren auf einem, insbesondere im internationalen Vergleich, sehr hohen Niveau (über 70 %) liegt.[136] Vor diesem Hintergrund lässt sich festhalten, dass von einer Legitimitätskrise der niederländischen Politik nicht die Rede sein kann – die Bürger unterstützen die demokratische Staatsform, was sie jedoch nicht davon abhält, die politischen Akteure und ihr Handeln kritisch zu beobachten.[137] Auch das politische Interesse ist in den letzten Jahren gestiegen.[138]

Hinsichtlich dieses positiven Gesamtbildes sind allerdings zwei Einschränkungen erforderlich. An erster Stelle ist darauf hinzuweisen, dass die demoskopischen Daten Unterschiede zwischen verschiedenen Bevölkerungsgruppen aufzeigen. Besonders bedeutsam erscheint die Tatsache, dass eine Korrelation zwischen den Haltungen zum politischen System und dem Bildungsgrad zu erkennen ist: Bürger mit einem niedrigeren Bildungsgrad haben weniger Kenntnisse über das politische Geschehen, bewerten das politische System und seine Akteure kritischer, fühlen sich weniger gut repräsentiert und sind politisch

---

[136] Vgl. beispielsweise: Thomassen (2011, S. 217).
[137] In diesem Sinne äußern sich auch: van Deth und Vis (2006, S. 148 f.), Hosch-Dayican (2011, S. 60). Zum Thema siehe auch: Dekker und den Ridder (2011, S. 68 ff.).
[138] Vgl. van Houwelingen et al. (2011, S. 196 f.).

auch weniger aktiv.[139] Dieser Umstand kann zweifelsohne als Anlass zur Sorge beurteilt werden. Ein wichtiger Unterschied hinsichtlich der politischen Akteure besteht zweitens darin, dass die Parteien kontinuierlich weniger Vertrauen besitzen als beispielsweise das Parlament oder die Regierung. Eine aktuelle Untersuchung zeigt zudem, dass ein großer Teil der niederländischen Bevölkerung sich in ihren Haltungen von den etablierten Parteien nicht ausreichend repräsentiert fühlt.[140] Der politische Zynismus wächst und auch das Bild der Politiker ist bei vielen Niederländern kritisch.[141] Wie die vorangegangenen Ausführungen gezeigt haben, liegen diesen Unzufriedenheiten verschiedene Aspekte zugrunde. Auch wenn sich die Situation in vielen Ländern ähnlich darstellt und kein Anlass für Alarmismus besteht, sind in dieser Hinsicht sicherlich von allen Seiten Anstrengungen gefordert.

---

[139] Bovens und Wille schreiben in einem Aufsatz zu diesem Thema: „In the Netherlands, the differences are striking. Educational background is the strongest explanatory variable with regard to dissatisfaction with politics." Bovens und Wille (2010, S. 413). Zum Thema siehe auch: Wille (2011, S. 107 ff.), Thomassen (2011, S. 217 ff.), Dekker und den Ridder (2011, S. 70 ff.), van Houwelingen et al. (2011, S. 198 ff.), Pels (2011, S. 45 ff.), Raad voor het openbaar bestuur (2010, S. 16 f.).
[140] Vgl. van der Brug et al. (2011, S. 287 ff.).
[141] Vgl. hierzu: van Zoonen (2006, S. 34).

Zentrale Akteure in der niederländischen Politik   4

In den Niederlanden wirkt eine große Zahl an Institutionen und Personen mit unterschiedlichen Aufgaben und Gestaltungsspielräumen an den politischen Prozessen mit (Abb. 4.1). Im Verlauf des nun folgenden Kapitels soll auf einige der wichtigsten Akteure mit dem Ziel eingegangen werden, Erkenntnisse über deren Charakteristika und über ihre spezifischen Funktionen in der niederländischen Politik zu vermitteln. In Anbetracht dieser Zielsetzung und vor dem Hintergrund der Komplexität des politischen Lebens in den Niederlanden ist es erforderlich, Auswahlentscheidungen zu treffen und Schwerpunkte zu setzen. Konkret bedeutet dies, dass nur einige Akteure ausführlicher, andere hingegen nur in knapper Form thematisiert werden können.

Im Abschn. 4.1 richtet sich das Augenmerk auf der Grundlage geschichtlicher Aspekte zunächst auf das niederländische Königshaus. Die Auseinandersetzung mit diesem zielt dabei allerdings nicht vornehmlich auf die Darstellung historischer Entwicklungen, sondern vielmehr auf die Analyse der derzeitigen Position der königlichen Familie und insbesondere der Königin in der niederländischen Politik ab. Abschnitt 4.2 setzt sich mit dem wichtigsten Akteur in der niederländischen Politik, dem Parlament, und insbesondere mit den verschiedenen Funktionen und Einflussmöglichkeiten der Ersten und Zweiten Kammer auseinander. Die Aufgaben und Organisationsprinzipien der Regierung werden im Abschn. 4.3 erörtert. Hierbei soll dann auch die Position des niederländischen Ministerpräsidenten diskutiert und auf die nach 1945 amtierenden Regierungsbündnisse in den Niederlanden eingegangen werden. Weitere staatliche, halbstaatliche und nichtstaatliche Akteure, denen eine gewichtige Rolle in der niederländischen Politik zukommt, werden im abschließenden Abschn. 4.4 in knapper Form behandelt.

Abb. 4.1 Wichtige politische Akteure im Überblick

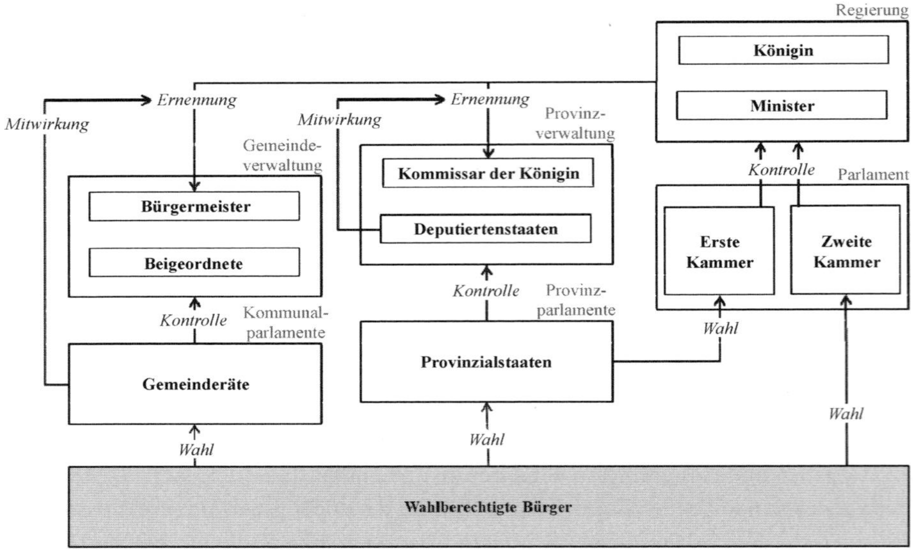

Quelle: Andeweg und Irwin (2009, S. 20); Eigene Darstellung

4.1 Das Königshaus

Die Niederlande sind seit dem Ende der französischen Besatzung und somit seit nunmehr beinahe 200 Jahren eine konstitutionelle Monarchie.[1] Das Amt des Monarchen wird in der Familie Oranien-Nassau vererbt, der bereits seit Wilhelm von Oranien eine zentrale Rolle in der niederländischen Politik zukommt und die zu Zeiten der Republik die Statthalter stellte. Auch wenn sich seine Bedeutung – wie die Ausführungen im Vorangegangenen (Abschn. 2.1) deutlich gezeigt haben – in den letzten zwei Jahrhunderten grundlegend verändert hat, besitzt das Königshaus in den Niederlanden weiterhin gewisse formelle Kompetenzen und vor allem einen nicht zu unterschätzenden Einfluss auf Politik und Gesellschaft. Im Folgenden wird zunächst in knapper Form auf die Entwicklung der niederländischen Monarchie eingegangen. Hierbei werden auch die aktuellen Mitglieder der königlichen Familie kurz vorgestellt (siehe hierzu auch die Abb. 4.3). Anschließend richtet sich das Au-

---

[1] Wie im Vorangegangenen bereits festgehalten wurde, haben die Niederlande bereits in den Jahren von 1806 bis 1810, in denen der Bruder Napoleons König war, Erfahrungen mit der Monarchie gesammelt.

4.1 Das Königshaus

genmerk auf die derzeitigen Funktionen der niederländischen Königin. In einem dritten Schritt wird dann die heutige Stellung der niederländischen Monarchie thematisiert.[2]

4.1.1 Zur Geschichte des Königshauses

Die Verbindung zwischen der niederländischen Nation und dem Haus Oranien-Nassau reicht bis in das 16. Jahrhundert zurück, in dem die Niederlande unter der maßgeblichen Führung Wilhelm von Oraniens den Kampf gegen die spanische Herrschaft aufnahmen (Abb. 4.2).[3] Wilhelms Nachfolger waren zunächst bis 1795 als Statthalter vor allem für die militärische Behauptung der niederländischen Republik verantwortlich, ihre politische Macht blieb in Anbetracht der starken Stellung der Provinzen und insbesondere der Übermacht der Provinz Holland begrenzt. Zu mehreren Gelegenheiten kam es in Anbetracht dieser Konstellation – vor allem zwischen dem Ratspensionär der Provinz Holland und dem Statthalter – zu heftigen Konflikten, die kritische Diskussionen über die Machtverteilung in der Republik auslösten und in zwei Fällen zu statthalterlosen Phasen führten (1650 bis 1672 und 1702 bis 1747), die die Fortexistenz des Statthalteramtes jedoch letztlich nicht beendeten.

> **Infobox III: Wilhelm von Oranien**
> Der kinderlose René de Chalon, ein Nachfahre Engelberts von Nassau, vererbte 1544 seinem jungen Neffen Wilhelm von Nassau (1533–1584), Sohn von Wilhelm den Reichen und Juliane von Stolberg, seine Besitzungen. Wilhelm durfte dieses Erbe, darunter das Fürstentum Orange und niederländische Gebiete, unter der Bedingung antreten, dass er am kaiserlichen Hof in Brüssel katholisch erzogen wird. Der junge Prinz von Oranien erwarb in der Folgezeit rasch ein hohes Ansehen und wichtige Positionen: Philipp II. von Spanien benannte ihn 1559 zum Statthalter von Holland, Seeland und Utrecht. In den anschließenden Jahren führten

---

[2] Umfangreiche Informationen zum niederländischen Königshaus – zu seiner Geschichte, seinen Funktionen und seinen aktuellen Mitgliedern – können auf dessen offizieller Seite (www.koninklijkhuis.nl) aufgerufen werden, die auch einen Zugang zu vielen Dokumenten und Materialien bietet. Die wichtigsten rechtlichen Grundlagen für die Position des Königshauses in der niederländischen Politik sind im zweiten Kapitel der Verfassung festgehalten.

[3] Die Verbindung des Hauses Nassau zu den Niederlanden entstand bereits zu Beginn des 15. Jahrhunderts, als Graf Engelbert I. von Nassau Johanna von Polanen, Erbin von Breda, heiratete. Mit dieser Hochzeit gehörte „dieser Zweig des Hauses Nassau zu den wichtigsten Adelsgeschlechtern der Niederlande." Informationsdienst der niederländischen Regierung (2005, S. 1). Graf Engelbert und seine Nachfolger besetzten im Gebiet der heutigen Niederlande bald wichtige politische Funktionen. Zur Geschichte des Königshauses sowie seinen Vertretern siehe: Kunze (2007a, S. 98 ff.), Informationsdienst der niederländischen Regierung (2005, S. 2 ff.), Kunze (2007b, S. 11 ff.) und die Informationen auf der Homepage www.koninklijkhuis.nl.

politische, finanzielle und konfessionelle Konflikte dazu, dass sich das Verhältnis zwischen dem spanischen König und Wilhelm von Oranien massiv verschlechterte und letztgenannter schließlich zu einem Führer der hochadeligen Opposition gegen die spanische Herrschaft wurde. Nach dem Bildersturm des Jahres 1566, auf den Spanien mit militärischen Mitteln reagierte, kam es 1568 zum Aufstand, der den Beginn des Achtzigjährigen Krieges bedeutete. Wilhelm, der Statthalter in einigen der wichtigsten aufständischen Gebiete war, musste sich zunächst auf seinen Stammsitz in Nassau zurückziehen. In der Folgezeit übernahm er, nach seiner Konvertierung zum Calvinismus, mit wechselndem Erfolg die Führung im Freiheitskampf gegen Spanien und legte damit die Grundlage für sein bis heute hohes Ansehen.

Wilhelm von Oranien heiratete mit Anna von Egmond, Anna von Sachsen, Charlotte von Bourbon und Louise de Coligny insgesamt vier Frauen, wobei politischen Überlegungen bei der Wahl der Ehepartnerinnen eine wichtige Rolle zukam. Er wurde 1584 vom Attentäter Balthasar Gérard im Prinzenhof zu Delft erschossen. Wilhelm von Oranien wurde in der *Nieuwe Kerk* in Delft beigesetzt, in der seither nahezu alle Mitglieder des Hauses Oranien-Nassau ihre letzte Ruhe fanden. „Die Trauer um den unbestrittenen moralischen und politischen Führer des Aufstands vereinigte nochmals die nördlichen und südlichen Niederlande und bekräftigte den nationsstiftenden Mythos vom ‚vader des vaderlands'."[4]

Wilhelm von Oranien wurde im Widerstand gegen Spanien zum Symbolträger, der hohes Ansehen genoss und Geschick in politischen, diplomatischen und militärischen Angelegenheiten zeigte. Sein Beiname „Der Schweiger" erklärt sich dadurch, dass er seine Worte mit großem Bedacht wählte und lange für vermittelnde politische und konfessionelle Position eintrat. Kunze erläutert in diesem Zusammenhang: „Wilhelms Leben war durch das Nebeneinander konkurrierender, sich wechselseitig ausschließender kultureller und konfessioneller Einflüsse im Zeitalter des konfessionellen Bürgerkriegs bestimmt. Darauf reagierte er, soweit möglich, durch die Vermeidung der allzu weitgehenden Identifizierung mit einer Parteisicht. Sein ‚Schweigen' war insofern nicht Resignation, sondern auch Strategie. Dass gerade er trotzdem zur Verkörperung des Aufständischen wurde, geschah zwar nicht gegen seinen Willen, aber doch gegen seine ausgeprägte Neigung zu Ausgleich und Vermittlung."[5] Die überaus bedeutende Position, die Wilhelm von Oranien noch heute für die niederländische Geschichte zugeschrieben wird, ist unter anderem daran zu erkennen, dass das „Wilhelmus" – ein Lied, in dem sein Leben und Handeln gepriesen wird – seit 1932 offizielle Nationalhymne der Niederlande ist.[6] Die Farbe Orange

---

[4] Kunze (2007b, S. 15).
[5] Kunze (2007a, S. 100).
[6] Text und Melodie des Wilhelmus sind unter www.koninklijkhuis.nl/Monarchie/Volkslied.html abzurufen.

4.1 Das Königshaus

stellt bis heute, obwohl das entsprechende Fürstentum bereits Ende des 17. Jahrhunderts in französischen Besitz überging, ein nationales Symbol dar.[7]

Nach dem Rückzug der französischen Truppen im Jahr 1813 endete die kurze Periode, in der die Verbindung zwischen den Niederlanden und dem Haus Oranien-Nassau unterbrochen war. Diese Verbindung verstärkte sich in der Folgezeit nochmals deutlich – der Sohn des Statthalters Wilhelm V. wurde zum König Wilhelm I. mit weitreichenden politischen Befugnissen. In der niederländischen Verfassung wurde festgehalten, dass die Nachfahren Wilhelms I. seine Nachfolger als niederländische Staatsoberhäupter werden sollten.[8] Ihm folgten somit sein Sohn Wilhelm II. (Amtszeit von 1840 bis 1849), der 1849 überraschend verstarb, und sein Enkel Wilhelm III. (1849–1890) auf dem Thron. Beim Tod Wilhelms III. war dessen Tochter Wilhelmina, die nach dem Tod der drei Söhne Wilhelm (1840–1879), Moritz (1843–1850) und Alexander (1851–1884) seine Nachfolge antreten sollte, erst zehn Jahre alt. Vor diesem Hintergrund übernahm seine Frau Emma für acht Jahre (1890–1898) die Regentschaft. Wilhelmina bestieg dann 1898 den Thron, den sie erst nach fünfzigjähriger Amtszeit wieder verließ.[9] 1948 übertrug sie ihrer Tochter Juliana das Königsamt, das diese wiederum am 30. April 1980 an ihre Tochter, die heutige Königin Beatrix, weiterreichte.[10]

---

[7] Der Titel „Prinz von Oranien" wird weiterhin im niederländischen Königshaus vererbt, aktuell führt ihn Willem-Alexander. Für weitaus umfassendere Informationen zu Wilhelm von Oranien siehe: Mörke (2010), Kunze (2007a, S. 99 ff.).
[8] In der aktuellen Verfassung findet sich der entsprechende Passus im Artikel 24.
[9] Ein wichtiger Grund für den Rücktritt Wilhelminas 1948 lag darin, dass sich ihre Hoffnungen auf eine Umwandlung der gesellschaftlichen Verhältnisse nicht erfüllten. Wielenga schreibt hierzu: „Ohne die Befugnisse und Möglichkeiten, über die sie in den Londoner Exiljahren verfügt hatte, musste sie nach 1945 mit ansehen, wie sich ihre Hoffnung auf ‚Erneuerung' verflüchtigte und Parlament und politische Parteien ihre zentrale Stellung wieder einnahmen. Im Jahre 1948, kurz nach ihrem fünfzigsten Thronjubiläum, dankte sie enttäuscht und erschöpft ab." Wielenga (2008, S. 255).
[10] Ein besonderes Kennzeichen der Geschichte des Hauses Oranien-Nassau besteht in den engen Verbindungen dieses Hauses zum deutschen Adel. Nicht nur zu Zeiten der Republik heirateten viele Statthalter eine deutsche Ehepartnerin, sondern auch nach Einführung der Monarchie setzte sich diese Tradition fort: Mit Wilhelm I. (Wilhelmina von Preußen), Wilhelm III. (Sophie von Württemberg und Emma von Waldeck-Pyrmont), Wilhelmina (Heinrich zu Mecklenburg-Schwerin), Juliana (Bernhard von Lippe-Biesterfeld) und Beatrix (Claus von Amsberg) waren fünf der bisherigen sechs Monarchen mit einer bzw. einem deutschen Adligen verheiratet. In der aktuellen königlichen Familie ist die Tradition deutscher Ehepartner unterbrochen, auch Maxima, die Frau des Kronprinzen Willem-Alexander, hat keine deutschen Wurzeln. Zum Thema siehe: Wielenga (2007, S. 63 ff.).

Abb. 4.2 Stammbaum des Hauses Oranien-Nassau[11]

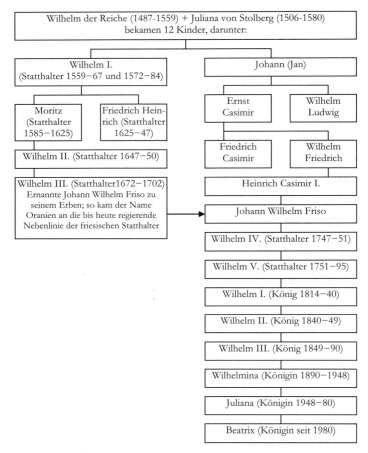

Quelle: Kunze (2007a, S. 98).

4.1.2 Zur Thronfolge

Die niederländische Königsfamilie drohte in den vergangenen zwei Jahrhunderten mehrmals auszusterben. Änderungen an der Erbfolgeregelung, die den Kreis der Thronfolgeberechtigten eingrenzten, bildeten hierfür eine Ursache.[12] Eine andere wichtige Modifikation,

---

[11] Die Statthalterschaften beziehen sich nicht nur auf Holland, sondern teilweise auch auf andere Provinzen. Nur Wilhelm IV. und Wilhelm V. waren Statthalter aller Provinzen.

[12] Die Verfassungsänderung aus dem Jahr 1892, nach der nur noch direkte Nachkommen Wilhelm I. für die Thronfolge in Betracht kamen, war in diesem Kontext besonders wichtig. Mit ihr verloren alle entfernteren Verwandten ihren etwaigen Anspruch auf die Krone. Vgl. van Deth und Vis (2006, S. 56).

die im Jahr 1983 vorgenommen wurde, bestand hinsichtlich der Thronfolge darin, dass seitdem männliche Nachkommen eines Monarchen nicht mehr bevorzugt werden. Das Alter entscheidet folglich darüber, welches Kind des Monarchen den ersten Anspruch auf die Thronfolge besitzt. Für die aktuelle Erbfolgeregelung besitzt die Unterscheidung zwischen der königlichen Familie, die alle Familienmitglieder des Hauses Oranien-Nassau umfasst, und dem Königshaus, das nur aus dem aktuellen Staatsoberhaupt, dem ehemaligen Staatsoberhaupt und den erbfolgeberechtigten Mitgliedern der königlichen Familie sowie den Ehepartnern dieser Personen besteht, einen hohen Stellenwert.[13] Erbfolgeberechtigt sind grundsätzlich jene Personen, die bis zu einem gewissen Grad mit dem amtierenden Monarchen verwandt sind. Unter bestimmten Umständen können Mitglieder des Königshauses allerdings unabhängig von ihrem Verwandtschaftsgrad von der Erbfolge ausgeschlossen werden. Den entsprechenden Beschluss kann das Parlament in einer gemeinsamen Sitzung beider Kammern erwirken, wenn eine Zweidrittelmehrheit der Abgeordneten einem solchen Antrag zustimmt. Diese Regelung fand in der jüngeren Vergangenheit keine Anwendung. Der Kreis der Erbfolgeberechtigten verkleinerte sich in den letzten Jahrzehnten allerdings aus einem anderen Grund: Es wurden Eheschließungen vorgenommen, ohne dass (aus verschiedenen Gründen) zuvor beim Parlament um dessen Zustimmung gefragt wurde.[14] Auf diese Weise verlor im Jahr 2004 Prinz Friso seinen Anspruch auf die Thronfolge. Auch bei den Vermählungen von zwei Söhnen von Prinzessin Margriet, Prinz Floris und Prinz Pieter-Christiaan, sowie zwei Töchtern von Königin Juliana, Prinzessin Christina und Prinzessin Irene, wurde auf das Ersuchen nach parlamentarischer Zustimmung verzichtet, wodurch auch diese Personen (mitsamt ihrer Kinder) nicht mehr für die Thronfolge in Betracht kommen.[15]

Die aktuelle Thronfolge sieht vor, dass Königin Beatrix ihr Amt an ihren ältesten Sohn Willem-Alexander weiterreicht. Die nächsten Kandidaten für die Thronfolge sind Willem-Alexanders Töchter, Prinz Constantijn und dessen Kinder und dann Prinzessin Margriet und deren Kinder. Der Umstand, dass das Amt des niederländischen Staatsoberhauptes vererbt wird, war in der Geschichte immer wieder Gegenstand der Kritik und wird auch heute oftmals negativ bewertet. Im Kern lautet die Kritik, dass eine derartige Amtsübergabe nicht zu einer modernen Demokratie passen würde und das Staatsoberhaupt daher besser gewählt werden sollte. De Meij und van der Vlies sehen in der Erbfolgeregelung jedoch auch Vorteile, da die Monarchie durch diese ein Element der Kontinuität in Zeiten großer politischer und gesellschaftlicher Umbrüche darstellen kann. Zudem kann die Monarchie aufgrund ihrer Unabhängigkeit bei allen politischen Streitigkeiten eine integrierende Funktion erfüllen.[16] Ein weiterer Vorteil wird von manchen darin gesehen, dass

---

[13] In der Abb. 4.3 sind die derzeitigen Mitglieder der königlichen Familie aufgelistet.
[14] Vgl. hierzu: Visser (2008, S. 176 ff.).
[15] Die wichtigsten Bestimmungen zur Erbfolge sind in den ersten Artikeln des zweiten Kapitels der Verfassung verankert.
[16] Vgl. de Meij und van der Vlies (2004, S. 73 f.). Ähnliche Punkte finden sich bei: te Velde (2005, S. 149 f.).

durch die Erbfolgeregelung der jeweilige Thronfolger adäquat auf das Amt vorbereitet werden kann, was dem Ansehen des Staatsoberhauptes zugutekommen soll.

> **Infobox IV: Königin Beatrix**
>
> Beatrix Wilhelmina Armgard, die den offiziellen Titel „Königin der Niederlande, Prinzessin von Oranien-Nassau usw." trägt, wurde am 31. Januar 1938 als erstes Kind von Königin Juliana und Prinz Bernhard geboren.[17] Während der deutschen Besatzung ging sie zunächst mit ihrer Familie für kurze Zeit nach England und dann nach Kanada ins Exil. Von dort kehrte sie am 2. August 1945 in die Niederlande zurück. Nach dem erfolgreichen Abschluss ihrer Schulzeit beschäftigte sich Beatrix im Rahmen ihres Studiums in Leiden, das sie 1956 begann und 1961 abschloss, unter anderem mit rechtswissenschaftlichen, soziologischen, historischen und ökonomischen Inhalten. Während ihrer Studienzeit sammelte sie zudem beim Besuch internationaler Organisationen wichtige Auslandserfahrungen. Am 10. März 1966 heiratete Beatrix den deutschen Diplomaten Claus von Amsberg (1926–2002) in Amsterdam. Die Hochzeit wurde von Protestaktionen begleitet, deren Grundlage darin bestand, dass es – nachdem das Paar Mitte des Jahres 1965 seine Verlobung bekannt gemacht hatte – zu einer heftigen Diskussion darüber gekommen war, ob die niederländische Thronfolgerin nach den Erfahrungen der Kriegszeit einen Deutschen heiraten sollte.[18] Claus von Amsberg selbst wurden sein Militäreinsatz in den letzten Kriegsjahren sowie eine vermeintlich mangelnde Distanzierung von den deutschen Verbrechen vorgeworfen. Obwohl entsprechende Untersuchungen alle relevanten Fragen klären konnten und die Vergangenheit Claus von Amsbergs als unbedenklich eingestuft wurde, blieb die vom Parlament akzeptierte Hochzeit der Thronfolgerin umstritten. Das Paar bekam in den Jahren 1967 bis 1969 drei Söhne: Willem-Alexander, Friso und Constantijn. Das Amt der Königin übernahm Beatrix am 30. April 1980 von ihrer Mutter, die an diesem Tag 71 Jahre alt wurde. Im Jahr 2005 feierte Beatrix ihr 25jähriges Thronjubiläum. Prinz Claus, der im Lauf der Jahre eine hohe Beliebtheit in den Niederlanden erlangen konnte, verstarb am 6. Oktober 2002.[19]

---

[17] Das „usw." weist darauf hin, dass die niederländische Monarchin noch viele weitere Titel, unter anderem den der Prinzessin von Lippe-Biesterfeld, besitzt. Siehe hierzu: Informationsdienst der niederländischen Regierung (2005, S. 26 f.).
[18] Zu den Protesten am Tag der Hochzeit sowie ihren Hintergründen siehe Wielenga (2007, S. 77 ff.), Bank (2007, S. 52 ff.), Pas (2003, S. 161 ff.).
[19] Auf die nach den Jahren 1965/66 durch Claus erworbenen Sympathien und seine Bedeutung für die deutsch-niederländischen Beziehungen verweist: Wielenga (2007, S. 82 f.).

Über die Art und Weise, in der Beatrix ihr Amt ausübt, wird überaus viel geschrieben.[20] Anders als ihre volksnahe Mutter Juliana legt Beatrix ein distanzierteres und formelleres Auftreten an den Tag, sie wird auch deshalb häufig als „moderne" Königin beschrieben. Nach Strupp hat es Beatrix mit ihrem Führungsstil verstanden, „die Balance zwischen öffentlicher Sichtbarkeit und formvollendeter Distanz zu wahren: Die studierte Juristin ist nach den Umfragen bei der Bevölkerung beliebt, obwohl sie deutlich weniger volkstümlich als ihre Vorgängerin ist, strenger auf Etikette achtet und das ‚Unternehmen Monarchie' mit eiserner Hand führt."[21] Auch Kunze weist auf die hohe Professionalität hin, mit der Beatrix ihr Amt bekleidet: „Wohl kein Vertreter des Hauses Oranien seit Wilhelm I. war ein so hart ‚nach Aktenlage' und aufgrund von Aktenvortrag arbeitendes, Sacharbeit, Öffentlichkeit und langfristige politisch-gesellschaftliche Werthaltungen verkörperndes Staatsoberhaupt wie Königin Beatrix. Ihr Amtsstil hat mehr vom Chief Executive Officer und weniger von der Landesmutter."[22] Zu ihrem Amtsverständnis gehört auch, fortlaufend den Kontakt zur Gesellschaft zu suchen. In seiner Grußbotschaft zum 70. Geburtstag der Monarchin Anfang des Jahres 2008 hielt der ehemalige Ministerpräsident Balkenende daher fest: „Königin Beatrix steht mitten in der niederländischen Gesellschaft. Sie ist viel im Land unterwegs, um mit Menschen zu sprechen und sich zu informieren. Sorgen möchte sie teilen. Erfolge möchte sie mitfeiern. Wer sich für andere einsetzt, kann mit ihrer Wertschätzung rechnen. Wer im Stillen für Verbesserungen im Lande arbeitet, wird von ihr gehört."[23] Darüber hinaus beschäftigt sich Beatrix sehr intensiv mit den Entwicklungen im Land, was sie zu einer überaus kompetenten und einflussreichen Gesprächspartnerin macht.[24] Gleichzeitig ist sie sich, dies zeigen sowohl verschiedene Äußerungen als auch ihr Auftreten, den Eigenarten und Beschränkungen ihres Amtes sehr bewusst.[25]

---

[20] Verwiesen sei an dieser Stelle nur auf: te Velde (2005, S. 155 ff.).
[21] Strupp (2001, S. 191).
[22] Kunze (2007a, S. 129).
[23] Die Grußbotschaft ist einzusehen unter www.koninklijkhuis.nl/Speciale_webpagina_s/Speciale_pagina_t_g_v_70ste_verjaardag_H_M_de_Koningin.html, der Auszug wurde vom Verfasser übersetzt.
[24] Kunze schreibt in diesem Zusammenhang: „In der Biografie der am 31. Januar in Soestdijk geborenen Beatrix fallen zwei Akzente auf: eine im Vergleich zu ihrer Mutter noch ausgeprägtere Internationalität und ein geradezu sozialwissenschaftliches Interesse am gesellschaftlichen Wandel. Beides gehört zum modernen und professionellen Stil ihres Amtsverständnisses, das die Monarchie durchgreifend modernisiert hat." Kunze (2007a, S. 126 f.).
[25] Vgl. hierzu unter anderem: Vis (2005, S. 38 und 51).

Seit einigen Jahren wird darüber spekuliert, wann Beatrix ihr Amt an ihrem Sohn Willem-Alexander weitergeben wird.[26] Ab diesem Zeitpunkt werden die Niederlande erstmals seit weit über hundert Jahren wieder ein männliches Staatsoberhaupt haben. Der am 27. April 1967 geborene Willem-Alexander, der nach seiner Zeit beim Militär Geschichte studierte, bereitet sich bereits seit Jahren auf seine Thronfolge vor und nimmt auch bereits seit längerer Zeit entsprechende Termine und Aufgaben wahr. Besonderes Engagement zeigt er dabei im Bereich der Wasserwirtschaft und als Mitglied des IOC. Er ist seit Anfang 2002 mit der aus Argentinien stammenden Maxima Zorreguieta verheiratet. Das in der Bevölkerung sehr beliebte Paar hat drei Töchter: Catharina-Amalia (geboren am 7. Dezember 2003), Alexia (geboren am 26. Juni 2005) und Ariane (geboren am 10. April 2007).[27]

Im internationalen Vergleich weist die niederländische Monarchie in verschiedener Hinsicht landesspezifische Besonderheiten auf. Ein Beispiel hierfür besteht darin, dass ein neues Staatsoberhaupt nicht gekrönt, sondern im Beisein der Abgeordneten der Ersten und Zweiten Kammer gehuldigt wird. Diese Regelung, die auf Traditionen aus dem Mittelalter zurückgeht, besitzt, obwohl sie in einer Kirche, der *Nieuwe Kerk* in Amsterdam, stattfindet, einen rein staatsrechtlichen Charakter.[28] Eine religiöse Legitimation der Monarchie, die in anderen Ländern zu beobachten war bzw. ist, hatte in den Niederlanden zu keiner Zeit eine stabile Grundlage. Die Ursache hierfür ist nach van Deth und Vis darin zu sehen, dass die Niederlande erst spät zur Staatsform der Monarchie fanden: „Die Entscheidung für eine konstitutionelle Monarchie war eher durch die Erfahrungen, die man während des fortdauernden Konflikts zwischen Patrioten und Anhängern der Oranier gemacht hatte, als durch die Wiederentdeckung möglicher göttlicher Grundlagen der königlichen Autorität begründet."[29] Traditionell ist das Königshaus protestantisch geprägt, was auch dazu führte, dass die Katholiken im Land lange ein schwieriges Verhältnis zu diesem hatten. Der

---

[26] Zu den entsprechenden Spekulationen siehe beispielsweise: Bank (2007, S. 47 f.). Willem-Alexander trägt derzeit den Titel „Seine Königliche Hoheit Willem-Alexander Claus George Ferdinand Prinz von Oranien, Prinz der Niederlande, Prinz von Oranien-Nassau, Jonkheer van Amsberg".
[27] Nähere Auskünfte zu den angesprochenen und weiteren Mitgliedern der aktuellen königlichen Familie finden auf der offiziellen Homepage des Königshauses und in: Informationsdienst der niederländischen Regierung (2005, S. 44 ff.)
[28] In einer offiziellen Publikation heißt es: „Der Brauch einen König zu huldigen, stammt aus dem Mittelalter, als in den Niederlanden Gräfe, Herzöge und Bischöfe die Landesherren waren. Nach ihrer Amtsübernahme machten sie eine Reise durchs Land und besuchten verschiedene Städte. Bei dieser Gelegenheit huldigten die Stadtoberen dem neuen Monarchen und legten den Treueid ab – aber erst, nachdem der Monarch ihre Privilegien und damit ihre – partielle – Selbständigkeit anerkannt und geschworen hatte, sie zu achten. Die Inspiration für die Zeremonie in ihrer heutigen Form fand Wilhelm I. im Zeremoniell der Übertragung des Throns von Karl V. auf Philipp II." Informationsdienst der niederländischen Regierung (2005, S. 28). Van Deth und Vis erläutern zum Prozedere der Amtseinführung, dass eine Krönung oder Thronbesteigung aufgrund der klaren Festlegungen zur Thronfolge in der Verfassung nicht erforderlich ist. Vgl. van Deth und Vis (2006, S. 51 f.).
[29] Van Deth und Vis (2006, S. 52 f., Übersetzung durch den Verfasser).

4.1 Das Königshaus

Abb. 4.3 Die königliche Familie (im Jahr 2011)[30]

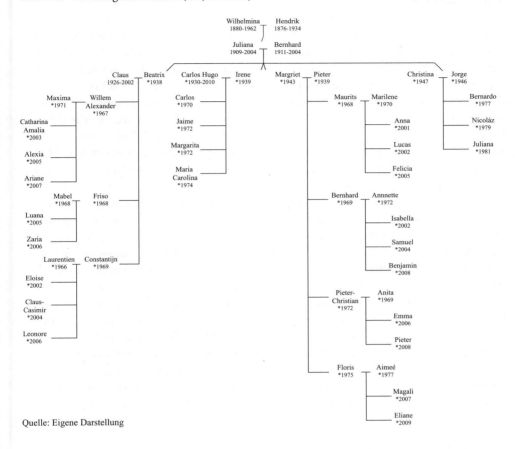

Quelle: Eigene Darstellung

niederländische Monarch schwört bei seiner Huldigung, die Verfassung zu schützen.[31] Er trägt die Krone weder bei seiner Amtseinführung noch in der Folgezeit auf dem Kopf.

---

[30] Es handelt sich um eine vereinfachte Übersicht, in der nicht alle Ehepartnerinnen bzw. Ehepartner und Kinder der aufgeführten Personen angegeben sind.

[31] Die entsprechende Formel lautet: „Ik zweer (beloof) aan de volkeren van het Koninkrijk dat Ik het Statuut voor het Koninkrijk en de Grondwet steeds zal onderhouden en handhaven. Ik zweer (beloof) dat Ik de onafhankelijkheid en het grondgebied van het Koninkrijk met al Mijn vermogen zal verdedigen en bewaren; dat Ik de vrijheid en de rechten van alle Nederlanders en alle ingezetenen zal beschermen, en tot instandhouding en bevordering van de welvaart alle middelen zal aanwenden welke de wetten Mij ter beschikking stellen, zoals een goed en getrouw Koning schuldig is te doen. Zo waarlijk helpe Mij God almachtig!"

4.1.3 Funktionen

Die Auseinandersetzung mit der niederländischen Verfassungsgeschichte hat gezeigt, dass sich die Rolle des Monarchen im Verlauf des 19. Jahrhunderts erheblich verändert hat (Abschn. 2.1).[32] Insbesondere die Verfassungsänderung des Jahres 1848 sowie die Ergebnisse der Konflikte zwischen Wilhelm III. und dem Parlament in den 1860er Jahren haben dazu beigetragen, dass die 1814/15 konstitutionell verankerte Machtposition des niederländischen Königs massiv beschnitten wurde. Van Deth und Vis halten aus der aktuellen Perspektive heraus fest, dass „im heutigen politischen und staatlichen System (…) die Befugnisse des niederländischen Staatsoberhauptes begrenzt und im wesentlichen Maße zeremonieller und symbolischer Natur"[33] sind. Auf die wichtigsten Aufgaben des niederländischen Monarchen wird im Folgenden eingegangen.[34]

In seinem Amt erfüllt das niederländische Staatsoberhaupt durch seine Teilnahme an bzw. die Organisation von Empfängen, Eröffnungen, Gedenkfeiern usw. repräsentative Pflichten im Inland. In diesem Kontext, in dem es sich mit sehr unterschiedlichen Themen und Personen befasst, nimmt es jedes Jahr mehrere hundert Termine wahr. Darüber hinaus ist die aktuelle Königin als Schirmherrin von vielen verschiedenen Einrichtungen und Initiativen aktiv. Im Ausland repräsentiert sie die Niederlande bei Staatsbesuchen. Dem niederländischen Staatsoberhaupt kommen zweitens notarielle Pflichten zu. So unterzeichnet es beispielsweise Gesetze, bevor diese endgültig rechtskräftig werden oder benennt und vereidigt es Minister und Staatssekretäre. Ebenfalls in diesen Bereich fällt der Vortrag der Thronrede an jedem dritten Dienstag im September (dem sogenannten *Prinsjesdag*), in welcher allgemeine Erläuterungen zur politischen Situation vorgenommen und die politischen Pläne der Regierung und der Haushalt für das kommende Jahr vorgestellt werden.[35] Der Monarch ist darüber hinaus drittens formell Vorsitzender des Staatsrates

---

[32] Zu den entsprechenden Veränderungen siehe auch: te Velde (2007a, S. 33 ff.).

[33] Van Deth und Vis (2006, S. 53, Übersetzung durch den Verfasser). Auch Andeweg und Irwin äußern sich ähnlich, indem sie schreiben: „the role of the Queen is primarily that of a ceremonial head of state." Andeweg und Irwin (2009, S. 17).

[34] An dieser Stelle ist darauf hinzuweisen, dass die Mitglieder des Königshauses bei der Erfüllung ihrer Aufgaben auf die Dienste vieler Mitarbeiter zurückgreifen können, die ihnen in unterschiedlichen Funktionen helfen.

[35] Der Termin des *Prinsjesdag* hatte ursprünglich eine historische Grundlage, er wurde jedoch im Lauf der Zeit aus inhaltlichen oder organisatorischen Gründen mehrfach verlegt. Zum Zeremoniell dieses Tages gehört, dass die Königin mit der Goldenen Kutsche, die Königin Wilhelmina bei ihrer Amtsübernahme im Jahr 1898 geschenkt bekam, vom Palais Noordeinde zum Sitz des Parlaments fährt. Die Thronrede wird dann im sogenannten Rittersaal, in dem sich die Mitglieder der Ersten und Zweiten Kammer zusammenfinden, vorgetragen. Ausführliche Einblicke zum Thema vermitteln: van Baalen und Ramakers (2008, S. 27 ff.). Weiterführende Informationen und konkrete Eindrücke finden sich zudem auf der spezifischen Internetseite (www.prinsjesdag2011.nl) und auf der Homepage der Zweiten Kammer (www.tweedekamer.nl/hoe_werkt_het/van_prinsjesdag_tot_verantwoordingsdag/index.jsp). Zum Thema siehe auch: Breeman et al. (2009, S. 1 ff.) van Baalen und Ramakers (2008, S. 38 f.).

4.1 Das Königshaus

(Abschn. 4.4), dessen Hauptaufgabe in der rechtlichen und inhaltlichen Überprüfung von Gesetzesvorlagen besteht. In der politischen Praxis wird die Leitung des Staatsrats allerdings vom jeweiligen Vizevorsitzenden übernommen.

Neben den bisher genannten Funktionen ist das niederländische Staatsoberhaupt – anders als dies in den meisten anderen europäischen Monarchien der Fall ist – Mitglied der Regierung. Im bereits zitierten Artikel 42 der niederländischen Verfassung heißt es: „Die Regierung besteht aus dem König und den Ministern. Der König ist unverletzlich; die Minister sind verantwortlich." Gemäß dieser Regelung können nur die Minister für politische Entscheidungen zur Verantwortung gezogen werden – der Monarch kann hingegen für seine Handlungen und Aussprachen, auch wenn diese Kritik hervorrufen, nicht belangt werden. Kortmann und Bovend'Eert erläutern hierzu: „Die königliche Unverletzbarkeit ist seit jeher ein Wesensmerkmal der Königswürde. Sie beinhaltet, dass keine staatliche Einrichtung Zwang gegenüber dem König ausüben kann. Der König kann nicht zur Verantwortung gerufen werden, weder durch die Minister, noch durch das Parlament oder die Justiz."[36] Eine Konsequenz aus dieser Konstellation besteht darin, dass Gesetze nicht nur vom Monarchen, sondern in jedem Fall auch von zumindest einem Minister gegengezeichnet werden müssen. Die königlichen Erlasse, mit denen die Minister und Staatssekretäre ernannt werden, unterzeichnet der Ministerpräsident mit.[37] Alle Äußerungen der Königin unterliegen der Verantwortung der Kabinettsmitglieder, vor diesem Hintergrund werden beispielsweise auch die Reden und Stellungnahmen vorab gelesen.[38] Insgesamt ist die Rolle des Monarchen als Bestandteil der Regierung folglich als sehr begrenzt zu begreifen. Van Deth und Vis sehen vor allem zwei Aspekte, die die Bewegungsfreiheit des Staatsoberhauptes einschränken: „In einer konstitutionellen Monarchie ist das Staatsoberhaupt an die Verfassung gebunden und die Minister werden nicht akzeptieren, dass das Staatsoberhaupt verschiedenerlei Angelegenheiten selbstständig regelt, wenn sie dafür die Verantwortung tragen."[39] Belinfante und de Reede schließen an diese Äußerung an, indem sie auf das Prinzip der *checks and balances* verweisen und festhalten, dass der König, da er nicht persönlich zur Verantwortung gerufen werden kann, auch keine eigenen Kompetenzen besitzen darf.[40]

Die soeben angesprochene Regelung bezüglich des Verhältnisses zwischen Ministern und Staatsoberhaupt wirft die Frage auf, wie etwaige Konflikte zwischen diesen Akteuren behandelt werden. Belinfante und de Reede halten hierzu fest: „Wenn die Minister (…) in einer Meinungsverschiedenheit mit dem König über eine wichtige Angelegenheit an ihrem Standpunkt festhalten und sich dabei durch eine Mehrheit in der Zweiten Kammer

---

[36] Kortmann und Bovend'Eert (1998, S. 42, Übersetzung durch den Verfasser).
[37] Die Notwendigkeit zur Gegenzeichnung (*contraseign*) wird in den Artikeln 47 und 48 der Verfassung festgelegt.
[38] Vgl. van Deth und Vis (2006, S. 54).
[39] Van Deth und Vis (2006, S. 54, Übersetzung durch den Verfasser).
[40] Vgl. Belinfante und de Reede (2005, S. 91). Zum Thema siehe auch: Visser (2008, S. 139 ff.), Bovend'Eert und Kummeling (2010, S. 281 ff.).

unterstützt wissen, muss der König – eventuell nach ausführlichen (internen) Diskussionen und Einwänden – letztlich nachgeben. Es besteht kein Grund anzunehmen, dass dies in der Praxis nicht geschieht."[41] Es ist in diesem Kontext darauf hinzuweisen, dass sich das Zusammenwirken zwischen Staatsoberhaupt und Ministern im Lauf der Zeit eingespielt hat und Konflikte in der Regel informell gelöst werden können. In diesem Kontext sowie hinsichtlich der Auseinandersetzung mit allen Fragen, die das Königshaus betreffen, kommt vor allem dem jeweiligen Ministerpräsidenten eine wichtige Bedeutung zu. Zu einer gefährlichen konstitutionellen Krise, beispielsweise weil ein Monarch ein Gesetz nicht unterzeichnen wollte, ist es vor diesen Hintergrund in den letzten Jahrzehnten nie gekommen.[42] Vis hält resümierend fest, dass die Befugnisse der Königin dem Wortlaut der Verfassung nach ziemlich weitreichend sind, diese aber stets unter die ministerielle Verantwortung fallen. Wenn gelegentlich die persönlichen Auffassungen der Königin nach außen dringen, sorgt dies nach Auffassung des Autors zwar in manchen Fällen für Aufsehen, ernsthafte Probleme entstehen jedoch sehr selten.[43] Van Dooren ergänzt, indem er schreibt: „Der Beitrag des Staatsoberhauptes zur Regierung entzieht sich der Außenwelt vollständig. Das Prinzip der ministeriellen Verantwortung und die Unverletzbarkeit des Königs haben zu einer Situation geführt, in der die Monarchin nur hinter geschlossenen Türen und unter dem Siegel strikter Vertraulichkeit ihre politische Rolle frei spielen kann."[44]

Das niederländische Staatsoberhaupt ist auch in den Prozess der Regierungsbildung (Abschn. 5.2) eingebunden. Sie führt nach jeder Wahl Gespräche mit dem Vizepräsidenten des Staatsrates, den Vorsitzenden beider Kammern, den Fraktionsvorsitzenden und weiteren politischen Funktionsträgern, die darauf abzielen, die Möglichkeiten für die Bildung einer stabilen Regierung auszuloten. Daraufhin hat sie die Entscheidung darüber, wer sich als Informateur und später als Formateur um die Bildung einer neuen Regierung bemühen soll. Der Spielraum und die Einflussmöglichkeiten der Monarchin bei der Regierungsbildung sind in einem Vielparteiensystem wie den Niederlanden mit häufig unklaren Mehrheits- und möglichen Koalitionsverhältnissen naturgemäß größer als in einem Zweiparteiensystem wie in Großbritannien. Es ist jedoch zu beachten, dass die Königin sich auch in diesem Bereich in ihren Handlungen an gewisse ungeschriebene Regeln halten muss und sie zudem von der politischen Elite und der kritischen Öffentlichkeit kontrolliert wird. Für den Verlauf und das Ergebnis der Koalitionsbildung übernimmt der neue

---

[41] Belinfante und de Reede (2005, S. 92 f., Übersetzung durch den Verfasser).
[42] Zu diesem Thema siehe auch: de Meij und van der Vlies (2004, S. 75 f.), Kortmann und Bovend'Eert (1998, S. 45 ff.), Andeweg und Irwin (2009, S. 18), Vis (2005, S. 36 ff.). Ein größerer Konflikt ereignete sich 1952, als die damalige Königin Juliana sich weigerte, ihre Zustimmung zum Vollzug der Todesstrafe am deutschen Kriegsverbrecher Willy Lages zu geben. Das Todesurteil wurde letztlich, nachdem Juliana sogar mit Abdankung gedroht hatte, in eine lebenslange Haftstrafe umgewandelt.
[43] Vgl. Vis (2005, S. 50 f.)
[44] Van Dooren (2005, S. 113, Übersetzung durch den Verfasser). Beatrix selbst hat zu ihrem 50. Geburtstag festgehalten, dass sie sich selbst hinsichtlich politischer Fragen in der Rolle als Ratgeberin und nicht als Entscheidungsinstanz sieht. Vgl. Vis (2005, S. 38).

Ministerpräsident zudem nachträglich die Verantwortung, sodass auch hier nicht von einem eigenen Verantwortungsbereich gesprochen werden kann.[45]

Abschließend ist hinsichtlich der Funktionen der niederländischen Monarchin darauf hinzuweisen, dass diese durch Gespräche mit wichtigen Vertretern aus Politik, Gesellschaft, Wirtschaft und Kultur Einfluss auf aktuelle Themen nehmen kann.[46] Beatrix führt regelmäßig solche Unterredungen, sie trifft sich beispielsweise jeden Montag mit dem Ministerpräsidenten im Huis ten Bosch. Auch wenn wegen der stets eingehaltenen Verschwiegenheit über den Inhalt der Gespräche nur gemutmaßt werden kann, ist doch davon auszugehen, dass Beatrix, die sich – wie bereits angemerkt wurde – intensiv mit den Geschehnissen im Land auseinandersetzt, diese durchaus zum Vortrag eigener Auffassungen nutzt.[47] Nach einem geflügelten Wort hat die Königin somit das Recht konsultiert zu werden, das Recht auf bestimmte Entwicklungen hinzuweisen und das Recht Anregungen zu geben. Nach Belinfante und de Reede hängt der Einfluss des Staatsoberhauptes in dieser Hinsicht stark von der jeweiligen Persönlichkeit ab.[48] Über die aktuelle Situation schreiben Andeweg und Irwin: „Although the contents of these meetings are not made public (the ‚Secret of the palace'), ministers have admitted that the Queen's long experience and diligent attention to public issues make her an influential sparring partner."[49]

4.1.4 Zur politischen und gesellschaftlichen Stellung der Monarchie

Der politische Einfluss des Monarchen ist insgesamt nicht vollständig zu erfassen, da er zum Teil von der Persönlichkeit und Erfahrung des jeweiligen Amtsträgers sowie in ge-

---

[45] Zu den Einflussmöglichkeiten des Staatsoberhauptes auf den Verlauf der Regierungsbildung siehe: Vis (2005, S. 43 ff.), Slotboom und Verkuil (2010, S. 84 f.). Kontrovers diskutiert wurde der Einfluss der Königin beispielsweise bei der Regierungsbildung nach den Wahlen im Jahr 1994, in deren Anschluss sich die Regierungsbildung äußerst schwierig gestaltete. Nachdem mehrere Anläufe zur Bildung einer regierungsfähigen Mehrheit aufgrund unterschiedlicher Präferenzen der Parteien gescheitert waren und somit eine Pattsituation entstanden war, erteilte Königin Beatrix dem damaligen Spitzenkandidaten der PvdA, Wim Kok, in einem bemerkenswerten und viel diskutierten Schritt den Auftrag, einen Entwurf für ein Regierungsprogramm zu schreiben. Auf dieser Grundlage sollten dann die weiteren Gespräche stattfinden, die im Ergebnis letztlich zur Bildung der Koalition aus PvdA, VVD und D66 führten. Vgl. hierzu: Andeweg (1994, S. 157 ff.).
[46] Siehe hierzu: Vis (2005, S. 37 ff.)
[47] In diesem Sinne äußert sich unter anderem: van Dooren (2005, S. 116), Vis (2005, S. 39). Über die Gründe für die Geheimhaltung schreiben Kortmann und Bovend'Eert, diese verhindere, dass die Königin in parteipolitische Diskussion verwickelt werde. Aus diesem Grund sei sie eine wichtige Voraussetzung für das Fortbestehen der Monarchie. Vgl. Kortmann und Bovend'Eert (1998, S. 47). Der Wert, der auf die Verschwiegenheit hinsichtlich der Gespräche mit der Königin gelegt wird, wurde Ende 2009 sehr deutlich als der VVD-Abgeordnete Arend Jan Boekestijn abtrat, nachdem er sich gegenüber der Presse über die Inhalte eines vertraulichen Gesprächs zwischen der Königin und Parlamentariern ausgelassen hatte.
[48] Vgl. Belinfante und de Reede (2005, S. 92).
[49] Andeweg und Irwin (2009, S. 18).

wisser Hinsicht auch von den politischen Rahmenbedingungen abhängt.[50] Sehr klar erkennbar ist hingegen die integrative Bedeutung des Königshauses. Nach Kleinfeld bildet die Monarchie „für die niederländische Gesellschaft eine der wichtigsten Integrationsklammern."[51] Strupp bestätigt diesen Befund, seiner Auffassung zufolge stehen heute „wenige europäische Monarchien (…) im eigenen Land und international in so hohem Ansehen wie das niederländische Königshaus."[52] Wenn man die entsprechenden Umfragewerte zugrunde legt, stößt die niederländische Monarchie seit Jahrzehnten auf ein stabiles Maß an Zustimmung, die entsprechenden Werte liegen allerdings nicht mehr auf dem hohen Niveau früherer Jahrzehnte. In einer anlässlich des Königinnentages 2011 durchgeführten Erhebung sprachen sich 69 % der Befragten für die Beibehaltung der Staatsform der Monarchie aus, 26 % von ihnen wollten hingegen lieber eine Republik. Die Mitglieder der königlichen Familie werden von der großen Mehrheit der Niederländer als sympathisch wahrgenommen.[53]

Eine wichtige Grundlage für die weiterhin hohe Zustimmung zur niederländischen Monarchie liegt in der bereits mehrfach erwähnten und über Jahrhunderte währenden Verbindung zwischen dem Haus Oranien-Nassau und der niederländischen Nation. Van Deth und Vis halten in diesem Zusammenhang eingängig fest, dass die Geschichte der Niederlande zugleich auch die Geschichte dieses Fürstenhauses sei.[54] Die Treue zur Monarchie ist darüber hinaus auch konkret an bestimmte Personen gebunden, so insbesondere an Königin Wilhelmina, die eine überaus wichtige Rolle in der Zeit des Widerstandes gegen die nationalsozialistische Besatzungsmacht ausfüllte.[55] Nach Strupp besaß die niederländische Monarchie im 19. Jahrhundert unter Wilhelm I., Wilhelm II. und Wilhelm III. noch wenig Glanz.[56] Seiner Ansicht zufolge geht demnach „das heutige hohe Ansehen der nieder-

---

[50] Weiterhin ist darauf hinzuweisen, dass in verschiedener Hinsicht Unklarheiten hinsichtlich der konstitutionellen Position des Monarchen existieren. Siehe hierzu beispielsweise: Vis (2005, S. 34 ff.).
[51] Kleinfeld (1998, S. 147).
[52] Strupp (2001, S. 191). Vgl. hierzu auch: Hol (2006, S. 44 f.).
[53] Die Angaben stammen aus der *Koninginnedagonderzoek 2011* des Demoskopen Maurice de Hond.
[54] Vgl. van Deth und Vis (2006, S. 55).
[55] Strupp schreibt über diese Zeit: „Wilhelminas legendäre Radioansprachen an das niederländische Volk, die Selbstvertrauen und energischen Durchhaltewillen ausstrahlten, wurden zu einem wichtigen Kommunikationsmittel der niederländischen Politik." Strupp (2001, S. 203 f.). An anderer Stelle heißt es: „Wilhelmina zeigte einen unbeugsamen Willen und große Führungsstärke. Unter anderem durch ihre Rundfunkansprachen aus London war sie während der Besatzungsjahre vielen Niederländern eine moralische Stütze. Sie entwickelte sich zum nationalen Symbol des Widerstands." Informationsdienst der niederländischen Regierung (2005, S. 21).
[56] Auch in einer offiziellen Publikation wird festgehalten, dass sich die niederländische Monarchie am Ende der Amtszeit Wilhelms III. in einer Krise befand. Nach dieser Quelle gelang Emma in den acht Jahren ihrer Regentschaft „durch ihr umsichtiges Handeln das Vertrauen des Volkes in die konstitutionelle Monarchie wiederherzustellen." Informationsdienst der niederländischen Regierung (2005, S. 20). Kritische Anmerkungen zum Auftreten und Wirken der Könige im 19. Jahrhundert und vor allem zu den Problemen, die durch die Amtsführung Wilhelm III. auftraten, finden sich zudem bei: Kunze (2007b, S. 20 ff.), te Velde (2007a, S. 36 ff.).

ländischen Monarchie wesentlich auf die Regierungszeit Königin Wilhelminas zurück."[57] In ähnlicher Weise konstatiert Schnabel, dass es bis in das 20. Jahrhundert gedauert hat, „bis aus dem Königshaus auch eine wirklich geliebte königliche Familie wurde."[58] Die vor allem durch ihre volksnahe Art populäre Königin Juliana und die heutige Königin Beatrix haben in den letzten Jahrzehnten dazu beigetragen, das Renommee der niederländischen Monarchie weiter auszubauen und ihre Bedeutung für die Niederlande zu festigen.[59]

Das Königshaus erscheint in der aktuellen Situation als gemeinsamer Nenner, auf den sich immer noch recht weite Teile der heterogenen niederländischen Bevölkerung einigen können. Kunze äußert hierzu: „Kein Zweifel, die Oranier sind Ausdruck von dutchness. So schwierig niederländische Identität seit Mitte der 1960er Jahre auch zu bestimmen sein mag, so unbestritten ist die Bedeutung des Königshauses als Ausdruck eines niederländischen Wir-Gefühls."[60] Nach Schnabel wurde dieser Umstand am Königinntag 2009 wieder deutlich, als ein Anschlagsversuch auf die königliche Familie die Nation in einem Gefühl der Zusammengehörigkeit einte.[61] Eine zentrale Voraussetzung dafür, dass das Königshaus seine Integrationsfunktion in derartiger Form ausüben kann, ist die in der Vergangenheit zum Teil fehlende, jedoch bereits seit Jahrzehnten vorhandene Anerkennung der Monarchie in allen Bevölkerungsgruppen. Für diese Anerkennung war ausschlaggebend, dass sich im Lauf der Zeit auch die Gruppen und sozialen Schichten, die der Tradition der niederländischen Monarchie lange Zeit fremd gegenüberstanden – zu denken ist hierbei an die Katholiken und vor allem die Arbeiterklasse –, der Monarchie angenähert haben.[62]

Seit der Einführung der Monarchie gab es nur einen einzigen Versuch, wieder zur Staatsform der Republik zurückkehren: Im Jahr 1918 scheiterte der Sozialdemokrat Pieter Jelles Troelstra mit einem insgesamt wenig Aufsehen erregenden und schnell beendeten Revolutionsversuch, der ohne Konsequenzen blieb und der als „Troelstras Irrtum" in die

---

[57] Strupp (2001, S. 193). Zum Leben und Wirken Wilhelminas siehe vor allem die zweibändige Biographie von Cees Fasseur (1998, 2001), die Autobiographie mit dem Titel *Eenzaam maar niet alleen* sowie: Kunze (2007a, S. 113 ff.), Kunze (2007b, S. 26 ff.), Strupp (2001, S. 191 ff.).
[58] Schnabel (2008, S. 27). Zum Thema siehe auch: Elzinga (2006, S. 14 f.).
[59] Das Leben Julianas (1909–2004) und vor allem ihr Auftreten und Handeln als Königin beleuchten unter anderem: Kunze (2007a, S. 119 ff.), Fasseur (2009). Zu Bernhard von Lippe-Biesterfeld siehe beispielsweise: van der Zijl (2010).
[60] Kunze (2007a, S. 93). An anderer Stelle schreibt der Verfasser: „Durch alle soziokulturellen Wandlungen, insbesondere der Modernisierung im 19. und 20. Jahrhundert, haben die Oranier ihre Bedeutung für ein niederländisches Wir-Gefühl behauptet, ja im Zuge der ‚Nationalisierung' der Dynastie seit Königin Emma sogar erfolgreich ausgebaut." Kunze (2007b, S. 11). Die gesellschaftliche Verankerung der niederländischen Monarchie betrachtet: Ellemers (2005, S. 53 ff.).
[61] Vgl. Schnabel (2008, S. 26). Bei dem Anschlag starben insgesamt acht Personen, unter ihnen der Fahrer des Tatfahrzeugs, Karst Tates.
[62] Te Velde hält bezüglich der Akzeptanz der Monarchie in der Geschichte fest, dass diese bis zum Zweiten Weltkrieg fortdauernd umstritten gewesen war, beispielsweise die sozialdemokratische SDAP diese bis in die 1930er Jahre ablehnte. Vgl. te Velde (2005, S. 153). Siehe hierzu auch: Wielenga (2008, S. 72 ff.). Die aktuelle Situation beleuchtet: Ellemers (2005, S. 58 ff.).

Geschichte der Niederlande einging.⁶³ In der aktuellen Situation deutet wenig darauf hin, dass das Königshaus in den Niederlanden in absehbarer Zeit in ähnliche Turbulenzen geraten könnte wie sein britisches Pendant.⁶⁴ Dies bedeutet jedoch nicht, dass es nicht auch in der Vergangenheit Krisen um einzelne, dem Königshaus angehörende Personen gegeben hätte. Erinnert sei in diesem Zusammenhang beispielsweise an die Affäre um die „Heilerin" Greet Hofmans in den 1950er Jahren oder an den Skandal um Zuwendungen der Rüstungsfirma Lockheed an Prinz Bernhard in den 1970er Jahren.⁶⁵ Auch in der jüngeren Vergangenheit entwickelten sich einige Aufsehen erregende Diskussionen, beispielsweise im Umfeld der Hochzeit des Kronprinzen Willem-Alexander im Jahr 2002. Die Grundlage der damaligen Kontroversen bestand darin, dass Maximas Vater Minister im Regime des argentinischen Diktators Jorge Vileda (1976–1983) gewesen war und somit die Frage nach seiner Verantwortung für die zu dieser Zeit begangenen Gräueltaten aufkam. Die Lösung dieser prekären Situation, die ganz wesentlich dem Wirken des damaligen Ministerpräsidenten Wim Kok zu verdanken war, lag darin, dass die Eheschließung in Abwesenheit des Brautvaters stattfinden konnte.

Neben den kritischen Diskussionen um die soeben angesprochenen Themen brandet Kritik gelegentlich an den Kosten der Monarchie auf. Aktuell erhalten drei Mitglieder des Königshauses direkte Zahlungen vom Staat: Königin Beatrix, Kronprinz Willem-Alexander und dessen Frau Maxima. Die Gesamtsumme der Zuwendungen beläuft sich im Jahr 2011 auf 7,155 Mio. €, wobei nur ein Teil des Geldes (circa 1,3 Mio. €) als Einkommen gezahlt

---

⁶³ Selbst für Troelstra selbst blieb der Revolutionsversuch ohne nachhaltige Folgen – er konnte auch in der Folgezeit seine politische Laufbahn fortsetzen. Bei seinem Tod nannte ihn der katholische Ministerpräsident Ruijs de Beerenbrouck sogar „eine Zierde des Parlaments". Vgl. www.tweedekamer.nl/hoe_werkt_het/tweede_kamer_door_de_eeuwen_heen/1848-1922_strijd_voor_rechten/index.jsp. Nähere Erläuterungen finden sich bei: Wielenga (2008, S. 93 ff.), Hagen (2010, S. 638 ff.), Wijne (1999). In den aktuellen Kontroversen über die Monarchie wird diese gelegentlich kritisch bewertet und über die Einführung der republikanischen Staatsform gesprochen. Die Reichweite und Bedeutung derartiger Überlegungen ist jedoch als begrenzt zu begreifen. Für Tamse tragen die Diskurse über die Einführung der Republik folglich zur Vitalität der Monarchie bei, sie sind für ihn zum „Teil der Oranjesoap geworden." Tamse (2005, S. 12).

⁶⁴ Strupp weist auf einen wichtigen Unterschied zwischen dem niederländischen und britischen Königshaus hin: „Im Stil des britischen Königshauses in der Boulevardpresse ausgefochtene Familienkonflikte und Skandale sind in den Niederlanden undenkbar, über das Privatleben der königlichen Familie ist wenig bekannt." Strupp (2001, S. 191). Bank schreibt über Königin Beatrix: „Ihr Auftreten in den Massenmedien ist durch Distanziertheit gekennzeichnet. Sie ist nicht die celebrity, auf die heutige Fernsehsender so versessen sind." Bank (2007, S. 48).

⁶⁵ Siehe zu diesen beiden Themen unter anderem: Kunze (2007a, S. 121 und 125 f.), Kunze (2007b, S. 28 ff.), Wielenga (2008, S. 267 ff. und 323 f.), Bootsma und Breedveld (1999, S. 139 ff.), Daalder (2006), van Merrienboer et al. (2008, S. 165 ff.), Bleich (2008, S. 334 ff.). Ellemers schreibt mit Bezug auf die angesprochenen Themen: „Wie andere Formen der charismatischen Herrschaft kennt auch die Monarchie deutliche Höhen und Tiefen – diese waren allerdings in den letzten Jahrzehnten in den Niederlanden eher von geringer Bedeutung und wurden meistens schnell durch die Art und Weise korrigiert, in der die niederländische Monarchie im nationalen System eingebettet ist." Ellemers (2005, S. 68, Übersetzung durch den Verfasser).

wird – die restlichen Gelder werden für Personal und weitere Ausgaben zur Erfüllung des jeweiligen Amtes gezahlt. Neben diesen direkten Kosten verursacht die Monarchie jährlich mehrere Millionen Euro indirekte Kosten, zudem genießt die wohlhabende königliche Familie erhebliche steuerliche Vergünstigungen.[66]

Es bleibt trotz dieser Punkte jedoch festzuhalten, dass die niederländische Monarchie weiterhin ein hohes Ansehen besitzt.[67] Ausdruck findet die Zustimmung zur Monarchie beispielsweise am Königinnentag, der jedes Jahr am 30. April, dem Geburtstag Julianas, begangen wird, und an dem Volksfeste, Trödelmärkte und Ähnliches veranstaltet werden.[68] Ellemers unterstreicht die Bedeutung der öffentlichen Wertschätzung des Königshauses, indem er schreibt, dass die Faszination, die vom Königshaus ausgeht, und das Vertrauen, das dieses besitzt, wesentliche Grundlagen für das Fortbestehen der Monarchie sind.[69]

Die Unterstützung, die die Monarchie von der Bevölkerung erfährt, trug bisher auch dazu bei, dass der politische Einfluss des Staatsoberhauptes zwar gelegentlich kritisch thematisiert, jedoch insgesamt akzeptiert wurde.[70] In der letzten Zeit scheint sich die Haltung vieler Bürger jedoch zu wandeln und es mehren sich kritische Stimmen aus den Reihen der Politik, die die Rolle des Königshauses auf zeremonielle Aufgaben beschränken wollen. Auch wenn eine solche Reform nur mit erheblichen Aufwand durchzusetzen ist, erscheint ihre Umsetzung mittlerweile durchaus realistisch: Im niederländischen Parlament besitzen die Parteien, die eine derartige Änderung unterstützen, nach der Wahl 2010 über eine Mehrheit der Mandate. Mitte 2011 hat der seit Herbst 2010 amtierende Ministerpräsident Rutte (Infobox XIV) festgehalten, dass er in dieser Legislaturperiode die Rolle der Königin trotzdem nicht verfassungsrechtlich begrenzen will. Es bleibt somit weiterhin abzuwarten, ob sich die Position der niederländischen Monarchie ändern wird. In jedem Fall wird das Königshaus heute sowohl von den Politikern als auch von den Bürgern kritischer als früher beobachtet, es muss sich somit fortdauernd um seine gesellschaftliche Verankerung bemühen.

4.2 Das Parlament

Dem niederländischen Parlament, das aus der Ersten und Zweiten Kammer besteht, kommt im niederländischen Staatsaufbau eine zentrale Rolle zu. Die folgenden Ausführungen zielen darauf ab, die Funktionen des Parlaments im politischen System der Niederlande zu verdeutlichen und einige zentrale Charakteristika beider Kammern und ihrer Mitglieder

---

[66] Die Angaben wurden der Homepage des Königshauses entnommen.
[67] Einige Argumente, die die niederländischen Diskussion über die Monarchie und ihre Vor- und Nachteile prägen, finden sich bei: Tamse (2005, S. 7 ff.).
[68] Weitere Belege für das Interesse an und die Verbundenheit mit der Monarchie sind zu finden bei: Ellemers (2005, S. 60 ff.).
[69] Vgl. Ellemers (2005, S. 71).
[70] Vgl. Strupp (2001, S. 191), Andeweg und Irwin (2009, S. 18), te Velde (2007a, S. 42).

aufzuzeigen. Sie gliedern sich zu diesem Zweck in mehrere Teile: Nach der Auseinandersetzung mit bedeutsamen historischen Entwicklungen richtet sich das Augenmerk auf die wichtigsten Aufgaben des Parlaments. Danach wird auf die Zusammensetzung und die Organisation der Ersten und Zweiten Kammer eingegangen. Der Abschnitt schließt mit einer Betrachtung der Kontroversen, die sich in den letzten Jahrzehnten hinsichtlich der Stellung der Ersten Kammer entwickelt haben.

4.2.1 Zur Geschichte des niederländischen Parlaments

Das Parlament wird in den Niederlanden Generalstaaten (*staten-generaal*) genannt – ein Name der sich aus der Geschichte ergibt: Im 15. Jahrhundert bestand das Gebiet der heutigen Niederlande und des heutigen Belgiens aus unterschiedlichen Hoheitsbereichen mit jeweils eigenen Machthabern. Diese Machthaber riefen zu bestimmten Gelegenheiten, beispielsweise wenn sie wichtige Beschlüsse verkünden wollten, in ihrem Gebiet einen Rat zusammen, der aus wichtigen Edelleuten und in manchen Fällen auch Geistlichen sowie Vertretern der Städte bestand. Diese Zusammenkunft bezeichnete man als *standen-* oder *statenvergadering*. Im Jahr 1464 versammelte Philipp der Gute, der über mehrere Besitztümer herrschte, zum ersten Mal im Stadthaus von Brügge alle *statenvergaderingen*. Auf diese Weise entstanden die sogenannten Generalstaaten (*staten-generaal*), in deren Rahmen Geistliche, Edelleute und Mitglieder der städtischen Eliten in der Folgezeit regelmäßig über öffentliche Belange sprachen. Nach der Lossagung von Philipp II. übernahm dieses Gremium, das nun aus Vertretern der sieben Provinzen bestand und im Zentrum Den Haags tagte, wichtige Verwaltungsaufgaben und Maßnahmen zur Formulierung einer gemeinsamen Politik. In der kurzen Zeit der Batavischen Republik (Abschn. 2.1) wurde eine gewählte Volksvertretung eingerichtet, die am 1. März 1796 zum ersten Mal zusammentrat, der jedoch in Anbetracht der sich verändernden politischen Rahmenbedingungen nur eine kurze Wirkungsperiode beschieden war. Nach dem Abzug der französischen Truppen wurden die Generalstaaten als nationales Parlament eingesetzt.[71] Anders als zu Zeiten der Republik vertreten die Parlamentarier seit Beginn des 19. Jahrhunderts nicht mehr die Provinzen, sondern das gesamte niederländische Volk.[72]

---

[71] Andeweg und Irwin weisen auf die Wandlung der Generalstaaten im Lauf der Zeit hin: „Although the Dutch Parliament is still officially called the States-General, and proudly celebrated ist 500th anniversary in 1964, it bears little resemblance to its feudal and Republican predecessors, in either its organization or its powers." Andeweg und Irwin (2009, S. 148). In ähnlicher Weise äußert sich: te Velde (2010, S. 103). An dieser Stelle sei darauf hingewiesen, dass viele wichtige Informationen für diesen Abschnitt von den Internetseiten der Ersten (www.eerstekamer.nl) und Zweiten Kammer (www.tweedekamer.nl) entnommen wurden, auf denen viele Einblicke und Materialien zur Verfügung gestellt werden.
[72] Vgl. hierzu: Bovend'Eert und Kummeling (2010, S. 7 ff.). Die entsprechende Bestimmung ist in Artikel 50 der niederländischen Verfassung festgehalten.

4.2 Das Parlament

Für die heutige Gestalt des niederländischen Parlaments ist von großer Bedeutung, dass dieses vor dem Hintergrund des oben bereits angesprochenen Zusammenschlusses der sogenannten nördlichen und südlichen Niederlande 1815 in zwei Kammern aufgeteilt wurde. Die Erste Kammer, die auch Senat genannt wird, setzt sich seit 1956 aus 75 Abgeordneten (Senatoren) zusammen, die alle vier Jahre – seit der Verfassungsrevision im Jahr 1983 zum gleichen Termin – von den Abgeordneten der Provinzparlamente gewählt werden.[73] Die Stimmen der Parlamentarier in den Provinzen haben dabei nicht den gleichen Wert, vielmehr wird ihr Gewicht auf der Grundlage der Einwohnerzahl der jeweiligen Provinz und der Größe des Provinzparlaments errechnet. Die Verteilung der Mandate basiert im Anschluss auf dem gewichteten Stimmenergebnis, wobei die von den jeweiligen Parteien vorgegebene Reihenfolge auf den Kandidatenlisten durchbrochen werden kann, wenn einzelne Bewerber die geforderte Anzahl an sogenannten Vorzugsstimmen (Abschn. 5.1) erhalten. Da bei den Wahlen zur Ersten Kammer die Parteidisziplin in den meisten Fällen eingehalten wird, steht ihr Ausgang bereits nach den Wahlen zu den Provinzparlamenten weitgehend fest.[74] Bei den Senatoren handelt es sich um Teilzeitpolitiker, denen für ihre Arbeit in der Ersten Kammer vergleichsweise geringe personelle und finanzielle Mittel zugestanden werden. Der Senat tritt wesentlich seltener – in der Regel einmal pro Woche – zusammen als die Zweite Kammer, seine Bedeutung ist insgesamt, obwohl beide Kammern formal gleichgestellt sind, deutlich geringer.[75]

Die politisch somit weitaus wichtigere Zweite Kammer setzt sich aus 150 direkt vom Volk gewählten Abgeordneten zusammen, die ihre Abgeordnetentätigkeit hauptberuflich ausüben. Wahlen zur Zweiten Kammer finden turnusmäßig ebenfalls alle vier Jahre statt, allerdings kam es in den letzten Jahrzehnten immer wieder – und dabei häufig hervorgerufen durch den Bruch einer Regierungskonstellation – zu vorgezogenen Neuwahlen. Auch

---

[73] Vor 1848 wurden die Mitglieder der Ersten Kammer persönlich vom Monarchen ernannt. Nach 1848 entsendeten die einzelnen Provinzen zunächst jeweils eine bestimmte Zahl an Abgeordneten in die Erste Kammer. Später ging man dazu über, nationale Ergebnisse als Grundlage für die Mandatsverteilung heranzuziehen. Seit Beginn des zwanzigsten Jahrhunderts finden auch die Wahlen zur Ersten Kammer auf der Grundlage des Verhältniswahlrechts statt. Die Zahl der Sitze in der Ersten Kammer lag nach 1848 zunächst bei 39, sie wurde 1888 auf 50 und 1956 dann auf 75 erhöht. Die Senatoren wurden bis 1922 für neun und bis 1983 für sechs Jahre gewählt, wobei Teile des Senats jeweils alle drei Jahre neu besetzt wurden. Die Wahlen zum Senat finden aktuell stets innerhalb von drei Monaten nach den Wahlen zu den Provinzparlamenten statt. Vgl. hierzu: Bovend'Eert und Kummeling (2010, S. 90–94). Die Entstehungsgeschichte der Ersten Kammer beleuchtet: van den Braak (2000, S. 45 ff.).

[74] Andeweg und Irwin halten hierzu fest: „There is no electoral campaign and the outcome of the election in terms of party composition is a foregone conclusion, except for honest mistakes or an occassional rebel." Andeweg und Irwin (2009, S. 148).

[75] Vgl. hierzu unter anderem: Kortmann und Bovend'Eert (1998, S. 83), de Meij und van der Vlies (2004, S. 68), Bovend'Eert und Kummeling (2010, S. 37 ff.). Vor dem Hintergrund des unterschiedlichen politischen Gewichts beider Kammern, wird der Zweiten Kammer allgemein und auch in diesem Buch deutlich mehr Aufmerksamkeit gewidmet als der Ersten.

die letzten Parlamentswahlen der Jahre 2003, 2006 und 2010 fanden vor ihrem ursprünglich angedachten Termin statt.[76]

4.2.2 Funktionen der Ersten und Zweiten Kammer

Dem Parlament kommen im politischen System der Niederlande zwei zentrale Aufgaben zu: die Mitarbeit an der Gesetzgebung und die Kontrolle der Regierung. Grundsätzlich sind beide Kammern an diesen Aufgaben beteiligt, die Einflussmöglichkeiten der Zweiten Kammer sind jedoch in verschiedener Hinsicht weitreichender.[77] Im Bereich der Gesetzgebung besitzen beispielsweise nur die Mitglieder der Zweiten Kammer das Initiativrecht, das heißt, sie können Gesetzesvorschläge – sogenannte Initiativentwürfe (*initiatiefvoorstellen*) – erarbeiten und zur Abstimmung stellen.[78] In der politischen Praxis stammen jedoch nur wenige Gesetzesinitiativen aus dem Parlament, im Jahr 2010 lag die entsprechende Zahl beispielsweise bei lediglich acht (2009: sechs). Zum Vergleich: Insgesamt befasst sich das niederländische Parlament im Jahr mit 200 bis 300 Gesetzesvorschlägen. Die große Mehrzahl der Gesetzesvorschläge wird folglich von der Regierung eingereicht, die in den Ministerien eher über das notwendige Sach- bzw. Detailwissen und insbesondere die notwendige Personalkapazität für die erforderlichen Vorbereitungen verfügt. Van Dooren weist zudem auf folgenden weiteren Punkt hin: „Entmutigend ist zudem die Tatsache, dass das Parlament Gesetzesvorschlägen, die aus den eigenen Reihen stammen, wenig positiv gegenüber steht: die meisten Vorschläge aus dem Parlament werden durch dieses selbst in den Papierkorb verwiesen."[79] Der Grund für die geringen Realisierungschancen von Gesetzesvorschlägen, die aus der Zweiten Kammer selbst stammen, liegt in erster Linie darin, dass diese vor allem von Oppositionsparteien eingebracht werden und ihnen somit die erforderliche Unterstützung durch die Mehrheit der Abgeordneten fehlt.

Die Gesetzesvorschläge der Regierung werden in der Zweiten Kammer ausführlich diskutiert. Die Abgeordneten haben dabei die Möglichkeit, Änderungen am ursprünglichen Entwurf vorzuschlagen (Amendementen). Im Jahr 2010 wurden rund 300 Änderungsanträge eingebracht, von diesen wurde etwa ein Drittel von der Zweiten Kammer angenommen. Die entsprechende Statistik zeigt deutlich, dass bezüglich der Annahme von Änderungsvorschlägen Unterschiede existieren: Die Änderungsvorschläge, die von den

---

[76] Wahlen zur Zweiten Kammer finden seit 1848 statt, seit der Wahl im Jahr 1922 gilt das allgemeine Wahlrecht für Männer und Frauen. Das Wahlrecht zur Zweiten Kammer wird im Abschn. 5.1 ausführlich behandelt.

[77] Vgl. u. a.: Berndt (2010, S. 392 ff.), Visser (2008, S. 67 ff.), Kortmann und Bovend'Eert (1998, S. 83 f.).

[78] In wenigen Bereichen, vor allem im Bereich des Staatshaushalts, ist das Recht zur Gesetzesinitiative ausschließlich der Regierung vorbehalten. Die gemeinsame Verantwortung des Parlaments und der Regierung für die Gesetzgebung ist in Artikel 81 der Verfassung verankert, der lautet: „Gesetze werden von der Regierung und den Generalstaaten gemeinsam erlassen."

[79] Van Dooren (2005, S. 92, Übersetzung durch den Verfasser).

4.2 Das Parlament

Fraktionen der Regierungsparteien eingebracht werden, haben eine größere Realisierungschance als diejenigen, die von den Oppositionsbänken stammen.[80] Die Abgeordneten der Ersten Kammer haben weder das Recht, Gesetze vorzuschlagen, noch das Recht, Gesetzesvorschläge zu modifizieren. Allerdings benötigt jedes Gesetz die Zustimmung beider Kammern – die Senatoren müssen somit über alle Entwürfe mitentscheiden. Sie können dabei nur dem gesamten Entwurf zustimmen oder diesen ablehnen.[81]

Um die Regierung zu kontrollieren, besitzt das Parlament das wichtige Budgetrecht.[82] Dieses stellt sicher, dass die Regierung zur Durchführung ihrer Pläne auf die Mehrheit im Parlament angewiesen ist und zugleich eine Kontrolle hinsichtlich der Aufwendung staatlicher Mittel erfolgen kann. Das entsprechende Prozedere stellt sich folgendermaßen dar: Im September stellt die Regierung ihre finanziellen Planungen für das nächste Jahr vor, die dann anschließend im Rahmen eines langwierigen Prozesses im Parlament behandelt und bei entsprechender Mehrheit in der Zweiten Kammer eventuell auch modifiziert werden.[83] Das Parlament kontrolliert im Lauf des Haushaltsjahres, ob die Regierung die Finanzplanungen tatsächlich einhält. Öfter kommt es vor, dass zusätzliche Mittel für bestimmte Posten vom Parlament gebilligt werden müssen. Die Haushaltsdebatten nehmen in den Niederlanden, ebenso wie in Deutschland, einen zentralen Platz im parlamentarischen Jahr ein.

Darüber hinaus stehen den Parlamentariern verschiedene andere Möglichkeiten zur Kontrolle der Regierung offen. Es ist ihnen beispielsweise möglich, in mündlicher oder schriftlicher Form Fragen an die Regierungsmitglieder zu stellen.[84] Die Regierungsvertreter sind verpflichtet, Stellung zu diesen Fragen zu nehmen. Um einen regelmäßigen Austausch zu fördern, findet in der Zweiten Kammer jeden Dienstag eine Fragestunde statt, in deren Verlauf aktuelle Themen erörtert werden können. Verschiedene Autoren weisen in diesem Kontext auf einen wichtigen Punkt hin: Die Regierung muss dem Parlament faktisch nicht nur die explizit angeforderten Informationen übermitteln, sondern dieses grundsätzlich über alle wichtigen Entwicklungen auf dem Laufenden halten.[85] Die Aus-

---

[80] Entsprechende Zahlen finden sich bei: Tweede Kamer (2011, S. 18). Von der Zweiten Kammer beschlossene Änderungen müssen die Zustimmung des zuständigen Ministers finden, da dieser das Gesetz ansonsten zurückziehen kann. Van Deth und Vis weisen darauf hin, dass es sich bei der Verständigung auf einen Gesetzestext um einen komplexen Vorgang handelt, in dessen Verlauf Regierung und Parlament oftmals schwierige Kompromisse schließen müssen (Abschn. 5.3). Vgl. van Deth und Vis (2006, S. 84).

[81] Nähere Ausführungen zum Gang der Gesetzgebung finden sich in Abschn. 5.3.

[82] Vgl. hierzu: Bovend'Eert und Kummeling (2010, S. 326 ff.).

[83] Vgl. Instituut voor Publiek en Politiek (2008, S. 33), Slotboom und Verkuil (2010, S. 54 ff.).

[84] Zum Thema siehe: Visscher (2006, S. 87 ff.).

[85] Vgl. hierzu: Bovend'Eert und Kummeling (2010, S. 266 ff.), Belinfante und de Reede (2005, S. 99 f.), van Deth und Vis (2006, S. 78). Um einen Eindruck von den Größenordnungen hinsichtlich des Fragenrechts zu vermitteln, hier einige Zahlen: Im Parlamentsjahr 2010 reichten die Parlamentarier der Zweiten Kammer 2552 schriftliche und 101 mündliche Fragen ein. Die Mitglieder der Ersten Kammer stellen nur schriftliche Fragen, deren Zahl belief sich im Jahr 2008/09 auf 15. Zum Informationsrecht der Parlamentarier siehe auch: www.denederlandsegrondwet.nl.

kunft an das Parlament kann nur verweigert werden, wenn ansonsten wichtige Staatsinteressen gefährdet wären. Ein schwereres Mittel der Regierungskontrolle ist in der sogenannten Interpellation zu sehen: Wenn genügend Parlamentarier der jeweiligen Kammer einem entsprechenden Antrag zustimmen, muss ein Regierungsmitglied sich vor der Kammer für seine Äußerungen bzw. für sein Handeln im Rahmen einer ausführlichen Befragung rechtfertigen.[86]

Es ist den Mandatsträgern auch möglich, Anträge (*moties*) einzureichen. Diese Anträge können der Bekundung des eigenen politischen Willens, dem Aufzeigen politischer Alternativen oder der Kritik der politischen Positionen anderer Fraktionen bzw. der Regierung dienen. Anträge können bereits von fünf Abgeordneten zur Abstimmung in der Zweiten Kammer gebracht und somit auch von kleinen Oppositionsparteien oder auch von kleinen innerfraktionellen Gruppierungen extensiv genutzt werden. Der in den letzten Jahren zu beobachtende Anstieg der im Parlament zur Abstimmung gestellten Anträge kann einerseits als Zeichen einer lebhaften Parlamentskultur bewertet werden. Er birgt für Kritiker, die von einer „Antragsexplosion", „Antragslawine" oder „Antragsinflation" sprechen, jedoch andererseits die Gefahr der Entwertung dieses Instruments.[87] An anderer Stelle wird auch davon gesprochen, dass die Kontrolle der Regierung durch die vielen Anträge und Fragen mittlerweile überaus intensiv und detailliert erfolgt, wobei diese Entwicklung durchaus skeptisch bewertet werden kann.[88] Im Jahr 2010 wurden von den Mitgliedern der Zweiten Kammer 1734 (2009: 2616) Anträge eingereicht, wobei insbesondere die Oppositionsparteien dieses Instrument intensiv nutzten.[89] Wenn das Parlament einem Antrag zustimmt, ist das zuständige Regierungsmitglied keineswegs verpflichtet, die entsprechenden Aufforderungen umzusetzen. Das Parlament muss bei einer etwaigen Weigerung entscheiden, ob es die Angelegenheit auf sich beruhen lässt oder ob es schwerere Mittel zur Durchsetzung der jeweiligen Anliegen einsetzen will.[90]

Eine Dringlichkeitsdebatte (*spoeddebat*) kann auf Anfrage von mindestens 30 Parlamentariern zu einem aktuellen Thema einberufen werden. Im Jahr 2010 fanden 46 (2009: 62) derartige Debatten, die erst seit 2004 durchgeführt werden, in der Zweiten Kammer

---

[86] Van Deth und Vis halten hierzu fest: „Das Interpellationsrecht ist eine schwerere Waffe im politischen Streit zwischen der Regierung und dem Parlament als das Fragerecht, und es wird daher auch mit gewisser Zurückhaltung verwendet. Insbesondere die Erste Kammer macht nur sporadisch Gebrauch von dieser Möglichkeit, Auskünfte zu erlangen." Van Deth und Vis (2006, S. 85, Übersetzung durch den Verfasser). Ausführliche Informationen zum Fragen- und Interpellationsrecht finden sich bei: Bovend'Eert und Kummeling (2010, S. 315 ff.).
[87] Vgl. van Deth und Vis (2006, S. 86). Entsprechende Zahlen können auch nachvollzogen werden bei: Andeweg und Irwin (2009, S. 154).
[88] Vgl. Bovend'Eert und Kummeling (2010, S. 269 f.), Andeweg und Thomassen (2011, S. 70 f.).
[89] Vgl. hierzu: Tweede Kamer (2011, S. 19 f.). Die Parlamentarier der Ersten Kammer haben im Jahr 2008/09 insgesamt 39 Anträge eingereicht.
[90] Vgl. u. a. Denters (1999, S. 70). Das Thema Anträge wird ausführlich behandelt in: Bovend'Eert und Kummeling (2010, S. 342 ff.).

statt.[91] Zu bestimmten Themen können zudem Untersuchungs- oder Enquetekommissionen eingerichtet werden, die dann auf der Grundlage eigener Nachforschungen, externer Expertise und Befragungen relevante Fragestellungen behandeln. Die Ergebnisse der Kommissionsarbeit gehen im Anschluss in den politischen Prozess ein, sie können unter gewissen Voraussetzungen schwerwiegende Konsequenzen nach sich ziehen. Ein wichtiger Unterschied zwischen einer Untersuchungs- und einer Enquetekommission besteht darin, dass es Enquetekommissionen möglich ist, Zeugen unter Eid zu befragen, während dies Untersuchungskommissionen nicht gestattet ist. Das Ergebnis der Arbeit einer Untersuchungskommission kann vor diesem Hintergrund darin bestehen, die Einrichtung einer Enquetekommission, die als schwerstes Mittel parlamentarischer Kontrolle zu bewerten ist, zu fordern.[92] Zu beachten ist, dass sowohl für die Einrichtung einer Untersuchungs- als auch einer Enquetekommission eine Mehrheit im Parlament erforderlich ist. Die Opposition ist folglich, wenn sie eine entsprechende Kommission einrichten möchte, auf die Unterstützung mindestens einer Regierungsfraktion angewiesen.[93]

Die Abhängigkeit der Regierung insgesamt sowie einzelner Regierungsvertreter vom Parlament wird durch die sogenannte Vertrauensregel festgehalten. Nach dieser Regel, die in der Verfassung trotz ihrer hohen Bedeutung nicht zu finden ist, muss ein Amtsträger bzw. eine Regierung zurücktreten, wenn eine Mehrheit im Parlament ihm bzw. ihr das Vertrauen entzieht.[94] Das konkrete Prozedere kann dabei darin bestehen, dass ein Misstrauensantrag (*motie van wantrouwen*) eingereicht wird und über diesen eine Abstimmung stattfindet. Auch wenn das Parlament einen sogenannten Tadelsantrag (*motie van afkeuring*) verabschiedet bzw. ein besonders wichtiges Gesetz oder die Bereitstellung finanzieller Mittel ablehnt, kann dies zum Rücktritt des zuständigen Ministers führen. Ein solcher Vorgang bildet oftmals die Grundlage für eine Regierungskrise, die zum Fall eines Kabinetts führen kann. Im Umkehrschluss beinhaltet die Vertrauensregel, dass die Regierung in ihrem Handeln – sofern das Parlament keine entsprechenden Schritte unternimmt – das Vertrauen des Parlaments besitzt und ihr Handeln durch die Volksvertreter legitimiert wird. Van Deth und Vis erläutern hierzu: „Die Aufgabe des Parlaments ist die Kontrolle der

---

[91] Vgl. hierzu: van der Heiden (2006, S. 99 ff.).
[92] Ein aktuelles Beispiel für einen entsprechenden Vorgang stellen die Anstrengungen dar, die unternommen wurden, um die Krise des Finanzsystems sowie die in dieser Hinsicht durchgeführte Politik des Kabinetts Balkenende IV zu untersuchen. Zunächst befasste sich eine Untersuchungskommission mit diesem Thema, anschließend wurde eine Enquetekommission eingesetzt.
[93] Eine Übersicht über alle Untersuchungs- und Enquetekommissionen der letzten Jahrzehnte findet sich im Internet unter www.parlement.com. Die Erste Kammer hat seit Ende des 19. Jahrhunderts formal auch das Recht, eine Enquetekommission einzuberufen, von diesem Recht jedoch bisher keinen Gebrauch gemacht. Zum Thema siehe: Bovend'Eert und Kummeling (2010, S. 375 ff.), Muller und Coenen (2002), Wolfrum (2010, S. 46 ff.), Visscher (1999, S. 12 ff.).
[94] Die Regierungsvertreter sind dabei grundsätzlich jeweils für einen bestimmten Politikbereich zuständig. In einzelnen Fällen ist es trotzdem äußerst schwer zu ermessen, inwiefern eine bestimmte Person für eine bestimmte Entscheidung oder Entwicklung zur Verantwortung gezogen werden kann bzw. sollte. Siehe hierzu: Visser (2008, S. 57 ff.), van Deth und Vis (2006, S. 78 f.), Belinfante und de Reede (2005, S. 105 ff.), Bovend'Eert und Kummeling (2010, S. 274 ff.).

Regierungspolitik und nicht das Regieren des Landes. Der Regierung obliegt es, das Land zu regieren, und so lange das Parlament ihr das Vertrauen nicht entzieht, kann die Regierung diese Aufgabe nach eigenem Gutdünken ausführen. Regierungsmitglieder müssen sich allerdings vergegenwärtigen, dass jeder Aspekt ihrer Politik Gegenstand parlamentarischer Kontrolle werden kann, und somit werden sie mögliche Wünsche des Parlaments antizipieren."[95]

Das niederländische Parlament zeichnet sich durch eine vergleichsweise hohe Eigenständigkeit aus, die auch in der, was die normalen Beratungen angeht, relativ seltenen Anwesenheit der Minister und des Ministerpräsidenten in der Kammer zum Ausdruck kommt. Die Regierungsvertreter verfügen über kein eigenes Parlamentsmandat und werden eher als „eingeladene Gäste" betrachtet, denn als gemeinsam mit den Abgeordneten handelnde politische Akteure. Die Kontrollfunktion des Parlaments wird allerdings in der politischen Praxis – ebenso wie in vielen anderen europäischen Staaten – dadurch unterlaufen, dass die Regierung von einer Mehrheit der Parlamentsabgeordneten getragen wird und partei- und machtpolitischen Erwägungen bei vielen Beschlüssen eine hohe Bedeutung zukommt.[96] So ist es beispielsweise den Parlamentariern heutzutage kaum mehr möglich, die Absetzung eines Regierungsmitglieds zu realisieren, wenn dieses den Interessen einer wichtigen Regierungspartei widerspricht. Andeweg und Irwin erläutern hierzu: „Only if the minister's own parliamentary party decides that he has become a liability and refuses to defend him against attacks from other parties, have individual ministers felt forced to resign. As long as the minister can count on the support of his own party, she or he cannot be ousted: the minister apologizes to Parliament and continues in office."[97] Die Kritik, die sich an diese Situation anschließt, besteht darin, dass sie die Grundlage für die Entstehung einer „Sorry-Kultur" darstelle und die Kontrolle der Regierung vom Parlament nicht mehr ausreichend möglich sei.[98]

Politische Konflikte finden in der aktuellen niederländischen Politik in der Regel nicht zwischen Parlament und Regierung, sondern zwischen Regierung und Regierungsfraktionen auf der einen und den Oppositionsfraktionen auf der anderen Seite statt. Die Wirksamkeit der Opposition wird dabei nicht nur durch die bestehenden Mehrheitsverhältnisse, sondern auch durch ihre mangelnde Kohärenz beeinträchtigt, die sich aus der Vielzahl an Parteien ergibt, die untereinander weit weniger Gemeinsamkeiten aufweisen können als

---

[95] Van Deth und Vis (2006, S. 80, Übersetzung durch den Verfasser).
[96] Das ursprüngliche Streben nach Dualismus wird in den Niederlanden unter anderem daran deutlich, dass der Ministerpräsident – anders als der deutsche Bundeskanzler – nicht von den Mitgliedern der Volksvertretung gewählt wird. Auch die Sitzordnung bei den Plenarsitzungen macht die gewünschte Trennung zwischen Abgeordneten und Regierungsvertretern deutlich. Zur Entwicklung der Beziehungen zwischen Parlament und Regierung siehe auch: Andeweg und Thomassen (2011, S. 63 ff.), Andeweg und Irwin (2009, S. 156 ff.), Belinfante und de Reede (2005, S. 87 ff.), Bovend'Eert und Kummeling (2010, S. 40 ff. und S. 412 ff.)
[97] Andeweg und Irwin (2009, S. 158).
[98] Vgl. hierzu: Sitalsing und Wansink (2010, S. 27 ff.) In Kommentaren wird vor diesem Hintergrund auch häufig dafür plädiert, dass das Parlament seine Kontrollfunktion wieder stärker ausüben soll. Vgl. Michels (2008, S. 480).

die durch die Stützung der gemeinsamen Regierung und in der Regel durch ein Regierungsprogramm und häufige Absprachen zusammengehaltene Parlamentsmehrheit.[99]

Neben der Gesetzgebungs- und der Kontrollfunktion ist es auch Aufgabe der Parlamentarier, die Bevölkerung zu repräsentieren. Vor diesem Hintergrund bemüht sich das Parlament um den Kontakt zu den Bürgern und um ein hohes Maß an Transparenz. Beispielsweise bietet es diverse Angebote für Besucher(-gruppen) an.[100] Den Bürgern ist es auch möglich, persönlichen Kontakt zu Mandatsträgern aufzunehmen oder Petitionen einzureichen.[101] Ein neu eingeführtes Instrument besteht in den Bürgerinitiativen, die dann Berücksichtigung finden, wenn die Organisatoren mindestens 40.000 Unterschriften vorweisen können und die Anliegen bestimmte inhaltliche Kriterien erfüllen.[102] Die Parlamentarier selbst reisen weiterhin immer wieder in das Land, um Interessen und Stimmungen in der Bevölkerung aufzunehmen. Zu diesem Zweck besuchen sie Betriebe, soziale Einrichtungen usw., führen sie Gespräche oder nehmen sie an Diskussionen teil.[103] Abschließend sei darauf hingewiesen, dass die beiden Kammern des niederländischen Parlaments Interessierten über ihre Internetseiten eine Vielzahl an Informationen, den Zugang zu den Parlamentsunterlagen sowie die Möglichkeit bieten, sich ein gutes Bild über die aktuellen Geschehnisse zu verschaffen.[104]

4.2.3 Zur Zusammensetzung des Parlaments

In Bezug auf die Zusammensetzung des niederländischen Parlaments ist zunächst auf folgende allgemeine Richtlinien hinzuweisen: Das Mindestalter für das passive Wahlrecht

---

[99] Insgesamt ist mit Blick auf die Entwicklungen der letzten Jahrzehnte festzuhalten: „In the language of Dutch constitutional lawyers, executive-legislative relations have become more ‚monistic' and less ‚dualistic'." Andeweg und Irwin (2009, S. 157).

[100] Entsprechende Zahlen finden sich in: Tweede Kamer (2011, S. 13).

[101] Siehe hierzu: Bovend'Eert und Kummeling (2010, S. 387 ff.).

[102] Zu diesem Thema siehe: Tweede Kamer (2008a, S. 27 ff.), www.tweedekamer.nl/hoe_werkt_het/uw_mening_telt/burgerinitiatief/index.jsp und www.parlement.com. Leyenaar und Jacobs weisen darauf hin, dass dieses Instrument sich bisher nicht als sonderlich wirksam erwiesen hat. Vgl. Leyenaar und Jacobs (2011, S. 94).

[103] Andeweg und Irwin weisen in diesem Kontext darauf hin, dass über die parlamentarischen Vorgänge ausführlich in den Medien berichtet wird und viele Parlamentarier in der Bevölkerung bekannt sind. Andeweg und Irwin (2009, S. 167 f.). Hingewiesen sei hinsichtlich der Funktionen des niederländischen Parlaments auch darauf, dass dieses Einfluss auf die Besetzung verschiedener Ämter hat, beispielsweise auf die Ernennung des Nationalen Ombudsmannes (Absch. 4.4.1). Vgl. hierzu: Bovend'Eert und Kummeling (2010, S. 393 ff.).

[104] Der Zugang zu den Unterlagen kann über die Internetseiten beider Kammern erfolgen. Parlamentsdokumente aus der Zeit zwischen 1814 und 1995 finden sich auf der neu eingerichteten Seite www.statengeneraaldigitaal.nl. Aktuellere Unterlagen sind unter www.officielebekendmakingen.nl zu finden. Statistiken zur Nutzung der Internetseiten und zum Interesse an Fernsehsendungen finden sich bei: Tweede Kamer (2011, S. 31 ff.). Zum Thema siehe auch: Bovend'Eert und Kummeling (2010, S. 533 ff.).

beträgt für die Erste und die Zweite Kammer 18 Jahre. Eine Mitgliedschaft in beiden Kammern ist nicht möglich. Zudem besteht in den Niederlanden – anders als in Deutschland, wo die Regierungsvertreter häufig auch Mitglieder des Bundestages sind – eine klare Trennung zwischen (unter anderem Minister bzw. Staatssekretärs-)Amt und Mandat.[105] Auf diese Weise soll eine Vermischung exekutiver und legislativer Gewalt vermieden und vor allem die Kontrolle der Regierung erleichtert werden. Allerdings ist – wie soeben bereits beschrieben – zu bedenken, dass die Parteien der Regierungskoalition im Parlament über eine Mehrheit verfügen, wodurch die Regierung in den allermeisten Fällen mit der Unterstützung ihrer Vorhaben durch das Parlament rechnen kann. Zur Trennung zwischen Regierung und Parlament trug in der Vergangenheit auch der Umstand bei, dass über Jahrzehnte viele Kabinettsmitglieder, insbesondere viele Staatssekretäre, außerhalb des Parlaments rekrutiert wurden. Diese Praxis ist mittlerweile jedoch selten geworden, so verfügte in den letzten Kabinetten stets eine deutliche Mehrheit der Kabinettsmitglieder über parlamentarische Erfahrung.

Die Sozialstruktur der Abgeordneten in der Zweiten Kammer befindet sich seit geraumer Zeit im Wandel: Der Anteil weiblicher Mandatsträger steigt seit Jahrzehnten sukzessive an, allerdings sind Frauen mit einem Anteil von knapp 40 % in der Zweiten Kammer auch heute noch unterrepräsentiert.[106] Norris kommt trotz dieser Unterrepräsentation bei der Analyse internationaler Vergleichsdaten unter anderem zu dem Ergebnis, dass der Anteil weiblicher Parlamentarier in den Niederlanden doppelt so hoch ist wie im EU-Durchschnitt. Sie gelangt insgesamt zu folgendem Schluss: „In the light of these global patterns, the contemporary record of the Netherlands is impressive, as one of the countries that has led the world in the representation of women in parliament."[107] Ein Grund hierfür ist das bestehende Wahlrecht, das es den Parteien erlaubt, einen gewissen Proporz zwischen den verschiedenen Bevölkerungsgruppen herbeizuführen. Die Zahl der Parlamentarier mit Einwanderungshintergrund hat sich im Lauf der letzten Jahre langsam erhöht. Der Altersdurchschnitt der Abgeordneten ist im Lauf der Zeit hingegen gesunken, aktuell liegt er bei circa 44 Jahren. Was die regionale Herkunft der Abgeordneten angeht, ist festzuhalten, dass viele Parlamentarier aus dem Westen des Landes stammen: Allein aus den Provinzen Süd- und Nordholland, in denen knapp 40 % der Niederländer wohnen, kam Ende 2010 über die Hälfte der Abgeordneten in der Zweiten Kammer. Hinsichtlich des Bildungsgrads ist in den Niederlanden in den letzten Jahrzehnten die Entwicklung zu beobachten, dass die Parlamentsabgeordneten über einen durchschnittlich immer höheren Bildungsabschluss verfügen. Über die aktuelle Situation schreiben Bovens und Wille, dass „on average appro-

---

[105] Die genauen Festlegungen darüber, welche anderen Funktionen mit einem Mandat in den Generalstaaten nicht vereinbar sind, sind in Artikel 57 der niederländischen Verfassung verankert. Weiterführende Erläuterungen finden sich bei: Bovend'Eert und Kummeling (2010, S. 121 ff.), Kortmann und Bovend'Eert (1998, S. 91 f.), Belinfante und de Reede (2005, S. 71 f.).

[106] Ende 2010 waren etwa 60 der 150 Abgeordneten weiblich. Zum Vergleich: Noch zu Beginn der 1980er Jahre wurden lediglich 20 der 150 Parlamentssitze von Frauen besetzt. Seither steigt der Frauenanteil unter den Abgeordneten kontinuierlich an.

[107] Norris (2006, S. 199). Zum Thema siehe auch: Koning (2009, S. 171 f.)

ximately 90 per cent of all MPs belong to the group with the highest level of educational attainment."[108] Die Verweildauer der Abgeordneten im Parlament ist, verglichen mit anderen europäischen Ländern, sehr gering: Die durchschnittliche Mandatszeit in der Zweiten Kammer lag Ende des Jahres 2010 bei lediglich rund vier Jahren.[109] Ein Grund hierfür ist in der hohen Mobilität zwischen den verschiedenen Sektoren des öffentlichen und auch des wirtschaftlichen Lebens zu sehen. So wird ein Parlamentsmandat häufig als Zwischenperiode oder auch als Ausgangspunkt für andere berufliche Laufbahnen und Karrieren – etwa in Regierungsämtern auf nationaler, Provinz- und lokaler Ebene oder in der Wirtschaft – gesehen. Van Dooren schreibt hierzu: „Früher war die Parlamentsmitgliedschaft nicht selten die Krönung einer schönen gesellschaftlichen Karriere, heutzutage ist sie hierfür eher ein Sprungbrett."[110] Auch die politischen Umbrüche der letzten Jahre haben dazu beigetragen, dass viele Abgeordnete nur eine vergleichsweise kurze Zeit im Parlament aktiv sind – nach der Wahl 2010 trugen die großen Verschiebungen zwischen den Parteien beispielsweise dazu bei, dass die Zweite Kammer nicht weniger als 63 neue Mitglieder erhielt.

Die Zusammensetzung der Ersten Kammer weist verschiedene Unterschiede zu der der Zweiten Kammer auf. Nach der Wahl 2011 gingen nicht weniger als 40 der 75 Sitze an Kandidaten, die in der abgelaufenen Legislaturperiode noch kein Mandat in der Ersten Kammer hatten. Der Frauenanteil unter den Senatoren liegt bei etwa einem Drittel. Die Senatoren sind im Durchschnitt 55 Jahre alt und somit deutlich älter als ihre Kollegen in der Zweiten Kammer. Ebenso wie in der Zweiten Kammer sind auch in der Ersten Kammer Akademiker und Vertreter der *Randstad* überrepräsentiert. Berndt hält ergänzend fest: „Unter den Senatoren finden sich auffällig viele bekannte Gesichter mit einer Vergangenheit in der Berufspolitik – ehemalige Minister und frühere Abgeordnete der Zweiten Kammer. Stark repräsentiert sind der öffentliche Dienst und der ausgeprägte niederländische Korporatismus (Gewerkschaften, Agrarverbände usw.)."[111] In diesem Sinne sind nach der Wahl im Mai 2011 in der Ersten Kammer sieben ehemalige Minister, zwölf ehemalige Mitglieder der Zweiten Kammer, einige (ehemalige) Bürgermeister sowie zudem verschiedene Professoren vertreten.

Die im Vorangegangenen angesprochene kurze Verweildauer der Parlamentarier in der Zweiten Kammer kann sicher nur bedingt auf die Vergütung der Parlamentstätigkeit zurückgeführt werden. Die niederländischen Parlamentarier in der Zweiten Kammer erhalten zurzeit ein Bruttogehalt von etwa 7000 € monatlich.[112] Im Rahmen ihrer Tätigkeit

---

[108] Bovens und Wille (2010, S. 403). Zum Thema siehe auch: van Reybrouck (2009, S. 21 ff.).
[109] Vgl. Tweede Kamer (2011, S. 35 f.).
[110] Van Dooren (2005, S. 106, Übersetzung durch den Verfasser). Den Wandel der Sozialstruktur der Parlamentsmitglieder in der Zweiten Kammer im Zeitraum von 1970 bis 2004 betrachten: van den Berg und van den Braak (2004, S. 71 ff.).
[111] Berndt (2010, S. 398). Zum Sozialprofil der Senatoren siehe auch: van den Braak (2009, S. 89 ff.)
[112] Darüber hinaus erhalten die Abgeordneten eine Art Urlaubsgeld, eine Sonderzahlung im Dezember sowie Mittel zur Deckung der Reise- und Unterbringungskosten. Der Parlamentsvorsitzende erhält ebenso wie die Fraktionsvorsitzenden ein höheres Gehalt, wobei sich der Zuschlag für die Fraktionsvorsitzenden an der Größe ihrer Fraktion orientiert, er liegt zwischen einem und 11,5 %. Einige

werden die Parlamentarier von Mitarbeitern unterstützt, zudem verfügen die Fraktionen in der Regel über Büros, die den Abgeordneten die Arbeit erleichtern.[113] Die Kosten für die Unterstützung der Parlamentarier werden zu weiten Teilen vom Staat getragen. Zu bedenken ist allerdings, dass es sich bei diesen Zuwendungen lange Zeit um nahezu die einzige nennenswerte Form staatlicher Parteienfinanzierung in den Niederlanden handelte. Erst seit Ende der 1990er Jahre erhalten die im Parlament vertretenen Parteien direkte Zuwendungen, die trotz mehrerer Erhöhungen in ihrer Größenordnung noch immer nicht mit der Subventionierung beispielsweise der Parteien in Deutschland zu vergleichen sind (Abschn. 6.1).

4.2.4 Organisation

Die Zweite Kammer ist von ihrer Arbeitsweise her – ebenso wie der Deutsche Bundestag – sowohl Rede- als auch Arbeitsparlament. Es existieren somit auf der einen Seite eine Reihe fest eingerichteter und temporärer Ausschüsse, in denen die Entscheidungen des Parlaments vorbereitet werden. Auf der anderen Seite finden in der Zweiten Kammer Debatten (Plenarsitzungen) statt, die der Öffentlichkeit dazu dienen können, die unterschiedlichen Standpunkte der Parteien zu erkennen und zu bewerten. Die Plenarsitzungen finden jeweils von Dienstag bis Donnerstag statt, im Jahr 2010 kam die Zweite Kammer zu insgesamt 98 (2009:109) solcher Sitzungen mit einer durchschnittlichen Länge von rund acht Stunden (2009: 10,5 Stunden) zusammen.[114] Es entsprach in der Vergangenheit der politischen Kultur in den Niederlanden, dass die Diskussionen im Parlament weniger kontrovers und polarisierend geführt wurden als dies beispielsweise im Deutschen Bundestag oder im britischen Unterhaus der Fall ist.[115] Allerdings hat sich im Zuge von deutlichen Wandlungen

---

Abgeordnete der Zweiten Kammer üben noch Nebentätigkeiten aus, die zum Teil besoldet sind. Eine entsprechende Auflistung, auf der Angaben zu allen Parlamentariern zu finden sind, ist (ebenso wie eine Liste der Reisen und der von Parlamentariern empfangenen Geschenke) auf der Homepage der Zweiten Kammer einzusehen. Die Abgeordneten der Ersten Kammer, die ihr Mandat oft nebenberuflich ausüben, erhalten eine weitaus geringere Vergütung als ihre Kollegen in der Zweiten Kammer: „First Chamber members are paid an annual allowance of about € 21,400 (figure 2007). They also have some allowances for traveling expenses and accomodation." Instituut voor Publiek en Politiek (2008, S. 31).

[113] Vgl. hierzu: Instituut voor Publiek en Politiek (2006, S. 19), Tweede Kamer (2011, S. 36), Timmermans et al. (2008, S. 277).

[114] Vgl. Tweede Kamer (2011, S. 7). Zum Thema siehe auch: Bovend'Eert und Kummeling (2010, S. 501 ff.). Die sitzungsfreien Wochen erstrecken sich auf die Oster-, Sommer- und Weihnachtsferien. Ebenso wie im Bundestag findet sich auch bei Plenarsitzungen in der Zweiten Kammer häufig nur ein Teil der Abgeordneten ein, während andere Parlamentarier zeitgleich an Ausschusssitzungen teilnehmen oder andere Termine wahrnehmen. Die Zweite Kammer ist beschlussfähig, wenn mehr als die Hälfte der Mandatsträger anwesend ist. Die Erste Kammer kam im Jahr 2008/09 zu 41 Plenarsitzungen zusammen.

[115] Kortmann und Bovend'Eert halten in diesem Sinne in einem 1998 erschienenen Buch fest: „Die Art der Rede im niederländischen Parlament ist sachlich, um nicht zu sagen langweilig. Die

4.2 Das Parlament

in der politischen Kultur in den letzten Jahren auch in dieser Hinsicht eine Veränderung hin zu einer größeren Polarisierung vollzogen.[116]

Es lag lange nicht in der niederländischen Tradition, den Ausschüssen größere Beachtung zu schenken und ihnen Beschlussbefugnisse zu übertragen. Die zunehmende Kompliziertheit der Gesetzesmaterie sowie die allgemeine Ausweitung des Staatshandelns auf immer umfassendere Bereiche hat allerdings eine Spezialisierung der Abgeordneten notwendig gemacht, die in einer Intensivierung der Ausschussarbeit ihren Ausdruck findet. So hat sich inzwischen auch in den Niederlanden in beiden Kammern ein differenziertes Ausschusssystem mit wachsender Bedeutung herausgebildet.[117] In der Zweiten Kammer existieren feste Kommissionen für die verschiedenen Politikressorts, darüber hinaus besteht eine wechselnde Zahl an allgemeinen Kommissionen und – zum Teil zeitlich bzw. zur Auseinandersetzung mit einem bestimmten Gegenstand eingesetzten – Kommissionen zu bestimmten Themen.[118] Den Kommissionen, die sich beispielsweise mit relevanten Gesetzesvorschlägen befassen, ist es in ihrer Arbeit möglich, schriftlichen oder mündlichen Austausch mit dem zuständigen Minister bzw. dem zuständigen Ministerium zu betreiben, Gespräche zu führen, Anhörungen abzuhalten, Arbeitsbesuche durchzuführen und/oder externe Expertisen einzuholen. Den auf diesen Grundlagen getroffenen Entscheidungen und Empfehlungen kommt im politischen Prozess eine große Bedeutung zu. Jede der Kommissionen hat einen eigenen Vorsitzenden, der die Arbeit der Kommission leitet.[119] In der politischen Praxis wird bei der Besetzung dieser Ämter ein Proporz zwischen den im Parlament vertretenen Parteien angestrebt. Auch hinsichtlich der Zusammensetzung der Ausschüsse insgesamt werden die politischen Kräfteverhältnisse berücksichtigt. Vie-

---

Parlamentarier legen untereinander Wert auf gute persönliche Beziehungen. Die Emotionen kochen in den Verhandlungssälen beinahe nie hoch, was vielleicht auch mit dem niederländischen Volkscharakter im Zusammenhang steht, der bestimmt nicht temperamentvoll ist." Kortmann und Bovend'Eert (1998, S. 94, Übersetzung durch den Verfasser). Ähnliche Erläuterungen finden sich in: Slotboom und Verkuil (2010, S. 29 f.), te Velde (2010, S. 106 ff.). Für grundlegende Erläuterungen zum Thema siehe: Hoetink und Tanja (2008, S. 82 ff.).

[116] Die Plenarsitzungen finden in der Regel öffentlich statt, allerdings kann bei bestimmten Themen unter gewissen Voraussetzungen auch hinter geschlossenen Türen getagt werden. In der Praxis kommt dies allerdings kaum vor.

[117] Nähere Informationen zu den Ausschüssen finden sich bei: Andeweg und Irwin (2009, S. 150 f.), Bovend'Eert und Kummeling (2010, S. 178 ff. und S. 489 ff.), Timmermans et al. (2008, S. 287 ff.).

[118] Eine vollständige Liste der Ausschüsse in der Zweiten Kammer findet sich im Internet unter www.tweedekamer.nl/kamerleden/commissies/index.jsp. Auch in der Ersten Kammer existiert eine ganze Reihe von Ausschüssen, die sich mit bestimmten Ressorts bzw. Themen befassen.

[119] „Die Rolle des Ausschussvorsitzenden ist eine prozedurale: Er leitet die Ausschusssitzungen und ist für die Regierung erster Ansprechpartner. Vom Ausschussvorsitzenden wird erwartet, dass er sich an den Beratungen des Ausschusses nicht beteiligt. Aus diesem Grund gilt der Vorsitz in einem Ausschuss bei den Sprechern und Fachleuten der Parlamentsfraktionen nicht als erstrebenswertes Amt. Dennoch handelt es sich bei den Ausschussvorsitzenden in den meisten Fällen um Abgeordnete mit einem gewissen Status, politischen Gewicht und Einfluss. Häufig verknüpfen sie das Amt eines Sprechers des jeweiligen Politikbereichs des Ausschusses mit dem Vorsitz eines anderen Ausschusses." Timmermans et al. (2008, S. 287).

Tab. 4.1 Fraktionsvorsitzende in der Zweiten Kammer

Partei	Fraktionsvorsitzende/r	Partei	Fraktionsvorsitzende/r
VVD	Stef Blok	GL	Jolande Sap
PvdA	Job Cohen	D66	Alexander Pechtold
PVV	Geert Wilders	CU	Arie Slob
CDA	Sybrand van Haersma Buma	SGP	Kees van der Staaij
SP	Emile Roemer	PvdD	Marianne Thieme

Stand: Juni 2011

le Abgeordnete sind Mitglied in mehreren Kommissionen. Die Ausschüsse tagen entweder öffentlich oder hinter verschlossenen Türen, besonders wichtige Sitzungen werden von Radio und Fernsehen übertragen.[120]

Entscheidende Schaltstellen im politischen Prozess sind die Fraktionen und vor allem deren Führungsorgane geworden.[121] Ihre Bedeutung wird bereits daran ersichtlich, dass die politischen Leiter (Abschn. 6.1) der niederländischen Parteien – sofern ihre Partei nicht in der Regierung vertreten ist – in der Regel als Fraktionsvorsitzende fungieren. Auch im Prozess der Regierungsbildung wird die wichtige Rolle der Fraktionsvorsitzenden deutlich. Eine Rivalität zwischen ihm und den Parteivorsitzendem ist nicht in jedem Fall auszuschließen; der Vorteil des Fraktionsvorsitzenden in der Zweiten Kammer gegenüber dem Parteivorsitzenden ergibt sich aus einer ständigen Medienpräsenz und seiner größeren Möglichkeit, eine aktiv gestaltende Rolle im politischen Prozess zu spielen. Manchem Fraktionsvorsitzenden einer Regierungspartei wurde in der Vergangenheit sogar ein höherer Einfluss als dem jeweiligen Regierungschef zugestanden. Die politische Macht hat sich im Lauf der Zeit jedoch deutlich in die Regierung verlagert. Der Einfluss einer Fraktion sowie ihre Ausstattung mit Sach- und Personalmitteln ergeben sich aus ihrer Größe. Die Fraktionen sind je nach Partei unterschiedlich organisiert, auch der Einfluss der Fraktionsführung auf die einzelnen Abgeordneten sowie die Art und Weise, mit der man zu gemeinsamen Entscheidungen gelangt, weicht zum Teil voneinander ab.[122] Gemeinsames Kennzeichen aller Fraktionen ist hingegen, dass die Zuständigkeiten für die unterschiedlichen Politikbereiche unter den Abgeordneten aufgeteilt werden.

Hinsichtlich der Stellung der Abgeordneten, die im Rahmen ihrer Tätigkeit Immunität genießen, ist in der Verfassung festgehalten, dass diese das gesamte niederländische Volk

---

[120] Im Jahr 2010 fanden 955 öffentliche und 225 nichtöffentliche Ausschusssitzungen in der Zweiten Kammer statt. Die Ausschüsse der Ersten Kammer tagen in der Regel nichtöffentlich.
[121] Grundlegende Informationen zu den Fraktionen vermitteln: Bovend'Eert und Kummeling (2010, S. 134–143).
[122] Zum Thema: Andeweg und Irwin (2009, S. 151 f.).

repräsentieren und ihr Mandat frei ausüben sollen.[123] In der politischen Praxis wird diese Forderung, ebenso wie in der deutschen Politik, durch die Disziplin untergraben, die von den Parteien bzw. Fraktionen verlangt wird.[124] Van Dooren hält fest: „Vom einem wirklichen freien Mandat, wie die Verfassung dies vorschreibt, ist in der Praxis keine Rede, da die Fraktionen ‚Dissidenten' auf verschiedene Weise unter Druck setzen können, um die Befolgung der Fraktionsstandpunkte zu erreichen."[125] Wenn er zu unüberbrückbaren Differenzen zwischen einer Fraktion bzw. einer Partei und einem einzelnen Abgeordneten kommt, kann dieser Abgeordnete aus der Partei und der Fraktion ausgeschlossen werden. Er behält allerdings – und dies spricht wiederum für eine gewisse Freiheit des Mandats – seinen Sitz im Parlament, in dem er fortan entweder als unabhängiger Kandidat oder als Mitglied einer anderen Fraktion fungieren kann. Bedeutende Abspaltungen verzeichnete in den letzten Jahren vor allem die Fraktion der VVD, von der sich Geert Wilders (am 2. September 2004) und Rita Verdonk (am 14. September 2007) trennten. Die Problematik solcher Absplitterungen besteht nach Einschätzung verschiedener Experten darin, dass die Abgeordneten auf der Grundlage des bestehenden Wahlrechts keine direkte Legitimation besitzen. Daher wird bezweifelt, ob die Beibehaltung des Mandats als legitim zu bewerten ist.

Die Zusammensetzung der Fraktionen ergibt sich grundsätzlich aus den Listen, die die Parteien bei der jeweiligen Wahl den Bürgern vorlegen. In der aktuellen Zweiten Kammer sind zehn Fraktionen vertreten. In der Geschichte variierte diese Zahl zwischen sieben (letztmals in den 1950 er Jahren) und 14 (letztmals in den 1970er Jahren). Die aktuelle Sitzverteilung kann anhand der Tab. 4.2 nachvollzogen werden.

In der Ersten Kammer sind seit der letzten Wahl im Mai 2011 zwölf Fraktionen (2007: zehn) vertreten. Aus Tab. 4.3 ist die aktuelle Mandatsverteilung in der Ersten Kammer zu entnehmen. Sie verdeutlicht, dass die VVD nun auch die stärkste Fraktion in der Ersten Kammer stellt und die PVV, die ebenso wie die neue Gruppierung *50plus* erstmals im Senat vertreten ist, direkt zehn Mandate erhalten hat.[126]

---

[123] Vgl. Artikel 50 und 67 der niederländischen Verfassung. Erläuterungen zur historischen Bedeutug der in Artikel 50 formulierten Forderung finden sich in: Aerts (2007a, S. 25 ff.).
[124] Vgl. hierzu: Thomassen und Andeweg (2005, S. 154 ff.), Bovend'Eert und Kummeling (2010, S. 129 ff.), Heidar (2006, S. 249 ff.), Kortmann und Bovend'Eert (1998, S. 92 f.).
[125] Van Dooren (2005, S. 100, Übersetzung durch den Verfasser). Timmermans, Scholten und Oostlander schreiben hierzu: „In der Regel werden die von Fraktionssprechern in den Parlamentsausschüssen vorgetragenen Standpunkte als offizielle Positionen der gesamten Fraktion angesehen. Vorsätzlich ‚aus der Reihe tanzenden', sprich die Fraktionsdisziplin verletzenden Abgeordneten droht ein Rüffel und möglicherweise sogar der Parteiausschluss." Timmermans et al (2008, S. 286). Zum Thema siehe auch: Pels (2011, S. 186 ff.).
[126] Informationen zu den einzelnen niederländischen Parlamentariern finden sich auf den Homepages der Ersten und Zweiten Kammer sowie unter www.parlement.com. Auf der letztgenannten Seite finden sich zudem auch umfangreiche Auskünfte über in der Vergangenheit aktive Abgeordnete. Das Kürzel OSF steht für die *Onafhankelijke Senaatsfractie* – eine Partei, die 1999 gegründet wurde und die als nationaler Zusammenschluss regionaler Parteien fungiert.

Tab. 4.2 Die Sitzverteilung in der Zweiten Kammer

Partei	Wahlergebnis 2010 (in %)	Mandate 2010	Mandate 2006	Gewinn/Verlust
VVD	20,5	31	22	+9
PvdA	19,6	30	33	−3
PVV	15,5	24	9	+15
CDA	13,6	21	41	−20
SP	9,8	15	25	−10
D66	6,9	10	3	+7
GL	6,7	10	7	+3
CU	3,3	5	6	−1
SGP	1,7	2	2	–
PvdD	1,3	2	2	–

Quelle: CBS; Eigene Darstellung

Tab. 4.3 Die Sitzverteilung in der Ersten Kammer

Partei	Wahlergebnis 2011 (in %)	Mandate 2011	Mandate 2007	Gewinn/Verlust
VVD	21,1	16	14	+2
PvdA	18,5	14	14	–
CDA	14,1	11	21	−10
PVV	13,1	10	0	+10
SP	10,2	8	12	−4
D66	7,5	5	2	+3
GL	6,6	5	4	+1
CU	3,2	2	4	−2
OSF	1,6	1	1	–
PvdD	1,5	1	1	–
SGP	1,4	1	2	−1
50Plus	1,2	1	0	+1

Quelle: CBS; Eigene Darstellung

Die Vorsitzenden der Ersten und Zweiten Kammer werden für die gesamte Legislaturperiode von den jeweiligen Abgeordneten gewählt, sie entstammen oftmals aus der jeweils größten Fraktion. Ihre Aufgaben bestehen unter anderem darin, gemeinsam mit den anderen Mitgliedern im Präsidium die Arbeit im Parlament zu leiten, die Geschäftsordnung,

4.2 Das Parlament

die sich die Kammern selbst geben, durchzusetzen und das Parlament in unterschiedlichen Kontexten zu repräsentieren.[127]

Am sogenannten *Prinsjesdag*, dem dritten Dienstag im September, findet alljährlich ein Highlight des politischen Jahres statt: Im Rahmen einer feierlichen Sitzung, an der die Mitglieder beider Kammern teilnehmen, stellt die Monarchin die Pläne für das nächste Jahr vor.[128] Im Anschluss an die Thronrede finden große Debatten statt, in deren Verlauf vor allem die wichtigsten Regierungsvertreter und Fraktionsvorsitzenden Stellung zu den Plänen der Regierung nehmen (*Algemene beschouwingen*). Im jeden Mai steht seit einiger Zeit mit dem sogenannten *verantwoordingsdag* ein weiterer Höhepunkt des parlamentarischen Jahres auf dem Programm: Hier werden die Budgets der einzelnen Ministerien vom Finanzminister präsentiert und im Plenum behandelt.[129]

Um ihre Aufgaben verrichten zu können, steht der Zweiten Kammer ein mit rund 600 Personen recht umfangreicher Mitarbeiterstab zur Verfügung, der die Abgeordneten bzw. die Fraktionen auf verschiedene Weise und in unterschiedlichen Angelegenheiten in ihrer Arbeit unterstützt. So hilft das *Bureau Wetgeving* den Parlamentariern beispielsweise bei der Formulierung von Gesetzesvorschlägen oder von Änderungsanträgen. Das Bureau *Onderzoek en Rijksuitgaven* stellt Informationen zur Kontrolle der Regierung zur Verfügung. An der Spitze des Mitarbeiterstabes, steht der Schriftführer, der von der Kammer eingesetzt und entlassen wird und der die Leitung der Verwaltung innehat.[130] Auch die Erste Kammer greift in ihrer Arbeit auf einen Beamtenapparat zurück, der allerdings wesentlich kleiner ist als jener der Zweiten Kammer. Dieser ist unter anderem mit der erforderlichen Berichterstattung, Informationsversorgung, Dokumentation sowie weiteren Aufgaben be-

---

[127] Seit Dezember 2006 ist Gerdi A. Verbeet von der PvdA Vorsitzende der Zweiten Kammer, Vorsitzender der Ersten Kammer ist seit 2011 der VVD-Parlamentarier Fred de Graaf, der zugleich als Bürgermeister von Apeldoorn fungiert. Zu den Aufgaben der Kammervorsitzenden und ihrer Stellvertreter siehe: Bovend'Eert und Kummeling (2010, S. 165 ff.). Neben der Geschäftsordnung sind für die Abläufe im Parlament selbstverständlich auch Rituale, Traditionen und bestimmte Rahmenbedingungen wichtig. Siehe hierzu: van Baalen und Bos (2008, S. 61 ff.), Hoetink und Tanja (2008, S. 77 ff.).

[128] Ansonsten nehmen die Abgeordneten beider Kammern nur in ausgewählten Situationen an gemeinsamen Sitzungen teil, beispielsweise bei der Entscheidung über die Zustimmung zur Hochzeit eines möglichen Thronfolgers oder bei der Huldigung eines neuen Königs bzw. einer neuen Königin. Für nähere Informationen siehe: Bovend'Eert und Kummeling (2010, S. 67–73). Bis zur Verfassungsänderung des Jahres 1983 stellte der Prinsjesdag das offizielle Eröffnungsdatum des parlamentarischen Jahres dar.

[129] In den Jahrbüchern des CPG finden sich Übersichten zum Verlauf des jeweiligen parlamentarischen Jahres, anhand derer zentrale Entwicklungen nachvollzogen werden können. Vgl. hierzu beispielsweise: Ramakers (2010, S. 165 ff.).

[130] Vgl. Tweede Kamer (2011, S. 37). In aktuellen Veröffentlichungen der Zweiten Kammer werden die Arbeitsstrukturen und etwaige Verbesserungsmöglichkeiten ausführlich präsentiert. Siehe hierzu: Tweede Kamer (2010) und Tweede Kamer (2009).

schäftigt und leistet auf diese Weise einen wichtigen Beitrag für die Funktionsfähigkeit des Senats.[131]

4.2.5 Die Diskussionen über die Erste Kammer

Das Parlament nimmt im politischen System der Niederlande als auf der nationalen Ebene einzig direkt von den Bürgern legitimiertes Organ einen zentralen Platz ein.[132] Kritische Diskussionen über die Stellung und das Wirken der Generalstaaten konzentrieren sich in der Regel auf die Rolle des Senats.[133] Anders als eventuell zu vermuten wäre (und es hinsichtlich des Bundesrats in Deutschland der Fall ist), richtet sich die Kritik bisher nicht so sehr darauf, dass dieser bei unterschiedlichen Mehrheitsverhältnissen in beiden Kammern die Politik der Regierung blockieren könnte. Eine derartige Problematik besaß in den Niederlanden lange Zeit einen rein theoretischen Charakter, da bis vor einiger Zeit alle Regierungen nicht nur über eine Mehrheit in der Zweiten Kammer, sondern auch über die notwendige Unterstützung in der Ersten Kammer verfügten.[134] Seit dem Ende der Regierungsbildung 2010 besitzt die niederländische Regierung allerdings keine Mehrheit im Senat. Diese Situation hat sich nach den Wahlen zur Ersten Kammer im Mai 2011 nicht geändert: Trotz der Zugewinne der PVV besetzen die drei an der Regierung Rutte beteiligten Parteien, VVD, CDA und PVV, derzeit nur 37 der insgesamt 75 Sitze. Inwiefern diese Konstellation, die seit Jahrzehnten das erste Mal zu beobachten ist, ein Problem für das zukünftige Regierungshandeln darstellt, wird sich erst in den nächsten Jahren zeigen.[135]

Die kritischen Diskussionen über den Senat richten sich vornehmlich auf dessen Funktionen. Im Vorangegangenen wurde darauf hingewiesen, dass es nicht dessen Aufgabe ist,

---

[131] Ein Organisationsplan der beiden Kammern findet sich unter www.eerstekamer.nl/begrip/ambtelijke_organisatie#p1 bzw. unter www.tweedekamer.nl/over_de_tweede_kamer/ogranogram/index.jsp.

[132] Das Primat des Parlaments kann unter anderem daran erkannt werden, dass das legislative Handeln nicht judikativ überprüft wird und die Regierung vom Vertrauen der Abgeordneten abhängig ist. Vgl. Ministerie van Buitenlandse Zaken (2006, S. 4). Dem Primat des Parlaments scheint zu widersprechen, dass die Regierung nach Artikel 64 der Verfassung die Möglichkeit hat, das Parlament aufzulösen. In der Praxis findet eine Auflösung der Zweiten Kammer allerdings in der Regel nur bei einem vorzeitigen Bruch der Regierungskoalition statt, da man in dieser Situation die neue Regierung auf der Grundlage des Votums der Bevölkerung bilden will. Vgl. zum Thema: Bovend'Eert und Kummeling (2010, S. 428 ff.), Belinfante und de Reede (2005, S. 108 f.), Kortmann und Bovend'Eert (1998, S. 70 ff.). Ausführliche Informationen zur staatsrechtlichen Stellung der Generalstaaten finden sich bei: Bovend'Eert und Kummeling (2010, S. 10 ff.).

[133] Vgl. hierzu u. a.: Berndt (2010, S. 391 f. und S. 401 ff.), Denters (1999, S. 60.), Belinfante und de Reede (2005, S. 59 f.), de Meij und van der Vlies (2004, S. 69 f.).

[134] Vgl. van Deth und Vis (2006, S. 81).

[135] An verschiedenen Stellen der Literatur wird darauf hingewiesen, dass es bisher keine Lösungen für den Fall gibt, dass die Mehrheiten in beiden Kammern sich unterscheiden und die Oppositionsmehrheit im Senat somit die Arbeitsfähigkeit der Regierung gefährden könnte.

4.2 Das Parlament

die Interessen der Provinzen zu vertreten.[136] Vielmehr kontrolliert er ebenso wie die Zweite Kammer – wenn auch mit weitaus geringerer Intensität – die Regierung. Seine Hauptaufgabe besteht in der Kontrolle gesetzgeberischen Handelns: Die Senatoren besitzen zwar nicht das Recht zur Gesetzesinitiative oder die formale Möglichkeit, Gesetzesvorschläge zu ändern – alle Gesetze benötigen jedoch vor ihrem Inkrafttreten nicht nur die Zustimmung der Zweiten, sondern auch die der Ersten Kammer. Die zentralen Kriterien, die bei der Prüfung verwendet werden, lauten Rechtmäßigkeit, Nachhaltigkeit und Umsetzbarkeit, zudem Einpassung in den Rechtskontext und Effektivität.[137] Die Notwendigkeit einer weiteren Prüfung der Gesetzesvorlagen durch die Erste Kammer wird auf unterschiedliche Weise begründet. Häufig findet sich der Hinweis, dass in den Niederlanden keine mit dem deutschen Bundesverfassungsgericht vergleichbare Verfassungsgerichtsbarkeit existiert, was eine nochmalige Kontrolle legislativer Akte auf ihre Übereinstimmung mit den konstitutionellen Grundlagen der niederländischen Politik und internationalen Verträgen wünschenswert erscheinen lässt.[138] Die Entscheidungen in der Ersten Kammer sollen weiterhin weniger durch parteipolitische Erwägungen geprägt sein oder durch den Druck von Lobbyisten und Medien beeinflusst werden.[139] Darüber hinaus wird angeführt, dass die Mitglieder der Zweiten Kammer häufig unter großem Arbeitsdruck stehen, die Prüfung der Gesetze durch den Senat somit Fehler und wenig adäquate Lösungen vermeiden soll. Gleichzeitig wird den in der Regel im Berufsleben stehenden Senatoren zugetraut, die Außenwirkung bestimmter Entscheidungen besser einschätzen zu können als dies bei den Berufspolitikern der Zweiten Kammer der Fall ist.[140] Insgesamt soll der Senat somit als *chambre de réflexion* die rechtliche und inhaltliche Qualität politischer Entscheidungen erhöhen.[141]

---

[136] Van Deth und Vis erläutern hierzu: „Die Erste Kammer ist kein Forum, um Provinzverwaltungen direkten Einfluss auf die Politik der nationalen Regierung zu geben. Selbstverständlich gibt es in der Praxis Kontakte zwischen Mitgliedern der Ersten Kammer und Regionalpolitikern. Die Bindung zu den Provinzen besteht jedoch ausschließlich durch die Wahl der Mitglieder der Ersten Kammer." Van Deth und Vis (2006, S. 81, Übersetzung durch den Verfasser).
[137] Vgl. hierzu: Bovend'Eert und Kummeling (2010, S. 43 ff.), Berndt (2010, S. 391 ff.), Eerste Kamer (2010, S. 21 ff.), Eerste Kamer (2008).
[138] In diesem Sinne weisen Andeweg und Irwin darauf hin, dass der Senat bisher Vetos überproportional häufig bei Entscheidungen fällte, die Veränderungen der konstitutionellen Ordnung betrafen. Vgl. Andeweg und Irwin (2009, S. 149). Auch der Staatsrat nimmt eine entsprechende Kontrolle von Gesetzesinitiativen vor. Er prüft die konstitutionelle Vereinbarkeit des jeweiligen Gesetzesvorschlags allerdings nur in dessen ursprünglicher Fassung. Somit wird argumentiert, dass nachträgliche Änderungen am Gesetz und etwaige neue Situationen in manchen Fällen eine erneute Prüfung erforderlich machen.
[139] Auf der Homepage der Ersten Kammer heißt es dementsprechend: „Die Erste Kammer besitzt, schon deshalb weil die politischen Fraktionen nicht an die Regierungsvereinbarung gebunden sind, mehr Abstand zur Tagespolitik. Sie befasst sich nur mit den Grundlinien der Politik. Dadurch kann sie unabhängiger agieren als die Zweite Kammer." Vgl. www.eerstekamer.nl/begrip/taken_en_positie_eerste_kamer (Übersetzung durch den Verfasser).
[140] Vgl. van Dooren (2005, S. 91).
[141] Vgl. hierzu: www.eerstekamer.nl/begrip/taken_en_positie_eerste_kamer.

Trotz der genannten Punkte richtet sich die Kritik am Wirken der Ersten Kammer gerade auf dessen Funktion im Rahmen des Gesetzgebungsverfahrens. Nachdem sich der Senat über Jahrzehnte bei der Ablehnung von Gesetzesvorschlägen sehr zurückhaltend verhalten hat, kam es in den letzten Jahren in mehreren Fällen – auf die zum Teil bereits eingegangen wurde – dazu, dass der Senat ein wichtiges Gesetz zum Scheitern brachte.[142] Die daraufhin entstandenen Kontroversen haben die grundsätzliche Kritik an der Arbeit der Kammer neu entfacht. Kritiker erachten es prinzipiell als wenig sinnvoll, dass die indirekt gewählte Erste Kammer Gesetze verwerfen kann, die durch die direkt gewählte Zweite Kammer verabschiedet wurden.[143] Die Kritik richtet sich auch darauf, dass die nochmalige Prüfung der Gesetze nicht erforderlich sei: Sie nehme lediglich unnötige Zeit in Anspruch und mache die Politik damit schwerfälliger. Andeweg und Irwin weisen in Anbetracht derartiger Kritikpunkte auf einen interessanten Punkt hin: „In the eyes of its critics, the Senate can do no good. If it accepts the legislative proposals already approved by the Second Chamber, it is said to be redundant. If it rejects legislative proposals it is accused of encroaching on the primacy of the directly elected Second Chamber."[144]

Vor dem Hintergrund fortdauernder Kritik werden immer wieder Stimmen laut, die sogar die Auflösung des Senats fordern. Eine derartige Forderung besitzt in den Niederlanden durchaus Tradition, sie wurde bereits im 19. Jahrhundert gelegentlich aufgeworfen und erhielt spätestens ab Beginn der 1960er Jahre immer wieder neue Nahrung.[145] Auch aktuell finden sich Kritiker, die den Wert des Senats anzweifeln, so schreibt Kortmann beispielsweise: „Die Erste Kammer ist, auch nach Meinung vieler Mitglieder selbst, eine nicht notwendige, wenn nicht nahezu überflüssige Einrichtung."[146] Auch Belinfante und de Reede bezeichnen die Argumente, die für das Fortbestehen der Ersten Kammer angeführt werden, insgesamt als ziemlich schwach. Sie verweisen zudem darauf, dass entsprechen-

---

[142] Vgl. hierzu: van den Braak (2009, S. 86 f.) Wichtige Grundlagen zum Thema erläutern: Bovend'Eert und Kummeling (2010, S. 54 ff.).

[143] Vgl. van Dooren (2005, S. 91). Ein möglicher Lösungsvorschlag, der in den entsprechenden Diskussion immer wieder genannt wird, besteht darin, dass die Erste Kammer Gesetzesvorschläge nicht mehr endgültig ablehnen, sondern diese vielmehr zu einer erneuten Überarbeitung zurück an die Zweite Kammer senden soll. Vgl. van den Braak (2009, S. 92 f.).

[144] Andeweg und Irwin (2009, S. 149).

[145] Die Kritik an der Ersten Kammer geht bis weit in das 19. Jahrhundert zurück. Auf der Homepage der Ersten Kammer steht hierzu: „Der Antirevolutionär Groen van Prinsterer nannte die Erste Kammer 1840 ‚eine missglückte Kopie nach englischem Vorbild'. Nach 1840 stellten vor allem die Liberalen die Existenz der Ersten Kammer zur Diskussion. Thorbecke nannte die Erste Kammer ‚ohne Grundlage und Ziel'. Die Beibehaltung wurde 1848 von Minister Donker Curtius mit der Behauptung begründet, die Aufgabe der Ersten Kammer liege nicht im Schaffen des Guten, sondern im Verhindern des Schlechten'." www.eerstekamer.nl/begrip/geschiedenis_eerste_kamer (Übersetzung durch den Verfasser). Zur Geschichte der Ersten Kammer siehe: Bovend'Eert und Kummeling (2010, S. 32–37).

[146] Kortmann (2008, S. 19, Übersetzung durch den Verfasser).

de Einrichtungen in verschiedenen anderen Ländern abgeschafft wurden.[147] Gleichzeitig erachten andere jedoch – wie oben bereits beschrieben – die Arbeit des Senats für wertvoll, insbesondere da den Senatoren ein ausgewogenes und sachdienliches Urteil in politischen Fragen zugestanden wird.[148] Bezüglich der Realisierungschancen von Reformen ist zu konstatieren, dass fundamentale Änderungen am Zweikammersystem kaum realistisch erscheinen. Irwin und Andeweg begründen diesen Umstand ebenso wie Kortmann und Bovend'Eert einleuchtend damit, dass die Erste Kammer letztlich ihrer eigenen Auflösung bzw. Entmachtung zustimmen müsste.[149]

4.3 Die Regierung

Nach der Auseinandersetzung mit dem Königshaus und dem Parlament richtet sich das Augenmerk nun auf einen weiteren wichtigen Akteur in der niederländischen Politik: die Regierung. Im Folgenden soll zunächst auf deren Aufgaben eingegangen werden. Ihre Zusammensetzung sowie die Verteilung der Kompetenzen innerhalb des Kabinetts werden anschließend erörtert. Danach richtet sich das Augenmerk auf das Amt des Ministerpräsidenten und dabei insbesondere auf dessen sich im Lauf der Zeit verändernde Bedeutung. Am Ende dieses Unterkapitels wird ein Überblick über die niederländischen Regierungsbündnisse nach 1945 vermittelt.

Hinsichtlich der Verwendung der für diesen Abschnitt zentralen Begriffe besteht vielfach keine Klarheit, daher an dieser Stelle folgender Hinweis: Die niederländische Regierung setzt sich laut Verfassung aus dem Staatsoberhaupt und den Ministern zusammen, die Staatssekretäre werden an der entsprechenden Stelle (Artikel 42) nicht genannt. Die Staatssekretäre sind jedoch Bestandteil des Kabinetts, das aus ihnen und den Ministern besteht. Im Ministerrat, der ein wichtiges Machtzentrum darstellt, sind sie wiederum nicht vertreten. Im Folgenden werden die Begriffe Regierung und Kabinett, dem niederländischen

---

[147] Vgl. Belinfante und de Reede (2005, S. 60). Im Rahmen der Verfassungsüberarbeitung des Jahres 1983 wurde erneut über die Stellung der Ersten Kammer und ihre Bedeutung diskutiert, grundlegende Änderungen blieben im Ergebnis jedoch aus.

[148] Vgl. Bovend'Eert und Kummeling (2010, S. 61 f.).

[149] Vgl. Andeweg und Irwin (2009, S. 148), Kortmann und Bovend'Eert (1998, S. 82). An anderer Stelle schreibt Andeweg: „Der wichtigste Grund für das Fortbestehen der Ersten Kammer ist zweifellos die Tatsache, dass sie schon existiert. Es ist sehr unwahrscheinlich, dass die Erste Kammer erfunden und eingeführt würde, wenn wir derzeit ein Einkammersystem hätten." Andeweg, zitiert nach van Deth und Vis (2006, S. 83, Übersetzung durch den Verfasser). Berndt hält hinsichtlich der Reformdiskussionen über die Erste Kammer resümierend fest, dass diese bisher zu keinem schlüssigen Ergebnis gekommen seien: „Obwohl ihre funktionale Bedeutung im Regierungssystem der Niederlande gering ist, wird die Erste Kammer deshalb auch weiterhin allen Versuchen trotzen, die ihre Stellung antasten wollen. Ähnlich anderen Zweiten Kammern in nichtföderalen Systemen hat es schwer, ihre Daseinsberechtigung nachzuweisen (...). Wie diese ist sie aber zugleich ein Beispiel für das bemerkenswerte Überdauern von Organisationsformen, deren ursprünglicher Zweck entfallen ist (...)." Berndt (2010, S. 403).

Sprachgebrauch (und nicht den staatsrechtlichen Vorgaben) folgend, nicht streng voneinander unterschieden, sondern, sofern dies nicht explizit anders erläutert wird, synonym verwendet.

4.3.1 Aufgaben der Regierung

Hinsichtlich der Aufgaben der Regierung ist zunächst festzuhalten, dass das Verständnis darüber, für was eine Regierung zuständig ist, sich im Lauf der letzten Jahrzehnte erheblich gewandelt hat. Auch weiterhin existieren bezüglich dieses Themas zum Teil sehr unterschiedliche Auffassungen. In ihrer Funktion als exekutive Gewalt steuert die niederländische Regierung die staatlichen Angelegenheiten und ist sie für die Umsetzung der Gesetze verantwortlich. Ihre Handlungen basieren dabei grundsätzlich auf verschiedenen Fundamenten, insbesondere ist sie aufgefordert, die Inhalte der Verfassung und die Vereinbarungen internationaler Verträge umzusetzen. Darüber hinaus einigen sich die Koalitionsparteien zu Beginn einer Legislaturperiode auf ein Programm, dessen Realisierung in den nachfolgenden Jahren angestrebt wird. Die Regierungsvereinbarungen umfassen dabei in der Regel eine Vielzahl an (wirtschaftlichen, gesellschaftspolitischen usw.) Zielsetzungen, deren Ausgestaltung vor allem von der Koalitionszusammensetzung und den jeweiligen Rahmenbedingungen beeinflusst wird. Innerhalb der Regierung wird im Lauf der Legislatur weiterhin darüber entschieden, in welcher Weise auf die jeweils aktuellen politischen Herausforderungen reagiert werden soll.

In der politischen Praxis erfüllen die Regierungsmitglieder, die für einen jeweils eigenen Kompetenzbereich verantwortlich sind, in unterschiedlichen Kontexten wichtige Funktionen. Sie sind zusammen mit dem Parlament für die Gesetzgebung verantwortlich. Wie im Vorangegangenen bereits vermerkt wurde, stammt unter anderem Jahr für Jahr eine deutliche Mehrzahl der Gesetzesinitiativen von der Regierung, die durch ihren Zugriff auf die Ministerien über die notwendigen Ressourcen für deren Vorbereitung verfügt. Die Mitglieder des Kabinetts tragen neben dieser legislativen Funktion zudem durch geeignete Maßnahmen Sorge für die praktische Umsetzung von Gesetzen, die auf nationaler oder europäischer Ebene verabschiedet wurden, und von Regierungsbeschlüssen. Einzelne Mitglieder der Regierung wirken darüber hinaus an der Besetzung politischer Ämter mit, vor allem an der Berufung der Bürgermeister und der Kommissare der Königin (Kap. 7). Weiterhin ist darauf zu verweisen, dass es selbstverständlich in den Aufgabenbereich der Regierung fällt, die niederländischen Interessen im internationalen und hierbei insbesondere im europäischen Kontext zu vertreten.

Der Regierung stehen zur Umsetzung ihrer Ziele verschiedene Instrumente zur Verfügung. Häufig werden Gesetze initiiert und Verordnungen erlassen, um die angestrebten Ergebnisse zu erzielen. Auch finanzielle Anreize bzw. Sanktionen können zu gewünschten Veränderungen beitragen. Zudem können Vereinbarungen mit national oder international tätigen Akteuren geschlossen werden. Durch Öffentlichkeitsarbeit ist es den Regierungsmitgliedern zudem möglich, über die eigenen Aktivitäten zu informieren und bestimmte

Themen in das öffentliche Interesse zu rücken. Die konkrete Ausführung der Regierungspolitik erfolgt zu weiten Teilen durch die Ministerien sowie eine Vielzahl untergeordneter bzw. zuständiger Einrichtungen.

In Bezug auf die Arbeit der Regierung ist besonders wichtig, dass diese Planungen darüber anstellt, wie viel Geld für welches Ressort bzw. für welche politische Maßnahme zur Verfügung stehen soll. In der Praxis geschieht dies zum einen auf der Grundlage der Koalitionsvereinbarungen und zum anderen durch Verhandlungen, die die einzelnen Minister mit dem Finanzminister führen und deren Ergebnisse dann im jeden Jahr am *Prinsjesdag* präsentiert werden. Dem Finanzminister kommt vor diesem Hintergrund innerhalb der niederländischen Kabinette, wie in anderen Ländern auch, eine herausgehobene Stellung zu.

Bei den Entscheidungen über die Verwendung der staatlichen Mittel wird die Regierung ebenso wie in ihrem gesamten Handeln vom Parlament kontrolliert. Konkret bedeutet dies, dass eine Mehrheit der Abgeordneten nicht nur bestimmte politische Planungen der Regierung stoppen kann, sondern auch einzelnen Regierungsmitgliedern das Vertrauen entziehen kann. Hierbei ist zu beachten, dass die Regierung auf die Unterstützung der Regierungsfraktionen zählen kann, die in der Regel über die Mehrheit im Parlament verfügen und die im Normalfall kein Interesse daran haben, die Arbeit des Kabinetts zu erschweren bzw. dessen Stabilität zu gefährden.[150]

4.3.2 Zusammensetzung der Regierung und Kompetenzverteilung

Im Zuge der Koalitionsvereinbarungen verständigen sich die Regierungsparteien auf die Zahl der einzurichtenden Ministerien. Allgemein ist festzuhalten, dass sich diese Zahl im Lauf der Zeit deutlich erhöht hat. Im 19. Jahrhundert existierten lange nur sieben Ministerien: das Außen-, Innen-, Justiz-, Finanz-, Marine-, Kriegs- und Kolonieministerium. Im Kabinett Balkenende IV, das von 2007 bis 2010 regierte, waren 16 Minister aktiv – eine im europäischen Vergleich keineswegs sonderlich hohe Zahl.[151] Vor diesem Hintergrund ist es bemerkenswert, dass bei der Bildung des im Herbst 2010 angetretenen Kabinetts Rutte I die Zahl der Minister, unter anderem durch die Zusammenlegung verschiedener Politikbereiche, deutlich reduziert wurde: In der seither amtierenden Regierung sind nur noch zwölf Minister tätig. Mit diesem Schritt wollte das neue Kabinett seinem Bestreben Ausdruck verleihen, den Staat zu verschlanken. Neben der Zahl der Ministerien können auch die Zuschnitte der einzelnen Ressorts und die Verteilung der Kompetenzen von Kabinett zu Kabinett variieren – allerdings existieren in dieser Hinsicht selbstverständlich Traditionen, die in der Regel weitgehend beibehalten werden. Die niederländischen Minister verfügen nicht alle über ein eigenes Ministerium, traditionell wurde beispielsweise der Minister für Entwicklungszusammenarbeit stets dem Außenministerium zugeordnet.

---

[150] Vgl. hierzu: van Dooren (2005, S. 108).
[151] Vgl. Andeweg und Irwin (2009, S. 140).

Die Benennung von derartigen Ministern, die auch als „Minister ohne Portefeuille" („*minister zonder portefeuille*") bezeichnet werden, ist seit 1937 möglich und geht zumeist auf die Koalitionsgespräche zurück, in deren Rahmen durch die Einrichtung entsprechender Ämter ein personeller Ausgleich zwischen den Koalitionsparteien erleichtert werden kann. Darüber hinaus ist es einer Regierung möglich, durch die Einrichtung entsprechender Posten zu demonstrieren, dass in der nächsten Legislaturperiode besonderes Augenmerk auf ein bestimmtes Thema gelegt werden soll.[152] Gegenüber ihren Ministerkollegen sind die Minister ohne Portefeuille gleichberechtigt, sie verfügen allerdings nicht über ein eigenes Budget. Im aktuellen Kabinett Rutte I agiert derzeit nur ein Minister ohne Portefeuille: Gerd Leers (CDA) ist als Minister für Einwanderung und Asyl dem Innenministerium zugeordnet.

Die Minister leiten ihre Geschäftsbereiche weitgehend eigenverantwortlich und sind seit der Verfassungsänderung von 1848 auch einzeln dem Parlament, das sie mit ausreichenden Informationen versorgen müssen, gegenüber verantwortlich.[153] Die ministerielle Verantwortlichkeit erstreckt sich dabei nicht nur auf das eigene Handeln im jeweiligen Politikbereich, sondern auch auf das Auftreten des jeweiligen Staatssekretärs und das Funktionieren des Ministeriums sowie untergeordneter Einrichtungen. Neben ihrer individuellen tragen die Minister zudem eine kollektive Verantwortung für die Politik der Regierung und insbesondere für die Realisierung der zu Beginn der Legislaturperiode gesetzten Ziele. In der politischen Praxis bedeutet dies allerdings nicht, dass einzelne Minister sich regelmäßig vor dem Parlament für die allgemeine Ausrichtung der Regierungspolitik verantworten müssen – diese Aufgabe obliegt dem Ministerpräsidenten. Die gemeinschaftliche Verantwortung des Kabinetts für die Politik der Regierung dient vielmehr dazu, die Einheitlichkeit der Regierungspolitik und die Deutlichkeit im Auftreten der Kabinettsmitglieder zu fördern.[154] Hinsichtlich der ministeriellen Verantwortung ist auch nochmals auf das Verhältnis zwischen den Vertretern des Königshauses, insbesondere dem Staatsoberhaupt, auf

---

[152] Ron van Dooren schreibt über den ursprünglichen Zweck dieser Regelung: „Die Institution des Ministers ohne Geschäftsbereich war ursprünglich dazu gedacht, in Krisenzeiten Personen mit Autorität zu einem Kabinett hinzufügen zu können und zugleich einen Minister (den Ministerpräsidenten) von der Betreuung eines Ministeriums zu entlasten, sodass dieser sich vollständig der Führung des Staates widmen konnte." Van Dooren (2005, S. 117, Übersetzung durch den Verfasser). Anschließend weist der Verfasser darauf hin, dass entsprechende Minister bisher nicht wegen dieser Überlegungen, sondern vor allem aus den oben genannten Motiven heraus eingesetzt wurden. Zum Thema siehe auch: Kortmann und Bovend'Eert (1998, S. 49 f.), Belinfante und de Reede (2005, S. 52), Bovend'Eert und Kummeling (2010, S. 293).

[153] Siehe hierzu: van Dooren (2005, S. 120 ff.), de Meij und van der Vlies (2004, S. 84 ff.), Kortmann und Bovend'Eert (1998, S. 63 ff.), Bovend'Eert und Kummeling (2010, S. 283 ff.).

[154] Vgl. van Dooren (2005, S. 121). Kortmann und Bovend'Eert erklären, dass eine entsprechende Regelung bereits seit Mitte des 19. Jahrhunderts existiert. Sie ist nach Aussage der beiden Autoren vor allem deshalb notwendig, weil in den Niederlanden jede Regierung aus mehreren Koalitionspartnern mit zum Teil unterschiedlichen Anschauungen und Interessen besteht. Vgl. Kortmann und Bovend'Eert (1998, S. 53 f.). Die verschiedenen Dimensionen der ministeriellen Verantwortung werden ausführlich analysiert in: Visser (2008).

4.3 Die Regierung

der einen und den Ministern auf der anderen Seite hinzuweisen: Wenn Mitglieder des Königshauses durch Vorträge oder ähnliches politisch aktiv sind, wird dies vorher mit den zuständigen Ministern abgesprochen, weil nur diese bei Kritik vom Parlament zur Verantwortung gezogen werden können.

Das Parlament hat – wie oben bereits erwähnt – verschiedene Wege, um einem Minister das Vertrauen zu entziehen. Van Dooren schreibt, dass ein derartiger Vorgang bisher selten zu beobachten war und in den meisten Fällen die Ursachen für den Rücktritt eines Regierungsmitglieds eher in Konflikten innerhalb des Kabinetts bzw. mit der jeweils eigenen Partei oder in der Besetzung einer neuen beruflichen Position lagen. Der Autor führt im Folgenden aus, dass das Parlament einem Minister schon deshalb nur selten das Vertrauen entzieht, weil ein solcher Schritt, der von (Teilen) zumindest einer Regierungsfraktion unterstützt werden muss, erhebliche Gefahren birgt.[155] Insbesondere kann er die Stabilität des amtierenden Regierungsbündnisses massiv gefährden. Die daraus resultierende Zurückhaltung des Parlaments beim Treffen folgenschwerer Entscheidungen erscheint somit verständlich – sie bildet allerdings, wie oben bereits erwähnt, auch die Grundlage für die von Kritikern ausgemachte Entstehung einer sogenannten Sorry-Kultur, durch die Kabinettsmitglieder – oft zum Unmut vieler Bürger – trotz der parlamentarischen Kontrollmechanismen auch bei Fehlverhalten in ihrem Amt bleiben können.

Im regelmäßig (gewöhnlich jeden Freitag) tagenden Ministerrat, der seit 1842 besteht und dessen Bedeutung im Lauf der Zeit erheblich gewachsen ist, werden gemeinsam wichtige Entscheidungen getroffen und die Inhalte der Regierungspolitik koordiniert. Im Artikel 45 der Verfassung steht über die Aufgabe dieses Gremiums: „Der Ministerrat berät und beschließt über die allgemeine Regierungspolitik und sorgt für die Einheitlichkeit dieser Politik." Im Ministerrat, der ein entscheidendes politisches Machtzentrum der Niederlande darstellt, sind alle Minister vertreten.[156] Der Ministerpräsident, der das Ministerium für Allgemeine Angelegenheiten leitet, hat den Vorsitz inne. Bei seiner Arbeit greift das stets unter Ausschluss der Öffentlichkeit tagende Gremium teilweise auf Ergebnisse zurück, die verschiedene Kabinettsausschüsse erzielen, in denen ressortübergreifende Themen in einer spezifischer ausgerichteten Runde und zum Teil unter Zuhilfenahme externer Expertise behandelt werden.[157] In den letzten Jahren ist die Stellung des Ministerrats bzw. der Re-

---

[155] Vgl. van Dooren (2005, S. 122 f.).
[156] Die Bedeutung des Ministerrats heben unter anderem hervor: van Deth und Vis (2006, S. 62). Die Abläufe im Ministerrat sind in einer Geschäftsordnung festgelegt. Für weitere Informationen siehe: Kortmann und Bovend'Eert (1998, S. 50 ff.), Belinfante und de Reede (2005, S. 52 ff.), Bovend'Eert und Kummeling (2010, S. 298 ff.).
[157] Es handelt sich hierbei zum Teil um permanente Ausschüsse – wie beispielsweise den Ausschuss für wirtschaftliche Angelegenheiten oder den Ausschuss für europäische und internationale Angelegenheiten – und zum Teil um Gremien, die zu aktuellen Themen ins Leben gerufen werden. Mitglieder in den Kabinettsausschüssen sind Minister, Staatssekretäre und hohe Beamte, zudem können externe Experten an den Beratungen teilnehmen. Den Vorsitz in allen Ausschüssen hat formal der Ministerpräsident inne, koordinierende Funktionen werden jedoch in der Regel von einem Fachminister erfüllt. Vgl. van Deth und Vis (2006, S. 62 f.), Timmermans et al. (2008, S. 284).

gierung als Kollektivorgan gegenüber der formell weiter bestehenden Eigenverantwortung jedes Ministers für seinen Bereich zweifellos gestärkt worden. Da kaum ein Gesetzentwurf heutzutage nur ein Ministerium betrifft, ergeben sich zunehmend Koordinationsbedarfe, die entweder im Gesamtkabinett oder in den angesprochenen Kabinettsausschüssen gelöst werden müssen. Die Frage, welche Entscheidung von einem Minister allein oder vom Ministerrat gemeinsam getroffen werden muss, ist schwierig zu beantworten, allerdings finden sich gewisse Regeln: „Im Allgemeinen kann man jedoch davon ausgehen, dass eine Angelegenheit im Ministerrat behandelt werden muss, wenn sie politisch brisant erscheint, wenn sie nicht klar dem Kompetenzbereich eines Ministers zugeordnet werden kann oder wenn der Ministerpräsident sie in die Tagesordnung aufnimmt"[158] Zudem müssen unter anderem alle Gesetzesvorschläge, bevor sie an die Zweite Kammer weitergeleitet werden, vom Ministerrat verabschiedet werden.[159] Die Schwierigkeiten bei der Einigung ergeben sich erstens daraus, dass die einzelnen Minister die Interessen verschiedener Ressorts verfolgen. Zudem gehören sie zweitens unterschiedlichen Parteien an.[160] Nach der Einigung sind die Minister an die im Ministerrat getroffenen Beschlüsse gebunden, das heißt sie dürfen weder gegen sie handeln, noch Stellung gegen sie beziehen. Wenn ein Minister bzw. eine Regierungspartei somit einen entsprechenden Beschluss nicht mittragen kann, muss er bzw. müssen ihre Angehörigen seinen bzw. ihren Rücktritt anbieten.

Unterhalb der Ministerebene gehören seit 1948 auch die politischen Staatssekretäre zur Regierung. Auch sie sind als Person für ihre Politik nicht nur gegenüber dem jeweiligen Minister, sondern auch gegenüber dem Parlament verantwortlich.[161] Diese Regelung basiert auch auf den Umstand, dass die Aufgabenbereiche innerhalb eines Ressorts zum Teil zwischen dem jeweiligen Minister und dem Staatssekretär aufgeteilt werden und somit auch Staatssekretäre oftmals klare Zuständigkeitsbereiche besitzen, ohne dass der jeweilige Minister die Verantwortung für diese vollständig abgeben kann. Die Kompetenzen der Staatssekretäre werden in den Koalitionsvereinbarungen und im jeweiligen Ressort abgeklärt. Staatssekretäre sollten ursprünglich dazu dienen, die Minister zu entlasten. In der aktuellen Politik werden ihre Posten zudem dazu verwendet, um die Ämterverteilung zwischen den Koalitionspartnern zu erleichtern. Neben der zahlenmäßigen Verrechnung

---

[158] Van Dooren (2005, S. 118, Übersetzung durch den Verfasser). Zum Thema siehe auch: Bovend'Eert und Kummeling (2010, S. 299 f.).
[159] Informationen über die im Ministerrat behandelten Themen und Entscheidungen werden regelmäßig unter www.rijksoverheid.nl vermittelt.
[160] Vgl. Andeweg und Irwin (2009, S. 140 ff.).
[161] Allgemein kann festgehalten werden: „A state secretary is a kind of under-minister and is under the command and supervision of the minister to whom he has been assigned." Instituut voor Publiek en Politiek (2008, S. 47). Aufschluss über das Verhältnis zwischen Minister und Staatssekretär gibt das Prozedere im Fall eines Rücktritts: „Wenn ein Minister seinen Rücktritt anbietet, pflegt sein Staatssekretär dies ebenfalls zu tun, aber im umgekehrten Fall wird dies nicht gefordert." De Meij und van der Vlies (2004, S. 83, Übersetzung durch den Verfasser). In der Praxis setzt ein neuer Minister oft die Arbeit mit dem bisherigen Staatssekretär fort oder der Staatssekretär steigt sogar zum Minister auf.

4.3 Die Regierung

spielt hier auch eine Rolle, dass durch einen Staatssekretär ein Ressort auf zwei Parteien verteilt und somit verhindert werden kann, dass eine Partei einen eventuell besonders zentralen Politikbereich dominiert.[162] Normalerweise wird einem Ministerium nur ein Staatssekretär zugeordnet, in Ausnahmefällen können jedoch auch zwei Staatssekretäre in einem Ressort aktiv sein. Die Staatssekretäre sind bei den Treffen des Ministerrats nur dann anwesend, wenn ein Thema aus ihrem Zuständigkeitsbereich behandelt wird und sie somit eine Einladung zu diesem Tagesordnungspunkt erhalten. Bei den Abstimmungen sind sie auch in diesem Fall nicht stimmberechtigt. Die Staatssekretäre vertreten „ihren" Minister auch nicht, wenn dieser nicht zu Sitzungen des Ministerrats kommen kann – in diesem Fall findet die Vertretung durch einen Ministerkollegen statt.[163]

Die Verteilung der Regierungsämter steht in den Niederlanden ebenso wie in Deutschland am Ende eines schwierigen Verhandlungsprozesses und erfolgt zumeist im Rahmen einer Paketlösung, die dem Erfolg der Regierungsparteien bei der letzten Wahl Rechnung trägt. Dementsprechend ist es auch die Regel, dass dann, wenn ein Kabinettsmitglied sein Amt verlässt, dieses von einem Politiker aus derselben Partei übernommen wird. Tabelle 4.4 zeigt, welche Politiker im Kabinett Rutte I in den Niederlanden als Minister und Staatssekretäre fungieren. Ihr ist zu entnehmen, dass VVD und CDA derzeit jeweils sechs Minister und vier Staatssekretäre stellen. Hinsichtlich der Postenverteilung in den einzelnen Politikbereichen fällt auf, dass aktuell – im Sinne des oben gesagten – in einigen Ministerien ein Minister aus einer Regierungspartei mit einem Staatssekretär aus einer anderen Partei zusammenarbeitet.[164]

Hinsichtlich der niederländischen Regierung ist an dieser Stelle erneut auf einige, zum Teil an anderer Stelle schon genannte, Unterschiede zu Deutschland hinzuweisen: In den Niederlanden besteht seit 1937 die Trennung zwischen Amt und Mandat – niederländische Minister und Staatssekretäre können folglich nach ihrem Amtsantritt nicht länger Mitglied der Ersten oder Zweiten Kammer sein. Hinsichtlich der Rekrutierung sowohl der Minister als auch der Staatssekretäre vollzieht sich in den letzten Jahren ein Wandel. Regierung und Parlament wurden traditionell als zwei unterschiedliche Bereiche – auch mit unterschiedlichen personellen Qualifikationsanforderungen – gesehen. Dementsprechend waren auch

---

[162] Van Dooren hält hierzu fest: „Manchmal werden Staatssekretäre auch von der einen Partei als ‚Wachhund' bei einem Minister aus der anderen Partei eingesetzt." Van Dooren (2005, S. 118, Übersetzung durch den Verfasser). Zum Thema siehe auch: van Deth und Vis (2006, S. 64 f.), Andeweg und Irwin (2009, S. 143). Die entsprechenden Angaben für die Zeit von 1945 bis 2007 können eingesehen werden bei: Andeweg (2008, S. 264).

[163] Ein Grund hierfür liegt darin, dass durch eine Vertretung die Stimmverhältnisse zwischen den Regierungsparteien nicht verändert werden sollen.

[164] Nähere Informationen zu den Kabinettsmitgliedern sind unter www.rijksoverheid.nl zu finden. Auf dieser Seite können auch die Regierungsvereinbarung der Koalition aus VVD und CDA sowie die Duldungsvereinbarung mit der PVV eingesehen werden. Auch die Inhalte der ersten Regierungserklärung sowie Vielzahl an Informationen und Veröffentlichungen zu diversen Themen stehen hier zur Verfügung, unter anderem stellt die Regierung hier auch in anschaulicher Form ihre zentralen Ziele vor.

Tab. 4.4 Die Zusammensetzung des Kabinetts Rutte I

Ministerium für/des	Minister/-in	Staatssekretär/-in
Allgemeine Angelegenheiten	Mark Rutte (VVD)	–
Auswärtige Angelegenheiten	Uri Rosenthal (VVD)	Ben Knapen (CDA)
Sicherheit und Justiz	Ivo Opstelten (VVD)	Fred Teeven (VVD)
Inneren	Piet Hein Donner (CDA)	–
Immigration und Asyl	Gerd Leers (CDA)	–
Bildung, Kultur und Wissenschaft	Marja van Bijsterveldt-Vliegenthart (CDA)	Halbe Zijlstra (VVD)
Finanzen	Jan Kees de Jager (CDA)	Frans Weekers (VVD)
Verteidigung	Hans Hillen (CDA)	–
Infrastruktur und Umwelt	Melanie Schultz van Haegen-Maas Geesteramus (VVD)	Joop Atsma (CDA)
Wirtschaft, Landwirtschaft und Innovation	Maxime Verhagen (CDA)	Henk Bleker (CDA)
Arbeit und Soziales	Henk Kamp (VVD)	Paul de Kroom (VVD)
Gesundheit, Gemeinwohl und Sport	Edith Schippers (VVD)	Marlies Veldhuijzen van Zanten-Hyllner (CDA)

Stand: Juni 2011

die Karriere- und Rekrutierungsmuster lange nicht aufeinander abgestimmt und wurden häufiger auch externe Experten in ein Regierungsamt berufen. In der letzten Zeit ist jedoch immer öfter zu beobachten, dass Minister und Staatssekretäre vor ihrer Tätigkeit im Kabinett zunächst parlamentarische Erfahrungen sammeln und somit derartige Unterschiede ihre Bedeutung verlieren. Diese Entwicklung trägt zu einer Politisierung der Regierungszusammenarbeit bei.[165] Die Mitglieder des Kabinetts Rutte I waren nahezu alle vor ihrer Zeit als Minister bzw. Staatssekretär in der Ersten oder Zweiten Kammer aktiv. Der Ministerpräsident wird anders als der Bundeskanzler nicht zu Beginn seiner Amtszeit vom Parlament gewählt. In den Niederlanden geht man auch ohne separate Abstimmung gemäß der Vertrauensregel davon aus, dass die Regierungsparteien mit ihrer Mandatsmehrheit den Regierungschef und sein Kabinett unterstützen.[166] Nach der Erwähnung dieser Unterschiede soll auch auf eine Gemeinsamkeit zwischen beiden Nachbarländern hingewiesen werden: Sowohl in Deutschland als auch in den Niederlanden waren lange nur männliche Minister aktiv. In den Niederlanden wurde erst 1956 die erste Ministerin, Marga Klompe

---

[165] Vgl. hierzu: Andeweg und Irwin (2009, S. 141). Die Autoren weisen darauf hin, dass im Zeitraum von 1848 bis 1967 nur 35 % der Minister parlamentarische Erfahrung hatten, weil zu dieser Zeit mehr Wert auf ein ressortspezifisches Expertenwissen gelegt wurde. Eine entsprechende Auflistung für die Zeit nach 1945 findet sich bei: Andeweg (2008, S. 264).

[166] Vgl. hierzu: Bovend'Eert (2005, S. 10 ff.).

von der KVP, vereidigt, in Deutschland trat die erste Ministerin, Elisabeth Schwarzhaupt, 1961 ihren Dienst an. Im aktuellen Kabinett sind nur vier der 20 Regierungsmitglieder und drei von zwölf Ministern weiblich, was zu deutlicher Kritik geführt hat.[167]

4.3.3 Zur Rolle des Ministerpräsidenten

Der niederländische Ministerpräsident steht zum einen seinem eigenen Ministerium vor und hat zum anderen spezifische Aufgaben. Das Ministerium für Allgemeine Angelegenheiten wurde 1937 errichtet.[168] Seine zentrale Aufgabe ist es, den Ministerpräsidenten in die Lage zu versetzen, die allgemeine Regierungspolitik zu lenken. Der Umfangs des Ministeriums ist nicht sehr groß, der Ministerpräsident kann somit nicht auf große personelle Ressourcen zurückgreifen.[169] Neben der Leitung des Ministeriums obliegt es der Verantwortung des Ministerpräsidenten, die Arbeit der Regierung zu koordinieren und deren Politik zu vereinheitlichen. Hierzu hat er den Vorsitz im Ministerrat inne, durch den er den Verlauf der Unterredungen – unter anderem durch die Festsetzung der Tagesordnung, durch die Entscheidung über Einladungen an Staatssekretäre und durch die Begrenzung der Dauer von Diskussionen – entscheidend beeinflussen kann.[170] Im Fall von Konflikten zwischen Ministern nimmt der Ministerpräsident eine vermittelnde Position ein. Zudem vertritt der Ministerpräsident die Regierung und deren Politik nach außen. Sehr deutlich wird dies dadurch, dass er nach den Zusammenkünften des Ministerrats eine Pressekonferenz hält, in der er zu den getroffenen Entscheidungen und zur Regierungspolitik im Allgemeinen Stellung bezieht. Auch wichtige Regierungserklärungen bzw. Stellungnahmen im Parlament werden vom Ministerpräsidenten vorgetragen. Neben seinen Tätigkeiten im nationalen Rahmen vertritt der Ministerpräsident zusammen mit dem Außenminister die Niederlande auch in verschiedenen internationalen Kontexten und insbesondere im Europäischen Rat außenpolitisch. Für die niederländische Königin ist er darüber hinaus zentraler Ansprechpartner.

Anders als der deutsche Bundeskanzler verfügt der niederländischen Ministerpräsident nicht über die formale Kompetenz, die Richtlinien der Politik zu bestimmen. Sein Ein-

---

[167] Zum Vergleich: Im Kabinett Balkenende IV waren fünf von 16 Ministern weiblich, im Kabinett Balkenende I, das nur drei Monate aktiv war, waren 13 von 14 Ministern männlich.

[168] Vor 1937 war der Ministerpräsident zugleich für ein bestimmtes Ressort verantwortlich, in der Regel des Innen- oder das Finanzressort. Vgl. Andeweg (2008, S. 267). Zur Position des Ministerpräsidenten sowie zum Vergleich mit anderen Ländern siehe: Broeksteeg et al. (2010).

[169] Andeweg schreibt hierzu, dass ein großer Teil der Beamten im Ministerium für Allgemeine Angelegenheiten im Bereich der Pressearbeit oder für den *Wetenschappelijke Raad voor het Regeringsbeleid* (WRR) tätig ist. „The prime minister's office itself (…) is quite small. In addition to the Permanent secretary and the Cabinet Secretary, its core consists of 10 advisers (with some assistants) to the prime minister, all of them career civil servants." Andeweg (2008, S. 267).

[170] Die entsprechenden Kompetenzen wurden in den letzten Jahren zum Teil neu geschaffen bzw. gestärkt.

fluss auf die Politik seiner Ministerkollegen ist in Anbetracht der großen Selbstständigkeit, die diese in ihrem jeweiligen Ressort innehaben, vielmehr als sehr begrenzt zu begreifen, vor allem weil die Minister die Kompetenzen in ihren Ressorts in der Regel aktiv verteidigen.[171] Es ist dem Ministerpräsidenten, obwohl er nach Artikel 48 der Verfassung die Ernennungs- und Entlassungsurkunden unterzeichnet, auch nicht möglich, Minister nach seinem Belieben einzusetzen und zu entlassen.[172] Lediglich bei der Bildung des Kabinetts, an der er in der Regel als Formateur beteiligt ist, kann er in dieser Hinsicht einen gewissen Einfluss ausüben. Grundsätzlich wirkt sich weiterhin auf die Gestaltungsspielräume des niederländischen Ministerpräsidenten die Notwendigkeit aus, mit mehreren Koalitionspartnern regieren zu müssen: Insbesondere hinsichtlich der Auswahl und der Politik der nicht seiner Partei angehörenden Regierungsmitglieder ist sein Einfluss gering.

In Anbetracht dieser Punkte ist der Ministerpräsident kein Regierungschef mit großer Machtfülle, vielmehr kommt ihm im Kreis seiner Kollegen eine Rolle zu, die in vielen Büchern als die eines *primus inter pares* charakterisiert wird. An anderer Stelle in der Literatur wird kritisch hinterfragt, ob diese Zuordnung heute noch gilt oder ob der Ministerpräsident nicht doch mittlerweile eine führende Rolle einnimmt.[173] Van Deth und Vis schreiben erläuternd: „Der Ministerpräsident bekleidet im Ministerrat und in den verschiedenen Unterräten und Kommissionen eine zentrale Position. Er ist damit der Mittelpunkt bei der Vorbereitung, Formung und Ausführung der Regierungspolitik. Anders als beispielsweise der amerikanische, französische, britische oder deutsche Regierungschef ist er kein mehr oder weniger unabhängiger Leiter oder Anführer, der über den Ministern steht, sondern die zentrale Figur in einem Team von relativ selbständigen Regierungsmitgliedern."[174] Im internationalen Vergleich hat der niederländische Ministerpräsident im Sinne dieser Aussage eine eher schwache Position inne.[175] Andeweg und Irwin bestätigen dies, indem sie

---

[171] Vgl. Andeweg und Irwin (2009, S. 139 f.).

[172] Vgl. hierzu: van Deth und Vis (2006, S. 61). Die Autoren schreiben hier, dass die Regierungschefs in Deutschland und Großbritannien viel stärker die Gelegenheit haben, Personalentscheidungen zu treffen als in den Niederlanden. Es ist allerdings darauf hinzuweisen, dass selbstverständlich auch der deutsche Bundeskanzler bei der Zusammenstellung seiner Regierungsmannschaft auf die Forderungen des Koalitionspartners bzw. der Koalitionspartner sowie auf Eingaben aus der eigenen Partei achten muss.

[173] Vgl. Bovend'Eert und Kummeling (2010, S. 305).

[174] Van Deth und Vis (2006, S. 63, Übersetzung durch den Verfasser). Verwiesen sei an dieser Stelle auch auf Vis, der zur Position des Ministerpräsidenten festhält, dass es in den Niederlanden formell keine hierarchischen Beziehungen im Kabinett und damit auch keinen Regierungschef gibt. Faktisch führt der Ministerpräsident die Regierung jedoch an, was unter anderem daran zu sehen ist, dass er Verantwortlicher und Ansprechpartner für die Regierungspolitik ist. Vgl. Vis (2005, S. 37). Stellungnahmen zur Position des Ministerpräsidenten finden sich auch bei: Kortmann und Bovend'Eert (1998, S. 76 f.), Bovend'Eert und Kummeling (2010, S. 302 ff.).

[175] Andeweg und Irwin halten somit fest: „Compared with his British, French or even his German colleague, the Dutch Prime Minister has very few formal powers." Andeweg und Irwin (2009, S. 137). Ein Vergleich zwischen der deutschen und niederländischen Kompetenzverteilung findet sich bei: Bovend'Eert (2005, S. 20 ff.).

4.3 Die Regierung

konstatieren: „If Cabinets are placed on a scale from Prime Ministerial government to collegial government, Dutch Cabinets are clearly positioned towards the collegial end of the scale."[176] Dieser Umstand erklärt sich ganz wesentlich durch die niederländische politische Kultur der Versäulung, die in der Vergangenheit eine starke Machtkonzentration auf eine Person verhinderte und die bis heute nachwirkt.[177] Diese Tradition trug in der Vergangenheit dazu bei, dass der Vorsitz im Ministerrat zunächst wechselte, wobei die Frequenz des Wechsels sich im Lauf der Zeit verlangsamte. Erst seit 1922 sitzt dem Ministerrat ein fester Vorsitzender vor, der Titel des Ministerpräsidenten wurde sogar erst 1945 eingeführt. Die schwache Stellung des Ministerpräsidenten trug früher dazu bei, dass einzelne mächtige Politiker dieses Amt mieden und lieber in anderen Positionen, beispielsweise als Fraktionsvorsitzende, aktiv waren. In der jüngeren Vergangenheit ist der Stellenwert des Ministerpräsidentenamtes – dies haben die letzten Wahlkämpfe deutlich gezeigt – jedoch nach Meinung verschiedener Beobachter gestiegen. Diese Entwicklung erklärt sich erstens durch die zunehmende Mediatisierung und Personifizierung des politischen Geschehens. In Folge dieser Prozesse hat die Partei, die den Ministerpräsidenten stellen kann, in der öffentlichen Wahrnehmung einen klaren Wettbewerbsvorteil, da die Politik der Regierung stark mit einer Person verbunden wird. Darüber hinaus ist in diesem Zusammenhang das Voranschreiten der Europäischen Integration von Bedeutung, da dieser Prozess mit einer allgemeinen Aufwertung der Kompetenzen der Regierungschefs in den beteiligten Staaten einhergeht. Weiterhin wird die Aufgabe, die Politik der Regierung zu koordinieren, immer wichtiger, weil politisches Handeln stetig komplexer wird. Auch hierdurch erhöht sich das politische Gewicht des Ministerpräsidenten, der als zentrale Schaltstelle zwischen verschiedenen Ressorts und Akteuren wirken kann.[178] Zudem haben die Erfahrungen gezeigt, dass die sowohl rechtlich als auch strukturell relativ schwache Stellung des Ministerpräsidenten teilweise durch eine starke politische Persönlichkeit ausgeglichen werden kann, wie dies beispielsweise Ministerpräsident Ruud Lubbers von 1982 bis 1994 oder Wim Kok von 1994 bis 2002 vermochten.

Um die Stellung des Ministerpräsidenten zu stärken und den Prozess der Regierungsbildung zu vereinfachen, wurde in den letzten Jahrzehnten immer wieder darüber diskutiert,

---

[176] Andeweg und Irwin (2009, S. 137).

[177] Kortmann und Bovend'Eert schreiben hierzu, dass es in der staatsrechtlichen und politischen Tradition der Niederlande stets eine Präferenz für kollegiale Beschlussformung bestand und man von einem „starken Mann" nie viel hielt. Vgl. Kortmann und Bovend'Eert (1998, S. 77). Ähnliche Ausführungen sind nachzuvollziehen bei: te Velde (2010, S. 123 ff.). Das Gehalt des niederländischen Ministerpräsidenten spiegelt seine wenig hervorgehobene Position in gewisser Weise wider: Es lag vor einigen Jahren im internationalen Vergleich und auch bezogen auf des Gehalt des deutschen Bundeskanzlers auf einem eher niedrigen Niveau. Aktuell verdient der Ministerpräsident pro Jahr circa 140.000 €, zudem hat er Anspruch auf eine feste Unkostenvergütung von etwa 15.000 € und auf bestimmte weitere Zuwendungen. Die anderen Minister im niederländischen Kabinett erhalten ein ähnliches Gehalt, allerdings – vom Außenminister abgesehen – niedrigere Zusatzvergütungen. Das Einkommen der Staatssekretäre liegt etwas niedriger als das der Minister.

[178] Eine kritische Einschätzung zu diesen Punkten findet sich bei: Andeweg und Irwin (2009, S. 138 f.), Andeweg (2008, S. 268). Zum Thema siehe auch: Bovend'Eert (2005, S. 22 ff.).

ob es sinnvoll ist, dieses Amt per Direktwahl zu besetzen.[179] Die Tatsache, dass die entsprechenden Planungen erfolglos blieben, ist unter anderem dadurch zu erklären, dass eine Direktwahl des Ministerpräsidenten dessen Verhältnis zum Parlament beispielsweise in Bezug auf die Vertrauensregel fundamental ändern würde.[180] In Anbetracht dieser und weiterer Bedenken wurden bisher lediglich gewisse Einflussmöglichkeiten gestärkt, große Umbrüche blieben jedoch aus.

4.3.4 Regierungen in den Niederlanden: allgemeine Erläuterungen

Wenn man die Regierungen der Niederlande nach 1945 betrachtet, fallen zunächst einige allgemeine Aspekte auf. In Anbetracht der politischen Kultur der Niederlande konnte bei den Wahlen im 20. und 21. Jahrhundert keine der niederländischen Parteien eine Mehrheit der Stimmen für sich gewinnen. Hieraus ergibt sich hinsichtlich der Regierungsbildung eine stete Notwendigkeit für die Bildung von Koalitionen aus zwei und in der Regel sogar mindestens drei Partnern. Was die Zusammensetzung der Regierungsbündnisse in den Niederlanden nach 1945 angeht, fällt vor allem die häufige Beteiligung der konfessionellen Parteien (ARP, CHU und RKSP bzw. KVP) und ab Ende der 1970er Jahre des christdemokratischen CDA auf. Im gesamten Zeitraum von 1945 bis heute war nur in einen Zeitraum von acht Jahren (1994–2002) keine dieser Parteien an der Regierung beteiligt. Ein Grund hierfür liegt darin, dass diese politische Strömung in der niederländischen Bevölkerung lange Zeit einen sehr starken Rückhalt hatte. Darüber hinaus war eine Regierungsbildung ohne konfessionelle bzw. christdemokratische Parteien auch deshalb bis 1994 nicht zu realisieren, weil diese eine Schlüsselposition im Zentrum des niederländischen Parteiensystems besetzten und sich für sie nach Wahlen oft mehrere potentielle Koalitionsmöglichkeiten ergaben. Etwaige Kooperationen zwischen anderen Parteien waren hingegen mit Problemen behaftet, beispielsweise schlossen sich die sozialdemokratische PvdA und die konservativ-liberale VVD gegenseitig über Jahrzehnte als Regierungspartner aus.

Die große Offenheit des niederländischen Parteiensystems (Kap. 6) findet auch im Rahmen der Regierungsbildung Berücksichtigung. Mair hält hierzu fest: „new parties with some reasonable expectation of electoral success can more plausibly compete for a place in government in the Netherlands than in most other west European polities."[181] Im Sinne dieser Aussage ist es in den Niederlanden verschiedenen neuen Parteien gelungen, Regierungsverantwortung zu erlangen. Eine weitere Auswirkung der Parteienlandschaft besteht darin, dass es kaum zu abrupten Wechseln kommt, in vielen Fällen Koalitionszusammenstellungen, jedoch nicht ganze Regierungen wechseln. Zudem bildeten sich in den letzten Jahrzehnten vor dem Hintergrund der Umbrüche im Parteiensystem immer wieder neue und dabei zum Teil auch durchaus überraschende Koalitionen.

---

[179] Vgl. hierzu: te Velde (2010, S. 129 ff.), Pels (2011, S. 198 ff.).
[180] Siehe hierzu: Bovend'Eert (2005, S. 13 ff.).
[181] Mair (2008, S. 246).

4.3 Die Regierung

Ein weiteres Charakteristikum, das bei der Betrachtung der Regierungen in den Niederlanden auffällt, besteht darin, dass vergleichsweise wenige Regierungen regulär für eine ganze Legislaturperiode im Amt blieben – auch alle seit 1998 amtierenden Kabinette (Kok II, Balkenende I, II, III und IV), sind aus verschiedenen Gründen entweder zurückgetreten oder vorzeitig zerbrochen. Eine entsprechende Berechnung führte zu dem Ergebnis, dass die Kabinette seit 1945 durchschnittlich etwa drei Jahre im Amt waren.[182] Grundsätzlich bestehen neben dem normalen Ende einer Legislatur mehrere Möglichkeiten, die zum Fall eines Kabinetts führen können.[183] Eine Regierung kann zum Rücktritt gezwungen werden, wenn sie nicht länger von einer Mehrheit im Parlament unterstützt wird. Kabinettsinterne Konflikte führen immer wieder zu Kabinettskrisen, die – sofern keine adäquate Lösung gefunden werden kann – ebenfalls Grundlage für das Zerbrechen einer Koalition sein können.[184] Derartige Vorgänge waren in den letzten Jahren mehrmals zu beobachten, beispielsweise führten interne Konflikte zum Zerbrechen der Kabinette Balkenende I im Jahr 2002, Balkenende II im Jahr 2006 und Balkenende IV im Jahr 2010. Im Vorangegangenen wurde bereits darauf hingewiesen, dass andere Kabinettskrisen in den Jahren 1999 und 2005 durch Verhandlungen bewältigt werden konnten.[185] Eine Reaktion auf diese Problematik besteht in der politischen Praxis darin, dass bei den Koalitionsverhandlungen im internationalen Vergleich sehr ausführliche Regierungsvereinbarungen geschrieben werden, die Stabilität gewährleisten sollen.[186] Ein besonderer Fall war im Jahr 2002 zu beobachten, als der Ministerpräsident Kok zurücktrat, weil er die Verantwortung für die Geschehnisse in Srebrenica im Jahr 1995 übernehmen wollte, und die anderen Kabinettsmitglieder ihm folgten.[187]

> **Infobox V: Der Sturz des Kabinetts Balkenende IV**
> Bei der Wahl vom 22. November 2006 erhielt keine der im Wahlkampf vorgestellten Wunschkoalitionen eine Mehrheit, was zu schwierigen Koalitionsverhandlungen

---

[182] Vgl. Andeweg und Irwin (2009, S. 131 f.). Eine Auflistung über die Gründe für das Ende aller seit 1945 tätigen Regierungen findet sich bei: Bovend'Eert und Kummeling (2010, S. 476 ff.). Die kürzeste Amtszeit hatte in den letzten Jahrzehnten die Regierung Balkenende I, die im Jahre 2002 nach nur 87 Tagen zerbrach.
[183] Vgl. de Meij und van der Vlies (2004, S. 95 f.), Slotboom und Verkuil (2010, S. 80 ff.).
[184] „If a coalition government resigns prematurely, it is usually because of a conflict between the coalition parties." Andeweg (2006, S. 234 f.).
[185] Weiterführende Informationen zu den einzelnen Kabinettskrisen finden sich unter www.parlement.com. Zum Thema siehe auch: Timmermans und Moury (2006, S. 391 ff.), Andeweg (2008, S. 262).
[186] Zum Thema siehe: Timmermans und Moury (2006, S. 389 ff.), Timmermans und Breeman (2010, S. 52 ff.).
[187] Siehe hierzu: de Rooy und te Velde (2005, S. 82 ff.), Hellema (2009, S. 330 ff.), Kersten (2002, S. 115–132), Wielenga (2008, S. 353 ff.).

führte.[188] Im Ergebnis nahm im Februar 2007 eine Regierung aus CDA, PvdA und CU mit Jan Peter Balkenende an der Spitze ihre Arbeit auf. Allen Beobachtern war klar, dass es sich bei dieser Koalition um ein Zweckbündnis und nicht um eine Liebesheirat handelte.[189] Die Zusammenarbeit zwischen den Koalitionspartnern erwies sich dann auch rasch als schwierig, man musste nicht nur mit externen Herausforderungen wie der globalen Wirtschafts- und Finanzkrise umgehen, sondern auch mit vielen internen Unstimmigkeiten, die mehrfach in mühsam ausgehandelten Kompromissen mündeten. Beispiele hierfür waren die Diskussionen über ein neues Referendum über den Vertrag von Lissabon, über eine Modifikation des Kündigungsschutzes, über die Anschaffung neuer Kampfflugzeuge, über die Möglichkeiten zur Untersuchung von Embryonen und über die Erhöhung des Renteneintrittsalters. Unter anderem vor dem Hintergrund dieser Kontroversen wurde die Arbeit der Regierung von den Bürgern rasch kritisch bewertet, insbesondere die PvdA erzielte in Umfragen über lange Zeit schlechte Ergebnisse und musste auch bei der Europawahl 2009 eine herbe Niederlage hinnehmen.

Eine Folge der vorhandenen Probleme bestand in Spekulationen über ein vorzeitiges Ende der Regierung, die ihre Grundlage auch darin hatten, dass die persönlichen Beziehungen zwischen den Hauptakteuren der Regierung – insbesondere zwischen Ministerpräsident Balkenende und seinem Stellvertreter Bos – als schwierig eingeschätzt wurden. Zu einer Zuspitzung der Situation kam es Anfang 2010, als die Ergebnisse der Kommission Davids, die die politische Unterstützung der niederländischen Regierung für den Krieg im Irak im Jahr 2003 untersucht hatte, bekannt wurden. Wichtige Ergebnisse der Kommissionsarbeit bestanden darin, dass die völkerrechtliche Grundlage des militärischen Einsatzes angezweifelt, die Information des Parlaments durch die damalige Regierung kritisiert und die Art und Weise, mit der Balkenende in dieser Angelegenheit agiert hatte, beanstandet wurde.[190] Balkenende reagierte auf die Kritik der Kommission sehr schnell und nur bedingt einsichtig, was nicht nur zu Kritik bei den Oppositionsparteien, sondern auch innerhalb der Koalition zu großen Unstimmigkeiten führte, die nur mühsam ausgeräumt werden konnten. Die bestehenden Probleme zwischen den Koalitionspartnern wurden hierdurch nochmals vertieft.

---

[188] Die Wahl 2006 wird analysiert in: Aarts et al. (Hrsg.) (2007), Becker und Cuperus (Hrsg.) (2007), Kleinnijenhuis et al. (2007b), Becker und Cuperus (2006, S. 83 ff.), CBS (2008), Lucardie et al. (2006, S. 16 ff.).

[189] Anschaulich hierzu: Becker und Cuperus (2011, S. 10). Die Koalitionsvereinbarung der Regierung Balkenende IV, Informationen zum Verlauf der Regierungsbildung und Erläuterungen zu den Kabinettsmitgliedern finden sich in: Rijksvoorlichtingsdienst (2007). Zur Arbeit des Kabinetts siehe: van Kessel (2010, S. 35 ff.), Bosmans und van Kessel (2011, S. 240 ff.).

[190] Zur Arbeit der Kommission siehe: Davids et al. (2010), Schwegman (2010, S. 87 ff.).

4.3 Die Regierung

> Auslöser für den Bruch der Regierung war letztlich die Frage, ob niederländische Truppen weiter in der afghanischen Provinz Uruzgan aktiv sein sollen. Im Rahmen dieses Einsatzes, der 2006 begonnen wurde und der politisch über Jahre umstritten war, versuchten die niederländischen Truppen zur Sicherheit und Stabilität in dieser südafghanischen Provinz beizutragen. Bei der Verlängerung für den Zeitraum 2008 bis 2010 war festgehalten worden, dass der Einsatz 2010 enden sollte. Zu Beginn des Jahres 2010 stellte sich die Frage, ob dieser Beschluss in Anbetracht der erzielten Erfolge, der trotzdem weiterhin vorhandenen Problematiken und des internationalen Druck beibehalten werden sollte. CDA und CU wollten eine Verlängerung erörtern – ein Ansinnen, das die PvdA nach den schweren Kompromissen der letzten Jahre rigoros ablehnte.[191] Letztlich konnte keine neuerliche Einigung mehr erzielt werden, woraufhin die Regierung am 20. Februar 2010, beinahe auf den Tag genau drei Jahre nach ihrem Amtsantritt, endgültig zerbrach.[192]

In den letzten Jahrzehnten hat sich die Gepflogenheit herausgebildet, dass im Fall eines vorzeitigen Regierungssturzes stets Neuwahlen abgehalten werden. Hintergrund hierfür war die Kritik daran, dass beispielsweise in den 1960er Jahren mehrere Regierungen innerhalb einer Legislatur gebildet wurden, ohne dass die Bürger Einfluss auf diese Prozesse gehabt hätten.[193] In der Zeit zwischen einem Wahltag und dem Amtsantritt einer neuen Regierung werden die Niederlande grundsätzlich von einer sogenannten demissionären Regierung regiert. Van Deth und Vis schreiben erläuternd hierzu: „Das bedeutet, dass das amtierende Kabinett in Erwartung der neuen Mannschaft die laufenden Angelegenheiten weiter abwickelt und keine Beschlüsse über Angelegenheiten mehr fasst, die politisch brisant erscheinen."[194] Bei mehreren Gelegenheiten, bei denen eine Partei eine Koalition verließ, wurden die Niederlande vor den Neuwahlen kurzzeitig von einem Minderheitskabinett regiert, dies war beispielsweise 1982 (Kabinett Van Agt III) und 2006 (Kabinett Balkenende III) der Fall.

Seit Herbst 2010 ist eine besondere Situation zu beobachten, weil die nach langen Verhandlungen entstandene Regierungskoalition aus VVD und CDA von Beginn an über kei-

---

[191] Die über diese Frage am 18. Februar 2010 in der Zweiten Kammer geführte Debatte, in deren Verlauf die Konflikte zwischen den Regierungsparteien klar sichtbar wurden, kann nachvollzogen werden bei: Leenders (2010, S. 97). Zum Thema siehe auch: Holthausen (2010, S. 41–55), de Graaf und Dimitriu (2009, S. 31–50).
[192] Zum Thema siehe auch: Sitalsing und Wansink (2010, S. 105 ff.), Boom (2010, S. 12 ff.).
[193] Andeweg schreibt erläuternd: „This democratic norm is said to have been introduce in reaction to the 1963–1967 period when three different coalitions (...) were formed on the basis of one election, which gave rise to the critique that the composition of the coalition and the outcome of the election are not related. Before 1967, the premature end of a coalition supposedly led to the formation of another coalition rather than to new elections." Andeweg (2008, S. 260 f.). Zu den Geschehnissen dieser Zeit siehe: van der Heiden und van Kessel (2010).
[194] Van Deth und Vis (2006, S. 67, Übersetzung durch den Verfasser).

ne Mehrheit in der Zweiten Kammer des Parlaments verfügt. Vor diesem Hintergrund musste im Rahmen eines aus mehreren Gründen kontrovers diskutierten Schrittes ein Duldungsvertrag mit der PVV geschlossen werden. Eine solche Lösung wurde deshalb erzielt, weil die Versuche, andere Bündnisse zu schmieden, erfolglos blieben (Abschn. 5.2). Inwiefern sich diese neuartige Koalition als stabil erweist, wird sich erst in den nächsten Jahren zeigen.

4.3.5 Regierungen in den Niederlanden: ein zeitlicher Überblick

In Tab. 4.5 werden die Ministerpräsidenten und die Regierungsparteien in der Zeit nach 1946 aufgelistet. Im Anschluss werden dann einige zentrale Entwicklungen hinsichtlich der Zusammensetzung der niederländischen Regierungen in relativ kurzer Form aufgezeigt.[195]

Nach der Umwandlung des politischen Systems 1814/15 besetzte der niederländische König die Ministerämter zunächst nach eigenem Belieben. Bezeichnend für die damaligen politischen Zustände ist, dass regelmäßige Kabinettssitzungen im Ministerrat erst ab 1842 stattfanden.[196] Zur ersten Kabinettsbildung kam es dann im Jahr 1848, nachdem massive Änderungen an der politischen Ordnung vorgenommen worden waren. Die Regierungen in den nachfolgenden Jahrzehnten setzten sich vor allem aus konfessionellen und liberalen Politikern zusammen. Ihnen fehlte häufig eine klare politische Ausrichtung, was auch daran lag, dass die einzelnen Minister sich vor allem als Experten für ihr jeweiliges Ressort verstanden und häufig auch einen entsprechenden beruflichen Hintergrund hatten. Erst als gegen Ende des 19. Jahrhunderts die politischen Parteien entstanden und bestimmte Sachfragen immer kontroverser erörtert und dringlicher wurden, zeigten die Regierungen eine politischere Ausrichtung. Im Zeitraum von 1888 bis 1917, in dem vor allem über Wahlrechts-, Bildungs- und soziale Fragen diskutiert wurde, wechselten sich konfessionelle und liberale Regierungen ab. Während der Regierungszeit des Kabinetts unter dem Liberalen Cort van der Linden (1913–1918) konnten im Rahmen der Pazifikation (Abschn. 2.1)

---

[195] Im Folgenden wird nur ein grober Überblick über die Zusammensetzungen der niederländischen Regierungen gegeben, nähere Informationen zu wichtigen politischen Themen und zu einigen handelnden Personen finden sich im Kap. 6. Für weitere Informationen zur niederländischen Regierung sowie zu den einzelnen Ministerpräsidenten und Kabinetten siehe vor allem: Bosmans und van Kessel (2011). Das CPG gibt eine Reihe mit dem Titel *Parlementaire geschiedenis van Nederland na 1945* heraus, in der die Nachkriegsregierungen ausführlich analysiert werden. Im Jahr 2010 erschien der achte Band dieser Reihe, in diesem werden die von 1963 bis 1967 amtierenden Kabinette behandelt. Vgl. hierzu: van der Heiden und van Kessel (2010). Wichtige Informationen zu den niederländischen Regierungen finden sich zudem in: van der Horst (2007), Houwaart (1998).
[196] In den Jahren zuvor kamen die Minister nur unter Vorsitz des Königs oder des Vizepräsidenten des Staatsrats zusammen. Erst ab 1842 versammelten sie sich unter eigenem Vorsitz.
[197] In Bezug auf die Zahl Parlamentsmehrheiten vollzogen sich während der Amtszeit der Kabinette zum Teil Veränderungen.

4.3 Die Regierung

Tab. 4.5 Die niederländischen Regierungen von 1946 bis 2011[197]

Kabinett	Ministerpräsident	Amtsantritt	Regierungsparteien	Parlaments-mehrheit
Beel I	Louis Beel (KVP)	03.07.1946	PvdA, KVP, Parteilose	61 %
Drees I	Willem Drees (PvdA)	07.08.1948	KVP, PvdA, CHU, VVD, Parteilose	89 %
Drees II		15.03.1951	KVP, PvdA, CHU, VVD, Parteilose	76 %
Drees III		02.09.1952	KVP, PvdA, CHU, ARP, Parteilose	81 %
Drees IV		13.10.1956	KVP, PvdA, CHU, ARP	85 %
Beel II	Louis Beel (KVP)	22.12.1958	KVP, ARP, CHU	51 %
De Quay	Jan de Quay (KVP)	19.05.1959	KVP, VVD, CHU, ARP	63 %
Marijnen	Victor Marijnen (KVP)	24.07.1963	KVP, VVD, CHU, ARP	61 %
Cals	Jo Cals (KVP)	14.04.1965	KVP, PvdA, ARP	71 %
Zijlstra	Jelle Zijlstra (ARP)	22.11.1966	KVP, ARP	42 %
De Jong	Piet de Jong (KVP)	05.04.1967	KVP, ARP, VVD, CHU	57 %
Biesheuvel I	Barend Biesheuvel (ARP)	06.07.1971	KVP, ARP, VVD, CHU, DS'70	55 %
Biesheuvel II		20.07.1972	KVP, ARP, VVD, CHU	49 %
Den Uyl	Joop den Uyl (PvdA)	11.05.1973	PvdA, KVP, ARP, PPR, D66	65 %
Van Agt I	Dries van Agt (CDA)	19.12.1977	CDA, VVD	51 %
Van Agt II		11.09.1981	CDA, PvdA, D66	73 %
Van Agt III		29.05.1982	CDA, D66	43 %
Lubbers I	Ruud Lubbers (CDA)	04.11.1982	CDA, VVD	54 %
Lubbers II		14.07.1986	CDA, VVD	54 %
Lubbers III		07.11.1989	CDA, PvdA	69 %
Kok I	Wim Kok (PvdA)	22.08.1994	PvdA, VVD, D66	61 %
Kok II		03.08.1998	PvdA, VVD, D66	65 %
Balkenende I	Jan Peter Balkenende (CDA)	22.07.2002	CDA, LPF, VVD	62 %
Balkenende II		27.05.2003	CDA, VVD, D66	52 %
Balkenende III		07.07.2006	CDA, VVD	48 %
Balkenende IV		22.02.2007	CDA, PvdA, CU	53 %
Rutte I	Mark Rutte (VVD)	14.10.2010	VVD, CDA (PVV)	35 % (51 %)

Quelle: Andeweg und Irwin (2009, S. 135); Eigene Darstellung

drängende politische Fragen gelöst und damit Grundlagen für eine neue Ära in der niederländischen Politik geschaffen werden.[198]

Die nachfolgende Zeit bis 1940 war stark durch die Versäulung (Abschn. 3.1) geprägt. Die drei großen konfessionellen Parteien ARP, CHU und RKSP besaßen im Parlament stets die Mehrheit. Bei diesen politischen Verhältnissen verwundert es nach Wielenga nicht, „dass sich die Regierungen in der Zwischenkriegszeit fast vollständig in der Hand der Konfessionellen befanden."[199] In 18 der 23 Jahre zwischen 1918 und 1940 regierten Kabinette aus Katholiken und Protestanten. Trotz dieser klaren Verhältnisse kam es wiederholt zu Kabinettskrisen, die dazu führten, dass in den rund 20 Jahren zwischen 1918 und 1940 unter Vorsitz von Ruys de Beerenbrouck (RKSP), Hendrik Colijn (ARP) und Dirk de Geer (CHU) insgesamt nicht weniger als zehn Kabinette (De Beerenbrouck I–III, Colijn I–V und De Geer I–II) aktiv waren. Hintergrund hierfür waren häufige Konflikte zwischen den konfessionellen Gruppierungen.[200] Bis Anfang der 1930er Jahre bildeten die konfessionellen Parteien stets alleine die Regierung. Ab 1933 wurden auch liberale Parteien, die zu dieser Zeit bereits stark an Bedeutung verloren hatten, in die Regierungskoalitionen eingebunden. Der sozialdemokratischen SDAP gelang dieser Schritt erst 1939.[201]

Nach der Zeit der Besatzung (1940 bis 1945), in der nach dem Ende der Regierung De Geer II im September 1940 insgesamt drei Kriegskabinette unter Gerbrandy aus ARP, RKSP, *Liberale Staatspartij* (LSP) und PvdA in London aktiv waren, wurden die Niederlande zunächst bis 1958 von den sogenannten römisch-roten Kabinetten regiert, in denen neben Katholiken und Sozialdemokraten auch verschiedene andere Parteien zusammenarbeiteten. Insgesamt konnten die Regierungen in diesem Zeitraum, denen von 1948 bis 1958 der Sozialdemokrat Willem Drees vorstand, somit auf eine breite Mehrheit im Parlament zählen. Dies wurde auch für erforderlich erachtet, da die Politik in dieser Zeit vor großen Herausforderungen stand – insbesondere musste der wirtschaftliche Wiederaufbau organisiert, die soziale Sicherheit befördert, der Prozess der Dekolonisierung bewältigt und eine neue außenpolitische Positionierung vorgenommen werden.[202]

Nach dem Ende der Regierung Drees IV im Dezember 1958, dem immer größere Spannungen zwischen Vertretern der KVP und der PvdA vorausgingen, folgte eine bis 1973 andauernde Periode, in der die Niederlande nahezu durchgängig von Koalitionen aus Konfessionellen und Liberalen regiert wurden. Auffallend hierbei ist, dass in diesen 15 Jahren mehrere Kabinette schon sehr rasch nach ihrer Entstehung wieder zerbrachen. Die Stabilität der niederländischen Politik wurde zudem durch das im Lauf der 1960er Jahre

---

[198] Zu Cort van der Linden und seinem politischen Wirken siehe: den Hertog (2007).
[199] Wielenga (2008, S. 113).
[200] Die Hintergründe beleuchtet: Wielenga (2008, S. 113 ff.).
[201] Vgl. hierzu: Wielenga (2008, S. 144–148). Zu den politischen Entwicklungen im Interbellum siehe: de Rooy (2007, S. 179 ff.), Wielenga (2008, S. 96 ff.), Bosmans und van Kessel (2011, S. 23 ff.).
[202] Vgl. Bosmans und van Kessel (2011, S. 53 ff.), Lucardie (2006b, S. 333), Wielenga (2008, S. 258).

4.3 Die Regierung

einsetzende Ende der Versäulung gefährdet, das die politischen Kräfteverhältnisse massiv veränderte und somit auch die Grundlagen für die Regierungsbildung modifizierte.[203]

Eine Folge der Entsäulung bestand darin, dass schärfere Gegensätze zwischen den Parteien zu beobachten waren. Insbesondere zu Beginn der 1970er Jahre kam es zu einer Polarisierung, die als Ergebnis unter anderem die Entstehung der am weitest links stehenden Regierung der Niederlande, dem Kabinett Den Uyl (1973–1977), hatte. Abgelöst wurde diese Regierung durch ein Mitte-Rechts-Bündnis aus CDA und VVD unter Dries van Agt (1977–1981), eine erneute Kooperation zwischen CDA und PvdA unter Beteiligung der D66 scheiterte danach schon nach wenigen Monaten. Im Anschluss an diese kurze Periode begann die Ära von Ruud Lubbers (Infobox VI), der von 1982 bis 1994 zwölf Jahre und somit so lange wie kein anderer Ministerpräsident vor oder nach ihm regierte. In seinen ersten beiden Kabinetten (1982–1986, 1986–1989) stand Lubbers einer Koalition aus CDA und VVD vor, von 1989 bis 1994 führte er eine Koalition aus CDA und PvdA an. Inhaltlich bemühte Lubbers sich insbesondere um die Lösung von wirtschaftlichen und finanziellen Problemen, in diesem Rahmen wurden unter anderem harte Sparmaßnahmen durchgeführt.

Nach der wichtigen Wahl des Jahres 1994, bei der sowohl CDA als auch PvdA heftige Verluste hinnehmen mussten, begann mit der Entstehung der violetten Koalition eine neue Ära in der niederländischen Politik.[204] Erstmals seit der Einführung des allgemeinen Wahlrechts im Jahr 1917 kam ein Bündnis ohne konfessionelle bzw. christdemokratische Beteiligung zustande. Ministerpräsident der bis 2002 regierenden Koalition aus PvdA, VVD und D66 war der Sozialdemokrat Wim Kok (Infobox X). Begünstigt durch die Vorarbeiten in der Ära Lubbers und durch positive außenwirtschaftliche Rahmenbedingungen verbuchten die beiden violetten Kabinette große wirtschaftliche Erfolge, darüber hinaus konnten verschiedene gesellschaftspolitische Schritte durchgesetzt werden.[205]

Nach der Wahl 2002, die vor allem wegen des Aufstiegs des politischen Newcomers Pim Fortuyns, der kurz vor dem Wahltag ermordet wurde, und der heftigen Stimmverlusten der bisherigen Regierungsparteien häufig als „politisches Erdbeben" bezeichnet wird, begann die Regierungszeit des bis 2010 amtierenden Ministerpräsidenten Jan Peter Balkenende (Infobox XIII). Dieser stand zunächst einer Mitte-Rechts-Koalition aus CDA, VVD und der Fortuyn-Partei LPF vor, die wegen interner Probleme in der LPF allerdings nur kurze Zeit regierte. Nach den Neuwahlen 2003 kam ein Regierungsbündnis aus CDA, VVD und D66 zustande. Dieses Kabinett, das sich mit verschiedenen wirtschaftlichen und gesellschaftlichen Problemen beschäftigen musste, wurde, nachdem sich die D66 wegen der Probleme zwischen den Koalitionspartnern 2006 aus der Regierung zurückzogen hatte,

---

[203] Ausführliche Informationen zu den in dieser Zeit amtierenden Regierungen finden sich in: Bosmans und van Kessel (2011, S. 103 ff.), van der Heiden und van Kessel (2010).
[204] Die Bezeichnung violette Koalition erklärt sich durch die mit den Regierungsparteien verbundenen Farbassoziationen: Das Blau der Liberalen vermischte sich mit dem Rot der Sozialdemokraten.
[205] Siehe hierzu: Bosmans und van Kessel (2011, S. 195 ff.), Hoogerwerf (1999, S. 158–178).

durch ein Minderheitskabinett aus CDA und VVD (Balkenende III) abgelöst, das unter anderem die vorgezogenen Neuwahlen des Jahres 2006 organisierte.

Ab Anfang 2007 wurden die Niederlande vom Kabinett Balkenende IV regiert, das aus Vertretern des CDA, der PvdA und der CU bestand. Dieses „christlich-soziale" Bündnis, dessen Motto „*Samen werken, samen leven*" lautete, hatte sich unter anderem die Schaffung einer sozialeren, sichereren und respektvolleren Gesellschaft zum Ziel gesetzt. Aus den oben genannten Gründen (Infobox V) scheiterte auch diese Regierung vorzeitig, sodass im Juni 2010 Neuwahlen abgehalten wurden. Seit dem 14. Oktober 2010 werden die Niederlande vom Kabinett Rutte I regiert, das sich aus der VVD und dem CDA zusammensetzt. Das erste Mal seit 1918 amtiert somit derzeit wieder ein liberaler Ministerpräsident in den Niederlanden. Da CDA und VVD keine Mehrheit in der Zweiten Kammer besitzen, wurde eine Duldungsvereinbarung mit der PVV von Geert Wilders geschlossen.[206] Unterstützt wird die Regierung in ihrer Arbeit somit von 76 Parlamentariern (31 VVD, 21 CDA, 24 PVV), sie besitzt somit eine hauchdünne Mehrheit in der Zweiten Kammer. In der Ersten Kammer verfügen die drei an der Regierung beteiligten Parteien nach der Wahl 2011 nur über 37 von 75 Sitzen und besitzen somit hier keine Mehrheit. Dieser Umstand stellt ein Novum in der politischen Geschichte der Niederlande dar. Als zentrale Aufgaben bezeichnet das Kabinett Rutte I die Sanierung der Staatsfinanzen sowie die ökonomische Gesundung nach der Wirtschafts- und Finanzkrise.[207] Zudem hat es sich zum Ziel gesetzt, die Zuwanderung strenger zu regulieren, die Sicherheit im Land zu erhöhen und den Staat effizienter zu gestalten. Das Motto des Kabinetts lautet „*Freiheit und Verantwortung*".[208]

4.4 Weitere Akteure

Nachdem in den bisherigen Teilen dieses Kapitels drei Akteure in der niederländischen Politik relativ ausführlich behandelt wurden, sollen in diesem Abschnitt nun weitere Institutionen und Personen in kurzer Form angesprochen werden. Das Augenmerk richtet sich dabei zunächst auf den Staatsrat, die Allgemeine Rechnungskammer und den Ombudsmann und somit auf in der Verfassung verankerte Akteure, die in ihren jeweiligen Aufgabenbereichen wichtige Funktionen erfüllen. Es stellt ein kennzeichnendes Merkmal der niederländischen Politik dar, dass die politisch Verantwortlichen sich bei ihrer Ent-

---

[206] Parteien, die eine Regierung dulden, sind nach van Dooren nicht an die Regierungsvereinbarung gebunden und auch personell nicht im Kabinett vertreten. Sie erklären sich jedoch bereit, das Kabinett zu unterstützen. Vgl. van Dooren (2005, S. 109).
[207] Zu diesem Zweck setzt die Regierung in verschiedenen Bereichen energische Kürzungen durch. Die Einsparungen im Bildungsbereich, die auf besonders viel Protest stoßen, werden analysiert in: Richter (2010, S. 101 ff.).
[208] Weitere Informationen zum Kabinett Rutte I finden sich beispielsweise in: Wilp (2010, S. 68 ff.), Ross (2010, S. 83–85), Maarleveld (2011, S. 199 ff.).

scheidungsfindung oftmals von (externen) Experten beraten lassen. Wichtige Beratungseinrichtungen wie die Planungsämter und weitere Institutionen werden im zweiten Teil dieses Unterkapitels betrachtet. Ebenso wie in vielen anderen Ländern wird die Politik in den Niederlanden von einer Vielzahl an Interessengruppen mit unterschiedlichen Merkmalen und Zielen beeinflusst. Im Rahmen des Abschn. 4.4.3 werden zunächst einige allgemeine Anmerkungen zur niederländischen Interessenlandschaft gemacht und im Anschluss zwei besonders wichtige Vertreter dieser Landschaft, die Arbeitgeberorganisationen und Gewerkschaften, beispielhaft etwas ausführlicher dargestellt.

4.4.1 Staatsrat, Allgemeine Rechnungskammer und Ombudsmann

Politisches Handeln stellt in den Niederlanden eine komplexe Aufgabe dar. Vor diesem Hintergrund bestehen verschiedene Einrichtungen, die durch ihre Tätigkeiten darauf abzielen, zu bestmöglichen Lösungen beizutragen bzw. staatliche Einrichtungen bei ihrer Tätigkeit zu kontrollieren. Im vierten Kapitel der niederländischen Verfassung werden mit dem Staatsrat, der Allgemeinen Rechnungskammer und dem Nationalen Ombudsmann drei Einrichtungen mit entsprechenden Funktionen genannt, auf die im Folgenden kurz eingegangen werden soll.

Der Staatsrat
Der im Zentrum Den Haags ansässige Staatsrat (*Raad van State*) ist das älteste Beratungsorgan der niederländischen Regierung.[209] Dieses Gremium blickt auf eine lange Geschichte zurück, da es bereits 1531 vom Karl V. auf der Grundlage mittelalterlicher Traditionen gegründet wurde. In der Folgezeit stand der Staatsrat, der zunächst aus wichtigen Edelleuten, hohen Geistlichen und Rechtsgelehrten bestand, den im Auftrag des Königs über das Gebiet der Niederlande herrschenden Landvögten als Beratungsgremium, beispielsweise in Regierungs- oder Verteidigungsfragen, zur Verfügung. Da er von den Herrschenden jedoch kaum in die Politik einbezogen wurde, war sein Stellenwert begrenzt und deshalb verließen wichtige Mitglieder, unter anderem auch Wilhelm von Oranien, den Rat. Nach der Lossagung von Spanien bestand der Staatsrat zur Zeit der Republik als Verwaltungsgremium mit eher geringen Kompetenzen fort. Nach der Zeit von 1795 bis 1813, in der der Staatsrat zeitweise aufgelöst worden war, erhielt der Rat im neuen politischen System die Aufgabe, den niederländischen Monarchen vor allem bei Fragen der Gesetzgebung zu

---

[209] Für die folgenden Ausführungen wurde unter anderem auf Informationen zurückgegriffen, die der Staatsrat auf seiner Homepage (www.raadvanstate.nl) zur Verfügung stellt. Hier finden sich unter anderem Informationen zur Geschichte, zu den Mitgliedern und zur Organisation des Staatsrates sowie wichtige Dokumente zu dessen Aktivitäten, unter anderem alle Stellungnahmen zu Gesetzesvorschlägen der letzten Jahre. Auch der Text des *Wet op de Raad van State*, das neben der Verfassung (Artikel 73 bis 75) die rechtliche Grundlage für das Wirken des Staatsrates darstellt, ist hier einzusehen. Informationen zur Arbeit des Staatsrates sowie zu den jeweils aktuellen Themen bieten zudem dessen ausführliche Jahresberichte. Vgl. hierzu: Raad van State (2010).

beraten. In den nächsten Jahrzehnten verringerte sich die Machtposition des niederländischen Königs und im Rahmen dieses Prozesses auch seine Bedeutung für den Staatsrat. Zudem entwickelten sich in einem bis heute andauernden Prozess das Selbstverständnis, die Aufgabengebiete und die Organisationsprinzipien des Staatsrates heraus, die für dessen derzeitiges politisches Wirken von zentraler Bedeutung sind.

In der heutigen niederländischen Politik besteht die zentrale Aufgabe des Staatsrates darin, die Qualität des Handelns in Politik und Verwaltung zu erhöhen. Konkret bedeutet dies erstens, dass der Staatsrat zu jedem Gesetzentwurf, der von der Regierung oder im Parlament erarbeitet wird, sowie zu allgemeinen Verwaltungsrichtlinien und internationalen Verträgen eine Stellungnahme verfasst. In dieser Stellungnahme werden auf der Grundlage ausgewählter Kriterien insbesondere die Inhalte und die rechtliche Qualität des Dokuments bewertet. Der Rat kann hierbei auch eigene sachliche Empfehlungen aussprechen. Ein eigenes Veto- oder Entscheidungsrecht hat der Rat allerdings nicht – der Regierung, die eine schriftliche Reaktion auf die Stellungnahme des Staatsrates zu Gesetzentwürfen verfasst, steht es somit frei, ob sie etwaige Veränderungswünsche einarbeiten will.[210] Die Empfehlungen des Staatsrates finden allerdings in jedem Fall bei der parlamentarischen Auseinandersetzung mit dem vorgeschlagenen Gesetz Beachtung. Die Regierung oder das Parlament können den Staatsrat auch in Angelegenheiten, die nicht im direkten Zusammenhang zu einem neuen Gesetz stehen, um eine Stellungnahme ersuchen.

Vor einigen Jahrzehnten ist dem Staatsrat neben seiner Beratertätigkeit eine neue Aufgabe zugewiesen worden: Er wurde zur obersten Berufungsinstanz in Rechtsstreitigkeiten zwischen Bürgern und Behörden sowie zwischen Behörden, die mit der Entscheidungsbefugnis im Bereich der Verwaltungsgerichtsbarkeit ausgestattet ist. Neben diesen beiden Hauptfunktionen kann der Staatsrat nach Artikel 38 der niederländischen Verfassung im Falle einer Thronvakanz oder für den Fall, dass der Throninhaber zeitweilig seine Aufgaben nicht wahrnehmen kann, als formales Staatsoberhaupt fungieren. Der Rat selbst umschreibt die eigenen Zielsetzungen auf seiner Homepage mit folgenden Worten: „Der Staatsrat setzt sich zum Ziel, als Berater für Gesetzgeber und Verwaltung und als höchster Verwaltungsrichter zum Erhalt und zur Stärkung des demokratischen Rechtsstaates beizutragen. Dabei will er zur Einheitlichkeit, Legitimität und Qualität der öffentlichen Verwaltung und zum Rechtsschutz der Bürger beitragen."[211]

Die Organisationsstruktur spiegelt die genannten Aufgabenbereiche wider, da sie nach einer Änderung ab Herbst 2010 zwei Abteilungen vorsieht: die Beratungsabteilung (*afdeling advisering*) und die Abteilung für die Verwaltungsrechtsprechung (*afdeling bestuursrechtspraak*).[212] Formal ist die Königin Vorsitzende des Staatsrates, in der Praxis leitet allerdings der stellvertretende Vorsitzende das Gremium. Dieser fungiert auch als wichti-

---

[210] Im Jahr 2009 hat der Staatsrat in 45 von 579 Fällen eine negative Empfehlung ausgesprochen. Dies entspricht einem Anteilswert von knapp 8 %.
[211] Vgl. www.raadvanstate.nl/over_de_raad_van_state/doel/ (Übersetzung durch den Verfasser)
[212] Die Arbeit in den Abteilungen teilt sich wiederum in Unterabteilungen auf, die sich mit bestimmten Themenbereichen befassen.

ger Ansprechpartner der Königin bei der Regierungsbildung.[213] Insgesamt gehören dem Staatsrat neben dem Vizevorsitzenden zehn Mitglieder und circa 40 weitere Staatsräte an, die auf Lebenszeit ernannt werden.[214] Die Mitglieder und Staatsräte sind in der Regel in einer der beiden Abteilungen aktiv, maximal zehn Personen können jedoch an der Arbeit in beiden Sektionen mitwirken. Die Angehörigen des Staatsrates werden auf dessen Vorschlag von der Regierung ernannt. Ausgewählt werden sie auf der Grundlage ihrer Erfahrungen und ihrer Kompetenz, zudem sollen sie verschiedene politische und gesellschaftliche Strömungen repräsentieren. Vor allem Richter, hohe Beamte, Akademiker und Politiker sind stark im Staatsrat vertreten, in der Abteilung für die Verwaltungsrechtsprechung wird eine juristische Ausbildung gefordert. Der Thronfolger Willem Alexander und seine Frau Maxima können ohne eigenes Stimmrecht an den Tagungen der Beratungsabteilung teilnehmen, von diesem Recht machen sie jedoch kaum Gebrauch. Abschließend sei darauf hingewiesen, dass der Staatsrat, der ursprünglich aus einem kleinen Kreis von Experten bestand, sich im Lauf der Zeit zu einer umfangreichen staatlichen Behörde mit rund 600 Mitarbeitern (davon 250 Juristen) entwickelt hat.[215]

Die Allgemeine Rechnungskammer
Die Aufgabe der Allgemeinen Rechnungskammer (*Algemene Rekenkamer*) ist es, die Regierung bei der Verwendung der öffentlichen Mittel zu überprüfen.[216] Kriterien sind dabei zum einen die Rechtmäßigkeit und zum anderen die Effizienz des Mitteleinsatzes. Es obliegt der Allgemeinen Rechnungskammer hingegen nicht, die inhaltliche Ausrichtung der Politik zu bewerten. Als unabhängiges Organ bestimmt die Kammer auf der Grundlage ihres rechtlich fixierten Auftrags selbst über die von ihr zu behandelnden Themen. Mitglieder des Parlaments oder der Regierung können sie jedoch auffordern, bestimmte Gegenstände näher zu untersuchen. Im Ergebnis befasst sich die Allgemeine Rechnungskammer fortdauernd mit einer hohen Zahl unterschiedlicher Fragestellungen aus verschiedenen Politikbereichen. Die Resultate ihrer Untersuchungstätigkeiten werden unter anderem im Internet publiziert.[217]

Der Vorstand der Allgemeinen Rechnungskammer setzt sich aus drei Mitgliedern zusammen, die gemeinsam ihre Entscheidungen treffen. Die Mitglieder des Vorstands werden auf Lebenszeit ernannt, allerdings ist gesetzlich festgehalten, dass sie im Alter von 70 Jahren ihr Amt abgeben müssen. Das Prozedere bei der Neubesetzung eines Vorstands-

---

[213] Vizevorsitzender des Staatsrats ist seit 1997 der Jurist H.D. Tjeenk Willink, der zuvor unter anderem als Vorsitzender der Ersten Kammer tätig war und der bereits mehrfach, auch im Jahr 2010, als Informateur im Prozess der Regierungsbildung fungierte.
[214] In der Beratungsabteilung können auch zeitlich begrenzte Berufungen vorgenommen werden.
[215] Im Jahr 2011 erschien ein Sammelband, in dem verschiedene renommierte Autoren sich zur Position des Staatsrates und zu seinem Einfluss auf die niederländische Politik äußern. Vgl. hierzu: Tjeenk Willink et al. (2011).
[216] Die rechtlichen Grundlagen für die Tätigkeiten der Allgemeinen Rechnungskammer sind in den Artikeln 76 bis 78 der Verfassung und im sogenannten *Compatibiliteitswet* festgehalten.
[217] Sie sind unter der Internetadresse www.rekenkamer.nl zu finden.

postens gestaltet sich so, dass die Rechnungskammer selbst potentielle Kandidaten auswählt. Auf Vorschlag der Zweiten Kammer wird der erfolgreiche Kandidat dann von der Regierung ernannt. Neben den drei regulären Mitgliedern kann der Vorstand auch außerordentliche Mitglieder umfassen, die bei der Bearbeitung bestimmter Fragen mitarbeiten oder ein Vorstandsmitglied vertreten können. In seiner Arbeit wird der Vorstand der Allgemeinen Rechnungskammer von einem umfangreichen Mitarbeiterstab betreut: Derzeit arbeiten über 300 Mitarbeiter für diese Einrichtung.[218]

Der nationale Ombudsmann

Seit Anfang der 1980er Jahre existiert in den Niederlanden das Amt des Nationalen Ombudsmannes (*nationale ombudsman*), durch das Bürger vor staatlichen Fehlverhalten geschützt werden sollen. Im Jahr 1999 wurde diese Position auch konstitutionell verankert (Artikel 78a). Der Ombudsmann beschäftigt sich in unparteiischer Weise mit Klagen von Bürgern über staatliche Einrichtungen wie beispielsweise Ministerien, die Provinzen oder die Polizei. Zudem kann der Ombudsmann auch eigeninitiativ Nachforschungen über etwaige Probleme anstellen.[219] Es gehört nicht zu den Aufgaben des Ombudsmannes ein inhaltliches Urteil über politische Entscheidungen abzugeben. Der Ombudsmann ist in seiner Tätigkeit unabhängig und somit in seiner Amtsführung nicht an Weisungen gebunden. Zum Einfluss des Ombudsmanns ist zu sagen, dass die betroffenen Einrichtungen zwar verpflichtet sind, zu kooperieren, dieser jedoch keine Gespräche unter Eid führen kann und seine Schlussfolgerungen auch rechtlich nicht bindend sind. Allerdings werden die Ergebnisse seiner Nachforschungen veröffentlicht, sodass die Parlamentarier eventuell weitere Schritte unternehmen können. Jedes Jahr präsentiert der Nationale Ombudsmann einen Bericht, über den das Parlament und die Regierung sich austauschen. Der Nationale Ombudsmann wird für einen Zeitraum von sechs Jahren von der Zweiten Kammer ernannt, wobei dies auf der Grundlage eines Vorschlags des Präsidenten des Obersten Gerichtshof, des Vorsitzenden der Allgemeinen Rechnungskammer und des Vizepräsidenten des Staatsrates erfolgt. Seit 2005 hat Alex Brenninkmeijer das Amt inne. In seiner Arbeit wird er von etwa 170 Mitarbeitern unterstützt.[220]

4.4.2 Beratungseinrichtungen

In den Niederlanden existiert eine Reihe an Beratungseinrichtungen, durch die entweder ein institutionalisierter Austausch zwischen verschiedenen politisch relevanten Gruppie-

---

[218] Vorstandsvorsitzende der Allgemeinen Rechnungskammer ist seit 1999 Saskia Stuiveling, die der Kammer bereits seit 1984 angehört.
[219] Um seine Entscheidungen auf eine solide Grundlage zu stellen, findet unter anderem ein Verhaltenskodex für staatliche Stellen Verwendung, der neben anderen Informationen auf der Homepage des Nationalen Ombudsmannes (www.nationaleombudsman.nl) zu finden ist.
[220] Im Jahr 2009 wurden über 12.000 Klagen beim Nationalen Ombudsmann eingereicht, von denen über die Hälfte näher untersucht wurden.

rungen stattfindet oder in denen politische Probleme und gesellschaftliche Entwicklungen analysiert werden, um Regierung und Parlament bei der Suche nach adäquaten politischen Lösung zu unterstützen. Durch die Einbeziehung derartiger Einrichtungen sollte zudem die Suche nach Kompromissen und die Entschärfung politischer Konflikte vereinfacht werden.[221] Andeweg und Irwin zeigen anschaulich die entsprechende Tradition in den Niederlanden auf, indem sie schreiben: „A 1977 study of advisory councils by the Scientific Council for Government Policy (itself an advisory board), found no fewer than 402 such councils with over 7,000 members, three-quarters of them having been recruited from organized interests, with over 90 per cent of the advice given being unanimous."[222] In der Folgezeit wurde die Zahl der Einrichtungen erheblich reduziert, sodass die Beratungslandschaft ein neues Gesicht erhielt. Die Arbeit der Beratungseinrichtungen trägt weiterhin dazu bei, dass die Entscheidungsfindung in der niederländischen Politik in vielen Bereichen durch ein niedriges Maß an Politisierung und durch ein sachliches Miteinander geprägt ist. Die Niederlande werden vor diesem Hintergrund zum Teil als „Beratungsdemokratie" bezeichnet – ein Ausdruck, der nach Reef aussagt, „daß die Bereitschaft zur Diskussion und damit einhergehend auch zum Konsens bzw. Kompromiß grundsätzlich sehr hoch ist. Diese Form der Konfliktbewältigung ist gleichsam fester Bestandteil niederländischer politischer Kultur."[223] Im Folgenden werden einige besonders wichtige Beratungseinrichtungen vorgestellt.

Die Planungsämter
In den Niederlanden sind drei Planungsämter tätig, die sich durch ihre Untersuchungstätigkeiten bemühen, die Qualität der politischen Entscheidungen zu verbessern.[224] Ein gemeinsames Kennzeichen der drei Planungsämter besteht darin, dass sie zwar einerseits direkt an den Staat angebunden sind und formell auch unter die ministerielle Verantwortung fallen, sie jedoch im Rahmen ihrer Forschungsaktivitäten ein hohes Maß an Freiheit besitzen. Die Berichte der Planungsämter bedürfen auch nicht der Zustimmung des zustän-

---

[221] Vgl. van Dyk (2006, 415 f.). Die intensive Nutzung wissenschaftlicher Expertise für politisches Handeln setzte nach Wielenga bereits unmittelbar nach 1945 ein. „In vielen Bereichen wurde geplant, gerechnet, prognostiziert und modellartig über die Gestaltung von Politik, Wirtschaft und Gesellschaft nachgedacht. Diese Entwicklung ging einher mit einem optimistischen Glauben an die Modellierbarkeit der Gesellschaft, wobei man allerdings nicht zentrale Steuerung, sondern eine Politik, die pragmatisch günstige Voraussetzungen schuf, als zentrale politische Aufgabe ansah." Wielenga (2008, S. 285). Zum heutigen Einfluss der Beratungsorgane auf die Gesetzgebung siehe: Timmermans et al. (2008, S. 281 ff.).
[222] Andeweg und Irwin (2009, S. 173).
[223] Reef (1998, S. 221).
[224] Die Ausführungen zu den Planungsämtern basieren auf: Schnabel (2008, S. 23–25) sowie auf Informationen, die auf der Homepage des Parlamentarischen Dokumentationszentrums und den Internetseiten der Planungsämter (www.cpb.nl, www.scp.nl und www.pbl.nl) selbst zu finden sind. Die Planungsämter veröffentlichen die Ergebnisse ihrer Forschungsarbeit kostenlos im Internet, sodass man auf diesem Weg einen guten Überblick über die Aktivitäten der einzelnen Einrichtungen gewinnen kann.

digen Ministers. „In der Praxis bedeutet dies, dass das Parlament niemals einen Minister wegen eines Berichts eines Planungsamts zur Rechenschaft zieht, ihn oder sie jedoch regelmäßig fragt, inwiefern den Ergebnissen eines Planungsamtes Folge geleistet wird."[225] Die Planungsämter wirken zum einen durch ihre Forschungsarbeiten, die der Regierung und dem Parlament zur Verfügung gestellt werden, auf die Politik ein. Zum anderen kooperieren die Ämter mit den Ministerien und beraten die Direktoren der Planungsämter auch direkt das Kabinett.

Das Zentrale Planungsamt (*Centraal Planbureau*, CPB) wurde 1945 gegründet. Hintergrund seiner Entstehung war der Wunsch, katastrophale wirtschaftliche Entwicklungen wie in den 1930er Jahren zu verhindern. Das CPB beschäftigt sich vornehmlich mit ökonomischen und finanziellen Fragen, wobei es – anders als sein Name suggeriert – nicht für Wirtschaftsplanung, sondern für die Analyse wirtschaftlicher Entwicklungen und wirtschafts- bzw. haushaltspolitischer Maßnahmen zuständig ist. Das CPB, das dem Wirtschaftsministerium angebunden ist, erlangte durch den späteren Wirtschaftsnobelpreisträger Jan Tinbergen (1903–1994), der erster Direktor des Amtes war, früh ein hohes Renommee.[226] Es entwickelte sich schnell zum bedeutendsten Wirtschaftsforschungsinstitut der Niederlande.[227] Die Untersuchungen und Prognosen des CPB, die sich mit einer großen Zahl unterschiedlicher Themenfelder befassen, stoßen folglich auf großes Interesse in Politik und Gesellschaft. Von besonderer Bedeutung ist ein jährlich erscheinender Bericht zur Wirtschaftsentwicklung (*macro economische verkenning*), der jedes Jahr am Prinsjesdag präsentiert wird und der eine Grundlage für die Haushaltspläne der Regierung darstellt. Ein besonderes Charakteristikum niederländischer Wahlkämpfe besteht zudem darin, dass die Parteien ihre Wahlprogramme vom CPB und vom Planungsamt für die Umwelt (PBL) auf ihre ökonomischen, finanziellen und ökologischen Auswirkungen hin prüfen lassen. Die Ergebnisse dieser Untersuchungen werden veröffentlicht, ihnen kommt im Rahmen des Wahlkampfs eine hohe Bedeutung zu.[228] Der Direktor des CPB, der auch in verschiedenen Einrichtungen wie beispielsweise dem *Sociaal-Economische Raad* (SER) und dem *Wetenschappelijke Raad voor het Regeringsbeleid* (WRR) mitarbeitet, wird durch das Wirtschaftsministerium ernannt.[229] Beim CPB sind derzeit etwa 170 Mitarbeiter beschäftigt.

Das Planungsamt für soziale und kulturelle Fragen (*Sociaal en Cultureel Planbureau*, SCP), das dem Ministerium für Gesundheit, Gemeinwohl und Sport angegliedert ist, besteht seit 1973. Sein Hauptaugenmerk liegt auf Untersuchungen zu gesellschaftlichen und kulturellen Fragen sowie zur Beziehung zwischen den Bürgern und dem Staat. Zu diesen Themen publiziert das SCP jährlich etwa 40 Berichte zu unterschiedlichen Themen. Einige

---

[225] Schnabel (2008, S. 23).
[226] Zu Tinbergen und der Entstehung des CPB siehe: Wielenga (2008, S. 283 f.).
[227] Den Einfluss des CPB unterstreicht beispielsweise: van Dyk (2006, S. 416).
[228] Die entsprechenden Betrachtungen aus dem Wahlkampf 2010 sind nachzuvollziehen bei: CPB und PBL (2010). Die Bedeutung der Analysen werden bestätigt in: Becker und Cuperus (2010, S. 4 f.)
[229] Seit 2006 ist Coen Teulings Direktor des CPB.

Publikationen, beispielsweise zur Integration von Zuwanderern, zum Thema Armut oder zu den Einstellungen und Sorgen der Bürger, erscheinen regelmäßig, sodass gesellschaftliche Trends besonders gut nachvollzogen werden können. Besonders wichtig ist zudem der alle zwei Jahre erscheinende Bericht mit dem Titel *De sociale staat van Nederland*, in dem umfangreiche Erläuterungen zu verschiedenen gesellschaftlichen Themen zu finden sind.[230] Die Berichte des SCP beziehen sich in der Regel auf die Niederlande, allerdings werden im zunehmenden Maße auch vergleichende Studien erstellt. Auch der Direktor des SCP, der vom Ministerium für Gesundheit, Gemeinwohl und Sport ernannt wird, vertritt das SCP in verschiedenen Funktionen. Mit etwa 110 Mitarbeitern ist das SCP das kleinste der drei Planungsämter.[231]

Das Planungsamt für die Umwelt (*Planbureau voor de Leefomgeving*, PBL) wurde erst 2008 als Zusammenschluss des *Ruimtelijk Planbureau* (RPB) und des *Milieu- en Natuurplanbureau* (MNP) gegründet. Sein inhaltlicher Schwerpunkt liegt – wie der Name bereits verrät – auf umweltpolitischen Themen und auf Fragen der Raumordnung und -nutzung. Auch das PBL stellt Untersuchungen zu relevanten Fragen an, die die Bewertung aktueller politischer Maßnahmen erleichtern und die Qualität zukünftigen politischen Handelns verbessern sollen. Das PBL ist dem Ministerium für Infrastruktur und Umwelt angeschlossen, es beschäftigt derzeit etwa 250 Menschen.[232]

Weitere Beratungseinrichtungen: WRR, SER und STAR

Der seit den 1970er Jahren tätige Wissenschaftliche Beirat für die Regierungspolitik (*Wetenschappelijke Raad voor het Regeringsbeleid*, WRR) hat als Hauptaufgabe, die politischen Entscheidungsträger mit wissenschaftlich fundierten und praktisch verwertbaren Informationen über politisch relevante Entwicklungen zu versorgen. Auf dieser Grundlage können bestehende Gesetze überprüft und neue Schritte unternommen werden. Seine Agenda legt der Rat in Rücksprache mit dem Ministerpräsidenten und auf der Grundlage ausgewählter Kriterien für einen Zeitraum von fünf Jahren selbständig fest. Da seine Empfehlungen, nachdem sie an die Regierung übermittelt würden, veröffentlicht werden und die Regierung zudem eine Stellungnahme verfasst, können sie großen Einfluss auf politische Diskussionen und Entscheidungen nehmen. Der Rat ist in seiner Tätigkeit unabhängig, allerdings werden seine Mitglieder auf der Grundlage ihrer wissenschaftlichen und politischen Expertise von der Regierung eingesetzt. Der Rat wird aus staatlichen Mitteln finanziert, er setzt sich aus fünf bis elf Mitgliedern zusammen, die ihre Beschlüsse gemeinsam fassen. Die höchsten Vertreter der Planungsämter und anderer Einrichtungen wirken im WRR als

---

[230] Vgl. SCP (Hrsg.) (2011).
[231] Der aktuelle Direktor des SCP, Paul Schnabel, schreibt über die Zielsetzung seiner Einrichtung: „Das SCP will mit seiner Forschung einen Beitrag zur Erhöhung des Rationalitätsgehaltes in der Politik leisten, aber es tut auch sein Bestes, um die Niederlande den Niederländern zu erklären. Das ist gegenwärtig mehr denn je nötig." Schnabel (2008, S. 24 f.). Alle Untersuchungen des SCP stehen im Internet unter www.scp.nl zur Verfügung.
[232] Direktor des PBL ist Ende 2010 Maarten Haijer

beratende Mitglieder mit. Vorsitzender ist seit 2010 Prof. Dr. Knottnerus. In seiner Arbeit wird der Rat von rund 20 Wissenschaftlern und weiteren Mitarbeitern unterstützt.[233]

Der Austausch zwischen den Sozialpartnern findet in den Niederlanden im hohen Maße in institutionalisierter Form statt, wobei der Staat in unterschiedlicher Weise an den Beratungen mitwirkt. Der 1950 gegründete Sozial-Ökonomische Rat (*Sociaal-Economische Raad*, SER) setzt sich drittelparitätisch aus insgesamt 33 Arbeitgebervertretern, Arbeitnehmervertretern und von der Regierung berufenen und in ihrem Wirken unabhängigen Sachverständigen zusammen. Der SER stellt ein sehr einflussreiches sozial- und wirtschaftspolitisches Beratungsgremium der Regierung dar. Die Bedeutung des Rates in den Niederlanden liegt vor allem in der Qualität der von ihnen verfassten Gutachten begründet sowie in der Tatsache, dass die SER-Gutachten auf einer gemeinsamen Willens- und Urteilsbildung der verschiedenen gesellschaftlich relevanten Kräfte beruhen, die zudem einen ausgeprägten Praxisbezug in diese Tätigkeit einbringen. Die Regierung war bis Mitte der 1990er Jahre sogar verpflichtet, bei allen sozioökonomischen Fragen Gutachten des Rates einzuholen. Obwohl diese Regelung 1995 aufgehoben wurde, besitzt der SER weiter ein hohes Renommee und einen großen politischen Einfluss.[234]

Der SER übernahm bei seiner Entstehung Aufgaben, die zuvor von der 1945 gegründeten *Stichting van de Arbeid* (STAR), einer privatrechtlichen Einrichtung, in der zentrale Arbeitgeber- und Arbeitnehmervertreter organisiert sind, erfüllt wurden.[235] Die STAR ist noch heute unter anderem deshalb bedeutsam, weil sie weiterhin den Kontakt zwischen den Sozialpartnern fördert und gemeinsame Beschlüsse – wie am Beispiel des bekannten Abkommens von Wassenaar (1982), das einen wesentlichen Beitrag zur ökonomischen Gesundung des Landes leistete, deutlich wird – erleichtert. Aufgrund ihrer Verdienste wurde die STAR, deren zentrale Gremien sich paritätisch aus Arbeitgeber- und Arbeitnehmervertretern zusammensetzen, 1997 mit dem Carl-Bertelsmann-Preis ausgezeichnet. Bis heute verfolgt sie das Ziel, gemeinsame Lösungen der Sozialpartner zu erarbeiten und diese dann unter anderem als Eingaben an die Politik zu vermitteln. Sehr deutlich wurde die weiterhin wichtige Position der STAR in der letzten Zeit unter anderem durch ihre Beteiligung bei den Diskussionen zur Erhöhung des Renteneintrittsalters.

4.4.3 Interessengruppen

Ebenso wie in vielen anderen Ländern existiert auch in den Niederlanden eine Vielzahl an Interessengruppen, die in unterschiedlichen Politikbereichen Einfluss auf politische Pro-

---

[233] Weitere Informationen zum WRR sind auf dessen Internetseite (www.wrr.nl) einzusehen, hier sind auch die Publikationen des Rates abrufbar.
[234] Vorsitzender des SER ist seit 2006 Alexander Rinnooy Kann. Anlässlich des sechzigjährigen Bestehens kam ein Buch heraus, indem verschiedene Beiträge zur Geschichte und zur Bedeutung des SER zu finden sind. Vgl. hierzu: Jaspers et al. (2010). Der Einfluss des SER im Zeitraum von 1950 bis 1993 wird zudem sehr ausführlich analysiert in: Camphuis (2009).
[235] Zur *Stichting van de Arbeid* (STAR) siehe auch www.stvda.nl.

zesse ausüben.²³⁶ Hinsichtlich der Bedeutung der einzelnen Gruppen ergibt sich ebenso wie hinsichtlich ihres Aufbaus und ihrer Größe eine sehr heterogenes Bild, sodass von einer komplexen Landschaft gesprochen werden kann. Für die Politik ist das Vorhandensein dieser komplexen Landschaft von großer Bedeutung: Die Interessengruppen stellen nämlich – ähnlich wie die Parteien – eine Verbindung zwischen der Gesellschaft und den politischen Entscheidungsträgern her, die im Ergebnis die Qualität politischen Handelns und die gesellschaftliche Akzeptanz politischer Entscheidungen verbessern kann. Anders als die Parteien streben die Interessengruppen keine politischen Ämter an, sie nehmen somit nicht an Wahlen teil. Ihren Einfluss üben die Interessengruppen somit nicht unmittelbar im politischen System, sondern entweder durch den direkten Kontakt zu Politikern bzw. politischen Einrichtungen oder indirekt durch die Beeinflussung der öffentlichen Meinung aus. Das Potenzial der einzelnen Gruppen hängt dabei von verschiedenen Parametern ab, vor allem von der jeweiligen Mitgliederzahl, den zur Verfügung stehenden Ressourcen und der Macht der jeweiligen Gruppe, bestimmte Schritte anzudrohen und gegebenenfalls auch umzusetzen. Weitere Unterschiede zu den politischen Parteien bestehen darin, dass die meisten Interessengruppen ein sehr spezifisch umfasstes Interessengebiet behandeln, sie anders aufgebaut sind und sie oftmals andere Formen der politischen Partizipation anbieten. Da ihre Bedeutung für die Politik in den Niederlanden in besonderer Weise anerkannt wird, werden Vertreter ausgewählter Interessengruppen in bestimmte politische Prozesse involviert, beispielsweise indem ein institutionalisierter Austausch garantiert wird. Die Niederlande sind vor diesem Hintergrund als korporatistisch ausgerichteter Staat zu kennzeichnen.²³⁷ Neben den positiven Funktionen, die den Interessengruppen zugeschrieben werden, ruft deren Wirken in den Niederlanden ebenso wie in Deutschland auch Kritik hervor. Wichtige Gründe hierfür liegen darin, dass hinsichtlich des Einflusses der Interessengruppen auf die politischen Entscheidungen wenig Transparenz besteht, dass die Macht der Gruppen sehr ungleich verteilt ist und dass die Formen der Einflussnahme vor dem Hintergrund immer wieder entdeckter Skandale zum Teil als anrüchig bewertet werden.

Was die Ausgestaltung der niederländischen Landschaft an Interessengruppen angeht, können einige allgemeine Trends festgehalten werden. Einige ehemals große Gruppierungen wie die Gewerkschaften und die Kirchen haben im Lauf der letzten Jahrzehnte deutlich an Mitgliedern verloren.²³⁸ Andere Organisationen haben nach Andeweg und Irwin hingegen deutlich an Bedeutung gewonnen: „The Dutch have the highest percentage of citizens giving support to Greenpeace in Europe; they are second only to Switzerland in support for World Wildlife Fund and only to Iceland in membership of Amnesty International; and they are among the strongest supporters of the Red Cross and Médecins Sans Fron-

---

[236] Zum Thema siehe: Braun-Poppelaars et al. (2011, S. 139 ff.), van Deth und Vis (2006, S. 215 ff.). Eine Vielzahl weiterer Literaturtitel zum Thema ist aufgelistet bei: Woldendorp (2008, S. 405 f.).
[237] Vgl. Andeweg und Irwin (2009, S. 169 ff.).
[238] „From being one of the more religious societies in Europe, the Netherlands has become the society within Europe with the lowest percentage of religious adherents (although not the lowest in church attendance)." Andeweg und Irwin (2009, S. 13).

tières."[239] Die Autoren gelangen in Anbetracht dieser und weiterer Daten zu dem Ergebnis, dass die Niederlande immer noch ein „country of joiners" sind. Auch Wielenga hält fest: „Umschreibt man den Begriff der *civil society* als eine Gesellschaft, in der Bürger aufgrund von Überzeugungen und Engagement sozial und politisch in Freiwilligenorganisationen aktiv sind, gehören die Niederlande seit der zweiten Hälfte der 1980er Jahre zu den Spitzenreitern auf diesem Gebiet. So gesehen haben die Bestrebungen der 1960er Jahre nach einer Partizipationsdemokratie eine positivere Wirkung erzielt als die auch in den Niederlanden vielfach geäußerte Besorgnis über Politikverdrossenheit und die Kluft zwischen Bürger und Politik vermuten lässt."[240]

Gewerkschaften und Arbeitgeber

Auf die Entwicklung der niederländischen Gewerkschaften wirkten sich zwei Aspekte prägend aus: Der späte Beginn der Industrialisierung und die weitreichende Aufteilung der Gesellschaft in verschiedene Milieus mit jeweils eigenen Strukturen. Diese beiden Punkte führten im Ergebnis zur vergleichsweisen späten Entstehung von drei Gewerkschaftsbewegungen, in denen katholische, protestantische und sozialistische Arbeiter organisiert waren. Nach Jahrzehnten, in denen diese dreigliedrige Struktur bestimmend blieb, setzte mit der beginnenden Entsäulung auch in diesem Bereich ein Wandel ein. Der sozialistische Gewerkschaftsbund NVV (*Nederlands Verbond van Vakbewegingen*), der 1905 gegründet worden war und lange die meisten Mitglieder hatte, schloss sich 1975 mit dem katholischen Gewerkschaftsbund NKV (*Nederlands Katholiek Vakverbond*), der im Zuge der Erosion des katholischen Milieus deutlich an Mitgliedern verlor, zur Gewerkschaftsföderation FNV (*Federatie Nederlandse Vakbeweging*) zusammen. Diesem Zusammenschluss war in den Jahren zuvor ein Annäherungsprozess vorausgegangen, an dem zunächst auch der protestantische Gewerkschaftsbund CNV (*Christelijk Nationaal Vakverbond*) teilnahm. Da der CNV seine Selbständigkeit behalten wollte und somit einer weitreichenden Kooperation skeptisch gegenüberstand, zog er sich letztlich aus den Verhandlungen zurück. Sowohl die FNV als auch der CNV repräsentieren aktuell „a cross-section of both manual and non-manual workers, with the CNV attracting relatively more white-collar workers."[241] Um die Zukunft der Gewerkschaftsbewegung zu sichern, begannen im Jahr 2011 Gespräche über eine Neustrukturierung der FNV, deren Ergebnisse derzeit noch nicht vollständig abzusehen sind.

Die FNV stellte im Jahr 2009 mit knapp 1,2 Mio. Mitgliedern den mit Abstand größten gewerkschaftlichen Dachverband dar; es folgten der CNV mit beinahe 340.000 Mitgliedern und eine Organisation für mittleres und höheres Personal, die *Vakcentrale voor Middengro-*

---

[239] Andeweg und Irwin (2009, S. 13). Weiterführende Informationen vermitteln: Braun-Poppelaars et al. (2011, S. 142 ff.).
[240] Wielenga (2008, S. 343). Eine Übersicht über in den Niederlanden tätige Interessengruppen, die einen Eindruck von der Vielfalt dieser Gruppen vermittelt, findet sich in: van Deth und Vis (2006, S. 220 f.). Zum Thema siehe zudem: van Houwelingen et al. (2011, S. 189 ff.).
[241] Andeweg und Irwin (2009, S. 171). Zur Geschichte der niederländischen Gewerkschaftsbewegung siehe: Lepszy (1979, S. 57 ff.).

epen en Hoger personeel (MHP), mit etwa 135.000 Mitgliedern. In kleineren, nicht einem Dachverband angeschlossenen Gewerkschaften waren weitere 220.000 Mitglieder organisiert. Insgesamt hat sich der gewerkschaftliche Organisationsgrad in den Niederlanden, wie in anderen Ländern auch, in den letzten Jahrzehnten dramatisch verringert. Er sank – unter anderem vor dem Hintergrund einer starken Zunahme an Teilzeitbeschäftigten – von 39 % im Jahre 1980 auf etwa 25 % in den letzten Jahren. Dieser Wert ist im internationalen Vergleich und vor allem in Anbetracht der korporatistischen Orientierung der Niederlande als niedrig zu bewerten. Die Zukunft der niederländischen Gewerkschaftsbewegung ist angesichts der Altersstruktur der aktuellen Gewerkschaftsmitglieder durchaus kritisch zu sehen: Nach Angaben des CBS waren 2009 weniger als 5 % der gewerkschaftlich organisierten Arbeitnehmer unter 25 Jahre, hingegen über 60 % von ihnen über 45 Jahre alt.[242]

Auf der Seite der Arbeitgeberorganisationen prägten ab Anfang der 1970er Jahre zwei große Verbände die Landschaft: der Verband Niederländischer Unternehmen VNO (*Verbond van Nederlandse Ondernemingen*), sowie der 1970 durch eine Fusion des katholischen und protestantischen Arbeitgeberverbandes geschaffene Niederländische Christliche Arbeitgeberverband NCW (*Nederlands Christelijk Werkgeversverbond*). Nachdem über Jahre ein kompliziertes, von Konkurrenz und Kooperation geprägtes Verhältnis zwischen beiden Verbänden bestanden hatte, schlossen sich diese 1997 zur Vereinigung VNO-NCW zusammen, der 2005 etwa 180 Organisationen und darin 115.000 Unternehmen bzw. Einzelpersonen angehörten. Auch im Bereich der Arbeitgeberorganisationen zeigt sich in diesem Zusammenschluss, dass die alten Versäulungsstrukturen ihre Bedeutung mittlerweile weitgehend verloren haben. Neben der Vereinigung VNO-NCW besitzt auch die Mittelstandsvereinigung *MKB Nederland* eine große Bedeutung. Diese Organisation, in der ein großer Teil der mittelständischen Betriebe mit bis zu 250 Beschäftigten vertreten ist, entstand 1995 ebenfalls aus einem Zusammenschluss. Derzeit gehören ihr etwa 135 Branchenorganisationen und 250 regionale und lokale Unternehmerverbände an.[243] LTO Nederland ist als dritte große Organisation für den Agrarbereich zuständig und vertritt die Interessen von circa 50.000 Bauern und Gärtnern.

Das Poldermodell

Insbesondere in den 1980er und 1990er Jahren wurde im Ausland intensiv über den wirtschafts-, finanz- und sozialpolitischen Erfolg des niederländischen „Polder-Modells" gesprochen, das wesentlich auf der Kooperation zwischen Gewerkschaften und Arbeitgebern basierte, wobei der Staat die ökonomischen Erfolge durch zum Teil weitreichende Maßnahmen unterstützte.[244] Aufbauen konnte die Kooperation dieser Gruppen auf Aus-

---

[242] Vgl. van Deth und Vis (2006, S. 218 ff.). Zum Thema siehe auch: van Houwelingen et al. (2011, S. 189 ff.).
[243] Vgl. van Deth und Vis (2006, S. 226 ff.)
[244] Ausführliche Informationen zu den Grundlagen, Inhalten und zu den Ergebnisse des Polder-Modells finden sich in: te Velde (2010, S. 205 ff.), van Noort (2006, S. 129 ff.), Woldendorp und Delsen (2008, S. 308–332), van Dyk (2006, S. 408–429), Andeweg und Irwin (2009, S. 212 ff.), Steinmetz (2000), de Rooy und te Velde (2005, S. 20 ff.).

tauschprozessen, die vor allem durch den die STAR und die SER auch in institutionalisierter Form stattfanden. Die in Anbetracht der ökonomischen Probleme zu Beginn der 1980er Jahre dringend notwendige Reform des ausufernden Sozialstaates, die Sicherung der ökonomischen Wettbewerbsfähigkeit und die Schaffung von Arbeitsplätzen wurden vor allem durch eine weitgehende Flexibilisierung des Arbeitsmarktes erreicht.[245] Die Gewerkschaften stimmten im Zuge der Verhandlungen einer moderaten Lohnentwicklung und sozialen Einschnitten zu, gleichzeitig verpflichteten sich die Arbeitgeber zur Bereitstellung von Arbeitsplätzen. Von staatlicher Seite wurden vor allem eine energische Politik der Haushaltskonsolidierung und die Lockerung gesetzlicher Regelungen in verschiedenen Bereichen umgesetzt. Das „Polder-Modell" ist entgegen weitverbreiteter Vorstellungen insgesamt nicht als wirklich geplantes Modell, sondern als Summe unterschiedlicher Einzelmaßnahmen zu bewerten. Darüber hinaus ist festzuhalten, dass zwischen der Politik, den Arbeitgebern und Gewerkschaften zwar grundsätzlich Einvernehmen über den zu beschreitenden Kurs herrschte – konkrete Maßnahmen und Entscheidungen wurden jedoch äußerst kontrovers behandelt.[246]

Im Ergebnis konnte in den 1990er Jahren die Zahl der Arbeitslosen – allerdings bei einem sehr hohen Anteil von Teilzeitbeschäftigten einerseits und Erwerbsunfähigen andererseits – signifikant verringert, ein starkes wirtschaftliches Wachstum erreicht und der Staatshaushalt konsolidiert werden. Diese Entwicklungen wurden im Ausland mit starkem Interesse verfolgt und auch in Deutschland versuchte man, beispielsweise mit dem „Bündnis für Arbeit", ähnliche Prozesse zu initiieren.[247] Hierbei zeigte sich aber rasch, dass die spezifisch niederländischen Beratungs- und Kooperationstraditionen, die auch in den

---

[245] Die wirtschaftliche Situation der Niederlande zu Beginn der 1980er Jahre skizziert Wielenga mit folgenden Worten: „Die Malaise verstärkte sich mit Ausbruch der zweiten Ölkrise 1979, wodurch die Inflation angefacht und eine Abwärtsspirale in Gang gesetzt wurde, die 1982 zu einer Arbeitslosigkeit von 13,5 % führte. Weitere 13 % waren erwerbsunfähig, so dass ungefähr ein Viertel der Berufsbevölkerung außerhalb des Arbeitsprozesses stand. Auch das Haushaltsdefizit war erheblich gestiegen: von 3,8 % des nationalen Einkommens 1977 auf 8,2 % im Jahre 1981. Die Niederlande, so die einhellige Meinung der Wirtschaftswissenschaftler, drohten wirtschaftlich auf Grund zu laufen." Wielenga (2008, S. 340). Die allgemeine wirtschaftliche Entwicklung der Niederlande wird betrachtet in: van Paridon (2004, S. 363 ff.).

[246] Zum Inhalt des viel zitierten Abkommens von Wassenaar schreibt Wielenga: „Ein detailliertes Abkommen zwischen Arbeitgebern und Arbeitnehmern über Löhne und Arbeitsplätze war ‚Wassenaar' nicht, wohl aber eine Absichtserklärung, die das Ende der Gegensätze zwischen Kapital und Arbeit einläutete, welche seit den 1960er Jahren über Mitbestimmungsrecht, Gewinnbeteiligung, und Vermögensbildung gewütet hatten." Wielenga (2008, S. 344).

[247] Van Dyk schreibt zur Wahrnehmung des sogenannten *dutch miracle* im Ausland: „Because of its impressive economic and employment recovery, which was, according to the prevailing view, not accompanied by a (neo-)liberal attack on the welfare state, the Netherlands has been considered an example of successful adaptation to new socio-economic challenges ever since (…). An extensive consensus between government, employers and trade unions, which is held to be based on the supply side-oriented promotion of international competitiveness by wage restraint and the consolidation of public finances, is regarded as the recipe to success." Van Dyk (2006, S. 408 f.). Zur internationalen Perzeption des Poldermodells siehe auch: te Velde (2010, S. 209 ff.).

letzten Jahren dazu führten, dass drängende Fragen – beispielsweise zum Thema Frühpensionierung und zum Renteneintrittsalter – an die entsprechenden Gremien übermittelt wurden, nicht ohne Weiteres übertragbar sind. Ob diese Traditionen auch in Zukunft eine prägende Wirkung auf die sozial- und wirtschaftspolitische Entwicklung der Niederlande nehmen können oder ob sich im Zuge der derzeit zu beobachtenden gesellschaftlichen Umwälzungen auch intensivere Konflikte zwischen den Sozialpartnern und der Politik einerseits sowie zwischen den Sozialpartnern andererseits ergeben, ist in Anbetracht massiver und weithin beachteter Spannungen in den letzten Jahren eine aktuell noch offene Frage.

5 Wichtige politische Prozesse

Nach der Beschäftigung mit wichtigen politischen Akteuren richtet sich der Blick in diesem Kapitel auf einige Prozesse, die für die niederländische Politik von herausgehobener Bedeutung sind. Die Stimmabgabe bei Wahlen stellt in demokratischen Staaten die wichtigste und am häufigsten praktizierte Form der politischen Partizipation dar.[1] Durch ihr Votum bei den Wahlgängen auf den unterschiedlichen Politikebenen entscheiden die Bürger zwischen den von den verschiedenen politischen Gruppierungen bereitgestellten programmatischen und personellen Alternativen. Auf diese Weise bestimmt, legitimiert und kontrolliert die Wählerschaft ihre Repräsentanten, schafft sie Grundlagen für die Zusammensetzung der Regierung und somit indirekt auch für die inhaltliche Ausrichtung der Politik in der nachfolgenden Legislaturperiode. Gleichzeitig ist hinsichtlich der Bedeutung von Wahlen zu beachten, dass die Auseinandersetzungen zwischen den Vertretern der diversen politischen Richtungen ebenso wie die Kontakte zwischen den Bürgern und der politischen Elite in den Wochen und Monaten vor einer Wahl in besonders intensiver Form stattfinden, was sich in der Regel positiv auf die Akzeptanz der demokratischen Staatsform auswirkt. In Anbetracht dieser Aspekte wird im Abschn. 5.1 ausführlich auf das niederländische Wahlrecht, die Abläufe und Charakteristika der niederländischen Wahlkämpfe und die Wahlbeteiligung eingegangen. Am Ende des ersten Unterkapitels werden dann aktuelle Kontroversen über Reformen des niederländischen Wahlrechts beleuchtet. Die Auseinandersetzung mit dieser Thematik erfolgt in vergleichsweise ausführlicher Weise, weil sie auch einen Einblick in die Komplexität derartiger Reformprojekte vermitteln soll.

In Deutschland steht zumeist am Wahlabend fest, welche Parteien in der nächsten Legislaturperiode regieren werden. Ist dies – wie nach der Bundestagswahl im Jahr 2005 – ausnahmsweise nicht der Fall, finden in kurzer Zeit intensive Gespräche statt, damit möglichst rasch Klarheit über das zu bildende Regierungsbündnis herrscht. In den Niederlanden ergibt sich ein anderes Bild: Oftmals dauert es hier vergleichsweise lange, bis die

---

[1] Zum Thema politische Partizipation im Allgemeinen siehe die im Kap. 3 angeführten Literaturverweise.

Entscheidung über die Zusammensetzung der nächsten Regierung fällt. Wichtige Gründe hierfür liegen darin, dass in den Niederlanden mehr Akteure für eine Koalitionsbildung in Frage kommen, die niederländischen Parteien vor der Wahl traditionell zumeist keine eindeutigen Koalitionsaussagen treffen und die Mandatsverteilung häufig viele verschiedene Optionen offen lässt. Darüber hinaus findet ein recht aufwändiges Verfahren zur Regierungsbildung Verwendung, das in Abschn. 5.2 dargestellt und diskutiert werden soll.

Dem Prozess der Gesetzgebung kommt in den Niederlanden, ebenso wie in anderen Ländern auch, eine hohe Bedeutung zu. Im Abschn. 5.3 werden zunächst einige allgemeine Informationen zu diesem Thema vermittelt. Im Anschluss wird dann das Verfahren, in dessen Rahmen neue Gesetze in den Niederlanden verabschiedet werden, dargestellt und erläutert. Besondere Aufmerksamkeit wird dabei den Verhandlungsprozessen zwischen Parlament und Regierung gewidmet.

5.1 Wahlen

In allen demokratisch verfassten Staaten kommt Wahlen eine herausragende Bedeutung zu, diese bilden nach Andeweg und Irwin sogar „the heart of any democratic system"[2]. Wenn man Demokratien miteinander vergleicht, gelangt man zu dem Ergebnis, dass teilweise sehr unterschiedliche Formen des Wahlrechts Anwendung finden, wobei diesbezüglich nicht nur grundsätzlich zwischen dem Mehrheits- und dem Verhältniswahlrecht zu unterscheiden ist, sondern auch die verschiedenen Ausprägungen beider Wahlsysteme Berücksichtigung finden müssen. Den entsprechenden Unterschieden kommt bei der Erforschung politischer Systeme eine zentrale Bedeutung zu – vor allem, weil sich das in einer Demokratie angewandte Wahlrecht entscheidend auf die politische Kultur, das Parteiensystem, die Stabilität der Regierungen und das Wahlverhalten der Bürger im jeweiligen Staat auswirkt.[3]

Die Verwendung eines bestimmten Wahlrechts basiert in den meisten Ländern auf politischen und gesellschaftlichen Traditionen, wobei sich in den einzelnen Staaten fortlaufend die Frage nach der Notwendigkeit zur Durchführung von Verbesserungen bzw. Aktualisierungen stellt. Im Folgenden wird das niederländische Wahlrecht auf nationaler Ebene betrachtet, das aufgrund seiner spezifischen Bestimmungen und der immer wieder zu beobachtenden Diskussionen über etwaige Änderungsmöglichkeiten bzw. sogar -notwendigkeiten ein interessantes Untersuchungsobjekt darstellt. Der Blick richtet sich zunächst auf die Entwicklung und aktuelle Gestalt des niederländischen Wahlrechts. Im Anschluss werden die Vorzüge und insbesondere die Probleme analysiert, die mit den derzeitigen Bestimmungen einhergehen und die die Grundlage für die vielfältigen Reformdiskussionen bilden. Auf dieser Basis findet danach eine Auseinandersetzung mit

---

[2] Andeweg und Irwin (2009, S. 95). Eine ähnliche Äußerung findet sich unter anderem bei: Deschouwer und Hooghe (2008, S. 142).
[3] Vgl. hierzu: Deschouwer und Hooghe (2008, S. 159 ff.).

dem Verlauf der Reformdebatten der letzten Jahre statt. Der Schwerpunkt der Betrachtung liegt hierbei nicht nur darauf, die vorgeschlagenen Alternativen zum bestehenden Wahlrecht zu beleuchten, sondern auch auf der Erforschung der Frage, warum die einzelnen Änderungsinitiativen gescheitert sind.

5.1.1 Die Entwicklung des niederländischen Wahlrechts im Überblick

In den vorangegangenen Teilen dieses Buches (Abschn. 2.1) wurde bereits darauf hingewiesen, dass die Zweite Kammer des niederländischen Parlaments seit der Verfassungsreform des Jahres 1848 direkt gewählt wird. Hierbei fand zunächst das Zensuswahlrecht Verwendung, nach dem nur wohlhabende Männer ihre Stimme abgeben durften. Die Wahlen fanden nach dem Prinzip der Mehrheitswahl in Wahlkreisen statt, aus denen ein, zwei oder mehrere Abgeordnete in das Parlament entsandt wurden. Der zentrale Vorteil dieser Regelung lag darin, dass die Politiker das Mandat direkt durch „ihre Wähler" erhielten, was zu dieser Zeit einen engen Bezug zwischen Politikern und Bürgern förderte. Kritisch waren hingegen – neben der für ein Mehrheitswahlrecht typischen Entwertung von Stimmen – unter anderem die taktischen Überlegungen, die die Festlegung der Wahlbezirksgrenzen bestimmten, sowie die Verzerrungen, die sich zwischen den politischen Strömungen ergaben. Die Zahl der Parlamentarier und der Wahlkreise wurde in der zweiten Hälfte des 19. Jahrhunderts sukzessive erhöht. Nach 1896 wurden schließlich 100 Mandate in 100 Einerwahlkreisen, die mit absoluter Mehrheit gewonnen werden mussten, vergeben.[4]

Im Lauf der Zeit wurden die Rufe nach einer Ausweitung des Wahlrechts vor allem unter den progressiven Liberalen, genannt sei hier der Name des linksliberalen Ministers Tak van Poortvliet, und unter Sozialisten immer lauter. Konservative Liberale, Teile der ARP und die katholische Strömung standen diesen Bestrebungen skeptisch gegenüber, sie konnten jedoch nicht verhindern, dass insbesondere 1887 und 1896 der Kreis der Wahlberechtigten deutlich erweitert wurde.[5] Eine wichtige Grundlage hierfür war, dass niederländischen Bürgern ab Ende des 19. Jahrhunderts nicht mehr nur auf der Grundlage ihres Vermögens, sondern auch wegen des Besitzes bestimmter Fertigkeiten das Wahlrecht zuerkannt wurde.[6] Im Rahmen der „Pazifikation" des Jahres 1917 konnten dann die Jahrzehnte an-

---

[4] Wurde die absolute Mehrheit im ersten Wahlgang von keinem der Kandidaten erreicht, fand ein zweiter Wahlgang statt, an dem nur die beiden stärksten Kandidaten teilnahmen.
[5] Zum Ausweitung des Wahlrechts siehe: Wielenga (2008, S. 41 ff.), Post (2009, S. 21 ff.), van Klinken (2003), de Jong und Loots (2008, S. 48 ff.). Im Rahmen der Verfassungsänderung von 1887 wurde – wie im Vorangegangenen bereits erläutert – nicht nur der Kreis der Wahlberechtigten für die Zweite Kammer erweitert, sondern man erleichterte auch den Zugang zur Ersten Kammer. Zudem wurde die Größe des Parlaments verändert: Die Erste Kammer besaß fortan 50 und die Zweite Kammer 100 Mitglieder.
[6] Belinfante und de Reede schreiben über die damalige Regelung: „Vor 1917 legte Art. 80 der Verfassung von 1887 fest, dass die Mitglieder der Zweiten Kammer durch männliche Niederländer gewählt wurden, die über gesetzlich festgelegte Eignungsmerkmale und gesellschaftlichen Wohlstand verfüg-

dauernden Kontroversen beendet und das allgemeine Wahlrecht für Männer durchgesetzt werden.[7] Frauen besaßen fortan das passive Wahlrecht – die SDAP-Politikerin Suze Groeneweg war nach der Wahl 1917 die erste weibliche Abgeordnete im niederländischen Parlament. Nachdem man 1919 das allgemeine Wahlrecht für Frauen eingeführt hatte, konnten bei der Wahl im Jahr 1922 erstmals alle niederländischen Bürgerinnen und Bürger ihre Stimme abgeben.[8]

Im Zuge der Verfassungsreform des Jahres 1917 wurde auch das zuvor angewandte Mehrheitswahlrecht – dem Trend dieser Zeit folgend – durch das Verhältniswahlrecht abgelöst. Obwohl das Mehrheitswahlsystem in den Niederlanden vor dem Hintergrund der Segmentierung der Gesellschaft (Abschn. 3.1) nicht wie in anderen Ländern zur Herausbildung eines Zweiparteiensystems geführt hatte, veränderte sich durch diese Neuerung die niederländische Politik in der Folgezeit doch grundlegend.[9] Vor allem die Bedeutung der Parteien wuchs deutlich an – sie sind fortan zu den entscheidenden Trägern der Politik geworden. Bos und Loots schreiben über diese Entwicklung: „Unabhängige Parlamentarier mit einem eigenem (Wahlkreis-)Mandat, die gemäß ihrem eigenen Gewissen und nach Diskussionen im Parlament im Sinne des Allgemeinwohls stimmten, machten Ende des 19. und Anfang des 20. Jahrhunderts allmählich Platz für Parteivertreter, die nach Diskussionen innerhalb der Partei im Parlament die Reihen geschlossen hielten."[10] Die Einführung

---

ten. Diese Merkmale bestanden dann zum Beispiel in dem Bezahlen einer bestimmten Steuersumme oder in der Tatsache, dass man bestimmte Prüfungen abgelegt hatte." Belinfante und de Reede (2005, S. 64, Übersetzung durch den Verfasser). Wielenga weist darauf hin, dass sich die Zahl der wahlberechtigten Männer in Anbetracht der angesprochenen Entwicklungen deutlich erweiterte: Im Jahr 1900 konnte knapp die Hälfte von ihnen ihre Stimme abgeben, 1913 lag der entsprechende Anteilswert sogar bei etwa 67 %. Vgl. Wielenga (2008, S. 43).

[7] Um die Bedeutung der Ausweitung des Wahlrechts exemplarisch zu dokumentieren, sei an dieser Stelle darauf hingewiesen, dass die SDAP an den *Prinsjesdagen* der Jahre 1911 und 1912 in Den Haag Massendemonstrationen zur Durchsetzung des allgemeinen Wahlrechts organisierte. Diese Tage gingen als „*Rode Dinsdagen*" in die politische Geschichte der Niederlande ein.

[8] Frauen erhielten 1919 zunächst durch das Wahlgesetz das aktive Wahlrecht, die erforderliche Änderung der Verfassung wurde am 29. Dezember 1922 vorgenommen. Zu den Diskussionen über dieses Thema siehe: Post (2009, S. 35 ff.). Die ersten allgemeinen Wahlen der Niederlande fanden am 5. Juli 1922 statt. Im Rahmen der Verfassungsänderung von 1917 wurden auch die bis dahin noch geltenden spezifischen Anforderungen für ein Mandat in der Ersten Kammer aufgehoben.

[9] Über die Zeit vor 1917 schreiben Andeweg und Irwin: „It is important to note that numerous parties and groups participated in these elections and that single-member districts did not inhibit the development of a multi-party system (...). Even under the district system, up to eight parties or groups were represented in parliament." Andeweg und Irwin (2009, S. 96). Ausführliche Informationen zum Wahlrecht vor 1917 sind auf der Internetseite des Parlamentarischen Dokumentationszentrums an der Universität Leiden unter www.parlement.com zu finden. Der Übergang vom Mehrheits- zum Verhältniswahlrecht wird ausführlich analysiert in: Loots (2004).

[10] Bos und Loots (2004, S. 24, Übersetzung durch den Verfasser). Auch van der Kolk und Thomassen halten in diesem Zusammenhang fest, dass die Änderung des Wahlrechts im Jahres 1917 die Bildung moderner politischer Parteien stark förderte. Die Autoren schreiben zudem, dass die Parteien, fortan gut definierte Gruppen repräsentierten, einen hierarchischeren und zentralisierteren Aufbau erhielten und zudem zu den zentralen Trägern politischer Repräsentation wurden. Vgl. van der Kolk

des Verhältniswahlrechts im Jahr 1917 wurde und wird in Anbetracht der politischen Kultur der Niederlande und der gesellschaftlichen Zustände von den meisten Kommentatoren als überaus sinnvoll erachtet. Tromp schreibt beispielsweise, dass das neue System weitaus besser in der Lage war, die bestehenden politischen Unterschiede darzustellen.[11]

Seit 1917 wurde das niederländische Wahlrecht nicht mehr fundamental verändert.[12] Innerhalb des bestehenden Systems fanden jedoch einige Anpassungen bzw. Modifikationen statt, die hier Erwähnung finden sollen: Die Altersgrenze für das aktive und passive Wahlrecht wurde im Lauf der Zeit sukzessive verringert. Sie liegt bereits seit vielen Jahren sowohl in Bezug auf das aktive wie auch in Bezug auf das passive Wahlrecht für beide Kammern bei 18 Jahren. Im Jahr 1956 erhöhte man die Zahl der Abgeordneten in der Ersten (von 50 auf 75) und Zweiten Kammer (von 100 auf 150) deutlich. Der Grund für diesen Schritt lag – wie oben bereits erwähnt – in der allgemeinen Ausweitung des staatlichen Handelns, die mit einer erhöhten Arbeitsbelastung der Abgeordneten einherging. Die Veränderung führte dazu, dass sich die Sperrklausel für Parteien nochmals veränderte, seit 1956 muss eine Partei für den Einzug in die Zweite Kammer nicht mehr 1/100, sondern nur noch 1/150 (entspricht 0,667 %) der abgegebenen Stimmen erhalten. Ein hinsichtlich der Wahlbeteiligung wichtiger Schritt war 1970 die Aufhebung der bei Einführung des Verhältniswahlrechts verankerten Meldepflicht im Wahllokal.[13] Über den Hintergrund dieses Schrittes schreiben van Deth und Vis, dass in der zweiten Hälfte der 1960er Jahre die Auffassung Oberhand bekam, die Wähler sollten selbst bestimmen können, ob sie wählen gehen wollen oder nicht. Darüber hinaus erhoffte man sich lebendigere Wahlkämpfe, da die Parteien fortan nicht mehr auf eine treue Anhängerschaft zählen konnten.[14]

---

und Thomassen (2006, S. 121). Siehe hierzu auch: Raad voor het openbaar bestuur (2009, S. 11 f.), Ministerie voor bestuurlijke Vernieuwing en Koninkrijkrelaties (2003, S. 5 f.).

[11] Tromp (2005, S. 57).

[12] Andeweg und Irwin konstatieren in diesem Sinne: „The electoral system has remained remarkably unchanged since its introduction in 1917." Andeweg und Irwin (2009, S. 105). Eine Übersicht über die nach 1917 vorgenommenen Modifikationen am Wahlrecht findet sich bei: van der Kolk und Thomassen (2006, S. 123).

[13] Über den Hintergrund der Meldepflicht halten Andeweg und Irwin fest: „In the agreement in 1917 that led to universal male suffrage with proportional representation, it was reasoned that if all men (women followed in 1919) were to have the vote, then each vote should carry equal weight. Yet if some citizens chose not to vote, one could hardly determine what the proper proportions were to be. Thus it seemed only logical to require citizens to exercise this right, and a form of ‚compulsory voting' was introduced. Voters were not actually forced to vote, but were required by law to present themselves at the polling station on Election Day." Andeweg und Irwin (2009, S. 103 f.). Die Wahlbeteiligung bei den elf Parlamentswahlen, die zwischen 1925 und 1967 stattfanden, lag im Durchschnitt bei über 94 %. Auf kommunaler Ebene waren sehr ähnliche Beteiligungsquoten zu verzeichnen.

[14] Van Deth und Vis (2006, S. 119, Übersetzung durch den Verfasser). In einer offiziellen Veröffentlichung heißt es zum Thema, dass der Gesetzgeber keine rechtlichen Schritte mehr aufrecht erhalten wollte, er jedoch weiterhin von einer moralischen Verpflichtung der Bürger, an Wahlen zu partizipieren, ausgeht. Vgl. Kiesraad und Ministerie van Binnenlandse Zaken en Koninkrijkrelaties (2002, S. 8). Aktuelle Überlegungen zum Thema Meldepflicht bei Wahlen können nachvollzogen werden bei: Engelen (2007, S. 23 ff.).

5.1.2 Wahlbeteiligung und Wahlkämpfe

Seit der Aufhebung der Meldepflicht ist die Wahlbeteiligung in den Niederlanden – ebenso wie in Deutschland – je nach Wahlebene unterschiedlich (Abb. 5.1). Die höchsten Anteile sind bei den nationalen Wahlen zu verzeichnen. Bei den Wahlen zur Zweiten Kammer haben in der jüngeren Vergangenheit jeweils etwa 80 % der Wahlberechtigten ihre Stimme abgegeben, bei der Wahl 2010 lag dieser Wert mit 75,4 % unter diesem Durchschnitt.[15] Auf kommunaler Ebene partizipierten bei den letzten drei Wahlen in den Jahren 1998, 2002, 2006 und 2010 jeweils unter 60 % der Wahlberechtigten (2010: 54,1 %). Noch geringer ist in der Regel die Beteiligung bei den Wahlen zu den Provinzparlamenten (2011: 56,0 %) und zum Europäischen Parlament (2009: 36,8 %). Die Erklärung für die stark voneinander abweichenden Beteiligungsraten liegt im Wesentlichen darin, dass die Wähler den jeweiligen Wahlen unterschiedliche Bedeutungen beimessen. Über die Frage, inwiefern der Umstand, dass ein großer Anteil an Bürgern bei einer Wahl darauf verzichtet, sein Wahlrecht auszuüben, als problematisch zu bewerten ist, finden in den Niederlanden ebenso wie in Deutschland immer wieder Diskussionen statt. An dieser Stelle sei diesbezüglich lediglich auf Blais und Aarts hingewiesen, die die Wahlbeteiligung in verschiedenen europäischen Ländern verglichen haben und dabei zu der Erkenntnis gelangt sind, dass die Wahlbeteiligung in den Niederlanden keineswegs besonders niedrig und somit auch nicht als besorgniserregend zu bewerten ist.[16] In den letzten Jahren unternahm man verschiedene Bemühungen, um den Wählern ihren Weg zur Wahlurne zu erleichtern. So wurde es beispielsweise ermöglicht, die Stimme nicht nur in einem bestimmten, sondern in einem beliebigen Wahllokal in der jeweiligen Gemeinde oder sogar im Land abzugeben. Zudem wurden Wahllokale an gut besuchten Orten errichtet. Für wahlberechtigte Niederländer, die im Ausland leben oder arbeiten, verbesserte man die Möglichkeit, ihre Stimme per Internet zu übermitteln.[17]

---

[15] Zum Vergleich: Bei den Bundestagswahlen der Jahre 2002 und 2005 lag die Wahlbeteiligung bei jeweils knapp 80 %, bei der Wahl 2009 bei etwa 70 %.

[16] Vgl. Blais und Aarts (2006, S. 181 ff.). Die beiden Verfasser schreiben hier unter anderem: „Is there a turnout ‚problem' in the Netherlands? Turnout in the last two elections was 79 and 80 %. Is this high or low? The answer depends on one's expectation or normative view about what a ‚good' turnout is. If one believes that it is a moral obligation for citizens to participate at least minimally in the political process, the fact that one citizen out of five chooses not to vote is a cause for concern. If one starts with the assumption that it is not rational for people to take time to go and vote (and to collect information in order to decide which party or candidate to support) because the probability that their vote will matter (that is, it will decide the outcome of the election) is infinitesimal (…), then it is truly amazing that so many do cast their vote." Die Diskussion über die Bewertung der Wahlbeteiligung kann weiter nachvollzogen werden bei: Andeweg und Thomassen (2011, S. 44 ff.), van Deth und Vis (2006, S. 119 ff.), Engelen (2007, S. 23 ff.), Blömker (2005, S. 74 ff.)

[17] Zum Thema siehe: Kiesraad (2007, S. 23 ff.) Weitere Informationen zum Thema Nichtwahl sind zu finden in: van Deth und Vis (2006, S. 120 ff.).

Abb. 5.1 Wahlbeteiligung auf den unterschiedlichen Politikebenen (1970–2011)

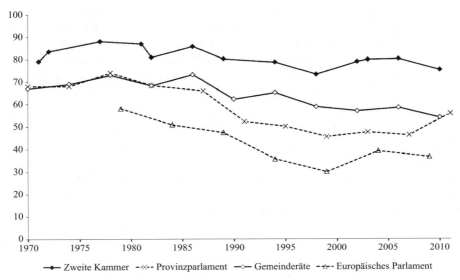

—◆— Zweite Kammer -×- Provinzparlament —◇— Gemeinderäte -▲- Europäisches Parlament

Quelle: www.verkiezingsuitslagen.nl; Eigene Darstellung

Den Wahlkämpfen kam in der Zeit der Versäulung, in der die Bevölkerung sich zum großen Teil stark mit einer Partei identifizierte, nur eine geringe Bedeutung zu.[18] Van Dooren weist dementsprechend darauf hin, dass zu dieser Zeit kaum um Wähler geworben wurde und Wahlen somit eher den Charakter von Volkszählungen trugen.[19] An anderer Stelle heißt es: „Wahlverhalten war eine Äußerung der Solidarität und Identifikation mit der Säule und nicht sosehr eine auf politischen Abwägungen beruhende Entscheidung."[20] Im Ergebnis führte die starke Verbundenheit vieler Wähler mit einer Gruppierung zum einen dazu, dass die niederländischen Wahlergebnisse über Jahrzehnte im hohen Maße vorhersehbar waren.[21] Zum anderen trugen die Wahlkampfaktivitäten vor diesem Hintergrund zumeist einen wenig professionellen und kaum auf die Gewinnung neuer Wählergruppen

---

[18] Bovend'Eert und Kummeling weisen darauf hin, dass sich die Wahlkämpfe in den Niederlanden vor allem durch die Einführung des Verhältniswahlrechts massiv verändert haben: „Während bei den Wahlkämpfen unter Anwendung des Mehrheitswahlrechts in Wahlkreisen die Emotionen oft hochkochten, ist das klassische Bild der Wahlen unter Anwendung des Verhältniswahlrechts in den ersten Jahrzehnten eines, das von größerer Geruhsamkeit geprägt ist." Bovend'Eert und Kummeling (2010, S. 94, Übersetzung durch den Verfasser).

[19] Vgl. van Dooren (2005, S. 87).

[20] Van Deth und Vis (2006, S. 125, Übersetzung durch den Verfasser).

[21] Andeweg und Irwin quantifizieren die Verschiebungen folgendermaßen: „On average, only 5 per cent of seats changed hands at elections between 1948 and 1963 (...)." Andeweg und Irwin (2009, S. 86). Van der Eijk und van Praag bestätigen diesen Sachverhalt: „In den fünfziger Jahren waren die parteipolitischen Kräfteverhältnisse sehr stabil und der Zugewinn von zwei oder drei Mandaten

ausgerichteten Charakter. Dieses Bild änderte sich in den 1960er Jahren vor dem Hintergrund der Schwächung der sozialen Milieus, die in den Niederlanden mit dem Begriff der „Entsäulung" beschrieben wird (Kap. 3).[22] Seither existiert in den Niederlanden eine bis heute weiterhin zunehmende Zahl an Wechselwählern (im Niederländischen: *zwevende kiezers*), die nicht oder zumindest nicht ausschließlich durch langfristige Wertorientierungen oder zum Teil schwer voneinander zu unterscheidende Programme, sondern eher durch eine geschickte Kandidatenauswahl sowie eine erfolgreiche Wahlkampfkampagne gewonnen werden können (Abschn. 3.2). Die Auseinandersetzungen zwischen den Parteien haben sich, da gerade diese Wählergruppen durch kurzfristige Faktoren gewonnen oder verloren werden können, deutlich belebt. Insbesondere die Wahlergebnisse der letzten Jahre, die durch häufige Umbrüche gekennzeichnet waren, zeigen deutlich, wie groß die Bandbreite an individuellen Erwartungen an die Parteien ist und wie volatil das Wahlverhalten der Niederländer hierdurch geworden ist. In der heutigen Situation halten van Deth und Vis hinsichtlich der niederländischen Wählerschaft zurecht fest, dass in Anbetracht der großen Verschiebungen von „dem niederländischen Wähler" nicht mehr die Rede sein kann, vielmehr in der Bevölkerung eine Vielzahl an Gruppen mit jeweils unterschiedlichen Grundlagen des Wahlverhaltens existiert. Zur Unüberschaubarkeit trägt bei, dass die Zusammensetzung dieser Gruppen nicht konstant ist, sondern sich immer wieder ändert.[23]

Vor dem soeben beschriebenen Hintergrund und begünstigt durch die neuen technischen Möglichkeiten hat sich das Wahlkampfengagement der Parteien in den letzten Jahren erheblich erhöht und professionalisiert.[24] Allerdings stehen den niederländischen Parteien im internationalen Vergleich eher geringe finanzielle Mittel für ihre Wahlkampfaktivitäten zur Verfügung. Die Tatsache, dass niederländische Parteien in Zukunft für ihre Wahlkämpfe stetig mehr Geld aufwenden müssen, erklärt sich zu einem großen Teil dadurch, dass sich die Formen des Wahlkampfes gewandelt haben. Seit etwa zehn Jahren finden niederländische Wahlkämpfe im Fernsehen und (zum Teil auch interaktiv) im Internet statt.[25] Abschließend ist auf eine Besonderheit niederländischer Wahlkämpfe hinzuweisen: Die meisten größeren Parteien lassen die ökonomischen und ökologischen Auswirkungen ih-

---

wurde schon als ein eklatanter Erfolg gefeiert." Van der Eijk und van Praag (2006, S. 126, Übersetzung durch den Verfasser).

[22] Elzinga und Voerman erläutern hierzu: „Im Lauf der sechziger Jahre ging das versäulte System infolge des zunehmenden Wohlstandes, der größeren sozialen Mobilität, der wachsenden Säkularisierung und des Aufkommens des Fernsehens in die Brüche. Wähler ließen sich in ihrem Stimmverhalten immer weniger durch Religion oder Klassenzugehörigkeit leiten und entwickelten sich teilweise zu Wechselwählern." Elzinga und Voerman (2002, S. 12, Übersetzung durch den Verfasser).

[23] Vgl. van Deth und Vis (2006, S. 127).

[24] Unter anderem Elzinga und Voerman weisen darauf hin, dass die Parteien sich in ihrer Wahlkampfführung immer stärker von externen Beratern wie Demoskopen, Textschreibern, Werbespezialisten, Medientrainern und Spindoktoren leiten lassen. Vgl. Elzinga und Voerman (2002, S. 15). Zum Thema siehe auch: Slotboom und Verkuil (2010, S. 107 ff.), Adriaansen und van Praag (2004, S. 146 ff.).

[25] Vgl. hierzu: Andeweg und Irwin (2009, S. 88 f.) Die Verwendung des Internets in Wahlkämpfen untersuchen: van Santen (2007, S. 156 ff.), Hagemann et al. (2004, S. 173 ff.).

rer Wahlprogramme vom CPB und PBL durchrechnen. Den Ergebnissen kommt bei der Bewertung der jeweiligen Pläne eine hohe Bedeutung zu.[26]

5.1.3 Zentrale Charakteristika des aktuellen niederländischen Wahlrechts

In der niederländischen Verfassung finden sich einige Bestimmungen, die für das Thema Wahlen von zentraler Bedeutung sind und auf deren Grundlage die weiteren rechtlichen Regelungen, unter anderem das Wahlgesetz, basieren.[27] Neben der Verankerung des allgemeinen Wahlrechts und den Angaben zur Mitgliederzahl in beiden Kammern enthält die Verfassung auch die Festlegung, dass bei den Wahlen in den Niederlanden das Prinzip der Verhältniswahl angewendet wird. Die Wahlen zur Zweiten Kammer finden turnusgemäß alle vier Jahre statt. Es kam jedoch in den letzten Jahrzehnten wiederholt und vor allem bei einem vorzeitigen Bruch einer Regierungskoalition zu vorgezogenen Neuwahlen. Im Ergebnis wurde beispielsweise in den 1980er Jahren viermal gewählt (1981, 1982, 1986 und 1989). Auch bei den letzten Wahlen der Jahre 2003, 2006 und 2010 handelte es sich um vorgezogene Neuwahlen, die nach dem vorzeitigen Auseinanderbrechen der Regierungen Balkenende I, II und IV erforderlich wurden.

Wenn eine politische Gruppe sich an einer Wahl beteiligen möchte, muss sie sich bei einer zentralen Instanz, dem *Kiesraad*, registrieren lassen.[28] Die Anmeldung wird bewilligt, sofern bestimmte formale und rechtliche Voraussetzungen erfüllt sind. Bei den letzten Wahlen haben sich jeweils zwischen 18 und 26 Parteien an der Wahl zur Zweiten Kammer beteiligt. Auf dem Stimmzettel tauchen die Parteien geordnet nach ihrem Ergebnis bei der letzten Wahl auf, bei den neuen Gruppierungen entscheidet das Los über ihre Anordnung.[29] Alle Parteien müssen vor der Wahl Kandidatenlisten vorlegen, wobei die

---

[26] Die Ergebnisse der vor der Wahl 2010 angestellten Berechnungen sind zu finden in: CPB und PBL (2010).

[27] So ist im Artikel 4 das Wahlrecht der Bürger verankert und die Artikel 53 bis 56 der niederländischen Verfassung besitzen eine grundlegende Bedeutung für die Wahlen zur Ersten und Zweiten Kammer.

[28] Die Aufgaben des *Kiesraad* liegen zum einen in der Bearbeitung von Fragen, die die Ausführung des Wahlrechts und der Wahlen betreffen. Zum anderen tritt der *Kiesraad* bei Wahlen zur Ersten und Zweiten Kammer sowie zum Europäischen Parlament als zentrales Wahlbüro auf. In der Theorie können auch unabhängige Kandidaten für ein Mandat kandidieren. Bovend'Eert und Kummeling weisen allerdings darauf hin, dass es in der Praxis nahezu unmöglich ist, ein Mandat zu erlangen, wenn man nicht von einer Partei zur Wahl aufgestellt wird. Vgl. Bovend'Eert und Kummeling (2010, S. 79 f.).

[29] Neue Parteien müssen eine Kaution in Höhe von 11.250 € bezahlen, sie erhalten das Geld zurück, wenn ihre Stimmenzahl 75 % des Wahlquotienten (siehe unten) übersteigt. Für weitere Informationen zum genauen Verfahren der Anmeldung zu einer Wahl sowie zu den konkreten Abläufen am Wahltag siehe: Bovend'Eert und Kummeling (2010, S. 83 ff.), Kiesraad/Ministerie van Binnenlandse Zaken en Koninkrijkrelaties (2002, S. 9 ff.), Instituut voor Publiek en Politiek (2008, S. 24 ff.) und

Verfahren, mittels derer diese Listen zustande kommen, in den einzelnen Gruppierungen zum Teil sehr unterschiedlich geregelt sind.[30] Die Niederlande wurden bei den Wahlen zur Zweiten Kammer aus administrativen Gründen traditionell in 19 Wahlbezirke aufgeteilt. Seit Oktober 2010 ist im Zuge der Auflösung der Niederländischen Antillen ein 20. Wahlbezirk hinzugekommen, der die Inseln Bonaire, Saba und St. Eustatius umfasst. In Bezug auf die Ergebnisse der Wahl hat die Einteilung in Wahlkreise keine Bedeutung, da diese auf nationaler Ebene berechnet werden. Die Parteien haben allerdings die Möglichkeit, in jedem Bezirk eine andere Liste zu präsentieren und damit einen regionalen Bezug ihrer Kandidaten herzustellen. Analysen deuten jedoch darauf hin, dass nur relativ wenige Wähler sich von derartigen Betrachtungen leiten lassen.[31] Für einen regionalen Bezug der Kandidaten zu den Wählern sind die Wahlbezirke offenbar zu groß, ist die unterschiedliche Praxis der Listenaufstellung zu unübersichtlich und ist insgesamt das politische Interesse in dem relativ kleinen Land zu sehr auf die nationale Ebene gerichtet. Bei der Wahl 2010 hat somit auch keine der teilnehmenden Parteien unterschiedliche Listen aufgestellt. Hinsichtlich der Wahlbezirke ist darauf hinzuweisen, dass neue oder sehr kleine Parteien oftmals aus finanziellen oder organisatorischen Gründen nicht in allen Wahlbezirken an der Wahl teilnehmen möchten oder können. In manchen Fällen fehlen den Parteien auch die erforderlichen 30 Unterschriften, die von neuen Gruppierungen pro Wahlbezirk vorgelegt werden müssen.[32]

Die Bürger geben ihre Stimme bei der Wahl nicht allgemein für eine Partei ab, sondern für einen Kandidaten auf der Liste der Partei.[33] Die Spitzenkandidaten (*lijsttrekker*) führen die Liste ihrer Partei in der Regel in allen Wahlbezirken an. Sie erhalten, da viele Niederländer durch ihre Stimme ihre allgemeine Parteipräferenz und nicht die Unterstützung für eine Person ausdrücken wollen, häufig mit Abstand die größte Stimmenzahl. Über die Position des jeweiligen Spitzenkandidaten einer Partei schreiben Andeweg und Irwin „His or her job is to pull the party to victory, and with the growing role of the media in campaigning, the importance of the ‚list-puller' has increased, becoming in many respects the personification of the party (at least for the duration of the campaign)."[34] Lange Zeit

---

Kiesraad (2007, S. 15 ff.). Informationen zum Thema finden sich zudem auf den Internetseiten des *Kiesraad* (www.kiesraad.nl) und des Innenministeriums (www.minbzk.nl).

[30] Vgl. hierzu: Andeweg und Irwin (2009, S. 82–85).

[31] Eine Untersuchung zur Wahl 2006 hat zu dem Ergebnis geführt, dass nur 9 % der Befragten angaben, auch deshalb für einen Kandidaten gestimmt zu haben, weil dieser aus einer bestimmten Region stammt. Vgl. van Holsteyn und Andeweg (2006, S. 118).

[32] Bovend'Eert und Kummeling weisen darauf hin, dass die entsprechende Vorgabe seit etwa zehn Jahren deutlich rigider gehandhabt wird, was sich insbesondere auf die Zulassung extremistischer Parteien auswirkt. Vgl. Bovend'Eert und Kummeling (2010, S. 83 f.).

[33] Neue Parteien und Parteien, die bei der letzten Wahl maximal 15 Mandate erhalten haben, dürfen maximal 50 Kandidaten auf ihrer Liste angeben. Bei Parteien, die bei der letzten Wahl mehr als 15 Mandate erhalten haben, kann diese Zahl auf bis zu 80 Kandidaten erhöht werden. In der Praxis führen diese Vorgaben, dass die niederländischen Bürger ihre Stimme auf einem sehr großen Stimmzettel abgeben müssen.

[34] Andeweg und Irwin (2009, S. 97).

5.1 Wahlen

wurde konstatiert, dass die Niederländer sich bei Wahlen rein parteien- und nicht kandidatenbezogen orientieren und demnach nahezu ausschließlich die erste Person auf der Liste einer Partei angekreuzt wird. De Meij und van der Vlies halten somit auch fest, dass man häufig auf die Aussage stößt, man entscheide sich im niederländischen Wahlsystem für politische Grundprinzipien und nicht für Personen.[35] In den letzten Jahren haben sich in dieser Hinsicht jedoch gewisse Verschiebungen ergeben, die im Ergebnis dazu führen, dass die Dominanz der Spitzenkandidaten tendenziell geringer wird. Bei der Wahl 2010 wurden etwa 85 % der Stimmen, die auf die zehn größten Parteien entfielen, für den jeweiligen Spitzenkandidaten abgegeben.[36]

Wenn die Wähler ihre Stimme einem anderen Kandidaten als dem Spitzenkandidaten geben, kann sich dies auf die Zusammensetzung des Parlaments auswirken. Ein Kandidat, der auf einem ungünstigen Listenplatz steht, jedoch eine bestimmte Zahl an (so genannten Vorzugs- bzw. Präferenz-)Stimmen erhält, kann nämlich unter gewissen Voraussetzungen das Mandat von einem über die Liste abgesicherten Bewerber erhalten. Die Festlegung bezüglich der so genannten Präferenzstimmen wird allgemein damit begründet, dass dieses Verfahren die Einflussmöglichkeiten der Bürger auf die Zusammensetzung der Zweiten Kammer erhöhen soll. Die Bedeutung dieser Regelung war lange Zeit äußerst gering. Sie ist seit 1997 jedoch gewachsen, weil zu dieser Zeit die entsprechende Hürde deutlich herabgesetzt wurde – seither haben mehrere Kandidaten den Einzug in das Parlament ihren Vorzugsstimmen zu verdanken.[37] Seit der vorgenommenen Änderung muss ein Kandidat, um ein Mandat von einem auf der Liste über ihm platzierten Bewerber zu erhalten, eine Zahl an Stimmen erhalten, die 25 % des sogenannten Wahlquotienten entspricht (sogenannter *voorkeursdrempel*). Der Wahlquotient errechnet sich aus der Zahl der gültigen Stimmen geteilt durch die Zahl der verfügbaren Mandate (150). Vor der Neuregelung lag die entsprechende Marke bei 50 % des Wahlquotienten. Bei allen Wahlen bis 1998 erhielten nur drei Politiker genügend Vorzugsstimmen, um die von der Partei vorgegebene Reihenfolge zu durchbrechen. Mit der Neuregelung hat sich die Situation gewandelt: Allein bei den drei Wahlen zwischen 1998 und 2003 gelang fünf Kandidaten wegen ihrer Vorzugsstimmen der Einzug in die Zweite Kammer. Bei der Wahl 2006 erhielten 27 Kandidaten genug Stimmen, um über ihre Vorzugsstimmen einen Platz im Parlament beanspruchen zu können. Von diesen waren 26 allerdings bereits durch ihren Listenplatz abgesichert. Lediglich die D66-Kandidatin Fatma Koser Kaya, die über 34.500 Präferenzstimmen erhielt, war nicht gleichzeitig auch durch ihren (sechsten) Listenplatz zum Einzug in das Parla-

---

[35] Vgl. de Meij und van der Vlies (2004, S. 61). Zum Thema siehe auch: van Wijnen (2000, S. 430 ff.).
[36] Den höchsten Wert konnte Geert Wilders von der PVV (94,7 %) verzeichnen, den niedrigsten Wert verbuchte Jan Peter Balkenende vom CDA (73,9 %). Bei der Wahl 2006 haben weniger als 80 % der Niederländer die erste Person auf der jeweiligen Liste gewählt. Besonders auffallend war bei dieser Wahl, dass mit Rita Verdonk erstmals in der niederländischen Geschichte eine Person die meisten Stimmen für ihre Partei erhalten hat, die nicht auf dem ersten (sondern auf dem zweiten) Platz der Parteiliste stand. Zum Thema siehe: van Holsteyn und Andeweg (2006, S. 107 ff.).
[37] Für ausführlichere Informationen siehe: Bovend'Eert und Kummeling (2010, S. 82 f.), Andeweg und Irwin (2009, S. 102 f.), Andeweg (2006, S. 240 f.).

ment berechtigt, da ihrer Partei, der D66, auf Grundlage ihres Wahlergebnisses nur drei Mandate zukamen. Sie erhielt daraufhin das Mandat ihres Kollegen Bert Bakker, der bei der Wahl auf Listenplatz 3 stand und dessen Präferenzstimmenzahl nicht ausreichte, um den Anspruch auf einen Platz im Parlament verteidigen zu können. Bei der Wahl 2010 lag die Hürde bei 15.694 Stimmen. Zwei Kandidatinnen, Sabine Uitslag vom CDA und Pia Dijkstra von der D66, profitierten von der Regelung. Uitslag stand auf dem 31. Platz der Parteiliste und erhielt mit ihren 15.933 Vorzugsstimmen das 21. Mandat. Bei Dijkstra ergab sich eine noch spannendere Situation: Mit 15.705 Vorzugsstimmen erreichte sie elf Stimmen mehr als erforderlich und rückte somit vom 13. auf den 10. Listenplatz ihrer Partei vor.

Das Prinzip der Verhältniswahl hat den zentralen Vorteil, dass sich das Wahlergebnis relativ genau in der späteren Zusammensetzung des Parlaments widerspiegelt. Nichtsdestoweniger ist selbstverständlich ein Verfahren erforderlich, mit dem die Umrechnung der Wählerstimmen in Parlamentssitze erfolgt. In den Niederlanden wird in einem ersten Wahlschritt der Wahlquotient errechnet. Im Anschluss werden dann die „vollen Mandate" auf die verschiedenen Gruppierungen verteilt. Parteien, die kein volles Mandat erreicht haben, werden im Anschluss nicht mehr berücksichtigt. Auch wenn dies häufig anders zu lesen ist, stimmt es somit nicht, dass in den Niederlanden keine Sperrklausel existiert – um Zugang zum Parlament zu erhalten, muss eine Partei genügend Stimmen für ein volles Mandat erhalten. Erfahrungsgemäß entspricht dies rund 60.000 Stimmen (2010: 62.773), wobei dieser Wert selbstverständlich je nach Zahl der Wahlberechtigten und Höhe der Wahlbeteiligung variiert. Lediglich durch die Verteilung der Restsitze kann eine Partei den Einzug in das Parlament folglich nicht schaffen.[38] Die verbleibenden „Restmandate" werden dann nach der Methode der größten Durchschnitte verteilt, die im Ergebnis größere Parteien leicht bevorzugt. Aus diesem Grund ist es den kleineren Parteien möglich, bei den entsprechenden Berechungen wirksame Listenkombinationen einzugehen, durch die ihre Ergebnisse bei der Verteilung der Restzettel gebündelt werden, was ihre Chance auf ein zusätzliches Mandat erhöht.

Um das soeben beschriebene Prozedere zu verdeutlichen, wird im Folgenden die Berechnung der Mandate nach der Wahl 2010 nachvollzogen (Tab. 5.1). Bei dieser Wahl wurden insgesamt 9.416.001 gültige Stimmen abgegeben. Der Wahlquotient lag somit bei 62.773 Stimmen (Stimmenzahl geteilt durch 150). Alle Parteien, die weniger Stimmen erhielten, verfehlten den Einzug in das Parlament.[39] In einem zweiten Schritt wurden die vollen Mandate verteilt, wobei hierbei Listenverbindungen Berücksichtigung fanden. Bei der Wahl 2010 gingen die PvdA und GL sowie die CU und die *Staatkundig-Gereformeerde Partij* (SGP) eine Listenverbindung ein. Da durch die vollen Mandate nur 144 der 150 Par-

---

[38] Die Sperrklausel lag bis 1937 bei weniger als einem vollen Mandat, die Verschärfung erklärt sich dadurch, dass man die Zahl der Parteien im Parlament reduzieren wollte.

[39] *Trots op Nederland* (TON) erhielt unter den Parteien, die den Einzug in die Zweite Kammer verfehlten, die meisten Stimmen (knapp 53.000), der Stimmanteil dieser Gruppierung lag bei 0,56 %. Nähere Erläuterungen zum Wahlergebnis 2010 sind einzusehen bei: Kiesraad (2010).

5.1 Wahlen

Tab. 5.1 Prozedere der Mandatsverteilung nach der Wahl 2010

Partei/Liste	Stimmen	Wahl-quotient	Stimmen/Wahl-quotient	„Volle" Mandate	„Volle" Mandate +1		Stimmen pro Mandat
PvdA/GroenLinks	2.476.901	62.773	39,46	39	40		61.923
VVD	1.929.575	62.773	30,74	30	31	⇒	62.244
PvdV	1.454.493	62.773	23,17	23	24		60.604
CDA	1.281.886	62.773	20,42	20	21		61.042
SP	924.696	62.773	14,73	14	15		61.646
D66	654.167	62.773	10,42	10	11		59.470
CU/SGP	468.675	62.773	7,47	7	8		58.584
Partij voor de Dieren	122.317	62.773	1,95	1	2		61.159

Quelle: Eigene Darstellung

lamentssitze vergeben wurden, mussten die sechs verbleibenden Mandate auf die Parteien aufgeteilt werden. Hierbei fand die Methode der größten Durchschnitte Verwendung, nach der jeder Partei zunächst ein mögliches zusätzliches Mandat zugeordnet wird. In einem zweiten Schritt wird dann berechnet, wie viele Stimmen bei den einzelnen Parteien für ein Mandat stehen. Die Partei mit dem höchsten Wert erhält das entsprechende Mandat. Tabelle 5.1 ist zu entnehmen, dass die VVD den ersten sogenannten *restzetel* erhalten hat. Das Verfahren wurde dann so oft wiederholt, bis alle 150 Mandate vergeben waren. In einem letzten Schritt wurde die Verteilung der Sitze innerhalb der Listenkombinationen berechnet.[40]

5.1.4 Vorzüge und Nachteile des niederländischen Wahlrechts

Wenn man die positiven und negativen Punkte eines Wahlrechts beleuchten will, sollte man sich zunächst vergegenwärtigen, welche Funktionen dieses erfüllen soll. Wie oben beschrieben wurde, bestimmen, kontrollieren und legitimieren die Bürger in repräsentativen Systemen durch ihre Stimmabgabe ihre politischen Vertreter, denen es dann obliegt, die Forderungen ihrer Wähler in konkrete Politik umzusetzen. Durch das Wahlrecht soll einerseits gewährleistet werden, dass das Votum der Bürger sich möglichst direkt in der Besetzung des Parlaments widerspiegelt und die dortigen Machtverhältnisse somit den politischen Präferenzen der Bevölkerung entsprechen. Gleichzeitig soll das Votum der Bürger

---

[40] Die genaue Berechnung der Mandatsverteilung kann auf der Homepage des *Kiesraad* eingesehen werden.

so umgesetzt werden, dass eine funktionsfähige Regierung gebildet werden kann. Neben diesen beiden Kriterien lassen sich noch verschiedene andere Aspekte finden, die für oder gegen ein bestimmtes Wahlrecht sprechen können. Beispielsweise kann die Frage nach der Legitimität bzw. Adäquatheit wahlrechtlicher Bestimmungen vor dem Hintergrund nationaler Traditionen und Wertvorstellungen gestellt werden oder die Verständlichkeit eines Wahlsystems in dessen Bewertung einbezogen werden. Grundlegend ist zu sagen, dass kein Wahlrecht alle heranzuziehenden Kriterien optimal erfüllen kann – beispielsweise wird ein Verhältniswahlsystem zwar die Stärke der politischen Strömungen in der Bevölkerung besser abbilden können als ein Mehrheitswahlsystem, andererseits befördern Mehrheitswahlsysteme in der Regel eher klare politische Verhältnisse, was die Bildung von stabilen Regierungen erleichtert. Im Folgenden sollen nun nicht die allgemeinen Diskussionen über verschiedene Wahlsysteme aufgegriffen, sondern die spezifisch niederländischen Kontroversen zum Thema Wahlrecht betrachtet werden. Zunächst werden dabei einige zentrale Stärken und Schwächen der seit 1917 in nahezu unveränderter Form geltenden Regelungen erörtert.

Ein eindeutiger Vorzug des in den Niederlanden angewendeten Verhältniswahlrechts besteht darin, dass das Wählervotum sich nach der Wahl sehr genau in der Zusammensetzung der Zweiten Kammer widerspiegelt und in dieser Beziehung somit ein hohes Maß an Gerechtigkeit erzielt wird. Anders als in Ländern, in denen ein Mehrheitswahlrecht oder, wie in Deutschland, eine hohe Sperrklausel verwendet wird, ist das Ausmaß der als überaus problematisch zu beurteilenden Stimmentwertung in den Niederlanden zudem sehr gering.[41] Ein offensichtliches Ergebnis der niedrigen Sperrklausel besteht darin, dass im niederländischen Parlament stets weitaus mehr Fraktionen vertreten sind als beispielsweise im deutschen Bundestag (Abb. 5.2).[42] Die niedrige Sperrklausel befördert folglich zweifelsohne die Chancen von kleineren bzw. neuen Parteien. Auf diese Weise finden auch viele unterschiedliche Anliegen einen Zugang zum parlamentarischen System – durch diese Offenheit des Systems finden neue gesellschaftliche Strömungen relativ leicht Zugang in das Parlament, was einer Kluft zwischen Gesellschaft und Politik vorbeugen kann.[43]

Im Vorangegangenen wurde festgehalten, dass die Form eines Wahlrechts im Einklang zu den politischen und gesellschaftlichen Traditionen eines Landes stehen sollte. Es wurde

---

[41] Zur Veranschaulichung dieses Punktes: Bei den Wahlen 2006 und 2010 erhielten die später im Parlament vertretenen Parteien zusammen jeweils beinahe 99 % der abgegebenen Stimmen. Somit entfiel bei beiden Wahlen nur rund 1 % der Stimmen auf Parteien, die nicht den Einzug in die Zweite Kammer schafften.

[42] Nach van Dooren gehören die niederländischen Regelungen weltweit zu den Wahlsystemen, die in Bezug auf die Konzentration des Parteiensystems am wenigsten Wirkung entfalten. Vgl. van Dooren (2005, S. 84).

[43] Anhand der 1960er Jahre, in denen neue politische Forderungen aufkamen, kann dieser Vorzug des niederländischen Wahlrechts sehr gut demonstriert werden: Anders als in Deutschland gelang verschiedenen Gruppen, die die neuen Anliegen vertraten, der Einzug in das Parlament, was einer Kluft zwischen Politik und Gesellschaft – wie sie zu dieser Zeit in Deutschland zu beobachten war – vorbeugte. Zum Thema siehe: Wielenga (2001, S. 137 ff.).

5.1 Wahlen

Abb. 5.2 Zahl der Parteien in der Zweiten Kammer

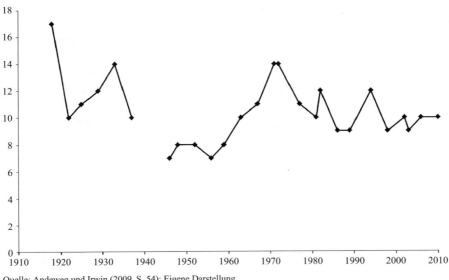

Quelle: Andeweg und Irwin (2009, S. 54); Eigene Darstellung

und wird allgemein anerkannt, dass das Verhältniswahlrecht am ehesten in der Lage ist, die verschiedenen politischen Strömungen in den Niederlanden abzubilden und ihnen einen angemessenen Platz im politischen Geschehen einzuräumen. Dementsprechend basieren auch alle bedeutenden Reformvorhaben der letzten Jahrzehnte auf der Überlegung, dass das in der niederländischen Verfassung verankerte Bekenntnis zum Verhältniswahlrecht nicht angetastet werden sollte und Reformen auf dieser Grundlage durchgeführt werden müssen. Positiv hervorzuheben ist zudem die – beispielsweise im Vergleich zum deutschen Wahlrecht – leichte Verständlichkeit des derzeit in den Niederlanden praktizierten Systems, die sich positiv auf dessen Akzeptanz auswirkt.

Zentrale Kritikpunkte, die in Bezug auf das niederländische Wahlrecht seit Jahrzehnten immer wieder zu hören sind, lauten, dass dieses der Entwicklung von klaren Wahlalternativen schade, die Regierungsbildung erschwere und zudem die Stabilität der niederländischen Kabinette gefährde. Die Grundlage dieser Kritik besteht in dem oben bereits erwähnten Umstand, dass bei jeder Wahl vergleichsweise vielen Parteien der Einzug in die Zweite Kammer gelingt und jedes Wahlergebnis folglich sehr unterschiedliche Möglichkeiten der Koalitionsbildung zulässt. Die oftmals unklaren Wahlausgänge tragen dazu bei, dass die Parteien, um sich nicht selbst bestimmter Optionen zu berauben, im Wahlkampf zumeist keine klaren Aussagen für oder gegen bestimmte Regierungsbündnisse treffen. Aus diesem Grund blieben polarisierende Inhalte und scharfe Konfrontationen, die einen späteren Koalitionszusammenschluss verhindern würden, vor den Wahlen bisher eher die

Ausnahme.⁴⁴ Die eher defensive Ausrichtung der Wahlkämpfe entsprach dabei in der Vergangenheit auch der politischen Kultur in den Niederlanden, die ein zu aggressives bzw. konfrontatives Auftreten als wenig Erfolg versprechend erscheinen ließ.⁴⁵ Sie ist gleichzeitig auch als Problem zu bewerten, weil den Wählern keine klaren Alternativen geboten werden.

Die Auswirkungen des bestehenden Wahlrechts auf die Regierungsbildung (Abschn. 5.2) werden vor dem eben angesprochenen Hintergrund vielfach kritisch bewertet. Kritiker formulieren die Auffassung, dass die Vielzahl an im Parlament vertretenen Parteien Entscheidungsfindungen grundsätzlich verkompliziert. Van Deth und Vis halten hierzu allgemein fest: „Das niederländische System der strikten Proportionalität führt zwar zu einer präzisen Abbildung bezüglich der Anhängerschaft der verschiedenen politischen Strömungen, macht aber die Beschlussfassung zumeist nicht einfacher und tatkräftiger."⁴⁶ Hinsichtlich der Regierungsbildung sprechen Bovend'Eert und Kummeling davon, dass das aktuelle Verhältniswahlrecht mit einer „strukturellen Ergebnislosigkeit" von Wahlen einhergehe, die die Bildung von Koalitionen erschwere.⁴⁷ Zudem ist es aufgrund der durch das Wahlrecht hervorgerufenen unklaren Mehrheitsverhältnisse für die Wähler bei ihrer Stimmabgabe häufig kaum vorherzusehen, zu welchen Koalitionsabkommen und -inhalten das Wahlergebnis führen wird. Dieser Punkt ist nicht nur in Bezug auf die Wahlentscheidung des Bürgers problematisch, er wirkt sich auch negativ auf die Akzeptanz der entstehenden Regierungsbündnisse aus. Zudem wird kritisiert, dass durch die Notwendigkeit der Koalitionsbildung zwischen verschiedenen Parteien alle Inhalte verhandelbar wirken, was der geforderten Klarheit der Politik widerspricht.⁴⁸

Den Zusammenhang zwischen der Zahl der Parteien im Parlament und der Stabilität der Regierungen erläutert Andeweg auf eingängige Weise: „Put simply: the more parties in parliament, the higher the probability of conflicts between and within these parties, and the more conflicts in parliament, the higher the probability that such a conflict brings down the government prematurely."⁴⁹ Das niederländische Wahlrecht mit seiner niedrigen Sperrklausel befördert die in Anbetracht dieser Aspekte nicht nur positiv, sondern durch-

---

[44] Vgl. hierzu: van der Brug und van Praag (2007, S. 455 f.). In den letzten Wahlkämpfen ist festzustellen, dass die Parteien immer offensiver versuchen, Stimmung gegen politische Konkurrenten zu machen. Vgl. hierzu: Walter (2007, S. 135 ff.), van Dooren (2005, S. 87).

[45] Inwiefern die Erfolge Pim Fortuyns oder auch Geert Wilders', die durch ihr Auftreten und ihre Inhalte polarisierten und vergleichsweise harte Töne gegen ihre politischen Mitbewerber anschlugen, zu einer dauerhaften Veränderung der niederländischen Wahlkämpfe führen werden, wird sich erst im Lauf der nächsten Jahre herausstellen.

[46] Van Deth und Vis (2006, S. 118, Übersetzung durch den Verfasser). Ähnliche Einschätzungen finden sich bei: Sitalsing und Wansink (2010, S. 55 ff.).

[47] Vgl. Bovend'Eert und Kummeling (2010, S. 90). Mair schreibt hierzu: „Elections are scarcely decisive, in the sense that the issue of who governs, and in which combination of parties, remains stubbornly within the hands and bargaining capacities of the post-election elites." Mair (2008, S. 247).

[48] Vgl. Sitalsing und Wansink (2010, S. 21 ff.).

[49] Andeweg (2006, S. 237 f.).

5.1 Wahlen

aus auch als problematisch anzusehende Parteienvielfalt auch deshalb, weil Gruppierungen oder Personen, die sich von einer bestehenden Partei abspalten, darauf hoffen können, bei Wahlen vergleichsweise leicht wieder einen Zugang zum niederländischen Parlament zu erhalten. Der parteiinterne Zusammenhalt ist somit in den Niederlanden häufig geringer als beispielsweise in Deutschland oder insbesondere in Ländern, in denen ein Mehrheitswahlrecht Verwendung findet.[50]

Aus der Tatsache, dass im bestehenden Wahlsystem – anders als in der Zeit vor 1917 oder aktuell beispielsweise in Deutschland – keine Wahlkreise vorgesehen sind, in denen die Abgeordneten ihr Mandat gewinnen müssen, ziehen Kritiker weiterhin den Schluss, dass die Politiker zu wenig Anreiz haben, in direkten Kontakt zur Wählerschaft zu treten.[51] Van Dooren weist ebenso wie verschiedene andere Forscher darauf hin, dass die viel diskutierten Probleme, die in Bezug auf die Beziehung zwischen Wählern und Gewählten ausgemacht werden, zu einem großem Teil darauf zurückgeführt werden können, dass die Bindungen der Parlamentarier zur Bevölkerung zu schwach sind und viele Bürger die Mehrheit ihrer Repräsentanten kaum oder nicht kennt.[52] Thomassen und Esaiasson halten somit fest: „Under the current system, MPs (Members of Parliament) can hide behind the back of the party leader and live an anonymous life without being personally accountable to a specific electorate."[53]

In diese Kritik herein spielt auch eine negative Bewertung darüber, wie die Kandidaten für das Parlament ausgewählt werden. Die Listen, mit denen die Parteien antreten, werden von den einzelnen Gruppierungen erstellt, ohne dass die (nicht in einer Partei organisierten) Wähler hierauf einen direkten Einfluss hätten oder weitreichende rechtliche Regelungen zu beachten wären.[54] In der politischen Praxis bestand und besteht das

---

[50] Der Stammbaum der niederländischen Parteien (siehe Abschn. 6.2) ist folglich durch eine Vielzahl an Abspaltungen geprägt. In den letzten Jahren fanden insbesondere zwei Abspaltungen von der VVD große Beachtung: Geert Wilders verließ die Partei Ende 2004 und gründete die PVV; Rita Verdonk rief 2007 ihre neue Gruppierung TON ins Leben.

[51] Thomassen und Esaiasson schreiben hierzu: „Formally, there are 19 electoral districts, but for the determination of the number of seats a party has won, the whole country is treated as a single district in which political parties compete on the basis of a list system. Therefore, the electoral system in the Netherlands leads to the expectation that Dutch MPs have fewer incentives to see themselves as representatives of a particular geographically defined constituency than their counterparts in almost any other country in the world." Thomassen und Esaiasson (2006, S. 221). Siehe hierzu auch: Bovend'Eert und Kummeling (2010, S. 100 f. und S. 104 ff.).

[52] Vgl. van Dooren (2005, S. 85).

[53] Thomassen und Esaiasson (2006, S. 217). Bovend'Eert und Kummeling, die sich in ihrem Buch zum niederländischen Parlament ausführlich mit dem Wahlsystem beschäftigen, mahnen in dieser Hinsicht Veränderungen an: „Angesichts der hier behandelten – miteinander zusammenhängenden – Probleme, die sich größtenteils aus der Tatsache herleiten, dass das Wahlsystem die Volksvertreter im unzureichenden Maße zwingt, sich gegenüber dem Wähler zu verantworten, gibt es genügend Anlass, das personelle Element in unserem Wahlsystem zu verstärken." Bovend'Eert und Kummeling (2010, S. 107, Übersetzung durch den Verfasser).

[54] Hazan und Voerman schreiben hierzu: „In the Netherlands parties are free to organize themselves. Unlike Germany and Finnland, the Dutch State has never interfered with the way in which parties

Prozedere bei den meisten Parteien darin, dass die Parteiführung eine Kommission einrichtet, die nach internen Beratungen eine Liste zur Abstimmung stellt. Diese Liste wird nachträglich zumeist nicht mehr signifikant geändert. Für ein solches Vorgehen spricht selbstverständlich, dass auf diesem Weg Experten für verschiedene Bereiche leichter der Weg in das Parlament geebnet und zudem ein gewisser Proporz zwischen unterschiedlichen Bevölkerungsgruppen hergestellt werden kann. Argumente gegen eine derartige Zusammenstellung der Listen lauten, dass erstens oftmals einige wenige Personen über die Auswahl der potentiellen Abgeordneten entscheiden und die Kandidaten zweitens im hohen Maße abhängig von den Beschlüssen sind, die auf der Ebene der Parteiführungen getroffen werden.[55] Der Wertschätzung, die einem Politiker von der Bevölkerung entgegengebracht wird, kommt – wenn man von den Spitzenpositionen absieht – hingegen nur eine untergeordnete Rolle zu.[56] Zudem wird in kritischen Kommentaren auch die Qualität der Mandatsträger kritisch bewertet: „Many emphasize that we need better, stronger and more passionate politicians. This demands a better selection of individual members of parliament. Until now, quality has not always seemed to be a criterion for selection."[57] Nach Meinung von Kritikern führt das derzeit häufig verwendete Auswahlverfahren im Ergebnis dann dazu, dass viele wenig bekannte Personen ein Mandat erhalten, die keine direkte eigene Legitimation besitzen, was sich auch auf ihr Auftreten gegenüber der eigenen Partei und der Stellung des Parlaments insgesamt gegenüber der Regierung auswirkt.[58]

---

select their candidates for representative bodies. The electoral law does regulate a number of formal aspects of the candidate selection process, but the parties determine their candidate selection procedures at their own discretion." Hazan und Voerman (2006, S. 155). An anderer Stelle heißt es: „The Dutch system is designed to enable almost any party, including extremely small ones, to enter parliament. At the same time, it is a system giving much weight to national party machines." Van der Kolk und Thomassen (2006, S. 119).

[55] Bos und Loots weisen auf den interessanten Umstand hin, dass der große Einfluss der Parteiführungen auf die Kandidatenlisten schon in den 1920er Jahren einen Gegenstand heftiger Kritik darstellte. Vgl. Bos und Loots (2004, S. 25 f.).

[56] Nach van der Kolk und Thomassen liegt hier auch ein Grund, warum das niederländische Wahlsystem im Ausland zum Teil kritisch bewertet wird: „although it is often presented as an empirical example of proportionality, it is seldom set as a normative example worthy of imitation, mainly because a nationwide district is considered to give national parties too much power." Van der Kolk und Thomassen (2006, S. 119). Im Lauf der letzten Jahre ist, unter anderem vor dem Hintergrund der eben angesprochenen Kritik, in einigen Parteien eine Tendenz festzustellen, den Mitgliedern mehr Mitspracherecht beispielsweise bei der Benennung des Spitzenkandidaten oder auch bei der Auswahl und Platzierung von Kandidaten zu geben. Vgl. hierzu: Hazan und Voerman (2006, S. 155 ff.)

[57] Michels (2008, S. 480).

[58] Zu diesen Punkten siehe auch: Ministerie voor bestuurlijke Vernieuwing en Koninkrijkrelaties (2003, S. 9 f.) Zum Verhältnis zwischen Parlament und Regierung sowie vor allem den Auswirkungen des Wahlrechts auf dieses Verhältnis siehe: Andeweg (2006, S. 232 ff.).

5.1.5 Das niederländische Wahlrecht in der Diskussion

In den Niederlanden wird seit Jahrzehnten mit im Lauf der Zeit immer wieder unterschiedlicher Intensität über das Erfordernis zur Durchführung von Veränderungen am politischen System diskutiert (Kap. 2). In den Kontroversen über Modifikationen an den politischen Prozessen richtet sich der Blick auch immer wieder auf die Veränderung des Wahlrechts. Einige Autoren weisen sogar darauf hin, dass die geltenden Wahlrechtsbestimmungen seit ihrer Entstehung im Jahr 1917 fortdauernd Gegenstand kritischer Betrachtungen waren.[59] Insbesondere seit den 1960er Jahren, in denen Forderungen nach mehr Partizipation und einer Verbesserung des Verhältnisses zwischen Bürgern und Politik stark aufkamen, wurde immer wieder über mögliche Verbesserungen diskutiert.[60] Im Folgenden wird nach einem kurzen zeitlichen Überblick vor allem auf zwei konkrete Vorschläge eingegangen, die die niederländische Politik in den letzten Jahren intensiv behandelte.

Um etwaige Verbesserungsmöglichkeiten im politischen System der Niederlande zu untersuchen, wurden in den vergangenen Jahrzehnten nicht nur Kontroversen innerhalb von und zwischen Parteien geführt, sondern auch immer wieder Kommissionen von der Regierung eingesetzt, die sich mit relevanten Fragen beschäftigen sollten.[61] Ein Teil dieser Kommissionen untersuchte dabei auch die Frage, inwiefern eine Veränderung des Wahlrechts sich positiv auf die niederländische Demokratie auswirken könnte. Die 1967 installierte Kommission unter Leitung des ehemaligen Ministerpräsidenten Jo Cals und des Staatsrechtlers André Donner beschäftigte sich beispielsweise mit der Frage, ob Kandidaten per Direktwahl aus Wahlkreisen in das Parlament gewählt werden sollten. Ihre diesbezüglichen Überlegungen wurden von der damaligen Regierung allerdings nicht aufgegriffen. Auch die in den folgenden Jahren von Seiten der Opposition angestellten Bemühungen zur Realisierung von Wahlrechtsreformen blieben ohne Ergebnis. Das Thema Wahlrecht wurde auch von der 1990 eingesetzten Kommission De Koning erörtert, die sich gegen die Übernahme des deutschen Wahlrechts und die Einführung eines auf Wahlkreisen basierenden Systems, jedoch für die Aufwertung der Präferenzstimmen aussprach.[62] Eine entsprechende Änderung, die die Relevanz der Präferenzstimmenregelung erhöhte, wurde, wie oben bereits erwähnt, 1997 vorgenommen. Ein Gesetzesantrag, der darauf abzielte, die zur Ver-

---

[59] Siehe hierzu: Bos und Loots (2004, S. 25 ff.), Andeweg und Irwin (2009, S. 105 ff.).
[60] Zu den Vorstellungen der D66, die in den 1960er Jahren die Kontroversen über Reformen bezüglich des Wahlrechts entscheidend anstieß, siehe: Bos und Loots (2004, S. 27 ff.).
[61] Andeweg und Irwin weisen darauf hin, dass in den letzten Jahrzehnten intensive Diskussionen geführt wurden „and no fewer than seven major governmental comissions have held investigations and made recommendations, but virtually no action has been taken." Andeweg und Irwin (2009, S. 105 f.). Von den politischen Parteien drängten vor allem die D66 und in Teilen auch die PvdA in den 1960er Jahren auf die Einrichtung von Wahlkreisen.
[62] Gegen das deutsche Wahlrecht sprach der Kommission zufolge vor allem, dass dieses zu kompliziert sei und zudem die Bindung zwischen Wähler und Gewählten nicht in einem wünschenswerten Maße verbessere.

änderung der Kandidatenreihenfolge erforderliche Zahl an Präferenzstimmen weiter zu verringern, wurde Ende 2005 eingereicht und Mitte 2006 behandelt. Vor dem Hintergrund der damaligen Regierungskrise fand allerdings keine Abstimmung über ihn statt. Der im Kabinett Balkenende III (2006–2007) neu eingesetzte Minister Atzo Nicolai (VVD) zog den Gesetzesvorschlag Anfang September 2006 zurück, da er die positiven Effekte der Änderung als gering ansah und zugleich der Gefahr der Klientelpolitik vorbeugen wollte.[63] Die aktuell gültige Regelung ist nach Andeweg trotz der Ende der 1990er Jahre vorgenommenen Änderung weiterhin wenig wirkungsvoll: „the impact of preference is still marginal, and candidates have little reason to campaign for preference votes."[64] Zu berücksichtigen ist hierbei auch, dass Bemühungen um den Erhalt von Präferenzstimmen von Seiten vieler Parteien ungern gesehen werden und die Präferenzstimmenregelung zum Teil sogar vollständig ausgehebelt wird: „In general, parties have discouraged the casting of preference votes and in some cases have even gone so far as to require candidates to sign agreements that they would refuse election if chosen in this fashion."[65]

Nach dem Amtsantritt der aus PvdA, VVD und D66 bestehenden violetten Koalition im Jahr 1994, wurden – insbesondere auf Initiative der D66 hin – wieder verschiedene Modelle zur Veränderung des Wahlrechts diskutiert. Der Vorschlag, auf den sich die Regierung nach Analyse verschiedener Modelle und basierend auf den Ergebnissen der Kommission De Koning letztlich verständigte, sah vor, dass die Wähler zwei Stimmen erhalten sollten. Die Hälfte der Abgeordneten sollte auf Grundlage der nationalen Kandidatenlisten und die andere Hälfte der Abgeordneten in fünf Wahlkreisen gewählt werden.[66] Der Vorschlag stieß rasch auf öffentliche Kritik, auch verschiedene Beratungseinrichtungen und (insbesondere kleinere) Parteien leisteten Widerstand gegen seine Realisierung. Wichtige Argumente, die gegen die geplante Neufassung angeführt wurden, bestanden darin, dass diese die Chancen kleinerer Parteien mindere und die Verbindung zwischen Wählern und Gewählten nicht entscheidend verbessere. Vor diesem Hintergrund und in Anbetracht der Tatsache, dass die einzelnen Parteien, darunter auch die Regierungspartner, weiterhin sehr unterschiedliche Vorstellungen hinsichtlich einer Reform des Wahlrechts vertraten, konnte nicht genügend Unterstützung für den vorliegenden Änderungsentwurf mobilisiert werden, und das Thema Wahlrechtsreform wurde vertagt.

Nach der Wiederwahl der Koalition im Jahr 1998 griff die Regierung das Thema erneut auf und stellte sechs verschiedene Modelle – davon einige, die schon jahrelang diskutiert

---

[63] Bei einer weiteren Reduzierung der erforderlichen Stimmenanzahl auf 12,5 % des Wahlquotienten, hätten fortan nur noch circa 7500 Präferenzstimmen für einen Kandidaten ausgereicht, um die Reihenfolge auf der Kandidatenliste zu durchbrechen. Hierin wurde die Gefahr gesehen, dass ein Bewerber sich in seiner politischen Ausrichtung zu stark auf die Belange einer bestimmten Zielgruppe konzentriert. Zudem wollte man den Parlamentseinzug von in der Öffentlichkeit wenig bekannten Experten auf diese Weise nicht gefährden.
[64] Andeweg (2006, S. 241).
[65] Andeweg und Irwin (2009, S. 102).
[66] Zu diesem Vorschlag siehe: Ministerie van Binnenlandse Zaken en Koninkrijksrelaties (1999, S. 4 f.).

worden waren – zur Veränderung des bestehenden Wahlrechts vor.[67] Der zuständige Minister Bram Peper von der PvdA verzichtete darauf, eindeutig Stellung für ein Modell zu beziehen. Da somit keine deutliche Alternative zur Wahl stand und es den Diskussionen an einer klaren Linie mangelte, verliefen die Gespräche erneut ergebnislos: „With so many alternatives to choose from and little agreement upon which alternative was the best, no decision was reached."[68]

Auch wenn Kontroversen über die Gestaltung des Wahlrechts bereits seit vielen Jahren stattfinden, ist festzuhalten, dass man sich gerade in den letzten Jahren besonders intensiv mit entsprechenden Reformvorschlägen auseinandersetzte. Eine wichtige Grundlage hierfür war das Aufkommen der LPF im Jahr 2002 (Abschn. 3.2), das die Brisanz der vielzitierten Kluft zwischen Bürgern und Politikern für viele bestätigte. Nach dem Scheitern der Regierung Balkenende I und den Wahlen 2003 ging die D66, die seit ihrer Gründung Kritik am Wahlrecht geäußert und auch in den 1990er Jahren entsprechende Reformbemühungen gefordert hatte, zusammen mit dem CDA und der VVD eine Regierungskoalition ein. Bedingung für diesen parteiintern kontrovers diskutierten Schritt war die Forderung, dass einige der zentralen Anliegen, hierunter die Neugestaltung des Wahlrechts, im Rahmen der anstehenden Legislaturperiode realisiert werden sollten. Im Koalitionsabkommen der Regierung wurde daher festgehalten, dass das niederländische Wahlrecht, insbesondere durch die Einführung von Wahlkreisen, neu geregelt werden sollte, um die niederländische Demokratie zu stärken. Bereits 2003 stellte der zuständige Minister Thom de Graaf, der zugleich politischer Leiter der D66 war, seine Pläne zur Veränderung des Wahlrechts zur Diskussion.[69] Die Erneuerungspläne stießen in der Folgezeit auf Kritik, unter anderem äußerten sich der Rat für öffentliche Verwaltung, die Vereinigung niederländischer Gemeinden, der Staatsrat und der *Kiesraad* skeptisch. Darüber hinaus wurden die Pläne de Graafs von Seiten verschiedener Oppositionsparteien und in der Presse kritisch bewertet. Auch innerhalb der Koalition blieb das Reformprojekt, das vor allem von Seiten der D66 mit einer hohen Priorität versehen wurde, umstritten. Allerdings einigten sich die Regierungsparteien nach Verhandlungen doch darauf, einen entsprechenden Gesetzentwurf einzubringen.

Der konkrete Vorschlag der D66, der Anfang des Jahres 2005 unterbreitet wurde, basierte trotz aller Kritik auf den Überlegungen, die schon 2003 formuliert worden waren. Er bestand darin, den Bürgern zwei Stimmen zu geben: eine für die nationale Liste einer Partei und eine für einen Kandidaten in einem Mehrpersonenwahlkreis. Der ersten Stimme sollte die entscheidende Bedeutung in Bezug auf die Berechnung des Wahlergebnisses zukommen. Insgesamt sollten 75 Abgeordnete ihr Mandat über die nationalen Listen und 75 Abgeordnete ihr Mandat in ungefähr 20 Wahlkreisen erhalten, aus denen je

---

[67] Vgl. Ministerie van Binnenlandse Zaken en Koninkrijksrelaties (1999, S. 19 ff.).
[68] Andeweg und Irwin (2009, S. 107). Die Autoren führen weiter aus: „The problem with all proposals was that they would reduce the current level of proportionality that is so fundamental to the system and could possibly lead to the elimination of some smaller parties from Parliament."
[69] Vgl. Ministerie voor bestuurlijke Vernieuwing en Koninkrijkrelaties (2003, S. 20 ff.).

nach Einwohnerzahl zwei bis fünf Parlamentarier entsendet werden sollten.[70] Durch diese Vorgehensweise sollte die Verbindung der Parlamentarier zu den Bürgern im jeweiligen Wahlkreis verbessert und zugleich die Legitimation der Abgeordneten gestärkt werden.[71] Weiterhin wurde dieses Wahlsystem als geeignet bewertet, um die Chancen kleinerer Parteien zu erhalten. Die Kritiker des Konzeptes verwiesen unter anderem auf die Probleme der geografischen Einteilung der Wahlkreise, die höhere Komplexität des neuen Wahlsystems, die unterschiedliche Legitimation der Abgeordneten, die Gefahr des Klientelismus und die mögliche Entstehung regionaler Konflikte.

Auf der Grundlage dieser und weiterer Argumente setzte man sich in den ersten Monaten des Jahres 2005 in der niederländischen Politik mit dem Reformvorschlag auseinander. Nach van der Kolk und Thomassen war die Reformdebatte „not the first attempt to fundamentally change the electoral system in the Netherlands. But it came closer to the finish than any of the previous ones."[72] Letztlich mangelte es der D66 in dieser Frage jedoch – auch innerhalb der Regierungskoalition – an der notwendigen Unterstützung, sodass eine Reform ausblieb. Ihr politischer Leiter, Thom de Graaf, sah bei seinem Rücktritt im März 2005, dessen konkreter Anlass in dem Scheitern der Bestrebungen bestand, die Bürgermeister direkt wählen zu lassen, keine konkreten Chancen für die angestrebte Veränderung des Wahlrechts mehr.[73] Im Rahmen eines politischen Kompromisses, der nach der durch den Rücktritt de Graafs ausgelösten Regierungskrise vereinbart wurde, gab man den Reformvorschlag de Graafs auf. Gleichzeitig einigte man sich jedoch darauf, das Thema Wahlrecht weiter zu behandeln.[74] Allerdings erklärte Ministerpräsident Balke-

---

[70] Ein schwieriger Punkt war, ob ein Kandidat sowohl auf der nationalen Liste seiner Partei als auch in einem Wahlkreis antreten darf. Nachdem de Graaf diese Möglichkeit ursprünglich abgelehnt hatte, musste er in diesem Punkt einlenken und eine Absicherung der Wahlkreiskandidaten durch entsprechende Listenplätze zulassen.

[71] Vgl. van der Kolk und Thomassen (2006, S. 125). Belinfante und de Reede schreiben folglich: „Das Kernziel des Vorschlags ist es, zu erreichen, dass die Anzahl an Parlamentariern mit einem persönlichen Wählermandat zunimmt, oder anders gesagt, weniger Kandidaten auf dem Ticket des Spitzenkandidaten in das Parlament einziehen." Belinfante und de Reede (2005, S. 70, Übersetzung durch den Verfasser). Ein wichtiger Grund für die Wahl von derart konzipierten Mehrpersonenwahlkreisen lag darin, dass das Problem etwaiger Überhangmandate vermieden werden sollte. Etwaige Auswirkungen der angestrebten Änderungen werden analysiert in: Cox (2006, S. 138 ff.), Gschwend und van der Kolk (2006, S. 175 f.), Norris (2006, S. 210 f.), Andeweg (2006, S. 241 f.), Heidar (2006, S. 261 ff.).

[72] Van der Kolk und Thomassen (2006, S. 118).

[73] De Graaf hatte vor seinem Rückzug vergeblich versucht, verbindliche Zusagen für die Neufassung des Wahlrechts zu erhalten.

[74] Van der Kolk und Thomassen schreiben zur damals gefundenen Vereinbarung der Regierung: „Instead of binding themselves to a specific electoral reform, the coalition parties now agreed that a study of various possibilities of changing the electoral system was to be made. Paradoxically this ‚solution' fits perfectly well in the traditional rules of the Dutch politics of accomodation. It is a typical form of conflict avoidance sometimes indicated as ‚putting hot potatoes in the refrigerator' (…)." Van der Kolk und Thomassen (2006, S. 118 f.).

5.1 Wahlen

nende bereits wenige Monate später, dass er das bestehende Wahlsystem nicht verändern wolle.[75]

Im März 2006 unternahm die niederländische Politik in dieser Situation einen ungewöhnlichen Schritt, indem man ein Bürgerforum, das aus 140 zufällig ausgewählten Frauen und Männern bestand, damit betraute, Vorschläge hinsichtlich einer Modifikation bzw. Neufassung des Wahlrechts zu erarbeiten. Der Arbeitsauftrag für das Bürgerforum bestand darin, verschiedene Wahlsysteme zu vergleichen und auf dieser Grundlage eventuell eine Alternative zu den niederländischen Regelungen auszuarbeiten. Das im November 2006 vorgelegte Ergebnis der Arbeit des Forums bestand darin, dass die Notwendigkeit für ein neues Wahlrecht formuliert wurde. Die Begründung hierfür lautete unter anderem: „Das bestehende System bewirkt, dass die gewählten Volksvertreter nicht immer in der Lage sind, die Auffassungen der Wähler angemessen umzusetzen. Große Wählergruppen fühlen sich darum nicht mehr repräsentiert."[76] Auf Grundlage der Arbeit des Bürgerforums sollten die Wahlberechtigten in der Zukunft ihre Stimme entweder allgemein für eine Partei oder für eine Person auf der Liste einer Partei abgeben können. Vorteile dieses Systems wurden von den Mitgliedern des Bürgerforums, da zugleich die Hürde der Präferenzstimmenregelung abgeschafft werden sollte, darin gesehen, dass die Wähler mehr Einfluss und Wahlfreiheit hätten und Kandidaten eher über eine direkte Legitimation der Wähler den Weg in das Parlament schaffen könnten.[77] Auf diese Weise sollte auch gewährleistet werden, dass die Politiker sich stärker um die Wähler bemühen. Insgesamt sollten durch das neue Konzept die Vorzüge des bestehenden Wahlrechts erhalten und mit neuen Forderungen nach mehr Einfluss für die Bürger und mehr Bürgernähe der Politiker kombiniert werden.[78]

In ihrer Reaktion, die erst im April 2008 veröffentlicht wurde, lehnte die Regierung den Vorschlag des Bürgerforums ab. Zentrale Begründung hierfür war, dass der durch die Reform erreichte höhere Einfluss der Wähler zulasten der Parteien gehe, deren Bedeutung nach Auffassung der Regierung gestärkt und nicht geschwächt werden sollte. Zudem wurde durch das neue System die Gefahr innerparteilicher Wettkämpfe gesehen, die die Stabilität

---

[75] Vgl. van der Kolk und Thomassen (2006, S. 125).
[76] Burgerforum Kiesstelsel (2006, S. 3, Übersetzung durch den Verfasser).
[77] Um den Grundgedanken dieser Regelung zu verdeutlichen, soll hier ein stark vereinfachtes Rechenbeispiel gegeben werden: Partei X erzielt bei einer Wahl eine Gesamtstimmenzahl von 1,2 Millionen Stimmen, von diesen wurden 600.000 Stimmen (50 %) für die Partei und 600.000 Stimmen (50 %) für einzelne Kandidaten abgegeben. Da der Wahlquotient bei der Wahl bei 60.000 Stimmen liegt, erhält die Partei aufgrund ihres Stimmenergebnisses 20 Mandate. Da 50 % der Stimmen allgemein für die Partei abgegeben wurden, ziehen zunächst die ersten zehn Personen (50 % von 20 Mandaten) auf der Kandidatenliste in die Zweite Kammer ein. Die übrigen zehn Mandate gehen dann an die verbleibenden Kandidaten, die die meisten Stimmen erhalten haben.
[78] Die Vorschläge des Bürgerforums, die sich auch auf die Veränderung des Verfahrens hinsichtlich der Verteilung der Restmandate richteten, und die zugrunde liegenden Argumentationen sind nachzuvollziehen bei: Burgerforum Kiesstelsel (2006, S. 1 ff.). Sie werden unter anderem unterstützt in: Raad voor het openbaar bestuur (2010, S. 53).

der Parteien gefährden könnten.[79] Seither wurde das Thema nicht weiter verfolgt. Es ist dennoch davon auszugehen, dass die Diskussionen über das Wahlrecht in den Niederlanden nicht verstummen werden. Bos und Loots schreiben hierzu: „Eine Rekonstruktion der seit 1918 am Verhältniswahlsystem geäußerten Kritik lehrt, dass es zu allen Zeiten Wehklagen über das Wahlsystem gegeben hat, jedoch auch, dass die Intensität, die Art und der Inhalt der Kritik Veränderungen unterliegen. Basteln am Wahlsystem wird zugleich als Heilmittel schlechthin propagiert, um dem kranken politischen System wieder auf die Beine zu helfen."[80] Es sollte allerdings bei allen Reformüberlegungen beachtet werden, dass der Einfluss von Modifikationen am Wahlrecht nicht überschätzt werden sollte. Thomassen und Esaiasson halten in diesem Sinne fest: „What we can learn from the experience in other countries is that the effect of any change in the electoral system on the legitimacy of the political system will probably be limited."[81]

5.2 Der Prozess der Regierungsbildung

Nachdem das Wahlergebnis feststeht, beginnt der Prozess der Regierungsbildung, der sich in den Niederlanden durch einige Besonderheiten kennzeichnet.[82] Im Folgenden soll das entsprechende Verfahren zunächst idealtypisch vorgestellt werden. Zur Veranschaulichung und Konkretisierung wird im Anschluss auf die Bildung des seit Oktober 2010 amtierenden Kabinetts Rutte I eingegangen. Anhand dieses Beispiels lässt sich auch die Komplexität der entsprechenden Vorgänge gut nachvollziehen. Die seit vielen Jahren kontrovers geführten Diskussionen über das in den Niederlanden praktizierte Verfahren zur Regierungsbildung werden am Ende des Unterkapitels beleuchtet.

Zum Verfahren der Regierungsbildung ist allgemein festzuhalten, dass sich zu diesem keine Regelungen in der Verfassung finden – in dieser wird lediglich festgehalten, dass die alten Regierungsmitglieder entlassen und die neuen Minister und Staatssekretäre eingesetzt werden (Artikel 43 und 48).[83] Die Abläufe bei der Regierungsbildung basieren somit auf dem Gewohnheitsrecht, wobei sich im Lauf der Zeit eine feste Tradition entwickelt

---

[79] Vgl. Bijleveld-Schouten (2008, S. 5 ff.), Raad voor het openbaar bestuur (2009, S. 13 f.).

[80] Bos und Loots (2004, S. 24, Übersetzung durch den Verfasser). An dieser Stelle sei darauf hingewiesen, dass auch das deutsche Wahlrecht viele Kritikpunkte bietet und es somit auch gerade in letzter Zeit intensive und kontroverse Reformdiskussionen gibt.

[81] Thomassen und Esaiasson (2006, S. 230). Aktuelle Überlegungen zur Veränderung des niederländischen Wahlrechts finden sich unter anderem bei: Irwin und van Holsteyn (2011, S. 342 ff.).

[82] Das entsprechende Verfahren kann in ähnlicher Form auch stattfinden, wenn nach dem vorzeitigen Sturz eines Kabinetts keine Neuwahlen stattfinden sollten. Es ist jedoch seit mehreren Jahrzehnten üblich, dass Wahlen vor der Bildung einer neuen Regierung abgehalten werden.

[83] Die Mitglieder des Kabinetts bieten am Tag der Wahl ihre Entlassung an, sie bleiben bis zum Amtsantritt der neuen Regierung demissionär im Amt.

5.2 Der Prozess der Regierungsbildung

hat, die sich aus mehreren Schritten zusammensetzt.[84] Nachdem das Wahlergebnis vorliegt, ergeben sich – vor allem in Anbetracht der vielen Parteien im Parlament – in den meisten Fällen unterschiedliche Möglichkeiten zur Regierungsbildung. Da die Parteien sich vor der Wahl zudem in der Regel verschiedene Koalitionsoptionen offen lassen, sind zahlreiche Gespräche erforderlich, in denen der Königin, den von ihr benannten Verhandlungsführern und den jeweiligen Parteispitzen eine zentrale Rolle zukommt. Im Verlauf der Unterredungen müssen insgesamt drei Fragestellungen geklärt werden: 1. Welche Parteien beteiligen sich an der Regierung? 2. Auf welches Programm für die anstehende Legislaturperiode wird sich verständigt? 3. Welche Parteien und Personen sollen welche (Minister- und Staatssekretärs-)Ämter besetzen?

Zur Beantwortung der ersten beiden Fragen führt die Königin zunächst Gespräche mit den Vorsitzenden beider Kammern des niederländischen Parlaments, dem Vizepräsidenten des Staatsrates und den Fraktionsvorsitzenden der Parteien.[85] In dieser frühen Phase der Gespräche können auch Staatsminister, ehemalige Politiker mit großer Erfahrung und hohem Ansehen, als Berater der Königin fungieren. Auf dieser Grundlage benennt die Monarchin dann den so genannten Informateur.[86] Bei diesem handelt es sich zumeist um einen erfahrenen Politiker, der oftmals aus der stärksten Partei stammt und der in der Regel über Parteigrenzen hinweg hohes Ansehen genießt. Der Informateur hat den Auftrag, die Regierungsbildung im Sinne der sehr allgemein formulierten Vorgaben, die er von der Königin erhält, vorzubereiten. Hierzu nimmt er Kontakt zu den Spitzenvertretern der Parteien auf und führt Sondierungsgespräche, über deren Verlauf er der Königin berichtet. Wenn sich eine mögliche Regierungskoalition herauskristallisiert hat und zwischen den Parteien dieser Koalition ein hoher Einigungsgrad erzielt wurde, ernennt die Königin im nächsten Schritt dann den Formateur – zumeist der spätere Ministerpräsident –, der auf der Grundlage der Arbeit des Informateurs die Erstellung eines Regierungsprogramms und die Kabinettsbildung abschließt. In der Praxis können die Grenzen zwischen den Funktionen des Informateurs und des Formateurs durchaus fließend sein, zudem kommt es – insbesondere bei schwierigen Verhandlungen – häufig vor, dass nacheinander mehrere Informateure an einer Regierungsbildung beteiligt sind.[87] Nach der erfolgreichen Been-

---

[84] Ausführliche Informationen zum Prozess der Regierungsbildung finden sich unter anderem bei: Bovend'Eert und Kummeling (2010, S. 441 ff.), Andeweg und Irwin (2009, S. 125–137), van Dooren (2005, S. 109–113), Instituut voor Publiek en Politiek (2008, S. 38–45), Belinfante und de Reede (2005, S. 95–98), Slotboom und Verkuil (2010, S. 84 ff.), Kortmann und Bovend'Eert (1998, S. 56–61), van Deth und Vis (2006, S. 65–68).

[85] Ausführlich hierzu: Bovend'Eert und Kummeling (2010, S. 445 ff.). Die Parlamentsfraktionen beziehen in einem Schreiben an die Königin auch schriftlich Stellung zum Wahlergebnis und zur Koalitionsbildung. Die nach der letzten Wahl vom 9. Juni 2010 verfassten Briefe können unter www.kabinetsformatie2010.nl eingesehen werden. Auf dieser Seite finden sich auch zahlreiche weitere Dokumente und Informationen zum Thema Regierungsbildung in den Niederlanden.

[86] Vgl. van Dooren (2005, S. 110).

[87] Bei klaren Verhältnissen kann nach einer Wahl auch auf die Einsetzung eines Informateurs verzichtet und von der Königin direkt ein Formateur beauftragt werden.

digung der Verhandlungen kommt das neue Kabinett zu einer konstituierenden Sitzung zusammen, in deren Verlauf das Koalitionsabkommen unterzeichnet wird. Später werden die Minister und Staatssekretäre per Beschluss, der von der Königin und vom neuen Ministerpräsidenten unterzeichnet wird, ernannt und vereidigt.[88] Im Parlament trägt der neue Ministerpräsident anschließend die Pläne der neuen Koalition im Rahmen einer Regierungserklärung vor.[89] Bei dieser Gelegenheit haben die Oppositionsparteien auch die Möglichkeit, Stellung zu den Plänen der neuen Regierung zu beziehen, Eine Bestätigung der Regierung bzw. der Regierungsmitglieder durch das Parlament erfolgt – anders als dies in Deutschland der Fall ist, wo der Bundeskanzler vom Bundestag gewählt wird – auf der Grundlage der Vertrauensregel nicht.[90]

5.2.1 Regierungsbildung in der Praxis: Die Bildung des Kabinetts Rutte I

Um den konkreten Ablauf der Regierungsbildung in den Niederlanden zu veranschaulichen, wird im Folgenden auf die Entwicklungen im Jahr 2010 eingegangen, die vor allem die Komplexität dieses Prozesses eindrucksvoll dokumentieren.[91] Das Wahlergebnis vom 9. Juni 2010 war erneut von großen Umbrüchen gekennzeichnet, vor allem wurde die konservativ-liberale VVD erstmals in ihrer Geschichte stärkste Partei, musste der CDA ein historisch schlechtes Wahlergebnis hinnehmen und gelang es der PVV, deutliche Zugewinne zu erreichen (Abb. 5.3).[92]

Unmittelbar nach der Wahl stellte sich die Frage, welche Koalition auf der Grundlage dieses Wählervotums in der nächsten Legislaturperiode regieren sollte. Drei Alternativen standen in den Diskussionen im Vordergrund: eine Koalition der politischen Mitte aus VVD, PvdA und CDA (zusammen 82 Mandate), eine Mitte-Rechts-Koalition aus VVD, CDA und PVV (zusammen 76 Mandate) und eine eher progressive Koalition aus VVD, PvdA, D66 und GL (zusammen 81 Mandate). Bald stellte sich heraus, dass jede dieser drei Koalitionen sich als problematisch erwies: die PvdA lehnte eine Koalition mit der VVD und dem CDA ab, der CDA wollte nicht mit der PVV verhandeln und die VVD sah in Bezug auf

---

[88] Seit einigen Jahrzehnten ist es Tradition, dass das neue Kabinett nach der Vereidigung zusammen mit der Königin auf den Stufen des Paleis Huis ten Bosch zusammenkommt und dort ein Gruppenfoto gemacht wird.

[89] Die Regierungserklärungen der Jahre 1982 bis 2010 sind einzusehen in: van Winssen (2010, S. 2 ff.).

[90] Es ist seit über 70 Jahren nicht mehr vorgekommen, dass einer neuen Regierung direkt nach der ersten Regierungserklärung das Vertrauen vom Parlament entzogen wurde: Im Jahr 1939 scheiterte so das Minderheitskabinett Colijn V. Vgl. hierzu: Bovend'Eert und Kummeling (2010, S. 445 f.).

[91] Die nachfolgenden Ausführungen basieren unter anderem auf Darstellungen, die auf den Seiten www.kabinetsformatie2010.nl und http://nos.nl/dossier/186720-kabinetrutte/ zur Verfügung stehen. Hier können unter anderem Dokumente zum Verlauf der Gespräche und Informationen über die Informateure eingesehen werden. Zudem sind auch die Regierungs- und Duldungsvereinbarung in verschiedenen Sprachen hier abrufbar.

[92] Zur Wahl des Jahres 2010 siehe beispielsweise: Wilp (2010, S. 59 ff.), Becker und Cuperus (2010).

5.2 Der Prozess der Regierungsbildung

Abb. 5.3 Die Mandatsverteilung nach der Wahl 2010

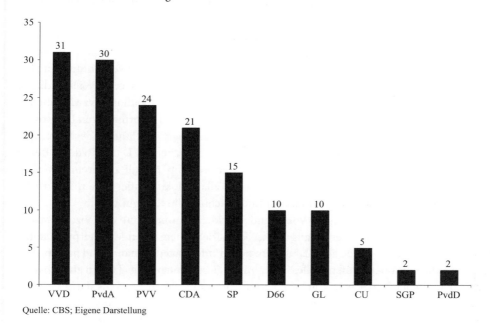

Quelle: CBS; Eigene Darstellung

eine Kooperation mit der PvdA, D66 und GL große inhaltliche Probleme. Vor dem Hintergrund dieser schwierigen Lage erwiesen sich alle vor der Wahl angestellten Überlegungen, die in Anbetracht der kritischen wirtschaftlichen Situation auf eine schnelle Regierungsbildung abzielten, als hinfällig und es vollzog sich eine der längsten Regierungsbildungen der letzten Jahrzehnte.

Der erste Schritt im Prozess der Regierungsbildung bestand darin, dass Königin Beatrix unmittelbar nach der Wahl erste Gespräche mit den Vorsitzenden beider Kammern des Parlaments und dem Vizevorsitzenden des Staatsrats führte. Die Fraktionsvorsitzenden der einzelnen Parteien wiesen in ihren Gesprächen der VVD als stärkster Partei und der PVV als Partei mit den größten Zugewinnen die Vorreiterrollen zu. Entsprechend dieser Eingaben benannte die Königin am 12. Juni 2010 den VVD-Politiker Uri Rosenthal, der zu dieser Zeit Fraktionsvorsitzender seiner Partei in der Ersten Kammer war, zum Informateur. Sein Auftrag lautete, Koalitionsmöglichkeiten auszuloten, in denen die VVD und die PVV vertreten waren. Die entsprechenden Bemühungen scheiterten jedoch, da sich der CDA in den folgenden Tagen weigerte, an Gesprächen zwischen den drei Parteien teilzunehmen. Im Anschluss wurden folglich Möglichkeiten zur Bildung einer Regierung aus VVD, PvdA, D66 und GL, aus VVD, PvdA und CDA oder sogar zur Entstehung eines Fünfparteienkabinetts aus VVD, PvdA, CDA, D66 und GL ausgelotet. Am 25. Juni übergab Rosenthal seinen Endbericht Königin Beatrix, in dem er für die Einsetzung von Informateuren von der VVD und der PvdA plädierte, um – da eine Koalition aus VVD, PVV und

CDA nicht realisierbar sei – die Möglichkeiten für ein Kabinett der politischen Mitte zu ergründen.

Am folgenden Tag berief Königin Beatrix in einer Art Zwischenschritt den Vizevorsitzenden des Staatsrats, Herman Tjeenk Willink, zum Informateur. Nach einigen Tagen, an denen ausführlich Gespräche geführt wurden, fanden ab dem 2. Juli Verhandlungen zwischen der VVD, PvdA, D66 und GL statt. Am 5. Juli formulierte Tjeenk Willink diesen Lösungsvorschlag in seinem Endbericht an die Königin. Die Verhandlungen zwischen den vier Parteien wurden von diesem Tag an von den beiden neuen Informateuren Uri Rosenthal von der VVD und Jaques Wallage von der PvdA moderiert. Im Rahmen der Gespräche stellte sich heraus, dass die Unterschiede insbesondere zwischen VVD und PvdA in Bezug auf den Bereich der Finanzpolitik sehr groß waren, was am 20. Juli zu ihrem Scheitern führte. Die beiden Informateure Rosenthal und Wallage dokumentierten am Tag darauf das Scheitern der Verhandlungen in ihrem Endbericht an die Königin.

Diese lud darauf hin erneut die Vorsitzenden beider Kammern und den Vizevorsitzenden des Staatsrats ein, darüber hinaus redete sie mit dem ehemaligen Ministerpräsidenten Ruud Lubbers. Dieser wurde am 22. Juli zum neuen Informateur ernannt und gab an, dass er erneut alle Optionen prüfen wolle. Im Rahmen dieses Neuanfangs fanden zunächst informelle Gespräche zwischen VVD, CDA und PVV statt, deren Ergebnis darin bestand, dass über ein Minderheitskabinett aus VVD und CDA mit Duldung der PVV verhandelt werden sollte. Eine Koalition mit der PVV lehnte vor allem der CDA wegen fundamentaler inhaltlicher Unterschiede, insbesondere in Bezug auf die Haltung zum Islam, ab. Trotz einiger Proteste, die auch innerhalb der potentiellen Regierungsparteien zu erheblichen Verwerfungen führten, empfahl Lubbers in seinem Bericht, diese Option weiter zu prüfen.

Neuer Informateur wurde am 4. August der VVD-Parteivorsitzende Ivo Opstelten. Die Zeit der Koalitionsverhandlungen war in den folgenden Wochen geprägt durch voranschreitende Gespräche, die von einer Vielzahl an kritischen Kommentaren begleitet wurden, in denen die Bildung einer derartigen Regierung abgelehnt wurde. Insbesondere viele Vertreter des CDA warnten ihre Partei vor der Zusammenarbeit mit der PVV bzw. kündigten sogar an, diesen Weg nicht mitgehen zu wollen. Am 3. September schien es dann sogar so, als ob die Verhandlungen gescheitert seien, da Wilders erklärte, kein Vertrauen in die Zusammenarbeit mit dem CDA zu haben. Opstelten beendete daraufhin seine Tätigkeit als Informateur und es fanden erneut Unterhandlungen statt. Wenige Tage später, am 7. September, wurde Tjeenk Willink zum zweiten Mal zum Informateur bestimmt und die Gespräche zwischen VVD, PVV und CDA wurden doch fortgesetzt.[93] Am 13. September übernahm Opstelten wieder das Amt des Informateurs. Unter seiner Leitung konnten die Arbeiten an einer Regierungsvereinbarung zwischen VVD und CDA und einer Duldungsvereinbarung mit der PVV am 28. September abgeschlossen werden. Nachdem die VVD

---

[93] Ein wichtiger Hintergrund dieser überraschenden Wendung lag darin, dass der ehemalige Gesundheitsminister Ab Klink vom CDA, der die Verhandlungen mit der PVV heftig kritisiert hatte, seinen Parlamentssitz aufgab.

und die PVV diese Dokumente angenommen hatten, entschloss sich nach langen Diskussionen auch der CDA dazu, in der Koalition mitzuwirken.[94] Als anschließend auch die in Anbetracht der knappen Mehrheit notwendige Unterstützung aller Fraktionsmitglieder gesichert war, konnte ab Anfang Oktober über die Verteilung der Posten geredet werden. Die Leitung in den Gesprächen übernahm der designierte neue Ministerpräsident Mark Rutte, der am 7. Oktober zum Formateur berufen wurde. Bereits eine Woche später stand die Zusammenstellung der neuen Regierung fest und die neuen Kabinettsmitglieder wurden von der Königin vereidigt. Ende Oktober stellte die neue Regierung ihre Pläne für die nächsten Jahre in der Zweiten Kammer vor.[95]

Die Regierungsbildung des Jahres 2010 dauerte insgesamt über vier Monate (127 Tage). Sie geht damit als die drittlängste nach 1977 (208 Tage) und 1973 (163 Tage) in die politische Geschichte der Niederlande ein (Abb. 5.4). Der Verlauf der Gespräche hat sehr deutlich gezeigt, wie schwierig es in Anbetracht der komplexen Parteienlandschaft ist, eine Vereinbarung zu treffen. Inwiefern das Ergebnis der Unterredungen – eine Minderheitsregierung unter Duldung der polarisierenden PVV – gerade in Anbetracht der knappen Mehrheit in der Zweiten Kammer, der Situation in der Ersten Kammer und der parteiinternen Diskussionen vor allem im CDA von Dauer sein wird, wird sich erst in den nächsten Jahren zeigen.

5.2.2 Zur Diskussion über den Ablauf der Regierungsbildung

Die Kritik an dem Verfahren zur Regierungsbildung ist in den Niederlanden immer wieder deutlich zu vernehmen. Eine ihrer Grundlagen besteht darin, dass sich das Prozedere Kritikern zufolge immer wieder über einen zu langen Zeitraum erstreckt. Tatsächlich dauert die Regierungsbildung in den Niederlanden nach einer Berechnung, die sich auf die Nachkriegszeit bezieht, durchschnittlich nicht weniger als 83 Tage und damit im internationalen Vergleich sehr lange. „Even if we include the formation of interim Cabinets, which usually does not take long (…) the Netherlands has the longest periods of government formation in Western Europe (…)."[96] Bei den letzten beiden Kabinettsbildungen nach den Wahlen 2006 und 2010 wurde dieser Wert mit 92 und 127 Tagen sogar überschritten. Ron van Dooren verdeutlicht die Probleme, die mit diesem Sachverhalt einhergehen, indem er darauf hinweist, dass das noch amtierende und inzwischen demissionäre Kabinett angehalten ist, keine neuen Themen oder politisch brisanten Fragen anzugehen. Hierdurch kann

---

[94] Auf dem Parteitag des CDA stimmten 68 % der Abgeordneten für und 32 % der Abgeordneten gegen diesen Schritt. Verschiedene prominente Vertreter der Partei hatten sich im Vorfeld öffentlichkeitswirksam gegen die Regierungszusammenarbeit mit der PVV ausgesprochen.
[95] Der Text der vom neuen Ministerpräsidenten Rutte am 26. Oktober 2010 vorgetragenen Regierungserklärung ist einzusehen in: van Winssen (2010, S. 174 ff.).
[96] Andeweg und Irwin (2009, S. 131). Andeweg weist an anderer Stelle darauf hin, dass der Prozess der Regierungsbildung im Lauf der Jahrzehnte in Anbetracht der durch die Entsäulung ausgelösten Veränderungen immer mehr Zeit in Anspruch nimmt. Vgl. Andeweg (2008, S. 260).

kostbare Zeit verloren gehen.[97] Eine Ursache für die Langwierigkeit des Verfahrens besteht in der bereits angesprochenen Mehrzahl an Koalitionsmöglichkeiten, die dazu führt, dass zunächst einmal erörtert werden muss, unter welchen Voraussetzungen welche Parteien für welches Bündnis zur Verfügung stehen. In den letzten Jahren ist die Regierungsbildung aufgrund der komplizierten Wahlergebnisse eher noch schwieriger geworden. Hierzu trägt auch die Tatsache bei, dass die großen Parteien bei den vergangenen Wahlen an Bedeutung verloren haben und somit Koalitionen nicht mehr nur aus politischen Motiven, sondern schon aus rechnerischen Gründen zumeist aus mindestens drei Partnern gebildet werden müssen. Zur Verdeutlichung: Bei der Wahl 2010 erzielte die größte Partei, die VVD, nur ein Ergebnis von gerade einmal 20,5 % der Stimmen. Wenn sich dann eine mögliche Koalition herauskristallisiert hat, ist es immer noch möglich, dass Gespräche – wie dies beispielsweise nach der Wahl 2003 bei den Verhandlungen zwischen dem CDA und der PvdA geschehen ist – zu einem späteren Zeitpunkt an inhaltlichen oder personellen Problemen scheitern.[98] Hierbei spielt auch eine Rolle, dass zumeist ein zähes Ringen um die Inhalte des Regierungsprogramms stattfindet, da in diesem häufig nicht nur die groben Linien der Politik festgehalten, sondern zum Teil auch sehr detaillierte Vereinbarungen für die Politik der nächsten Jahre abgeschlossen werden, die im Lauf der Legislaturperiode kaum mehr zu revidieren sind.[99] Nach Andeweg hat sich der Umfang der Vereinbarungen im Lauf der Zeit enorm erhöht: Während diese zwischen 1945 und 1967 ca. 3500 Wörter umfassten, betrug ihr Umfang im Zeitraum 1987 bis 2007 über 20.000 Wörter.[100] Darüber hinaus gestaltet sich ebenso wie in Deutschland auch die Verteilung der Regierungsämter zwischen den Koalitionspartnern als sehr kompliziert. Hierbei ist schließlich nicht nur zu klären, welche Partei wie viele Posten zugesprochen bekommt, sondern auch die Frage zu lösen, wer Zugriff auf die besonders bedeutsamen Ressorts wie beispielsweise das Finanzministerium erhält. Parteien mit besonders guten Wahlresultaten haben selbstverständlich bessere Verhandlungspositionen, allerdings zeigt die Zusammenstellung des aktuellen Kabinetts, dass auch klare Wahlverlierer bei den Gesprächen erfolgreich sein können.[101] Im

---

[97] Vgl. van Dooren (2005, S. 112). Zum Thema siehe auch: Bovend'Eert und Kummeling (2010, S. 467 ff.).
[98] Vgl. Hippe et al. (2003, S. 20 ff.).
[99] In einer aktuellen Veröffentlichung heißt es hierzu: „Another problem is the detailed coalition agreement that results from the negotiations. In the last two decades, government programmes filled dozens of densely printed pages, but nowadays they are more concise. Critics said that such detailed coalition agreements made the parliament powerless. The coalition agreements of 2002 and 2003 sketched only the outlines of government policies, but the agreement of 2007 was much more detailed again and ran to 53 pages." Instituut voor Publiek en Politiek (2008, S. 43). Über die Bedeutung der Übereinkünfte hält van Dooren fest, dass der Spielraum für nachträgliche Änderungen allgemein als sehr begrenzt angesehen wird. Vgl. van Dooren (2005, S. 124). Weitere Erläuterungen zu den Regierungsvereinbarungen finden sich in: Bovend'Eert und Kummeling (2010, S. 458 ff.), Timmermans und Moury (2006, S. 458 ff.).
[100] Vgl. Andeweg (2008, S. 265).
[101] Der CDA stellt trotz seiner massiven Stimmeneinbußen bei der Wahl 2010 im Kabinett Rutte I ebenso viele Minister und Staatssekretäre wie die VVD, die deutlich mehr Stimmen erhielt.

5.2 Der Prozess der Regierungsbildung

Abb. 5.4 Dauer der Regierungsbildung im Zeitverlauf

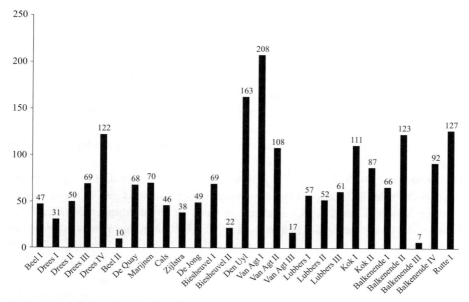

Quelle: Andeweg (2008, S. 261); Eigene Darstellung

Ergebnis muss somit bei jeder Regierungsbildung ein komplexes Paket an inhaltlichen und personellen Vereinbarungen geknüpft werden. Zur langen Dauer vieler Regierungsbildungen trägt darüber hinaus – wie das Beispiel des Jahres 2010 deutlich zeigt – immer wieder bei, dass mehrere Anläufe unternommen bzw. bei einem Stillstand in den Verhandlungen neue Wege beschritten werden müssen, bevor die Gespräche zu einem Abschluss kommen.

Ein inhaltlicher Kritikpunkt am Prozess der Regierungsbildung besteht darin, dass der Einfluss der Königin, den sie durch die Berufung des jeweiligen Informateurs und die Formulierung eines bestimmten Verhandlungsauftrags ausüben kann, negativ gesehen wird, weil dieser sich einer demokratischen Kontrolle entzieht.[102] Die Tatsache, dass die Monarchin derartige Befugnisse besitzt, geht nach Vis noch auf die Zeit zurück, in der der König die Minister auswählen konnte.[103] Hinsichtlich der Kritik an der Rolle der Königin ist zu beachten, dass der neue Ministerpräsident – wie im Abschn. 4.1 bereits erwähnt – nach-

---

[102] Belinfante und de Reede äußern in dieser Hinsicht rechtliche Bedenken: „Die Zeit der Regierungsbildung ist in unserem Staatsrecht sehr problematisch, denn während dieser tritt der König persönlich und allein in Erscheinung. Er trifft dann Entscheidungen, für die unter normalen Umständen in diesem Moment kein Minister verantwortlich gemacht werden kann. Dies steht im Widerspruch zur zweiten Grundregel: keine Befugnis ohne Verantwortung, aber bis heute sind alle Verbesserungsbestrebungen fehlgeschlagen." Belinfante und de Reede (2005, S. 95, Übersetzung durch den Verfasser).

[103] Vgl. Vis (2005, S. 45).

träglich die Verantwortung für den Verlauf der Gespräche übernimmt. Die Königin kann sich zudem selbstverständlich nicht nach eigenem Gutdünken für eine bestimmte Partei oder Koalition einsetzen – von ihr werden ein möglichst unparteiisches Auftreten und die Beachtung der ungeschriebenen Regeln der Regierungsbildung verlangt. Die Aufträge an die Informateure sind vor diesem Hintergrund in der Regel eher vage formuliert, nur in wenigen Ausnahmefällen traf die Königin kontroverse Entscheidungen.[104] Darüber hinaus kann letztlich nur eine Koalition entstehen, die im Parlament über eine tragfähige Mehrheit verfügt. Anders formuliert: Sind die Parlamentarier, die in der Mehrzahl keinen Einfluss auf die Unterredungen haben, mit dem Ergebnis einer Regierungsbildung nicht einverstanden, können sie dieser umgehend das Vertrauen entziehen und somit neue Koalitionsgespräche initiieren.[105]

Die Kritik am Prozess der Regierungsbildung basiert auch darauf, dass die Verhandlungen zwischen den beteiligten Akteuren wenig transparent verlaufen und es somit für viele Bürger schwer nachvollziehbar erscheint, wie sich die Unterredungen gestalten. Hierzu ist sagen, dass man seit einiger Zeit bemüht ist, den Verhandlungsprozesses offener und einsichtiger zu gestalten – beispielsweise indem relevante Dokumente direkt veröffentlicht werden. Nichtsdestotrotz finden die Verhandlungen insgesamt oftmals weiterhin auf für die Öffentlichkeit wenig einsichtige Weise statt.

Der stärkste Kritikpunkt am Prozess der Regierungsbildung in den Niederlanden besteht darin, dass der Ausgang der Wahl in manchen Fällen nur einen geringen Einfluss auf das spätere Regierungsbündnis hat.[106] Kalma schreibt somit: „In den Niederlanden kann eine Partei die Wahlen gewinnen und trotzdem in der Opposition landen oder haushoch verlieren und trotzdem mitregieren."[107] Auch Andeweg und Irwin halten in diesem Sinne fest: „voters propose, politicians dispose. Elections have little impact on which coalition is formed. This is considered to be a major weakness of the Dutch political system (…)."[108]

---

[104] Van Dooren schreibt zum Thema, dass das Staatsoberhaupt durch die Wahl des (In-)Formateurs und durch deren Auftrag die Regierungsbildung in eine bestimmte Richtung lenken kann. Dies gilt nach Auffassung des Autors vor allem dann, wann aufgrund des Wahlergebnisses oder der Haltung der Parteien keine Koalition besonders wahrscheinlich ist. Auch in dieser Situation muss das Staatsoberhaupt sich jedoch davor hüten, zu stark für ein Ergebnis zu operieren. Vgl. van Dooren (2005, S. 110). Den Einfluss der Königin auf die Regierungsbildung beleuchten auch: Vis (2005, S. 45 ff.), Bovend'Eert und Kummeling (2010, S. 470 f.).
[105] Auf diesen Punkt verweisen: de Meij und van der Vlies (2004, S. 79).
[106] Hierauf verweisen beispielsweise: van Deth und Vis (2006, S. 68), van Dooren (2005, S. 113), Burgerforum Kiesstelsel (2006, S. 4).
[107] Kalma (2001, S. 179).
[108] Andeweg und Irwin (2009, S. 132 f.) Der mangelnde Einfluss des Wählervotums wird nach Auffassung dieser beiden Autoren in den letzten Jahrzehnten vor allem am Beispiel der sozialdemokratischen PvdA deutlich. Diese konnte sich nach den Wahlen in den Jahren 1977, 1982, 1986 und 2003 aufgrund von Stimmgewinnen als Wahlsiegerin fühlen – trotzdem wurde die Regierung ohne sie gebildet. Bei den Wahlen 1981, 1989, 1994 und 2006 verloren die Sozialdemokraten hingegen Stimmanteile und zogen im Anschluss dennoch in die Regierung ein. Auch bei der aktuellen Wahl findet sich ein entsprechendes Exempel: Der CDA erlitt bei der Wahl ein Niederlage histo-

Es ist auf der Grundlage der Erfahrungen aus den letzten Jahrzehnten ein geflügeltes Wort in den Niederlanden geworden, dass es wichtiger sein kann, bei den Unterredungen nach der Wahl Erfolg zu haben als bei der Wahl selbst. Der lange Verhandlungsprozess zwischen den Parteivertretern führte in der Vergangenheit zum Teil zu unerwarteten Ergebnissen, bei denen teilweise schon die Frage zu stellen war, inwiefern das Votum der Bürger angemessen interpretiert wurde. Andererseits erscheint eine solche Interpretation bei einer relativen großen Zahl an im Parlament vertretenen Parteien grundsätzlich kaum möglich. Zum Teil wird der schwierige Prozess der Regierungsbildung vor diesem Hintergrund auch positiv bewertet: „Die Legitimation der neuen Koalition wird durch den Verhandlungsprozess erreicht, der deutlich gezeigt hat, dass das Endresultat das einzig mögliche war."[109] Weiterhin kann es auch als Vorteil gesehen werden, dass durch das praktizierte Verfahren neue und dabei zum Teil originelle Kompromisslösungen leichter realisierbar erscheinen.

Vor dem Hintergrund der genannten Punkte, fällt das Urteil über die niederländische Art und Weise, mittels derer nach der Wahl eine Regierung gebildet, nicht nur in der Öffentlichkeit, sondern auch in der wissenschaftlichen Forschung oft kritisch aus. So kommt Vis am Ende einer komparativen Betrachtung zu folgendem Schluss: „Aber dann die Niederlande. Wenn es um Kompliziertheit, Unübersichtlichkeit und Unverständlichkeit geht, setzen wir dem Ganzen die Krone auf – mit Glanz und Gloria. Verlierer werden zur Regierungspartei und Gewinner ziehen auf die Oppositionsbänke um. Vollständig Unbekannte werden Minister und erfahrene Kräfte verschwinden hinter der Seitenlinie. In den Verhandlungen zur Regierungsvereinbarung verflüchtigen sich Themen, zu denen man sich leidenschaftlich bekannt hatte, und heftig bekämpfte Punkte werden akzeptiert. Das sind in groben Zügen Klima und Lage, innerhalb derer die Königin den Prozess der Regierungsbildung initiieren, begleiten und abschließen muss."[110] In Anbetracht derartiger Beurteilungen überrascht es nicht, dass wiederholt Vorschläge zur Neuregelung des Verfahrens unterbreitet wurden. Bisher wurden diese Anregungen, die sich unter anderem darauf richteten, den Ministerpräsidenten direkt vom Volk wählen zu lassen, den (In-)Formateur durch das Parlament zu instruieren, im Wahlkampf Koalitionspräferenzen stärker zu betonen zu oder Änderungen am Wahlrecht durchzuführen, jedoch allesamt nicht realisiert.[111]

---

rischen Ausmaßes und konnte dennoch Bestandteil der neuen Regierung werden – er stellt sogar ebenso viele Kabinettsmitglieder wie die VVD, die als große Siegerin aus der Wahl hervorging.
[109] Vis (2005, S. 47, Übersetzung durch den Verfasser).
[110] Vis (2005, S. 44 f., Übersetzung durch den Verfasser).
[111] Einen umfassenden Vorschlag zur Neugestaltung des Verfahrens, der vor allem auf einen stärkeren Einfluss der Abgeordneten in der Zweiten Kammer abzielt, findet sich in: Nationale Conventie (2006, S. 29 ff.). Zu den entsprechenden Vorschlägen siehe auch: Andeweg und Irwin (2009, S. 131 ff.), van Dooren (2005, S. 113), Instituut voor Publiek en Politiek (2008, S. 44 f.), de Meij und van der Vlies (2004, S. 79 f.).

5.3 Der Ablauf der Gesetzgebung

Nach dem Legalitätsprinzip muss staatliches Handeln in den Niederlanden auf gesetzlicher Grundlage erfolgen. Die gesetzgebende Funktion wird in den Niederlanden laut Verfassung von Regierung und Parlament gemeinsam ausgeübt.[112] Im Gesetzgebungsprozess selbst zeigt sich, obwohl grundsätzlich beide Kammern allen Gesetzesvorlagen zustimmen müssen, die deutliche Vorrangstellung der Zweiten gegenüber der Ersten Kammer. Vor allem verfügen nach den Artikeln 82 und 84 der Verfassung nur die Mitglieder der Zweiten und nicht die der Ersten Kammer über das Recht, Gesetzesvorschläge einzureichen (*recht van initiatief*) und Änderungsvorschläge an einem vorliegenden Gesetzesentwurf zur Abstimmung zu stellen (*recht van amendement*). Die meisten Gesetzesvorschläge stammen in der politischen Praxis von Vertretern der Regierung, die durch ihren Zugriff auf die Ministerien eher als die Parlamentarier über die erforderlichen Kapazitäten und über das notwendige Detailwissen verfügen.[113] In den Niederlanden werden pro Jahr etwa 200 bis 300 Gesetze behandelt. Hinsichtlich der Inhalte der Gesetze ist zu sagen, dass in vielen von ihnen nur grobe Linien vorgegeben werden. Die konkrete Ausgestaltung der gesetzlichen Rahmenbedingungen wird in diesen Fällen an die jeweils zuständigen (Regierungs-)Instanzen übertragen. Um die Parlamentarier und Regierungsvertreter vor dem Hintergrund der zunehmenden Komplexität des politischen Handelns zu entlasten, werden darüber hinaus im zunehmenden Maße bestimmte Sachbereiche dezentralisiert und Aufgaben an untergeordnete Instanzen delegiert. Im Ergebnis führt dies dazu, dass auf gesetzlicher Grundlage Verwaltungsvorschriften, ministerielle Erlasse sowie Verordnungen der Provinzen und Gemeinden viele Angelegenheiten regeln.[114] In der niederländischen Verfassung wird der Vorrang internationaler Verpflichtungen vor der nationalen Gesetzgebung festgehalten.[115] Insbesondere die Zugehörigkeit zur Europäischen Union hat große Auswirkungen auf die Legislative in den Niederlanden, wobei der europäische Einfluss sich aktuell je nach Politikbereich stark unterschiedlich gestaltet.

---

[112] Im Artikel 81 der niederländischen Verfassung heißt es: „Gesetze werden von der Regierung und den Generalstaaten gemeinsam erlassen." In den folgenden Artikeln finden sich weitere grundlegende Bestimmungen zur niederländischen Gesetzgebung. Auf den Internetseiten der Ersten und Zweiten Kammer sowie der Regierung (www.rijksoverheid.nl/onderwerpen/wetgeving) finden sich vielfältige Informationen zur niederländischen Gesetzgebung sowie Erläuterungen zu aktuellen Themen.
[113] Ein Gesetzesvorschlag aus der Zweiten Kammer wird als „Initiativentwurf" („*initiatiefvoorstel*") bezeichnet. Über die Schwierigkeit des Entwerfens solcher Vorschläge schreiben de Meij und van der Vlies: „Der Entwurf einer Vorlage verlangt nicht nur große Sachkenntnis über den betreffenden Gegenstand, sondern auch einen Überblick über die Verbindungen zu anderen Regelungen, die finanziellen Konsequenzen für den Staat, die Vorstellungen der Beteiligten usw." De Meij und van der Vlies (2004, S. 122, Übersetzung durch den Verfasser).
[114] Vgl. Belinfante und de Reede (2005, S. 124 ff.), de Meij und van der Vlies (2004, S. 126 ff.), Timmermans et al. (2008, S. 273 ff.).
[115] Die entsprechenden Bestimmungen sind in den Artikeln 90 bis 95 der Verfassung festgehalten.

5.3 Der Ablauf der Gesetzgebung

In den Niederlanden hängt es, ebenso wie in vielen anderen Ländern auch, von einem komplexen Geflecht an Aspekten ab, inwiefern ein bestimmtes Thema von der Politik aufgegriffen und gesetzliche Regelungen geschaffen werden. Eine wichtige Rolle kommt hierbei unter anderem der Beschaffenheit des Gegenstands, dem Einfluss gesellschaftlicher Gruppen und der Intensität der öffentlichen Wahrnehmung zu. Wird eine Materie von den politischen Entscheidungsträgern als regelungswürdig bewertet, setzt ein Gesetzgebungsprozess ein, der aus mehreren Schritten besteht, die in ihrem Ablauf je nach Thema, Rahmenbedingungen und politischer Unterstützung zum Teil durchaus voneinander abweichen können. Im Folgenden beschränkt sich die Betrachtung weitgehend auf den idealtypischen Verlauf eines Gesetzgebungsverfahrens (Abb. 5.5).[116]

5.3.1 Das Verfahren der Gesetzgebung

Wenn ein Kabinettsmitglied eine gesetzliche Regelung zu einem bestimmten Thema schaffen will, erstellt es zusammen mit den Beamten in seinem Ministerium einen Gesetzentwurf und ein Erläuterungsschreiben (*memorie van toelichting*), aus dem der Kontext und die Zielsetzung des angestrebten Gesetzes deutlich werden. Wenn die ressortinterne Abstimmung, in deren Verlauf bereits erste externe Stellungnahmen – beispielsweise von betroffenen gesellschaftlichen Gruppen oder von Beratungseinrichtungen – eingeholt werden können, abgeschlossen ist, wird der Gesetzentwurf im Ministerrat besprochen.[117] Nachdem dort eine Beschlussfassung über eine Gesetzesvorlage erfolgt ist, wird diese dem Staatsrat zur Stellungnahme zugeleitet. Die Prüfung durch den Staatsrat richtet sich neben der allgemeinen Begutachtung des Entwurfs auch auf die Frage, inwiefern die neue Regelung in den vorhandenen Rechtskontext passt – unter anderem wird geprüft, ob die Inhalte des Entwurfs in Konflikt zur konstitutionellen Ordnung und zu internationalen Vereinbarungen stehen.[118] Die Resultate dieser Untersuchung können durchaus weitgehende politische Wirkungen haben. So kann ein Gesetzesvorhaben durch eine kritische bis ablehnende Haltung des Staatsrates für lange Zeit verzögert oder im Einzelfall auch gänzlich zum Scheitern verurteilt werden.[119] Die Regierung erhält den Gesetzentwurf mit

---

[116] Detaillierte Informationen zum Gesetzgebungsverfahren in den Niederlanden finden sich bei: Timmermans et al. (2008, S. 271–301), Bovend'Eert und Kummeling (2010, S. 195–264), Belinfante und de Reede (2005, S. 110–134), de Meij und van der Vlies (2004, S. 109–135), Kortmann und Bovend'Eert (1998, S. 95–98), van Dooren (2005, S. 101 ff.).

[117] In der politischen Praxis werden viele Gesetzesentwürfe nicht nur in einem Ministerium, sondern ressortübergreifend vorbereitet. Der Beschlussfassung im Ministerrat geht oftmals eine Erörterung im zuständigen Kabinettsausschuss voraus.

[118] Siehe hierzu: Timmermans et al. (2008, S. 285), Bovend'Eert und Kummeling (2010, S. 199 ff.). Die Grundlagen für die Beurteilung des Staatsrats sind auf dessen Homepage unter www.raadvanstate.nl/onze_werkwzije/advisering/toetsingskader/ einzusehen.

[119] Ein Grund hierfür liegt darin, dass der Staatsrat in seiner Arbeit eine überparteiliche Position einnimmt und seine Bedenken somit nicht so leicht beiseitegeschoben werden können.

der Stellungnahme des Staatsrats zurück und der zuständige Minister kann, sofern dies für erforderlich erachtet wird, Änderungen vornehmen und im Rahmen des sogenannten *nader rapport* nähere Erläuterungen zufügen. Hier kann auch eine Erklärung dafür gegeben werden, warum die angemahnten Änderungsvorschläge nicht übernommen werden. Im Anschluss wird der Gesetzentwurf durch die Königin mitsamt den zugehörigen Erläuterungsschreiben und der Stellungnahme des Staatsrats an die Zweite Kammer weiter geleitet.[120]

In der Zweiten Kammer wird das geplante Gesetz zunächst vom Präsidium an den zuständigen Parlamentsausschuss übermittelt, in dem die themenspezifischen Experten aus den Fraktionen vertreten sind. Im Rahmen der Bearbeitung im Ausschuss können unter anderem Nachfragen an das zuständige Ministerium gestellt, externe Stellungnahmen eingeholt oder öffentliche Anhörungen durchgeführt werden. Im Ergebnis entsteht ein Bericht, auf den der Minister im Rahmen einer schriftlichen Stellungnahme reagiert. Die Parlamentskommission wertet dieses Schreiben aus und erstellt einen Abschlussbericht, der eine zentrale Grundlage für die Beschlussfassung in den Plenarsitzungen darstellt.[121] Im diesen Plenarsitzungen, die sich je nach Angelegenheit über unterschiedliche Zeiträume erstrecken, wird dann über den Gesetzentwurf öffentlich diskutiert. Im Verlauf der Debatten, an denen auch die zuständigen Kabinettsmitglieder teilnehmen, ist es den Parlamentariern in der Zweiten Kammer dann auch möglich, Stellung zu vorhandenen Änderungsanträgen zu nehmen oder neue Änderungsanträge einzubringen. Im Rahmen einer abschließenden Sitzung, bei der in der Regel zu einem festen Termin Abstimmungen zu mehreren Gesetzesentwürfen stattfinden, findet dann das Votum der Parlamentarier über die einzelnen Änderungsanträge und über den (eventuell geänderten) Gesamtentwurf statt.

Wenn der Gesetzentwurf von der Zweiten Kammer mehrheitlich angenommen wird, geht er an die Erste Kammer, wo ein ähnliches Prozedere wie in der Zweiten Kammer stattfindet: Auch hier setzt sich ein Ausschuss unter Rücksprache mit der Regierung mit dem Entwurf auseinander und erstellt dann letztlich einen Bericht, der zusammen mit der Reaktion der Regierung für die Behandlung im Plenum grundlegend ist. Wichtig für die Beschlussfassung in der Ersten Kammer ist, dass die Senatoren bei der abschließenden Abstimmung den Entwurf nur noch annehmen oder ablehnen können – an dieser Stelle ist es zumindest formal (siehe unten) nicht mehr möglich, dass noch Änderungen vorgenommen werden. Die Auseinandersetzung der Ersten Kammer mit dem Entwurf für das neue Gesetz richtet sich somit auch weniger auf Details und stärker auf dessen Gesamtbeurteilung. Unter der Bedingung, dass auch eine Mehrheit der Senatoren seine Zustimmung erteilt, wird der Entwurf anschließend von der Königin unterzeichnet und im Anschluss stets auch vom zuständigen Minister gegengezeichnet. Der Justizminister sorgt danach da-

---

[120] Die Königin legt dem Entwurf ein kurzes Schreiben, die sogenannte königliche Botschaft (*koninklijke boodschap*) bei.
[121] Wenn der zuständige Minister auf der Grundlage der Ausschussarbeit entscheidet, dass der ursprüngliche Gesetzestext deutlich geändert werden muss, erstellt er eine *nota van wijziging*, in der die Modifikationen festgehalten werden.

5.3 Der Ablauf der Gesetzgebung

Abb. 5.5 Der Gang der Gesetzgebung

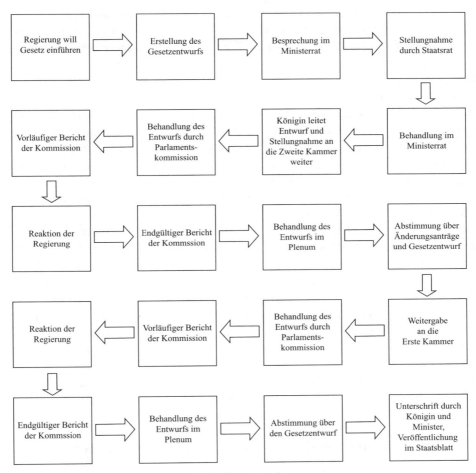

Quelle: Instituut voor Publiek en Politiek (2006, S. 24); Eigene Darstellung

für, dass das Gesetz im *Staatsblad* verkündet wird.[122] Zu diesem oder zum vorgesehenen Zeitpunkt tritt es dann in Kraft.

Wenn ein Gesetzentwurf aus der Zweiten Kammer stammt, stellen sich die Abläufe etwas anders dar.[123] Der entsprechende Entwurf geht zunächst an den Staatsrat, der eine Stellungnahme schreibt. Der Autor bzw. die Autoren des Entwurfs können auf dieser

---

[122] Im Internet sind die entsprechenden Informationen unter www.officielebekendmakingen.nl einzusehen.
[123] Vgl. hierzu unter anderem: Bovend'Eert und Kummeling (2010, S. 210–218), Timmermans et al. (2008, S. 285 f.), Belinfante und de Reede (2005, S. 122 f.).

Grundlage entscheiden, ob sie Änderungen vornehmen wollen oder nicht. Im Anschluss wird der Entwurf zunächst im Rahmen des zuständigen Parlamentsausschusses und dann im Plenum der Zweiten Kammer behandelt. Nach der Abstimmung über den Entwurf und etwaige Änderungsanträge wird die Angelegenheit an die Erste Kammer weitergeleitet, die sich ebenfalls im Rahmen eines Ausschusses und in Plenarsitzungen mit dieser befasst. Wenn auch die Erste Kammer den Entwurf annimmt, ist es an der Regierung zu entscheiden, ob sie diesen unterstützt und ihn somit zum Gesetz werden lässt oder nicht. Erteilt die Regierung ihre Zustimmung, wird der Gesetzesvorschlag von der Königin und vom zuständigen Minister unterschrieben. Nach seiner Veröffentlichung im Staatsblad tritt das neue Gesetz dann in Kraft. Der Umstand, dass vergleichsweise viele Initiativentwürfe im Parlament scheitern, ist dadurch zu erklären, dass diese häufig von Oppositionsparteien eingebracht werden, denen es an der erforderlichen Unterstützung mangelt. Die Mitglieder der Regierungsfraktionen überlassen die Eingabe eines Gesetzentwurfs in der Regel dem zuständigen Kabinettsvertreter.

Im Parlamentsjahr 2009/10 wurden 257 Gesetzesvorschläge behandelt. Im Durchschnitt dauerte es etwa 141 Tage bis ein fertiger Gesetzentwurf von der Regierung an das Parlament weitergereicht wurde. Dann beschäftigte sich die Zweite Kammer durchschnittlich 176 Tage und die Erste Kammer durchschnittlich 103 Tage mit einem Gesetz. Bis zur Veröffentlichung des Gesetzes vergingen im Durchschnitt 41 Tage. Insgesamt kann somit konstatiert werden dass es – wenn man die häufig langwierigen Vorarbeiten außer Betracht lässt – durchschnittlich rund 15 Monate dauert, bis ein Gesetz den Prozess der Gesetzgebung durchlaufen hat.[124] Zu diesen Durchschnittswerten ist zu sagen, dass bei der Betrachtung der Daten große Unterschiede auffallen, wobei sich die Dauer des Verfahrens nach Timmermans, Scholten und Oostlander unter anderem nach dem gesellschaftlichen und politischen Stellenwert sowie der politischen Brisanz der Vorlage richtet.[125]

5.3.2 Zum Zusammenspiel zwischen Regierung und Parlament

Die gemeinsame Verantwortung der Regierung und des Parlaments für die Legislative bildet die Grundlage dafür, dass in der politischen Praxis immer wieder komplizierte Aushandlungsprozesse zwischen diesen Akteuren stattfinden.[126] Ein Gesetzentwurf der Regierung kann von den Mitgliedern der Zweiten Kammer geändert oder verworfen werden. Hierbei ist selbstverständlich zu beachten, dass die Regierungsfraktionen, die in der Regel die Mehrheit der Abgeordneten im Parlament stellen, die Arbeit des Kabinetts zu unter-

---

[124] Die entsprechenden Angaben wurden der Homepage der Ersten Kammer entnommen. Vgl. www.eerstekamer.nl/doorlooptijden_wetsvoorstellen?ookbegr=1&m7m=vi8hf9quliz3.
[125] Vgl. Timmermans et al. (2008, S. 290 f.).
[126] Van Deth und Vis halten somit fest, dass oftmals schwierige politische Kompromisse gefunden werden müssen, bevor ein Gesetzestext für alle Seiten akzeptabel ist. Vgl. van Deth und Vis (2006, S. 84).

stützen versuchen. Die Mehrzahl der Änderungsanträge in der Zweiten Kammer stammt naturgemäß von den Oppositionsfraktionen, ihre Durchsetzungschancen sind in der Regel gering. Es kommt jedoch auch vor, dass eine Mehrheit der Parlamentarier im Zuge der Auseinandersetzung mit einem Gesetzentwurf gegenüber der Regierung bestimmte Änderungsbedarfe formuliert. Der zuständige Minister ist eventuell mit einer Änderung einverstanden. Ist dies nicht der Fall, kann er signalisieren, dass er sie als inakzeptabel bewertet. In diesem Fall kündigt er eventuell an, dass er den Gesetzentwurf bei einer solchen Modifikation zurückziehen wird.[127] Dieses Recht steht ihm bis zur letzten Abstimmung in der Ersten Kammer zu. In besonders wichtigen Fällen kann er sogar sein Fortwirken als Minister mit einem Gesetz verbinden und bei substantiellen Änderungen oder einer Ablehnung des Gesetzentwurfs mit Rücktritt drohen. In wenigen Situationen ist es sogar vorgekommen, dass der Fortbestand eines Kabinetts an ein bestimmtes Gesetzesvorhaben gekoppelt wurde oder zumindest mit einer ernsthaften Regierungskrise gedroht wurde.

Die Parlamentarier werden bevor sie ihr Votum abgeben auf diese Konsequenzen hingewiesen. Entsprechende Erklärungen sind zunächst als Warnung an die Zweite Kammer, insbesondere an die Regierungsmehrheit, zu verstehen, durch ihr Stimmverhalten die Stabilität der Koalitionsregierung nicht zu gefährden. In der politischen Praxis kommt es nur selten vor, dass Konflikte eskalieren. Vielmehr ist häufig zu beobachten, dass – zum Teil unter politischen Druck – ein komplizierter Verhandlungsprozess einsetzt, in dessen Rahmen nach Kompromissen, die für alle Seiten tragbar sind, gesucht wird. Um einen Zusammenprall zu vermeiden, finden ständig Konsultationen und Einflussnahmen statt, in deren Rahmen den zuständigen Regierungsvertretern und den Fraktionsführungen zentrale Rollen zukommen.

Da die Erste Kammer nicht über das Recht verfügt, etwaige Beanstandungen an einem Gesetzentwurf durch Änderungsanträge auszuräumen, ergibt sich in hinsichtlich der Verhandlungen mit der Regierung eine andere Situation. Wenn die Senatoren schwerwiegende Bedenken anmelden, können die Vertreter der Regierung durch politischen Druck versuchen, ein Veto zu vermeiden. Wenn entsprechende Bestrebungen keine Wirkung zeigen oder nicht angemessen erscheinen, kann es erforderlich sein, dass ein neuer Gesetzvorschlag, in dem die von der Ersten Kammer gewünschten Änderungen berücksichtigt sind, erstellt wird. Eine andere Lösung besteht darin, dass die Senatoren einen Gesetzentwurf zwar nicht ablehnen, ihm jedoch auch so lange nicht zustimmen bis ein Vorschlag für ein Nachtragsgesetz (sogenannte *novelle*), durch den die geforderten Anpassungen realisiert werden, ebenfalls zu ihrer Abstimmung vorliegt bzw. die Regierung zumindest klare Zusagen für ein solches Nachtragsgesetz gemacht hat.[128] Derartige Vorgänge werden von verschiedenen Autoren kritisch bewertet, weil sie der Ersten Kammer entgegen der Regelungen in der Verfassung doch noch Änderungsbefugnisse einräumen und zudem erheb-

---

[127] Beispiele für solche Vorgänge finden sich unter anderem unter www.eerstekamer.nl/begrip/ingetrokken_wetsvoorstellen_bij.
[128] Für weiterführende Informationen und konkrete Beispiele siehe: www.eerstekamer.nl/begrip/novelles_overzicht.

lichen Aufwand mit sich bringen.[129] Die Kritik an ihnen wächst in den letzten Jahren auch dadurch, dass die Erste Kammer, die lange Zeit mit großer Zurückhaltung agierte, seit einiger Zeit eine kritischere Haltung einnimmt. Zudem kommt parteipolitischen Kalkülen heute eine wichtigere Bedeutung zu als dies früher der Fall war. Mit einem Veto haben die Senatoren zwischen 1945 und 2010 insgesamt 56 Gesetzvorhaben gestoppt.[130]

Im Vorangegangenen wurde darauf hingewiesen, dass nicht nur das Parlament einen aus den Reihen der Regierung stammenden Vorschlag stoppen kann, sondern sozusagen im Gegenzug auch Gesetzesinitiativen aus der Zweiten Kammer, die bereits Mehrheiten im Parlament gefunden haben, noch durch ein Veto der Regierung aufgehalten werden können. Hinsichtlich der Kooperation zwischen Parlament und Regierung ist hierbei wichtig, Folgendes zu erwähnen: In der politischen Praxis kam es bisher nur sehr selten vor, dass ein von beiden Kammern des Parlaments unterstütztes Gesetz von der Regierung nicht angenommen wurde. Van Dooren erläutert hierzu, dass ein derartiger Schritt ernsthafte Konsequenzen implizieren und die Beziehung zwischen Regierung und Parlament deutlich verschlechtern könnte.[131] Um mögliche Konflikte zu vermeiden, nehmen Regierungsmitglieder daher bereits frühzeitig Stellung zu einem aus dem Parlament stammenden Gesetzentwurf, sodass eventuell erforderliche Modifikationen bereits in einem frühen Stadium vorgenommen werden können.

---

[129] Vgl. van Deth und Vis (2006, S. 84 f.), Belinfante und de Reede (2005, S. 119 f.).
[130] Nähere Informationen hierzu finden sich unter www.eerstekamer.nl/begrip/verworpen_door_de_eerste_kamer.
[131] Vgl. van Dooren (2005, S. 103).

6 Das niederländische Parteiensystem

Ebenso wie in den meisten anderen europäischen Staaten kommen den Parteien auch in den Niederlanden wichtige Funktionen zu. Sie sind insbesondere dafür zuständig, Interessen zu selektieren, zu aggregieren und zu artikulieren sowie die politische Elite zu rekrutieren. Damit schaffen sie die Grundlage dafür, dass die Bürger die Wahl zwischen inhaltlichen und personellen Alternativen haben und durch ihr Votum Einfluss auf die Gestaltung der Politik erhalten. Die politischen Parteien stellen somit eine wichtige Verbindung zwischen den Belangen der Bürger und dem staatlichen Handeln her. Darüber hinaus sind sie unter anderem an der politischen Sozialisation und Mobilisation der Bevölkerung beteiligt und bieten sie die Möglichkeit zur politischen Partizipation.[1] Es ist somit trotz aller aktuellen kritischen Diskussionen, auf die im Folgenden noch näher einzugehen sein wird, festzuhalten, dass die Parteien im repräsentativen System der Niederlande eine essentielle Position einnehmen.[2]

In Anbetracht ihrer hohen Bedeutung ist es für dieses Buch unabdingbar, sich intensiv mit den niederländischen Parteien auseinanderzusetzen. Die Ausführungen teilen sich hierbei in drei Unterkapitel auf. In einem ersten Schritt wird auf die rechtlichen Regelungen zu den Parteien eingegangen. In diesem Kontext wird unter anderem die Frage aufgeworfen, unter welchen Umständen Parteien verboten werden können und wie sich die Parteien finanzieren. Zudem wird auf die aktuelle Stellung der Parteien, vor allem ihre Verankerung in der Gesellschaft und ihr Image, eingegangen. Im zweiten Unterkapitel richtet sich das Augenmerk auf die geschichtliche Evolution des niederländischen Parteiensystems. Im Ergebnis soll hier ein Überblick über die bedeutsamsten Entwicklungen in der niederlän-

---

[1] Zu den Funktionen der Parteien siehe: Raad voor het openbaar bestuur (2009, S. 27 ff.), Instituut voor Publiek en Politiek (2006, S. 8 f.), Andeweg und Thomassen (2011, S. 33 ff.), Lucardie (2010, S. 1 ff.).

[2] De Meij und van der Vlies halten somit – ebenso wie andere Autoren – grundsätzlich fest: „Die moderne Demokratie ist eine Parteiendemokratie." De Meij und van der Vlies (2004, S. 62, Übersetzung durch den Verfasser).

dischen Parteienlandschaft entstehen. Die wichtigsten politischen Gruppierungen in der aktuellen niederländischen Politik werden im dritten Unterkapitel behandelt. Die Ausführungen sollen dabei sowohl einen Einblick in historische Entwicklungen bieten als auch die aktuelle Situation der einzelnen Parteien thematisieren.[3]

6.1 Rahmenbedingungen

In den Niederlanden existiert ebenso wie in Deutschland eine große Vielzahl an verschiedenen Parteidefinitionen und -verständnissen, die sich jedoch in den meisten Fällen nur marginal voneinander unterscheiden. Allgemein wird eine Partei als dauerhaft organisierte Vereinigung von Personen mit gleichen oder zumindest ähnlichen politischen Vorstellungen und Zielen definiert, die sich am politischen Geschehen beteiligt, um auf diese Weise Einfluss auf das politische Handeln zu erlangen. Im Gegensatz zu Interessenverbänden, Bürgerinitiativen und anderen Gruppen mit bestimmten Zielsetzungen streben Parteien politische Verantwortung an, nehmen Parteien daher mit ihren programmatischen und personellen Angeboten an Wahlen teil.[4] Anders als die eben genannten anderen Gruppierungen konzentrieren sich die meisten Parteien zudem in der Regel nicht nur auf eine oder wenige Forderungen, sondern verfügen sie über eine breite Programmatik.[5]

---

[3] Aufgrund der im Vorangegangenen bereits beschriebenen Wahlrechtsbestimmungen ist das niederländische Parteiensystem durch ein hohes Maß an Offenheit gekennzeichnet. Dementsprechend existierte und existiert in den Niederlanden fortlaufend eine große Zahl an kleineren, (noch) nicht im Parlament vertretenen Parteien, die im Rahmen dieses Buches nicht behandelt werden können. Eine Liste mit Links zu vielen (auch kleineren bzw. neueren) Parteien findet sich im Internet unter www.overheidslinks.nl/politiekepartijen.htm. Erkenntnisse über die Entstehung und Erfolgsaussichten von neuen Gruppierungen in der niederländischen Politik finden sich zudem in: Krouwel und Lucardie (2008, S. 278–307), van Kessel und Krouwel (2011, S. 301 ff.).

[4] Eine entsprechende Definition findet sich beispielsweise in: Instituut voor Publiek en Politiek (2006, S. 8). Koole schlägt am Ende seiner Diskussion des Parteienbegriffes folgende Minimaldefinition vor: „Eine politische Partei ist eine organisierte Gruppe, versehen mit einem offiziellen Namen, die als solche Kandidaten bei Wahlen für öffentliche Ämter aufstellt." Koole (1995, S. 14, Übersetzung durch den Verfasser). Zum Thema siehe auch: Woerdman (1999, S. 180 ff.).

[5] Ausnahmen von dieser Regel bilden die sogenannten „one-issue-Parteien", die sich nahezu vollständig auf einen bestimmten Themenbereich beschränken. Als Beispiele für derartige Parteien können der *Algemeen Ouderen Verbond* (AOV) und die *Unie55+*, die sich intensiv mit den Belangen älterer Bürger befassten und Mitte der 1990er Jahre damit recht erfolgreich waren, und aktuell die *Partij voor de Dieren* (PvdD), die sich stark auf Fragen des Tierschutzes konzentriert, genannt werden.

6.1.1 Zur rechtlichen Stellung der niederländischen Parteien

Trotz der hohen Bedeutung, die die Parteien für das politische System der Niederlande besitzen, taucht der Begriff „Partei" in der Verfassung nicht ein einziges Mal auf.[6] Von einem gleichwertigen Pendant zum deutschen Parteiengesetz, in dem weitreichende Regelungen zur inneren Struktur der Parteien und zu anderen Aspekten getroffen werden, kann in den Niederlanden nicht die Rede sein. Der Hintergrund für das im Vergleich auffällig niedrige Maß an Verrechtlichung ist darin zu sehen, dass in den Niederlanden dem Recht auf die Gründung von Vereinigungen und dem Recht auf freie Meinungsäußerung ein äußerst hoher Stellenwert zugemessen und somit auf eingrenzende Bestimmungen in diesen Kontext lieber verzichtet wird.[7] Im Ergebnis beschränken sich die rechtlichen Regelungen auf einige Bestimmungen zu politischen Gruppierungen im Wahlgesetz und seit Ende der 1990er Jahre auf den Bereich der Parteienfinanzierung. Die Folge des Mangels an spezifischen Regelungen bezüglich der Parteien besteht darin, dass diese weitgehend wie alle anderen Vereinigungen behandelt werden. Kortmann und Bovend'Eert halten in diesem Sinne fest: „In Bezug auf die verfassungsmäßige Position der politischen Parteien kann vorab konstatiert werden, dass sie nicht Bestandteil der Staatsorganisation sind. Sie sind gesellschaftliche Organisationen wie jede andere privatrechtliche Organisation, die sich bestimmte Aktivitäten zum Ziel setzt. Für sie gelten dann auch keine besonderen gesetzlichen Anforderungen hinsichtlich der Organisation, der demokratischen Entscheidungsfindung oder des satzungsmäßigen Ziels."[8]

Es ist darauf hinzuweisen, dass trotz aller Bedenken, die gegen eine weitergehende Verrechtlichung der Parteien in den letzten Jahrzehnten angeführt wurden, durchaus Diskussionen über die Schaffung von spezifischen rechtlichen Bestimmungen stattfanden, in deren Rahmen unter anderem die Möglichkeiten zum Verbot extremer Parteien behandelt wurden. Die diesbezüglichen Regelungen im Bürgerlichen Gesetzbuch, die – wie die erfolglosen Verbotsbemühungen gegen die rechtsextreme *Nederlandse Volks-Unie* (NVU) Ende der 1970er Jahre zeigten – über lange Zeit wenig effektiv waren, wurden nach ausführlichen Kontroversen in den 1980er Jahren überarbeitet. Seit Ende dieses Jahrzehnts ist es nun leichter möglich, Parteien, die sich beispielsweise der Diskriminierung bzw. des Anstiftens zu Hass und/oder zu Straftaten schuldig machen, von Wahlen auszuschließen oder gegebenenfalls sogar zu verbieten.[9] Ein Ausschluss von Wahlen ist aus inhaltlichen Er-

---

[6] Siehe hierzu: van Biezen (2010, S. 4 ff.), Raad voor het openbaar bestuur (2009, S. 51 f. und 63). Die Tatsache, dass die Parteien nicht in der Verfassung erwähnt werden, kann nach van Deth und Vis keineswegs dahingehend interpretiert werden, dass sie keine so große Bedeutung hätten. Vgl. van Deth und Vis (2006, S. 128).
[7] In diesem Sinne äußern sich unter anderem: de Meij und van der Vlies (2004, S. 62).
[8] Kortmann und Bovend'Eert (1998, S. 31, Übersetzung durch den Verfasser). Dieser Befund wird bestätigt bei: van Deth und Vis (2006, S. 133), Andeweg und Irwin (2009, S. 73). Zu den rechtlichen Grundlagen, auf deren Basis Parteien in den Niederlanden agieren, siehe auch: Groupe d'Etats contre la corruption (2008, S. 3 f.), van der Woude (2009, S. 18 ff.).
[9] Vgl. van der Woude (2009, S. 21), de Meij und van der Vlies (2004, S. 62 f.).

wägungen dann ausführbar, wenn eine Gruppierung die öffentliche Ordnung gefährdet.[10] Vor dem Hintergrund einer politischen Kultur, in der ein großer Widerwillen gegen derartige Vorgänge vorherrscht, sowie verschiedener allgemeiner Einwände gegen ein Parteienverbot sind entsprechende Schritte in den Niederlanden sehr selten eingeleitet worden. Bovend'Eert und Kummeling erklären diesen Umstand damit, dass in den Niederlanden stets die Haltung vorherrschend war, entsprechenden Gruppierungen könne und müsse man innerhalb des politischen Systems auf der Grundlage überzeugender Argumente entgegentreten.[11] Allerdings findet sich in der jüngeren Geschichte entgegen aller Bedenken ein Beispiel für ein staatliches Vorgehen gegen eine politische Gruppierung: 1998 verbot man die zu dieser Zeit nahezu unbedeutende rechtsextreme *Centrumpartij '86* (CP'86). Diese Entscheidung wurde vom Gericht damit begründet, dass diese Partei zu Hass und zu Diskriminierung gegenüber Menschen mit Migrationshintergrund aufrufe und sie damit die öffentliche Ordnung gefährde.[12] Nach van Dooren handelte es sich hierbei um das erste Parteiverbot seit 43 Jahren: Im Jahr 1955 Verbot man die rechtsextreme NESB (*Nationaal Europese Sociale Beweging*), in der viele ehemalige Mitglieder der NSB und der SS organisiert waren.[13]

Auch in den letzten Jahren fanden wiederholt Kontroversen über den Ausschluss bestimmter Gruppierungen vom politischen Geschehen statt. Eine Diskussion entbrannte vor der Parlamentswahl 2006 beispielsweise hinsichtlich der PNVD, der Partei für Nächstenliebe, Freiheit und Diversität (*Partij voor Naastenliefde, Vrijheid en Diversiteit*). Diese Gruppierung strebte nicht nur die Legalisierung sämtlicher Drogen, sondern vor allem einen Neuregelung der Bestimmungen zum Thema Pädophilie an.[14] Ihre diesbezüglichen Forderungen führten im In- und Ausland zu einem Sturm der Entrüstung, gesellschaftliche und politische Kräfte in den Niederlanden wollten die Teilnahme der „Pädophilenpartei"

---

[10] Auf der Grundlage des Bürgerlichen Gesetzbuches kann nach Barkhuysen „eine politische Partei, die gegen die öffentliche Ordnung agiert, auf Antrag der Staatsanwaltschaft durch ein Gericht verboten und anschließend aufgelöst werden. Eine Teilnahme an Wahlen unter dem Namen dieser Partei ist in diesem Fall nicht mehr möglich (...)." Barkhuysen (2004, S. 49, Übersetzung durch den Verfasser). Nähere Informationen zum Thema finden sich bei: van der Woude (2009, S. 20 f.).

[11] Vgl. Bovend'Eert und Kummeling (2010, S. 87 f.). Ein Grund für diese Haltung liegt nach Auffassung der beiden Autoren auch darin, dass man ein Abdriften der Mitglieder entsprechender Gruppierungen in den (kriminellen) Untergrund verhindern möchte. Kritik an dieser Einstellung äußert: Barkhuysen (2004, S. 44).

[12] Die CP'86 wurde Ende 1998 verboten – zum Zeitpunkt dieses Urteils fristete die Partei, die immer wieder mit internen Konflikten und Abspaltungen zu kämpfen hatte, ein Schattendasein. Zum Thema siehe auch: van der Woude (2009, S. 21 f.), de Boer et al. (1998, S. 23 f.). Schutzmechanismen vor antidemokratischen Parteien im Parlament analysiert: van der Woude (2009, S. 13 ff.).

[13] Vgl. van Dooren (2005, S. 69 f.).

[14] Die Partei trat unter anderem dafür ein, dass Erwachsene mit Kindern bzw. Jugendlichen, die älter als 12 Jahre sind, „auf freiwilliger Basis" Sex haben dürfen. Jugendlichen ab 16 Jahren sollte es nach Auffassung der Partei erlaubt sein, in pornografischen Filmen (sofern diese gewaltfrei sind) mitzuwirken und sich zu prostituieren. Den Besitz von kinderpornografischem Material wollte die PNVD zudem straffrei stellen.

6.1 Rahmenbedingungen

an der Parlamentswahl im November 2006 verhindern. Der *Kiesraad* lehnte die Anmeldung der Partei zur Wahl jedoch nicht ab. Das Gericht, das über ein Verbot der Partei entschied, verwarf den eingereichten Antrag erwartungsgemäß aus grundsätzlichen Bedenken. Der Richter erklärte in der Urteilsbegründung: „Es ist Aufgabe des Wählers, die Forderungen politischer Parteien zu beurteilen. Diese Freiheiten kommen auch der PNVD zu." Auch der damalige Justizminister Donner schloss sich dieser Auffassung an, indem er äußerte: „In einer Demokratie müssen politisch verwerfliche Ideen primär mit der Kraft von Argumenten bekämpft werden."[15] Die Partei meldete sich demnach regulär zur Wahl an. Die Tatsache, dass sie an dieser letztlich doch nicht teilnahm, erklärte sich dadurch, dass es ihr nicht gelang, die für die Zulassung zur Wahl erforderlichen Unterschriften zu sammeln. Anfang 2010 hat sich die Partei dann endgültig aufgelöst.

Auch in einem anderen Kontext wurde aktuell über die inhaltliche und organisatorische Freiheit der Parteien diskutiert. Die *Staatkundig-Gereformeerde Partij* (SGP), eine orthodox christliche Partei mit langer Tradition, verwehrte Frauen auf der Grundlage der von ihr propagierten Rollenverteilung zwischen Mann und Frau über viele Jahre die vollwertige Mitgliedschaft.[16] Gegen diese Regelung, die national und international auf heftige Kritik stieß und auch parteiintern durchaus kontrovers war, wurde immer wieder Protest eingelegt. Die entsprechenden Bemühungen blieben bis 2005 folgenlos. Im Herbst 2005 verurteilte ein niederländisches Gericht dann den Ausschluss von Frauen, woraufhin die Zuweisung staatlicher Mittel (in Höhe von über 700.000 € pro Jahr) an die Partei gestoppt wurde.[17]

Die SGP, die die hierdurch entstandene Finanzierungslücke zunächst durch Spenden schließen wollte, eröffnete Frauen Mitte 2006 die Möglichkeit zur vollwertigen Mitgliedschaft. Weiterhin sollen sie jedoch keine öffentlichen Ämter beispielsweise in einem Gemeinderat, Provinzparlament oder in der Zweiten Kammer bekleiden – dementsprechend werden sie von der Partei nicht zu den entsprechenden Listen zugelassen. Ende 2007 kippte der Staatsrat die gerichtliche Entscheidung, der Partei keine staatlichen Mittel zuzuweisen.[18] Die Partei erhielt folglich Subventionen zurückerstattet, die ihr zwischenzeitlich vorenthalten worden waren. Die Angelegenheit war hiermit noch keineswegs erledigt: Das

---

[15] Zitiert nach: Mat (2008, S. 1 f., Übersetzung durch den Verfasser). Zum Thema siehe auch: van Dijk (2007, S. 143 f.).

[16] Frauen war es ab 1996 lediglich möglich, eine „außerordentliche" Mitgliedschaft zu erlangen. Dies bedeutete, dass sie auf lokaler Ebene aktiv sein konnten, jedoch innerhalb der Partei kein Stimmrecht besaßen, nicht an regionalen oder nationalen Parteizusammenkünften teilnehmen durften und auch nicht in Betracht für Partei- oder öffentliche Ämter kamen. Ausführliche Erläuterungen zur Haltung der SGP, zu den innerparteilichen Kontroversen und zu den Gerichtsprozessen finden sich in: Post (2009, S. 229–360).

[17] Zum allgemeinen Hintergrund dieser Entscheidung siehe: Ministerie van Binnenlandse Zaken en Koninkrijksrelaties (2007, S. 39 f.). Zum Thema siehe auch: Barkhuysen (2004, S. 42 ff.), Dölle (2005, S. 99 ff. und S. 110 ff.).

[18] Die Begründung dieser Entscheidung ist nachzuvollziehen bei: www.raadvanstate.nl/pers/persberichten/persbericht/?pressmessage_id=96 und Post (2009, S. 355).

oberste Gericht der Niederlande, der *Hoge Raad*, entschied im April 2010, dass die SGP Frauen vor dem Hintergrund internationaler Verträge und verfassungsrechtlicher Bestimmungen das passive Wahlrecht nicht verweigern darf. Hintergrund für dieses Urteil war die Auffassung, dass der Schutz vor Diskriminierung in diesem Fall höher zu bewerten sei als der Schutz der Religionsfreiheit. Die Regierung wurde auf der Grundlage dieser Rechtseinschätzung beauftragt, Schritte zu unternehmen, um die Diskriminierung von Frauen durch die SGP zu beenden. Der Umstand, dass diese Schritte bisher nicht erfolgt sind, erklärt sich hauptsächlich dadurch, dass die SGP gegen das Urteil des *Hoge Raad* vor dem Europäischen Hof für Menschenrechte in Berufung ging und der Prozess noch nicht abgeschlossen ist.[19]

6.1.2 Die Organisation der Parteien

Es ist festzuhalten, dass den Parteien in den Niederlanden aus den oben genannten Gründen in inhaltlicher und organisatorischer Hinsicht nur wenige Grenzen gesetzt sind und die wenigen bestehenden Regelungen zudem vor dem Hintergrund einer politischen Kultur, in der das Vereinigungsrecht und das Recht auf freie Meinungsäußerung einen außerordentlich hohen Stellenwert besitzen, mit großer Zurückhaltung gehandhabt werden. Aufgrund des Nichtvorhandenseins allgemeiner Bestimmungen weisen die niederländischen Parteien zum Teil auch durchaus unterschiedliche Organisations- und Entscheidungsstrukturen auf. Auch hinsichtlich der Rechte und Pflichten von Funktionsträgern sowie bezüglich der Aufstellung von Kandidaten weichen die Bestimmungen je nach Gruppierung voneinander ab. Nahezu alle Parteien sind jedoch in kommunale, regionale und nationale Gliederungen unterteilt, die allerdings über jeweils spezifische Kompetenzen verfügen.[20] Die einzelnen Gruppierungen können auf der nationalen Ebene in der Regel auf einen festen Stab an Mitarbeitern zugreifen, der sich beispielsweise mit organisatorischen und administrativen Aufgaben sowie mit der Öffentlichkeitsarbeit befasst. Die meisten Parteien verfügen über zwar selbstständige, jedoch mit der Partei verbundene Unterorganisationen wie zum Beispiel wissenschaftliche Forschungseinrichtungen und Jugendorganisationen.[21] Die wichtigsten programmatischen Entscheidungen werden in fast jeder Partei offiziell von regelmäßig und vor Wahlen stattfinden Parteitagen getroffen, an denen entweder alle Mitglieder oder Delegierte teilnehmen können. Zudem kommen den Parlamentsfraktionen auf den unterschiedlichen Ebenen und hierbei vor allem den Fraktionen in der Zweiten Kammer wichtige Funktionen zu, da diese nicht nur über mögliche Koalitionen, sondern

---

[19] Zum Thema siehe: ten Hooven (2010, S. 123 ff.). Die Position von Frauen in der zweiten stark christlich orientierten Partei in den Niederlanden, der *ChristenUnie* (CU), wird beleuchtet in: Jager-Vreugenhil und Leyenaar (2006, S. 195 ff.).
[20] Vgl. hierzu: Andeweg und Irwin (2009, S. 72 ff.).
[21] Hingewiesen sei an dieser Stelle exemplarisch auf das Wissenschaftliche Institut des CDA (www.cda.nl/wi) oder die mit der PvdA verbundene *Wiardi Beckman Stichting* (www.wbs.nl).

auch über politische Inhalte entscheiden. Die Mandatsträger sind in ihrer Entscheidung laut Verfassung zwar grundsätzlich frei (Artikel 67), jedoch existiert auch in den Niederlanden ein hohes Maß an Fraktionsdisziplin (Abschn. 4.2) – auch vor dem Hintergrund, dass die Parteien über die zukünftige Zusammensetzung von Kandidatenlisten und somit über den weiteren Verlauf politischer Karrieren entscheiden.

Was die Führungspersonen in den Parteien angeht, ist eine Unterscheidung zwischen dem Amt des Parteivorsitzenden und der Position des politischen Leiters erforderlich. Im Vergleich zu Deutschland verfügen die Parteivorsitzenden in den Niederlanden über weitaus weniger Einfluss, ihre Position ist eher mit jener der deutschen Generalsekretäre zu vergleichen. Die zentralen Personen in den Parteien sind die sogenannten politischen Leiter, die der Partei ein Gesicht geben und als Ansprechpersonen fungieren. Die politischen Leiter treten zudem als Verhandlungsführer ihrer Parteien auf, darüber hinaus sind sie an der internen Kommunikation und Abstimmung beteiligt. In den Wahlkämpfen sind sie als Spitzenkandidaten für ihre Partei aktiv.[22] Bei der Position des politischen Leiters handelt es sich nicht um ein offizielles Amt, in das man gewählt werden kann – vielmehr fungieren die entsprechenden Personen häufig als Fraktionsvorsitzende ihrer Partei in der Zweiten Kammer oder, wenn die jeweilige Partei an der Regierung beteiligt ist, als Minister. Die Position des politischen Leiters wird den entsprechenden Personen somit aufgrund ihrer Stellung und ihres Einflusses zuerkannt.[23]

Wenn man die Amtszeiten der politischen Leiter betrachtet fällt auf, dass es in mehreren Parteien Personen gab, die dieses Amt sehr lange inne hatten und damit die Geschichte der jeweiligen Partei prägten, so zum Beispiel Ruud Lubbers (CDA, 1982 bis 1994) Joop den Uyl und Wim Kok (PvdA, 1966 bis 1986 und 1986 bis 2001), Hans Wiegel (VVD, 1971 bis 1982) oder Jan Marijnissen (SP, 1988 bis 2008). Andere Politiker mussten ihr Amt schon sehr bald, meist nach einem schlechten Wahlergebnis oder internen Querelen, wieder abgeben. Nur wenige Monate standen beispielsweise Elco Brinkman (CDA, 1994), Ad Melkert und Jeltje van Nieuwenhoven (PvdA, 2001 bis 2002 bzw. 2002) oder Rudolf de Korte (VVD,

---

[22] Es ist dabei nicht so, dass der Spitzenkandidat einer großen Partei zwangsläufig das Amt des Ministerpräsidenten anstrebt. So war bei der Wahl 2003 Wouter Bos Spitzenkandidat der PvdA, als Kandidat für das Amt des Ministerpräsidenten wurde jedoch nicht er, sondern der damalige Amsterdamer Bürgermeister Job Cohen präsentiert. Ein besondere Entwicklung vollzog sich nach der Wahl im Jahr 1982: der Spitzenkandidat des CDA und vorherige Ministerpräsident Dries van Agt verzichtete auf die Fortsetzung seiner Amtszeit, sodass Ruud Lubbers Ministerpräsident werden konnte.
[23] In manchen Fällen bleiben die politischen Leiter auch in Regierungszeiten Fraktionsvorsitzende, damit sie nicht in die Kabinettsdisziplin eingebunden sind und sich somit ein größeres Maß an politischer Freiheit bewahren. Ein Beispiel hierfür war der VVD-Politiker Bolkestein, der Mitte der 1990er Jahre politischer Leiter seiner Partei war. Zur Zeit der violetten Koalition gehörte er nicht zum Kabinett – die hierdurch vorhandene politische Freiheit nutzte er mit zum Teil kontroversen Aussagen intensiv. Da sich das Machtzentrum der niederländischen Politik in den letzten Jahren ins Kabinett verlagerte, sind die politischen Leiter von Regierungsparteien jedoch immer häufiger im Kabinett vertreten. Auch im derzeitigen Kabinett Rutte I sind die politischen Leiter der beiden Koalitionsparteien in der Regierung vertreten: Mark Rutte als Ministerpräsident und Maxime Verhagen als Minister für Wirtschaft, Landwirtschaft und Innovation.

Tab. 6.1 Politische Leiter der im Parlament vertretenen Parteien

Partei	Name	Amtsantritt	Aktuelle Position
VVD	Mark Rutte	2006	Ministerpräsident
PvdA	Job Cohen	2010	Fraktionsvorsitzender
PVV	Geert Wilders	2006	Fraktions- und Parteivorsitzender[24]
CDA	Maxime Verhagen	2010	Minister, stellvertretender Ministerpräsident
SP	Emile Roemer	2010	Fraktionsvorsitzender
D66	Alexander Pechtold	2006	Fraktionsvorsitzender
GL	Jolande Sap	2010	Fraktionsvorsitzende
CU	Arie Slob	2002	Fraktionsvorsitzender
SGP	Kees van der Staaij	2010	Fraktionsvorsitzender
PvdD	Marianne Thieme	2003	Fraktionsvorsitzende

Stand: Juli 2011

1986) ihrer Partei vor. Eine Übersicht über die aktuellen politischen Leiter der im Parlament vertretenen Parteien findet sich in Tab. 6.1. Eine Aufstellung der politischen Leiter jeder Partei ist zudem im weiteren Verlauf des Kapitels vorhanden.

Sowohl was das Amt des Parteivorsitzenden als auch was die Festlegung von Spitzenkandidaturen angeht, hat sich die Kandidatenfindung in den letzten Jahren in Parteien teilweise gewandelt.[25] Traditionell erfolgte die Besetzung dieser Ämter durch Beratungen in der Parteispitze oder in der Parlamentsfraktion. In der jüngeren Geschichte finden sich einige Beispiele, bei denen eine Mitgliederabstimmung durchgeführt wurde, um hierdurch eine stärkere Verbindung zwischen den Parteimitgliedern und der Parteiführung zu sichern. Auf diese Weise erlangten in den letzten Jahren unter anderem der aktuelle Ministerpräsident Mark Rutte von der VVD, Alexander Pechtold von der D66 und Wouter Bos von der PvdA ihre Position.

Was die Organisation der politischen Parteien in den Niederlanden angeht, ist abschließend darauf hinzuweisen, dass seit einigen Jahren mit der PVV von Geert Wilders (Abschn. 6.3.4) eine neue politische Kraft in der niederländischen Politik vertreten ist, die gänzlich andere Strukturmerkmale als die anderen Parteien aufweist. Wilders vertritt eine sehr kritische Haltung zu den etablierten Parteien, deren Organisationsformen und Abläufe er als zu statisch, ineffizient und bürgerfern bewertet. Aus diesem Grund stellt die PVV auch keine „normale Partei", sondern eine „politische Bewegung" und somit eine Vereinigung mit gänzlich anderen Charakterzügen dar. Es ist insbesondere nicht möglich, Mitglied in der PVV zu werden, was dazu führt, dass Wilders alleine über den Kurs der Gruppie-

---

[24] Geert Wilders nimmt als einziges Mitglied der PVV parteiintern eine besonders dominante Position ein. Weitere Informationen zu dieser Gruppierung finden sich im im weiteren Verlauf des Kapitels.
[25] Vgl. hierzu: Lucardie und Voerman (2011, S. 187 ff.), Voerman (2004, S. 217 ff.).

rung bestimmen und auch die Personalentscheidungen nach eigenem Gutdünken treffen kann.[26] Programmatisch gestattet er der öffentlichen Meinung einen großen Einfluss auf die Inhalte und Ziele seiner Partei. Die „Bewegung" kann, da sie keine staatlichen Mittel empfängt, nur durch Geldspenden und die Mitarbeit von Bürgern getragen werden. Die weitere Entwicklung der PVV ist sicher stark davon abhängig, inwiefern es gelingt, sich personell, organisatorisch und inhaltlich zu beweisen. Zudem ist es von zentraler Bedeutung, dass fortdauernd genügend Gelder akquiriert werden können. Inwiefern diese neue Erscheinung von Dauer ist bzw. weitere Gruppen diesem Beispiel folgen, ist derzeit noch nicht abzusehen. Es steht jedoch bereits heute fest, dass dieses neue Model einen – eventuell jedoch nur kurzzeitigen – Bruch mit der bisherigen niederländischen Parteiengeschichte darstellt.

6.1.3 Die Parteienfinanzierung in den Niederlanden

Die Bedeutung der Parteien für die niederländische Demokratie ist offensichtlich, somit wird auch die Notwendigkeit allgemein anerkannt, diese mit ausreichenden Finanzmitteln auszustatten. Traditionell stehen den Gruppierungen unterschiedliche Finanzierungswege zur Verfügung, wobei die entsprechenden Regelungen in den Niederlanden je nach Gruppe unterschiedlich geregelt sind.[27] Lange Zeit finanzierten sich die Parteien vornehmlich durch Mitgliedsbeiträge, deren Höhe sich derzeit nicht nur von Partei zu Partei unterscheidet, sondern in vielen Fällen auch einkommensabhängig festgelegt wird. Durch den Mitgliederverlust, den die meisten Parteien in den letzten Jahrzehnten erlitten haben, ist die Bedeutung dieser Einkünfte zwar gesunken, im internationalen Vergleich kommt ihnen jedoch auch noch heute ein relativ hoher Stellenwert zu.[28] Als zweite Einkommensquelle haben die Parteien die Möglichkeit, Spenden von Privatpersonen oder Unternehmen zu empfangen. Darüber hinaus können bestimmte Aktivitäten wie beispielsweise Kongresse gesponsert werden oder es können Gelder durch verschiedene Wege des Fundraising akquiriert werden. Ebenso wie in Deutschland werden solche Zuwendungen, um die sich

---

[26] Mitglieder in der PVV sind nur er selbst und die sogenannte *Stichting Groep Wilders* – eine Konstruktion, um die im Wahlgesetz festgelegten Regelungen einzuhalten. Die ehemalige niederländische Innenministerin Guusje ter Horst äußerte sich in einer Reaktion auf einen Bericht, in dem festgehalten wird, dass Parteien Mitgliederorganisationen sein sollten, in denen die Mitglieder auch das Recht zur Mitsprache haben, zu dieser Frage. Sie stimmt der Aussage des Berichts persönlich zu, sie sieht es jedoch nicht als Aufgabe der Regierung an, die Aufnahme von Mitgliedern in eine Partei vorzuschreiben. Vgl. ter Horst (2009, S. 3). Auch die von der ehemaligen VVD-Politikerin Rita Verdonk 2008 gegründete Gruppierung TON, die kurzzeitig gute Umfragewerte erzielen konnte, bot ihren Anhängern zunächst nicht die Möglichkeit der Mitgliedschaft. Die Aufgabe dieser Position konnte den Niedergang der Partei vor der Wahl 2010 nicht aufhalten.
[27] Zum Thema siehe: Lucardie (2010, S. 6 ff.).
[28] Die Mitgliedsbeiträge besitzen für die Gesamteinnahmen eine sehr unterschiedliche Bedeutung. Entsprechende Zahlen sind nachzuvollziehen bei: Koole (2011, S. 227).

unter anderem die VVD in den letzten Jahrzehnten intensiv bemühte, auch in den Niederlanden mit einer gewissen Skepsis bewertet, da man fürchtet, dass die Spender auf diesem Weg einen zu großen Einfluss auf die Partei erhalten könnten. Um ein gewisses Maß an Transparenz zu schaffen, müssen alle Überweisungen ab einer bestimmten Summe (circa 450 €) veröffentlicht werden. In der derzeitigen Diskussion wird vor dem Hintergrund deutlicher Kritik an den bestehenden Vorgaben die Verabschiedung weitreichenderer Regelungen behandelt.[29] Eine dritte wichtige Einkommensquelle stellt die sogenannte „Parteisteuer" (*salarisafdracht, partijbelasting*) dar, nach der Funktionsträger einen Teil ihres Gehalts an ihre Partei abgeben müssen. Viele Parteien finanzieren sich zu einem recht großen Teil durch derartige, verpflichtende Abgaben. Bei der SP sind die entsprechenden Bestimmungen traditionell am weitreichendsten festgesetzt.[30] Manche Parteien, insbesondere der CDA und die PvdA, besitzen viertens zudem noch Kapitalreserven, die ihnen Einkünfte sichern.

Um die Parteien in ihrer Arbeit zu unterstützen und ihnen eine gewisse Unabhängigkeit zu sichern, erhalten sie in den meisten Ländern Europas staatliche Zuwendungen. In den Niederlanden existierten in dieser Hinsicht lange Zeit nur sehr zurückhaltende Regelungen.[31] So bestand die staatliche Unterstützung über Jahrzehnte lediglich darin, dass Spenden steuerlich geltend gemacht werden konnten und die Parteien kostenlose Sendezeiten im Radio und Fernsehen erhielten. Ab Anfang der 1970er Jahre konnten sukzessive auch parteinahe Institutionen wie beispielsweise Forschungs- und Schulungseinrichtungen sowie Jugendorganisationen Mittel vom Staat erhalten. Zu Beginn der 1990er Jahre schuf man dann die Möglichkeit, auch bestimmte Auslandskontakte zu subventionieren. Erst seit 1999 existiert ein Gesetz zur Parteienfinanzierung, das *Wet subsidiëring politieke partijen*, welches die Grundlage für die direkte Überweisung von staatlichen Mitteln an die Parteien schafft.[32] Zunächst durften diese Gelder jedoch nur für bestimmte Zwecke verwendet werden, Mitgliederwerbung und Wahlkämpfe durften die Parteien nicht auf diesem Wege finanzieren. Diese Begrenzung wurde 2005 aufgegeben.

Hinsichtlich der aktuellen Parteienfinanzierung ist zu bemerken, dass die niederländischen Parteien Gelder zur Unterstützung ihrer parlamentarischen Arbeit erhalten und so beispielsweise Mitarbeiter für ihre Mandatsträger beschäftigen können. Darüber hinaus erhalten jene Gruppierungen, die im Parlament vertreten sind bzw. bestimmte Kriterien erfüllen, indirekte Unterstützung durch die Zuweisung von kostenlosen Sendezeiten im Fernsehen und im Radio. Auch steuerlich werden Parteiinteressen berücksichtigt, bei-

---

[29] Vgl. Algemene Rekenkamer (2011, S. 10 ff.). In der derzeitigen Situation können Gruppierungen, die sich weigern, Auskunft über die von ihnen eingeworbenen Parteispenden zu geben, noch nicht sanktioniert werden.
[30] Vgl. Koole (2011, S. 233).
[31] Vgl. hierzu: Koole (2011, S. 225 ff.).
[32] Die Inhalte des Gesetzes sind ebenso wie jene der *Regeling subsidiëring politieke partijen* nachzulesen in: Ministerie van Binnenlandse Zaken en Koninkrijksrelaties (2007, S. 41 ff.). Zum Thema siehe auch: Algemene Rekenkamer (2011, S. 3 ff.), Nehmelmann (1999, S. 156 ff.).

6.1 Rahmenbedingungen

spielsweise indem Spenden unter gewissen Voraussetzungen geltend gemacht werden können.[33]

Direkte Geldzuwendungen vom Staat erhalten in den Niederlanden nur die Parteien, die bestimmte formale Kriterien erfüllen und in der Ersten oder Zweiten Kammer vertreten sind. Zudem müssen alle Parteien, die öffentliche Mittel empfangen möchten, über 1000 stimmberechtigte Mitglieder haben, die einen jährlichen Mitgliedsbeitrag von mindestens zwölf Euro entrichten.[34] Die Höhe der staatlichen Zuwendungen an die einzelnen Gruppierungen errechnet sich anhand weniger Parameter.[35] Jede im Parlament vertretene Partei erhält einmal im Jahr einen Basisbetrag von derzeit rund 187.000 €. Für jedes Mandat in der Zweiten Kammer erhalten die Parteien zudem knapp 55.000 €.[36] Darüber hinaus werden rund 2 Mio. € auf der Grundlage der Mitgliederzahlen an die einzelnen Gruppierungen verteilt. Für ihre wissenschaftlichen Einrichtungen erhalten die Parteien einen Basisbetrag und eine bestimmte Summe pro Sitz im Parlament. Die Mittel für die Jugendorganisationen werden auf der Grundlage der Mandate in der Zweiten Kammer und der entsprechenden Mitgliederzahlen verteilt. Insgesamt ergeben sich auf diese Weise Zuwendungen vom Staat an die Parteien in Höhe von rund 15 Mio. € pro Jahr – innerhalb von etwa zehn Jahren hat sich diese Summe ungefähr verdreifacht. Über das ihnen zugewiesene Geld können die Parteien weitgehend frei verfügen, ein bestimmter Teil wird allerdings für die wissenschaftlichen Forschungseinrichtungen und Jugendorganisationen beantragt. Die Aufteilung der Mittel ist anhand der Tab. 6.2 nachzuvollziehen, in der Daten für die Jahre 2008 und 2009 zu finden sind.

Im internationalen Vergleich sind die staatlichen Zuschüsse für die Parteien in den Niederlanden nicht sehr hoch.[37] Da die einzelnen Gruppierungen auch durch ihre anderen Einkommensquellen zumeist keine übermäßig hohen Summen akquirieren, ist die finanzielle Situation der Parteien in den Niederlanden deutlich schlechter als in anderen

---

[33] Vgl. hierzu: Groupe d'Etats contre la corruption (2008, S. 11 f.).
[34] Vgl. Ministerie van Binnenlandse Zaken en Koninkrijksrelaties (2007, S. 7 f. und S. 19 ff.), Algemene Rekenkamer (2011, S. 6 ff.), Groupe d'Etats contre la corruption (2008, S. 8). Die entsprechende Regelung hat zur Folge, dass die PVV keine staatlichen Mittel erhält. Ihr liegt nach Auffassung der ehemaligen Ministerin ter Horst der Gedanke zugrunde, dass die staatlichen Mittel zur Unterhaltung gut organisierter Parteiapparate gedacht sind. Vgl. ter Horst (2009, S. 4).
[35] Die entsprechenden Zahlen wurden entnommen aus: Algemene Rekenkamer (2011, S. 6 ff.).
[36] Wenn eine Partei nur in der Ersten Kammer des Parlaments vertreten ist, wird die dort vorhandene Mandatszahl zugrunde gelegt. Die Werte werden von Jahr zu Jahr leicht verändert, die oben gemachten Angaben beziehen sich auf das Jahr 2010.
[37] Zum Vergleich: In Deutschland erhalten die politischen Parteien jährlich direkte staatliche Zuwendungen in Höhe von etwa 133 Mio. € und somit eine weitaus höhere Summe. Zwei Drittel dieser Gelder, deren Berechnung auf der Grundlage von Wahlergebnissen und Spendenbeträgen erfolgt, gingen im Jahr 2007 allein an die CDU und SPD (jeweils ca. 44 Mio. €), zwischen 9 und 11 Mio. € erhielten die Grünen, CSU, FDP und Die Linke und 4 Mio. € erhielten Gruppierungen, die derzeit nicht im Bundestag vertreten sind. Vergleichende Zahlen zum Thema, aus denen der diesbezügliche Unterschiede zwischen Deutschland und den Niederlanden klar hervorgeht, finden sich in: Algemene Rekenkamer (2011, S. 21 ff.).

Tab. 6.2 Staatliche Zuschüsse für die Parteien 2008 und 2009

Partei	Zuwendung Partei		Zuwendung wiss. Institut		Zuwendung Jugendorganisation		Gesamtbetrag	
	2008	2009	2008	2009	2008	2009	2008	2009
CDA	2.742.932 €	2.811.694 €	669.732 €	685.305 €	181.781 €	192.448 €	3.594.445 €	3.689.447 €
PvdA	2.343.807 €	2.384.215 €	564.116 €	577.233 €	169.013 €	162.196 €	3.076.936 €	3.123.644 €
SP	1.822.751 €	1.864.999 €	387.004 €	373.251 €	172.693 €	155.929 €	2.382.448 €	2.394.179 €
VVD	1.609.026 €	1.649.642 €	418.894 €	421.066 €	129.489 €	133.763 €	2.157.409 €	2.204.471 €
GL	679.361 €	690.357 €	220.864 €	225.999 €	49.416 €	51.058 €	949.641 €	967.414 €
CU	689.471 €	698.498 €	207.662 €	212.490 €	79.531 €	75.731 €	976.664 €	986.719 €
D66	408.283 €	434.879 €	168.056 €	171.963 €	48.825 €	77.388 €	625.164 €	684.230 €
SGP	476.563 €	492.328 €	154.854 €	158.454 €	165.922 €	165.925 €	797.339 €	816.707 €
PvdD	339.091 €	351.662 €	154.854 €	158.454 €	22.329 €	30.861 €	516.274 €	540.977 €
OSF	236.449 €	238.869 €	133.572 €	136.720 €	0 €	0 €	370.021 €	375.589 €
Summe	11.347.734 €	11.617.143 €	3.079.608 €	3.120.935 €	1.018.999 €	1.045.299 €	15.446.341 €	15.783.377 €

Quelle: Algemene Rekenkamer (2011, S. 7 f.); Eigene Darstellung

Ländern.[38] Eine Folge hiervon besteht darin, dass die niederländischen Wahlkämpfe lange Zeit – wie oben bereits erwähnt wurde – sehr kostengünstig waren. Bei den letzten Wahlen vollzog sich ein leichter Wandel, der durch Möglichkeiten zu einer intensiveren Mediennutzung, vor allem im Bereich der Fernsehwerbung, zu erklären ist. Die Tatsache, dass das Budget der niederländischen Parteien eher klein ist, wirkt sich weiterhin auf die Mitarbeiterstäbe der Parteien aus, die einen vergleichsweise geringen Umfang haben.[39] Da die niederländische Regierung keine Verbesserung der Finanzausstattung, sondern weitere Kürzungen plant, werden die Kapazitäten auch in der nahen Zukunft begrenzt bleiben.

An dieser Stelle sei abschließend darauf hingewiesen, dass bereits seit einigen Jahren Änderungen am bestehenden System der Parteienfinanzierung geplant sind und das *Wet subsidiëring politieke partijen* durch ein neues Gesetz abgelöst werden soll. Die Parteien sollen vor allem verpflichtet werden, ein höheres Maß an Transparenz über ihre Einkünfte – insbesondere den Erhalt von Spenden – und Ausgaben zu schaffen. Zudem soll eine Spendenobergrenze und ein neuer Verteilungsschlüssel hinsichtlich der staatlichen Fördermittel eingeführt werden. Deren Höhe will man zudem auf 13,6 Mio. € begrenzen.[40]

6.1.4 Parteien und ihre Mitglieder

Als Parameter für die Verankerung politischer Parteien in der Gesellschaft werden häufig deren Mitgliederzahlen herangezogen. In den Niederlanden liegen die entsprechenden Zahlen, wenn man sie mit denen in anderen europäischen Staaten vergleicht, traditionell auf einem niedrigen Niveau. Der Mangel an Zuspruch, den die Parteien in der Vergangenheit erfahren haben, ist dabei bis zu einem gewissen Grad verwunderlich, weil viele Bürger zur Zeit der sogenannten Versäulung (Abschn. 3.1) einem bestimmten sozialen und politischen Milieu angehörten und sich stark mit einer bestimmten politischen Gruppierung verbunden fühlten. Trotz oder vielleicht gerade wegen dieser starken Bindungen erachteten es viele Niederländer nicht für notwendig, sich offiziell einer Gruppierung anzuschließen, Andeweg und Irwin halten in diesem Kontext fest: „people ‚felt' themselves to be members, even though they did not pay dues."[41]

Obwohl die niederländischen Parteien somit im internationalen Vergleich auch schon vor Jahrzehnten eher geringe Mitgliederzahlen aufwiesen, ist festzuhalten, dass damals ein weitaus höherer Anteil der Niederländer in einer Gruppierung organisiert war als heute. Die entsprechenden Zahlen waren über viele Jahre – bei gewissen Schwankungen – insge-

---

[38] In einer aktuellen Veröffentlichung wird der Anteil staatlicher Mittel am Gesamteinkommen der Parteien je nach Gruppierung und Jahr mit 20 bis circa 60 % beziffert. Vgl. Koole (2011, S. 227).
[39] Vgl. Lucardie (2010, S. 4).
[40] Vgl. hierzu: Algemene Rekenkamer (2011, S. 11 ff.), Koole (2011, S. 233 ff.). Zu den derzeit geltenden Regelungen sowie den geplanten Verbesserungsmöglichkeiten und -notwendigkeiten siehe auch: Groupe d'Etats contre la corruption (2008, S. 13 ff.).
[41] Andeweg und Irwin (2009, S. 75). Die Entwicklung der Mitgliederzahlen in den Parteien analysieren: Voerman und van Schuur (2011, S. 205 ff.).

Abb. 6.1 Organisationsgrad der Parteien im Zeitverlauf (1948–2010)[42]

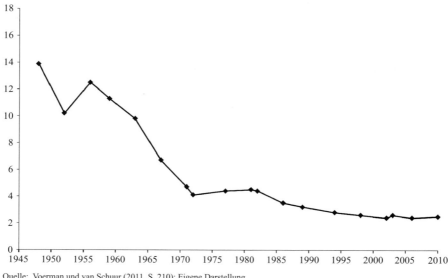

Quelle: Voerman und van Schuur (2011, S. 210); Eigene Darstellung

samt deutlich rückläufig. So lag der Anteil der Parteimitglieder an den Wahlberechtigten in den ersten zwei Jahrzehnten nach dem Zweiten Weltkrieg (bei negativer Tendenz) zwischen 10 und 15 %, bevor er dann bis Mitte der 1970er Jahre rapide sank (Abb. 6.1). Seit den 1990er Jahren liegt dieser Wert nur noch bei ungefähr 2,5 % und somit auf einem ähnlichen Niveau wie in Deutschland.[43] In absoluten Zahlen bedeutet dies, dass die aktuell in der Zweiten Kammer vertretenen Parteien zusammen rund 300.000 Mitglieder besitzen – allein die Vorgängerorganisationen des CDA (KVP, ARP, CHU) hatten nach 1945 lange Zeit deutlich mehr Mitglieder.[44]

Der Mitgliederschwund der letzten Jahrzehnte ist vornehmlich auf Faktoren zurückzuführen, die in vergleichbarer Weise auch in anderen Ländern zu beobachten sind und die

---

[42] Entsprechende Werte für die einzelnen Parteien finden sich bei: Voerman und van Schuur (2011, S. 209).

[43] Eine positive Interpretation für diesen Sachverhalt liefern van Deth und Vis: „Offenbar finden Niederländer es nicht erforderlich, Mitglied einer Partei zu werden, und stehen ausreichend andere Möglichkeiten zur Verfügung, Einfluss auf die politische Entscheidungsfindungen auszuüben." Van Deth und Vis (2006, S. 135 f., Übersetzung durch den Verfasser).

[44] Nach van Dooren hatten die politischen Parteien noch im Jahr 1960 etwa 740.000 Mitglieder. Über den seither zu beobachtenden Mitgliederrückgang schreibt er: „Übrigens muss dabei (...) bedacht werden, dass in der Zeit der Versäulung die Mitgliedschaft häufig auch eine Frage der Gewohnheit war und dass auch viele andere traditionelle gesellschaftliche Organisation wie Kirchen, Rundfunkvereine oder Gewerkschaften mit Mitgliederverlusten zu kämpfen haben." Van Dooren (2005, S. 79, Übersetzung durch den Verfasser).

6.1 Rahmenbedingungen

Tab. 6.3 Mitgliederzahlen ausgewählter niederländischer Parteien (1980–2010)[47]

	1980	1985	1990	1995	2000	2005	2010
CDA	143.000	131.627	125.033	100.442	82.000	73.000	67.592
PvdA	112.929	100.979	91.784	64.523	58.426	61.111	54.504
VVD	85.881	86.821	59.074	53.465	48.092	41.861	36.371
SP	k.A.	k.A.	k.A.	16.899	26.198	44.299	46.507
D66	13.285	8.000	9.829	15.000	11.878	12.827	18.507
SGP	20.300	21.500	23.062	23.600	23.800	25.900	27.196

Quelle: DNPP

zum Teil auch andere Organisationen, wie zum Beispiel die Gewerkschaften und Kirchen, betreffen. Hingewiesen sei in diesem Kontext unter anderem auf die weit reichende Auflösung der sozialen Milieus, die Individualisierung und Flexibilisierung der Lebensstile, das Auseinanderdriften individueller Erwartungen an die Politik sowie das Aufkommen anderer Organisationsformen wie beispielsweise NGOs und Bürgerinitiativen, die häufig zeitlich und inhaltlich begrenzter sind und somit vielen Bürgern attraktiver erscheinen.[45] Von grundlegender Bedeutung ist zudem der vor allem bei jüngeren Bürgern weitverbreitete Unwillen, sich langfristig an eine politische Gruppierung zu binden. Zudem finden sich weitere Erklärungsansätze, beispielsweise die mangelnde programmatische Profilierung der Parteien und strukturelle Defizite, die die Mitarbeit unattraktiv erscheinen lassen. Im Ergebnis mussten insbesondere die großen, etablierten Parteien – der CDA, die VVD und die PvdA – Mitgliederverluste hinnehmen. Anderen Gruppierungen, wie beispielsweise der SGP und vor allem der SP, gelang es hingegen sogar, ihre Mitgliederbasis im Lauf der Zeit erheblich zu erweitern (Tab. 6.3).[46]

Die sinkenden Mitgliederzahlen werden von vielen kritischen Betrachtern als ein Fingerzeig auf die vermeintliche und viel diskutierte Krise der niederländischen Parteien betrachtet. Van Dooren äußert in diesem Kontext folgende Einschätzung: „Die These ‚the party is over' ist zweifelsohne übertrieben, die Parteien müssen sich aber sicher bei ei-

---

[45] Vgl. Voerman und van Schuur (2011, S. 210 f.), Dekker (2003, S. 94 f.), Raad voor het openbaar bestuur (2009, S. 7).

[46] Van Dooren setzt die Mitgliederverluste der niederländischen Parteien in eine internationale Perspektive, indem er schreibt, dass in den meisten Ländern Westeuropas die Zahl der Parteimitglieder sinkt – allerdings nach seiner Einschätzung nirgendwo so stark wie in den Niederlanden. Vgl. van Dooren (2005, S. 72). Die Entwicklungen der einzelnen Parteien werden im nächsten Unterkapitel noch ausführlicher behandelt.

[47] Die Daten entstammen soweit als möglich vom Anfang des jeweiligen Jahres, zum Teil (vor allem bei den älteren Werten) mussten jedoch wegen Datenlücken Werte von einem anderen Zeitpunkt des entsprechenden Jahres hinzugezogen werden.

ner weiter sinkenden Mitgliederzahl ernsthafte Sorgen machen."[48] Als Gründe für seine Bedenken führt der Autor an, dass es den Parteien bei weiter sinkenden Mitgliederzahlen im zunehmenden Maße an Legitimität, Personal und Geldern mangelt und sie zudem den notwendigen Kontakt zur Bevölkerung verlieren.[49] Eine Grundlage dieser Sorge besteht darin, dass das Mitgliederprofil der Parteien dem der niederländischen Bevölkerung nur sehr bedingt entspricht, vor allem Angehörige aus sozial schwachen Gruppen, Frauen und Jüngere in den Parteien unterrepräsentiert sind.[50] Bovens und Wille halten zudem in einer aktuellen Analyse fest: „The modern political party is a party of, and for, well-educated professionals."[51] Hinsichtlich der Mitgliederprobleme der Parteien wird zudem darauf hingewiesen, dass die Parteien mehr aktive Mitglieder benötigen. Nach Schätzungen stehen nur 15 bis 20 % der Parteimitglieder derzeit für Parteiarbeiten und die Bekleidung von Ämtern zur Verfügung.[52] Als Folge hiervon wird die Politik von nicht mehr als etwa 50.000 Personen gestaltet und haben die Parteien vor allem auf kommunaler Ebene derzeit Schwierigkeiten die von ihnen gewonnenen Mandate mit geeigneten Kandidaten zu besetzen.[53]

6.1.5 Zur Kritik an den Parteien

Die Kritik an den politischen Parteien wird nicht nur mit den Problemen bezüglich ihrer Mitgliedschaft, sondern darüber hinaus mit diversen Umfragedaten begründet, die das mangelnde Vertrauen der Bürger in die bzw. ihr fehlendes Interesse an den Parteien aufzeigen. Im Rahmen des Eurobarometers wird jedes Jahr erhoben, welchen Einrichtungen die Niederländer vertrauen bzw. nicht vertrauen. Die entsprechenden Antworten zeigen, dass das Vertrauen zu einigen Einrichtungen (wie beispielsweise der Polizei, dem Radio oder den Printmedien) relativ konstant groß ist, während das Vertrauen zu anderen Einrichtungen (wie beispielsweise der Regierung oder der Zweiten Kammer) schwankt. Kontinuierlich gering ist das Vertrauen in nahezu allen Jahren in die politischen Parteien, die entsprechenden Werte liegen stets weit unter dem Durchschnitt (Abb. 6.2).[54]

---

[48] Van Dooren (2005, S. 72, Übersetzung durch den Verfasser). Die Bedeutung der Mitglieder für die Parteien beleuchten: Voerman und van Schuur (2011, S. 203 ff.).
[49] Schon heute erscheinen die Parteien Kritikern als auf „Den Haag" ausgerichtete Kartellparteien, „die stärker die Abstimmung mit sich selbst – in größeren oder kleineren Koalitionen – als mit der Gesellschaft suchen." Raad voor het openbaar bestuur (2009, S. 7, Übersetzung durch den Verfasser).
[50] Lucardie schreibt, dass die großen etablierten Parteien immer stärker den Kaderparteien aus dem 19. Jahrhundert ähneln. Vor diesem Hintergrund sieht er als berechtigt an, dass diese sich Sorgen über ihre Zukunft machen. Lucardie (2007b, S. 106). Eine aktuelle Analyse zur Repräsentativität der Parteimitglieder bieten: den Ridder et al. (2011, S. 165 ff.).
[51] Bovens und Wille (2010, S. 398).
[52] Vgl. Raad voor het openbaar bestuur (2009, S. 19 und 33 f.).
[53] Siehe hierzu: Voerman und van Schuur (2011, S. 212 ff.), van Dooren (2005, S. 72), ter Horst (2009, S. 5), Voerman und Boogers (2006, S. 175 ff.).
[54] Vgl. hierzu auch: Andeweg und Thomassen (2011, S. 18 f.), Dekker und den Ridder (2011, S. 60 ff.).

6.1 Rahmenbedingungen

Abb. 6.2 Vertrauen der Niederländer in ausgewählte Einrichtungen (Herbst 2010)

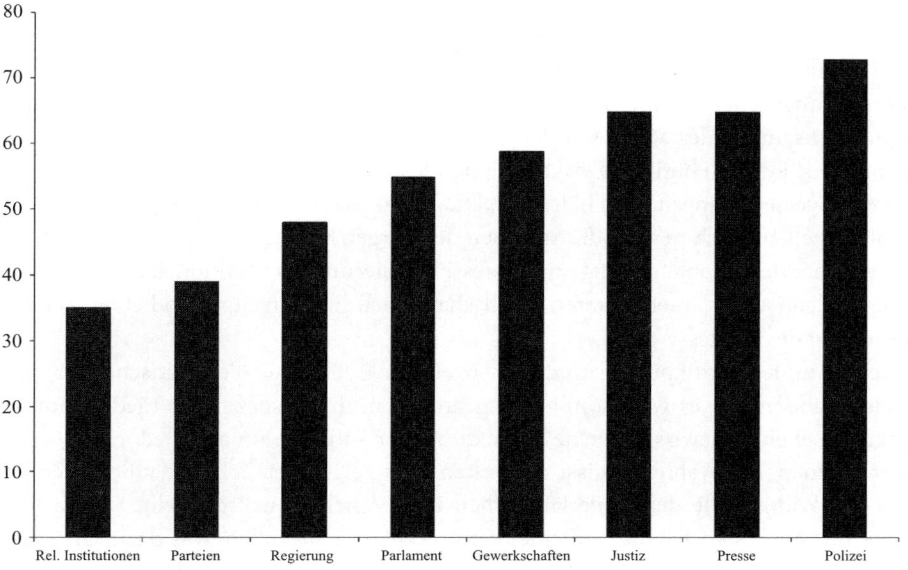

[Balkendiagramm mit Werten: Rel. Institutionen ~35, Parteien ~39, Regierung ~48, Parlament ~55, Gewerkschaften ~59, Justiz ~65, Presse ~65, Polizei ~73]

Quelle: *Eurobarometer* 74 (Herbst 2010); Eigene Darstellung.

Auch vor dem Hintergrund derartiger Daten wird in einer Veröffentlichung des niederländischen Innenministeriums festgehalten: „Die Assoziationen mit den politischen Parteien sind schlichtweg negativ. Man empfindet einen sehr großen Abstand zu den politischen Parteien: sie sind langweilig und stets damit beschäftigt zu ‚punkten', sie reden viel und leisten wenig, sie sind nicht vertrauenswürdig, unklar, bürokratisch und sie stellen Menschen ständig vor vollendete Tatsachen. Die wichtigste Assoziation ist die der völligen Unfähigkeit, die sich aus der unterstellten Tatsache ergibt, dass die Parteien nicht wüssten, was in der Gesellschaft vor sich geht."[55]

Inhaltlich lautet die Kritik an den Parteien, dass diese keine klaren Standpunkte mehr vertreten, vielmehr je nach politischer Stimmung andere Haltungen präsentieren und somit auch nicht mehr klar voneinander zu unterscheiden sind. Durch die von Kritikern ausgemachte Beliebigkeit politischer Inhalte erscheint es vielen so, als ob die Parteien kein klares programmatisches Profil und keine konkreten politischen und gesellschaftlichen Zielsetzungen mehr kennen und nur noch auf die diffusen Wünsche in der Bevölkerung reagieren (Abschn. 3.2). In diesem Rahmen bewegen sich die meisten Parteien zudem auf die politische Mitte zu, um eine möglichst große Zahl an potentiellen Wählern an-

---

[55] Zitiert nach: Raad voor het openbaar bestuur (2009, S. 18, Übersetzung durch den Verfasser). Zum Thema siehe auch: Bovens und Wille (2011, S. 30), van Biezen (2010, S. 10 f.), Blömker (2005, S. 82 f.), van der Brug und van Praag (2007, S. 451 ff.).

zusprechen, und vermeiden kontroverse Standpunkte, um möglichst wenige Bürger abzuschrecken. Andeweg und Irwin halten fest: „No longer do parties have a clear political ideology; instead of a clear set of political principles party manifestos have become a potpourri of hundreds of statements on all possible issues, lacking any unity."[56] Der Mangel an programmatischer Profilierung wird zum Teil durch die wachsende Abhängigkeit von der Aufmerksamkeit der Medien erklärt, die sich auf das Auftreten der Politiker und das übermittelte Bild der Politik auswirkt.[57] Cuperus schreibt kritisch, dass es an parteiinternen Kontroversen mangelt, und hält fest: „Die Politik ist zu einem Marktplatz geworden, wo politische Unternehmer um die Stimmen der Bürger/Konsumenten konkurrieren und eine weitgehende Rationalisierung und Professionalisierung der traditionellen Volksparteien entstanden ist, mit einer weiteren gesellschaftlichen Entwurzelung und einer weiteren Schwächung des Staates."[58]

Die genannten Kritikpunkte und Krisenzeichen treffen auf die politischen Parteien in vielen Ländern zu, es wäre somit unangebracht, in ihnen spezifische niederländische Aspekte zu sehen.[59] Gewisse Aspekte lassen die niederländische Situation jedoch als besonders erscheinen. Die Wahlergebnisse der letzten Jahre zeigen deutlich, wie außerordentlich volatil der Wählerwille der niederländischen Bürger sich aktuell darstellt. Die Parteien können nur noch sehr bedingt auf eine Stammwählerschaft hoffen, was dazu führt, dass der politischen Stimmung vor den Wahlen eine sehr hohe Bedeutung zukommt. Dies trägt natürlich dazu bei, dass die Parteien sich an den Haltungen in der Bevölkerung ausrichten und unpopuläre Standpunkte vermeiden. Ein solches Verhalten verschärft wiederum die

---

[56] Andeweg und Irwin (2009, S. 92). Auch van Dooren teilt, wie das folgende Zitat zeigt, diese Kritik: „Häufig scheint es, als ob vor allem die großen Parteien sich in ihrem Bemühen, eine in zunehmendem Maße launische und heterogene Wählerschaft an sich zu binden, selbst zu einer unkritischen Durchgangsstation aller Wünsche reduziert haben, die ihnen in der Gesellschaft begegnen." Van Dooren (2005, S. 71, Übersetzung durch den Verfasser). Weitere Informationen zum Thema finden sich bei Raad voor het openbaar bestuur (2009, S. 36 f.), van der Kolk und Aarts (2011, S. 267 f.), Tillie (2009, S. 13 ff.).

[57] Vgl. hierzu: Raad voor het openbaar bestuur (2009, S. 39 ff.).

[58] Cuperus (2003, S. 50). In verschiedenen Publikationen fordern Autoren aus unterschiedlichen Feldern in Anbetracht der derzeitigen Unklarheiten eine stärkere inhaltliche Profilierung der Parteien, damit die Wähler eine klare Auswahl treffen können und politische Entscheidungen nachvollziehbarer werden. Vgl. hierzu beispielsweise: Raad voor het openbaar bestuur (2009, S. 46), Bosmans (2008, S. 123 ff.).

[59] In einer vergleichenden Untersuchung heißt es dann auch: „There is ample and growing literature testifying that we now live in an age characterized by increasing popular disenchantment with political parties, and by growing distrust with the political class more generally. The evidence here is wide-ranging but also fairly consistent (…). All of this evidence clearly points to a declining capacity on the part of traditional parties to maintain solid linkages with voters, and to engage these voters and to win their commitment. Above all, the evidence points increasingly and unequivocally to the decline of parties as representative agencies." Zitiert nach: Raad voor het openbaar bestuur (2009, S. 16). Zur Situation in den Niederlanden siehe auch: Becker und Cuperus (2004, S. 1 ff.).

6.1 Rahmenbedingungen

inhaltliche Kritik an den Parteien.[60] Nicht nur in den Niederlanden, sondern auch in vielen anderen Ländern stellt man sich die Frage, ob die Parteien in ihrer traditionellen Form den Anforderungen, die die moderne Gesellschaft stellt, genügen, oder ob sie – wie von einigen Wissenschaftlern formuliert – ratlose, zu wenig flexible und letztlich unattraktive Riesen oder, in einer anderen Formulierung, vom Aussterben bedrohte Dinosaurier sind. Die Kontroversen zu diesem Thema werden zumeist theoretisch geführt, da in den parlamentarischen Systemen Europas keine echte Alternative zu den Parteien vorhanden zu sein scheint. Im niederländischen Parlament ist mit der PVV von Geert Wilders jedoch eine neue Gruppe vertreten, die sich in ihren Strukturen deutlich von den bisherigen Parteien unterscheidet und die sich inhaltlich und organisatorisch gegen die „etablierte Politik" richtet. Inwiefern ein solches Modell in Zukunft an Bedeutung gewinnen wird, ist derzeit noch nicht abzusehen. Sicher ist jedoch, dass es der Kritik an den Parteien eine neue Qualität gibt.[61]

Trotz der genannten Kritikpunkte werden die politischen Parteien weiterhin von der großen Mehrzahl der Kommentatoren zu Recht als unverzichtbare Bestandteile der politischen Ordnung anerkannt.[62] Van Deth und Vis belegen dies beispielhaft, indem sie darauf hinweisen, dass gerade im niederländischen System den Parteien unverzichtbare Funktionen zukommen.[63] Andeweg und Irwin greifen zentrale Veränderungen der letzten Jahre auf und kommen auf dieser Basis zu folgender Einschätzung: „It may not be denied that Dutch parties have changed in the years since depillarization started: even fewer members, more state financing, less distinctive ideological profiles, but more autonomous and more in control of government recruitment and policy. Whether this constitutes a decline of parties is a matter of definitions or of expectations concerning the roles that parties should fulfill and how they should fulfill them, but predictions that ‚The party is over' (Broder 1972) are clearly premature for the Netherlands."[64]

---

[60] Wallage hält vor dem Hintergrund der fehlenden Bindungen zwischen Parteien und Bürgern kritisch fest „In dieser Situation, in der alles im Fluss ist, passen sich die meisten politischen Parteien ungeniert der Entideologisierung an. Dass der Populismus per definitionem Lösungen anbietet, die es nicht gibt, hält die Chefs der etablierten Parteien nicht von einem heftigen Flirt mit einem Politikstil ab, der letztendlich die Durchführung ihres eigenen Programms unterwandern kann." Wallage (2005, S. 40).

[61] Eine kritische Einschätzung bezüglich derartiger Gruppierungen äußert van Dooren, indem er die Bedeutung innerparteilicher Diskurse hervorhebt. Vgl. Raad voor het openbaar bestuur (2009, S. 59). Zum Thema siehe auch: Bosmans (2008, S. 117 ff.).

[62] Hierbei ist auch zu erwähnen, dass die Kritik an den Parteien keine neue Erscheinung darstellt, sondern deren Wirken vielmehr bereits nahezu seit ihrer Entstehung begleitet. Vgl. Raad voor het openbaar bestuur (2009, S. 12).

[63] Vgl. van Deth und Vis (2006, S. 128). Eine aktuelle Studie kommt zu einem ähnlichen Fazit, vgl. hierzu: Raad voor het openbaar bestuur (2009, S. 12 f.). An anderer Stelle (S. 45 ff.) werden in dieser Untersuchung verschiedene Vorschläge zur Lösung der aktuellen Probleme unterbreitet.

[64] Andeweg und Irwin (2009, S. 94). Zum Thema siehe auch: Andeweg und Thomassen (2011, S. 36 ff.).

6.2 Allgemeine Erläuterungen zur Entwicklung der Parteienlandschaft

Im der zweiten Hälfte des 19. Jahrzehnts entstanden in den Niederlanden die ersten Parteien. Hintergrund ihrer Entstehung war vor allem, dass politische Theorien bzw. Ideologien einen immer größeren Zulauf erhielten und diverse Themen von nationaler und herausgehobener Bedeutung – wie etwa die Bildungsfrage, die Frage nach der Ausweitung des Wahlrechtes und die Frage nach der sozialen Situation der Arbeiter – auf die politische Agenda gelangten.[65] Die Zusammenschlüsse zu den neuen Parteien konnten zum Teil auf vorhandenen Fundamenten aufbauen: In der Zeit vor ihrer Gründung existierten bereits Kreise, die auf der Basis eines bestimmten Gedankenguts politische Forderungen vertraten sowie lokale Kooperationen von Politikern, die jedoch noch keine landesweite Bedeutung besaßen.[66] Entscheidend begünstigt wurde die landesweite Zusammenarbeit von gleichgesinnten Politikern durch die 1917 durchgeführte Veränderung des Wahlrechts: „Das Verhältniswahlrecht, das aus den Niederlanden im Ergebnis einen einzigen großen Wahlkreis machte, kam einer landesweiten Parteiorganisation zugute: landesweite Wahlprogramme, Wahlkampagnen, Spitzenkandidaten und Kandidatenlisten wurden in den Niederlanden zum Gemeingut."[67] Die im Lauf der Zeit realisierte Ausweitung des Wahlrechts begünstigte zudem markante Verschiebungen innerhalb der Parteienlandschaft: Die liberalen und konservativen Honoratiorenparteien, die vorher um die Stimmen der gehobenen Bürger gekämpft hatten, verloren an Bedeutung und moderne Massenparteien traten an ihre Stelle.[68]

Im Folgenden werden zunächst einige allgemeine Erläuterungen zur Entwicklung und zur aktuellen Gestalt der niederländischen Parteienlandschaft vorgenommen. Anschließend werden dann im Rahmen eines kurzen historischen Überblicks wichtige

---

[65] Van Deth und Vis halten fest: „Mit der Ausweitung des Wahlrechts und den wachsenden Gegensätzen zwischen den verschiedenen Bevölkerungsgruppen wurden landesweite Organisationen zur Erlangung politischer Erfolge unverzichtbar." Van Deth und Vis (2006, S. 129, Übersetzung durch den Verfasser). Den historischen Hintergrund der Entstehung politischer Parteien in den Niederlanden betrachten: Lademacher (1993, S. 461 ff.), Lucardie (2007b, S. 5 ff.), Koole (1995, S. 17 ff.), Tromp (2002, S. 42 ff.), van Klinken (2003), Vossen (2003, S. 25 ff.).

[66] Vgl. Raad voor het openbaar bestuur (2009, S. 11). In den ersten Wahlen nach 1848 traten Kandidaten gegeneinander an, die sich in der Regel keiner politischen Strömung zuordneten. In dieser Zeit galt, dass das Ablegen eines politischen Bekenntnisses nicht in Einklang mit der politischen Handlungsfreiheit zu bringen war, über die ein Kandidat verfügen sollte. Vgl. Elzinga und Voerman (2002, S. 10).

[67] Raad voor het openbaar bestuur (2009, S. 11, Übersetzung durch den Verfasser).

[68] Bei der ersten Wahl, an der sich alle niederländischen Bürger beteiligen durften, erhielten Vertreter konfessioneller Parteien im Jahr 1922 59 der 100 Mandate in der Zweiten Kammer. 20 Sitze gingen an Sozialdemokraten, 15 an Liberale, zwei an Kommunisten und vier an Vertreter anderer Parteien. Nähere Informationen zu den niederländischen Parteien im Interbellum finden sich bei: Koole (1995, S. 31 ff.), Wielenga (2008, S. 20 ff.), Vossen (2003), Slotboom und Verkuil (2010, S. 61 ff.) Vossen (2002, S. 20 ff.).

Gruppierungen verortet. Durch die Ausführungen sollen nicht nur grundlegende Informationen vermittelt, sondern auch wichtige Grundlagen für die Betrachtung der wichtigsten Gruppierungen in der aktuellen Politik, die im nächsten Unterkapitel stattfindet, geschaffen werden.

6.2.1 Allgemeine Anmerkungen zur niederländischen Parteienlandschaft

Die niederländische Parteienlandschaft ist auf der Grundlage der geltenden Wahlrechtsbestimmungen (Abschn. 5.1) und einer in dieser Hinsicht förderlichen politischen Kultur (Kap. 3) traditionell und vor allem aktuell durch ein hohes Maß an Offenheit geprägt. Dieses drückt sich in einer vergleichbar hohen Zahl an relevanten Akteuren und in einer immer wieder großen Zahl an neuen Parteien aus.[69] Kennzeichnend für das niederländische Parteiensystem ist zudem, dass seit weit über 100 Jahren keine politische Gruppe eine eigene Mehrheit mehr erzielen konnte.[70] Das beste Ergebnis einer Partei seit der Einführung des allgemeinen Wahlrechts zu Beginn des 20. Jahrhunderts erzielte der CDA im Jahr 1989, als rund 35 % der Wähler für ihn stimmten. Seit dieser Wahl und somit seit circa 20 Jahren konnte keine Partei mehr einen Wähleranteil von über 30 % für sich verbuchen – bei der letzten Wahl erzielte die VVD als stärkste Partei sogar nur einen Stimmenanteil von 20,5 %. Bei dieser Wahl erreichte auch die Krise der Großparteien CDA und PvdA ihren bisherigen Höhepunkt: Nachdem diese Gruppierungen (bzw. ihre Vorgängerorganisationen) bei den ersten Wahlen nach dem Krieg jeweils circa 80 % der Stimmen auf sich vereinen konnten, setzte ab den 1960er Jahren eine Abwärtsentwicklung ein. Bei der Wahl 2010 entfiel nur noch ein Drittel der Stimmen auf diese beiden Parteien, was zu einer derzeit überaus komplexen Parteienlandschaft beiträgt.[71] Eine zentrale Folge der fehlenden Dominanz einer politischen Gruppierung liegt zudem in der steten Notwendigkeit zur Kooperation, die sich auch auf die politische Kultur des Landes auswirkt.

---

[69] Krouwel und Lucardie weisen allerdings im Rahmen einer 2008 veröffentlichten Untersuchung darauf hin, dass bei aller Offenheit die Erfolgschancen neuer Gruppierungen auch in den Niederlanden von spezifischen Erfolgsfaktoren abhängig sind: „Even in the relatively open political systems of the Netherlands, most new parties never pass the treshold of representation and keep waiting in vain in the wings of political power. Since 1989 only 10 out of 63 newcomers gained one or more seats in parliament, owing to a favourable political opportunity structure and significant ressources." Krouwel und Lucardie (2008, S. 278). Zum Thema siehe auch: Lucardie (2006a, S. 163 ff.). In diesem Artikel (S. 154 ff.) werden auch einige Parteien vorgestellt, die es bei der Wahl 2006 nicht in die Zweite Kammer geschafft haben.

[70] Koole schreibt folglich auch, dass die Niederlande immer ein Land der politischen Minderheiten gewesen sind. Vgl. Koole (1995, S. 17). Der Verfasser weist hier auch darauf hin, dass die *Liberale Unie* (LU) die einzige Partei in der Geschichte der Niederlande war, die jemals (Ende des 19. Jahrhunderts) eine Mehrheit im Parlament hatte.

[71] Zur Krise der niederländischen Christ- und Sozialdemokratie siehe: Wilp (2011, S. 129 ff.), Nijhuis (2010), Wansink (2004, S. 200 ff.), Cuperus (2011, S. 167 ff.).

Wenn man die niederländischen Wahlergebnisse seit der Einführung des allgemeinen Wahlrechts im Jahr 1917 betrachtet, stellt man fest, dass die Entwicklung des niederländischen Parteiensystems in zwei Phasen eingeteilt werden kann. Die erste Phase, die in den 1960er Jahren endet, ist aus den oben (Abschn. 3.1) bereits genannten Gründen durch ein hohes Maß an Stabilität gekennzeichnet. Auch die Zeit der Besatzung (1940–1945) veränderte die politische Landschaft nicht grundlegend.[72] Das Parteiensystem wurde in der ersten Phase durch fünf Parteien dominiert: die protestantische ARP, die ebenfalls protestantische CHU, die katholische KVP (bzw. RKSP), die sozialdemokratische PvdA (bzw. SDAP) und die liberale VVD (bzw. deren Vorgängerorganisationen). Neben diesen Parteien waren zudem fortdauernd verschiedene kleinere Parteien im Parlament vertreten, denen jedoch stets nur eine untergeordnete Bedeutung zukam.

Aus den im Kap. 3 bereits erörterten Gründen lösen sich festen Parteibindungen in der niederländischen Bevölkerung in den letzten Jahrzehnten sukzessive auf. Die zweite Phase in der Entwicklung des niederländischen Parteiensystems wird vor diesem Hintergrund nicht mehr durch Kontinuität, sondern durch eine wachsende Instabilität charakterisiert (Abschn. 3.2). Diese Entwicklung wird in der Abb. 6.3 sehr deutlich, in der die Mandatsverschiebungen in der Zweiten Kammer bei den Wahlen seit 1948 veranschaulicht werden. Aus der Darstellung geht klar hervor, dass sich die politische Landschaft seit den 1960er Jahren in größerer Bewegung befindet und sich insbesondere in den letzten circa 20 Jahren immer wieder große Umbrüche vollzogen haben.

Hinsichtlich der Einteilung der zweiten Phase in Zeitabschnitte existieren in der Literatur verschiedene Modelle, wobei die einzelnen Autoren bezüglich der Zäsuren unterschiedliche Schwerpunkte setzen.[73] Hinsichtlich der aktuelleren Entwicklungen kommt neben dem eng mit dem Namen Fortuyn (Infobox II) verbundenen „politischen Erdbeben" des Jahres 2002 sicherlich auch der Wahl im Jahr 1994 eine hohe Bedeutung zu. Der erste Grund hierfür liegt darin, dass bei dieser Wahl die Volatilität der Wählerschaft besonders deutlich wurde.[74] Im Ergebnis ergaben sich große Verschiebungen gegenüber der Wahl

---

[72] Lucardie hält in diesem Sinne fest: „Der Zweite Weltkrieg bedeutete zwar einen Bruch in der Entwicklung des niederländischen Parteiensystems, aber keine radikale Transformation. Das im Jahre 1946 neu gewählte Parlament war dem 1940 aufgelösten sehr ähnlich." Lucardie (2006b, S. 332). Die Bestrebungen, das versäulte Parteiensystem zu durchbrechen, werden unter anderem von Koole thematisiert: Koole (1995, S. 45 ff.).

[73] Lucardie teilt die Zeit nach 1945 beispielsweise in folgende fünf Phasen ein: Nachkriegszeit (1945–1967), Polarisierung und Demokratisierung (1967–1977), Stabilisierung und christdemokratische Hegemonie (1977–1994), Cohabitation à la hollandaise (1994–2002) und Erneute Polarisierung (ab 2002). Vgl. Lucardie (2006b, S. 331 ff.).

[74] In diesem Sinne schreibt Henk te Velde: „In der versäulten Gesellschaft – und auch noch in den engagierten siebziger Jahren – war Politik etwas, das zur Identität (eines großen Teils) der Wähler gehörte. Die politische Einstellung änderte sich nicht von Wahl zu Wahl, sondern war eine Entscheidung für ein bestimmtes Milieu und eine dauerhafte gesellschaftliche Orientierung, der man im Prinzip treu blieb und an die man durch die soziale Umgebung gebunden war. Nun aber war Politik zu einer Angelegenheit wechselnder Haltungen und einzelner Themen (…) geworden, die das Verhalten der Wähler unvorhersehbar machten. Seit den Wahlen des Jahres 1994 sind die Wähler in

6.2 Allgemeine Erläuterungen zur Entwicklung der Parteienlandschaft

Abb. 6.3 Mandatswechsel bei den Wahlen 1948–2010 (in %)

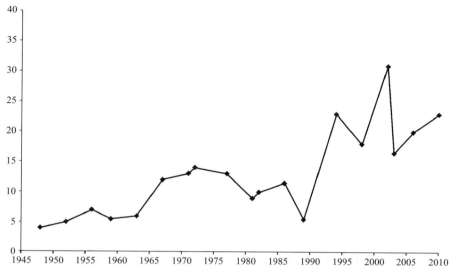

Quelle: Andeweg und thomassen (2011, S. 50); Eigene Darstellung

im Jahr 1989: Die beiden großen (Regierungs-)Parteien CDA und PvdA mussten gewaltige Stimmenverluste hinnehmen, gleichzeitig gelang verschiedenen Parteien erstmals der Einzug in das Parlament.[75] Zweitens führte die nachfolgende Regierungsbildung zu einem Bündnis aus PvdA, VVD und D66. Mit dieser Koalition wurde die konfessionelle Strömung erstmals seit Beginn des 20. Jahrhunderts vollständig aus der Regierung verbannt und die über Jahrzehnte vorhandene Kluft zwischen Sozialdemokraten und den Liberalen der VVD erstmals seit Jahrzehnten wieder erfolgreich geschlossen.[76]

---

den Niederlanden erst wirklich zu Wechselwählern geworden, wodurch die Änderungen im Wählerverhalten dramatischer, aber nicht unbedingt grundsätzlicher geworden sind." Te Velde (2003, S. 19). Eine ähnliche Einschätzung äußert: Wielenga (2008, S. 349).

[75] Gegenüber der Wahl im 1989 verloren CDA und PvdA zusammen über 20 % der Stimmen (1989: 67,2 %; 1994: 46,2 %). Ein wichtiger Hintergrund dieses Ergebnisses war eine weitverbreitete Unzufriedenheit über die Ausrichtung der Regierungspolitik: „At none of the elections of the past 20 years has the electorate been so negative about government performance: only 11 % felt that it had been favourable." Irwin und van Holsteyn (2008, S. 191). Analysen zur Wahl des Jahres 1994 finden sich unter anderem bei: van Praag (1994, S. 92 ff.), van der Eijk (1994, S. 113 ff.), Lucardie (1994, S. 123 ff.), Hippe et al. (1994, S. 19 ff.). Auch in den Jahrbüchern des DNPP für die Jahre 1994 und 1995 sind verschiedene Analysen enthalten, zudem auch in den beiden folgenden Sammelbänden: Brants und van Praag jr. (Hrsg.) (1995) und Kleinnijenhuis et al. (Hrsg.) (1995).

[76] Tromp konstatiert bezüglich der Bedeutung dieses Zusammenschlusses: „Die Bildung des ersten violetten Kabinetts war der wirkliche Wendepunkt in der niederländischen Politik, nicht die so genannte ‚Fortuyn-Revolution' des Jahres 2002, die eine zum größten Teil unvermeidliche Folge dieser Wende gewesen ist." Tromp (2005, S. 58).

Im Rahmen der in den letzten Jahrzehnten und insbesondere seit Anfang der 1990er Jahre zu beobachtenden Wandlungen hat sich die Parteienlandschaft mehrmals und dabei zum Teil signifikant verändert. Dies gilt zum einen für die Wahlergebnisse der traditionellen Parteien, die je nach aktueller Stimmung von Wahl zu Wahl stark schwanken. Insbesondere die sehr unterschiedlichen Ergebnisse der Sozialdemokraten bei den letzten Wahlen und das Abschneiden des CDA bei der Wahl 2010 zeigen, dass auch etablierte Gruppierungen kaum mehr auf eine feste Stammwählerschaft zählen können. Die enormen Erfolge neuer Parteien können ebenfalls als Beleg für die derzeitige Wandelbarkeit der Parteienlandschaft dienen. Diese Wandelbarkeit stellt somit auch das zentrale Strukturmerkmal des aktuellen niederländischen Parteiensystems dar. Zwar weist das niederländische System – wie beschrieben – traditionell ein hohes Maß an Durchlässigkeit auf, die Tragweite der Entwicklungen in den letzten Jahren ist jedoch zweifelsohne als außergewöhnlich zu bewerten. Bosmans hält somit fest: „Das politische Bild, das die Niederlande in den letzten Jahren abgeben, ist das großer Verwirrung."[77]

6.2.2 Wichtige Parteien in der niederländischen Geschichte

Über Jahrzehnte dominierten, ebenso wie in vielen anderen Staaten, im Wesentlichen drei politische Strömungen die niederländische Politik, die auch heute noch sehr großen Einfluss besitzen: die konfessionelle bzw. christdemokratische Strömung, die sozialistische bzw. sozialdemokratische Strömung und die liberale Strömung.[78] Im Folgenden sollen einige Gruppierungen dieser drei Strömungen genannt werden, um eine gewisse historische Orientierung bezüglich der niederländischen Parteiengeschichte zu ermöglichen. Auch die wichtigsten weiteren Gruppierungen, denen in der Zeit nach 1945 eine herausgehobene Bedeutung zukam, werden hierbei kurz angesprochen.

Die erste Partei der Niederlande war die 1879 gegründete *Anti-Revolutionaire Partij* (ARP), eine protestantische Partei, die sich getreu ihres Namens vor allem gegen die Ideale der französischen Revolution wie zum Beispiel gegen die Volkssouveränität wandte.[79]

---

[77] Bosmans (2008, S. 109).

[78] Der Konservatismus war bis 1848 die beherrschende politische Strömung in den Niederlanden gewesen. In der Folgezeit ging diese Strömung jedoch langsam vor allem in die konfessionellen Parteien auf: „Im Jahr 1891 verschwand der letzte Konservative aus der Zweiten Kammer – zumindest der letzte, der sich öffentlich ‚konservativ' nannte. Faktisch nahmen konservative Denkmuster weiterhin eine wichtige Rolle innerhalb der anderen Strömungen ein, und eigentlich ist dies bis heute weiterhin der Fall." Lucardie (2007b, S. 14, Übersetzung durch den Verfasser).

[79] Nach Kortmann und Bovend'Eert ist festzuhalten, dass die Gründung von Parteien in den Niederlanden somit erst relativ spät erfolgte. Sie begründen diesen Sachverhalt mit den damaligen Befürchtungen davor, dass Parteien die unabhängige Position der Abgeordneten und die Einheit des Staates gefährden würden. Vgl. Kortmann und Bovend'Eert (1998, S. 28). Die Entstehung der ARP wird näher betrachtet in: van Deursen (2001, S. 11–52). In Deutschland wurde die erste Partei, die liberale Deutsche Fortschrittspartei, 1861 ins Leben gerufen.

6.2 Allgemeine Erläuterungen zur Entwicklung der Parteienlandschaft

Protagonist der Gruppierung war Abraham Kuyper (1837–1920), der unter anderem durch seine sogenannte Antithese, nach der ein klares Spannungsfeld zwischen den Interessen konfessioneller und nicht christlicher politischer Kräfte existiert, sowie durch seine These von der „Souveränität im eigenen Kreis", die eine wichtige Grundlage des versäulten Gesellschaftssystems war, große und nachhaltige Bekanntheit erlangte.[80] Er war nach Wielenga zudem „der erste moderne politische Führer in der niederländischen Geschichte"[81] und leistete somit auch einen entscheidenden Beitrag zur Veränderung der politischen Kultur der Niederlande.

Bei der ARP handelt es sich um eine der drei konfessionellen Parteien, die in den 1970er Jahren im *Christen-Democratisch Appèl* (CDA) aufgingen. Die beiden anderen Parteien dieses Zusammenschlusses waren die *Christelijk-Historische Unie* (CHU) und die *Katholieke Volkspartij* (KVP). Bei der CHU handelte es sich um eine ebenfalls protestantische Partei, die sich 1908 aus verschiedenen Gruppen, die sich nicht (mehr) in der ARP organisieren wollten, zusammenschloss. Wichtige Unterschiede zwischen den beiden Parteien bestanden darin, dass die CHU inhaltlich weniger dogmatisch auftrat und organisatorisch weniger hierarchisch aufgebaut war.[82] Darüber hinaus trugen zur Trennung zwischen beiden protestantischen Gruppen auch konfessionelle und soziale Aspekte bei.[83] Die Katholiken errichteten ihre nationale Partei mit der 1926 gegründeten *Rooms-Katholieke Staatspar-*

---

[80] Lucardie hält über die ARP in ihrer Anfangszeit fest: „Religion war in ihren Augen keine Privatsache, sondern sollte alle Bereiche des Lebens gestalten. Diese Bereiche (Kreise genannt) sollten aber nicht vom Staat beherrscht werden, sondern ihre Autonomie und Souveränität behalten (Idee der Souveränität im eigenen Kreise, *souvereiniteit in eigen kring*)." Lucardie (2006b, S. 331). Zum Thema siehe auch: Lucardie (2007b, S. 16–18), Wielenga (2008, S. 26 ff.), Schutte (2004, S. 159 ff.). Zum Gedanken der „Souveränität im eigenen Kreis" siehe: Koole (1995, S. 98 f.), Schutte (2004, S. 165 ff.). Verschiedene Beiträge zur Geschichte der ARP finden sich in: Harinck et al. (Hrsg.) (2001).

[81] Wielenga (2008, S. 25). Über Kuypers Haltung schreibt der Autor: „Für Kuyper war die Zweite Kammer keine Ort, an dem in eigenem Namen gewählte Abgeordnete Debatten über die nationalen Interessen führten, sondern eine Arena, in der ein Streit um Grundsätze und Grundhaltungen ausgefochten wurde. Der Parlamentarier sollte nicht länger der besonnene und abgeklärte Intellektuelle sein, der ohne Auftrag und Rücksprache ganz allein für sein Handeln verantwortlich war, sondern der Anführer, der die Basis zu mobilisieren hatte, die Politik zu einem gemeinschaftlichen Unterfangen machen und politische Leidenschaft ins Spiel bringen sollte." Das Leben und Wirken Kuypers wird unter anderem behandelt in: Koch (2006), de Bruijn (2008), Vree (2006), Mouw (2011).

[82] Die Mitglieder der CHU „spürten wenig Verlangen nach einer stramm geleiteten, modernen Massenpartei. Die CHU blieb dann auch ein ziemlich loser Verband von Wählervereinigungen, im Gegensatz zu der von Kuyper straff geführten ARP." Lucardie (2007b, S. 18, Übersetzung durch den Verfasser). An anderer Stelle schreibt der Autor, dass die Anhänger der CHU auch Einwände gegen die Isolation in einer Säule hatten.

[83] Lucardie schreibt erläuternd: „Die Führungsschicht der CHU gehörte mehrheitlich dem Adel sowie der etablierten *Nederlands Hervormde Kerk* an, während die meisten Anhänger der ARP zum (Klein-) Bürgertum und zur *Gereformeerde Kerk* gehörten, die von der etablierten Kirche abgespalten war." Lucardie (2006b, S. 331). Weitere Hintergründe zur Abspaltung der CHU von der ARP beleuchten: de Jong (2008, S. 112 ff.), Koole (1995, S. 100 f.), Wielenga (2008, S. 31 ff.), Voerman (2005, S. 207 f.), van Spaning (2001, S. 113 ff.), Schutte (2004, S. 131 ff.).

tij (RKSP) vergleichsweise spät, zuvor existierten jedoch bereits Formen der Kooperation, viele Katholiken arbeiteten beispielsweise bereits seit 1904 im *Algemeen Bond*, dem Bund katholischer Wahlvereine, zusammen.[84] Die RKSP wurde nach dem Zweiten Weltkrieg in KVP umbenannt, die zentralen Charakteristika der Partei blieben jedoch erhalten.

Die konfessionelle Strömung setzte sich in den Niederlanden vornehmlich, jedoch nicht ausschließlich aus den soeben genannten Gruppierungen zusammen. Neben diversen kleineren Abspaltungen, denen keine nachhaltige Bedeutung zukam, ist vor allem die orthodox-protestantische *Staatkundig-Gereformeerde Partij* (SGP) von Bedeutung, da sie mit ihren zum Teil kontroversen Forderungen seit vielen Jahrzehnten ununterbrochen im niederländischen Parlament vertreten ist.[85] Nach dem Ende des Zweiten Weltkrieges entstanden mit dem *Gereformeerd Politiek Verbond* (GPV, gegründet 1948) und der *Reformatisch Politieke Federatie* (RPF, gegründet 1975) zwei weitere protestantische Parteien, die sich 2000 zur *ChristenUnie* (CU) zusammenschlossen. Nach der Wahl 2006 erlangte diese Partei im Kabinett Balkenende IV erstmals Regierungsverantwortung.[86]

Die erste Parteigründung der sozialistischen Strömung fand 1882 mit dem *Sociaal-Democratisch Bond* (SDB) statt, der seine Führungsperson in Ferdinand Domela Nieuwenhuis (1846–1919) hatte und in dem verschiedene Strömungen vertreten waren.[87] Die radikalen Mitglieder, die das bestehende politische System bekämpfen wollten und in vielen Fällen anarchistischen Gedanken anhingen, schufen Grundlagen für das Verbot der Partei im Jahr 1894.[88] Im selben Jahr wurde vor diesem Hintergrund neben anarchistischen Gruppen, zu denen sich auch Domela Nieuwenhuis gesellte, die gemäßigtere *Sociaal Democratische Arbeiders Partij* (SDAP) gegründet, die die Vorgängerorganisation der 1946 gegründeten *Partij van de Arbeid* (PvdA) darstellt.[89] Ebenfalls an der Gründung der PvdA

---

[84] Zum Thema siehe: Bornewasser (1995, S. 7 ff.), Lucardie (2007b, S. 18 ff. und 34 ff.), Koole (1995, S. 152 ff.), Wielenga (2008, S. 33 f.). Auch innerhalb der katholischen Säule kam es im Lauf der Jahrzehnte zu diversen Abspaltungen. Die Bedeutung der neuen Gruppierungen blieb in den meisten Fällen jedoch gering.

[85] Zu weiteren konfessionellen Parteien, die vor 1940 in der niederländischen Politik aktiv waren, siehe: Vossen (2003, S. 67 ff.).

[86] Zum Verhältnis der christlichen Parteien zueinander siehe: Vollaard (2010, S. 180 ff.). Die Haltungen der Parteimitglieder werden verglichen in: van Holsteyn und Koole (2010, S. 204).

[87] Zum Thema siehe: Tromp (2002, S. 48 ff.).

[88] Vgl. Koole (1995, S. 200 ff.), Wielenga (2008, S. 35 ff.), Lucardie (2007b, S. 25 ff.), van der Velden (2010, S. 17 ff.), Tromp (2002, S. 61 ff.).

[89] Hinsichtlich der sozialistischen Strömung ist zu beachten, dass die Industrialisierung in den Niederlanden vergleichsweise spät einsetzte und in ihrem Umfang begrenzt blieb. Diese Umstände wirkten sich auf die potentielle Anhängerschaft sozialistischer Gruppen aus. Lucardie schreibt dann auch über die ersten Jahre der SDAP: „Anfänglich zog diese Partei wenige Arbeiter und vielmehr ausgerechnet Intellektuelle an – sie wurde spöttisch als Partei der Schullehrer, Priester und Anwälte genannt. Nach 1900 schlossen sich allerdings immer mehr Arbeiter an (…). Die Leitung blieb (…) in den Händen eines Intellektuellen, des friesischen Anwalts Pieter Jelle Troelstra." Lucardie (2007b, S. 27, Übersetzung durch den Verfasser). Koole weist auf einen weiteren wichtigen Punkt hin, indem er schreibt, „dass die Arbeiterbewegung in den Niederlanden niemals nur oder in dominanter Weise sozialistisch gewesen ist. Protestantische und katholische Organisationen haben es von Anfang an

6.2 Allgemeine Erläuterungen zur Entwicklung der Parteienlandschaft

beteiligt waren ehemalige Mitglieder des *Vrijzinnig-Democratische Bond* (VDB, gegründet 1901) und der *Christelijk-Democratische Unie* (CDU, Nachfolgeorganisation der 1905 gegründeten *Christen-Democratische Partij*, CDP).

Kurz nach Bildung der SDAP kam es zum Streit zwischen Marxisten und Revisionisten, der radikalere Teil des sozialistischen Flügels spaltete sich 1909 mit der Gründung der *Sociaal Democratische Partij* (SDP) ab, die 1919 in *Communistische Partij Holland* (CPH) und 1935 dann in *Communistische Partij in* (später: *van*) *Nederland* (CPN) umbenannt wurde.[90] Von der CPN trennten sich 1970 dann Gruppen, die unter Beteiligung studentischer Kreise die *Kommunistische Eenheidsbeweging Nederland/marxistisch-leninistisch* (KEN-ml) gründeten. Aus dieser Partei entstand 1972 dann (über Umwege) unter anderem die *Socialistische Partij* (SP), die sich bei den letzten Wahlen als wichtige Kraft im niederländischen Parlament etablieren konnte. Die Partei *GroenLinks* (GL), die seit 1989 im niederländischen Parlament aktiv ist, entsprang aus einem Zusammenschluss von vier sehr unterschiedlichen Organisationen: der CPN, der konfessionellen *Evangelische Volkspartij* (EVP), der 1957 gegründeten *Pacifistisch-Socialistische Partij* (PSP) und der 1968 als Abspaltung aus der KVP entstandenen *Politieke Partij Radicalen* (PPR).

Die erste liberale Partei der Niederlande war die *Liberale Unie* (LU), die 1885 ins Leben gerufen wurde. Kennzeichnendes Merkmal der liberalen Strömung war bis zur Besatzung ihre organisatorische Schwäche, die dazu beitrug, dass es zu diversen Parteigründungen, Abspaltungen und Zusammenschlüssen kam.[91] Eine wichtige Abspaltung von der LU war der progressiver und sozialer ausgerichtete VDB, zu dem bei seiner Gründung auch die Vertreter des 1892 gegründeten *Radicale Bond* (RB) stießen und der bis zum Zweiten Weltkrieg politisch aktiv war. Die LU schloss sich 1921 mit dem *Bond van Vrije Liberalen* (BVL, gegründet 1906) dem *Economische Bond* (EB, gegründet 1917) und anderen liberalen Gruppen zum konservativer ausgerichteten *Vrijheidsbond* (VB) zusammen, der sich ab 1938 in *Liberale Staatspartij* (LSP) umbenannte.[92] Nach dem Krieg existierte für zwei Jahre die wiederum organisationsschwache *Partij van de Vrijheid* (PvdV), die 1948 in die bis heute existierende *Volkspartij voor Vrijheid en Democratie* (VVD) aufging. Dieser Partei ist es

---

verstanden, einen erheblichen Teil der Arbeiterbewegung in ihre Reihen zu integrieren. Hierdurch konnte der Traum einer sozialistischen Mehrheit, der ‚rote Sonnenaufgang', nie Wirklichkeit werden, allerdings hatte dieser Traum schon eine große mobilisierende Kraft ausgeübt." Koole (1995, S. 22, Übersetzung durch den Verfasser).

[90] Siehe zu diesen Parteien: van der Velden (2010, S. 76 ff. und 151 ff.), Koole (1995, S. 254 ff.).

[91] In diesem Sinne kennzeichnet van Dooren beispielsweise die LU als „einen sehr losen Verbund liberaler Wählervereinigungen, die schon seit 1844 bestanden und die Kontakt zu den liberalen Parlamentsmitgliedern hielten, welche für ihren Bezirk ein Mandat besaßen." Van Dooren (2005, S. 48, Übersetzung durch den Verfasser). Ähnlich äußert sich auch: Lucardie (2007b, S. 14). Van Deth und Vis gelangen resümierend zu der Einschätzung, dass die liberale Strömung bis 1940 immer intern gespalten war und es daher nie zur Gründung starker Parteien kam. Vgl. van Deth und Vis (2006, S. 131). Zum Thema siehe: Voerman und Dijk (2008, S. 94 ff.), Vossen (2003, S. 39 ff.), Klijnsma (2008, S. 29 ff.).

[92] Zur Geschichte der vor 1940 aktiven liberalen Parteien siehe: van Schie (2005), Koole (1995, S. 277 ff.), Voerman und Oosterholt (2008, S. 15 ff.), Vossen (2003, S. 39 ff.).

nach gewissen Anlaufschwierigkeiten in den ersten Jahren ihres Bestehens gelungen, die organisatorische Schwäche der liberalen Strömung weitgehend zu überwinden. Mit Geert Wilders und Rita Verdonk haben sich in den letzten Jahren zwei prominente Abgeordnete von der VVD getrennt und ihre eigene Gruppierung errichtet: die *Partij voor de Vrijheid* (PVV) und *Trots op Nederland* (TON). Während die PVV mit ihrem Protagonisten Geert Wilders in der letzten Zeit große politische Erfolge erzielen konnte, befindet sich TON im Niedergang: Bei der Wahl im Juni 2010 hat sie nicht einmal genug Stimmen für ein Mandat in der Zweiten Kammer erhalten (Infobox XIII). Als eher linksliberale Kraft trat 1966 die Partei *Democraten66* (D66) das Erbe des 1901 gegründeten und bis zum Krieg tätigen VDB an, dessen Mitglieder sich zu einem großen Teil nach dem Krieg der PvdA angeschlossen hatten. Die D66, deren zentrale Ziele in der demokratischen Erneuerung der niederländischen Politik liegen, hat sich in den vergangenen Jahrzehnten trotz diverser und zum Teil tiefer Krisen als fester Bestandteil der niederländischen Politik etabliert – sie war bereits an mehreren Regierungen beteiligt.

Neben den Gruppierungen, die direkt oder zumindest mittelbar einer der drei Hauptströmungen der niederländischen Politik zugeordnet werden können, waren in der niederländischen Politik verschiedene andere Kräfte aktiv. Zu denken ist hierbei beispielsweise an rechtsextreme Parteien wie die 1931 gegründete *Nationaal Socialistische Beweging* (NSB), die während der deutschen Besatzung die einzige erlaubte politische Gruppierung war. Nach dem Krieg wurde 1971 die *Nederlands Volks-Unie* (NVU) gegründet, aus ihr entstand 1980 die *Centrumpartij* (CP), von der sich 1984 die Partei *Cemtrumdemocraten* (CD) abspaltete und die 1986 in *Centrumpartij'86* (CP86) umgenannt wurde. In den 1980er und 1990er Jahren waren die CP und die CD zum Teil im Parlament vertreten.[93]

Bei den Wahlen 1994 schafften mit dem *Algemeen Ouderen Verbond* (AOV) und der *Unie55+* zwei Parteien den Sprung in das Parlament, die sich inhaltlich nahezu ausschließlich um die Belange der älteren Bürger kümmerten und die rasch wieder an Einfluss verloren.[94] Inwieweit der 2003 gegründeten Tierschutzpartei *Partij voor de Dieren* (PvdD), die bisher ebenfalls noch nahezu den Charakter eine one-issue-Partei trägt und die seit 2006 im Parlament vertreten ist, eine ähnliche Entwicklung bevorsteht, bleibt abzuwarten. Ab-

---

[93] Bei der Parlamentswahl im Jahr 1994 erzielte die CD ein Wahlergebnis von 2,8 % und damit den höchsten Stimmenanteil einer rechtsextremen Partei seit 1945. Im Jahr 1998 verlor sie mit einem Wahlergebnis von 0,6 % alle ihre Mandate wieder. Zu diesen Parteien siehe: Lucardie et al. (2011, S. 247 ff.), Lucardie (2007b, S. 96 f.), Koole (1995, S. 324 ff.).

[94] Die Seniorenparteien wurden bei der Wahl 1994 von 400.000 Wählern unterstützt. Dieser Erfolg der beiden Gruppierungen erklärt sich vor dem Hintergrund politischer Diskussionen über die Kürzung staatlicher Leistungen: Den in diesem Kontext entstandenen Protest konnten sich beide Parteien zumindest kurzfristig zunutze machten. Der nachfolgende Niedergang der Seniorenparteien erklärt sich vor allem durch große interne Probleme. Vgl. Krouwel und Lucardie (2008, S. 292), van Stipdonk und van Holsteyn (1995, S. 127 ff.).

[95] Es handelt sich bei dem hier angeführten Parteienstammbaum um eine stark vereinfachte Darstellung, in der vor allem die aktuell im Parlament vertretenen Parteien sowie deren Vorgängerorganisationen im Vordergrund stehen. Viele andere Parteien wurden aus Gründen der Übersichtlichkeit nicht in die Abb. 6.4 aufgenommen.

6.2 Allgemeine Erläuterungen zur Entwicklung der Parteienlandschaft 219

Abb. 6.4 Stammbaum ausgewählter politischer Parteien[95]

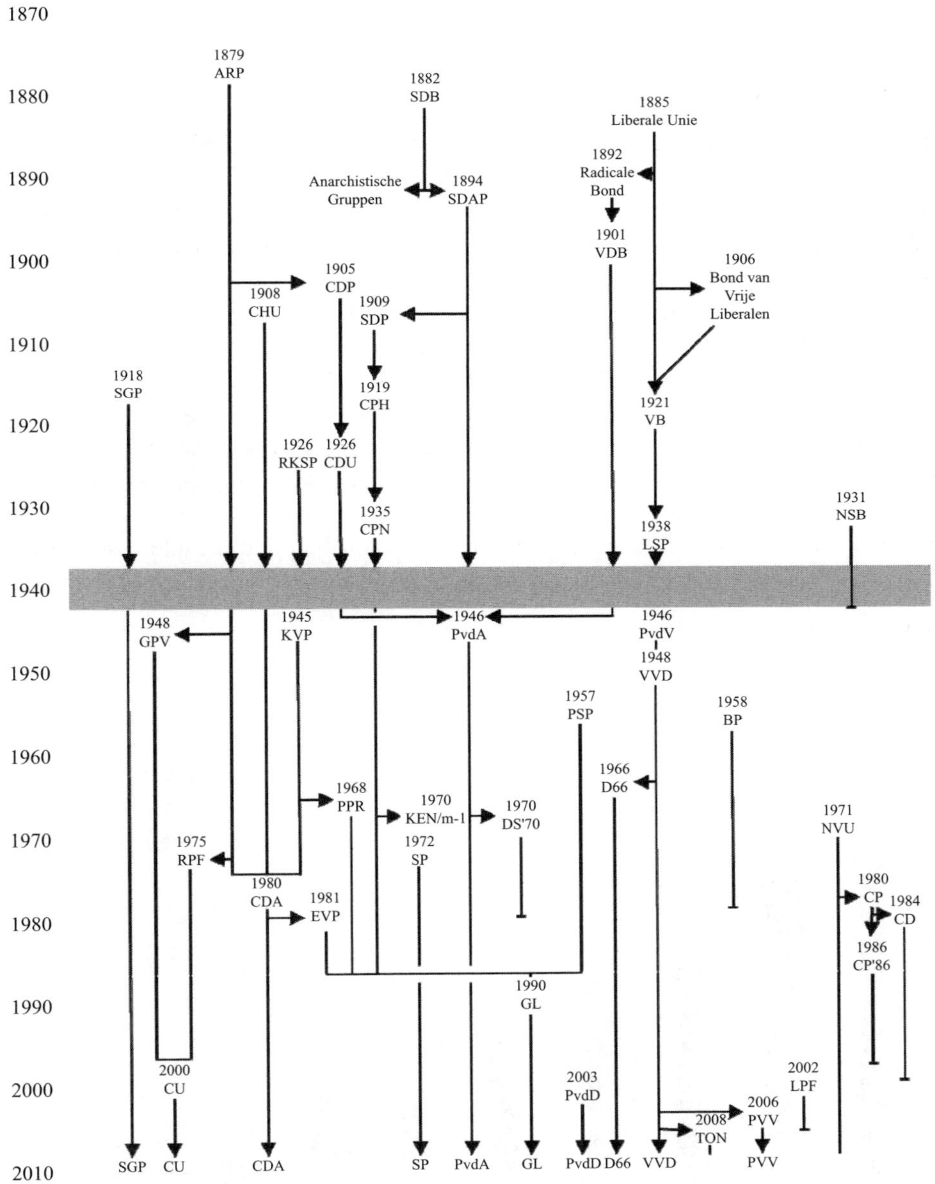

schließend sei an dieser Stelle auf die *Lijst Pim Fortuyn* (LPF) hingewiesen, die mit ihrem auch im Ausland bekannten und kurz vor der Wahl 2002 ermordeten Spitzenkandidaten Pim Fortuyn die Grundfesten des niederländischen Parteiensystems kurzzeitig ins Wanken brachte. Diese Partei, die bei der Wahl 2006 den Einzug ins Parlament verpasste, hat sich mittlerweile aufgelöst (Abschn. 3.2).

6.3 Die wichtigsten Gruppierungen in der aktuellen Politik

Die aktuelle Gestalt der Parteienlandschaft in den Niederlanden, die sich aus den oben beschriebenen Entwicklungen ergibt, kann anhand der Ergebnisse der Parlamentswahlen des Jahres 2010 nachvollzogen werden. Insgesamt erhielten zehn Gruppierungen bei dieser Wahl genügend Stimmen für den Einzug in die Zweite Kammer – es handelt sich um dieselben Gruppierungen, die bereits nach der letzten Wahl im Jahr 2006 im Parlament vertreten waren. Die Abb. 6.5 veranschaulicht die Ergebnisse des Wählervotums. Um einen Vergleich zu ermöglichen, sind in der Grafik auch die Resultate der Wahl 2006 eingefügt.

In den Diskussionen und Analysen zu den niederländischen Parteien werden diese zum Teil in sehr unterschiedliche Kategorien unterteilt. Neben der häufig verwendeten und auch in anderen Ländern zu findenden Platzierung in einem politischen Spektrum zwischen rechts und links, wird zudem zwischen konfessionellen und nichtkonfessionellen

Abb. 6.5 Ergebnisse der Parlamentswahlen 2006 und 2010

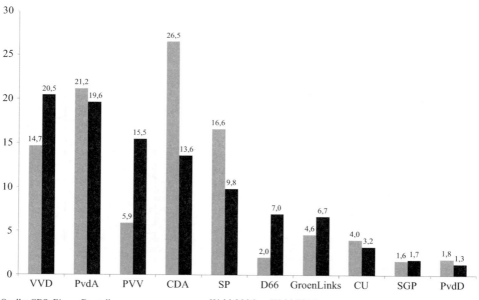

oder auch zwischen konservativen und progressiven Gruppierungen unterschieden.[96] Ein zentrales Problem all dieser Kategorien ist darin zu sehen, dass die politische Realität mehr und mehr als zu komplex erscheint, um eindeutige Zuordnungen vorzunehmen. Zudem bestehen häufig unterschiedliche Verständnisse der relevanten Begriffe, wobei sich diese Verständnisse im Laufe der Zeit auch durchaus wandeln.

Im Folgenden wird eine Auseinandersetzung mit den aktuell in der Zweiten Kammer vertretenen Parteien stattfinden. Beachtung finden dabei zunächst mit dem CDA, der PvdA und der VVD die drei Parteien, die die politische Geschichte der Niederlande in den letzten Jahrzehnten in besonderer Weise geprägt haben. Anschließend richtet sich das Augenmerk auf die PVV, die SP, die D66, GL, die CU, die PvdD und die SGP, wobei die Reihenfolge der Bearbeitung auf dem Wahlergebnis des Jahres 2010 basiert. Die Beschäftigung mit den einzelnen politischen Gruppierungen gliedert sich in mehrere Schritte. Nach einem kurzen Einstieg wird jeweils die geschichtliche Entwicklung der einzelnen Parteien in knapper Form nachgezeichnet. In diesem Rahmen werden an einigen Stellen auch wichtige Vertreter der jeweiligen Gruppierung kurz vorgestellt. In einem weiteren Schritt finden die Wahlergebnisse und die Mitgliederzahlen der einzelnen Parteien, anhand derer bestimmte Entwicklungen gut nachvollzogen werden können, nochmals besondere Beachtung. Abschließend werden im Rahmen einer kurzen tabellarischen Übersicht zentrale Informationen zu den einzelnen Parteien aufgelistet. Durch diese Inhalte soll ein zumindest grober Überblick über die aktuelle Parteienlandschaft der Niederlande sowie die historische Entwicklung der einzelnen Gruppen gegeben werden.[97]

Die nachfolgenden Ausführungen basieren auf sehr unterschiedlichen Quellen und Texten, von denen einige hier kurz vorgestellt werden sollen. Informationen zur Entwicklung der niederländischen Parteien finden sich in zahlreichen Publikationen, viele Informationen zur Geschichte der Parteien bis zum Beginn der 1990er Jahre wurden beispielsweise Ruud Kooles Buch *Politieke partijen in Nederland. Ontstaan en ontwikkeling von partijen en partijstelsel* entnommen. Der Schwerpunkt der Betrachtung liegt bei jeder der vorgestellten Parteien auf aktuellen Entwicklungen, die unter anderem mit Hilfe der Jahrbücher des DNPP, in denen unter anderem ausführliche Überblicke über das parteipolitische Geschehen enthalten sind, nachvollzogen wurden. Von der Internetseite des DNPP stammen zudem die Angaben zu den Mitgliederzahlen.[98] Viele Informationen zu Parteien und Personen wurden zudem auf der Internetseite www.parlement.com eingesehen.[99]

---

[96] Vgl. hierzu unter anderem: Instituut voor Publiek en Politiek (2006, S. 9 f.), Andeweg und Irwin (2009, S. 67–72), Lucardie (2006b, S. 343 f.), Bovens und Wille (2010, S. 415 ff.), Aarts und Thomassen (2008, S. 203 ff.), Pellikaan et al. (2003, S. 24 ff.).

[97] An dieser Stelle sei darauf hingewiesen, dass die im Rahmen dieses Buches vorgenommenen Betrachtungen nur einen groben Überblick bieten sollen. Weiterführende Informationen zu den einzelnen Gruppierungen können der angegebenen Literatur entnommen werden.

[98] Auf der Seite des DNPP (www.dnpp.nl) finden sich zudem zahlreiche Dokumente von und zu den einzelnen Parteien, Literaturlisten und zahlreiche weitere Informationen.

[99] Allgemeine Darstellungen zu den niederländischen Parteien finden sich beispielsweise auch bei: Lucardie (2007b), van Dooren (2005, S. 46–74), Lucardie (2006b, S. 331–350).

6.3.1 *Christen-Democratisch Appèl* (CDA)

Beim *Christen-Democratisch Appèl* handelt es sich um eine 1980 gegründete christdemokratische Partei, die mit ihren Inhalten in der politischen Mitte anzusiedeln ist und die eine breite Wählerschaft anspricht. Für die niederländische Politik ist der CDA von großer Bedeutung: Bei den Wahlen wurde er häufig (unter anderem auch 2002, 2003 und 2006) zur stärksten Partei gewählt. Seit der historischen Niederlage bei der Wahl im Juni 2010 verfügt er derzeit allerdings nur über die viertgrößte Fraktion in der Zweiten Kammer. Bisher stellte der CDA mit Dries van Agt (1977–1982), Ruud Lubbers (1982–1994) und Jan Peter Balkenende (2002–2010) drei Ministerpräsidenten. Seit Herbst 2010 arbeitet der CDA nach einem schwierigen parteiinternen Entscheidungsfindungsprozess als Koalitionspartner im Minderheitskabinett Rutte I mit. Seine zentrale Stellung im Parteiensystem der Niederlande übernahm der CDA von seinen Vorgängerorganisationen ARP, CHU und KVP (bzw. RKSP), von denen seit 1918 stets mindestens eine in der Regierung vertreten war. Der CDA selbst musste bisher nur von 1994 bis 2002 die Oppositionsrolle ausfüllen.[100]

Geschichtliche Entwicklung

Der CDA entstand 1980 als Zusammenschluss aus den zwei protestantischen Parteien ARP und CHU sowie der katholischen KVP.[101] Die drei genannten Parteien hatten in den Jahrzehnten der Versäulung die niederländische Politik in prägender Weise mitbestimmt: Bis zu Beginn der 1970er Jahre stellte eine von ihnen – von der Zeit von 1948 bis 1958 abgesehen – stets den Ministerpräsidenten. Den konfessionellen Parteien kam ihre Schlüsselrolle dabei zum einen aufgrund ihrer elektoralen Stärke zu: Bis in die 1960er Jahre erhielten sie gemeinsam bei jeder Wahl stets etwa 50 % der Stimmen. Von hoher Bedeutung war zudem ihre Position in der politischen Mitte, da sie sowohl mit der sozialdemokratischen PvdA als auch mit der liberalen VVD Koalitionen eingehen konnten, während eine Koalition zwischen den letztgenannten Parteien wegen der grundsätzlichen Unterschiede in sozioökonomischen Fragen lange Zeit ausgeschlossen war. Trotz diverser und dabei durchaus auch schwerwiegender Differenzen arbeiteten die drei konfessionellen Kräfte in Regierungskoalitionen häufig zusammen, um gemeinsame Ziele durchzusetzen. Eine Fusion der Gruppierungen galt zu Zeiten der Versäulung jedoch vor allem wegen der strikten Trennung zwischen den protestantischen und katholischen Milieus als undenkbar. Diese wurde erst mit dem Schwinden der politischen und gesellschaftlichen Gegensätze möglich und dann auch notwendig, weil die konfessionelle Strömung im Zuge der Entsäulung und Sä-

---

[100] Tromp schreibt zur Rolle der konfessionellen Strömung in der niederländischen Politik: „Ab 1918 haben der Regierung immer konfessionelle Parteien angehört, so dass zu Beginn der achtziger Jahre der Ausspruch stimmte, dass in den Niederlanden die Konfessionellen ebenso lange an der Macht seien wie die Bolschewiken in Russland – nach 1991 hatten sie diese sogar überflügelt." Tromp (2005, S. 58).

[101] Zu diesen Parteien siehe: Koole (1995, S. 95–113, 113–126 und 152–177), van Dooren (2005, S. 51–53), Voerman (2005, S. 206 ff.), de Jong (2008, S. 127 ff.), Bornewasser (1995, S. 107 ff.), Bornewasser (2000, S. 3 ff.).

kularisierung massiv an Bedeutung verlor und die Notwendigkeit für einen Neuanfang offenkundig wurde.[102] Um dies mit Zahlen zu belegen, kann darauf hingewiesen werden, dass der Gesamtstimmenanteil der drei konfessionellen Parteien nach 1963 rapide sank, bei der Wahl 1972 erhielten ARP, CHU und KVP zusammen nicht mehr die Hälfte, sondern nur noch weniger als ein Drittel der Stimmen. Zudem hatte in den 1970er Jahren das sogenannte progressive Lager – bestehend aus PvdA, D66 und PPR –, das zu dieser Zeit im Rahmen der „Polarisierungsstrategie" (auf die im Folgenden noch eingegangen wird) eine langfristige Entmachtung der konfessionellen Parteien anstrebte, zu einer intensiveren Form der Kooperation gefunden. Der Zusammenschluss zum CDA ist auch als Gegenreaktion auf diese Entwicklung auf der anderen Seite des politischen Spektrums zu deuten. Weiterhin entsprang der Parteizusammenschluss einem vermehrten Wunsch nach Zusammenarbeit sowie positiven Erfahrungen bei der Kooperation auf europäischer Ebene. Wichtig war auch das Bestreben der konfessionellen Parteien, sich nicht mehr, wie es etwa noch bei der Regierungsbildung des Kabinetts des Sozialdemokraten Joop den Uyl (1973–1977) der Fall gewesen war, gegeneinander ausspielen zu lassen.

Bei der Verschmelzung der drei konfessionellen Parteien zu einer christdemokratischen handelte es sich um einen überaus komplexen Prozess, dessen Anfänge bereits in den 1960er Jahren lagen und der sich über mehrere Stationen und einige Jahre hinzog.[103] Nach intensiven Vorarbeiten und Abstimmungsprozessen, die unter der maßgeblichen Führung von Piet Steenkamp stattfanden, und intensiven Kontroversen, die sich beispielsweise am explizit christlichen oder offenen Charakter der Partei entfalteten und zum Teil von einem hohen Maß an gegenseitigem Misstrauen geprägt waren, entstand 1973 schließlich eine Parteienföderation.[104] Bei den Wahlen 1977 traten die ARP, CHU und KVP mit einer gemeinsame Liste an, die vom ersten politischen Leiter des CDA, Dries van Agt, angeführt wurde. Die Listenverbindung ging dann 1980 in eine vollständig fusionierte Partei, dem CDA, auf.[105]

---

[102] „Die Entstehung des CDA ist eine deutliche Folge der Entsäulung und Entkirchlichung. Ein struktureller Rückgang der Wählerschaft oder die Aussicht auf diesen, war in einer sich zunehmend säkularisierenden Gesellschaft der wichtigste Grund, warum die drei großen Parteien zur Zusammenarbeit übergingen." Koole (1995, S. 187, Übersetzung durch den Verfasser).
[103] Vgl. Koole (1995, S. 176 f. und 187 ff.), van Ark et al. (2005, S. 11 ff.), ten Napel (2011, S. 34 ff.), Bak et al. (2001, S. 281 ff.), de Jong (2008, S. 301 ff.), Bornewasser (2000, S. 515 ff.). Als Beleg für die Spannungen, die mit dem Prozess des Zusammenschlusses einhergingen, sei auf die verschiedenen Gruppierungen (RPF, EVP, *Rooms Katholieke Partij Nederland* (RKPN), PPR) verwiesen, die sich abspalteten, weil sie gegen die neue Kooperation waren oder ihnen diese nicht progressiv genug war.
[104] Piet Steenkamp gilt bis heute wegen seiner großen Verdienste um den Zusammenschluss der drei konfessionellen Parteien als geistiger Vater des CDA. Er war von 1973 bis 1980 erster Vorsitzender der Partei, seit dem erfolgreichen Abschluss der Fusion ist er deren Ehrenvorsitzender. Ein Interview, in dem er auf die Anfänge des CDA zurückblickt, findet sich in: van Ark et al. (2005, S. 19 ff.).
[105] Zum Thema: van Dooren (2005, S. 53 f.), Lucardie (2007b, S. 61 ff.). Hinsichtlich der programmatischen Ausrichtung der neuen Partei hält Lucardie fest: „Der CDA ging in seinem Programm von christlichen Grundlagen aus, er führte allerdings in vielen Fällen neue Begriffe ein, um nicht zwischen der kalvinistischen und katholischen Tradition wählen zu müssen. Man nannte vier Grundprinzipi-

Der Zusammenschluss zum CDA erwies sich trotz der Probleme, die die Kooperation zwischen den vereinigten Gruppen noch über Jahre prägen sollten, rasch als erfolgreich.[106] Bereits nach der Wahl im Jahr 1977 konnte Dries van Agt, der zuvor in der Regierung den Uyl Justizminister und stellvertretender Ministerpräsident gewesen war, gemeinsam mit der VVD eine Regierung bilden. Das nach der Wahl 1981 gebildete zweite Kabinett van Agts, bestehend aus CDA, PvdA und D66, scheiterte bereits nach wenigen Monaten an internen Streitigkeiten.[107] In Verlauf der 1980er Jahre gelang es dem CDA dann mit dem Ministerpräsidenten Lubbers (1982–1994), den vorherigen Abwärtstrend zu stoppen und gute Wahlergebnisse für sich zu verbuchen. Im Jahr 1989 erhielt der CDA 35,3 % der Stimmen und erzielte somit das bis heute beste Ergebnis einer Partei in der neueren niederländischen Geschichte.

Ruud Lubbers hatte 1982 die Rolle des politischen Leiters und die Regierungsgeschäfte von Dries van Agt übernommen, der einen Monat nach der Wahl 1982 bekannt gab, nicht erneut als Ministerpräsident zur Verfügung zu stehen.[108] Lubbers wurde im Anschluss mit einer zwölfjährigen Amtszeit der am längsten wirkende Ministerpräsident der Niederlande. In seiner Regierungszeit bemühte er sich vor allem um die wirtschaftliche und finanzielle Konsolidierung des Landes, das Ende der 1970er/Anfang der 1980er Jahre in einer tiefen ökonomischen Krise steckte.[109] Nachdem entsprechende Bestrebungen zu Zeiten der Ministerpräsidentschaft van Agts noch gescheitert waren, wurden nun die Beamtengehälter und Sozialleistungen gekürzt, Einsparungen in verschiedenen öffentlichen Bereichen vorgenommen, staatliche Betriebe privatisiert und staatliche Beteiligungen verkauft. Die Eigenverantwortung der Bürger wurde im Zuge dieser Politik betont und gefordert.[110] Die Politik des CDA unter Lubbers, die zunächst von 1982 bis 1989 in einer Koalition mit der VVD und dann von 1989 bis 1994 mit der PvdA durchgeführt wurde, ist bis heute unter

---

en: Gerechtigkeit, verteilte Verantwortung, Solidarität und Nachhaltigkeit." Lucardie (2007b, S. 63, Übersetzung durch den Verfasser). Im Folgenden erläutert Lucardie das Programm des CDA ausführlich. Siehe hierzu auch: Kennedy und ten Napel (2011, S. 109 ff.), van Ark et al. (2005, S. 117 ff.), ten Hooven (2011, S. 70 ff.).

[106] Noch heute wird stellenweise auf die unterschiedlichen „Blutgruppen" des CDA hingewiesen und deren Zusammmenwirken thematisiert. Eine aktuelle Untersuchung zu diesem Thema findet sich bei: Koole und van Holsteyn (2011, S. 131–153).

[107] Vgl. hierzu: van Merrienboer et al. (2008, S. 415 ff.).

[108] Zu van Agt, der wichtigen Einfluss auf die frühen Erfolge des CDA hatte, siehe: van Merrienboer et al. (2008), Koster (2008), ten Hooven (2011, S. 62 ff.), Lunshof (2004, S. 55 ff.), van der Horst (2007, S. 353 ff.), van Thijn (2008, S. 195 ff.). Die Politik der Kabinette Van Agt wird betrachtet in: Bosmans und van Kessel (2011, S. 145 ff.), van Merrienboer et al. (2008, S. 283 ff.), Koster (2008, S. 159 ff.). Eigentlich hatte van Agt Jan de Koning als seinen Nachfolger vorgeschlagen, der jedoch aus gesundheitlichen und inhaltlichen Gründen Lubbers den Vortritt ließ. Von 1982 bis 1989 war De Koning anschließend als Sozialminister aktiv und übte in diesem Amt wichtigen Einfluss auf die niederländische Politik aus. Vgl. hierzu: Koster (2008, S. 225 ff.).

[109] Vgl. hierzu: van Ark et al. (2005, S. 53 ff.), ten Hooven (2011, S. 64 ff.).

[110] Die in den Jahren von 1982 bis 1994 durchgeführte Politik wird erörtert in: Bosmans und van Kessel (2011, S. 165 ff.).

dem Motto „no-nonsense-Politik" bekannt. Sie führte unter anderem zu einem Abbau der Staatsverschuldung und zu einem Rückgang der Arbeitslosigkeit. Sie wird zudem allgemein als zentrale Grundlage für die wirtschaftlichen Erfolge der Niederlande in den 1990er Jahren gesehen. Die Ära Lubbers, in der der CDA auch viele nicht konfessionell gebundene Wähler für sich gewinnen konnte, ist auch von einem hohen Maß an Personalisierung geprägt gewesen – der Slogan des CDA bei der Wahl 1986 lautete bezeichnenderweise *Laat Lubbers z'n karwei afmaken*, bei der nächsten Wahl im Jahr 1989 warb die Partei dann mit *Verder met Lubbers* für sich.[111]

> **Infobox VI: Ruud Lubbers**
> Ruud Lubbers wurde am 7. Mai 1939 in Rotterdam als eines von elf Kindern einer wohlhabenden Industriellenfamilie geboren. An der dortigen Wirtschaftshochschule studierte er von 1957 bis 1962. Von 1965 bis 1973 war er Direktor der familieneigenen Maschinenfabrik „Hollandia b.v." in Krimpen aan de IJssel. Zugleich war er bereits politisch tätig, unter anderem als Vorsitzender des Christlichen Verbands junger Arbeitgeber. 1973 wechselte er endgültig in die Politik, im Kabinett von Joop den Uyl bekleidete er bis 1977 das Amt des Wirtschaftsministers. Von 1978 bis zu seinem Amtsantritt als Ministerpräsident im Jahr 1982 saß er – nach einem Jahr als „normaler" Abgeordneter – der Parlamentsfraktion des CDA in der Zweiten Kammer vor. Nach der Wahl 1982 verzichtete Dries van Agt auf das Amt des Ministerpräsidenten und zog sich aus der nationalen Politik zurück. Somit war der Weg für den damals erst 43 Jahre alten Ruud Lubbers frei – er bekleidete fortan für zwölf Jahre (1982 bis 1994), das Amt des niederländischen Ministerpräsidenten. Bekannt wurde er dabei nicht nur durch seine politischen Erfolge, sondern auch durch sein Auftreten, das viele an einen energischen Manager erinnerte. In der Bevölkerung wurde der Ministerpräsident Lubbers weithin geachtet, unter anderem weil er meisterhaft politische Kompromisse schließen konnte, hart arbeitete und sich pragmatisch orientierte.[112] Lucardie schreibt über seinen Politikstil: „Für Lubbers war das Regieren tatsächlich eine Arbeit, die man zusammen erledigte, und nicht sosehr ein Kampf für ein bestimmtes Ideal. Seine pragmatische und versöhnende Haltung

---

[111] Die Bedeutung der Person Lubbers für die Erfolge des CDA bei den Wahlen 1986 und 1989 dokumentiert: van Wijnen (2000, S. 447). Der Umstand, dass der CDA bei diesen Wahlen vergleichsweise viele religiös ungebundene Wähler überzeugen konnte, wird unter anderem nachgewiesen in: van Holsteyn und Irwin (2011, S. 158 f.).
[112] Vgl. Lucardie (2006b, S. 336). Daten, die das Ansehen Lubbers' dokumentieren, finden sich unter anderem bei: van Wijnen (2000, S. 438 ff.).

> sprach auch außerhalb der traditionellen Anhängerschaft der christlichen Parteien viele Wähler an."[113]
>
> Nach dem Ende seiner Regierungszeit visierte Lubbers mehrere hohe politische Ämter an, vor allem den Vorsitz der Europäischen Kommission und den Posten des NATO-Generalsekretärs. Da seine Bemühungen zur Erlangung dieser Positionen erfolglos blieben, war Lubbers einige Jahre an verschiedenen Universitäten und als Vorsitzender des wissenschaftlichen Instituts des CDA aktiv. 2001 wurde er Flüchtlingskommissar der Vereinten Nationen, von diesem Amt trat er 2005 zurück. Seither nimmt er diverse Funktionen wahr, im Jahr 2010 war er beispielsweise als Informateur an der Regierungsbildung beteiligt. Lubbers, der heute in Rotterdam lebt, ist verheiratet und hat drei Kinder.

Die Wahl am 3. Mai 1994 stellt nicht nur für die niederländische Politik insgesamt, sondern vor allem auch für den CDA eine bedeutsame Zäsur dar. Der erste Grund hierfür liegt darin, dass die Partei nach dem sehr positiven Ergebnis von 1989 (ebenso wie der Koalitionspartner PvdA) massiv an Wählerstimmen verlor: Sie erhielt nur noch 22,2 % der Voten und musste somit einen Stimmenverlust von nicht weniger als 13 % hinnehmen. In der parlamentarischen Geschichte der Niederlande ist dies der bisher zweitgrößte Einbruch einer Partei zwischen zwei Wahlen. Die Gründe für das schlechte Abschneiden des CDA sind vielschichtig.[114] Bedeutsam war ohne Zweifel die Tatsache, dass der überaus beliebte Ruud Lubbers, der seiner Partei neue Wählerschichten erschließen konnte, keine weitere Amtszeit mehr anstrebte. Lubbers hatte nach allgemeiner Auffassung ein problematisches Verhältnis zu seinem designierten Nachfolger und Spitzenkandidaten des CDA, dem vorherigen Fraktionsvorsitzenden Elco Brinkman, den er im Wahlkampf bei verschiedenen Gelegenheiten durch kritische Aussagen in Schwierigkeiten brachte. Brinkman selbst, der weder in der Partei noch in der Bevölkerung unumstritten war und dessen Form der Wahlkampfführung von vielen kritisch bewertet wurde, hatte wiederum mehrmals die Politik der Regierung Lubbers beanstandet. Dem CDA gelang es – auch vor dem Hintergrund dieser Probleme – insgesamt nicht, einen erfolgreichen Wahlkampf zu führen, vielmehr zeigte die Partei ein zerrissenes Bild. Inhaltlich bildeten die von der Regierung Lubbers durchgeführten Sparmaßnahmen, insbesondere bei der Arbeitsunfähigkeitsversicherung und den Renten, zwar Grundsteine für die ökonomische Gesundung des Landes – sie hatten jedoch viele Bürger auch mit harten Einschnitten konfrontiert. Der CDA plante die Fortsetzung dieses Kurses und sah keine Möglichkeiten für einen großzügigeren Umgang mit staat-

---

[113] Lucardie (2007b, S. 67, Übersetzung durch den Verfasser). Weitere Informationen zu seiner Person und seinem politischen Wirken finden sich in: ten Hooven (2011, S. 64 ff.), van der Horst (2007, S. 373 ff.), te Velde (2010, S. 168 ff.), Steinmetz (2000), Lunshof (2004, S. 123 ff.).

[114] Vgl. hierzu unter anderem: Koole (1995, S. 197 f.), ten Hooven (2011, S. 77 ff.), van Ark et al. (2005, S. 63 ff.), Steinmetz (2000, S. 173 ff.), Bosmans und van Kessel (2011, S. 196 f.), van Praag (1994, S. 105 ff.).

6.3 Die wichtigsten Gruppierungen in der aktuellen Politik

lichen Leistungen, wodurch Kritiker der Partei deren soziale Ausrichtung bezweifelten. Dieser Umstand und vor allem die Planungen im Bereich der Alterssicherung stießen viele Wähler ab.[115]

Der zweite, eventuell noch entscheidendere Grund für die hohe Bedeutung der Wahl von 1994 für den CDA liegt in der im Anschluss an die Wahl stattfindenden Regierungsbildung. Der CDA bzw. mindestens eine seiner Vorgängerorganisationen waren seit 1918 an allen niederländischen Regierungskoalitionen beteiligt gewesen. Nach der Wahl 1994 entstand nach schwierigen Koalitionsverhandlungen dann jedoch die sogenannte violette Koalition aus PvdA, VVD und D66 – somit fand eine Ära niederländischer Politik ein Ende und das Selbstverständnis des CDA als „natürliche Regierungspartei" wurde in Frage gestellt.

Der CDA hatte, obwohl man sich nach der Wahlniederlage bemühte, neue programmatische und organisatorische Wege einzuschlagen, große Schwierigkeiten, die Oppositionsrolle auszufüllen und sich neu aufzustellen.[116] Ein struktureller Grund hierfür lag in der seit Beginn der 1990er Jahre immer offener zutage tretenden Auflösung der sozialen Milieus (Kap. 3). Die Partei litt zudem weiter unter internen Spannungen, die sich auch und vor allem auf das politische Führungspersonal erstreckten. Nach dem Rücktritt Brinkmans wenige Monate nach der Wahl 1994 übernahm Enneus Heerma, der zuvor als Staatssekretär in der Regierung Lubbers fungiert hatte, das Amt des politischen Leiters. In dieser Position stand er fortdauernd im Fokus parteiinterner Kritik, zudem gelang es ihm nicht, die Partei aus ihrem Umfragetief herauszuführen.[117] Bereits im März 1997 trat er von seiner Funktion als politischer Leiter und Fraktionsvorsitzender zurück und der spätere NATO-Generalsekretär Jaap de Hoop Scheffer übernahm das Amt des Spitzenkandidaten für die Wahl 1998. Auch nach diesem Wechsel gelang es dem CDA nicht, die beliebte Regierung Kok unter Druck zu setzen und eine attraktive Alternative für die Wähler darzustellen. Deutlich wurde dies im Wahlkampf 1998, in dessen Verlauf der CDA mit seinen Themen und seinem vergleichsweise wenig bekannten Spitzenkandidaten, der zu wenig Zeit zur Profilierung hatte, in der Wählerschaft nicht ausreichend Gehör fand.[118] Auch die Bemühungen um personelle und programmatische Erneuerungen konnten das

---

[115] Van Dooren führt das schlechte Abschneiden des CDA bei der Wahl 1994 somit auf parteiinterne Streitereien, eine misslungene Wahlkampagne und Unzufriedenheit der Wählerschaft über die Rentenpläne zurück. Vgl. van Dooren (2005, S. 54). Das kritische Verhältnise zwischen Lubbers und Brinkman im Vorfeld der Wahl wird unter anderem beleuchtet in: van Thijn (2008, S. 117 ff.).
[116] Anschaulich hierzu: van Ark et al. (2005, S. 91). Die Bemühungen des CDA zur organisatorischen und programmatischen Erneuerung der Partei nach der Wahlniederlage 1994 sowie die hierbei auftretenden Probleme betrachten: ten Hooven (2011, S. 88 ff.), van Kersbergen (2011, S. 200 ff.), van Kersbergen (1995, S. 92 ff.), Krouwel (2001, S. 23 ff.).
[117] Vgl. hierzu: Fraanje und de Vries (2010, S. 17 ff.).
[118] Der mangelnde Bekanntheitsgrad De Hoop Scheffers wird unter anderem dokumentiert in: Kleinnijenhuis et al. (2007a, S. 118). Für nähere Information zur Person siehe: ten Hooven (2011, S. 95 ff.).

Wahlergebnis 1998 nicht verbessern.[119] Der Wahlgang endete somit in einem neuen historischen Tiefstand: Nur 18,4 % der Wähler entschieden sich für den CDA, der damit in der nächsten Legislaturperiode hinter der PvdA (29,0 %) und sogar noch deutlich hinter der VVD (24,7 %) nur noch die dritte Kraft in der niederländischen Politik darstellte.

Die Partei geriet, nachdem die Zeit nach der Wahl 1998 relativ ruhig verlaufen war, einige Monate vor der Wahl 2002 erneut in eine Krise, die die Partei erheblich erschütterte: Der politische Leiter und Fraktionsvorsitzende Jaap de Hoop Scheffer und der Parteivorsitzende Marnix van Rij traten nach einem heftigen Konflikt, in dem es um die Ausrichtung des Wahlkampfes und vor allem die Zusammenstellung der Kandidatenliste für die Wahl ging, beide von ihrem Ämtern zurück.[120] Das Amt des Fraktionsvorsitzenden und politischen Leiters übernahm Jan Peter Balkenende, der den CDA auch in den Wahlkampf des Jahres 2002 führte.

Die Wahl 2002 stellt vor dem Hintergrund, dass die drei Parteien des violetten Bündnisses große Verluste hinnehmen mussten und die LPF kurz nach ihrer Gründung zweitstärkste Kraft im niederländischen Parlament wurde, eine historische Zäsur dar. Dem CDA, der von Fortuyns Kritik an der etablierten Politik weitgehend verschont blieb und der auch selbst nicht so vehement wie andere Parteien gegen Fortuyn auftrat, gelang es, bei dieser turbulenten Wahl das Ergebnis aus dem Jahr 1998 deutlich zu verbessern und wieder zur stärksten Kraft zu werden.[121] Neben einem nahezu fehlerfreien Wahlkampf waren die hohen Gewinne unter anderem der Tatsache zu verdanken, dass der CDA von den Verlusten der Regierungsparteien profitieren konnte und als „ruhiger Hafen" in unruhigen politischen Zeiten galt.[122] Auch programmatisch sprachen die Inhalte der Partei, unter anderem Balkenendes Plädoyer für Gemeinschaftssinn und immaterielle Werte, die Bürger stärker an, als dies bei den Wahlen zuvor der Fall war. Der CDA erzielte ein Ergebnis von 27,9 % der Stimmen (+10,5 %) und wurde damit mit deutlichem Abstand vor der LPF (17,1 %) wieder stärkste politische Kraft. Die Regierungsbildung führte zu einer Koalition aus CDA, VVD und LPF unter dem neuen Ministerpräsidenten Balkenende. Dieses Bündnis hielt jedoch wegen interner Probleme beim Koalitionspartner LPF nur wenige Monate.[123] Auch parteiintern war das Jahr 2002 von wichtiger Bedeutung, weil die Mitglieder des CDA erstmals die Gelegenheit erhielten, selbst ihren Vorsitzenden zu wählen. Siegerin bei der Wahl,

---

[119] Informationen zur Wahl des Jahres 1998 finden sich bei: Irwin und van Holsteyn (1999, S. 130–157), van Praag und Brants (1999, S. 179–199), van Wijnen (1999, S. 200–235), de Boer et al. (1998, S. 17 ff.). Weitere Erläuterungen zur Wahl 1998 finden sich zudem in verschiedenen Beiträgen, die im Jahrbuch des DNPP für das Jahr 1998 veröffentlicht sind, sowie in: van Praag und Brants (Hrsg.) (2000) und in Kramer et al. (Hrsg.) (1998).
[120] Ausführlich hierzu: Fraanje und de Vries (2010, S. 26 ff.). Die Sicht van Rijs auf die Vorgänge ist nachzuvollziehen in: van Rij (2002).
[121] Die Reaktionen des CDA auf den Aufschwung Fortuyns analysiert: van Kersbergen (2011, S. 207 ff.). Der Umstand, dass der CDA unmittelbar vor der Wahl deutlich an Zustimmung hinzugewann, wird verdeutlicht bei: Wansink (2004, S. 157 ff.).
[122] Vgl. Voerman (2011, S. 14).
[123] Siehe hierzu: Woyke (2002, S. 151 ff.).

die Ende 2002 stattfand, wurde Marja van Bijsterveldt, die dieses Amt bis Anfang 2007 ausübte.

Bei der nach dem Regierungssturz erforderlichen Neuwahl im Jahr 2003 konnte der CDA das Ergebnis des Vorjahres mit 28,6 % leicht verbessern und wurde wieder stärkste Partei. Im Wahlkampf stand vor allem Balkenende im Vordergrund, der in der Kampagne des CDA als zuverlässiger Staatsmann präsentiert wurde. Nach langen Verhandlungen mit der PvdA, die unter der Diskussion über die niederländische Haltung zum Krieg gegen den Irak litten und letztlich unter anderem aufgrund finanzpolitischer Fragen scheiterten, führte die Regierungsbildung letztlich zu einer Koalition aus CDA, VVD und D66, der Jan Peter Balkenende erneut als Ministerpräsident vorstand.

Infobox VII: Jan Peter Balkenende

Jan Peter Balkenende wurde am 7. Mai 1956 in Kapelle geboren. Sein Vater war Direktor eines Handelsunternehmens, seine Mutter arbeitete als Lehrerin. Balkenende studierte von 1974 bis 1982 Geschichte und Jura an der Freien Universität Amsterdam. Von 1982 bis 1998 war er Mitglied des Gemeinderats von Amstelveen (in den Jahren ab 1994 als Fraktionsvorsitzender), von 1984 bis 1998 arbeitete er darüber hinaus beim wissenschaftlichen Institut des CDA intensiv an Planungen zur Erneuerung der Partei mit. Seine Promotion im Fach Jura schloss Balkenende 1992 ab, in Teilzeit arbeitete er in der Folge als Professor an der Freien Universität Amsterdam. Von 1998 bis 2002 gehörte er der Parlamentsfraktion des CDA an, hierbei trat er vor allem als Spezialist für finanzpolitische Fragen auf. Am 1. Oktober 2001 wurde er politischer Leiter des CDA, womit er die Nachfolge von Jaap de Hoop Scheffer antrat. Ihm gelang es, die Führungskrise innerhalb des CDA, die die Jahre zuvor geprägt hatte, zu beenden. Bei der Wahl 2002 fungierte er – ebenso wie 2003, 2006 und 2010 – als Spitzenkandidat seiner Partei. Nach dem erfolgreichen Wahlgang wurde er am 22. Juli 2002 Ministerpräsident der Niederlande. Im Lauf der nächsten Jahre übte Balkenende dieses Amt in vier unterschiedlich zusammengestellten Kabinetten aus.[124] Nach der verheerenden Niederlage des CDA bei der Wahl 2010 zog er sich noch am Wahlabend von allen politischen Ämtern zurück. Seither ist er wieder als Wissenschaftler aktiv.

Als Ministerpräsident hatte Balkenende mit unterschiedlichen gesellschaftlichen, wirtschaftlichen und politischen Krisen zu handhaben, wodurch seine Amtszeit insgesamt unter schwierigen Vorzeichen stand. In Umfragen erzielte seine Partei und auch er persönlich (auch vor diesem Hintergrund) häufig schlechte Werte. Dieser Sachverhalt ist zudem darauf zurückzuführen, dass Balkenende, der inhaltlich stets für ein verantwortungsbewusstes gesellschaftliches Miteinander eintrat, oftmals ein

---

[124] Einen Überblick über die Regierungszeit Balkenendes bieten: Bosmans und van Kessel (2011, S. 225 ff.).

> Mangel an Charisma und Führungsstärke vorgeworfen wurde.[125] Kritiker werfen ihm darüber hinaus vor, dass er als Ministerpräsident zudem zu sehr die Belange der eigenen Partei und nicht jene der gesamten Regierung im Auge behalten habe.[126] Nichtsdestotrotz hat Balkenende es vermocht, seine Partei bei mehreren Wahlen erfolgreich anzuführen, wozu auch sein Image als zuverlässiger und besonnener Politiker beigetragen hat. Nach dem Scheitern seines vierten Kabinetts wünschte sich Umfragen zufolge nur ein relativ kleiner Teil der Niederländer eine weitere Amtszeit für Balkenende. Dieser konnte sich zwar trotzdem nochmals die Spitzenkandidatur seiner Partei sichern, ihm gelang es jedoch nicht mehr im vorherigen Maße die Wähler von sich und seiner Partei zu überzeugen.[127]

Die Amtszeit des Kabinetts Balkenende II währte von 2003 bis 2006, sie war von verschiedenen Krisen – erinnert sei an die zu dieser Zeit virulenten ökonomischen Probleme, den Mord an Theo van Gogh und das Scheitern des Referendums über die Europäische Verfassung – geprägt.[128] Die Zustimmungswerte zur Regierung und zum Ministerpräsidenten Balkenende selbst bewegten sich über viele Monate auf einem niedrigen Niveau, wobei ein zentraler Kritikpunkt darin bestand, dass die Politik der Regierung in Anbetracht der durchgeführten Reformen soziale Belange zu wenig berücksichtige.[129] Wielenga schreibt hierzu: „Erneut gab es Einschnitte bei den Ausgaben für soziale Sicherheit, und das Poldermodell erlitt bei den größten Gewerkschaftsdemonstrationen seit den 1980er Jahren Schiffbruch."[130] Neben diesen Problemen kämpfte das Kabinett Balkenende II auch mit internen Schwierigkeiten, die letztlich im Juni 2006 aus Anlass der sogenannten Pass-Affäre (siehe Infobox XIII) zum vorzeitigen Fall des Kabinetts führten. In den folgenden Monaten wurden die Niederlande von einem Minderheitenkabinett aus CDA und VVD (Balkenende III) regiert.

---

[125] Lucardie schreibt über Balkenende: „Noch mehr als der Katholik Lubbers trat der Protestant Balkenende in die Fußstapfen Colijns. Beide protestantischen Ministerpräsidenten betonten Anstand und Vertrauen, Sicherheit und Einsparungen. Balkenende führte jedoch weniger straff als Colijn – und schien gelegentlich sogar den Einfluss auf die Geschehnisse vollständig zu verlieren." Lucardie (2007b, S. 68 f., Übersetzung durch den Verfasser).
[126] Vgl. ten Hooven (2011, S. 104 f.), van Kessel (2010, S. 38).
[127] Ein Interview mit Balkenende über seine Partei und seine Politik ist abgedruckt in: van Ark et al. (2005, S. 105 ff.). Ausführliche Informationen zu Balkenende und der in seiner Zeit als Ministerpräsident durchgeführten Politik finden sich unter anderem in: Bosmans und van Kessel (2011, S. 224 ff.), Lunshof (2004, S. 283 ff.), van Kessel (2010, S. 27 ff.), Broer und van Weezel (Hrsg.) (2007).
[128] Vgl. ten Hooven (2011, S. 99 ff.), Boom (2010, S. 12 ff.). Eine kritische Analyse der Arbeit des Kabinetts Balkenende II findet sich in: de Vries (2005).
[129] Vgl. beispielsweise: Schnabel (2005, S. 101 f.), van Kessel (2010, S. 31 ff.), van Kersbergen und Krouwel (2007, S. 171 ff.), Bosmans und van Kessel (2011, S. 234 f.).
[130] Wielenga (2008, S. 361).

6.3 Die wichtigsten Gruppierungen in der aktuellen Politik

Die Aussichten für die vorgezogene Neuwahl 2006 standen für den CDA anfangs ungünstig. Die eben angesprochenen politischen Entwicklungen hatten der Partei geschadet, die wirtschaftlichen Probleme wurden den Regierungsparteien angelastet und auch das persönliche Ansehen des Ministerpräsidenten Balkenende war eher niedrig. Die Kommunalwahlwahlen am 7. März 2006 endeten somit dann auch in einer deutlichen Niederlage. In der Folgezeit wandelte sich die politische Stimmung jedoch deutlich: Der CDA, der in seinem Wahlkampf unter anderem für die Zurückdrängung der Staatsverschuldung, die Erhöhung der Arbeitspartizipation, Einsparungen im Gesundheitsbereich und weniger Bürokratie eintrat, profitierte dabei vor allem vom einsetzenden wirtschaftlichen Aufschwung und von Fehlern der politischen Mitbewerber. Auch die Wahlkampagne des CDA wurde erneut positiv bewertet. Im Ergebnis verlor die Partei zwar 2 % der Stimmen, sie blieb jedoch mit einem Wahlergebnis von 26,5 % stärkste Kraft in der niederländischen Politik.

In Anbetracht dieses Ergebnisses konnte auch Jan Peter Balkenende im Amt des niederländischen Ministerpräsidenten verbleiben. Sein viertes Kabinett, das von Anfang 2007 bis Anfang 2010 regierte, bestand aus dem CDA, der PvdA und der CU. Wie oben (Infobox V) bereits dargestellt wurde, erwies sich neben externen Probleme – erinnert sei an die Auswirkungen der Wirtschafts- und Finanzkrise – auch die Regierungszusammenarbeit fortdauernd als schwierig, was dazu beitrug, dass die Arbeit der Koalition von vielen Bürgern rasch als nicht sonderlich positiv bewertet wurde. Wiederum bildeten koalitionsinterne Probleme letztlich die Grundlage für das vorzeitige Scheitern des Kabinetts.

Auch im Wahlkampf für die Wahl 2010 trat Balkenende, obwohl die öffentliche Stimmung dies nicht nahelegte, erneut als Spitzenkandidat für seine Partei an.[131] Dem CDA gelang es diesmal jedoch nicht, im bekannten Maße mit seinen Inhalten und Personen zu überzeugen. Gründe hierfür waren vor allem, dass der CDA nach den schwierigen Regierungsjahren von vielen Bürgern als „verbraucht" wahrgenommen wurde und es ihm vor allem im Wahlkampf nicht gelang, überzeugende Antworten auf die drängenden wirtschaftlichen und gesellschaftlichen Fragen zu geben. Zudem wurde der Vorwurf laut, dass es dem Wahlprogramm an christdemokratischer Prägung mangele.[132] Im Ergebnis musste die Partei große Verluste verbuchen: Nur noch 13,6 % der Wähler stimmten für sie – ein Ergebnis das noch deutlich hinter dem bisherigen Minusrekord von 1998 zurücklieb. Durch dieses schlechte Abschneiden verlor die Partei (ebenso wie 1994) nicht weniger als 20 Mandate – in Anbetracht dieses Einbruchs handelt es sich zweifelsohne um eine Niederlage historischen Ausmaßes. Noch am Wahlabend übernahm Balkenende die politische Verantwortung und trat von seinen Ämtern zurück. Sein Nachfolger als politischer Leiter wurde Maxime Verhagen, der im Kabinett Balkenende IV als Außenminister und zuvor un-

---

[131] Dieser Umstand wurde Gegenstand deutlicher Kritik. Vgl. ten Hooven (2011, S. 60 f.). Zur Krise des CDA und zur Kritik an Balkenende siehe: Sitalsing und Wansink (2010, S. 131 ff.), Boom (2010, S. 108 ff.).
[132] Vgl. van Holsteyn und Irwin (2011, S. 155 f.).

ter anderem als Fraktionsvorsitzender in der Zweiten Kammer tätig war.[133] Auch der seit 2007 amtierende Parteivorsitzende Peter van Heeswijk trat unmittelbar nach der Wahl zurück. Das Amt übernahm im April 2011 die Geistliche Ruth Peetoom, die sich im Rahmen einer Mitgliederbefragung durchsetzen konnte und deren Hauptaufgabe darin besteht, die Partei intern zu einen und aus der Krise herauszuführen.

Im Rahmen der Koalitionsbildung des Jahres 2010 kam es innerhalb des CDA zu intensiven Diskussionen über die Frage, ob man an einer Regierung mit der PVV mitwirken sollte.[134] Am Ende bestand das Ergebnis darin, dass eine Koalition mit der VVD unter Duldung der PVV ermöglicht wurde. Hierbei handelte es sich um einen Schritt, dem eine außergewöhnlich intensiv und kontrovers geführte parteiinterne Diskussion vorangegangen war, in deren Verlauf verschiedene Parteigrößen Kritik am Kurs der Parteiführung äußerten und zum Teil auch Konsequenzen aus ihrer abweichenden Haltung zogen. Auf dem entscheidenden Parteikongress stimmten letztlich etwa zwei Drittel der Anwesenden für das vorgestellte Regierungsmodell – somit war die erforderliche Mehrheit vorhanden. Seit dem Abschluss der Koalitionsverhandlungen ist der CDA trotz des schlechten Wahlergebnisses mit ebenso vielen Ministern (sechs) und Staatssekretären (vier) am Kabinett Rutte I beteiligt wie die VVD. Aktuell stellt sich die Frage, wie sich Regierungsteilnahme auf das Ansehen und den parteiinternen Zusammenhalt auswirkt und ob die Position in der politischen Mitte – wie manche Kritiker (auch vor dem Hintergrund weiterhin schlechter Umfragewerte) vermuten – gefährdet ist.[135]

Wahlergebnisse und Mitgliederzahlen

Die Wahlergebnisse der ARP, CHU und RKSP/KVP lagen über mehrere Jahrzehnte (und dabei auch über die Zäsur der Besatzung hinweg) auf einem sehr stabilen Niveau. Mit der Wahl im Jahr 1967 setzte wegen der im Verlauf dieses Buches bereits genannten Gründe (Kap. 3) ein Abwärtstrend ein, der erst mit Gründung des CDA – auf einem wesentlich niedrigeren Niveau – gestoppt werden konnte. Nach dem Ende der Ära Lubbers erzielte der CDA 1994 und 1998 jeweils schlechte Ergebnisse. Erst bei den Wahlen 2002, 2003 und 2006, bei denen die Partei jeweils mit Balkenende als Spitzenkandidaten antrat, konnte sie dann wieder stärkste politische Kraft werden und auf dieser Grundlage auch in die Regierung einziehen. In unruhigen politischen Zeiten, in denen sich massive Wählerbewegungen vollzogen, stellte der CDA somit für eine gewisse Zeit eine Konstante dar. Diese

---

[133] Den Rücktritt Balkenendes beschreiben: Fraanje und de Vries (2010, S. 9 ff.), Boom (2010, S. 135 f.).
[134] Vgl. ten Hooven (2011, S. 106 ff.), ten Hooven (2010, S. 99 ff.).
[135] Vgl. Voerman (2011, S. 16), van Holsteyn und Irwin (2011, S. 164 ff.), van Kersbergen (2011, S. 197 ff.). Mehrere Kommissionen haben mittlerweile Ursachen der Niederlage 2010 untersucht und Empfehlungen für die zukünftige Richtung des CDA gegeben. Siehe hierzu: Commissie Frissen (2010), Schenderling (Hrsg.) (2010).

6.3 Die wichtigsten Gruppierungen in der aktuellen Politik

Position verlor der CDA dann bei der Wahl 2010, bei der er nur 13,6 % der Stimmen für sich verbuchen konnte (Abb. 6.6).[136]

Die Niederlage des Jahres 2010 zeigt deutlich, dass die ursprüngliche, konfessionell geprägte Kernklientel des CDA heute wesentlich kleiner ist als früher und zudem auch von konfessionell geprägten Wählern nicht mehr automatisch CDA gewählt wird.[137] Trotzdem rechneten sich bei der Wahl 2010 82 % der CDA-Wähler einer Glaubensgemeinschaft zu – dieser Wert ist deutlich höher als bei den meisten anderen Parteien. Vor dem Hintergrund der weiter voranschreitenden Säkularisierung muss die Partei nach Auffassung verschiedener Beobachter in Zukunft wieder eine größere Anziehungskraft auf Wähler, die nicht konfessionell gebunden sind, ausüben. Vor diesem Hintergrund stellt sich beispielsweise die Frage, ob in Zukunft von der Betonung des christlichen Parteicharakters abgerückt und dafür eher eine konservativ-liberale Richtung eingeschlagen werden sollte.[138] Die Notwendigkeit für Veränderungen wird auch in Anbetracht der Wählerstruktur deutlich: Das Durchschnittsalter der CDA-Wähler ist in den letzten Jahrzehnten deutlich gestiegen, was auch dadurch zu erklären ist, dass die Partei große Probleme hat, junge Wähler zu überzeugen. Bei der Wahl 2010 war beispielsweise nahezu die Hälfte der CDA-Wähler über 60 Jahre alt.[139]

Die Vorgängerparteien des CDA hatten Anfang der 1960er Jahre noch etwa eine halbe Million Mitglieder. Innerhalb der nächsten zehn Jahre verringerte sich diese Zahl im Zuge der bereits angesprochenen gesellschaftlichen Umbrüche auf weniger als 200.000 Mitglieder zu Beginn der 1970er Jahre. Auch in der Folgezeit nahmen die Mitgliederzahlen der konfessionellen Parteien sukzessive weiter ab. Im Jahr seiner Gründung besaß der CDA über 160.000 Mitglieder, diese Zahl hat sich – wie die Abb. 6.7 veranschaulicht – nahezu kontinuierlich auf weniger als 70.000 Personen (2011: 65.905) reduziert. Die Partei musste somit insgesamt in den drei Jahrzehnten ihres Bestehens einen Mitgliederschwund von nahezu 60 % hinnehmen. Die Grafik zeigt auch, dass sich das Tempo dieser Negativentwicklung in den letzten Jahren verlangsamt hat, erst die aktuellen parteiinternen Konflikte haben wieder zu einem deutlichen Mitgliederrückgang geführt. Trotz der Mitgliederverluste der letzten Jahrzehnte ist der CDA derzeit noch immer mit deutlichem Abstand die mitgliederstärkste Partei der Niederlande.[140]

---

[136] Nach Voerman ist die heutige Position des CDA somit mit jener, in der eine konfessionelle Dominanz die niederländische Politik prägte, nicht mehr zu vergleichen. Vgl. Voerman (2011, S. 11).

[137] Vgl. Voerman (2011, S. 10 f.).

[138] Mit dieser Frage beschäftigen sich ausführlich: Voerman (2011, S. 16 ff.), van Kersbergen (2011, S. 204 ff.).

[139] Vgl. van Holsteyn und Irwin (2011, S. 158 ff.). Die Autoren analysieren hier auch die Einstellungen der CDA-Wähler im Wandel der Zeit.

[140] Van Holsteyn und Koole untersuchen die Sozialstruktur der Parteimitglieder und kommen dabei unter anderem zu dem Ergebnis, dass sich die Mitgliedschaft des CDA im Jahr 2008 zu drei Vierteln aus Männern zusammensetzt. Das Durchschnittsalter der Parteimitglieder war mit 67 Jahren sehr hoch. Zudem ist darauf hinzuweisen, dass nahezu alle Mitglieder sich einer christlichen Religionsgemeinschaft zugehörig fühlen. Vgl. van Holsteyn und Koole (2010, S. 199 ff.).

Abb. 6.6 Wahlergebnisse des CDA und seiner Vorgängerorganisationen (1918–2010)

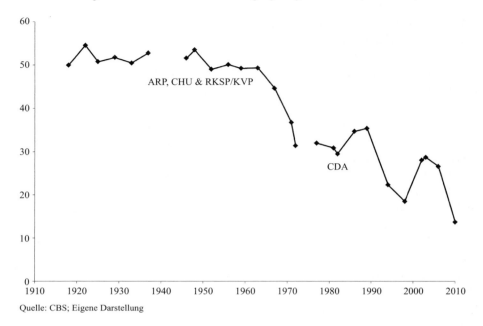

Quelle: CBS; Eigene Darstellung

Abb. 6.7 Mitgliederentwicklung des CDA (1980–2011)

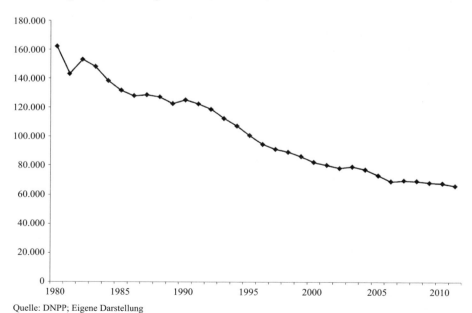

Quelle: DNPP; Eigene Darstellung

Zentrale Daten zum CDA

Gründungsdatum	11. Oktober 1980
Homepage	www.cda.nl
Politischer Leiter	Maxime Verhagen
Parteivorsitzende	Ruth Peetoom
Fraktionsvorsitzender (Zweite Kammer)	Sybrand van Haersma Buma
Mitgliederzahl (2011)	65.905
Wissenschaftliches Institut	*Wetenschappelijk Instituut voor het CDA*
Jugendorganisation	*Christen-Democratisch Jongeren Appèl* (CDJA)
Politische Leiter	Dries van Agt, 1977 bis 1982 Ruud Lubbers, 1982 bis1994 Elco Brinkman, 1994 Enneüs Heerma, 1994 bis 1997 Jaap de Hoop Scheffer, 1997 bis 2001 Jan Peter Balkenende, 2001 bis 2010 Maxime Verhagen, ab 2010
Ministerpräsidenten	Dries van Agt, 1977 bis 1982 Ruud Lubbers, 1982 bis 1994 Jan Peter Balkenende 2002 bis 2010
Regierungsbeteiligungen (national)	1977–81: CDA, VVD (Van Agt I) 1981–82: CDA, VVD, D66 (Van Agt II) 1982: CDA, D66 (Van Agt III) 1982–86: CDA, VVD (Lubbers I) 1986–89: CDA, VVD (Lubbers II) 1989–94: CDA, PvdA (Lubbers III) 2002–03: CDA, VVD, LPF (Balkenende I) 2003–06: CDA, VVD, D66 (Balkenende II) 2006–07: CDA, VVD (Balkenende III) 2007–10: CDA, PvdA, CU (Balkenende IV) Ab 2010: VVD, CDA (Rutte I)
Wahlergebnis 2010	13,6 % (1.281.886 Stimmen, 21 Mandate)

6.3.2 *Partij van de Arbeid* (PvdA)

Die sozialdemokratische *Partij van de Arbeid* (PvdA) trat im Jahr 1946 das Erbe der vor dem Krieg aktiven SDAP an. Sie war seither in verschiedenen Perioden an der Regierung beteiligt und stellte mit Willem Drees (1948–1958), Joop den Uyl (1973–1977) und Wim Kok (1994–2002) bisher drei Ministerpräsidenten, die ihrer jeweiligen Zeit ihren Stempel aufdrückten. Bei einigen Wahlen wurde die PvdA zur stärksten politischen Kraft der Niederlande gewählt, das bisher letzte Mal war dies 1998 der Fall. Bei der Wahl 2010 erhielt sie mit ihrem neuen Spitzenkandidaten Job Cohen, der in seiner Zeit als Bürgermeister von Amsterdam ein hohes Ansehen gewinnen konnte, 19,6 % der Stimmen und damit 30 Mandate. Die PvdA ist, nachdem sie von 2007 bis 2010 Koalitionspartner im Kabinett Balkenende IV war, aktuell die größte Oppositionspartei in der Zweiten Kammer.

Geschichtliche Entwicklung

Da die Industrialisierung in den Niederlanden erst relativ spät einsetzte, ihr keine so große Bedeutung wie in anderen Ländern zukam und viele religiös orientierte Arbeiter dem katholischen oder protestantischen Milieu angehörten, hatte die sozialistische bzw. sozialdemokratische Strömung in den Niederlanden zunächst keine so große Bedeutung wie beispielsweise in Deutschland oder Frankreich.[141] Wie im Vorangegangenen bereits gezeigt wurde, spaltete sich die Strömung ebenso wie in anderen Ländern nach einiger Zeit in einen gemäßigten und einen radikaleren Flügel auf. Der gemäßigte Flügel wurde vor der Besatzungszeit durch die 1894 gegründete SDAP vertreten, die bei den Wahlen zwischen 1918 und 1937 jeweils circa 20 % der Stimmen erhielt.[142] An einer Regierungskoalition war sie 1939 erstmals beteiligt, nachdem die anderen Parteien sie in den Jahren zuvor in Koalitionsverhandlungen stets gemieden hatten.[143] Neben programmatischen Unterschieden lag ein Grundgedanke dieses abwehrenden Verhaltens darin, dass die konfessionellen Parteien sich klar von der SDAP abgrenzen und damit Übertritte aus der eigenen Klientel vermeiden wollten.[144] In den 1930er Jahren vollzog die SDAP einen programmatischen Wandel, durch den sich die Partei im Vergleich zur deutschen Sozialdemokratie relativ früh von ihrer früheren ideologischen Orientierung und revolutionärer Rhetorik löste. Bereits im Grundsatzprogramm des Jahres 1937 „war von Klassenkampf nicht mehr die Rede. Auch

---

[141] Die WBS hat im Jahr 2010 einen Kanon zur Geschichte der niederländischen Sozialdemokratie herausgegeben, der Einblicke in wichtige Stationen dieser Geschichte gewährt. Vgl. van Leeuwen et al. (Hrsg.) (2010). Der Kanon kann auch online unter http://oud.wbs.nl/embed/rodecanon/aufgerufen werden. Eine aktuelle Übersicht über die Geschichte der PvdA bietet beispielsweise: van der Zwan (2008).

[142] Die SDAP gründete eine Gruppe von Personen, die gelegentlich spöttisch als die „Zwölf Apostel" bezeichnet wurden. Unter ihnen war bereits die spätere Führungspersönlichkeit der SDAP, Pieter Jelle Troelstra. Bis zu Beginn des Ersten Weltkrieges wuchs die Partei von einer kleinen Gruppierung zu einer großen Organisation mit über 25.000 Mitgliedern heran. Diese Entwicklung konnte auch die Abspaltung der SDP, mit der der über Jahre andauernde parteiinterne Streit zwischen „Marxisten" und „Revisionisten" einen Höhepunkt erfuhr, nicht aufhalten. Ein wichtiges Thema der Partei war in den ersten Jahrzehnten nach ihrer Gründung die Ausweitung des Wahlrechts. Nach dem Ende des Ersten Weltkriegs machte der politische Leiter der SDAP Troelstra durch halbherzige Aufrufe zur Revolution auf sich aufmerksam, die jedoch keine direkten Folgen nach sich zogen. Zur Geschichte der SDAP siehe: Koole (1995, S. 206 ff.), van der Velden (2010, S. 48 ff.). Das Leben Troelstras wird ausführlich beleuchtet in: Hagen (2010).

[143] Vgl. van Dooren (2005, S. 53), Lucardie (2007b, S. 38 f.).

[144] Vgl. Koole (1995, S. 40 f.). Vor diesem Hintergrund äußerte der katholische Politiker Nolens beispielsweise im Jahr 1925, dass eine Kooperation mit der SDAP nur im äußersten Notfall erfolgen dürfe. Die revolutionären Äußerungen Troelstras vom November 1918 wurden von den anderen Parteien immer wieder genutzt, um die mangelnde Zuverlässigkeit der SDAP und die Notwendigkeit ihrer Isolation zu belegen.

6.3 Die wichtigsten Gruppierungen in der aktuellen Politik

der Pazifismus war verschwunden. Die parlamentarische Demokratie wurde dagegen eindeutig im Programm festgeschrieben."[145]

Während des Zweiten Weltkriegs wurden in verschiedenen Kreisen Überlegungen zur Überwindung der versäulten Struktur des Parteiensystems angestellt.[146] Die Partei, die den so genannten „Durchbruch" sowie den Zusammenschluss aller progressiven Kräfte bewerkstelligen sollte, war die 1946 gegründete und nach der britischen *Labour Party* benannte PvdA, die mit ihrer vornehmlich sozialdemokratischen Ausrichtung in gewisser Weise die Nachfolge der SDAP antrat. Sie strebte an, mit einer offenen Programmatik, die auch Liberale und Konfessionelle ansprechen sollte, breite Wählerschichten aus verschiedenen Schichten und Säulen für sich zu gewinnen. Vor diesem Hintergrund waren an der Gründung der PvdA nicht nur ehemalige Mitglieder und Führungspersonen der SDAP beteiligt, vielmehr waren auch Vertreter des linksliberalen VDB und der christlich-sozialen CDU in diesen Prozess involviert.[147] Es zeigte sich jedoch rasch, dass die PvdA die hohen Erwartungen, die sie an sich selbst gestellt hatte, nicht erfüllen konnte. Insbesondere erzielte sie bei den ersten Nachkriegswahlen keine besseren Ergebnisse als ihre Vorgängerorganisationen (1946: 28,3 %, 1948: 25,6 %) und scheiterte somit offenkundig bei dem Versuch, die traditionellen Wählerbindungen aufzubrechen.[148] Neben der Gewinnung neuer Wählergruppen erwies sich auch die interne Kooperation früh als problematisch: Ein Teil des liberalen Flügels fand seine Interessen rasch zu wenig gewürdigt, verließ die Partei und war bald danach an der Gründung der VVD (Abschn. 6.3.3) beteiligt.[149]

Im Gegensatz zu der Zeit vor der Besatzung gelang es der PvdA nach 1945, sich als Regierungspartei zu etablieren. Einen wichtigen Beitrag hierzu leistete Willem Drees, der zunächst als Sozialminister und dann als Ministerpräsident entscheidenden Einfluss auf den Wiederaufbau des Landes hatte.[150] Seine große Beliebtheit, die er auch und vor allem durch seine Verdienste um die Gestaltung des niederländischen Sozialstaates erwarb, trugen dazu bei, dass die PvdA, die in den sogenannten römisch-roten Kabinetten vor allem mit der KVP koalierte, in den 1950er Jahren vergleichsweise gute Wahlergebnisse erzielen konnte.[151] Im Jahr 1956 stimmten 32,7 % der Niederländer für die PvdA – die Partei erzielte somit in dieser Zeit das bis heute zweitbeste Ergebnis ihrer Geschichte. Zugleich stiegen

---

[145] Lucardie (2006b, S. 332). Die Programme der PvdA und ihrer Vorgängerorganisation werden untersucht in: Tromp (2002). Das aktuelle Programm stammt aus dem Jahr 2005.

[146] Vgl. hierzu: Wielenga (2008, S. 252 ff.). Zur Anfangszeit der PvdA siehe: van der Zwan (2008, S. 9 ff.) sowie die entsprechenden Passagen in: Daalder (2003a).

[147] Zur Geschichte des VDB und der CDU siehe: Klijnsma (2008, S. 70 ff.), Koole (1995, S. 145 ff. und S. 283 ff.).

[148] Zum Vergleich: SDAP, VDB und CDU hatten bei den Wahlen 1933 und 1937 gemeinsam 27,6 bzw. 29,9 % der Stimmen erhalten.

[149] Siehe hierzu auch: Klijnsma (2008, S. 632 ff.), Koole (1995, S. 45 ff.), Lucardie (2006b, S. 333), van der Velden (2010, S. 118 ff.).

[150] Zum Aufbau des niederländischen Sozialstaates siehe: van Kersbergen und Vis (2006, S. 301 ff.).

[151] Zu dieser Zusammenarbeit zwischen PvdA und KVP, die auch durch heftige Konflikte beispielsweise bezüglich der Fragen zum Thema Dekolonisation geprägt war, siehe: Lucardie (2007b, S. 45 ff.). Van der Velden führt die guten Ergebnisse der PvdA in den 1950er Jahren vor allem auf die Verlus-

die Mitgliederzahlen rapide an, sodass die PvdA Ende der 1950er Jahre nahezu 150.000 Mitglieder aufweisen konnte.

> **Infobox VIII: Willem Drees**
>
> Willem Drees wurde am 5. Juli 1886 in Amsterdam geboren. Er arbeitete von 1903 bis 1906 als Bankangestellter und in den folgenden Jahren als Stenograf (1906–1919). Drees war bereits 1904 in die SDAP eingetreten, er saß für seine Partei viele Jahre als Abgeordneter im Gemeinderat von Den Haag (1913–1941) und fungierte dabei lange Zeit als Fraktionsvorsitzender und Beigeordneter. Zudem hatte er über 20 Jahre einen Sitz im Parlament der Provinz Südholland inne (1919–1941). Im Jahr 1933 wurde er Mitglied der Zweiten Kammer und im Jahr 1939 dann Fraktionsvorsitzender der SDAP. Während der Besatzungszeit, in der er im Widerstand aktiv war, wurde Drees zweimal inhaftiert und einmal in Buchenwald und einmal in St. Michielsgestel festgehalten. Nach dem Ende der Besatzung übte Drees drei Jahre (1945–1948) das Amt des Sozialministers aus. Im Rahmen dieser Tätigkeit machte er sich unter anderem um das neue System der Alterssicherung verdient.[152] Während seiner Zeit als Sozialminister war Drees bereits stellvertretender Ministerpräsident, das Amt des Ministerpräsidenten übte er dann von 1948 bis 1958 aus. Er stand hierbei Koalitionen vor, die durch die Beteiligung vieler wichtiger Parteien auf eine breite parlamentarische Unterstützung bauen konnten und die wegen der Kooperation zwischen KVP und PvdA als römisch-rote Kabinette bezeichnet wurden. Inhaltlich waren zu seiner Zeit Themen wie der Wiederaufbau der Wirtschaft und des Sozialstaates, die Wohnungsnot und die Dekolonisation relevant.
>
> Drees war zu seiner Zeit als Regierungschef in der Bevölkerung äußerst populär. Gründe hierfür waren seine nüchterne, pragmatische und bescheidene Art und seine politischen Verdienste um den Wiederaufbau des Landes. Nach Kalma verkörperte er in den 1950er Jahren „wie kein anderer diese Kombination von Sozialpolitik, Enthaltsamkeit und Pragmatismus."[153] Das besondere Verhältnis des Volkes zu ihm drückte sein Spitzname „Väterchen Drees" aus. Er war darüber hinaus wegen sei-

---

te der CPN zurück, die Gewinnung konfessioneller oder liberaler Wählergruppen misslang seiner Auffassung zufolge. Vgl. van der Velden (2010, S. 121).
[152] Zum Wirken Drees' in den Jahren von 1940 bis 1948 siehe: Daalder (2003a).
[153] Kalma (2001, S. 179).

ner guten Sach- und Aktenkenntnis bekannt.[154] Nach te Velde prägte Drees lange Zeit das Ideal des bescheidenen politischen Anführers. Er schreibt über den politischen Stil des Sozialdemokraten: „In seinem Auftreten gab es so gut wie nichts Populistisches. Zwar präsentierte er sich als normaler Niederländer, was seiner Popularität sehr zuträglich war, sein Auftreten als politischer Führer zeichnete sich jedoch durch Distanz und Sachlichkeit aus. Er regierte die Niederlande wie ein strenger Vater."[155] Wielenga schreibt über ihn: „Er war ein eingefleischter Parteimann, aber entwickelte sich zu einer ‚nationalen Figur' und war auch außerhalb seiner eigenen Partei als Regierungschef unumstritten. Durch seinen sozialen Ruf und seine einfache Lebensweise, in der harte Arbeit und mäßiger Genuss selbstverständlich waren, konnten sich viele mit dieser ‚Vater'-Figur der 1950er Jahre identifizieren."[156] Bis heute wird Drees als einer der bedeutendsten und beliebtesten Nachkriegspolitiker angesehen.[157]

Drees war bereits vor dem Krieg jahrzehntelang in der SDAP aktiv, 1946 gehörte er zu den Gründungsvätern der PvdA. Aus Protest gegen den neuen Kurs der Partei (siehe unten) brach er Mitte 1971 jedoch mit „seiner" Sozialdemokratie und trat aus der Partei aus. Fortan stand er für einige Jahre der Partei DS'70 nahe, bei der sein Sohn als Spitzenkandidat aktiv war. Willem Drees heiratete im Jahr 1910, er hatte zwei Söhne und zwei Töchter. Nach dem Krieg lebte er in Den Haag. Am 14. Mai 1988 starb er im Alter von 101 Jahren.

---

[154] Auf der Homepage der Zweiten Kammer findet sich folgendes Zitat über Drees: „Er war in der Politik mit allen Wassern gewaschen, erst in der Gemeinde Den Haag, danach im Parlament. Sein Erinnerungsvermögen war phänomenal und seine Aktenkenntnis legendär. Als ehemaliger Stenograf des Parlaments und Mitglied der Gewerkschaft ‚Steeds sneller' war er es gewohnt, viele Informationen in kurzer Zeit zu verarbeiten. Er war Ministerpräsident von drei Kabinetten und wurde zur Verkörperung der willensstarken Generation, die den Grundstein für den Wohlfahrtsstaat legte." Vgl. www.tweedekamer.nl/hoe_werkt_het/tweede_kamer_door_de_eeuwen_heen/1922-1967_de_verzuiling/index.jsp (Übersetzung durch den Verfasser).

[155] Te Velde (2003, S. 13). Drögemöller schreibt über Drees: „Der ‚niederländische Adenauer' war Garant für Vertrauen und Stabilität und ebnete seiner Partei den Durchbruch als erfolgreiche Regierungspartei." Drögemöller (2007, S. 180).

[156] Wielenga (2008, S. 260).

[157] Zu Drees und der Wertschätzung, die er bis heute erfährt, siehe beispielsweise: te Velde (2010, S. 149 ff.), van der Horst (2007, S. 195 ff.) sowie die Beiträge in: Brouwer und van der Heiden (Hrsg.) (2005). Das politische Handeln von Drees wird zudem im Rahmen der politischen Biografie von Hans Daalder ausführlich behandelt. Die bisher erschienenen Bände tragen die Titel *Gedreven en behoedzaam: De jaren 1940–1948*, *Vier jaar nachtmerrie: De Indonesische kwestie 1945–1949* und *Drees en Soestdijk. De zaak-Hofmans en andere crises 1949–1958*.

In der Zeit nach 1958 verlor die PvdA deutlich an Stimmen und Einfluss. Lucardie schreibt über die Entwicklung der Partei in den 1960er Jahren: „Die Partei strahlte zu viel Selbstzufriedenheit aus, als habe die Sozialdemokratie ihr Ziel eigentlich bereits erreicht. Sie hatte die Grundlage für den sozialen Versorgungsstaat und den Nachkriegswohlstand gelegt, was sollte sie weiter noch erreichen? Noch mehr soziale und kollektive Leistungen einführen?"[158] Bis 1973 war die PvdA nur einmal kurz an der Regierung beteiligt (1965–66). Eine Gruppe junger Parteimitglieder, die sogenannte Neue Linke (*Nieuw links*), wollte ab Mitte der 1960er Jahre den Kurs und die Organisation der Partei verändern, wobei sie Inhalte aufgriff, die bereits seit Ende der 1950er parteiintern behandelt worden waren. Die Ziele von *Nieuw Links* bestanden vor allem darin, die PvdA stärker zu demokratisieren und in Richtung einer Aktionspartei umzuformen. Darüber hinaus sollten neue Themen angegangen, alternative Wege in der Außenpolitik beschritten und eine deutlichere Abgrenzung gegenüber anderen Parteien erreicht werden.[159] Die neue Strömung erlangte in der PvdA vor dem Hintergrund des damaligen Zeitgeistes und schlechter Wahlergebnisse, die die Notwendigkeit für Veränderungen dokumentierten, massiven Einfluss. Aus Protest gegen diese Entwicklung verließen konservativer ausgerichtete Mitglieder die Partei und gründeten die DS'70. Für diese neue Gruppierung trat Willem Drees Jr., ein Sohn des ehemaligen Ministerpräsidenten, in der Folgezeit als Spitzenkandidat auf.[160]

Diese Abspaltung konnte die Aufwärtsentwicklung der Sozialdemokratie, die sich in Mitgliederzugängen und in Wahlergebnissen widerspiegelte, jedoch nicht aufhalten. In Kooperation mit zwei anderen progressiven Parteien, der PPR und der D66, bildete die PvdA vor der Wahl 1972 ein Schattenkabinett und legte sie ein gemeinsames Wahlprogramm mit dem Titel *Wendepunkt 72* (*Keerpunt 72*) vor.[161] Hierbei handelte es sich um Bestandteile der sogenannten Polarisierungsstrategie, nach der sich die niederländische Politik hinsichtlich der anvisierten Koalitionen in ein progressives und ein konservatives bzw. konfessionelles Lager aufteilen sollte. Das progressive Lager sah sich im Wettbewerb zwischen beiden Blöcken in Anbetracht der voranschreitenden Säkularisierung und weiterer

---

[158] Lucardie (2007b, S. 72, Übersetzung durch den Verfasser). Zum Thema siehe auch: van der Velden (2010, S. 127 ff.), van der Zwan (2008, S. 60 ff.).

[159] Im Jahr 1966 legten die Protagonisten von Nieuw Links ein Pamphlet mit dem Titel *Tien over rood* vor, in dem wichtige Forderungen der parteiinternen Gruppierung festgehalten waren. „Viel Tiefe und Analyse lieferte die niederländische Neue Linke nicht, und auch wenn in ihren Texten Verweise auf politische Philosophen wie Herbert Marcuse, C. Wright Mills und andere zu finden waren, machte dies eher einen gewollten Eindruck, und mit durchdachten politischen Theorien hatten ihre Veröffentlichungen nichts zu tun." Wielenga (2001, S. 145). Zu *Nieuw Links* siehe auch: van der Velden (2010, S. 128 ff.), van der Zwan (2008, S. 97 ff.), Klaassen (2000, S. 16 ff.), van der Louw (2005).

[160] Die DS'70 erzielte bei den Wahlen 1971 und 1972 5,3 und 4,1 % der Stimmen. In der Folgezeit erlebte die Partei nach einer kurzen und wenig erfolgreichen Regierungsteilnahme und befördert durch interne Konflikte einen Niedergang, der im Jahr 1983 in der Auflösung endete. Die Geschichte der Partei beleuchten: Vingerling und Schouten (2003, S. 99 ff.), Koole (1995, S. 242 ff.), Buelens und Lucardie (1997, S. 136 f.), Schikhof (2002, S. 29 ff.).

[161] Die Kooperation des sogenannten progressiven Lagers untersuchen ausführlich: Klaassen (2000, S. 28 ff.), van der Land (2003, S. 73 ff.), van der Zwan (2008, S. 125 ff.), de Liagre-Böhl (2007, S. 306 ff.).

gesellschaftlicher Entwicklungen im Vorteil und somit die Chance darauf, eine strukturelle Mehrheit im Parlament zu erlangen. Die Wahl 1972 verlief für die progressiven Parteien recht erfolgreich, allerdings erzielten sie keine eigene Mehrheit. Nach langen Verhandlungen gelang es trotzdem unter Beteiligung von Ministern aus der KVP und ARP das *„meest linkse kabinet aller tijden"* mit dem Ministerpräsidenten Joop den Uyl zu bilden.[162]

In der Amtszeit Joop den Uyls (1973–1977), der als einer der wenigen alten Funktionäre nicht durch die Modernisierungsbestrebungen von *Nieuw Links* seine Ämter verlor, versuchte man die in den 1960er Jahren aufgekommenen Forderungen nach Demokratisierung und gesellschaftlicher Teilhabe umzusetzen.[163] Darüber hinaus sollte durch Investitionen in die Bildung ein höheres Maß an Chancengleichheit erreicht werden. Die zentrale Forderung bestand in der gerechteren Verteilung von Macht, Wissen und Einkommen. Das neue Kabinett ging – ähnlich wie einige Jahre zuvor in Deutschland das Kabinett Brandt – mit hohen Erwartungen an den Start. Ebenso wie in Deutschland fällt die Bilanz der Regierungsbemühungen jedoch nach allgemeiner Einschätzung eher kritisch aus. Gründe hierfür sind vor allem darin zu sehen, dass sich die wirtschaftliche Lage im Zuge der ersten Ölkrise verschlechterte, was den Gestaltungsspielraum politischen Handelns einschränkte, und zudem der staatliche Einfluss auf gesellschaftliche und ökonomische Entwicklungen grundsätzlich als zu groß eingeschätzt wurde.[164] Den Uyl selbst führte an, dass sein Kabinett erst an die Macht gekommen sei, als der Reformwille seinen Höhepunkt bereits überschritten hatte, was die Umsetzung von Veränderungen erschwerte.[165] Allerdings trug das Wirken des Kabinetts den Uyl zu einem Wandel der politischen Kultur bei: „Offenheit, Mitbestimmung, lockere Umgangsformen, Engagement, Elan: Derartige Begriffe waren Schlüsselwörter für die politisch-kulturellen Veränderungen, die zur Zeit der Regierung den Uyl sichtbar wurden. Zwar blieben die tatsächlichen Reformen dieser Periode weit hinter den hohen Erwartungen zurück, aber der Regierungsstil atmete die Atmosphäre der Partizipationsdemokratie, die seit den 1960er Jahren aus Politik und Gesellschaft nicht mehr wegzudenken war."[166]

---

[162] Einer dieser Minister war der spätere Ministerpräsident Dries van Agt. Zu seinem Wirken im Kabinett Den Uyl siehe: van Merrienboer et al. (2008, S. 109 ff.), Koster (2008, S. 41 ff.).

[163] „Den Uyl und die neue Linke in der PvdA mißtrauen einander, schließen dann aber doch ein zwar wackeliges, aber erfolgreiches Bündnis." Kalma (2001, S. 180). Siehe hierzu auch: Bleich (2008, S. 240 ff.), van Thijn (2008, S. 71 f.).

[164] Vgl. Wielenga (2008, S. 316 ff.), de Liagre-Böhl (2007, S. 309 ff.), van Dooren (2005, S. 59), Hellema (2007, S. 98). Lucardie äußert folgende Einschätzung über die Erfolge des Kabinetts den Uyl „Von radikaler Demokratisierung war zwar keine Rede, aber Verwaltungsspitzen, Unternehmer und Vorstände mussten schon mehr auf die Meinung ihrer Untergebenen, Arbeitnehmer, Kunden oder Wähler achten." Lucardie (2007b, S. 74, Übersetzung durch den Verfasser). Für weitere Informationen siehe: Bootsma und Breedveld (1999), van den Broek (2002), Bleich (2008, S. 266 ff.), Bosmans und van Kessel (2011, S. 131 ff.), van der Velden (2010, S. 131 ff.), van Thijn (2008, S. 72 ff.), van der Zwan (2008, S. 130 ff.), van den Broek (1999, S. 216 ff.).

[165] Vgl. Bleich (2008, S. 7).

[166] Wielenga (2008, S. 323).

Bei der Wahl 1977 erzielte die PvdA ihr bisher bestes Ergebnis: 33,8 % der Wähler stimmten für sie. Dieses Resultat ist unter anderem darauf zurückzuführen, dass viele Niederländer weiterhin die Umsetzung der seit Jahren angekündigten Reformen wollten. Die Verhandlungen zur Regierungsübernahme entwickelten sich jedoch zu einem Trauma der niederländischen Sozialdemokratie, da die PvdA – unter anderem vor dem Hintergrund interner Konflikte – trotz ihres starken Ergebnisses keine regierungsfähige Mehrheit zustande bekam und ein Bündnis aus CDA und VVD unter dem von vielen Sozialdemokraten wenig geschätzten Dries van Agt fortan die Regierungsgeschäfte führte.[167] Die PvdA musste im Ergebnis wieder in die Opposition gehen – eine Rolle die sie, wenn man von einer kurzen Regierungsbeteiligung 1981/82 absieht, trotz mehrerer guter Wahlergebnisse bis 1989 ausfüllen sollte.[168]

> **Infobox IX: Joop den Uyl**
>
> Joop den Uyl wurde am 9. August 1919 in Hilversum geboren. Er studierte von 1936 bis 1942 Wirtschaft an der *Gemeentelijke Universiteit te Amsterdam*. Nach dem Krieg arbeitete er zunächst als Redakteur bei den Zeitungen *Het Parool* und *Vrij Nederland*. Von 1949 bis 1963 war er als Direktor der *Wiardi Beckman Stichting* (WBS) aktiv und im Rahmen dieser Tätigkeit auch Redakteur des Parteiblatts *Socialisme en Democratie*. Neben dieser Funktion hatte den Uyl von 1953 bis 1965 einen Sitz im Gemeinderat von Amsterdam. Von 1955 bis 1962 arbeitete er dort als Fraktionsvorsitzender und von 1962 bis 1965 war er für das kommunale Wirtschaftsressort

---

[167] Das Scheitern der Koalitionsverhandlungen kommentiert Kalma mit folgenden Worten: „Der Wahlsieg, der der PvdA einen Stimmenanteil von 33,8 % (gegenüber 27,3 % bei den Wahlen von 1972) einbrachte, hat nicht nur aktive Parteimitglieder, sondern auch die Parteispitze und Joop den Uyl selbst übermütig gemacht. In einem Versuch, ein noch linkeres Kabinett zustande zu bringen, drängen sie vom Beginn der Koalitionsverhandlungen an den CDA in die Ecke. Sie vergessen jedoch, daß diese Partei für die neue Koalition unverzichtbar ist und daß der CDA mit einer anderen Partei zusammen über eine Mehrheit im Parlament verfügt. Das Mißlingen der Kabinettsbildung ist für die PvdA eine traumatische Erfahrung, die noch lange fortwirken wird. Sie trägt zu der Erklärung bei, warum die Partei im Laufe der achtziger Jahre einen gemäßigteren Kurs fährt und die sogenannten Polarisierungsstrategie aufgibt." Kalma (2001, S. 181). Wielenga schreibt zum Thema: „Als der CDA tatsächlich zusammen mit der VVD eine Regierung bildete, betrachtet die Pvda dies als ‚Verrat', aber in Wirklichkeit war es ihr eigenes politisches Versagen gewesen, das sie in die Opposition geschickt hatte." Wielenga (2008, S. 320). Zum Thema siehe auch: Bootsma und Breedveld (1999, S. 233 ff.), Bleich (2008, S. 373 ff.), van Thijn (2008, S. 77 ff.), van der Zwan (2008, S. 145 ff.), Bosmans und van Kessel (2011, S. 148 ff.), van Merrienboer et al. (2008, S. 259 ff.), Koster (2008, S. 137 ff.).

[168] Die 1981 gebildetet Regierung aus CDA, PvdA und D66 zerbrach kurz nach ihrer Gründung an internen Spannungen, deren Grundlage vor allem darin bestand, dass die Sozialdemokraten die Einsparpläne der Christdemokraten nicht mittragen konnten und wollten. Zudem waren die Spannungen zwischen Christ- und Sozialdemokraten nach der Polarisierung der 1970er Jahre noch zu groß. Vgl. Bootsma und van Merrienboer (2002, S. 59 ff.), Bosmans und van Kessel (2011, S. 158 ff.), Bleich (2008, S. 400 ff.), Lucardie (2007b, S. 75 f.), Wielenga (2008, S. 340), van der Zwan (2008, S. 170 ff.), Koster (2008, S. 195 ff.).

zuständig. Den Uyl war von 1956 bis 1963 Mitglied der Zweiten Kammer. Im Kabinett Cals (1965–66) hatte er das Amt des Wirtschaftsministers inne. Nach dieser Zeit wurde er zum politischen Leiter der PvdA – eine Funktion, die er bis 1986 und somit nicht weniger als 20 Jahre ausfüllen sollte. Im Jahr 1967 übernahm Den Uyl den Fraktionsvorsitz in der Zweiten Kammer. Von 1973 bis 1977 war er dann als Ministerpräsident aktiv, während seiner Amtszeit beschäftigte er sich unter anderem mit der Unabhängigkeit Surinams und der Lockheed-Affäre. Bekannt wurde er zudem wegen seines Protests gegen Exekutionen in Spanien. Obwohl er die PvdA bei der Wahl 1977 zum besten Ergebnis ihrer Geschichte führte, war es ihm nicht möglich, ein zweites Kabinett anzuführen. In der Folge war er von 1977 bis 1981 wieder Fraktionsvorsitzender und Oppositionsführer. Im Jahr 1981 bekleidete er für kurze Zeit das Amt des Sozialministers. Nach dieser Episode war er erneut für einige Jahre (1982–86) Fraktionsvorsitzender der PvdA in der Zweiten Kammer. Im Jahr 1986 gab er den Fraktionsvorsitz und das Amt des politischen Leiters auf, fortan war er noch ein Jahr Parlamentsmitglied. Joop den Uyl starb am 24. Dezember 1987.

Den Uyl war insgesamt über zwei Jahrzehnte durch seine Tätigkeiten als Fraktionsvorsitzender und in den verschiedenen Regierungen das Gesicht der niederländischen Sozialdemokratie. Er trat bei allen sieben Wahlen zwischen 1967 und 1986 als Spitzenkandidat seiner Partei auf. Den Uyl war ein äußerst passionierter Politiker, ein scharfer Analytiker und Diskussionsteilnehmer sowie ein guter Redner. Nach Kalma löste er trotz der Probleme bei der Erfüllung der hohen Erwartungen, die an sein Kabinett gerichtet waren, „durch seine Offenheit und Leidenschaft jedoch einen Stilwandel in der niederländischen Politik aus, der die Aufmerksamkeit vieler Bürger fesselt. Die Popularität des Politikers und Staatsmannes Den Uyl ist groß, und 1977 erzielt die PvdA einen großen Wahlsieg."[169] Te Velde hält über den Sozialdemokraten fest: „Den Uyl konnte das Publikum in seinen Bann schlagen aber vor allem verstand er es, weite Kreise seiner eigenen Partei um den Finger zu wickeln."[170] Den Uyl wurde häufig vor allem als Vertreter der PvdA angesehen, daher erhielt er, anders als andere Ministerpräsidenten, nur bedingt den Status einer nationalen Figur. Wielenga schreibt hierzu: „Die Art und Weise, in der der Sozialdemokrat den Uyl die Monarchie mit heiler Haut durch die Lockheed-Affäre lotste, hob ihn über die Parteien hinaus, wodurch ihn sogar seine politischen Gegner, und sei es auch nur für kurze Zeit, als einen Staatsmann betrachteten."[171] Durch sein politisches Handeln polarisierte er sehr stark – noch heute finden sich sehr unterschiedliche Bewertungen

---

[169] Kalma (2001, S. 180).
[170] Te Velde (2003, S. 17).
[171] Wielenga (2008, S. 324). Zu den Uyl siehe: Bleich (2008), van den Broek (2002), van Thijn (2008, S. 66 ff.), Lunshof (2004, S. 15 ff.), van der Horst (2007, S. 327 ff.).

über ihn.[172] Wegen seiner herausragenden Verdienste erhielt er 1985 einen Ehrendoktortitel von der Universität von Amsterdam. Den Uyl wohnte nach dem Krieg in Amsterdam. Er war seit 1944 verheiratet und hatte vier Töchter und drei Söhne.

Als das Regierungsbündnis aus CDA und VVD 1989 deutliche Ermüdungserscheinungen zeigte, bildete die PvdA mit dem CDA eine Koalition. Das Amt des Ministerpräsidenten füllte auch in diesem neuen Bündnis weiter Ruud Lubbers aus. Der Rückkehr auf die Regierungsbänke war ein bedeutender Wandel in der PvdA vorausgegangen: Der ehemalige Gewerkschaftsführer Wim Kok löste 1986 Joop den Uyl als politischen Leiter ab und führte die Partei in der Folgezeit wieder näher an den politischen Zeitgeist und an potenzielle Koalitionspartner, vor allem den CDA, heran.[173] Die Partei setzte in der Folgezeit wieder verstärkt auf Kompromisse und verließ somit ihren vorherigen, stärker auf Konfrontation ausgelegten Kurs.[174] Aarts und Semetko schreiben hierzu: „Rather than emphasizing the difficult position of the unemployed, the handicapped and other disadvantaged groups in the society, as it had done in the economic recession of the early 1980s, the Labour Party put more emphasis on getting the state finances under control again, and, most importantly, stimulating the creation of jobs. This change in orientation made the party attractive again as a coalition partner for the CDA, which had championed serious cutbacks from 1982 onwards."[175]

Die Mitarbeit am Kabinett Lubbers III war für die PvdA äußerst schwierig, da zum Zweck der weiteren wirtschaftlichen und finanziellen Konsolidierung des Landes harte Einschnitte geplant und realisiert wurden. Diese Einschnitte betrafen nach van Dooren „alte, beinahe heilige sozialdemokratische Errungenschaften."[176] Insbesondere die Neugestaltung der Regelungen zur Erwerbsunfähigkeit führte zu großen parteiinternen Turbulenzen, in deren Verlauf Kok die Partei nur mit Mühe auf Regierungskurs halten konnte. Das gewaltige Ausmaß der damaligen Krise zeigt sich sehr deutlich daran, dass die Partei innerhalb weniger Jahre nicht nur rund 40 % ihrer Mitglieder verlor, sondern

---

[172] Wouter Bos, der von 2002 bis 2010 politischer Leiter der PvdA war, sagte in einem Interview im Jahre 2003: „Den Uyl ist mein großes Vorbild, weil er Leidenschaft in die Politik brachte. Menschen mochten ihn oder hassten ihn. Dazwischen gab es nichts." Van Baalen und Breedveld (2003, S. 134, Übersetzung durch den Verfasser).
[173] Die Nachfolge den Uyls durch Kok beleuchten: van Thijn (2008, S. 83 ff.), Bleich (2008, S. 429 ff.), van der Zwan (2008, S. 207 ff.), de Rooy und te Velde (2005, S. 30 ff. und S. 129 ff.).
[174] Siehe hierzu: Kalma (2001, S. 181 f.), Lucardie (2006b, S. 336).
[175] Aarts und Semetko (1999, S. 123). Im Rahmen des neuen Kurses erregte unter anderem eine programmatische Schrift aus dem Jahr 1987 mit dem Titel *Schuivende panelen* viel Aufmerksamkeit.
[176] Van Dooren (2005, S. 60, Übersetzung durch den Verfasser). Alternative wäre nach Wielenga die Flucht aus der Verantwortung gewesen, was der PvdA den Anschein der Schönwetterpartei gegeben hätte. Vgl. Wielenga (2008, S. 348).

auch von Seiten der Gewerkschaften und in weiten Teilen der Bevölkerung heftige Kritik erfuhr.[177]

Die Verluste der PvdA bei der Wahl 1994 waren, obwohl sie im Wahlkampf von ihrem relativ populären Spitzenkandidaten Kok profitieren konnte, vor diesem Hintergrund groß (1989: 31,9 %, 1994: 24,0 %). Allerdings waren jene des CDA – und dies war der positive Aspekt des Wahlergebnisses – noch größer. Die PvdA wurde somit stärkste Partei und es gelang ihr nach langen und komplizierten Verhandlungen eine Koalition mit der VVD und der D66 zu schmieden. Durch dieses Bündnis, die sogenannte „violette Koalition", in dem die PvdA und VVD das erste Mal seit 1952 wieder kooperierten, gelang es, die christdemokratische Dominanz in der niederländischen Politik zu beenden oder zumindest für einige Jahre zu unterbrechen.

Die von 1994 bis 2002 amtierende Regierung Kok erregte insbesondere wegen ihrer ökonomischen Erfolge, die sich vor allem in der zweiten Hälfte der 1990er Jahre einstellten, im In- und Ausland Aufsehen. Zu Beginn des neuen Jahrtausends lag die Arbeitslosenquote auf einem sehr niedrigen Niveau, zudem konnte der langjährige Finanzminister Gerrit Zalm (VVD) durch seine Finanzpolitik sogar einen Haushaltsüberschuss verbuchen.[178] Auch gesellschaftspolitisch konnte die Regierung einige wichtige und weithin beachtete Schritte unternehmen. Zu denken ist hierbei unter anderem an die neuen Richtlinien zum Thema Sterbehilfe oder die Möglichkeit der Eheschließung für gleichgeschlechtliche Paare. Bei den Wahlen 1998 wurde die Regierung eindrucksvoll bestätigt, die PvdA konnte mit ihrem beliebten Spitzenkandidaten Kok ein Ergebnis von 29,0 % der Stimmen verbuchen.[179] Die Koalition war insgesamt in Anbetracht des ebenfalls positiven Abschneidens der VVD in der Lage, die Verluste der D66 auszugleichen und ihre Zusammenarbeit fortzusetzen.

---

[177] Nach Kalma zeigte die Partei in der Krise, „daß sie, wenn es nötig ist, nicht vor harten Eingriffen in die soziale Sicherheit zurückschreckt und daß Sozialdemokraten – entgegen den Behauptungen der politischen Gegner – gute Finanzminister (und das war Wim Kok) sein können." Kalma (2001, S. 182). Zur Krise der PvdA zu dieser Zeit siehe auch: van der Zwan (2008, S. 222 ff.), de Rooy und te Velde (2005, S. 51 ff.), Slotboom und Verkuil (2010, S. 120 f.), Bosmans und van Kessel (2011, S. 182 ff.). Den Wahlkampf der PvdA vor der Wahl 1994 betrachtet: van Praag (1994, S. 100 ff.).

[178] Die Erfolge der Regierung Kok wurden durch den weltwirtschaftlichen Aufschwung, der zu dieser Zeit stattfand, begünstigt. Lucardie schreibt hierzu: „Dennoch muss man die erhebliche Senkung der Arbeitslosigkeit und Staatsverschuldung zumindest teilweise der Regierung gutschreiben. Die sozialdemokratische Ministerpräsident Kok und sein liberaler Finanzminister Gerrit Zalm arbeiteten acht Jahre ohne größere Streitigkeiten zusammen, um die Staatsausgaben zu senken, Staatsbetriebe zu privatisieren, die Arbeitsverhältnisse zu liberalisieren und Arbeitsplätze zu schaffen oder deren Schaffung durch steuerliche Anreize zu erleichtern." Lucardie (2006b, S. 337).

[179] „The 1998 election has been even called unnecessary and unwanted (...), as Prime Minister Kok (PvdA) enjoyed great popularity, government performance on the economy received positive evaluations, the coalition parties agreed that they wished to continue, and the polls showed that these parties had enough support." Irwin und van Holsteyn (2008, S. 191). Eine Bilanz der Erfolge und Mißerfolge des ersten Kabinetts Kok ist einzusehen bei: Bosmans und van Kessel (2011, S. 193 ff.), Hoogerwerf (1999, S. 158 ff.), van der Zwan (2008, S. 236 ff.), de Rooy und te Velde (2005, S. 64 ff.).

Infobox X: Wim Kok

Wim Kok wurde am 29. September 1938 in Bergambacht geboren. Nach erfolgreichem Studium und einigen Jahren in einem Amsterdamer Handelsbüro begann er 1961 seine Karriere als Gewerkschafter. Diese Karriere gipfelte im Amt des Vorsitzenden der FNV, das er von 1976 bis 1985 innehatte. Hierdurch war Kok unter anderem in zentraler Position am Abschluss des bekannten *Akkoord van Wassenaar* beteiligt. Ab Mitte der 1980er Jahre besetzte Kok, der 1961 in die PvdA eingetreten war, wichtige Positionen in der niederländischen Politik. In der Zeit von 1986 bis 1989 fungierte er, nachdem er Joop den Uyl als politischen Leiter der PvdA abgelöst hatte, als Fraktionsvorsitzender der Sozialdemokraten in der Zweiten Kammer. Im Kabinett Lubbers III füllte er von 1989 bis 1994 das Amt des Finanzministers aus. Nach der Wahl 1994 wurde dann die violette Koalition geschlossen, der Wim Kok bis 2002 als Ministerpräsident vorstand. Vor dem Ablauf der zweiten Regierungsperiode trat Kok am 16. April 2002 vorzeitig von seinem Amt zurück, weil er die politische Verantwortung für die Geschehnisse in Srebrenica 1995 übernehmen wollte. Bereits im August 2001 hatte er verkündet, dass er bei der nächsten Wahl nicht wieder als Spitzenkandidat der PvdA fungieren werde, zu seinem Nachfolger wurde Ad Melkert bestimmt.

Wim Kok errang in seiner Amtszeit als Ministerpräsident vor allem als erfolgreicher Pragmatiker und als Brückenbauer hohes Ansehen. Anders als sein Vorgänger den Uyl legte er hingegen weniger Wert auf die Betonung programmatischer Überzeugungen und auf parteipolitische Profilierungsversuche. In einer viel beachteten Rede hielt er dementsprechend Ende 1995 fest, dass die PvdA sich endgültig von der sozialistischen Ideologie trennen sollte und das Abschütteln ideologischer Wurzeln eine befreiende Erfahrung sein kann.[180] Wielenga schreibt somit über Kok: „Seine bedeutendsten Eigenschaften waren dabei nicht, dass er visionäre Panoramen malte oder programmatischen Diskussionen eine Richtung gab. Koks Kraft lag in seiner Behutsamkeit, in seiner Achtsamkeit und einer ausgeprägten Intuition für den erreichbaren Kompromiss."[181] In seiner Amtsführung fügte er sich in die Tradition niederländischer Ministerpräsidenten ein, die wenig Wert auf persönliche Profilierung legen: „Für Clinton, Blair und Schröder ist Kok vielleicht der Vorreiter des ‚Dritten Weges', aber für viele Niederländer ist er die Reinkarnation von Willem Drees: ebenso sozial und verantwortungsvoll, ebenso sachlich und sparsam und für manch einen ebenso ein bißchen langweilig."[182] Eine ähnliche Parallele

---

[180] Vgl. hierzu: de Rooy und te Velde (2005, S. 71 f.), van der Zwan (2008, S. 240 ff.), van Wijnen (2000, S. 438 ff.). Die gesamte Rede kann nachgelesen werden in: Stichting Dr. J.M. den Uyl-lezing (Hrsg.) (2009, S. 187 ff.).
[181] Wielenga (2008, S. 352).
[182] Kalma (2001, S. 179).

> sieht Wielenga, der über Kok festhält: „er passte ausgezeichnet zum sozialen und politischen Konsens des Poldermodells und seine solide, zuverlässige Ausstrahlung sozialer Sensibilität weckten Erinnerungen an seinen erfolgreichen sozialdemokratischen Vorgänger aus den 1950er Jahren, Willem Drees."[183]
>
> Neben seinem Auftreten trugen auch die ab 1994 erzielten wirtschaftlichen, gesellschafs- und außenpolitischen Erfolge zum hohen Renommee Koks bei. Zudem wurde seine Rolle beim Konflikt um die Hochzeit des Thronfolgers Willem-Alexander gelobt. Erst am Ende seiner Amtszeit wurden die Ergebnisse seiner Kabinette in verstärkter Form kritisch thematisiert, wobei vor allem dem politischen Newcomer Fortuyn hierbei eine wichtige Rolle zukam. Nach dem Ende seiner Zeit als Ministerpräsident war Kok in diversen Funktionen aktiv. Er wohnt in Amsterdam, ist verheiratet und hat drei Kinder.[184]

Nach der Veröffentlichung eines Untersuchungsberichts zu den Geschehnissen in Srebrenica, wo 1995 niederländische Soldaten ein Massaker an bosnischen Muslimen, bei dem über 7500 Menschen getötet wurden, nicht verhindern konnten, trat das Kabinett Kok II im April 2002 – wenige Wochen vor dem Ablauf seiner zweiten Amtsperiode – zurück und übernahm damit die politische Verantwortung für die damaligen Geschehnisse.[185] Dieser kontrovers diskutierte Schritt bildete jedoch nicht die zentrale Ursache dafür, dass das Ende der violetten Koalition, obwohl sie große Erfolge verbuchen und über Jahre mit einem hohen Maß an öffentlicher Unterstützung rechnen konnte, für die beteiligten Parteien unrühmlich verlief. Vielmehr konnte schon nach der Wiederwahl 1998 beobachtet werden, dass Probleme auftraten bzw. an Relevanz gewannen. Es zeigten sich innerhalb der Regierung deutliche Spannungen zwischen den Koalitionspartnern, die entgegen vieler Erwartungen über Jahre gut zusammengearbeitet hatten.[186] Kritiker warfen dem zweiten

---

[183] Wielenga (2008, S. 352).
[184] Ausführliche Informationen zu Wim Kok uns seinem politischen Wirken finden sich unter anderem in: de Rooy und te Velde (2005). Zu diesem Thema siehe auch: van Thijn (2008, S. 135 ff.), Lunshof (2004, S. 209), van der Horst (2007, S. 395 ff.), te Velde (2010, S. 177 ff.).
[185] Tromp bewertet diesen Schritt mit folgenden Worten: „Dass ein komplettes Kabinett aufgrund eines nicht näher umschriebenen und sieben Jahre zurückliegenden Versagens einer völlig anderen Regierung zurücktrat, wurde von Staatsrechtlern und Politikwissenschaftlern als sonderbarer Schritt betrachtet. Für die Wähler hätte das Ende der violetten Koalition nicht desolater sein können, und dieses wurde – was nicht ganz unverständlich ist – rückwirkend auf das gesamt violette Projekt projiziert." Tromp (2005, S. 64). Wielenga weist darauf hin, dass Kok das Gegenteil von dem erreichte, was er ursprünglich anstrebte: „Der beabsichtigte Beitrag zur politischen Sauberkeit und Moral erweckte bei vielen gerade den Eindruck von Opportunismus oder politischen Fluchtverhalten. Das war für Kok persönlich tragisch und vor allem nicht gut für das doch schon angeschlagene Vertrauen in ‚die' Politik." Wielenga (2008, S. 355). Die Sicht Koks und des damaligen Parteivorsitzenden Koole auf die Geschehnisse ist nachzulesen in: de Rooy und te Velde (2005, S. 82 ff.), Koole (2010, S. 146 ff.).
[186] Kalma schreibt über das zweite Kabinett Kok: „Von Anfang an funktioniert es nicht so gut wie das erste. Kleinere und größere Affären, Konflikte unter den Ministern und parlamentarische Unter-

Kabinett Kok zudem einen Mangel an inhaltlicher Orientierung und klaren Zielen vor.[187] Weiterhin wurde die Regierung vor der Wahl 2002 kritisiert, weil sie Sorgen und Probleme der Bürger in bestimmten Politikfeldern, vor allem in den Bereichen Gesundheit, Verkehr, Bildung, Sicherheit, Zuwanderung und Integration, nach verbreiteter Auffassung verpasste bzw. nicht ernst genug nahm.[188] Entscheidungen wurden kritischen Stimmen zufolge darüber hinaus in vielen Fällen hinter verschlossenen Türen getroffen, ohne dass die Bürger den Weg der Entscheidungsfindung nachvollziehen konnten. Das Bild der violetten Koalition, die 1994 mit großer Spannung eine neue Periode in der niederländischen Politik eingeläutet hatte, wandelte sich somit grundlegend. Te Velde schreibt hierzu: „Acht Jahre später war die lilafarbene Koalition ein Symbol für die gleiche Machtpolitik und die gleiche Zurückgezogenheit von Den Haag, mit denen man 1994 die Christdemokraten identifiziert hatte (…)."[189] Die seit 2001 auftretenden ökonomischen Probleme, die eine lange Periode des wirtschaftlichen Aufschwungs beendeten, verschlechterten die Stimmung zu Ungunsten der Regierung weiter.

Die PvdA hatte neben dieser allgemeinen Kritik am Auftreten und Handeln der Regierung, die sich selbstverständlich auch auf ihr öffentliches Ansehen auswirkte, im Wahlkampf 2002 noch mit weiteren Schwierigkeiten zu kämpfen. Die Kritik an der PvdA und zum Teil auch innerhalb der PvdA lautete wiederholt, dass die Ergebnisse der Regierungsarbeit im wirtschafts- und sozialpolitischen Bereich zu liberal geprägt gewesen seien und sozialen Aspekten zu wenig Beachtung geschenkt worden sei. Die Partei könne somit kein klares Profil mehr aufweisen – eine Sichtweise, die zum Aufschwung der SP zu dieser Zeit beitrug. Weiterhin wurde die PvdA kritisiert, weil sie die Themen Migration und Integration, die viele Menschen beschäftigten, nicht aufgriff. Auch über die zukünftige Ausrichtung der PvdA bestand kleine Klarheit, da diese keine klare Koalitionspräferenz äußerte. Die PvdA musste zudem ohne ihren beliebten Spitzenkandidaten Kok antreten, da dieser im August 2001 seinen Abschied aus der nationalen Politik verkündet hatte. Seinem Nachfolger Ad Melkert, der im Kabinett Kok I als Sozial- und Arbeitsminister fungiert hatte und der ab 1998 Fraktionsvorsitzender in der Zweiten Kammer gewesen war, gelang es aus verschiedenen Gründen nicht, diesen Verlust auszugleichen. Ein Erklärung hierfür lag

---

suchungen prägen das Bild der Haager Politik." Kalma (2001, S. 185). Die Konflikte bzw. Reibereien fanden vor allem zwischen PvdA und VVD statt, allerdings hatte auch die D66 mit dem Wahlausgang 1998 und der Regierungskrise 1999 Gründe, der Zusammenarbeit kritischer als zuvor gegenüberzustehen. Der Umstand, dass die Zusammenarbeit zunächst gut funktionierte wird durch Wallage vor allem damit erklärt, dass die positive Wirtschaftsentwicklung dazu führte, dass keine harten Auswahlentscheidungen getroffen werden mussten. Vgl. Wallage (2005, S. 34).

[187] Vgl. Wallage (2005, S. 37 f.). Der Autor war von 1994 bis 1998 Fraktionsvorsitzender der PvdA in der Zweiten Kammer. Anschließend übernahm er das Bürgermeisteramt in Groningen, sein Nachfolger als Fraktionsvorsitzender wurde Ad Melkert. Zum Thema siehe auch: de Vries und van der Lubben (2005, S. 54 ff.), Wansink (2004, S. 94 ff.).

[188] Vgl. zu diesen Themen: Wallage (2005, S. 35 ff.), Tromp (2005, S. 60 ff.), Bosmans (2008, S. 109 ff.), Wilp (2006, S. 11 ff.), Koopmans (2007, S. 31 ff.).

[189] Te Velde (2003, S. 11).

sicher darin, dass er sich strategisch in einer schwierigen Position befand: Er musste einerseits die Politik der Regierung Kok verteidigen und sich zugleich von dieser absetzen, um neue Perspektiven aufzuzeigen.[190] Es gelang Melkert, der auch parteiintern immer wieder in der Kritik stand, zudem nur bedingt, die Wähler von seiner Person und seinen Inhalten zu überzeugen.[191] Der Wahlkampf der PvdA verlief darüber hinaus vor allem deshalb schwierig, weil es der Partei an Geschlossenheit mangelte und der politische Neueinsteiger Fortuyn sie – ebenso wie die VVD und D66 – immer wieder heftig und mit insgesamt großem Erfolg kritisierte. Da es der PvdA nicht im ausreichenden Maße gelang, dieser Kritik erfolgreich zu begegnen, fand ein negatives Bild der Partei große Verbreitung.

Bei den Wahlen des Jahres 2002 erzielte die PvdA aus den angesprochenen inhaltlichen, personellen, und wahltaktischen Gründen sowie vor dem Hintergrund des rasanten Aufstiegs Pim Fortuyns, der die Mitglieder der violetten Koalition schonungslos und wirksam angriff, trotz der Erfolge der Regierung Kok ein außerordentlich schlechtes Ergebnis. Mit 15,1 % hatte sich der Wählerzuspruch gegenüber 1998 (29,0 %) nahezu halbiert – es handelte sich in der niederländischen Geschichte des 20. und 21. Jahrhunderts um den größten Verlust einer Partei zwischen zwei Wahlen sowie um das schlechteste Ergebnis in der Geschichte der niederländischen Sozialdemokratie.[192] Die Analyse des Wahlergebnisses zeigte, dass die PvdA viele Wähler an den CDA und die LPF verloren hatte. Der erfolglose Spitzenkandidat Ad Melkert trat unmittelbar nach der Wahl zurück und Jeltje van Nieuwenhoven, die zuvor Vorsitzende der Zweiten Kammer gewesen war, übernahm zunächst für einige Monate das Amt der Fraktionsvorsitzenden und die politische Leitung der Partei.

Im Anschluss an die Wahl 2002 fanden Bemühungen zur personellen und organisatorischen Erneuerung der PvdA statt. Ein Ergebnis dieser Bemühungen bestand in der erstmals durchgeführten Wahl für das Amt des Spitzenkandidaten, an der sich alle Parteimitglieder beteiligen durften.[193] Erfolgreich aus der Wahl, an der mehr als die Hälfte der PvdA-Mitglieder teilnahm, ging der langjährige Shell-Mitarbeiter und Staatssekretär Wouter Bos hervor, der 60 % der Stimmen auf sich vereinigen und den Wunsch

---

[190] Vgl. Tromp (2005, S. 63 f.). Zum Thema siehe auch: van Thijn (2008, S. 147 ff.).

[191] Die Kritik an Melkert richtete sich auch gegen sein öffentliches Auftreten, mit dem es ihm nicht gelang, breite Wähler anzusprechen. Besonders heftig entbrannte diese Kritik nach einer Fernsehdiskussion mit den anderen Spitzenkandidaten nach den Gemeinderatswahlen vom 6. März 2002. In dieser Runde, die sehr viel Beachtung fand, hatte Melkert einen arroganten und desinteressierten Eindruck gemacht und zudem wenig Gegenwehr gegen Fortuyn geleistet, der das Gespräch zu Ungunsten der PvdA dominierte. Die Auswirkungen dieses Gesprächs sowie die weiteren Hintergründe der Wahlniederlage der PvdA 2002 analysieren ausführlich: Schulte und Soetenhorst (2003), van der Zwan (2008, S. 252 ff.), de Vries und van der Lubben (2005). Zum Thema siehe auch die Betrachtungen des damaligen Parteivorsitzenden Koole in: Koole (2010, S. 112 ff.).

[192] Woyke kommentiert das Wahlergebnis folgendermaßen: „Die PvdA wurde nicht nur abgewählt, sondern sie wurde regelrecht abgestraft und gedemütigt." Woyke (2002, S. 151). Cuperus schreibt: „Das Wahlergebnis vom 15. Mai 2002 war ein Schock, vergleichbar mit der Wahlniederlage von Winston Churchill nach dem Zweiten Weltkrieg." Cuperus (2003, S. 45).

[193] Vgl. hierzu: Koole (2010, S. 201 ff. und S. 213 ff.).

nach Verjüngung und Erneuerung der Partei überzeugend verkörpern konnte.[194] Mit Bos konnte die PvdA bei der Wahl 2003 überraschend viele der Stimmen zurückgewinnen, die 2002 verloren gegangen waren. Die Partei erzielte ein Ergebnis von 27,3 % und konnte somit einige Monate nach den massiven Stimmverlusten einen Zuwachs von mehr als 12 % verzeichnen. Die Partei hatte sich im Wahlkampf bemüht, neue Schwerpunkte zu setzen und vor allem Themen wie Sicherheit, Immigration und Integration mehr Gewicht zu verleihen. Die Gründe für die 2003 erzielten Stimmengewinne können in Anbetracht der kurzen Zeitspanne zwischen den zwei Wahlen allerdings nur bedingt in einer programmatischen Erneuerung gefunden werden. Vielmehr überzeugte der neue Spitzenkandidat Bos viele Wähler durch seine Person und durch die gelungene Wahlkampagne. Zudem gelang es ihm, die Unzufriedenheit über die vorher amtierende Regierung zu bündeln. Die Partei profitierte somit entscheidend von der Volatilität der niederländischen Wählerschaft.[195] Zudem entwickelte sich im Wahlkampf ein Zweikampf mit dem CDA, wodurch die PvdA Zuwachs von anderen linken Parteien erhielt. An den Erfolg konnte auch der durchaus umstrittene Umstand, dass Bos nicht selbst das Amt des Ministerpräsidenten anstrebte, sondern der beliebte Amsterdamer Bürgermeister Job Cohen für dieses Amt vorgesehen war, nichts ändern. Es gelang der PvdA mit Bos an der Spitze durch Stellungnahmen gegen die VVD, gegen weitere Privatisierungen und Liberalisierungen sowie durch eine klare Abgrenzung von der Politik der violetten Koalition ihr soziales Profil wieder stärker zu betonen. Zudem profitierte die Partei von den Schwierigkeiten politischer Konkurrenten, die ihr Zulauf von vielen Wechselwählern bescherten.

Nach der Wahl führte die PvdA lange Koalitionsvereinbarungen mit dem CDA – eine Verbindung zwischen dem klaren Wahlsieger (PvdA) und der stärksten Partei (CDA) erschien vielen Beobachtern als folgerichtig. Die Gespräche wurden jedoch durch die unterschiedlichen Haltungen der beiden Parteien zum Krieg im Irak belastet, sie scheiterten letztlich an finanzpolitischen Themen.[196] Der PvdA kam somit erneut die Rolle als größte Oppositionspartei zu. In Umfragen erzielte sie dabei über lange Zeit gute Ergebnisse, die vor dem Hintergrund der deutlichen Missstimmung gegenüber der Regierung Balkenende II zu interpretieren sind. Die Kritik der PvdA, die sich nach jahrelangen Bemühungen Anfang 2005 ein neues Grundsatzprogramm gab, an der Regierung richtete sich unter anderem gegen die durchgeführte Migrations- und Integrationspolitik sowie gegen den sozial- und wirtschaftspolitischen Kurs des Kabinetts.

---

[194] Bos wurde 1963 in Vlaardingen geboren. In den 1980er Jahren studierte er an der VU Amsterdam Politik und Wirtschaft, nach dem Ende des Studiums war er in verschiedenen Funktionen und an verschiedenen Standorten für Shell tätig. Ab 1998 saß Bos, der 1981 der PvdA beigetreten war, für seine Partei in der Zweiten Kammer. Für weitere Informationen siehe: van Zoonen (2007, S. 72 ff.), van der Zwan (2008, S. 278 ff.).

[195] Vgl. van Zoonen (2007, S. 68 ff.). Woyke (2002, S. 156), Mair (2008, S. 249). Ein Interview mit Wouter Bos aus dem Jahr 2003, in dem er die Geschehnisse dieser Zeit erörtert, findet sich bei: van Baalen und Breedveld (2003, S. 128 ff.). Zum Thema siehe auch: Koole (2010, S. 206 ff.).

[196] Vgl. hierzu die Ausführungen in: Koole (2010, S. 236 ff.).

6.3 Die wichtigsten Gruppierungen in der aktuellen Politik

Im Vorfeld der Wahlen 2006 waren die Umfragen lange Zeit eindeutig: Die PvdA würde in Anbetracht der schlechten Umfragewerte für den CDA stärkste Partei und ihr Spitzenkandidat Bos somit voraussichtlich Ministerpräsident werden. Auch bei den Wahlen zu den Gemeinderäten, die Anfang März stattfanden, konnte die PvdA kräftige Zugewinne verbuchen. Allerdings sorgte der wirtschaftliche Aufschwung, der den Regierungsparteien zugute kam, in Kombination mit wahltaktischen Fehlern der Sozialdemokraten dazu, dass die PvdA letztlich deutliche Verluste hinnehmen musste.[197] Negativ auf das Resultat der PvdA wirkte sich unter anderem aus, dass Bos eine Diskussion über die Besteuerung von Renten initiierte, die den politischen Konkurrenten, die öffentlichkeitswirksam von einer „*Bosbelasting*" sprachen, in die Hände spielte und der Sozialdemokratie Stimmen kostete. Die PvdA weigerte sich zudem, eine klare Aussage darüber zu treffen, ob sie nach der Wahl eine Koalition mit dem CDA oder eine linke Mehrheit anstrebt. Weiterhin stand Bos in der Kritik, weil seine politischen Standpunkte bzw. Ziele in manchen Fällen unklar blieben. Im Vergleich zu 2003 konnte der Spitzenkandidat der PvdA, der von Vertretern politischer Konkurrenten wiederholt hart angegangen wurde, auch nicht mehr so stark begeistern – im Rennen um das Amt des Ministerpräsidenten schnitt der lange Zeit wenig beliebte Ministerpräsident Balkenende in Umfragen sogar zum Teil deutlich besser ab.[198] Insgesamt wurde darüber hinaus die Wahlkampagne der PvdA nicht gut bewertet.[199]

Die Partei erhielt im Ergebnis bei der Wahl 2006 nur 21,2 % der Stimmen und damit das zu diesem Zeitpunkt zweitschlechteste Ergebnis der niederländischen Sozialdemokratie. Insbesondere an die SP verloren die Sozialdemokraten viele Stimmen. Das insgesamt komplizierte Wahlergebnis führte letztlich zu einer Koalition aus CDA, PvdA und CU, in dieser Koalition stellte die PvdA mit Wouter Bos den stellvertretenden Ministerpräsidenten und Finanzminister sowie fünf weitere Minister. Neue Vorsitzende der Parlamentsfraktion in der Zweiten Kammer wurde Jacques Tichelaar, der dieses Amt aus Gesundheitsgründen nach rund einem Jahr an Mariette Hamer übergeben musste. Die Regierungszusammenarbeit mit dem CDA und der CU war zwischen 2007 und 2010, wie oben bereits beschrieben (Infobox V), durch externe Probleme und interne Schwierigkeiten geprägt. Die PvdA erzielte in Umfragen lange Zeit sehr schlechte Ergebnisse und musste auch bei der Europawahl im Juni 2009, bei der sie nur 12,2 % der Stimmen bekam, eine empfindliche Niederlage hinnehmen. Erst nach dem Ende der mühsamen Regierungszusammenarbeit und durch

---

[197] Becker und Cuperus schreiben über die Entwicklungen vor der Wahl 2006: „Für Menschen, die ein Jahr auf Weltreise gewesen waren, war das Wahlergebnis vom 22. November schlichtweg erschütternd. Es war dem unpopulärsten Premierminister der Nachkriegszeit, dem Christdemokraten Jan Peter Balkenende, gelungen, seine Partei doch wieder zum Sieg zu führen. Dem Sozialdemokraten Wouter Bos hingegen (...) wurde der erträumte Sieg aus den Händen geschlagen." Becker und Cuperus (2006, S. 83).
[198] Zu den harten Anfeindungen gegen Bos, dessen Problemen bei der Wahlkampfführung sowie zu den Problemen der PvdA im Wahlkampf siehe: van Zoonen (2007, S. 70 ff.), van Praag (2007, S. 85 ff.), van der Zwan (2008, S. 296 ff.), de Ridder (2007, S. 116 ff.), Sitalsing und Wansink (2010, S. 99 f.), Walter (2007, S. 128).
[199] Vgl. Becker und Cuperus (2006, S. 91 f.), Becker und Cuperus (2007b, S. 22 ff.).

einen personellen Wechsel, in dessen Rahmen Job Cohen anstelle von Wouter Bos Spitzenkandidat wurde, gewann die PvdA Sympathien zurück. Hierzu trug bei, dass Cohen, der stets den Gemeinsinn betont, in soziokulturellen Fragen als Gegenspieler von Geert Wilders auftreten konnte. Allerdings verlief die Wahlkampagne für die Wahl 2010 nicht ideal: Neben Fehlern des Spitzenkandidaten konnte die PvdA auch mit ihren Inhalten nur bedingt überzeugen. Becker und Cuperus schreiben hierzu: „Cohen had trouble responding to the aggressive anti-PvdA campaign; and the campaign organization was not up to the job for his type of leadership and failed to profit from his strengths."[200] Im Ergebnis entschieden sich nur 19,6 % der Wähler für die PvdA, hiermit wurde sie zweitstärkste Kraft. An der im Jahr 2010 gebildeten Regierung ist die PvdA, obwohl sie in den Koalitionsverhandlungen eine wichtige Rolle einnahm, nicht beteiligt. Fraktionsvorsitzender und politischer Leiter ist weiterhin Job Cohen. Das Amt der Parteivorsitzenden hat seit Oktober 2007 Liliane Ploumen inne, die sich im Rahmen einer Mitgliederabstimmung durchsetzen konnte und somit die Nachfolge des Politikwissenschaftlers Ruud Koole antrat.[201]

Abschließend lässt sich festhalten, dass die PvdA in den letzten 20 Jahren häufig Regierungsverantwortung getragen hat und somit auch eng mit den Reformen der letzten Jahre verbunden wird. Nach Becker und Cuperus hat dies zu einer Entfremdung mit der traditionellen Wählerschaft geführt: „social democracy has lost its monopoly of the Left. While the Left as a whole remains fairly stable, the PvdA has become a minority within the progressive camp, winning only 30 seats at the 2010 elections, as compared with 15 seats for the more radical Socialist Party, 10 seats for the GreenLeft and 10 for the progressive liberals of D66. The fragmentation of the Left is both a cause and consequence of the erosion and fragmentation of the post-war *Volksparteien*."[202] An anderer Stelle verweisen die Autoren auf die strategisch schwierige Position der niederländischen Sozialdemokratie: „The PvdA is now not only losing ground among the traditional working class, with the PVV, the SP and the VVD as rivals for its support, but also among the more post-materialistic middle classes who have turned to the progressive liberalism of D66 and the GreenLeft."[203] In Anbetracht dieser Konstellation stellt sich die Frage, in welche Richtung die Partei sich in Zukunft ausrichten soll.[204] Die schlechten Wahlergebnisse und Umfragewerte der letzten Jahre zeigen in jedem Fall deutlich, dass es zweifelsohne ein schwieriges Unterfangen wird, die PvdA zur alten Stärke zurückzuführen.

Wahlergebnisse und Mitgliederzahlen

Die Abb. 6.8 veranschaulicht die angesprochenen Entwicklungen, indem sie die Wahlergebnisse der PvdA bzw. ihrer Vorgängerorganisationen seit 1918 darstellt. Sie zeigt deutlich,

---

[200] Becker und Cuperus (2011, S. 12).
[201] Koole war von 1981 bis 1989 Leiter des DNPP. Seit Anfang 2006 arbeitet er erneut als Professor für Niederländische Politik an der Universität Leiden. Im Rahmen eines Buches mit dem Titel *Mensenwerk* blickt Koole auf seine Zeit als Parteivorsitzender der PvdA zurück.
[202] Becker und Cuperus (2011, S. 3).
[203] Becker und Cuperus (2011, S. 7 f.). Siehe hierzu auch: Becker und Cuperus (2007b, S. 37 ff.).
[204] Vgl. Becker und Cuperus (2011, S. 12 ff.), van der Zwan (2008, S. 326 ff.).

6.3 Die wichtigsten Gruppierungen in der aktuellen Politik

Abb. 6.8 Wahlergebnisse der PvdA und ihrer Vorgängerorganisationen (1918–2010)

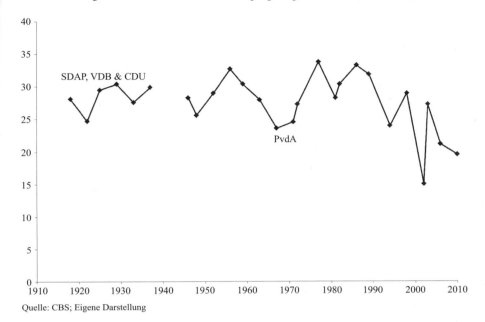

Quelle: CBS; Eigene Darstellung

dass die PvdA nach dem Krieg zwar bessere Ergebnisse erzielte als die SDAP zuvor, der Unterschied allerdings nur bei einigen Prozentpunkten lag und der erwartete Durchbruch in der Wählergunst somit ausblieb. Nach einer Aufwärtsentwicklung in den 1950er Jahren, verlor die PvdA nach der Wahl 1956 bei mehreren Wahlen Stimmanteile – eine Entwicklung, die erst nach 1967 umgekehrt werden konnte. Auch die Besonderheit der Ergebnisse der Wahlen seit 1994 wird aus Abb. 6.8 deutlich: Nach relativ konstanten Ergebnissen in den 1980er Jahren musste die Partei bei drei Wahlen (1994, 2002 und 2006) massive Verluste hinnehmen, allerdings kann sie bei den Wahlen 1998 und 2003 aus den oben genannten Gründen auch deutliche Zuwächse verbuchen. Die wechselnden Ergebnisse sind ohne Zweifel eines der deutlichsten Zeichen dafür, wie volatil der Wählerwille in den Niederlanden mittlerweile ist und dass die PvdA trotz ihrer langen Tradition nur noch bedingt auf eine Stammwählerschaft bauen kann.[205]

---

[205] Zum aktuellen Sozialprofil der Wählerschaft der PvdA ist zu sagen, dass diese im Lauf der letzten rund 30 Jahren durchschnittlich älter wird: Der Altersdurchschnitt erhöhte sich von 43 auf 52 Jahre. Bei der letzten Wahl war ein Drittel der PvdA-Wähler über 60, nur 18 % von ihnen hingegen unter 35. Die Mehrheit der PvdA-Wähler ist nicht religiös, die Zahl der Stammwähler wurde im Lauf der Zeit immer geringer. Vgl. van Holsteyn und Irwin (2011, S. 158 ff.).

Abb. 6.9 Mitgliederentwicklung der PvdA (1947–2011)

Quelle: DNPP; Eigene Darstellung

Die SDAP hatte vor dem Krieg etwa 80.000 Mitglieder. Nach der Gründung der PvdA lag die Mitgliederzahl rasch wesentlich höher, sie stieg zudem in den nächsten Jahren deutlich an (Abb. 6.9). Ihren Höhepunkt erreichte diese Entwicklung im Jahr 1959, in dem die PvdA nahezu 150.000 Mitglieder hatte. Nachdem die Werte dann einige Jahre gleich blieben, verlor die Partei im Zuge der Entsäulung und parteiinterner Konflikte von der Mitte der 1960er Jahre bis 1972 etwa 45.000 Mitglieder. Nach einem kurzen Anstieg in der Mitgliederzahl bleiben die entsprechenden Daten bis zum Ende der 1980er Jahre auf dem Niveau von etwa 100.000 Mitgliedern. Bis zur Mitte der 1990er Jahre verlor die Partei vor dem Hintergrund schwieriger Regierungsentscheidungen dann über 40 % ihrer Mitglieder. Im Anschluss bewegten sich die Werte bei leichten Schwankungen bis 2006 auf einem recht ähnlichen Niveau. Von 2007 bis 2010 verlor die Partei nahezu 10.000 Mitglieder, aktuell (2011) gehören ihr circa 55.500 Bürger an. Damit ist sie hinsichtlich der Mitgliederstärke die zweitgrößte Partei in den Niederlanden.

6.3 Die wichtigsten Gruppierungen in der aktuellen Politik

Zentrale Daten zur PvdA

Gründungsdatum	9. Februar 1946
Homepage	www.pvda.nl
Politischer Leiter	Job Cohen
Parteivorsitzende	Liliane Ploumen
Fraktionsvorsitzender (Zweite Kammer)	Job Cohen
Mitgliederzahl (2011)	55.549
Wissenschaftliches Institut	*Wiardi Beckman Stichting*
Jugendorganisation	*Jonge Socialisten in de PvdA*
Politische Leiter	Willem Drees, 1946 bis 1958 Jaap Burger, 1958 bis 1962 Anne Vondeling, 1962 bis 1966 Joop den Uyl, 1966 bis 1986 Wim Kok, 1986 bis 2001 Ad Melkert, 2001 bis 2002 Jeltje van Nieuwenhoven, 2002 Wouter Bos, 2002 bis 2010 Job Cohen, ab 2010
Ministerpräsidenten	Willem Drees, 1948–1958 Joop den Uyl, 1973–1977 Wim Kok, 1994–2002
Regierungsbeteiligungen (national)	1946–48: PvdA, KVP, Parteilose (Beel I) 1948–51: KVP, PvdA, CHU, VVD, Parteilose (Drees I) 1951–52: KVP, PvdA, CHU, VVD, Parteilose (Drees II) 1952–56: KVP, PvdA, CHU, ARP, Parteilose (Drees III) 1956–58: KVP, PvdA, CHU, ARP (Drees IV) 1965–66: KVP, PvdA, ARP (Cals) 1973–77: PvdA, KVP, ARP, PPR, D66 (Den Uyl I) 1981–82: CDA, PvdA, D66 (Van Agt II) 1989–94: CDA, PvdA (Lubbers III) 1994–98: PvdA, VVD, D66 (Kok I) 1998–02: PvdA, VVD, D66 (Kok II) 2007–2010: CDA, PvdA, CU (Balkenende IV)
Wahlergebnis 2010	19,6 % (1.848.805 Stimmen, 30 Mandate)

6.3.3 *Volkspartij voor Vrijheid en Democratie* (VVD)

Die Niederlande gelten gemeinhin als besonders liberales Land, daher scheint es nahe zu liegen, dass liberale Gruppierungen eine wichtige Rolle im Parteienspektrum einnehmen.[206] Die bedeutendste liberale Partei der Niederlande ist in der Zeit nach dem Zweiten Weltkrieg die *Volkspartij voor Vrijheid en Democratie* (VVD), die 1948 gegründet wurde und die programmatisch häufig als konservativ-liberal bezeichnet wird.[207] Die VVD war im Lauf der über 60 Jahre ihres Bestehens häufig an Regierungen beteiligt. Bei der Wahl im Jahr 2010 wurde die Partei mit einem Wahlergebnis von 20,5 % erstmals in ihrer Geschichte stärkste politische Kraft. Seit Herbst 2010 stellt sie vor diesem Hintergrund mit Mark Rutte auch den ersten liberalen Ministerpräsidenten seit beinahe hundert Jahren.

Geschichtliche Entwicklung nach 1945

Die VVD wurde im Januar 1948 als Nachfolgepartei der PvdV gegründet, die wiederum 1946 das Erbe der vor dem Krieg aktiven LSP angetreten war.[208] Mit der Gründung der PvdV war die Hoffnung verbunden worden, einen Neuanfang zu schaffen und dem liberalen Lager, das in der Zeit vor dem Krieg immer mehr an Bedeutung verloren hatte, einen neuen Impuls zu geben.[209] Da die organisationsschwache und bei der Wahl 1946 wenig erfolgreiche PvdV diese Hoffnung nicht erfüllen konnte, wurde die Notwendigkeit einer erneuten Parteineugründung gesehen. Die wichtigsten Protagonisten bei den vor diesem Hintergrund stattfindenden Gesprächen über die Entstehung der VVD waren Dirk Stikker, Mitgründer der PvdV, und Pieter Oud, ein ehemaliges Mitglied des VDB, das nach dem Krieg seine politische Heimat kurzzeitig in der PvdA hatte.[210] Oud war es, der in den ersten Jahren den Kurs der Partei entscheidend prägte und die Partei bei Wahlen als Spit-

---

[206] Einschätzungen zum Einfluss der VVD auf die Liberalität der Niederlande finden sich in: de Beaufort et al. (2008, S. 166 ff.).

[207] Vgl. hierzu: Lucardie (2008, S. 13 ff.). In diesem Beitrag von Lucardie findet sich auch ein Vergleich der programmatischen Ausrichtung der VVD mit der Programmatik anderer liberaler Parteien in Europa. Die Bedeutung liberaler Gedanken und die ideologische Entwicklung der VVD betrachten: de Beaufort und van Schie (2008, S. 138 ff.).

[208] Auf die Organisationsschwäche der liberalen Strömung bis zum Zweiten Weltkrieg ist im Vorangegangenen bereits hingewiesen worden. In der Literatur werden die Hintergründe dieser Organisationsschwäche unter anderem darin gesehen, dass in liberalen Kreisen große regionale und programmatische Unterschiede sowie heftige Abneigungen gegen zentrale Strukturen bestanden. Vgl. Voerman und Dijk (2008, S. 94), Koole (1995, S. 277). Zur Geschichte der PvdV siehe: Voerman und Oosterholt (2008, S. 43 ff.).

[209] Die Liberalen mussten ihre Reorganisation nach dem Krieg ohne ihren bekannten Vorsitzenden Benjamin Marius Telders (1903–1945) betreiben, der die Partei vor dem Krieg und, soweit möglich, auch während der Besatzung angeführt hatte. Telders, der sich energisch gegen die Politik der Nationalsozialisten eingesetzt hatte, starb am 6. April 1945 im Konzentrationslager Bergen-Belsen. Das wissenschaftliche Institut der VVD ist nach ihm benannt (*Teldersstichting*).

[210] Oud (1886–1968) war vor dem Krieg einer der wichtigsten Politiker des VDB und unter anderem als Mitglied der Zweiten Kammer (1917–1933, 1937–1938), als Finanzminister (1933–1937) und als Fraktionsvorsitzender (1937–38) aktiv. Zudem war er vor (von 1938 bis 1941) und nach dem Krieg

6.3 Die wichtigsten Gruppierungen in der aktuellen Politik

zenkandidat vertrat. Sein beherrschender Einfluss auf die VVD wird insbesondere daran deutlich, dass er von 1949 bis 1963 sowohl das Amt des Partei- als auch das des Fraktionsvorsitzenden bekleidete.[211]

In der ersten Zeit war die VVD, die bis 1952 mit jeweils einem Minister an den Kabinetten Drees I und Drees II teilnahm, vor allem eine Partei der gesellschaftlichen Oberschicht.[212] Bei den Wahlen 1948, 1952 und 1956 lagen ihrer Ergebnisse bei acht bis neun Prozent der Stimmen. Die in der Partei vorhandenen Vorstellungen, sich neben Sozialdemokraten und Katholiken als dritte große Kraft zu etablieren, blieben somit in weiter Ferne. Auch die organisatorische Struktur der Partei zeigte trotz eines durchaus beachtlichen Mitgliederzuwachses noch deutliche Schwächen.[213] Ende der 1950er Jahre verschärfte die Partei ihre Angriffe gegen die PvdA.[214] Ziel hierbei war es nicht nur, inhaltliche Unterschiede zu verdeutlichen, sondern auch, gemeinsam mit den konfessionellen Parteien wieder an die Regierungsmacht zu gelangen. Die Strategie der VVD erwies sich als durchaus erfolgreich: Bei der Wahl 1959 konnte sie deutliche Stimmengewinne verbuchen (12,2 %) und bis 1973 war sie nahezu permanent in der Regierung vertreten.

Die 1960er Jahre entwickelten sich trotzdem für die Partei zu einem schwierigen Jahrzehnt. Bei den Parlamentswahlen 1963, 1967 und 1971 konnte sie ihr Wahlergebnis von 1959 nicht bestätigen und erreichte sie jeweils nur rund 10 % der Stimmen.[215] Zu Beginn der 1960er Jahre verschärften sich zudem parteiinterne Konflikte, die Oud, dessen Position nicht mehr unumstritten war, nicht im gekannten Maße eindämmen konnte.[216] In der Folge dieser Konflikte kam es zu personellen und organisatorischen Veränderungen, die allerdings die Forderungen von vielen progressiven Mitgliedern, die sich zum Teil bereits 1962 im *Liberaal Democratisch Centrum* (LDC) zusammengeschlossen hatten, nicht erfüllten.[217] Vor diesem Hintergrund und wegen aktueller Kontroversen folgte ein Teil des LDC

(von 1945 bis 1952) Bürgermeister von Rotterdam. Seinen Weg in die VVD beleuchtet: Klijnsma (2008, S. 651 ff.).

[211] Stikker (1897–1979) war von 1948 bis 1952 Außenminister der Niederlande und in der Folgezeit unter anderem als Botschafter und Nato-Generalsekretär (1961–1964) aktiv. Wegen Konflikten mit seiner Partei, die ihre Grundlage vor allem in unterschiedlichen Vorstellungen über die Dekolonisierung hatten, kehrte er der VVD von 1954 bis 1972 den Rücken. Für weitere Informationen zu Stikker und Oud siehe: te Velde (2008, S. 29 ff.).

[212] „Trotz des im neuen Namen zum Ausdruck gebrachen Volksparteienanspruchs kamen fast alle ihre Mitglieder und die Mehrzahl ihrer Wähler aus dem freisinnigen Bürgertum, dem Kleinbürgertum und der (verbürgerlichten) Bauernschaft." Lucardie (2006b, S. 333).

[213] Vgl. Voerman und Dijk (2008, S. 97 ff.).

[214] Dieser Umstand wird sehr deutlich, wenn man die Wahlplakate aus jener Zeit betrachtet. Vgl. hierzu: Voerman und Oosterholt (2008, S. 51 ff.).

[215] Vgl. hierzu: Rosenthal (2008, S. 56 f.).

[216] Ouds Position war vor allem durch seinen Konflikt mit Harm van Riel, der ab Ende der 1950er Jahre als Fraktionsvorsitzender der VVD in der Ersten Kammer fungierte, geschwächt worden. Zu Harm van Riel siehe: van der Heiden und van Merrienboer (2001, S. 94 ff.).

[217] Zu den organisatorischen Wandlungen in der VVD seit Beginn der 1960er Jahre siehe: Voerman und Dijk (2008, S. 104 ff.).

dem ehemaligen VVD-Mitglied Hans Gruyters und schloss sich der D66 (Abschn. 6.3.6) an, die sich fortan als Konkurrenzpartei im liberalen Lager etablieren sollte.[218]

Nach dem Rückzug Ouds im Jahr 1963 führten bis 1971 zunächst Edzo Toxopeus und dann Molly Geertsema die VVD als politische Leiter an.[219] Während dieser Zeit gelang es der VVD – obwohl man versuchte, aktuelle politische Forderungen aufzugreifen – noch nicht, von den gesellschaftlichen Entwicklungen der Modernisierung, Individualisierung und Säkularisierung zu profitieren. Erst unter Hans Wiegel, der 1971 das Amt des politischen Leiters übernahm, schaffte es die Partei in den 1970er Jahren, breitere Wählerschichten anzusprechen. Zugleich wurden organisatorische Verbesserungen fortgesetzt und konnten mehr Mitglieder gewonnen werden.[220] Der VVD kamen dabei zum einen die bereits angesprochenen gesellschaftlichen Veränderungen entgegen, die die Anziehungskraft der eigenen Grundideen stärkten und die Bindung der Wähler insbesondere zu den konfessionellen Parteien schwächten. Ihren Aufschwung verdankte die Partei nach Lucardie somit „weniger der eigenen Erneuerung als der Prinzipientreue und Standfestigkeit (und kompetenter Führung) [...]: der Liberalismus kam nach 1970 in Folge der Entsäulung und der Individualisierung der Gesellschaft allmählich wieder in Mode."[221] Zudem fiel die Kritik der Partei am Ausbau des Wohlfahrtsstaates vor dem Hintergrund einsetzender ökonomischer Probleme in Teilen der Bevölkerung auf fruchtbaren Boden. Das Auftreten des jungen und charismatischen Spitzenkandidaten Wiegel bildete eine weitere Grundlage für die neuen Erfolge der Partei, da dieser politische Themen platzieren und durch seine – von vielen Kritikern wiederholt als populistisch bewertete – Art Wähler für seine Partei gewinnen konnte.

Schon bei der Wahl 1972 konnte die Partei ein gutes Ergebnis (14,4 %) erreichen. Gegen das nach der Wahl gebildete Kabinett Den Uyl führte Wiegel dann öffentlichkeitswirksam und äußerst erfolgreich Opposition.[222] Inhaltlich ging es der VVD vor allem darum, die Rolle des Staates und die öffentlichen Ausgaben – anders als das vom Kabinett den Uyl angestrebt wurde – zu begrenzen. Die VVD profitierte bei ihren Oppositionsaktivitäten erstens von der breiten Zusammenstellung des Kabinetts Den Uyl, durch welche ihr eine prominente Rolle als Oppositionskraft sicher war. Zweitens kam der VVD die Polarisierung der 1970er Jahre zugute. Bei der Wahl 1977 wurde die VVD für ihre Aktivitäten belohnt: Sie erhielt nahezu 18 % der Stimmen und konnte damit das bis dahin beste Ergebnis einer liberalen Partei seit der Einführung des allgemeinen Wahlrechts verbuchen. Auch die Mitgliederzahlen zeigten die positive Entwicklung der Partei – im Jahr 1978 waren über 100.000 Niederländer in der Partei organisiert, innerhalb von zehn Jahren hatte sich die Mitgliederzahl somit nahezu verdreifacht. Es gelang der VVD insgesamt, sich in den 1970er

---

[218] Zur selben Zeit gab es Abspaltungen von der VVD, weil die Partei von manchen als zu progressiv eingeschätzt wurde. Das LDC war noch bis zu Beginn der 1970er Jahre in der VVD aktiv.
[219] Vgl. zu diesen beiden Personen: te Velde (2008, S. 34 ff.).
[220] Vgl. Voerman und Dijk (2008, S. 109 ff.).
[221] Lucardie (2007b, S. 81, Übersetzung durch den Verfasser).
[222] Vgl. hierzu: Voerman und Oosterholt (2008, S. 94 ff.), Rosenthal (2008, S. 64 ff.).

Jahren zu einer breiten, weniger elitären Partei zu entwickeln, die sich in ihren politischen Positionen vor allem gegen die Gewerkschaften und die PvdA richtete. Bei ihren Erfolgen profitierte sie stark von der Krise der konfessionellen Parteien, durch die neue Wähler aus der Mittelschicht für sie erreichbar wurden.[223]

> **Infobox XI: Hans Wiegel**
> Der am 16. Juli 1941 in Amsterdam geborene Hans Wiegel studierte von 1959 bis 1965 in Amsterdam Politikwissenschaften. In dieser Zeit trat er in die VVD ein, in der er in der Folgezeit eine rasante Karriere machte. 1965 erhielt er das Amt des Vorsitzenden der *Jongeren Organisatie „Vrijheid en Democratie"* (JOVD), das er allerdings nur ein Jahr ausfüllte. Von 1967 bis 1977 vertrat er seine Partei anschließend als Parlamentarier in der Zweiten Kammer. Bereits 1971 und somit mit nur 30 Jahren wurde Wiegel politischer Leiter der VVD. Diese Funktion übte er bis 1982 aus, wobei er zunächst von 1971 und 1977 das Amt des Fraktionsvorsitzenden besetzte. Von 1977 bis 1981 war er im Kabinett Van Agt I als Innenminister und stellvertretender Ministerpräsident tätig. In den Jahren 1981 und 1982 war er erneut als Parlamentarier aktiv, in dieser Zeit saß er der Fraktion der VVD in der Zweiten Kammer vor. Nach seinem überraschenden und durch private Umstände hervorgerufenen Abschied aus der nationalen Politik fungierte Wiegel von 1982 bis 1994 als Kommissar der Königin in der Provinz Friesland. Neben diversen weiteren Tätigkeiten war er anschließend von 1995 bis 2000 als Senator für die VVD tätig. In dieser Position machte er vor allem im Jahr 1999 von sich reden, als er in der „Nacht van Wiegel" die Einführung korrektiver Referenden mit seinem Votum verhinderte (Abschn. 2.1).
> Der Umstand, dass es der VVD ab Anfang der 1970er Jahre gelang, eine wichtigere Rolle in der niederländischen Politik zu erlangen, ist eng mit dem Namen Wiegel verbunden. Wiegel, der in einer Zeit der stärkeren Polarisierung als überaus passionierter Politiker auftrat, gelang es nämlich in überzeugender Weise, die Inhalte seiner Partei einem breiteren Publikum verständlich zu machen, wodurch die VVD fortan mehr Zuspruch aus der Mittelschicht und von Arbeitern erhielt. Hierzu trug seine Fähigkeit bei, mit seinem großen rhetorischen Talent politische Inhalte für die von ihm adressierten „Menschen im Land" in ansprechender Weise zu vereinfachen und die Bürger emotional anzusprechen.[224] Auch im Umgang mit den Medien konnte Wiegel seine Stärken ausspielen. Im Kontext der Polarisierung zwischen „links" und

---

[223] Lucardie schreibt über die VVD in den 1970er Jahren: „Auf der anderen Seite des Parteienspektrums förderte auch die VVD, unter der etwas populistischen Führung des jungen Hans Wiegel, die Polarisierung und entwickelte sich so allmählich von einer Honoratiorenpartei zu einer (konservativen) Volkspartei, die den konfessionellen Parteien manchen säkularisierten Wähler abspenstig machte." Lucardie (2006b, S. 334).

[224] Vgl. te Velde (2008, S. 38 ff.).

> „rechts" gelang es ihm, in eindrucksvoller Manier Widerstand gegen die Politik des Kabinetts Den Uyl zu leisten.[225]
>
> Beim Abschied aus der nationalen Politik war Wiegel noch sehr jung. Dies hat unter anderem zur Folge, dass er bis heute in vielen Situationen in der Partei um seine Meinung gefragt bzw. manchmal sogar als Kandidat für die Besetzung verschiedener Ämter gehandelt wird.[226] Wiegel, dessen beide Ehefrauen tödlich verunglückten, hat einen Sohn und eine Tochter.

Da ein zweites Kabinett unter Leitung von Joop den Uyl nach der Wahl 1977 nicht zustande kam, ergab sich für die VVD die Gelegenheit, gemeinsam mit dem CDA die Regierung zu bilden. Während der Amtszeit des Kabinetts van Agt I konnte die VVD das hohe Maß an Zustimmung, das sie bei der Wahl 1977 erhalten hatte, nicht dauerhaft festigen. Auch die Mitgliederzahl gestaltete sich rückläufig. Nach der Wahl 1981, bei der die VVD dann auch leichte Verluste hinnehmen musste, konnte sich Wiegel erneut als Oppositionspolitiker, diesmal gegen das wackelige Kabinett Van Agt II, bestehend aus CDA, PvdA und D66, profilieren. Im Jahr 1982 entschied er sich dann jedoch dafür, Kommissar der Königin in der Provinz Friesland zu werden. Sein Nachfolger wurde Ed Nijpels, der seit 1977 der Parlamentsfraktion der VVD angehörte und der zu diesem Zeitpunkt erst 32 Jahre alt war. Da das Kabinett Van Agt II kurze Zeit später auseinanderbrach, fanden wenige Monate später Wahlen statt, bei denen die VVD mit Nijpels als neuen Spitzenkandidaten antrat. Aufgrund des raschen Scheiterns der Regierungskoalition – welches eine Grundlage dafür bildete, dass die D66 große Verluste hinnehmen musste – und ihres populären neuen Spitzenkandidaten konnte die VVD bei der Wahl 1982 ihr Rekordergebnis aus dem Jahr 1977 mit über 23 % der Wählerstimmen nochmals deutlich übertreffen.[227]

Im Anschluss an die Wahl nahm die VVD bis 1989 an den Kabinetten Lubbers I und II teil und konnte somit Maßnahmen mitgestalten, die die wirtschaftliche und finanzielle Situation des Landes verbessern sollten.[228] Nach der Wahl 1982 gerieten verschiedene Vertreter der VVD, auch der Fraktionsvorsitzende Nijpels und der stellvertretende Ministerpräsident Gijs van Aardenne, durch unterschiedliche Affären negativ in die Schlagzeilen.

---

[225] Vgl. Lucardie (2007b, S. 84). Van Merrienboer schrieb in einem 1999 erschienenen Artikel über Wiegel: „Wiegel fällt durch seinen besonderen Stil auf, seine politische Intuition und sein Charisma. Er hat ein starkes Gespür für Publizität und wählt im richtigen Moment populäre Themen, um sich zu profilieren. Parlamentsakten bedeuten ihm wenig; er holt sich die Themen aus der Zeitung oder er empfängt Signale aus der Öffentlichkeit. Sein populistischer Ansatz ist auf den normalen, hart arbeitenden Niederländer ausgerichtet, der von Natur aus konservativ ist, vor allem, wenn es um die Bezieher von Sozialleistungen, Hypothekenzinsen und das eigene Auto geht." Van Merrienboer (1999, S. 61, Übersetzung durch den Verfasser).

[226] Vgl. hierzu: van Thijn (2008, S. 169 ff.). Zu Wiegel siehe auch: Lunshof (2004, S. 95 ff.).

[227] Zu Nijpels siehe: te Velde (2008, S. 44 f.).

[228] Die liberale Ausrichtung der Politik zu Zeiten der ersten beiden Kabinette unter Ruud Lubbers kennzeichnet: te Velde (2008, S. 43).

Der Partei schien es zudem an Geschlossenheit zu fehlen.[229] Da darüber hinaus der CDA mit dem beliebten Ministerpräsidenten Lubbers eine neue Blütezeit erlebte, verlor die VVD deutlich an Zustimmung. Bei der Wahl im Jahr 1986 musste die Partei aus diesen Gründen einen massiven Stimmenverlust hinnehmen – ihr Stimmenanteil lag bei 17,4 %. Eine Konsequenz aus der Wahl war, dass Nijpels sein Amt als politischer Leiter aufgeben musste – er fungierte fortan als Minister im Kabinett Lubbers II. Neuer Fraktionsvorsitzender in der Zweiten Kammer wurde der Hochschuldozent Joris Voorhoeve, der zuvor unter anderem als Direktor der *Teldersstichting* und Parlamentsmitglied für die VVD aktiv war. Das Amt des politischen Leiters übernahm Voorhoeve noch Ende 1986 von Rudolf de Korte, der im Kabinett Lubbers II als Wirtschaftsminister und Vizeministerpräsident fungierte.

Trotz diverser Bemühungen und parteiinterner Kontroversen gelang es der VVD auch in den folgenden Jahren kaum, aus dem Schatten des CDA herauszutreten und sich zu profilieren. Die wachsende Unzufriedenheit mit dieser Situation trug dazu bei, dass ein Streit zwischen den Regierungsparteien im Jahr 1989 zum Bruch der Koalition führte und Neuwahlen erforderlich wurden.[230] Bei diesen Neuwahlen musste die VVD, die mit Voorhoeve als Spitzenkandidaten antrat, erneut Stimmenverluste hinnehmen. Im Ergebnis erreichte sie ein Resultat von 14,6 % der Stimmen. Die anschließende Regierungsbildung führte zu einer Koalition aus CDA und PvdA, die VVD musste somit erstmals seit Jahren wieder auf den Oppositionsbänken Platz nehmen. Die 1980er Jahre sind wegen der genannten Entwicklungen insgesamt auch ein schwieriges Jahrzehnt für die VVD gewesen.[231] Nach großen Erfolgen kam es zu internen Querelen, die die Anziehungskraft der Partei schwächten. Die Hochphase des CDA führte zudem dazu, dass die VVD es schwer hatte, sich mit ihren politischen Inhalten zu profilieren. Darüber hinaus musste die Partei nach 1982 einen fortdauernden Mitgliederverlust hinnehmen: Am Ende der 1980er Jahre hatte die Partei rund ein Drittel ihrer Mitglieder eingebüßt.

Die 1990er Jahre begannen für die VVD mit einem Wechsel an der Parteispitze: Frits Bolkestein, der zuvor bei Shell und später für die VVD als Parlamentarier, Staatssekretär im Wirtschaftsministerium und Verteidigungsminister aktiv gewesen war, übernahm von Voorhoeve das Amt des politischen Leiters, welches er bis 1998 bekleiden sollte. Der VVD gelang es in den folgenden Jahren, ihre Krise, in der sie sich nach der Wahl 1989 befand, zu überwinden und sich neu zu positionieren. Bolkestein selbst fiel zu dieser Zeit bei mehreren Gelegenheiten durch kontroverse Äußerungen auf, mit denen er beispielsweise Stellung gegen die zu diesem Zeitpunkt weitverbreitete Vorstellung einer multikulturellen Gesellschaft bezog oder mit denen er die Asylpolitik der Regierung kritisierte. Es gelang ihm auf diese

---

[229] Lucardie führt bezüglich des Bedeutungsverlustes der VVD vor diesem Hintergrund aus: „Dieser Verlust war nicht einmal so sehr auf politische Meinungsverschiedenheiten zurückzuführen, sondern vor allem auf persönliche Gegensätze an der Spitze der Partei – vielleicht auch eine Folge des zu schnellen Wachstums in den siebziger Jahren." Lucardie (2007b, S. 84, Übersetzung durch den Verfasser). Die negativen Folgen des schnellen Wachstums der Partei und die Probleme, die sich ab Anfang der 1980er Jahre ergaben, werden auch thematisiert in: Voerman und Dijk (2008, S. 114 ff.).
[230] Siehe hierzu beispielsweise: Steinmetz (2000, S. 155 ff.).
[231] Vgl. hierzu auch: Rosenthal (2008, S. 57 ff.).

Weise, die politischen Debatten im wesentlichen Maße zu prägen.[232] Positiv auf den Aufschwung der VVD zu Beginn der 1990er Jahre wirkte sich zudem die politische Situation aus: Der CDA und die PvdA hatten in ihrer Regierungsarbeit den Reformkurs der 1980er Jahre fortgeführt und litten nicht nur unter parteiinternen Problemen, sondern erfuhren auch ein niedriges Maß an öffentlicher Unterstützung. Dieser Umstand trug dazu bei, dass die VVD bei der Wahl 1994 ein sehr gutes Ergebnis verbuchen konnte: 20 % der Wähler gaben ihr die Stimme. Nach der Wahl führten lange Verhandlungen zur Bildung der violetten Koalition, in deren Rahmen die VVD zum ersten Mal seit Anfang der 1950er Jahre wieder gemeinsame Politik mit den Sozialdemokraten machte. Obwohl die VVD sich bereits in den Jahren vor der Wahl 1994 leicht in Richtung der Sozialdemokratie geöffnet hatte, war die Tatsache, dass eine derartige Koalition zustande kam und auch rasch gut funktionierte, für viele (auch parteiinterne) Beobachter durchaus überraschend. Bolkestein verzichtete bei der Kabinettsbildung auf einen Ministerposten, was ihm die Möglichkeit gab, sich weiterhin kontrovers öffentlich zu äußern und auf Abstand zur Regierung gehen zu können.[233] Von dieser Möglichkeit machte er dann auch ausgiebig Gebrauch. In den kritischen Debatten, die er anstieß, ging es unter anderem um die Begrenzung der Zuwanderung, um mehr Nachdruck bei der Integration von Immigranten und um eine stärkere Beachtung nationaler Interessen bei der Gestaltung der niederländischen Außenpolitik.

Die auch parteiintern kontrovers diskutierte Bildung der violetten Koalition führte für die VVD zu positiven Ergebnissen. Politisch konnte die Partei durch ihr Wirken in der Regierung unter anderen in den Bereichen der Wirtschafts- und Gesellschaftspolitik liberale Maßnahmen umsetzen. In ihrer Arbeit wurde die VVD dabei von einem hohen Maß an öffentlicher Zustimmung unterstützt, das sich auch bei den Wahlen zu den Provinzparlamenten im Jahr 1995 zeigte, bei denen die VVD sogar zur stärksten Partei gewählt wurde. Bis zur Parlamentswahl 1998 konnte die VVD stets gute Umfragewerte verbuchen, es machte sogar den Anschein, die Partei könne auch bei dieser Wahl eventuell erstmals die meisten Stimmen auf sich vereinen. In dieser Situation fand der Wahlkampf nicht vornehmlich zwischen Regierung und Opposition, sondern zwischen den beiden Regierungsparteien PvdA und VVD statt. Die VVD plädierte inhaltlich für eine Begrenzung der Staatsausgaben, um das Staatsdefizit verringern und um Steuern senken zu können. Gleichzeitig forderte sie verschiedene Kürzungen am Sozialsystem, eine härtere Integrationspolitik und die Begrenzung der Zuwanderung. Bei der Wahl erzielte die VVD – begünstigt durch die Schwäche des CDA – das bisher beste Ergebnis ihrer Parteigeschichte: 24,7 % der Wähler gaben ihr die Stimme. Übertroffen wurde dieses Resultat nur von der PvdA (29.0 %), die im Wahlkampf unter anderem mit ihrem beliebten Spitzenkandidaten Kok punkten konnte,

---

[232] Van Dooren hält in diesem Zusammenhang fest: „Unter Frits Bolkestein, der im Jahr 1990 neuer Parteiführer wurde, wuchs die VVD zu einer selbstsicheren Partei heran, die manches Mal die Tonart politischer Debatten zu prägen verstand." Van Dooren (2005, S. 49, Übersetzung durch den Verfasser).

[233] Kleinijenhuis, Oegema und Takens schreiben über die Situation, dass Bolkestein eine völlig neue Doppelfunktion innehatte: er war gleichzeitig Fraktionsvorsitzender einer Regierungspartei und Oppositionsführer. Vgl. Kleinnijenhuis et al. (2007a, S. 112).

der wesentlich mehr Sympathien auf sich vereinigte als sein Konkurrent um das Amt des Ministerpräsidenten, der VVD-Spitzenkandidat Bolkestein.

> **Infobox XII: Frits Bolkestein**
>
> Frits Bolkestein wurde am 4. April 1933 in Amsterdam geboren. Nach seiner Schulzeit studierte und promovierte er von 1951 und 1965 an verschiedenen niederländischen und ausländischen Universitäten unter anderem Mathematik, Wirtschaft und Recht. Ab 1960 arbeitete er zudem bei Shell, wo er in diversen Funktionen und unterschiedlichen Ländern aktiv war. 1975 trat Bolkestein in die VVD ein, in der er in der Folgezeit eine erfolgreiche politische Karriere machte. Als Parlamentarier vertrat er die Partei von 1978 bis 1982, von 1986 bis 1988 und von 1989 bis 1999 in der Zweiten Kammer. Zwischenzeitlich war Bolkestein im Kabinett Lubbers I von 1982 bis 1986 als Staatssekretär im Wirtschaftsministerium und im Kabinett Lubbers II von 1988 bis 1989 als Verteidigungsminister aktiv. Im Mai 1990 wurde Bolkestein politischer Leiter und Fraktionsvorsitzender der VVD. In dieser Position verzichtete er bei der Bildung der Kabinette Kok I und Kok II auf ein Regierungsamt. Nach seinem Rückzug aus der niederländischen Politik war Bolkestein von 1999 bis 2004 als EU-Kommissar für internen Handel und Steuerangelegenheiten tätig. Nach der Beendigung dieser Tätigkeit fungierte er unter anderem als Hochschuldozent in Leiden und Delft.
>
> Bolkestein war für die Entwicklung der VVD von großer Bedeutung, weil er es verstand, der Partei nach den schweren 1980er Jahren und dem Verlust der Regierungsverantwortung im Jahr 1989 neues Selbstvertrauen und ein neues Gesicht zu geben.[234] Dies gelang dem Politiker vor allem dadurch, dass er zu verschiedenen Anlässen gesellschaftliche und politische Diskussionen anstieß. In diesen Diskussionen scheute er auch nicht davor zurück, kontroverse Standpunkte zu vertreten und „heilige huisjes" der niederländischen Politik in Frage zu stellen.[235] Besonders bekannt wurden seine kritischen Kommentare zu den Themen Migration und Integration, die er bereits ab Beginn der 1990er Jahre abgab und die bereits damals viel Widerklang in der niederländischen Wählerschaft fanden. Mit Bolkestein an der Spitze wurde die VVD in den 1990er Jahre zusammen mit der PvdA zur prägenden Kraft der niederländischen Politik. Vor diesem Hintergrund wurde Bolkestein selbst, obwohl er durch seine Äußerungen immer wieder polarisierte, vor der Wahl 1998 sogar als möglicher Ministerpräsident gehandelt. Bolkestein, der in zweiter Ehe verheiratet ist, wohnt in Amsterdam.

---

[234] Vgl. te Velde (2008, S. 48). Zu Bolkestein siehe: Lunshof (2004, S. 167 ff.), van Weezel und Ornstein (1999), Rosenthal (2008, S. 67 f.), te Velde (2008, S. 45 ff.).
[235] Vgl. Voerman und Dijk (2008, S. 120). Nach Vossen galt Bolkestein wegen seiner Neigung zu polemisieren sowie aufgrund seiner intellektuellen Ansichten als „un-niederländischer Politiker". Vgl. Vossen (2011, S. 84).

Nach den Wahlen 1998 setzte die violette Koalition ihre Arbeit fort. Für die VVD ergab sich in anderer Hinsicht allerdings die Notwendigkeit zur Veränderung: Frits Bolkestein verließ die nationale Politik und fungierte ab 1999 als EU-Kommissar. Seine Nachfolge trat Hans Dijkstal an, der im Kabinett Kok I als Innenminister und stellvertretender Ministerpräsident aktiv war. Die grundsätzlichen Probleme der violetten Koalition nach ihrer Wiederwahl erstreckten sich anschließend auch auf die VVD, obwohl diese in Umfragen bis 2001 recht positive Werte erzielte. Die Mitgliederzahl der Partei, die über Jahre auf einem recht konstanten Niveau gelegen hatte, gestaltete sich ab Ende der 1990er Jahre rückläufig. Im Wahlkampf 2002, der stark vom politischen Newcomer Fortuyn geprägt wurde, fand die VVD mit ihren Inhalten – sie forderte unter anderem Steuererleichterungen, mehr Marktfreiheit und Kürzungen im sozialen Bereich – kaum Anklang. Ein Grund hierfür lag, ebenso wie bei der PvdA, darin, dass auch sie vor der schwierigen Aufgabe stand, einerseits die Politik der violetten Koalition, deren Arbeit in den Monaten vor der Wahl durch unterschiedliche Vorstellungen beispielsweise im Bereich der Haushaltspolitik erschwert wurde, zu verteidigen und gleichzeitig neue Perspektiven aufzuzeigen. Gleichzeitig wurde die VVD vom immer populärer werdenden Fortuyn hart angegangen, ohne dass sie hierauf eine überzeugende Reaktion finden konnte. Die VVD verlor mit ihrem Spitzenkandidaten Dijkstal, der wegen seines Auftretens kritisiert wurde, im Ergebnis viele Wähler, die bei dieser Wahl dem CDA oder der LPF das Vertrauen schenkten.[236] Sie erhielt, obwohl man viel höhere Erwartungen gehegt hatte, nur 15,4 % der Stimmen, was gegenüber der Wahl im Jahr 1998 einen Stimmenrückgang von nahezu 10 % bedeutete. Es handelte sich zugleich um das (nach 1989) zweitschlechteste Ergebnis der VVD seit 1972.

Trotz ihres enttäuschenden Abschneidens blieb die VVD Bestandteil der Regierung, die sich nach der Wahl aus CDA, LPF und VVD zusammensetzte. Da das Kabinett Balkenende I rasch zerbrach, fand bereits Anfang 2003 die nächste Parlamentswahl statt, bei der die VVD mit ihrem neuen politischen Leiter, dem langjährigen Finanzminister Gerrit Zalm antrat.[237] Dieser hatte nach der Wahlniederlage des Jahres 2002 die Führungsposition in der VVD von Dijkstal übernommen. Im Wahlkampf bemühte sich die VVD um ein schärferes Profil – unter anderem indem sie sich kritischer zur Idee der multikulturellen Gesellschaft und zur Zuwanderung äußerte. Bei der Wahl 2003 konnte die VVD, begünstigt durch den Niedergang der LPF, leichte Gewinne verzeichnen, sie wurde von 17,9 % der Niederländer gewählt. Am Ende der Koalitionsgespräche war die VVD in den folgenden Jahren wieder an der Regierung beteiligt, die sich fortan aus CDA, VVD und D66 zusammensetzte. Im neuen Kabinett Balkenende II übernahm Zalm wieder das Amt

---

[236] Vgl. hierzu: Rosenthal (2008, S. 59 ff.), de Vries (2006, S. 12 ff.), Voerman und Dijk (2008, S. 123 f.), Schulte und Soetenhorst (2007, S. 21 ff.).

[237] Das Scheitern des Kabinetts Balkenende I und die Wahl 2003 werden aus Sicht der VVD beleuchtet in: Schulte und Soetenhorst (2007, S. 42 ff.). Zu Zalm, der insgesamt zwölf Jahre des Amt des Finanzministers innehatte, siehe dessen Buch mit dem Titel *De romantische boekhouder*.

des Finanzministers, das er bereits sehr erfolgreich in den Kabinetten Kok besetzt hatte. Die Führungsposition in der VVD übernahm Jozias van Aartsen.[238]

Die Regierungszeit des Kabinetts Balkenende II war von verschiedenen Krisen geprägt, was den Koalitionspartnern das Regieren erschwerte. Auch parteiintern durchlebte die VVD eine schwierige Zeit, weil interne Konflikte auftraten und verschiedene Mitglieder öffentlichkeitswirksam Positionen der Partei in Frage stellten. Im Jahr 2004 verließ Geert Wilders, der versucht hatte, der Partei zu einem „rechteren" Kurs zu ermutigen und der einige Zeit später mit seiner eigenen politischen Partei PVV erste Erfolge erzielen sollte, die VVD, weil er in verschiedener Hinsicht und vor allem bezüglich der Themen Migration und Integration andere Überzeugungen als die Partei vertrat. Zudem konnte sich Wilders nicht mit der Haltung der VVD zu einem Beitritt der Türkei in die EU, den er unbedingt verhindern wollte, anfreunden.[239]

Das eher schwache Abschneiden bei der Wahl 2006 erklärt sich unter anderem dadurch, dass die PVV der VVD Konkurrenz machte. Gleichzeit litt die VVD unter internen Spannungen, die sich vor allem um die Besetzung der Spitzenkandidatur entwickelten.[240] Nach den Gemeinderatswahlen 2006 war van Aartsen als politischer Leiter zurückgetreten und es wurde entschieden, die Nachfolge auf der Grundlage einer Mitgliederabstimmung zu vergeben.[241] Die beiden wichtigsten Kandidaten waren der ehemalige Staatssekretär Mark Rutte und die durch ihre Amtsführung polarisierende Integrationsministerin Rita Verdonk. Es handelt sich zum einen um eine Abstimmung zwischen zwei Personen, zum anderen standen sich jedoch auch unterschiedliche programmatische Ausrichtungen gegenüber.[242] Rutte ging mit einem knappen Vorsprung als Sieger aus dieser Abstimmung hervor (51,5 gegen 46 %), woraufhin er die Partei auch im Wahlkampf anführte. Hierbei wurde ihm wiederholt vorgeworfen, dass er zu wenig charismatisch und zu wenig beliebt sei. Zudem verlief die Kampagne der VVD nicht sehr erfolgreich, auch weil der Partei ein zentrales Thema fehlte.[243] Im Ergebnis erzielte die VVD ein schlechtes Ergebnis: Nur 14,7 % der Wähler stimmten für sie. Nach der Wahl fanden Koalitionsgespräche statt, deren Ergebnis auch darin bestand, dass die VVD erstmals seit 1994 wieder in der Opposition aktiv sein musste. Zugleich existierten die Spannungen zwischen Rutte und Verdonk fort. Als Verdonk auf der Grundlage ihrer hohen Zahl an Präferenzstimmen versuchte, die Machtverhältnisse erneut zu verschieben, eskalierte der Konflikt: Verdonk musste die Par-

---

[238] Die Sicht der ehemaligen Vizefraktionsvorsitzenden der VVD, Bibi de Vries, auf die Amtszeit van Aartsens ist nachzuvollziehen in: de Vries (2006, S. 18 ff.). Siehe hierzu auch: Schulte und Soetenhorst (2007, S. 71 ff.).
[239] Vgl. hierzu: de Vries (2006, S. 38 ff.), Schulte und Soetenhorst (2007, S. 113 ff.).
[240] Vgl. Lucardie u. a. (2006, S. 95 ff.), Rosenthal (2008, S. 61 ff.), Voerman und Dijk (2008, S. 128 f.).
[241] Zum Rücktritt van Aartsens und zur Wahl des neuen politischen Leiters siehe: Schulte und Soetenhorst (2007, S. 168 ff. und 189 ff.).
[242] Vgl. Becker und Cuperus (2006, S. 87).
[243] Zu den Problemen der VVD vor der Wahl 2006 siehe: van Praag (2006c, S. 135 ff.), de Vries (2006, S. 144 ff.), Schulte und Soetenhorst (2007, S. 233 ff.).

tei verlassen und bildete mit TON ihre eigene politische Bewegung.[244] Diese neuerliche Abspaltung trug dazu bei, dass die Partei weiter an Mitgliedern und öffentlicher Zustimmung verlor. Der dritte Platz im Parteienspektrum, den die VVD so lange inne hatte, erschien in Gefahr, insbesondere weil die SP sie bei der Wahl 2006 und hinsichtlich der Mitgliederzahlen überflügelt hatte. Darüber hinaus entwickelte sich Wilders nach der Wahl 2006 zu einem starken Konkurrenten. Bei der Europawahl 2009 musste die Partei wegen dieser und weiterer Aspekte mit einem Ergebnis von rund 11 % der Stimmen leichte Verluste hinnehmen. Auch aus diversen Umfragen ging hervor, dass die Partei sich in einer schwierigen Phase befand.

> **Infobox XIII: Trots op Nederland**
>
> Bei Trots op Nederland (TON) handelt es sich um eine politische Gruppierung, die von der ehemaligen Ministerin Rita Verdonk nach der Wahl 2006 ins Leben gerufen wurde, nachdem diese sich mit ihrer bisherigen Partei, der VVD, überworfen hatte. Verdonk, die am 18. Oktober 1955 in Utrecht geboren wurde, war nach dem Abschluss ihres Studiums im Jahr 1983 in diversen Funktionen unter anderem im Bereich des Gefängniswesens, für Ministerien und beim Wirtschaftsprüfungsunternehmen KPMG aktiv. Politisch war Verdonk zunächst bis Ende der 1970er Jahre Mitglied der PPR und PSP, im Jahr 2002 trat sie dann in die VVD ein. Ihre politische Karriere verlief im Anschluss an den Parteieintritt aufgrund günstiger Rahmenbedingungen überaus steil: Von Mai 2003 bis Februar 2007 arbeitete sie in den Kabinetten Balkenende II und III zunächst als Ministerin für Ausländerangelegenheiten und Integration und ab Dezember 2006 dann als Ministerin für Integration, Prävention, Jugendschutz und soziale Reintegration.
>
> Während ihrer Zeit als Ministerin erlangte Verdonk durch ihre Politik und ihr Auftreten große Bekanntheit. Politisch stand sie für eine strenge Immigrations- und eine konsequente Integrationspolitik, die von den Zuwanderern Eigeninitiative und Anpassungsbereitschaft verlangte. Sie setzte verschiedene Schritte wie beispielsweise die Einrichtung verpflichtender Integrationskurse für bestimmte Immigranten bzw. bereits in den Niederlanden lebende Zuwandergruppen durch. Aufsehen erregte sie darüber hinaus durch ihre harte Haltung gegenüber Asylbewerbern. Aufgrund ihrer Politik und durch die Tatsache, dass sie in verschiedenen Situation – unter anderem beim Umgang mit der Schülerin Taida Pasic oder bei der Weigerung, den Fußballer

---

[244] Der Bruch zwischen Verdonk und der VVD kann nachvollzogen werden bei: Lucardie und Voerman (2007, S. 65 ff.), Schulte und Soetenhorst (2007, S. 261 ff.).

Kalou einzubürgern – strikt auf die Befolgung rechtlicher Vorgaben pochte, erhielt sie den Spitznamen „Eiserne Rita."[245]

Verdonks Bekanntheit erklärte sich jedoch nicht nur durch diese Punkte, sondern auch durch ihre Beteiligung an verschiedenen politischen Skandalen, in deren Rahmen mehrfach ihr Rücktritt gefordert wurde. So gelangten beispielsweise aus ihr unterstellten Behörden Informationen über Asylbewerber, deren Anträge abgelehnt worden waren, an Ämter in den jeweiligen Herkunftsländern (Kongo und Syrien). Verdonk war zudem neben der VVD-Parlamentarierin Ayaan Hirsi Ali (Abschn. 3.2) eine der beiden Protagonistinnen in der sogenannten Pass-Affäre, die Auslöser für den Fall des Kabinetts Balkenende II war: In einer Fernsehsendung, die am 11. Mai 2006 ausgestrahlt wurde, hatte Hirsi Ali eingestanden, dass sie in ihrem Asylantrag 1992 bezüglich ihres Alters, ihres Namens und ihres Reiseweges falsche Angaben gemacht habe. Obwohl diese Fakten zum Teil bereits bekannt waren, riefen sie in der Folgezeit ein großes Echo hervor. Verdonk erklärte nach einigen Tagen, dass die Entscheidung aus dem Jahr 1997, Hirsi Ali die niederländische Staatsangehörigkeit zu verleihen, nichtig sei. Für dieses Vorpreschen erfuhr sie heftige Kritik, woraufhin die Angelegenheit ausführlicher geprüft wurde. Das Ergebnis dieser Prüfung bestand darin, dass Hirsi Ali ihre Staatsangehörigkeit letztlich behalten konnte. Am 28. Juni 2006 und somit kurz nach der Veröffentlichung dieser Entscheidung eskalierte die Situation dann im Rahmen einer parlamentarischen Debatte. Ein von den Oppositionsparteien unterstützter Misstrauensantrag gegen Verdonk scheiterte zwar knapp, jedoch wurde dieser von der Parlamentsfraktion der Regierungspartei D66, die der Politik Verdonks seit längerem kritisch gegenüberstand, unterstützt. Anschließend entzog die Fraktion der D66 dem Kabinett das Vertrauen, die Regierungsmitglieder dieser Partei zogen sich zurück und damit war das Ende der Koalition am 29. Juni 2006 nach rund drei Jahren besiegelt. Verdonk behielt ihr Ministeramt im Anschluss an diese Ereignisse vorerst inne, Hirsi Ali siedelte gemäß ihrer schon vor der Affäre gefassten Pläne in die USA über.[246]

---

[245] Taida Pasic war 1999 im Alter von 12 Jahren als Flüchtling aus dem Kosovo in die Niederlande gekommen. Die Kontroverse um sie entbrannte Anfang 2006 über die Frage, ob sie wenige Monate vor ihrem Schulabschluss die Niederlande verlassen muss. Verdonk war entschieden für eine Ausweisung der Schülerin und konnte diesen Standpunkt letztlich entgegen vieler Proteste durchsetzen. Der Fußballer Salomon Kalou wollte für die niederländische Nationalmannschaft bei der Fußballweltmeisterschaft in Deutschland spielen und stellte daher einen Antrag auf Einbürgerung. Da er den Einbürgerungstest nicht bestand, weigerte sich Verdonk – obwohl von verschiedenen Seiten versucht wurde, Druck auszuüben – einer Einbürgerung zuzustimmen.

[246] Vgl. hierzu: Lucardie et al. (2006, S. 19 f. und 92 ff.), de Vries (2006, S. 133 ff.), Witteveen (2006, S. 17 ff.). Hirsi Alis Schilderung der Ereignisse kann nachgelesen werden bei: Hirsi Ali (2006, S. 472 ff.).

Durch ihren politischen Kurs, ihr – je nach Kommentator als konsequent oder unbarmherzig bewertetes – Auftreten und die angesprochenen brisanten Zwischenfälle polarisierte Verdonk in einem so hohen Maße, dass sie von der niederländischen Bevölkerung zugleich als eine der beliebtesten und der unbeliebtesten politischen Persönlichkeiten bewertet wurde. Innerhalb der VVD strebte Verdonk nach dem Rücktritt des bisherigen politischen Leiters van Aartsen im April 2006 die Spitzenposition an. In der zur Besetzung dieser Funktion durchgeführten Mitgliederbefragung verlor sie gegen Mark Rutte. Bei der vorgezogenen Neuwahl im November 2006 führte daraufhin Rutte die Liste der VVD an, Verdonk stand auf dem zweiten Listenplatz. Das insgesamt schwache Wahlergebnis der VVD wies dann eine erstaunliche Besonderheit auf: erstmals in der niederländischen Geschichte hatte mit Verdonk, die etwa 70.000 Stimmen mehr erhielt als Rutte, eine Person, die nicht auf dem ersten Platz der Parteiliste stand, die meisten Stimmen erhalten. Verdonk wertete das Wahlergebnis als Bestätigung für ihre Forderung nach einem konservativeren Kurs für die VVD und für ihren Führungsanspruch innerhalb der Partei. Obwohl sie bei ihren Bestrebungen durchaus auf Unterstützung in der Öffentlichkeit zählen konnte, war es ihr nicht möglich, ihre Ziele innerhalb der VVD durchzusetzen. Der auf dieser Konstellation basierende Konflikt zwischen Rutte und Verdonk blieb über Monate bestehen und spitzte sich ab Mitte des Jahres 2007 zu. Nachdem Verdonk erneut Kritik am Kurs der Partei und an der Führung Ruttes geäußert hatte, kam es Mitte September 2007 zum Bruch und Verdonk musste erst die VVD-Fraktion und nach dem Scheitern diverser Vermittlungsbemühungen auch die Partei verlassen.[247]

Nach der Trennung von der VVD war Verdonk in der Zweiten Kammer als unabhängige Kandidatin aktiv. Sie kündigte allerdings noch im Herbst 2008 an, dass sie die Errichtung einer eigenen politischen Bewegung mit dem Titel *Trots op Nederland* plane. Ebenso wie bei der PVV war es auch bei TON zuerst so geplant, dass die neue Gruppe den Charakter einer politischen Bewegung ohne Mitglieder tragen sollte. Interessierten Bürgern war es nur möglich, als Unterstützer oder Spender tätig zu werden. Offizieller Hintergrund dieser Regelung war, dass Verdonk möglichst direkten Kontakt zu den Bürgern haben und sich bewusst von den Organisationsprinzipien und Abläufen in den etablierten Parteien distanzieren wollte, da diese Verdonk zufolge die Probleme der Menschen nicht mehr richtig erkennen würden. Um den eigenen Kontakt zur Bevölkerung zu sichern, wollte Verdonk viele Gespräche führen und eine interaktive Homepage nutzen. Ab Mitte 2009 erfolgte jedoch ein Kurswechsel – seither ist es möglich, Mitglied von TON zu werden.

---

[247] Nach Bosmans verhielt sich Verdonk nach der Wahl 2006 „wie eine Laus im Pelz von Rutte, indem sie ständig den Kurs der VVD, die nun zur Oppositionspartei geworden war, und Ruttes Führung kritisierte." Bosmans (2008, S. 115). Zum Thema siehe auch: Sitalsing und Wansink (2010, S. 151 ff.).

Diese Änderung kann als ein Zeichen für die zu dieser Zeit bereits tiefgreifende Krise von TON interpretiert werden. Verdonk strebte als Zielsetzung für ihre politische Gruppierung an, für alle Niederländer zu stehen, die sich von den etablierten Parteien nicht repräsentiert fühlen. Bereits unmittelbar nach der Offenbarung ihrer Pläne, eine eigene Bewegung zu errichten, erzielte TON in Umfragen sehr gute Ergebnisse – bis zu 20 % der Niederländer unterstützten sie. Verdonk erklärte vor diesem Hintergrund, dass sie sich gut vorstellen könne, Ministerpräsidentin zu werden. In der Folgezeit verschlechterten sich die Umfragewerte von TON jedoch massiv. Als Gründe für diese Entwicklung sind unter anderem die heftigen Konflikte Verdonks mit ihrem ehemaligen PR-Berater Kay van de Linde und ihrem ehemaligen Chefberater Ed Sinke anzuführen. Gleichzeitig geriet Verdonk in die Kritik, weil sie zunächst nicht zugab, Mitglied der PSP gewesen zu sein. Umfragen zeigten darüber hinaus, dass Verdonk nur noch wenig Vertrauen geschenkt und auch ihre Problemlösungskompetenz angezweifelt wurde.

Verdonk wies inhaltlich immer wieder auf die ihrer Auffassung zufolge überaus große Unzufriedenheit der Bürger gegenüber der politischen Elite, auf die Gefährdung der niederländischen Identität und auf den zu großen Einfluss des Staates auf Wirtschaft und Gesellschaft hin. Ihre eigenen politischen Schwerpunkte setzte Verdonk in den Bereichen Migration, Integration und Sicherheit, in denen sie einen harten Kurs verfolgte. Darüber hinaus vertrat sie unter anderem eine kritische Haltung gegenüber Europa und den Ausgaben für Entwicklungszusammenarbeit und setzte sie sich für die Lösung bürgernaher Probleme wie beispielsweise den zu vollen Straßen auseinander. Mit diesen Programmpunkten besetzte Verdonk eine Position zwischen der politischen Mitte und der in der letzten Zeit erfolgreichen PVV, was es TON schwer machte, neue Anhänger zu gewinnen. Die negative Entwicklung von TON ist zu einem gewissen Teil auch durch die Gestalt des niederländischen Parteiensystems zu erklären.[248] Bei der Wahl am 9. Juni 2010 musste TON, nachdem die Gemeinderatswahlen bereits recht enttäuschend verlaufen waren, einen herben Rückschlag hinnehmen: Der Gruppierung gelang es mit einem Wahlergebnis von 0,6 % nicht, einen der 150 Parlamentssitze zu erlangen. Vor diesem Hintergrund löste im Oktober 2011 die Meldung, dass Verdonk ihre politische Karriere beendet, nur noch wenig Aufsehen aus.

---

[248] Auf diesen Punkt verweist: Bosmans (2008, S. 115). Die Programmatik von TON analysiert: Lucardie (2007a, S. 181 f.).

Im Wahlkampf für die Wahl 2010 fand ein bemerkenswerter Umschwung statt: Innerhalb weniger Monate wurde die VVD zur stärksten Kraft in der niederländischen Politik. Hintergrund für diese Entwicklung waren die durch die globale Wirtschafts- und Finanzkrise ausgelösten Probleme, auf die die VVD, der traditionell Kompetenzen in den Bereichen der Wirtschafts- und Finanzpolitik zugesprochen werden, mit weitreichenden Einsparungen reagieren wollte.[249] Diese Konzeption sorgte für ein klares inhaltliches Profil der Partei, welches in Expertenkreisen und in der Bevölkerung große Zustimmung fand. Im Wahlkampf konnte sich zudem Mark Rutte mit seinen rhetorischen Fähigkeiten profilieren, was seiner Partei, die insgesamt einen erfolgreichen Wahlkampf führte, zugutekam. Im Ergebnis erzielte die VVD zwar nicht das beste Ergebnis ihrer Geschichte, allerdings wurde sie mit einem Stimmenanteil von 20,5 % in Anbetracht der schwachen Ergebnisse der politischen Konkurrenten erstmals zur stärksten Kraft in der niederländischen Politik. In den Regierungsverhandlungen war sie dementsprechend in allen diskutierten Regierungsbündnissen vertreten. Im Kabinett Rutte I verfügt sie ebenso wie der CDA über sechs Minister und vier Staatssekretäre.

Infobox XIV: Mark Rutte
Mark Rutte, der am 14. Februar 1967 in Den Haag geboren wurde, studierte von 1984 bis 1992 an der Universität Leiden Geschichte. In dieser Zeit war er von 1988 bis 1991 Vorsitzender der JOVD. Von 1992 bis 2002 arbeitete Rutte in Personalabteilungen von Wirtschaftsunternehmen. Mitte 2002 begann der spektakuläre politische Aufstieg Ruttes. Er war zunächst für zwei Jahre als Staatssekretär im Sozial- und Arbeitsministerium und anschließend für zwei Jahre als Staatssekretär im Bildungsministerium tätig. Am 31. Mai 2006 wurde Rutte nach einer knappen parteiinternen Wahl politischer Leiter der VVD. Bis zur Wahl 2010 vertrat er die VVD daraufhin als Fraktionsvorsitzender im Parlament. Sowohl im Jahr 2006 als auch im Jahr 2010 führte er seine Partei im Wahlkampf an. Auf der Grundlage des guten Ergebnisses der VVD im Jahr 2010 konnte er sich im Rahmen der Koalitionsbildung das Amt des Ministerpräsidenten sichern.[250]

Mark Rutte ist seit dem Herbst 2010 der erste liberale Ministerpräsident der Niederlande seit beinahe hundert Jahren. Dieser Umstand ist durchaus erstaunlich, wenn man bedenkt, dass Rutte in den letzten Jahren immer wieder mit großen Problemen und massiver Kritik umzugehen hatte. Bereits seine Wahl zum politischen Leiter der VVD war äußerst umkämpft, in der Folgezeit hatte Rutte zunächst Schwierigkeiten, seine Position in der eigenen Partei und in der Öffentlichkeit zu festigen. Neben den internen Problemen mit der Konkurrentin Verdonk war dieser Umstand auch darauf zurückzuführen, dass Rutte Schwierigkeiten in der Au-

---

[249] Zu den entsprechenden Kompetenzzuschreibungen siehe: de Beaufort et al. (2008, S. 169 ff.).
[250] Zu Rutte siehe auch: Maarleveld (2011).

ßendarstellung hatte. Über den Wahlkampf 2006 schreiben Becker und Cuperus beispielsweise: „Rutte konnte sich nicht von seiner Mutter, seiner nicht vorhandenen Freundin und der übermächtig präsenten Kollegin Verdonk lösen. Es blieb das Bild im Gedächtnis haften, dass seine Mutter ihm noch immer die Wäsche wusch, dass er Single war und dass seine Spitzenposition ständig durch die Aktionen Rita Verdonks unterminiert wurde."[251] Trotz der Kritik an seinem öffentlichen Auftreten und an seiner mangelnden Führungsstärke konnte sich Rutte nach der Wahl gegen die interne Konkurrentin Verdonk durchsetzen und auch die lange Zeit niedrigen Umfragewerte für seine Partei überstehen. Im Wahlkampf 2010 kam dann der überraschende Umschwung: Nicht nur die VVD wurde positiver bewertet, sondern auch der Kandidat Rutte wusste immer mehr Bürger von sich zu überzeugen. Ein wichtiger Grund hierfür war sein nun souveräneres Auftreten, welches auch auf seinen großen rhetorischen Fähigkeiten beruhte, durch die er als Sieger aus mehreren Diskussionsrunden hervorging. Nach der Wahl schaffte es Rutte, der gemeinhin als ruhiger und besonnener Politiker gilt, im Rahmen eines langen Verhandlungsprozesses das starke Wahlergebnis seiner Partei zu nutzen und sich das Amt des Ministerpräsidenten zu sichern. In dieser Funktion hinterließ er – wie aus verschiedenen Umfragen hervorgeht – in den ersten Monaten einen guten Eindruck.

Wahlergebnisse und Mitgliederentwicklung

Die liberale Strömung, die im 19. Jahrhundert die niederländische Politik entscheidend geprägt hatte, verlor in den Niederlanden in der Zeit vor dem Zweiten Weltkrieg massiv an Bedeutung (Abb. 6.10). Bei der letzten Wahl vor der Besatzung erzielte die LSP 1937 nur noch ein Ergebnis von 3,7 % der Stimmen. Nach dem Krieg stimmten zunächst 6,4 % der Niederländer für die PvdV, die 1948 von der VVD abgelöst wurde. Die VVD wurde dem im Namen formulierten Anspruch einer Volkspartei in der ersten Zeit ihres Bestehens kaum gerecht: Bis Anfang der 1970er Jahre stimmten nie mehr als rund 12 % der Wähler für sie. Der nachfolgende Aufschwung, der (wie oben beschrieben wurde) eng mit den Namen Wiegel und Nijpels verbunden ist, dauerte bis 1982 an, als die Partei 23,1 % der Stimmen erhielt. In den 1980er Jahren musste die VVD aus den genannten Gründen Verluste hinnehmen. Diese Entwicklung kehrte sich zu Beginn der 1990er Jahre um, nachdem die Partei sich ab 1989 in der Opposition neu aufgestellt hatte. Der Aufschwung der VVD in den 1990er Jahren, in dessen Verlauf die Partei das beste Ergebnis ihrer Geschichte erzielen konnte, ist eng mit dem Namen Bolkestein, dem Wirken der violetten Koalition und dem ökonomischen Aufschwung, der zu dieser Zeit stattfand, verbunden. Bei den ersten drei Wahlen seit der Jahrtausendwende erzielte die VVD, die unter verschiedenen internen

---

[251] Becker und Cuperus (2006, S. 94). Vgl hierzu auch: van Praag (2006c, S. 147 f.).

Abb. 6.10 Wahlergebnisse der VVD und ihrer Vorgängerorganisationen (1918–2010)[252]

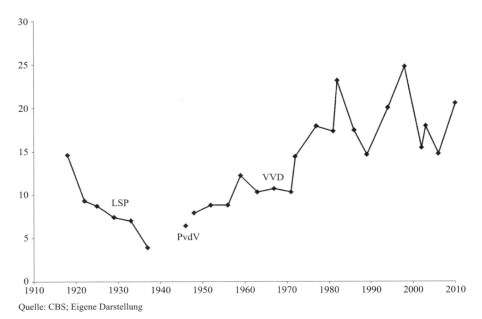

Quelle: CBS; Eigene Darstellung

Problemen und Abspaltungen zu kämpfen hatte, dann deutlich schlechtere Resultate als 1994 und 1998. Bei der Wahl 2006 erhielt die VVD nur 14,7 % der Stimmen – dies stellte das schlechteste Ergebnis der Partei seit 1972 dar. Bei der Wahl 2010 konnte die Partei dann auf der Grundlage eines gelungen Wahlkampfes wieder deutliche Stimmengewinne verbuchen und mit einem Resultat von 20,5 % erstmals die größte Fraktion in der Zweiten Kammer stellen.[253]

Die organisatorische Schwäche liberaler Gruppierungen wirkte sich zunächst auch auf die VVD aus, die in ihren Anfängen noch nicht im ganzen Land präsent war.[254] Zur Zeit ihrer Gründung hatte die VVD rund 20.000 Mitglieder, diese Zahl verdoppelte sich bis zu Beginn der 1970er Jahre sukzessive (Abb. 6.11). Im Lauf der 1970er und auch noch zu Beginn der 1980er Jahre konnte die Partei ihre Mitgliederzahl massiv erhöhen, der historische Höchststand wurde 1982 mit über 100.000 Mitgliedern erreicht. Anschließend verlor die

---

[252] Die Wahlergebnisse der Jahre von 1918 bis 1937 beziehen sich auf die LSP bzw. ihre Vorgängerorganisationen.
[253] Die Wählerschaft der VVD war bei dieser Wahl durchschnittlich 46 Jahre alt und in der Mehrzahl nicht konfessionell gebunden. Die VVD wird zudem vorwiegend von Beziehern mittlerer und höherer Einkommen gewählt, die besonderes Augenmerk auf sozial- und finanzpolitische Fragen sowie die Themen Sicherheit und Einwanderung legen. Vgl. van Holsteyn und Irwin (2011, S. 158 ff.), Rosenthal (2008, S. 70 ff.).
[254] Zum Thema siehe: Voerman und Dijk (2008, S. 97 ff.).

6.3 Die wichtigsten Gruppierungen in der aktuellen Politik

Abb. 6.11 Mitgliederentwicklung der VVD (1948–2011)[255]

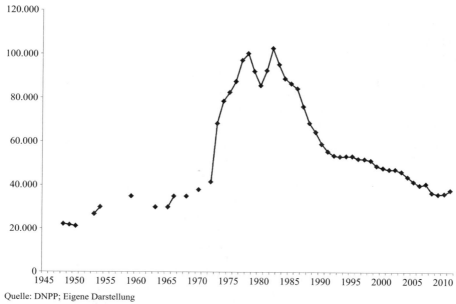

Quelle: DNPP; Eigene Darstellung

Partei kontinuierlich Mitglieder, wobei das Tempo dieses Prozesses schwankte. Bis 1992 sank die Mitgliederzahl auf weniger als 54.000 Personen, innerhalb von zehn Jahren hatte sich der Mitgliederbestand somit nahezu halbiert. In der Folgezeit setzte sich der Mitgliederschwund der VVD in einem langsameren Tempo fort. Erst in den letzten Jahren wird diese Negativentwicklung durch einen leichten Zuwachs unterbrochen.

---

[255] Eine vollständige Datenbasis liegt erst für die Zeit ab 1972 vor.

Zentrale Daten zur VVD

Gründungsdatum	24. Januar 1948
Homepage	www.vvd.nl
Politischer Leiter	Mark Rutte
Parteivorsitzender	Mark Verheijen
Fraktionsvorsitzender (Zweite Kammer)	Stef Blok
Mitgliederzahl (2011)	37.942
Wissenschaftliches Institut	*Teldersstichting*
Jugendorganisation	*Jongeren Organisatie „Vrijheid en Democratie"*
Politische Leiter	Pieter Oud, 1948 bis 1963 Edzo Toxopeus, 1963 bis 1969 Molly Geertsema, 1969 bis 1971 Hans Wiegel, 1971 bis 1982 Ed Nijpels, 1982 bis 1986 Rudolf de Korte, 1986 Joris Voorhoeve, 1986 bis 1990 Frits Bolkestein, 1990 bis 1998 Hans Dijkstal, 1998 bis 2002 Gerrit Zalm, 2002 bis 2004 Jozias van Aartsen, 2004 bis 2006 Mark Rutte, ab 2006
Ministerpräsidenten	Mark Rutte, ab 2010
Regierungsbeteiligungen (national)	1948–51: KVP, PvdA, CHU, VVD, Parteilose (Drees I) 1951–52: KVP, PvdA, CHU, VVD, Parteilose (Drees II) 1959–1963: KVP, VVD, CHU, ARP (De Quay) 1963–65: KVP, VVD, CHU, ARP (Marijnen) 1967–71: KVP, ARP, VVD, CHU (De Jong) 1971–72: KVP, ARP, VVD, CHU, DS'70 (Biesheuvel I) 1972–73: KVP, ARP, VVD, CHU (Biesheuvel II) 1977–81: CDA, VVD (Van Agt I) 1982–86: CDA, VVD (Lubbers I) 1986–89: CDA, VVD (Lubbers II) 1994–98: PvdA, VVD, D66 (Kok I) 1998–02: PvdA, VVD, D66 (Kok II) 2002–03: CDA, LPF, VVD (Balkenende I) 2003–2006: CDA, VVD, D66 (Balkenende II) 2006–2007: CDA, VVD (Balkenende III) Ab 2010: VVD, CDA (Rutte I)
Wahlergebnis 2010	20,5 % (1.926.575 Stimmen, 31 Mandate)

6.3.4 *Partij voor de Vrijheid* (PVV)

Kaum ein anderer Politiker hat in den letzten Jahren die niederländischen Schlagzeilen derart dominiert wie Geert Wilders, der Gründer der *Partij voor de Vrijheid* (PVV).[256] Der ehemalige Parlamentsabgeordnete der VVD verließ im September 2004 diese Partei, um eine eigene politische Gruppierung ins Leben zu rufen. Das hohe Interesse, das Wilders als Person und der PVV als neu gegründeter Partei zuteilwird, erklärt sich im Wesentlichen dadurch, dass Wilders bestimmte (aktuelle) Themen immer wieder konfrontativ aufgreift. Vor allem seine überaus kritische Haltung zum Islam und seine daraus resultierenden Bedenken gegen die von ihm befürchtete „Islamisierung der Niederlande" sorgen im In- und zum Teil sogar auch im Ausland immer wieder für erhebliches Aufsehen. Lucardie sieht die Hauptziele der PVV in der Verteidigung der nationalen Freiheit und Unabhängigkeit sowie in der Wiederherstellung der nationalen Werte und Traditionen.[257] Zudem profiliert sich Wilders, der durch seine polarisierenden Aussagen und sein provokantes Auftreten fortdauernd viel Aufmerksamkeit erhält, als entschiedener Gegner der Europäischen Integration. Bei der Wahl 2010 erzielte Wilders seinen bisher größten politischen Erfolg: 15,5 % der Bürger stimmten für die PVV, die somit seither die drittstärkste Fraktion in der Zweiten Kammer stellt. Der Prozess der Regierungebildung führte anschließend zu dem Ergebnis, dass die neue Minderheitsregierung Rutte I durch die PVV geduldet wird, was den Einfluss der Partei auf die niederländische Politik deutlich stärkt.[258]

Geschichtliche Entwicklung

Die Geschichte der PVV ist untrennbar mit der Biographie ihres Protagonisten Geert Wilders verbunden. Dieser 1963 in Venlo geborene und aufgewachsene Politiker trat 1989 in die VVD ein. In der Zeit von 1990 bis 1998 war er als Mitarbeiter für die Parlamentsfraktion dieser Partei aktiv. Von August 1998 bis September 2004 hatte er dann – mit einer kurzen Unterbrechung im Jahr 2002 – einen Parlamentssitz für die VVD inne.[259] Die Tatsache, dass ihm nach einigen Jahren innerhalb der VVD eine durchaus wichtige Rolle zukam, wird

---

[256] Der Journalist Bas Heijne hielt im September 2009 sogar fest, dass sich Wilders „zu einer nationalen Obsession ausgewachsen" habe. Zitiert nach: Vossen (2011, S. 77).
[257] Vgl. Lucardie (2011, S. 24). In den Niederlanden findet seit Jahren eine Diskussion darüber statt, ob Wilders als (National-)Liberaler, (Rechts-)Populist oder vielleicht sogar Extremist bezeichnet werden kann. Vgl. hierzu beispielsweise: Vossen (2011, S. 79 ff.), Lucardie (2007a, S. 178 ff.).
[258] Vgl. ten Hooven (2010, S. 77 f.).
[259] Vossen schreibt über Wilders' Anfangszeit im Parlament: „Er fiel dort auf mit seinem auffällig blondierten Haar, seinem zügellosen Arbeitswillen und Ehrgeiz, mit seiner Kritik an den linken Koalitionspartnern D66 und PvdA sowie mit seinen Vorschlägen, wie das Gesetz zur Erwerbsunfähigkeit zu reformieren sei. Politisch wird Wilders in dieser Zeit von den Medien – aber auch von sich selbst – als Vertreter des konservativen Liberalismus Frits Bolkesteins, seinem politischen Mentor, eingeordnet." Vossen (2011, S. 83 f.). Bei der Wahl 2002 verlor Wilders sein Mandat in Anbetracht des schlechten Abschneidens der VVD und seines ungünstigen Listenplatzes. Wilders' eigene Darstellung seiner politischen Karriere kann nachvollzogen werden in: Wilders (2005, S. 13 ff.) sowie in: Blok und van Melle (2008, S. 44 ff.).

daran deutlich, dass er im Jahr 2003 ein Kandidat für das Amt des Vizefraktionsvorsitzenden war. Inhaltlich wichen die Standpunkte Wilders' im Lauf der Zeit immer stärker von denen der VVD ab.[260] Dies wurde spätestens im Juli 2004 deutlich, als Wilders öffentlich einen „rechteren" Kurs der Partei forderte und beispielsweise dafür eintrat, dass die Türkei niemals Mitglied der EU werden dürfe, dass Verbrechen härter bestraft, dass Maßnahmen gegen radikale Muslime ergriffen, dass bürokratische Hemmnisse rigoros abgebaut und dass Ausgaben für Entwicklungshilfe massiv gekürzt werden sollten. Insbesondere die unterschiedlichen Haltungen zur Frage, ob und unter welchen Voraussetzungen eine Mitgliedschaft der Türkei in der EU zugestimmt werden sollte, führten letztlich dazu, dass Wilders, der die Partei nicht von seinen Gedanken überzeugen konnte, sich am 2. September 2004 entschloss, die VVD-Fraktion zu verlassen. Fortan agierte er als unabhängiger Parlamentarier, der die Schaffung einer eigenen politischen Gruppierung vorbereitete. Bei diesen Bestrebungen behindert wurde er nach dem Mord an Theo van Gogh am 2. November 2004 durch den Umstand, dass er zu den Personen gehörte, die aus Sicherheitsgründen permanent beschützt werden mussten.

Wilders entschied sich früh dafür, dass seine neue Gruppierung nicht die klassischen Merkmale einer Partei tragen, sondern eine „politische Bewegung" mit einer gänzlich anderen Organisationsstruktur sein sollte. Inhaltlich wendet er sich von Beginn an gegen die politische („linke") Elite, die sich seiner Auffassung zufolge nicht genug um die Belange der Bürger kümmere und die die niederländische Gesellschaft und Kultur, die ihm zufolge insbesondere von islamistischen Einflüssen und vom Europäischen Integrationsprozess bedroht werden, nicht im ausreichenden Maße schütze. Seine eigenen politischen Ziele richteten sich vor diesem Hintergrund unter anderem auf eine rigide Begrenzung der Zuwanderung, die Eingrenzung des von ihm ausgemachten islamistischen Einflusses auf die Gesellschaft und eine radikale europapolitische Umorientierung.[261] Darüber hinaus wollte Wilders unter anderem den Einfluss des Staates und die Zahl der Beamten reduzieren, mehr Härte gegenüber Verbrechern zeigen und verschiedene Maßnahmen im Bereich der demokratischen Erneuerung realisieren. Der Aufschwung Wilders' wurde durch die gesellschaftliche Stimmung nach dem Mord an Theo van Gogh begünstigt. Nach Bosmans stimulierte sie Wilders dazu, „in immer ungehobelteren Worten gegen die multikulturelle Gesellschaft und die Politik, die diese aufrecht erhielt, in den Kampf zu ziehen."[262] Einen

---

[260] Wilders beschreibt den Bruch mit der VVD und die Errichtung seiner eigenen Gruppierung im Rahmen seines Buches *Kies voor Vrijheid* (S. 33 ff.) ausführlich. Siehe hierzu auch: Blok und van Melle (2008, S. 105 ff.). Die politischen Anschauungen Wilders' im Wandel der Zeit erörtert ausführlich: Vossen (2011, S. 81 ff.).

[261] Im Fokus von Wilders' Programmatik stand seit seiner Unabhängigkeit der Islam, den er mit immer radikaleren Aussagen kritisierte: „Während er zunächst noch vom radikalen oder reinen Islam als Feind spricht, bezeichnet er im Laufe der Zeit den Islam an sich als eine ‚faschistische Ideologie' und stellt Zusammenhänge mit ganz anderen Problemen her." Vossen (2011, S. 90). Wilders' beschreibt seine Haltung zum Islam in: Wilders (2005, S. 65 ff.). Interessante Ausführungen zu den Anschauungen der PVV finden sich auch in: Pels (2011, S. 35 ff.).

[262] Bosmans (2008, S. 114).

ersten politischen Erfolg konnte Wilders bereits Mitte 2005 erzielen, als der Europäische Verfassungsvertrag, gegen den er heftigen Widerstand geleistet hatte, von der Mehrheit der Niederländer abgelehnt wurde.[263]

Anfang des Jahres 2006 ließ Wilders seine neue Partei mit den Namen PVV registrieren. Die Namensgebung erfolgte in Anlehnung an die von 1946 bis 1948 aktive PvdV, die nach Wilders – in Anbetracht der Tatsache, dass er die programmatische Ausrichtung der VVD kritisierte – die letzte wirklich liberale Partei in den Niederlanden war. Zur Organisationsstruktur der PVV ist zu sagen, dass es Bürgern nicht möglich ist, Mitglied der Partei zu werden – allerdings kann man sie als Freiwilliger oder durch Spenden unterstützen. Durch diese Konstruktion will Wilders eine nähere Verbindung zu den Bürgern sicherstellen. Ihm ist es durch die spezifische Struktur seiner Partei möglich, alleine deren Kurs festzulegen – eine Festlegung die als Lehre aus dem Zusammenbruch der LPF gezogen wurde. Es steht ihm auch frei, über die Kandidaten der PVV für die jeweiligen Wahlen sowie deren Platzierung auf der Wahlliste zu entscheiden. Auf die Personalentscheidungen wirkt sich aus, dass Wilders sich bereits vor der Wahl 2006 für einen unabhängigen Kurs entschied und folglich ein Zusammengehen mit anderen Gruppen ablehnte, die eine Partei rechts von der VVD etablieren wollten.[264] Inhaltlich sorgte er für Aufsehen, indem er die dänischen Mohammed-Karikaturen auf seiner Homepage veröffentlichte und indem er dafür eintrat, den ersten Artikel der niederländischen Verfassung zu löschen und hierfür jüdisch-christliche und humanistische Werte als dominante Kultur festzulegen. Die meiste Aufmerksamkeit erhielt er durch seine kritischen Äußerungen zum Islam, den er als Gefahr für die niederländische Kultur ansieht. Seine Haltung brachte er wiederholt mit drastischen Worten zum Druck, indem er beispielsweise davon sprach, dass die Niederlande von einem „Tsunami der Islamisierung" bedroht werden. Auf dieser Grundlage forderte er, dass keine weiteren Moscheen mehr gebaut werden dürften und der Zuwanderung aus nichtwestlichen Ländern Einhalt geboten werden müsse. Im Wahlkampf 2006 trat er zudem für eine strenge Integrationspolitik, die Begrenzung der Rolle des Staates, Steuererleichterungen, strengere Strafen für Kriminelle, einen anderen europapolitischen Kurs und mehr direkte Demokratie ein. Bei sozioökonomischen Fragen vollzog Wilders im Lauf der Zeit gegenüber seinen früheren Forderungen eine bemerkenswerte Kehrtwende, indem er neoliberale Positionen ablegte und immer mehr „linke" Forderungen aufnahm.[265] Mit seinen Inhalten und seinem Auftreten erntete Wilders von den anderen politischen Parteien und in Teilen der Gesellschaft vor der Wahl 2006 heftige Kritik. Bei Teilen der Wählerschaft fand er allerdings, wie das Wahlergebnis deutlich dokumentiert, durchaus Anklang: Die PVV, deren Außenwirkung nahezu ausschließlich durch das Auftreten Wilders' geprägt wurde, erhielt

---

[263] Ausführliche Informationen zum Referendum über der Europäischen Verfassungsvertrag bieten: Wendt (2010, S. 64 ff.), Kranenburg (2006, S. 82 ff.) sowie die Beiträge in: Aarts und van der Kolk (Hrsg.) (2005).
[264] Ein Teil der entsprechenden Personen bildete die Partei *Eén.NL*, die bei der Wahl im November 2006 sehr knapp am Einzug in die Zweite Kammer scheiterte.
[265] Vgl. Vossen (2011, S. 97).

5,9 % der Stimmen und wurde damit mit neun Abgeordneten zur fünftstärksten Kraft im niederländischen Parlament. Hierbei handelte es sich um das zweitbeste Ergebnis einer neuen Partei in der politischen Geschichte der Niederlande.[266]

Nach der Wahl 2006 gelang es Wilders weiterhin, immer wieder mit kontroversen und polarisierenden Äußerungen öffentliche Aufmerksamkeit zu erlangen. Inhaltlich richtete er sich dabei zumeist gegen den Islam und die Gefahren, die nach Wilders von diesem ausgehen. So bezeichnete er im Sommer 2007 den Koran als faschistisches und gefährliches Buch, das mit Hitlers „Mein Kampf" zu vergleichen wäre und verboten werden sollte. Einige Zeit später dominierte er über Monate die politischen Schlagzeilen mit seinem Plan, einen Film zu produzieren, in dem die Gefahren des Islamismus gezeigt werden sollten. Die niederländische Regierung distanzierte sich energisch von Wilders Plänen – auch da man wütende Reaktionen von Muslimen fürchtete und Gefahren für niederländische Bürger und Wirtschaftsinteressen sah. Die Reaktionen auf den Film, der im März 2008 im Internet veröffentlicht wurde und der den Titel *Fitna* trug, hielten sich allerdings im In- und Ausland in Grenzen. Ein Grund hierfür war, dass die Inhalte des Films, in dem in zum Teil drastischen Bildern zunächst vor den Gefahren des islamistischen Terrorismus und dann vor der Islamisierung der Niederlande gewarnt wird, weniger provokant waren, als dies ursprünglich befürchtet wurde. Darüber hinaus gelang es der niederländischen Politik überzeugend, sich vom Film und dessen Autor zu distanzieren und Gespräche mit Gruppen, die sich durch die Inhalte des Films verletzt fühlten, zu führen. Die Aussagen des Filmes führten zu heftiger Kritik, beispielsweise bewertet der Islamexperte Zemni von der Universität Gent ihn als vulgäre Aneinanderreihung von Stereotypen, Vorurteilen, aus dem Kontext gerissenen Bildern und zum Teil absichtlich fehlinterpretierten Zitaten.[267]

Wilders kontroverse Aussagen bilden die Grundlage dafür, dass er permanent von Sicherheitskräften bewacht werden muss. Anfang 2009 wurde ihm darüber hinaus, obwohl die niederländische Regierung hiergegen protestierte, die Einreise nach England, wo er bei einer Ausstrahlung seines Films anwesend sein wollte, verweigert. Die öffentliche Empörung über diese Entscheidung trug dazu bei, dass der Aufschwung, den Wilders in Umfragen erlebte, sich weiter fortsetzte. Bei der Europawahl im Jahr 2009 erhielt die PVV mit ihren kritischen Einstellungen zum Europäischen Integrationsprozess circa 17 % der Stimmen. Mit diesem Ergebnis ging sie nach dem CDA als zweitstärkste Partei aus der Wahl hervor. Auch die Anfang 2010 durchgeführten Gemeinderatswahlen, bei denen die PVV aus personellen und taktischen Gründen nur in zwei Kommunen (Den Haag und Almere) antrat, verliefen sehr erfolgreich.

Im Wahlkampf für die Wahl zur Zweiten Kammer 2010 nahm Wilders mit seinen Forderungen und seiner Kritik, die sich unter anderem gegen die PvdA und ihren Spitzen-

---

[266] Nur die LPF (Abschn. 3.2) erhielt als neue Partei bei der Wahl im Jahr 2002 einen deutlich höheren Stimmenanteil.
[267] Vgl. Zemni (2008, S. 303). Die Debatte, die am 1. April 2008 in der Zweiten Kammer über den Film *Fitna* stattfand, kann nachvollzogen werden bei: Leenders (2008, S. 101 ff.).

6.3 Die wichtigsten Gruppierungen in der aktuellen Politik

kandidaten Cohen richtete, zunächst einen zentralen Platz ein. Dies änderte sich jedoch, als ökonomische Themen immer mehr Bedeutung erlangten und sich der Fokus somit von den Hauptthemen Wilders' weg richtete. In Umfragen verlor die PVV vor diesem Hintergrund an Zustimmung. Das Wahlergebnis selbst fiel dann überraschend hoch aus: 15,5 % der Wähler stimmten für die PVV, die damit die größten Zugewinne aller Parteien verbuchen konnte.[268] Vor diesem Hintergrund kam der Partei auch bei der Regierungsbildung eine gewichtige Rolle zu. Trotz starker Proteste und innerparteilicher Kontroversen im CDA unterstützt die PVV mit ihrer Duldung nun das aktuelle Kabinett.[269]

In den Niederlanden wurde verschiedene Male versucht, juristische Schritte gegen Wilders einzuleiten. Diese Bemühungen blieben allerdings trotz eines Prozesses, in dessen Rahmen sich Wilders unter anderem gegen den Vorwurf der Diskriminierung und des Aufrufes zu Hass verteidigen musste, ohne Folgen.[270] Wilders Auftreten und seine Statements tragen dazu bei, dass er eine enorm hohe Präsenz in den Medien besitzt und mit seinen Themen die Schlagzeilen immer wieder dominieren kann. Ein stetes Kennzeichen seiner Äußerungen besteht darin, dass er sich als Sprecher der Bürger versteht und sich nicht nur von der Brüsseler Bürokratie und der politischen Korrektheit, sondern auch von den anderen niederländischen politischen Parteien abzusetzen versucht. Von diesen erfährt er immer wieder heftige Kritik, allerdings gelingt es den Vertretern der anderen Parteien bisher selten, in Diskussionen die Schwächen von Wilders' Forderungen aufzuzeigen. Bei der Bevölkerung erhält die PVV mit ihrem Spitzenkandidaten – und dies ist vor dem Hintergrund der Radikalität seiner Forderungen überraschend – bereits seit einiger Zeit ein hohes Maß an Zustimmung. Er gehört nach Bosmans zu den Politikern, die erfolgreich an Bauchgefühle, Gefühle der Angst, des Unbehagens, der Ungewissheit, Unsicherheit und Frustration appellieren und die ihre Sympathisanten glauben machen, dass sie diese Gefühle in Politik umsetzen können.[271]

Abschließend ist zu sagen, dass der Aufstieg Wilders und seine aktuelle Popularität in Anbetracht seiner kontroversen Inhalte und seines polarisierenden Auftretens viele Beobachter erstaunen. Die Erfolge der PVV haben dazu beigetragen, dass sich in der Grundton politischer Debatten verschärft und sich deren inhaltlicher Schwerpunkt verlagert hat. Inwiefern der Partei auch in Zukunft eine wichtige politische Bedeutung zukommt, hängt sicherlich von mehreren Faktoren ab, deren Relevanz unterschiedlich gewichtet werden

---

[268] Nähere Informationen zum Wahlprogramm der PVV für die Wahl 2010 sowie weiterer programmatischer Schriften der Partei finden sich in: Krause (2010, S. 18 ff.). Die programmatischen Dokumente der PVV (die *Onafhankelijkheidsverklaring* aus dem Jahr 2005, das *Verkiezingspamflet* aus dem Jahr 2006 und *De agenda van hoop en optimisme* aus dem Jahr 2010) sind unter anderem auf der Internetseite des DNPP einzusehen.

[269] Vor diesem Bündnis gab es in den Niederlanden sogar Diskussionen darüber, einen *cordon sanitaire* um die PVV aufzubauen. Vgl. hierzu: Geysels et al. (2008, S. 49–64).

[270] Zum Thema siehe: Fennema (2009, S. 5 ff.), ten Hooven (2010, S. 130 ff.).

[271] Vgl. Bosmans (2008, S. 121 f.). An dieser Stelle sei darauf hingewiesen, dass Wilders – ebenso wie Fortuyn vor einigen Jahren – oftmals mit anderen „populistischen" Politikern aus dem Ausland verglichen wird. Vgl. hierzu: Vossen (2011, S. 98 ff.).

kann und von denen nur einige hier angesprochen werden sollen. Es stellt sich beispielsweise die Frage, ob Wilders fortdauernd im bisherigen Maße die politischen Schlagzeilen und Kontroversen prägen kann. Auf die von ihm bisher erfolgreich angestrebte Medienpräsenz ist seine PVV vor allem daher in hohem Maße angewiesen, weil es der Partei an Mitgliedern und Strukturen mangelt, über die sie kontinuierlich im Kontakt zur Bevölkerung bleiben kann. Die besondere Organisationsstruktur der PVV führt auch dazu, dass sie (zumindest bisher) keine Mittel aus der staatliche Parteienfinanzierung erhält, womit sie im besonderen Maß von der fortdauernden Mitteleinwerbung durch Spenden abhängig ist. Schwierig erscheint es für die PVV auch, ihr derzeit rasches Wachstum auf eine geeignete personelle Grundlage zu stellen, ohne dass die Gruppierung, wie dies bei anderen Parteien in der Vergangenheit der Fall war, unter personellen Querelen oder Flügelkämpfen leiden muss. Im Jahr 2010 kam es bereits zu mehreren kritischen Diskussionen über Mandatsträger der PVV, die in verschiedener Hinsicht ins Gerede gekommen waren. Zu erwähnen ist auch, dass es zudem einigen Unfrieden über die Organisation der PVV gab: Verschiedene Funktionsträger forderten eine Öffnung der Partei, die Wilders allerdings bisher abwenden konnte.

Wahlergebnisse

Die PVV von Geert Wilders nahm bisher erst an zwei Wahlen zur Zweiten Kammer teil, bei denen sie jeweils große Erfolge erzielen konnte: Bereits bei der Wahl 2006 erhielt sie 5,9 % der Stimmen, dieses Ergebnis konnte sie bei der nächsten Wahl sogar auf 15,5 % steigern. In Bezug auf die Wählerschaft der PVV ist darauf hinzuweisen, dass das Bildungsniveau der PVV-Wähler durchschnittlich niedriger ist als in der gesamten Wählerschaft. Allerdings erklären soziostrukturelle Kennzeichen die Erfolge rechtspopulistischer Parteien nur zum Teil – die PVV findet somit in sehr unterschiedlichen Bevölkerungsgruppen Unterstützung.[272] Die Partei erlangte bei der Parlamentswahl im Juni 2010 in allen Provinzen mehr als 10 % der Stimmen. In der Provinz Limburg, in der auch Venlo, die Heimatstadt von Geert Wilders, liegt, wurde sie sogar von nahezu 27 % der Wähler unterstützt.

---

[272] Vgl. hierzu: Bovens und Wille (2010, S. 415 f.), van der Brug (2008, S. 41 ff.), van der Waal et al. (2011, S. 189 ff.), Becker und Cuperus (2010, S. 8 f.).

Zentrale Daten zur PVV

Gründungsdatum	22. Februar 2006
Homepage	www.pvv.nl
Politischer Leiter	Geert Wilders
Parteivorsitzender	Geert Wilders
Fraktionsvorsitzender (Zweite Kammer)	Geert Wilders
Mitgliederzahl (2011)	–
Wissenschaftliches Institut	–
Jugendorganisation	–
Politischer Leiter	Geert Wilders, ab 2006
Ministerpräsidenten	–
Regierungsbeteiligungen (national)	Duldung der Regierung Rutte I
Wahlergebnis 2010	15,5 % (1.454.493 Stimmen, 24 Mandate)

6.3.5 *Socialistische Partij* (SP)

Ebenso wie in Deutschland etablierte sich auch in den Niederlanden in den letzten Jahren eine Partei links von der Sozialdemokratie im Parteienspektrum. Die am 22. Oktober 1972 gegründete *Socialistische Partij* (SP) ist seit 1994 in der Zweiten Kammer vertreten und hat seither ihre Bedeutung deutlich steigern können. Aus der Wahl 2006 ging sie mit einem Ergebnis von 16,6 % der Stimmen sogar als große Siegerin hervor. Im Jahr 2010 erhielt sie einen Stimmenanteil von 9,8 % – mit diesem Ergebnis stellt sie derzeit die fünftgrößte Fraktion im niederländischen Parlament. Bisher war die SP trotz diverser Diskussionen über eine „linke Mehrheit" und kurzen Gesprächen mit dem CDA und der PvdA nach der Wahl 2006 an keiner Regierung beteiligt.

Geschichtliche Entwicklung

Das Wahlergebnis von 2006 stellt ohne Zweifel den bisherigen Höhepunkt in der Geschichte der SP dar. Mit ihrem langjährigen und über die Parteigrenzen hinweg beliebten Spitzenkandidaten Jan Marijnissen gelang es den Sozialisten, ihr Ergebnis aus dem Jahr 2003 nahezu zu verdreifachen. Bei den Wahlen des Jahres 2010 konnte die Partei das starke Ergebnis des Jahres 2006 zwar nicht wiederholen, mit beinahe 10 % der Stimmen etablierte sie sich jedoch weiter als bedeutende Kraft in der niederländischen Politik. Der große Wählerzuspruch, auf den im Folgenden noch näher eingegangen wird, ist vor allem vor dem Hintergrund der Geschichte der Partei durchaus verwunderlich. An der Entstehung der SP waren Personen beteiligt, die zuvor in der KEN/ml aktiv waren. Bei dieser 1970 gegründeten Gruppierung handelte es sich um eine Partei, die ihre Wurzeln wiederum zum Teil in der CPN hatte.²⁷³ Ideologisch orientierte sich die im Jahr 1972 gegründete SP zunächst am Maoismus und lehnte man zunächst die parlamentarische Demokratie ab. Mit dieser Ausrichtung war die Partei in den ersten Jahren vor allem auf lokaler Ebene aktiv, wo sie insbesondere durch ihren – von Maos Massenlinie inspirierten – aktionistischen und bürgernahen Kurs sowie ihre Vernetzung mit diversen gesellschaftlichen Gruppen auffiel.²⁷⁴ Ihre ersten Erfolge konnte die Partei bei den Kommunalwahlen 1974 verzeichnen, bei denen sie Mandate in Nimwegen und Oss gewann.²⁷⁵ Bei den folgenden Gemeinderatswahlen konnte sie ihre Mandatszahl deutlich erweitern und ihre lokale Verankerung somit stärken.

Auf nationaler Ebene durchlebte die SP, die in den ersten Jahren das Ziel einer antikapitalistischen Revolution verfolgte und die parlamentarische Demokratie ablehnte, zunächst ein Schattendasein. Neben der programmatischen Ausrichtung lag eine entscheidende Ursache hierfür darin, dass die kommunale Ausrichtung der Partei mit einer starken Vernachlässigung landesweit relevanter Themen und großen strukturellen Defiziten auf der nationalen Politikebene einherging. Voerman schreibt hierzu: „Der lokale Wahlerfolg der SP war jedoch über viele Jahre an den Ort oder die Region gebunden, an dem oder in der sie durch Aktionen Bekanntheit erlangt hatte. Bei den Parlamentswahlen war sie lange Zeit weit weniger erfolgreich. Ein Grund hierfür lag in der mangelnden überregionalen Bekanntheit der SP, die ihre Grundlage wiederum unter anderem darin hatte, dass es der SP trotz ihrer vielen Aktionen nur selten gelang, große Medienaufmerksamkeit vor allem seitens des Fernsehens auf sich zu ziehen. Zweitens ist zur Erklärung auf die traditionell große Anziehungskraft der PvdA hinzuweisen, die die Chancen der *Sozialistischen Partei* auf nationaler Ebene schmälerte."²⁷⁶ Bei den Parlamentswahlen der Jahre 1977, 1981, 1982,

---

²⁷³ Die Entstehung der SP ist darauf zurückzuführen, dass im Verlauf der 1960er Jahre unterschiedliche Strömungen in der CPN entstanden und es in der Folge zu einem Zersplitterungsprozess kam. Bei der KEN/ml handelte es sich um eine kleine Gruppe, die Bekanntheit und Zulauf durch ihre Beteiligung an einem Hafenstreik in Rotterdam erlangte. Im Anschluss spaltete sich die Partei in einen eher intellektuellen und einen eher proletarischen Flügel. Dieser eher proletarische Flügel nannte sich nach dem Bruch zwischen beiden Lagern nach einiger Zeit von *Kommunistiese Partij/marxistiesleninisties* (KPN/ml) in *Socialistiese Partij* um. Anfang der 1990er Jahre hat sich die Schreibweise des Parteinamens dann in *Socialistische Partij* geändert. Zur Entstehung der SP siehe auch: van der Velden (2010, S. 188 ff.), Slager (2001), van der Steen (1994, S. 172 f.).

²⁷⁴ Das Konzept der Massenlinie hatte zum Inhalt, dass die Partei durch Engagement vor Ort – beispielsweise, indem sie Bürgern bei Wohnungsfragen, in rechtlichen Angelegenheiten und bei gesundheitlichen Problemen half oder gegen Missstände protestierte – einen fruchtbaren Boden für den Kampf gegen den Kapitalismus schaffen wollte. Vgl. hierzu: Voerman, (2008, S. 40 f.).

²⁷⁵ Voerman schreibt hierzu: „Trotz der Abneigung gegenüber parlamentarischen Aktivitäten, die für ihr maoistisches Gedankengut charakteristisch war, nahm die SP 1974 zum ersten Mal an den Gemeinderatswahlen teil. Die Argumentation lautete, dass die sozialistische Propaganda in den repräsentativen Körperschaften eine größere Reichweite erhalte und dass außerparlamentarische Aktionen so besser unterstützt werden könnten. Darüber hinaus werde es höchste Zeit, dass im Parlament die ‚Stimme des gemeinen Mannes' gehört werde." Voerman, (2008, S. 43).

²⁷⁶ Voerman, (2008, S. 44 f.). Auf der Homepage der SP heißt es über den damaligen Zustand der Partei: „Überall wird Bewohnern eines Viertels, Mietern, Konsumenten, Arbeitnehmern eine helfende Hand angeboten. Mit einigen eigenen medizinischen Zentren mit angestellten Ärzten zeigen die So-

1986 und 1989 trat sie zwar an, sie erhielt jedoch jeweils nur zwischen 0,3 und 0,5 % der Stimmen und erlangte somit kein Mandat in der Zweiten Kammer. Trotz dieser Erfolglosigkeit fand, im Gegensatz zur Entwicklung bei vielen anderen Parteien, in dieser Zeit kein Zusammenschluss mit anderen Kräften statt. Die Partei reagierte auf die schlechten Wahlergebnisse jedoch durch parteiinterne Maßnahmen. Inhaltlich löste man sich noch in den 1970er Jahren vom Maoismus.[277] Einige Jahre später wurden auch leninistische und marxistische Gedanken, die bei den niederländischen Wählern wenig Anklang fanden, mehr und mehr abgeschüttelt. In den Fokus ihrer Aktivitäten stellte die Partei die Belange der einfachen Bürger, wobei sie vor allem soziale Themen, wie etwa Diskussionen über Mieterhöhungen oder über die Höhe von Sozialleistungen, für sich zu nutzen versuchte. Ab Mitte der 1980er entschied man sich zudem, die Partei strukturell zu erneuern und vor allem der nationalen Politikebene deutlich mehr Beachtung als bisher zu schenken. Aus einer Föderation kommunaler Gruppen wurde somit eine Partei mit umfassenden Strukturen. Im Rahmen dieser Entwicklung erlangte Jan Marijnissen 1988 das Amt des Parteivorsitzenden der SP. In den nächsten zwei Jahrzehnten war er das Gesicht und die zentrale Führungsfigur der Partei.

Mit ihrer neuen inhaltlichen und organisatorischen Ausrichtung gelang es der SP im Jahr 1994, nachdem die Gemeinderatswahlen in diesem Jahr erneut sehr erfolgreich verlaufen waren, in das Parlament einzuziehen. Sie erhielt 1,3 % der Stimmen und konnte mit diesem Ergebnis zwei Vertreter in die Zweite Kammer entsenden. Der Durchbruch in der nationalen Politik ist zum einen auf die soeben angesprochenen Erneuerungsbestrebungen zurückzuführen. Nach Koole war „der wichtigste Grund für den Wahlerfolg der SP, (...) dass sie jede öffentliche Assoziation mit dem Kommunismus inzwischen hinter sich gelassen hatte und dafür als eine linke, populistische Partei die Gunst der Wähler anstrebte."[278] Zum anderen gelang es der SP, sich im Wahlkampf 1994 auf überzeugende Weise als Protestpartei zu profilieren, wobei sich der Protest vor allem gegen die „etablierten Parteien" und die als neoliberal bezeichnete Politik der Regierung Lubbers richtete. Der überaus wir-

---

zialisten, wie sie mit dem Gesundheitssystem umgehen wollen. So wird die SP eine besondere Partei: stark und erfolgreich an der Basis, aber ohne landesweite Ausstrahlung und Auffassungen. Hierfür gibt es auch wenig Bedarf. Alles geschieht lokal. Die Partei ist zwar als landesweite Partei registriert, fungiert in der Praxis aber als eine ‚Föderation kommunaler Abteilungen'." Vgl. www.sp.nl/partij/historie/ (Übersetzung durch den Verfasser). Zur Parteiorganisation der SP vor der Wahl 1994 siehe auch: van der Steen (1994, S. 174 ff.).

[277] Über das Ende des Maoismus schreibt die SP auf ihrer Homepage: „Die SP wird in den ersten Jahren eine ‚maoistische' Partei genannt. Das bedeutet, dass neben der traditionellen marxistischen Kritik am Kapitalismus auch die politischen Auffassungen des chinesischen Staatsmannes als Leitlinien gelten. Er hatte doch erfolgreich dafür gesorgt, dass ein Viertel der Weltbürger keinen Hunger mehr hatte und keine Herren mehr über sich dulden musste – während anderswo in der Welt Unterdrückung und Ausbeutung an der Tagesordnung sind. Schöne Sätze über hübsche Ideale, aber die SP-Mitglieder kennen sie nur vom Hörensagen. Je mehr über China bekannt wird, desto mehr stellt sich heraus, dass auch dort die Wirklichkeit stark vom Bild abweicht. Dann ist die ‚chinesische Liebe' schnell vorbei." Vgl. www.sp.nl/partij/historie/ (Übersetzung durch den Verfasser).

[278] Koole (1995, S. 269, Übersetzung durch den Verfasser).

kungsvolle Slogan der SP im Wahlkampf lautete bezeichnenderweise „*Stem tegen, stem SP*", als ihr Symbol wählte die Partei passend hierzu eine fliegende Tomate.[279] Zentrale Forderungen der SP richteten sich auf einen starken Staat, der massive Eingriffe in die Wirtschaft vornimmt, auf die Durchsetzung sozialer Politik und auf die Nivellierung sozialer Unterschiede. Mit diesen Inhalten traf die Partei im Wahlkampf den Zeitgeist, da die Zukunft des niederländischen Sozialstaats intensiv diskutiert wurde und massive Einsparungen in sozialen Bereichen durchgeführt worden waren bzw. geplant wurden. Darüber hinaus profitierte die SP 1994 auch von der Schwäche der PvdA, deren soziales Profil aufgrund ihrer Regierungsbeteiligung ab 1989 für viele fragwürdig geworden war, und vom Umstand, dass die CPN sich mit anderen Parteien zu GL zusammengeschlossen hatte und somit als politischer Konkurrent wegfiel.

Nach der Wahl 1994 hat es die SP – auch vor dem Hintergrund, dass ihr fortan ein weitaus höheres Maß an öffentlicher Aufmerksamkeit zukam – vermocht, ihr Ergebnis mehrfach zu verbessern. Mit dieser Entwicklung ging ein rascher Ausbau der Partei auf allen Politikebenen einher, der sich zum Teil – wie die immer wieder auftauchenden Querelen in verschiedenen kommunalen Verbänden zeigen – zwar personell und programmatisch durchaus schwierig gestaltete, andererseits jedoch das politische Gewicht der Partei sukzessive erhöhte. Vertreter der SP zogen 1995 in die Erste Kammer und 1999 in das Europäische Parlament ein. Ab 1996 trägt die Partei in diversen Kommunen auch Regierungsverantwortung. Bei der Wahl 1998 erhielt die SP 3,5 % der Stimmen und konnte ihren Platz in der niederländischen Politik somit festigen. Im Wahlkampf hatte sie vehement Stellung gegen die als unsozial bewertete Politik der violetten Koalition bezogen und Forderungen nach einen drastischen Reduzierung der Einkommensunterschiede gestellt. Im Anschluss an die Wahl schloss die SP die Arbeit an ihrem bis heute gültigen Grundsatzprogramm mit dem Titel *Heel de mens* ab. In diesem Programm war von der Verstaatlichung von Produktionsmitteln und von planwirtschaftlichen Überzeugungen keine Rede mehr. Die Partei bekannte sich vollständig zur parlamentarischen Demokratie und gab überkommene sozialistische Ideale auf.[280] Eine Zielsetzung des neuen Programms bestand darin, neue Wählerschichten zu gewinnen. In diese Richtung zielte auch der Versuch der Partei, sich von ihrem Protestimage zu befreien. Sie konzentrierte sich in der Folgezeit nicht mehr so stark darauf, was sie vermeiden wollte bzw. kritisierte, sondern präsentierte verstärkt auch eigene Ziele und Konzepte. Der Slogan im Wahlkampf 2002 lautete folgerichtig dann auch nicht mehr *Stem tegen, stem SP*, sondern *Stem voor, stem SP*. Inhaltlich formulierte die SP massive Kritik an der Politik der violetten Koalition und insbesondere an der

---

[279] Bis heute fungiert eine Tomate – seit einiger Zeit in optisch abgewandelter Form – als Logo der SP. Die Wahlkampagne der Partei zur Wahl 1994 erläutert: van der Steen (1994, S. 180 ff.).

[280] „In dem neuen Grundsatzprogramm sagt die Partei nun ausdrücklich, der Sozialismus sei weder eine Blaupause für eine zukünftige Gesellschaft, noch eine ‚Heilsprophezeiung', die sich auf das Versprechen beschränke, hinter dem Horizont sei alles besser. Zwar sieht sich die SP doch noch auf dem Weg in eine ‚bessere Welt', sie scheint dabei aber die Auffassung verlassen zu haben, der Sozialismus sei der Endpunkt der Geschichte." Voerman (2008, S. 42).

PvdA. Auf den politischen Neueinsteiger Fortuyn reagierte sie mit entschiedener Gegenwehr. Sie plädierte für einen Wiederaufbau sozialer Leistungen sowie für eine gerechtere Verteilung von Wissen, Macht und Einkommen. Im Ergebnis konnte die SP auch bei dieser Wahl einen Stimmengewinn verbuchen, mit 5,9 % der Stimmen wuchs die Größe ihrer Parlamentsfraktion nach der Wahl von fünf auf neun Personen an.

Bei der rasch im Anschluss folgenden Wahl des Jahres 2003 erzielte die SP ein Ergebnis von 6,3 %. In Anbetracht der Tatsache, dass die Partei, die im Wahlkampf wieder vor allem mit sozialen Forderungen auftrat, lange Zeit in Umfragen wesentlich besser dagestanden hatte, wurde dieser nur leichte Stimmengewinn von vielen Parteianhängern als Enttäuschung bewertet. Das Wiedererstarken der Sozialdemokraten und das knappe Rennen, das sich zwischen der PvdA und der CDA um den ersten Platz in der niederländischen Politik entwickelte, führte dazu, dass viele schwankende Wähler sich für die PvdA und nicht für die SP entschieden.

An der ab 2003 amtierende Regierung Balkenende II übte die SP wiederum heftige Kritik, da sie deren Politik als sozial unausgewogen bewertete. Einen großen Erfolg konnte die traditionell mit einem hohen Maß Skepsis gegenüber dem Europäischen Einigungsprozess ausgestattete SP Mitte des Jahres 2005 verbuchen: Ihre Kampagne gegen die Annahme der sogenannten Europäischen Verfassung verlief, obwohl nahezu alle großen Parteien dem Vertragswerk zustimmen wollten, außerordentlich erfolgreich. Auch bei den Gemeinderatswahlen im März 2006 erzielte die SP vor dem Hintergrund ihrer auch in Umfragen zu dieser Zeit immer wieder dokumentierten Popularität große Zugewinne. Die Wahlkampagne der Partei vor der Parlamentswahl 2006 verlief dann sehr positiv. Die SP profitierte vor allem von ihrem beliebten Spitzenkandidaten Jan Marijnissen, der über die Parteigrenzen hinweg von vielen Wählern als sympathisch und authentisch bewertet wurde. Mit ihrem Werben für eine linke Koalition gelang es der Partei zudem, eine klare Zielsetzung zu formulieren und die PvdA unter Druck zu setzen. Weiterhin trat die SP erneut für klare Standpunkte ein, die eine Grundlage dafür bildeten, dass die Partei sich von den anderen Parteien absetzen konnte. Die SP profitierte darüber hinaus auch von den Problemen, die die PvdA vor dieser Wahl hatte. Mit 16,6 % der Stimmen erzielte die SP einen Stimmengewinn von über 10 %. Hiermit konnte die Partei, die fortan mit 25 Abgeordneten in der Zweiten Kammer vertreten war, den dritten Platz in der niederländischen Politik für sich beanspruchen. Ein Einzug in die Regierung blieb der Partei jedoch weiter versperrt: Kurze Koalitionsgespräche zwischen CDA, PvdA und SP scheiterten früh wegen unüberbrückbarer inhaltlicher Differenzen.[281]

Nach der Wahl 2006 verlor die SP nach und nach an Zustimmung. Sie musste zudem den partiellen Rückzug Jan Marijnissens verkraften, der aus gesundheitlichen Gründen ab Mitte 2008 nicht mehr als politischer Leiter und Fraktionsvorsitzender zur Verfügung stand. Seine Nachfolge trat Agnes Kant an, die jedoch bereits nach den enttäuschend verlaufen-

---

[281] Ein Interview mit Jan Marijnissen aus dem Jahr 2006, in dem dieser sich unter anderem zum Wahlerfolg der SP, zur Regierungsbildung und zur Ausrichtung seiner Partei äußert, findet sich bei: Bos und Breedveld (2007, S. 143 ff.).

den Gemeinderatswahlen im März 2010 diese Funktionen wieder abgab. Seither ist Emile Roemer politischer Leiter der SP. Roemer führte die SP auch im Wahlkampf für die Parlamentswahl im Jahr 2010 an. Im Rahmen dieses Wahlkampfes gelang es der SP, die Verluste gegenüber der Wahl 2006 zu begrenzen. Das Ergebnis von 9.8 % der Stimmen wurde somit durchaus als Erfolg aufgenommen. Im Rahmen der Koalitionsverhandlungen bekundete die SP die Bereitschaft, eine aktive Rolle bei der Bildung eines neuen Kabinetts zu spielen. Die wesentlichen Gespräche verliefen jedoch ohne ihre Beteiligung, wodurch sie weiterhin die Oppositionsrolle ausfüllen muss.

Resümierend lässt sich festhalten, dass die SP ihre vor allem im Lauf der letzten Jahre wachsende Bedeutung verschiedenen Aspekten verdankt. Die Partei warf erstens ihren ideologischen Ballast vor dem Hintergrund interner und externer Umbrüche sowie schlechter Wahlergebnisse im Verlauf der letzten Jahrzehnte ab und ist somit für viele Niederländer wählbar geworden.[282] Dieser Prozess wird von manchen Kommentatoren als Sozialdemokratisierung der SP bezeichnet.[283] Zugleich gelang es der SP in verschiedenen Politikfeldern, vor allem im Bereich der Sozial- und Wirtschaftspolitik aber auch bei außenpolitischen Fragen, ein klares Profil zu entwickeln, das viele linksorientierte Wähler anspricht – insbesondere jene, die mit dem Kurs der PvdA nicht (mehr) zufrieden sind.[284] Die SP nutzt somit eine Lücke im niederländischen Parteienspektrum, die sich durch die häufigen Regierungsteilnahmen der PvdA seit Ende der 1980er Jahre aufgetan hat, weil die politischen Maßnahmen der jeweiligen Regierungen vielen Wählern als zu wenig sozial ausgewogen erschienen.[285] Die SP ist somit nach Bosmans auch deshalb im Aufwind, „weil die PvdA in den 1990er Jahren zu Zeiten der violetten Koalition ziemlich viel ideologischen Ballast abwarf und sich der Privatisierungstendenz der freien Marktwirtschaft öffnete."[286] Nach Ansicht verschiedener Kritiker ist die Anziehungskraft der Partei allerdings ganz entscheidend auf den Umstand zurückzuführen, dass die SP ihre zum Teil populistisch anmutenden Forderungen bisher niemals im Regierungsalltag umsetzen musste.[287] Die wechselseitigen Widerstände zwischen der SP und verschiedenen anderen großen Parteien

---

[282] Auf ihrer Homepage bezeichnet die Partei nun allgemein „eine Gesellschaft, in der Menschenwürde, Gleichrangigkeit und Solidarität im Mittelpunkt stehen" als ihre zentrale Zielsetzung. Vgl. www.sp.nl/overzicht/inhetkort/ (Übersetzung durch den Verfasser).

[283] Voerman erläutert hierzu: „Die Partei strebt nicht mehr die Sozialisierung oder die Planung der Produktion an, sondern die Stärkung des Sozialstaates und die Regulierung des Marktes – mit etwas mehr staatlichem Einfluss als gegenwärtig. Hinzu kommt, dass die SP die parlamentarische Demokratie grundsätzlich akzeptiert hat. Diese Position ist charakteristisch für die Sozialdemokratie der Nachkriegszeit." Voerman (2008, S. 54). Zum Thema siehe auch: Voerman und Lucardie, (2007, S. 145 ff.).

[284] Im Bereich der Außenpolitik vertrat bzw. vertritt die SP mit ihrer Ablehnung der Militäreinsätze im Kosovo, im Irak und in Afghanistan Positionen, die sich in der niederländischen Bevölkerung großer Zustimmung erfreuten bzw. erfreuen.

[285] Vgl. Krouwel und Lucardie (2008, S. 291).

[286] Bosmans (2008, S. 116).

[287] Bosmans schreibt: „Die SP versteht es durch ihre oftmals vereinfachende Darstellung der Dinge und dadurch, dass sie an der Seitenlinie immer ruft, die Regierungspolitik tauge nichts und diese

schwächen sich, obwohl immer wieder kritische Kommentare in beide Richtungen getätigt werden, insgesamt immer weiter ab und erscheinen kaum mehr als unüberbrückbar. Dementsprechend ist es eine durchaus realistische Vorstellung, dass die SP, die sich immer mehr als potentieller Koalitionspartner etabliert, in den nächsten Jahren die Gelegenheit erhält, Regierungsverantwortung auf nationaler Ebene zu tragen.

Neben diesen inhaltlichen Aspekten verfügt die SP traditionell über eine starke lokale Verankerung und besonders aktive Mitglieder, was die Sichtbarkeit der Partei bei den Bürgern und die Möglichkeit zur Kampagnenführung erhöht. Trotz aller Wandlungen hat die SP auch ihren aktionistischen Charakter zum Teil beibehalten – sie greift weiterhin konkrete Sorgen der Bürger vor Ort auf und protestiert bei entsprechendem Anlass gegen vermeintliche Missstände in Unternehmen oder gegen politische Entscheidungen der Regierung.[288] Auch auf nationaler Ebene verfügt die SP mittlerweile über feste, nach Meinung mancher Kritiker, die ein demokratisches Defizit in der SP erkennen, sogar zu feste Strukturen.[289] Durch ihre hohe Mitgliederzahl und die rigorosen und keineswegs unumstrittenen Bestimmungen hinsichtlich der Abgaben ihrer Funktionsträger kann die SP zudem auf eine im Vergleich zu anderen Parteien relativ sichere finanzielle Basis zurückgreifen.[290]

---

dann Alternativen gegenübergestellt, die nicht immer von Realitätssinn zeugen, große Wählergruppen anzusprechen." Bosmans (2008, S. 116). Zum Populismus der SP siehe auch: Voerman (2008, S. 51 ff.).

[288] „Bis heute ist die SP nicht nur in den Volksvertretungen, sondern auch darüber hinaus aktiv und dies viel stärker als die anderen politischen Parteien. Die Partei führt an einer Reihe von Fronten Kampagnen, wie beispielsweise gegen den Wettbewerb im Pflegesektor oder die verringerte Dienstleistung bei der niederländischen Eisenbahn. Die Mitglieder der SP scheinen mehr als die anderer Parteien dazu bereit zu sein, die Ärmel hochzukrempeln: In einer Umfrage, die die Partei unter ihren Mitgliedern abhielt, zeigte sich, dass gut 42 % der Befragten sich für die Partei einsetzen wollten – dieser Wert ist bedeutend höher als in anderen Parteien. Das verhältnismäßig große Potential aktiver Mitglieder ist eine der Stärken der SP. Ihre Mobilisierungsfähigkeit macht andere Parteien zuweilen eifersüchtig. Durch die größere Beteiligung ihrer Mitglieder ist die gesellschaftliche Sichtbarkeit der SP viel größer als die der Partei der Arbeit und anderer Parteien, die ihre Bekanntheit fast ausschließlich ihren politisch-parlamentarischen Tätigkeiten zu verdanken haben. Den altmodisch anmutenden Einsatz von Freiwilligen kombiniert die SP mit einem äußerst professionellen Einsatz ihrer Medien, wie schön gestaltete Druckerzeugnisse und besonders angelegte Websites." Voerman (2008, S. 49 f.).

[289] Vgl. hierzu: Bosmans (2008, S. 122).

[290] Die Bestimmungen bezüglich der sogenannten Parteisteuer haben in den letzten Jahren immer wieder für heftige Diskussion gesorgt, weil bestimmte Funktionsträger mit ihnen nicht einverstanden waren und sich weigerten, das geforderte Geld an die Partei abzuführen. In der Praxis ist die Parteisteuer in der SP beispielsweise für Parlamentarier in der Zweiten Kammer so geregelt, dass diese ihr gesamtes Gehalt der Partei überweisen und dafür von der Partei eine Nettosumme von rund 2000 € pro Monat erhalten.

> **Infobox XV: Jan Marijnissen**
>
> Jan Marijnissen wurde am 8. Oktober 1952 in Oss geboren. Er arbeitete nach der Schulzeit zunächst als Fabrikarbeiter im Fleischgewerbe und als Schweißer in der Metallindustrie. Politisch gehörte er zu den ersten Mitgliedern der SP und übernahm Anfang der 1970er Jahre den Vorsitz für seine Partei in seiner Heimatstadt Oss. Von 1976 bis 1993 vertrat er die SP im Gemeinderat dieser Stadt, ab 1978 als Fraktionsvorsitzender. Im Parlament der Provinz Nord-Brabant war er von 1987 bis 1989 aktiv. Ab 1988 und somit seit nunmehr über 20 Jahren hat er das Amt des Parteivorsitzenden der SP inne. Nachdem die SP 1994 den Einzug in die Zweite Kammer schaffte, wechselte er in die nationale Politik, wo er bis 2008 als Fraktionsvorsitzender und politischer Leiter der SP fungierte. Im Jahr 2010 verabschiedete er sich dann aus der Zweiten Kammer. Der Grund für den teilweisen Rückzug aus der Politik sind gesundheitliche Probleme: Marijnissen hatte mit Bandscheibenvorfällen und Herzproblemen zu kämpfen, die bereits in den Jahren zuvor dazu führten, dass er lange ausfiel.
>
> In Anbetracht der oben genannten Funktionen ist es nicht überraschend, dass Marijnissen, der den Spitznamen „Orakel von Oss" trägt, als das Gesicht der niederländischen SP gilt. Über Jahre prägte er das Ansehen der Partei als Partei- und Fraktionsvorsitzender, wobei er die SP unter anderem als Spitzenkandidat bei allen Wahlen zwischen 1989 und 2006 anführte. Seine positiven Eigenschaften sind unter anderem sein rhetorisches Talent, zudem wurde ihm häufig ein hohes Maß an Authentizität und klare Positionen bescheinigt. Kritisch wurde hingegen von manchen seine (zu) starke Stellung in der Partei gesehen.

Wahlergebnisse und Mitgliederentwicklung

Die SP nimmt seit 1977 an den Wahlen zur Zweiten Kammer teil. Ihre Wahlergebnisse dokumentieren, dass die Partei von 1977 bis 1989 auf nationaler Ebene eine Reihe von Misserfolgen verbuchen musste. Bei der Wahl 1994, die in der niederländischen Politik in verschiedener Hinsicht eine wichtige Zäsur darstellt, schaffte die Partei den Einzug in das Parlament. Der Bedeutungszuwachs der SP wird auch durch die anschließenden Wahlergebnisse dokumentiert, bei denen die Partei stetig zulegen konnte. Aus Abb. 6.12 wird ersichtlich, dass die Wahl 2006 dann spektakulär verlief: Die SP konnte ihr Wahlergebnis von 2003 beinahe verdreifachen. Bei der Wahl 2010 verlor die Partei einen Teil ihrer Wähler, sie erhielt jedoch immer noch beinahe 10 % der Stimmen (Abb. 6.12).

Im Vorangegangenen wurde bereits darauf hingewiesen, dass die Mitgliedschaft in der SP vor allem in der Anfangszeit mit sehr hohen Anforderungen einherging – von den Mitgliedern wurde erwartet, dass sie sehr viel Zeit und Energie für die politischen Belange der SP aufwenden. Auch wenn sich die entsprechenden Anforderungen im Lauf der Zeit deutlich vermindert haben, weist die SP auch heute noch eine besonders aktive Mitgliedschaft auf. Die Mitgliederentwicklung der SP, zu der nur Daten seit 1992 vorliegen, verläuft gänz-

6.3 Die wichtigsten Gruppierungen in der aktuellen Politik

Abb. 6.12 Wahlergebnisse der SP (1977–2010)

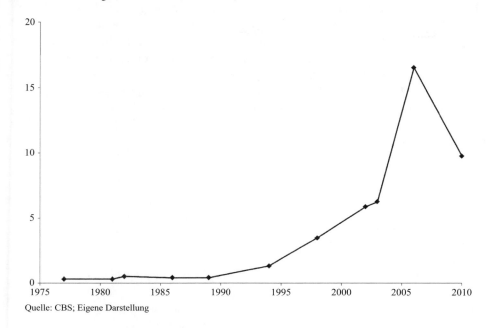

Quelle: CBS; Eigene Darstellung

Abb. 6.13 Mitgliederentwicklung der SP (1992–2011)

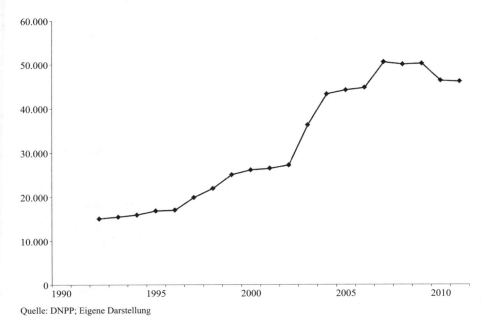

Quelle: DNPP; Eigene Darstellung

lich anders als die vieler anderer Parteien (Abb. 6.13). Der SP gelingt es seit Jahren nämlich nicht nur ihr Wählerpotenzial zu erhöhen, sondern auch ihre Mitgliederzahl wuchs lange Zeit kontinuierlich. In den Jahren von 1992 bis 2002 verlief diese Entwicklung zunächst langsam, in diesem Zeitraum gewann die Partei etwa 12.000 Mitglieder hinzu. In den folgenden beiden Jahren gelang es der SP ihren Mitgliederbestand von rund 27.000 auf über 50.000 Personen zu erhöhen. In der letzten Zeit musste die Partei einen Mitgliederrückgang verbuchen, mit derzeit (2011) etwa 46.300 Mitgliedern ist sie nach dem CDA und der PvdA in dieser Hinsicht die drittgrößte Partei der Niederlande.

Zentrale Daten zur SP

Gründungsdatum	22. Oktober 1972
Homepage	www.sp.nl
Politischer Leiter	Emile Roemer
Parteivorsitzender	Jan Marijnissen
Fraktionsvorsitzender (Zweite Kammer)	Emile Roemer
Mitgliederzahl (2011)	46.308
Wissenschaftliches Institut	*Stichting Wetenschaapelijk Bureau SP*
Jugendorganisation	*Rood, Jongeren in de SP*
Politische Leiter	Jan Marijnissen, 1988 bis 2008
	Agnes Kant 2008 bis 2010
	Emile Roemer, ab 2010
Ministerpräsidenten	–
Regierungsbeteiligungen (national)	–
Wahlergebnis 2010	9,8 % (924.696 Stimmen, 15 Mandate)

6.3.6 *Democraten66* (D66)

Auf den vorangegangenen Seiten wurde bereits mehrfach darauf hingewiesen, dass in den Niederlanden ab den späten 1950er Jahren neue Themen auf die politische Ordnung gelangten und demokratische Reformen gefordert wurden. Die D66 ist die Partei, die seit ihrer Gründung die Realisierung entsprechender Schritte in das Zentrum ihrer Aktivitäten stellt. Das Hauptanliegen der Partei liegt dabei seit ihrer Entstehung in der demokratischen Erneuerung der Niederlande. Auch wenn die Parteigründer eine ideologische Ausrichtung zunächst bewusst ablehnten, kann die D66, die seit ihrer Gründung auf eine äußerst wechselvolle Geschichte zurückblickt, als linksliberal bzw. progressiv-liberal charakterisiert werden. Die Partei ist, obwohl sie im Lauf ihrer Geschichte mehrere tiefe Krisen zu durchschreiten hatte, seit nunmehr über 40 Jahren im Parlament vertreten. Sie war in den letzten Jahren wiederholt an der Regierungsarbeit beteiligt, unter anderem in den beiden Kabinetten Kok (1994–2002) und im Kabinett Balkenende II (2003–2006).

Geschichtliche Entwicklung

Die D66 wurde am 14.10.1966 von einer 44-köpfigen Personengruppe errichtet, die vor allem aus Wissenschaftlern, Künstlern und Journalisten bestand.[291] Wichtige Protagonisten bei der Gründung der Partei waren unter anderem der ehemalige VVD-Politiker Hans Gruijters und der Journalist Hans van Mierlo, von denen letztgenannter in den ersten Jahren als politischer Leiter der neuen Gruppierung auftrat. Die Partei, die vor dem Hintergrund gesellschaftlicher Umbrüche entstanden war, forderte tiefgreifende demokratische Reformen wie beispielsweise die Einführung von Volksbefragungen, die Direktwahl des Ministerpräsidenten und die Veränderung des Wahlrechts.[292] Darüber hinaus plädierten die Vertreter der Partei für ein Aufbrechen der starren politischen Kräfteverhältnisse, für mehr Transparenz in der Politik, für Emanzipation und für gesellschaftliche Teilhabe. Eine Zuordnung zu einer politischen Strömung lehnten die Vertreter der D66 in den ersten Jahren bewusst ab, da sie in den Ideologien der Vergangenheit keine Lösungen für die Zukunft mehr sahen. Die Partei definierte sich vielmehr als pragmatische Gruppierung, die aktuelle Probleme auf der Grundlage vorbehaltlos und sachadäquat ausgewählter Maßnahmen lösen wollte. Zum bestehenden Parteiensystem nahm die neue Gruppierung, die sich stärker als die anderen Parteien basisdemokratisch organisierte, eine kritische Haltung ein, Andeweg und Irwin halten somit fest: „D66 did not emerge as a member of any particular political family, but as an attempt in 1966 to ‚explode' the existing party system."[293]

Mit ihren Inhalten erzielte die Partei bereits bei der Wahl 1967 einen für damalige Verhältnisse großen Erfolg: 4,5 % der Niederländer wählten die neue Gruppierung, die mit diesem Ergebnis sieben Abgeordnete in die Zweite Kammer entsenden konnte.[294] Zu verdanken hatte die Partei ihr starkes Wahlergebnis vor allem den Niederländern, die dem bestehenden politischen System kritisch gegenüberstanden und die für demokratische Reformen eintraten. Nachdem in den nachfolgenden Jahren – trotz der Einrichtung einer Staatskommission, die sich mit entsprechenden Fragen befasste – in diesem Bereich wenig wirkliche Veränderungen zustande kamen, konnte die D66 ihren Stimmenanteil 1971 sogar nochmals verbessern und die Größe ihrer Parlamentsfraktion mit einem Wahler-

---

[291] Die Geschichte der D66 im Zeitraum von 1966 bis 2003 untersucht ausführlich: van der Land (2003). Der ehemalige politische Leiter der D66, Hans van Mierlo, blickte 2002 im Rahmen eines Interviews auf die Anfänge seiner Partei zurück. Vgl. hierzu: van Baalen und Breedveld (2002, S. 104 ff.).

[292] Van Deth und Vis verorten die entsprechenden Forderungen der D66 mit folgenden Worten: „Die Gründer dieser Partei strebten eine vollständige Überarbeitung des niederländischen politischen Systems an, basierend auf einer Kombination des wirtschaftlichen Liberalismus der VVD und des kulturellen Liberalismus der PvdA." Van Deth und Vis (2006, S. 131, Übersetzung durch den Verfasser). Van Baalen schreibt über die frühe Haltung der D66: „Sie war davon überzeugt, dass das niederländische Staatssystem ‚erbärmlich funktioniere'. Zu Beginn propagierte die Partei sogar etwas, das sie als ‚Explosionsstrategie' bezeichnete: Das System als Ganzes sollte gesprengt werden, damit es anschließend von Grund auf erneuert werden konnte." Van Baalen (2008, S. 14).

[293] Andeweg und Irwin (2009, S. 63). Zu den Anfängen der D66 siehe auch: van der Land (2003, S. 19 ff.), Klaassen (2000, S. 11 ff.).

[294] Vgl. van der Land (2003, S. 34 ff.).

gebnis von 6,8 % auf elf Mitglieder erhöhen. Über die Wähler der Partei zu dieser Zeit schreibt Lucardie: „In der Praxis erhielt die Partei vor allem Unterstützung von gebildeten und konfessionell ungebundenen Stadtbewohnern aus der neuen Mittelschicht – durchaus eine wachsende Gruppe in den Niederlanden."[295] Trotz ihrer Wahlerfolge kam die Partei der Erreichung ihrer politischen Ziele zunächst nicht näher. Ein Grund hierfür lag darin, dass viele der angestrebten Maßnahmen auf den Widerstand anderer Parteien, insbesondere der konfessionellen Parteien und der VVD, stießen.

Um die eigenen Ziele zu erreichen, schloss die D66 sich zu Beginn der 1970er Jahre mit der PvdA und der PPR zu einem progressiven Bündnis zusammen.[296] Die enge Kooperation, die sich unter anderem in einem gemeinsamen Wahlprogramm äußerte und die von Seiten der D66 als Vorstufe zur Gründung einer gemeinsamen progressiven Volkspartei bewertet wurde, brachte den Vorteil, dass es der Partei erstmals gelang, im Kabinett Den Uyl (1973–1977) Regierungsverantwortung zu erlangen. Gleichzeitig führte die Zusammenarbeit mit den anderen progressiven Kräften die D66, die zu dieser Zeit in der öffentlichen Wahrnehmung nicht mehr als erfrischend neue Kraft wahrgenommen wurde, jedoch auch in eine tiefe Identitätskrise. Diese offenbarte sich nicht nur in Stimmenverlusten bei der Wahl 1972 (4,2 %) und in einer stark rückläufigen Mitgliederzahl, sondern gefährdete vor allem parteiintern die Fortexistenz der D66. Hintergrund der Krise war unter anderem eine große Unzufriedenheit darüber, dass sich die Pläne zur Bildung einer progressiven Volkspartei als unerreichbar erwiesen und dass die Bestrebungen zur Veränderung des politischen Systems erfolglos blieben. Bei einem Kongress im Jahr 1974 stimmte sogar die Mehrheit der Abgeordneten, obwohl die D66 zu dieser Zeit in der Regierung vertreten war, für die Auflösung der Partei. Da die für eine solche Entscheidung erforderliche Zweidrittelmehrheit allerdings verfehlt wurde, nahm die D66 weiterhin am politischen Leben teil.[297]

In der Folgezeit gelang es der Partei unter ihrem neuen politischen Leiter Jan Terlouw, der dieses Amt 1973 von Hans van Mierlo übernommen hatte, eine Trendwende einzuleiten.[298] Die D66 formulierte zu dieser Zeit das Ziel, sich als redliche Alternative zu den

---

[295] Lucardie (2007b, S. 88, Übersetzung durch den Verfasser).
[296] Vgl. hierzu: Klaassen (2000, S. 28 ff.).
[297] Lucardie schreibt über die damalige Abstimmung: „ Etwas mehr als ein Drittel der Anwesenden legte noch Wert auf ein Fortbestehen der Partei, und sei es nur, um die Demokraten im Kabinett Den Uyl nicht im Stich zu lassen. " Lucardie (2007b, S. 88, Übersetzung durch den Verfasser). In der Parteizeitung wurde der desaströse Zustand der Partei in dieser Zeit mit folgenden Worten beschrieben: „Von einem organisatorischen Standpunkt aus war das vergangene Jahr für die D66 durch eine totale Passivität gekennzeichnet. Dies gilt am stärksten für den Parteiapparat auf lokaler Ebene. In großen Teilen des Landes kann man sogar überhaupt nicht mehr von irgendeiner Parteistruktur sprechen, da eine große Zahl Abteilungen und Regionen sich offiziell aufgelöst haben. Von den Verbliebenen ist der größte Teil einen stillen Tod gestorben oder in ein tiefes Koma gefallen." Zitiert nach: Koole (1995, S. 315, Übersetzung durch den Verfasser). Zur damaligen Krise der Partei sowie deren Hintergründen siehe: van der Land (2003, S. 93 ff.).
[298] Vgl. van der Land (2003, S. 129 ff.). Terlouw erklärte sich in einem bemerkenswerten Schritt nur dann bereit, als Spitzenkandidat der D66 bei der Wahl 1977 anzutreten, wenn die Partei innerhalb

anderen Parteien und als vierte politische Kraft neben CDA, PvdA und VVD zu etablieren. Im Zuge dieses Kurses distanzierte sie sich wieder stärker von den anderen Parteien und griff sie neue Themen auf. Die ab der zweiten Hälfte der 1970er Jahre zu beobachtende Aufwärtsentwicklung der D66 erreichte bei der Wahl 1981, bei der die Partei über 11 % der Stimmen erhielt, ihren Höhepunkt. Nach der Wahl zog die Partei das zweite Mal in die Regierung ein, diesmal zusammen mit dem CDA und der PvdA im Kabinett Van Agt II. Die Regierungszusammenarbeit verlief wegen vielfältiger interner Probleme jedoch schwierig – bereits nach einem Jahr musste erneut gewählt werden, weil die PvdA die Regierung wegen inhaltlicher Konflikte verlassen hatte. Der Wahlkampf der D66 vor der Wahl 1982 wurde durch Probleme aus der Regierungszeit, durch Zweifel am progressiven Image der Partei und durch einen unklaren politischen Kurs erschwert. Im Ergebnis verlor die Partei nahezu zwei Drittel ihrer Stimmen.

Im Anschluss an die Wahl erhielt 1982 Maarten Engwirda für einige Jahre (1982–1986) die Position des politischen Leiters. Die Partei geriet zu dieser Zeit erneut in eine tiefe Krise, in deren Verlauf vor allem erneut die Frage nach ihrer Identität diskutiert wurde. Auf die Krise folgte dann – vor allem nach der Rückkehr van Mierlos, der von 1986 bis 1998 wieder als politischer Leiter fungierte – erneut ein Aufschwung.[299] Die Partei konzentrierte sich inhaltlich wieder auf ihre Kernthemen im Bereich der demokratischen Erneuerung. Nachdem sie bei der Wahl 1989 bereits wieder 8 % der Stimmen erhalten hatte, folgte 1994 dann das bisher beste Wahlergebnis in der Parteigeschichte: Bei dieser Wahl bekam die D66, die unter anderem vom schlechten Abschneiden des CDA und der PvdA, ihren Inhalten und vom hohen Ansehen ihres Spitzenkandidaten profitierte, 15,5 % der Stimmen.[300]

In der Folgezeit entstand nach langen Verhandlungen die violette Koalition aus PvdA, VVD und D66, was bei der D66, die sich für die Entstehung dieses Bündnisses eingesetzt hatte, Hoffnungen auf die Realisierung einiger lang gehegter Reformvorhaben hervorrief.[301] Es zeigte sich allerdings rasch, dass die D66 im Gegensatz zu den beiden anderen Regierungsparteien Schwierigkeiten hatte, ihre Ziele durchzusetzen. Irwin und van Holsteyn schreiben somit: „D66 was the driving force behind the purple coalition, but threatened to become its greatest victim."[302] Da die Erfolge der Regierung vorwiegend der PvdA und der VVD zugerechnet wurden, musste die D66 bei der Wahl 1998 – anders als ihre erfolgreichen Regierungspartner – deutliche Verluste hinnehmen. Diese Verluste waren zum Teil auch darauf zurückzuführen, dass Hans van Mierlo, der im Kabinett Kok I als Außenminister aktiv gewesen war, nicht mehr als Spitzenkandidat zur Verfügung stand und seine Nachfolgerin, die Gesundheitsministerin Els Borst-Eilers, keine ähnlich große Sympathie

---

von drei Monaten 1666 neue Mitglieder und 66.666 Unterschriften von Sympathisanten sammeln konnte. Beide Vorgaben wurden erfüllt. Vgl. Buelens und Lucardie (1997, S. 133).

[299] Vgl. van der Land (2003, S. 239 ff.).
[300] Vgl. van der Land (2003, S. 276 ff.), van Praag (1994, S. 98 f.).
[301] Zur D66 in der violetten Koalition siehe: van der Land (2003, S. 289 ff.).
[302] Irwin und van Holsteyn (1999, S. 134).

in der Bevölkerung und auch keine ähnliche starke Stellung in der Partei besaß. Zudem waren einige Minister der D66 in negative Schlagzeilen geraten.[303] Im Anschluss an die Wahl übernahm der Fraktionsvorsitzende Thom de Graaf die Spitzenposition in der Partei. Die Erfolge bei der Durchsetzung demokratischer Reformen blieben auch in den nächsten Jahren begrenzt, vor allem weil die Einführung korrektiver Referenden – wie bereits erläutert (Abschn. 2.1) – im Jahr 1999 in der „Nacht von Wiegel" scheiterte.

Bei der Wahl 2002 musste die D66, ebenso wie die anderen Mitglieder der violetten Koalition, massive Verluste hinnehmen – ihr Stimmenanteil verringerte sich von 9,0 auf 5,1 %. Nach einer kurzen Zeit in der Opposition verlor die Partei bei der Wahl 2003, bei der sie erneut mit Thom de Graaf als Spitzenkandidaten antrat, erneut leicht an Stimmen. Im Anschluss an diese Wahl bildete die D66 nach langem Zögern und mehreren anderslautenden Ankündigungen zusammen mit dem CDA und der VVD das Kabinett Balkenende II. Voraussetzung für die parteiintern kontrovers diskutierte Regierungsteilnahme war von Seiten der D66 die Aussicht darauf, demokratische Reformen durchführen zu können. Die Bestrebungen zur Veränderung des Wahlrechts und zur Einführung des direkt gewählten Bürgermeisters scheiterten allerdings. Dies veranlasste Thom de Graaf, der bereits nach dem schlechten Wahlergebnis 2003 die Spitzenposition innerhalb der Partei an Boris Dittrich abgegeben hatte und als Minister für Verwaltungsmodernisierung fungierte, im Jahr 2005 sein Ministeramt aufzugeben. Sein Nachfolger als Minister wurde Alexander Pechtold, der zuvor als Parteivorsitzender und Bürgermeister von Wageningen fungiert hatte. Die Teilnahme am Kabinett Balkenende II war für die D66 nahezu permanent mit parteiinternen Konflikten und mehrfach schmerzlichen Kompromissen beispielsweise im Bereich der Außen- und der Integrationspolitik verbunden. Boris Dittrich gab Anfang 2006 das Amt des politischen Leiters und den Fraktionsvorsitz auf, weil er durch ein unbedachtes Vorpreschen hinsichtlich des Militäreinsatzes in Afghanistan einen politischen Fehler beging. Den Fraktionsvorsitz übernahm Lousewies van der Laan, die bei der Wahl um die Spitzenposition der Partei Alexander Pechtold kurze Zeit später knapp unterlag. Die fortdauernden Schwierigkeiten bei der Regierungsarbeit erklären auch, warum die D66-Fraktion letztlich im Rahmen der sogenannten Pass-Affäre (Infobox XIII), in deren Verlauf die Abgeordneten der D66 einen Misstrauensantrag gegen die VVD-Ministerin Verdonk unterstützten, einen Beitrag zum vorzeitigen Scheitern des Kabinetts Balkenende II leistete.

Vor der Wahl 2006 befand sich die D66 in Anbetracht der schwierigen Jahre, die hinter der Partei lagen, erneut in einer schweren Krise.[304] In deren Verlauf kam auch wieder die Frage auf, ob die Partei 40 Jahre nach ihrer Gründung noch fortbestehen sollte. Unter diesen schwierigen Voraussetzungen erzielte die D66 mit Alexander Pechtold als Spitzenkandidaten das schlechteste Wahlergebnisse ihrer bisherigen Geschichte: nur 2 % der Niederländer stimmten für die Partei, die anschließend mit drei Abgeordneten in der Zweiten

---

[303] Vgl. Irwin und van Holsteyn (1999, S. 134 f.).
[304] Vgl. Sitalsing und Wansink (2010, S. 111 ff.).

Kammer vertreten war. Mit diesem Ergebnis setzte sich auch der seit Mitte der 1990er Jahre zu beobachtende Abwärtstrend fort.

Nach der Wahl gelang es der Partei jedoch, wieder an Unterstützung zu gewinnen. Ursache hierfür war insbesondere die Tatsache, dass sich die D66 als Oppositionskraft sowie in den erregten Diskussionen über Integrationsfragen und den Europäischen Integrationsprozess als Gegenpol vor allem zur PVV etablieren konnte. Bei der Europawahl des Jahres 2009, bei der die D66 im Gegensatz zu verschiedenen anderen Parteien mit einem explizit europafreundlichen Kurs antrat, erhielt sie 11,3 % der Stimmen. Auch bei der Wahl 2010 setzte sich der Aufwärtstrend der D66 fort. Die Partei, die vor der Wahl für eine Neuauflage der violetten Koalition eintrat, erzielte ein Ergebnis von 6,9 % der Stimmen. Im Rahmen der Regierungsbildung war sie an den letztlich erfolglosen Gesprächen mit der VVD, PvdA und GL beteiligt.

Infobox XVI: Hans van Mierlo

Hans van Mierlo wurde am 18. August 1931 in Breda geboren.[305] Nach der Schulzeit studierte er von 1952 bis 1960 in Nimwegen niederländisches Recht. In den folgenden Jahren war er als Redakteur beim *Algemeen Handelsblad* tätig. Van Mierlo gehörte zu den Gründungsmitgliedern der D66, für die er ab 1967, nachdem er die Partei im Wahlkampf dieses Jahres angeführt hatte, als Fraktionsvorsitzender in der Zweiten Kammer aktiv war. Nach seinem Rücktritt von der Spitzenposition 1973 und dem Abschied aus dem Parlament im Jahr 1977 übernahm er erst im Kabinett Van Agt II (1981–1982), in dem er als Verteidigungsminister fungierte, wieder ein wichtiges politisches Amt. Von 1983 bis 1986 vertrat er seine Partei anschließend im Senat. Von 1986 bis 1994 erlangte er erneut die Position des politischen Leiters der D66 und zugleich das Amt des Fraktionsvorsitzenden seiner Partei in der Zweiten Kammer. Im Kabinett Kok I wurde er anschließend Außenminister und stellvertretender Ministerpräsident. 1998 gab er die politische Leitung der D66 ab. Anschließend war van Mierlo, der während seiner gesamten Karriere Verfechter der demokratischen Erneuerung des politischen Systems und der Kontrolle politischer Macht blieb, in verschiedenen Bereichen aktiv.[306]

Hans van Mierlo hat die Geschichte der D66 von Beginn an entscheidend geprägt – über viele Jahre war er deren Gesicht. Durch seine charismatische Ausstrahlung und sein rhetorisches Talent band er viele Menschen an die Partei.[307] Auf der Homepage der D66 wird somit festgehalten: „Hans war ein warmer Mensch und ein einzigartiger Politiker. Mit seinem intellektuellen Vermögen, seinen rhetorischen

---

[305] In einem 2011 erschienen Buch mit dem Titel *Het kind en ik* blickt van Mierlo auf seine Kindheit zurück.
[306] Vgl. hierzu: van Baalen und Breedveld (2002, S. 109 f.).
[307] Vgl. van der Land (2003, S. 364 ff.).

Gaben und seinem großen Charme hat er viele inspiriert."[308] Das hohe Ansehen, das van Mierlo durch seine Leistungen in den Niederlanden gesammelt hat, wird auch in einem anderen Nachruf hervorgehoben. Hier heißt es über ihn: „Hans van Mierlo gehört gewiss zu der kleinen Gruppe von Niederländern, die ihren Ruhm beinahe ausschließlich ihrem leidenschaftlichen Engagement für das Gemeinwohl zu verdanken haben."[309] Hans van Mierlo, der in dritter Ehe verheiratet war und drei Kinder hatte, starb am 11. März 2010 in Amsterdam. Sein hohes Ansehen in der Partei wird unter anderem dadurch deutlich, dass diese die parteieigene Stiftung in *Hans-van-Mierlo-Stichting* umbenannte.[310]

Wahlergebnisse und Mitgliederzahlen
Die Abb. 6.14 gibt die soeben dargestellten Entwicklungen in grafischer Form wieder. Sie veranschaulicht nochmals, wie wechselhaft die Geschichte der D66 verlaufen ist. Besonders deutlich wird dies hinsichtlich der großen Erfolge der D66 in den Jahren 1971 und 1981. In beiden Fällen war im jeweils nächsten Jahr eine vorgezogene Neuwahl erforderlich und in beiden Fällen verlor die D66 massiv an Wählerstimmen. Nach dem bisher besten Ergebnis der D66 im Jahr 1994 setzte dann der oben angesprochene Negativtrend ein, dessen Endpunkt das Wahlergebnis des Jahres 2006 war. Seither befindet sich die Partei wieder im Aufwind. Die sehr unterschiedlichen Wahlergebnisse der D66 werden von manchen Kommentatoren dahingehend interpretiert, dass die D66 über ein, auch im Vergleich zu anderen Parteien, nur sehr geringes Stammwählerpotenzial verfügt und somit besonders abhängig von den politischen Entwicklungen vor einer Wahl und vom jeweiligen Spitzenkandidaten ist.

Nicht nur die Wahlergebnisse, sondern auch die Mitgliederzahlen geben Auskunft über die wechselvolle Geschichte der D66 (Abb. 6.15). Im ersten Jahr schlossen sich der Partei, die traditionell einen niedrigen Organisationsgrad aufweist, etwa 1500 Personen an. Diese Zahl wuchs bis Anfang der 1970er Jahre auf das Vierfache an. Im Rahmen der ersten großen Krise der Partei verlor diese innerhalb kurzer Zeit nahezu alle Mitglieder. Ab 1976 kehrte sich diese Entwicklung dann um und die Mitgliederzahl stieg bis 1982 von wenigen hundert auf über 17.500 Personen rasant an. Im Zuge der nächsten Krise verlor die Partei in den nächsten Jahren rund die Hälfte ihrer Mitglieder. Ab 1986 kehrte sich dieser Trend erneut um und die Partei gewann bis Mitte der 1990er Jahre wieder kräftig an Unterstützern hinzu. In den Jahren bis 2008 hat sich die Mitgliederzahl der D66 dann sukzessive von etwa 15.000 auf circa 10.400 Personen reduziert. Innerhalb kurzer Zeit hat sich dieser

---
[308] Vgl. www.d66.nl/d66nl/nieuws/20100311/in_memoriam_hans_van_mierlo (Übersetzung durch den Verfasser).
[309] Vis (2010, S. 149, Übersetzung durch den Verfasser).
[310] Informationen zur Stiftung finden sich im Internet unter www.mrhansvanmierlostichting.nl.
[311] Für die Jahre 1975 und 1990 liegen keine Daten vor.

6.3 Die wichtigsten Gruppierungen in der aktuellen Politik

Abb. 6.14 Wahlergebnisse der D66 (1967–2010)

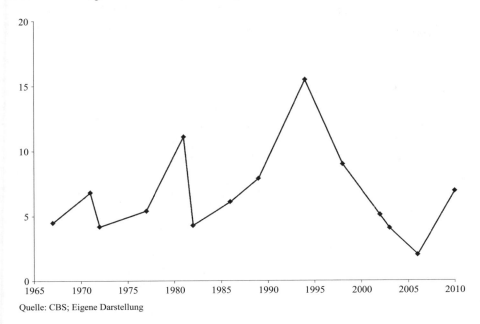

Quelle: CBS; Eigene Darstellung

Abb. 6.15 Mitgliederentwicklung der D66 (1966–2011)[311]

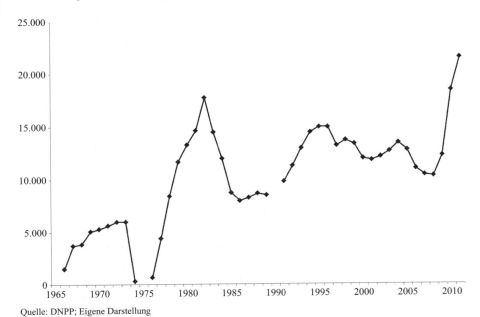

Quelle: DNPP; Eigene Darstellung

Wert in Anbetracht des Aufschwungs der Partei mehr als verdoppelt: Im Jahr 2011 waren in der D66 21.599 Menschen organisiert. Damit wurde in diesem Jahr ein historischer Höchststand erreicht.

Zentrale Daten zur D66

Gründungsdatum	14. Oktober 1966
Homepage	www.d66.nl
Politischer Leiter	Alexander Pechtold
Parteivorsitzende	Ingrid van Engelshoven
Fraktionsvorsitzender (Zweite Kammer)	Alexander Pechtold
Mitgliederzahl (2011)	21.599
Wissenschaftliches Institut	*Mr.-Hans-van-Mierlo-Stichting*
Jugendorganisation	*Jonge Democraten*
Politische Leiter	Hans van Mierlo, 1966 bis 1973 Jan Terlouw, 1973 bis 1982 Laurens Jan Brinkhorst, 1982 Maarten Engwirda, 1982 bis 1986 Hans van Mierlo, 1986 bis 1998 Els Borst-Eilers, 1998 Thom de Graaf, 1998 bis 2003 Boris Dittrich, 2003 bis 2006 Alexander Pechtold, ab 2006
Ministerpräsidenten	–
Regierungsbeteiligungen (national)	1973–77: PvdA, KVP, ARP, PPR D66 (Den Uyl I) 1981–82: CDA, PvdA, D66 (Van Agt II) 1982: CDA, D66 (Van Agt III) 1994–98: PvdA, VVD, D66 (Kok I) 1998–02: PvdA, VVD, D66 (Kok II) 2003–06: CDA, VVD, D66 (Balkenende II)
Wahlergebnis 2010	6,9 % (654.167 Stimmen, 10 Mandate)

6.3.7 *GroenLinks* (GL)

Bei *GroenLinks* (GL) handelt es sich um eine 1990 gegründete Partei, die aus dem Zusammenschluss von vier kleinen Parteien (*Communistische Partij in* (später: *van*) *Nederland*, CPN; *Pacifistisch-Socialistische Partij*, PSP; *Politieke Partij Radicalen*, PPR *und Evangelische Volkspartij*, EVP) hervorgegangen ist. Die Hauptanliegen der Partei sind, wie der Name schon vermuten lässt, vor allem der Umweltschutz, die soziale Gerechtigkeit und internationale Solidarität. Seit der Parlamentswahl 1989, bei denen die Vorgängerorganisationen von GL zum ersten Mal mit einer gemeinsamen Liste antraten, ist die Partei stets im Parlament vertreten. An einer Regierung war sie jedoch noch nie beteiligt. Bei der Wahl 2010 erreichte GL ein Wahlergebnis von 6,7 %.

Geschichtliche Entwicklung

GroenLinks entstand am 24. November 1990 als Zusammenschluss aus vier Gruppierungen mit sehr unterschiedlichen Geschichten und zum Teil auch inhaltlichen Fundamenten. An der Parteigründung war erstens die schon vor der deutschen Besatzung aktive CPN beteiligt, die nach Jahren, in denen ihr nur eine sehr geringe politische Bedeutung zukam, unmittelbar nach dem Krieg zunächst Erfolge verzeichnen konnte. Die Partei geriet wegen ihres politischen Kurses jedoch rasch in eine Außenseiterposition, in der sie über Jahrzehnte blieb.[312] Zugleich litt die Partei immer wieder unter internen Problemen, die zum Teil zu Abspaltungen führten, aus denen unter anderem (über Umwege) die SP entstand. Nachdem die CPN nach einem Zwischenhoch bei der Wahl 1972 wieder massiv an Boden verloren hatte, fand eine Erneuerung innerhalb der Partei statt. Programmatisch trennte man sich von besonders radikalen Forderungen und insbesondere vom Marxismus-Leninismus. Man schlug somit einen gemäßigteren linken Kurs ein, in dem unter anderem auch feministischen Forderungen eine hohe Bedeutung zukam. Der Richtungswechsel führte dazu, dass unzufriedene Parteimitglieder sich in einer marxistisch-leninistischen Gegenorganisation, dem *Verbond van Communisten in Nederland* (VCN), zusammenschlossen. Diese Abspaltung trug dazu bei, dass sich die Mitgliederzahl der CPN in den 1980er Jahren massiv verringerte. Der Partei gelang es zudem bei der Wahl 1986 erstmals nicht, genug Stimmen für den Einzug in die Zweite Kammer zu erhalten. Unter anderem vor diesem Hintergrund waren ihre Vertreter am Ende kontroverser Debatten bereit, ihre Selbstständigkeit aufzugeben und sich mit anderen Gruppen in GL zusammenzuschließen.

Die zweite Gruppe, die an der Fusion zu GL partizipierte, war die 1957 gegründete PSP. Diese Partei, die getreu ihres Namens vor allem pazifistisch und sozialistisch ausgerichtet war, setzte sich aus Mitgliedern mit teilweise sehr unterschiedlichen politischen Vorstellungen zusammen. Die PSP geriet nach einigen durchaus erfolgreichen Wahlen in den 1970er Jahren wegen interner Spannungen, Unklarheiten in der strategischen Ausrichtung und ihrer ungünstigen politischen Position in eine Krise. Aus dieser konnte sie sich vor dem Hintergrund der aufkommenden Diskussionen über den NATO-Doppelbeschluss und dem Erstarken der Friedensbewegung Ende der 1970er/Anfang der 1980er Jahre kurzzeitig wieder befreien. Als das Thema Aufrüstung nach einiger Zeit wieder an Bedeutung verlor und interne Spannungen andauerten, geriet die Partei jedoch wieder in schwieriges Fahrwasser. Nach der Wahl 1986, bei der die PSP nur ein Mandat erringen konnte, setzten sich die Diskussionen über eine Fusion mit anderen linken Parteien in verstärkter Form fort. Die Kontroversen führten im Ergebnis zum Aufgehen der PSP in GL.

---

[312] Bei der Wahl im Jahr 1946 erhielt die CPN über zehn % der Stimmen. Lucardie weist darauf hin, dass die Partei die Politik der Sowjetunion energisch unterstützte und jede Kritik an dieser Politik als Verrat am Sozialismus bewertete. Zur Isolation der Partei trug neben diesem Punkt auch der Umstand bei, dass der Wohlstand in den Niederlanden erheblich wuchs. Vgl. Lucardie (2007b, 49 f.).

Die PPR entstand 1968 als Abspaltung aus der KVP, innerhalb derer ihre Gründer eine stark idealistisch motivierte Strömung gebildet hatten.[313] Die Partei orientierte sich weniger an christlichen Fundamenten, sondern trat vor allem mit progressiv und ökologisch ausgerichteten Inhalten an, zudem forderte sie mehr Mitspracherecht für die Bürger. Nach anfänglichen Problemen erzielte die PPR bei der Wahl 1972, bei der die Partei zusammen mit der PvdA und der D66 als Teil eines progressiven Bündnisses auftrat, ein starkes Ergebnis (4,8 %). Nach der Wahl beteiligte sich die Partei, die sich unter anderem für ökologische Ziele, ein verantwortungsbewusstes Wirtschaften, Menschenrechte, Emanzipation und demokratische Erneuerung einsetzte, am Kabinett Den Uyl. Nach dem Fall dieses Kabinetts musste die PPR bei der Wahl 1977 einen Einbruch hinnehmen. Hintergrund hierfür waren strategische und personelle Faktoren, zudem besaß die PvdA bei dieser Wahl eine große Anziehungskraft. In den nächsten Jahren verlor die PPR sukzessive an Mitgliedern und bei Wahlen konnte sie nur relativ enttäuschende Ergebnisse erzielen. Diese Entwicklungen trugen dazu bei, dass die innerhalb der PPR intensiv geführten Diskussionen über eine Kooperation mit anderen linken Parteien letztlich zum Zusammenschluss zu GL führten.

An der Gründung von GL war viertens die EVP beteiligt, die 1981 als Abspaltung vom CDA gegründet wurde und die bei der Wahl 1982 genügend Stimmen für ein Mandat erhielt (0,7 %). Inhaltlich handelte es sich bei der EVP um eine progressiv-protestantische Partei, die sich vor allem gegen die militärische Aufrüstung richtete. Zu Beginn der 1980er Jahre, als landesweit über den NATO-Doppelbeschluss diskutiert wurde, konnte die Partei mit dieser Ausrichtung politische Bedeutung gewinnen. Die Partei erlebte im Anschluss, als die entsprechenden Diskussionen weitgehend von der politischen Agenda verschwanden, jedoch rasch einen Niedergang – bei der Wahl 1986 erhielt sie nur 0,2 % der Stimmen.[314]

Die kurze Vorstellung der vier Gruppierungen, aus denen GL hervorging, zeigt deutlich, dass alle vier Gruppen sich vor dem Zusammenschluss in einer schwierigen Situation befanden.[315] Ein Grund hierfür war sicherlich, dass sich das politische Klima in den Niederlanden in den 1980er Jahren für sie ungünstig darstellte: Linke Forderungen, die in den 1970er Jahren noch viel Zulauf erhalten hatten, verloren zu dieser Zeit, in der man viel über ökonomische Schwierigkeiten und Haushaltsprobleme debattierte, an Relevanz. Bei Wahlen erzielten die einzelnen Gruppen, die auch mit parteiinternen und finanziellen Problemen zu kämpfen hatten, schlechte Ergebnisse, womit für jede Partei die akute Gefahr bestand, in der Bedeutungslosigkeit zu versinken. Der Zusammenschluss zu *GroenLinks* ist folglich zu einem erheblichen Teil aus einer taktischen Notwendigkeit heraus zu erklären. Der Umstand, dass er möglich wurde, begründet sich auch daraus, dass die beteiligten Gruppen, die lange Zeit große inhaltliche Unterschiede aufwiesen, sich im Lauf der Zeit

---

[313] Zum Thema siehe: Klaassen (2000, S. 25 f.).
[314] Zur Geschichte der vier Vorgängerorganisationen von GL siehe: Voerman (2010a, S. 15 ff.), Koole (1995, S. 149 ff., 178 ff., 246 ff. und 254 ff.), Lucardie (2007b, S. 91 ff.), van der Velden (2010, S. 151 ff. und 169 ff.), Buelens und Lucardie (1997, S. 140 ff.).
[315] Bosmans bezeichnet *GroenLinks* sogar als Fusion aus Gruppen, „die alleine nicht mehr lebensfähig waren." Bosmans (2008, S. 116).

programmatisch langsam aufeinander zubewegt hatten und auch zahlreiche persönliche Kontakte geknüpft worden waren.[316] Diese Entwicklung wurde über Jahre durch verschiedene Kooperationen auf unterschiedlichen Ebenen und Gespräche über einen möglichen Zusammenschluss befördert.

Nachdem Beratungen über die Erstellung einer gemeinsamen Liste einige Zeit erfolglos geführt worden waren, folgte die Fusion der vier genannten Gruppierungen Ende der 1980er Jahre in relativ kurzer Zeit. Bei der Wahl 1989 trat – trotz weiter vorhandener Widerstände – zum ersten Mal eine gemeinsame Liste an, die 4,1 % der Stimmen erhielt. Nach Einschätzung verschiedener Parteivertreter handelte es sich hierbei – obwohl man deutlich mehr Mandate erhielt als die Vorgängerparteien im Jahr 1986 – um ein enttäuschendes Ergebnis.[317] Die Gespräche über die Schaffung einer neuen Partei wurden trotzdem mit verstärkter Kraft fortgesetzt. Die Gründung von *GroenLinks* erfolgte dann letztlich Ende 1990, im Jahr darauf lösten sich die CPN, PSP, PPR und EVP auf. Mit der Vollendung des Zusammenschlusses waren die parteiinternen Konflikte zwischen den unterschiedlichen Flügeln keineswegs gelöst, vielmehr bestanden weiterhin Spannungen insbesondere zwischen dem „grünen" und dem „linken" Flügel der Partei fort.[318] Die programmatischen Schwerpunkte von GL lagen in den ersten Jahren auf den Themen Umweltschutz, soziale Gerechtigkeit und Emanzipation. Die ersten politischen Leiter der Partei, Ria Beckers und Peter Lankhorst, stammten aus der ehemaligen PPR.[319]

Bei der Wahl 1994 trat GL mit einem Spitzenkandidatenduo bestehend aus Ina Brouwer und Mohamad Rabbae an. Aufgrund parteiinterner Konflikte, fortbestehender programmatischer Unklarheiten, Problemen bei der Wahlkampfführung, mangelnder Koalitionsperspektiven und der Konzentration der Aufmerksamkeit auf den Wettstreit zwischen den großen Parteien erhielt die Partei nur 3,5 % der Stimmen.[320] Nach der Wahl übernahm Paul Rosenmöller, der als Gewerkschafter Bekanntheit erlangt hatte und seit der Wahl 1989 als Parlamentarier in der Zweiten Kammer aktiv war, das Amt des politischen Leiters und den Fraktionsvorsitz in der Zweiten Kammer. Die Bildung der violetten Koalition und die Probleme des CDA beim Ausfüllen der Oppositionsrolle schufen für GL in den folgenden

---

[316] Vgl. Lucardie (2007b, S. 91). Der Prozess des Zusammenschlusses wird untersucht in: Voerman (2010a, S. 28 ff.), Voerman (2010b, S. 37 ff.).
[317] Vgl. hierzu: Voerman (2010b, S. 54 ff.).
[318] „In fact, some observers have accused the party of being an unripe tomato – green only on the outside, but red at heart." Andeweg und Irwin (2009, S. 61). Die programmatische Entwicklung von GL untersuchen: Lucardie und Pennings (2010, S. 149 ff.).
[319] Zur Anfangszeit der Partei und zu den zu dieser Zeit virulenten Problemen siehe: Verkuil (2010a, S. 63 ff.). Aus Protest gegen den Zusammenschluss wurden Anfang der 1990er Jahre unter anderem die *Nieuwe Communistische Partij Nederland* (NCPN) und die *Pacifistisch Socialistische Partij '92* (PSP '92) gegründet, die allerdings bisher keine größeren Erfolge erzielen konnten. Zur NCPN siehe: Lucardie (2003, S. 200 f.).
[320] Vgl. Verkuil (2010a, S. 78 ff.).

Jahren eine gute Gelegenheit, sich als Oppositionspartei zu profilieren.[321] Die Erfolge dieser Arbeit wurden bei der Wahl 1998 deutlich, bei der GL das Ergebnis von 1994 mit einem Stimmenanteil von 7,3 % mehr als verdoppeln konnte. Erklärt werden kann dieser Erfolg neben dem Auftreten der Partei in der Opposition auch dadurch, dass man aus Fehlern aus vorherigen Wahlkämpfen gelernt hatte, radikalere Forderungen aufgab und mit Rosenmöller einen populären Spitzenkandidaten aufweisen konnte, der viel Aufmerksamkeit auf die Partei lenkte.[322]

GL übte nach der Wahl 1998, da die violette Koalition ihre Arbeit fortsetzte, weiter eine Oppositionsrolle aus. Die Partei erzielte 1999 Erfolge bei den Wahlen zu den Provinzparlamenten und bei den Europawahlen. Die Zeit bis zum Wahlkampf 2002 war dann unter anderem durch intensive Diskussionen über die Militäreinsätze im Kosovo und in Afghanistan sowie durch grundsätzliche Kontroversen bezüglich des Verhältnisses der Partei zur NATO geprägt.[323] Im Wahlkampf 2002 setzte sich GL für Investitionen in soziale und ökologische politische Maßnahmen ein. Zudem wollte die Partei beispielsweise unter bestimmten Bedingungen den Aufenthalt von illegal in den Niederlanden lebenden Zuwanderern legalisieren und forderte sie eine kritische Haltung zur NATO. Rosenmöller, der erneut als Spitzenkandidat antrat, und seine Partei kritisierten vor der Wahl die Politik der violetten Koalition, die als zu wenig sozial eingestuft wurde. Zugleich richtete sich die Kritik von GL energisch gegen den politischen Newcomer Fortuyn und dessen kontroverse Forderungen. Nach der Ermordung Fortuyns durch einen Umweltaktivisten wurden verschiedene Mitglieder von GL – insbesondere Rosenmöller, der sich harte Auseinandersetzungen mit Fortuyn geliefert hatte – bedroht. Bei der Wahl 2002 musste die Partei vor allem aufgrund des veränderten gesellschaftlichen Klimas gegenüber 1998 leichte Verluste hinnehmen, sie erhielt 7 % der Stimmen.

Nach der Wahl 2002 unternahm Rosenmöller zunächst erfolglose Bemühungen, die Oppositionsaktivitäten mehrerer linker Parteien gegen das Kabinett Balkenende I zu bündeln. Noch vor der vorgezogenen Neuwahl, die wegen des Sturzes der Regierung bereits nach wenigen Monaten erforderlich wurde, gab er dann das Amt des politischen Leiters und den Fraktionsvorsitz auf. Hintergrund dieser Entscheidung waren vor allem die Bedrohungen, denen er und seine Familie nach der Ermordung Fortuyns fortdauernd ausgesetzt waren.[324] Die Spitzenposition in der Partei übernahm Femke Halsema, die seit 1998 in der Parlamentsfraktion von GL und zuvor einige Jahre Mitarbeiterin bei der sozialdemokratischen WBS aktiv war.[325] Im Wahlkampf vor der Wahl 2003, bei der Halsema als

---

[321] Zum Aufschwung von GL nach der Wahl 1994 und zur Person Rosenmöller siehe: Verkuil (2010b, S. 87 ff.).

[322] Siehe hierzu: Verkuil (2010b, S. 93 ff.). Rosenmöller, der im Rahmen eines Buches mit dem Titel *Een mooie hondenbaan* auf seine politische Karriere zurückblickt, äußerte sich 2001 im Rahmen eines Interviews zu den Oppositionsaktivitäten seiner Partei. Vgl. hierzu: van Baalen und Breedveld (2001, S. 106 ff.).

[323] Vgl. Verkuil (2010b, S. 98 ff.), Lucardie und Pennings (2010, S. 151 ff.).

[324] Vgl. hierzu: Rosenmöller (2006, S. 274 ff.).

[325] Zu Femke Halsema siehe: Verkuil (2010c, S. 115 ff.).

Spitzenkandidatin auftrat, warb die Partei dafür, auf die Haushaltsprobleme vor allem mit einer höheren Besteuerung großer Einkommen und Betriebe sowie Einsparungen im Verteidigungsbudget zu reagieren. Investieren wollte die Partei, die sich vehement gegen einen militärischen Einsatz im Irak stellte, in öffentliche Verkehrsmittel und den Wohnungssektor. Bei der Wahl musste GL Stimmenverluste hinnehmen, einen Teil ihrer Wähler verlor sie dabei an die wiedererstarkte PvdA. Auch bei den Wahlen zu den Provinzparlamenten, die kurze Zeit später stattfanden, und bei den Europawahlen im folgenden Jahr musste die Partei Einbußen akzeptieren.[326]

Um die Schwierigkeiten, in denen sich die Partei befand, zu überwinden, arbeitete GL an inhaltlichen und organisatorischen Änderungen. Man versuchte die Kooperation mit der SP und PvdA zu verstärken, um ein starkes Gegengewicht zur Regierung Balkenende II zu formen. Die gleichzeitig formulierte neue und parteiintern durchaus umstrittene Ausrichtung der Partei wurde als „freisinnig links" bezeichnet – unter dieser Überschrift wurden mehr Raum für individuelle Freiheit und die Möglichkeit, anders zu sein, verstanden.[327] Im Wahlkampf für die Wahl 2006 warb die Partei für ihre eigenen, zum Teil neuen Positionen und für eine linke Mehrheit. Diese kam nicht zustande und GL musste leichte Verluste hinnehmen. Dieses Ergebnis ist vor allem auf das starke Abschneiden der SP zurückzuführen, die viele Wähler von GL gewinnen konnte. GL gewann wiederum Wähler von der PvdA und der D66 – diese Zugewinne konnten die Abwanderung zur SP jedoch nicht ausgleichen. Im Wahlkampf war die Partei für eine linke Mehrheit eingetreten – da diese nicht zustande kam, blieb GL weiter in der Opposition.[328]

Nachdem die nachfolgenden Jahre zunächst durch Diskussionen über den inhaltlichen und organisatorischen Kurs der Partei geprägt waren, ging die Partei, die bei den Europawahlen 2009 und den Gemeinderatswahlen 2010 endlich wieder Zugewinne verbuchen konnte, optimistisch in den Wahlkampf 2010.[329] In diesem trat GL erneut mit Femke Halsema als Spitzenkandidatin an. Die Partei stellte sich unter anderem energisch gegen die politischen Inhalte, die von Geert Wilders verbreitet wurden. Mit 6,7 % der Stimmen erzielte die Partei ein gutes Ergebnis. Nach den vorangegangenen Jahren in der Opposition strebte GL nach der Wahl mit großer Energie die erste Regierungsbeteiligung an. Die Gespräche, die mit der VVD, PvdA und D66 geführt wurden, scheiterten jedoch, sodass die Partei weiter eine Oppositionsrolle ausfüllen muss.[330] Femke Halsema, die über Jahre das

---

[326] Die Probleme der Partei zu dieser Zeit beleuchtet: Verkuil (2010c, S. 118 ff.).
[327] Vgl. hierzu: Verkuil (2010c, S. 122 ff.), Lucardie und Voerman (2007, S. 32 f.). Lucardie und Voerman halten hinsichtlich der programmatischen Entwicklung von GL resümierend fest, dass die Partei im Lauf ihrer Geschichte weniger utopisch und radikal wurde – allerdings nicht weniger grün und links. Vgl. Lucardie und Voerman (2010, S. 217 f.).
[328] Vgl. Verkuil (2010c, S. 126 ff.).
[329] Vgl. Verkuil (2010c, S. 130 ff.).
[330] Nach Lucardie und Voerman ist die Partei bereit für die Übernahme von Regierungsverantwortung und handelt es sich nur noch um eine Frage der Zeit, bis die Partei diese auch tragen wird. Vgl. Lucardie und Voerman (2010, S. 220 f.). Im Folgenden beleuchten die beiden Autoren verschiedene Szenarien zur zukünftigen Entwicklung der Partei.

Bild der Partei geprägt hatte, trat Ende 2010 von ihrem Amt als politische Leiterin der Partei zurück. Ihre Nachfolgerin ist Jolande Sap, die für die Partei seit 2008 in der Zweiten Kammer aktiv ist.

Wahlergebnisse und Mitgliederzahlen

In Abb. 6.16 sind die Wahlergebnisse von GL bzw. der Vorgängerorganisationen grafisch dargestellt. Aus ihr wird deutlich, dass die Vorgängerorganisationen bei der Wahl 1972, als sowohl die CPN als auch die PPR sehr gute Ergebnisse erzielten, zusammen nahezu 11 % der Stimmen erhielten. Dieser Anteil verkleinerte sich bereits bei der nächsten Wahl 1977 auf rund 4 %. Nach den Wahlen 1981 und 1982, bei denen die nun vier Parteien zusammen 6,7 bzw. 6,5 % der Stimmen bekamen, zeigte sich bei der Wahl 1986 die Krise dieser Gruppierungen: Sie erhielten zusammen nur 3,3 % der Stimmen und damit auch nur drei Mandate. Bei der Wahl 1989 traten die Parteien mit einer gemeinsamen Liste an und erzielten gegenüber den Einzelergebnissen leichte Zugewinne. Die Mandatszahl erhöhte sich, da nun weitaus weniger Stimmen verloren gingen, von drei auf sechs. Nach Verlusten bei der Wahl 1994 erzielte GL bei den Wahlen 1998 und 2002 dann mit jeweils etwa 7 % der Stimmen die besten Ergebnisse in der bisherigen Parteigeschichte. Aus den oben genann-

Abb. 6.16 Wahlergebnisse von GL und der Vorgängerorganisationen (1946–2010)

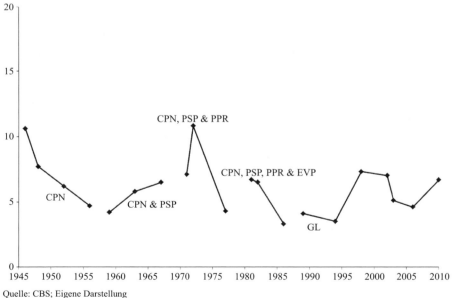

Quelle: CBS; Eigene Darstellung

Abb. 6.17 Mitgliederentwicklung von GL (1991–2011)

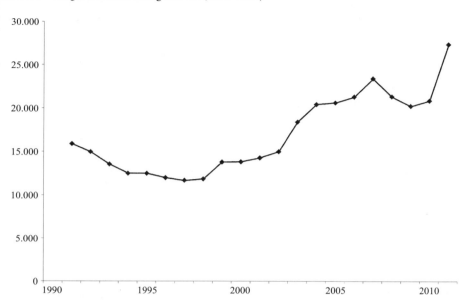

Quelle: DNPP; Eigene Darstellung

ten Gründen blieben die Ergebnisse der Jahre 2003, 2006 und 2010 dann (leicht) hinter diesem Niveau zurück.[331]

GL hatte unmittelbar nach der Gründung knapp 16.000 Mitglieder (Abb. 6.17). In den Jahren bis 1997/98 verringerte sich diese Zahl sukzessive auf weniger als 12.000 Personen. In Anbetracht politischer Erfolge kehrte sich der Trend Ende der 1990er Jahre um, bis 2007 verdoppelte sich die Mitgliederzahl auf etwa 23.500 Personen. Im Anschluss sanken die Mitgliederzahlen wieder leicht, zu Beginn des Jahres 2010 waren knapp 21.000 Personen Mitglied bei GL. In den folgenden Monaten konnte die Partei einen massiven Zuwachs verzeichnen, durch den die Mitgliederzahl auf circa 27.500 Personen anstieg.[332]

---

[331] Aus verschiedenen Untersuchungen lassen sich interessante Aufschlüsse hinsichtlich der Wahlergebnisse von GL ziehen. So ist die Partei nach Einschätzung der Wähler inzwischen weniger weit links ausgerichtet als zu ihrer Anfangszeit. Die Erfahrungen der letzten Jahre zeigen, dass die Partei theoretisch über ein großes Wählerpotential verfügt, häufig jedoch unter strategischen Überlegungen leidet – der Wähleraustausch findet vor allem mit der PvdA und der SP statt. Die besten Ergebnisse erzielt *GroenLinks* in großen Städten, unterdurchschnittliche Ergebnisse hingegen bei niedrig gebildeten Wählern und bei Arbeitern. Vgl. van der Kolk (2010, S. 178 ff.), Lucardie und Voerman (2010, S. 218 f.).

[332] Analysen zum Profil der Mitglieder finden sich bei: Lucardie und van Schuur (2010a, S. 164 ff.), Rüdig (2007, S. 203 ff.), Lucardie und van Schuur (2005, S. 144 ff.).

Zentrale Daten zu GL

Gründungsdatum	24. November 1990
Homepage	www.groenlinks.nl
Politische Leiterin	Jolande Sap
Parteivorsitzender	Henk Nijhof
Fraktionsvorsitzende (Zweite Kammer)	Jolande Sap
Mitgliederzahl (2011)	27.472
Wissenschaftliches Institut	*Stichting Wetenschappelijk Bureau*
Jugendorganisation	*DWARS*
Politische Leiter	Ria Beckers-de Bruijn, 1989 bis 1993 Peter Lankhorst, 1993 Ina Brouwer, 1994 Paul Rosenmöller, 1994 bis 2002 Femke Halsema, 2002 bis 2010 Jolande Sap, ab 2010
Ministerpräsidenten	–
Regierungsbeteiligungen (national)	–
Wahlergebnis 2010	6,7 % (628.096 Stimmen, 10 Mandate)

6.3.8 *ChristenUnie* (CU)

Im niederländischen Parlament sind mit der *ChristenUnie* (CU) und der SGP zwei orthodox-protestantische Gruppierungen vertreten, deren Stimme insbesondere bei ethischen Fragen laut zu hören ist. Die CU ist die weniger orthodoxe der beiden Parteien. Sie ist Anfang 2000 aus dem Zusammenschluss des *Gereformeerd Politiek Verbond* (GPV, gegründet 1948) und der *Reformatorische Politieke Federatie* (RPF, gegründet 1975) entstanden und seit ihrer Gründung stets im Parlament vertreten. Bei der Wahl 2010 entfielen auf die CU 3,3 % der Stimmen. Nach der Wahl befindet sich die Partei, die von 2007 bis 2010 Bestandteil des Kabinetts Balkenende IV war, in der Opposition.

Geschichtliche Entwicklung

Bei den Vorgängerorganisationen der CU handelt es sich erstens um den GPV, der 1948 vor dem Hintergrund konfessioneller Konflikte und hieraus resultierender Spannungen innerhalb der ARP entstanden ist. Die Partei, die organisatorisch vor allem in ihrer Anfangszeit durch ein hohes Maß an Freiheit für die einzelnen Abteilungen gekennzeichnet war, besaß zunächst enge Verbindungen zu den *Vrijzinnig Gereformeerde Kerken*, die sich erst im Lauf der Zeit langsam lockerten. Sie schaffte vor dem Hintergrund interner Probleme, programmatischer Schwächen und heftiger Angriffe von Seiten der ARP erst nach mehreren vergeblichen Anläufen Anfang der 1960er Jahre den Einzug in die Zweite Kam-

6.3 Die wichtigsten Gruppierungen in der aktuellen Politik

mer. Bis zum Ende der 1990er Jahre erzielte sie bei Wahlen in der Folgezeit sehr konstante Ergebnisse, die jeweils zwischen knapp einem und knapp 2 % der Stimmen lagen. Mit diesen Stimmenanteilen war die Partei stets mit einem oder zwei Abgeordneten im Parlament vertreten. Wichtige Protagonisten innerhalb der Partei waren Pieter Jongeling, Bart Verbrugh, Geert Schutte und Eimert van Middelkoop.[333] Programmatisch vertrat die Partei die Auffassung, dass politisches Handeln auf der Grundlage der Bibel erfolgen und der Staat somit einen christlichen Charakter tragen sollte. Zugleich war sie national ausgerichtet. Mit diesen Schwerpunkten übte die GPV unter anderem Kritik am Europäischen Integrationsprozess, am Materialismus und an liberalen Vorstellungen zu den Themen Abtreibung, Sterbehilfe und Homosexualität. Die Partei unterstützte unter anderem das Königshaus, Bestrebungen zur militärischen Stärkung der Niederlande und religiöse Einflüsse auf das Bildungssystem. Später griff die Partei auch soziale und ökologische Themen auf.[334] Die Partei besaß vor allem in den Provinzen Groningen, Gelderland, Utrecht und Südholland eine treue Wählerschaft. Die Mitgliederzahlen der GPV steigerten sich von 1950 bis zu Beginn der 1980er Jahre von rund 1000 auf über 13.000 Personen. Bis zum Ende der 1990er Jahre waren dann stets zwischen 12.000 und 15.000 Niederländer Mitglied der Partei.[335]

Die zweite Vorgängerorganisation der CU war die RPF, die am 15. März 1975 gegründet wurde. Kontext ihrer Entstehung waren Entwicklungen innerhalb der ARP und Konflikte im Umfeld der Gründung des CDA, die dazu führten, dass ehemalige Mitglieder der ARP eine eigene Partei gründeten.[336] Die RPF zog 1981 erstmals mit zwei Abgeordneten in die Zweite Kammer ein. Bei den anschließenden Wahlen erlangte sie jeweils zwischen 0,9 und 2,0 % der Stimmen, sodass sie fortdauernd im Parlament vertreten war. Progammatisch existierten große Gemeinsamkeiten zwischen der RPF und der GPV – die RPF trat vor diesem Hintergrund vom Zeitpunkt ihrer Gründung an für eine intensivere Kooperation mit der GPV – und teilweise auch mit der SGP – ein. Wichtige Vertreter der Partei, die ebenso wie die GPV über eine treue und stark christlich geprägte Anhängerschaft verfügte, waren Meindert Leerling und Leen van Dijke. Die Mitgliederzahl der RPF erhöhte sich von Mitte der 1970er bis zum Ende der 1990er Jahre von unter 1000 auf etwa 12.500 Personen.[337]

---

[333] Zu diesen Politikern siehe: Klei (2010, S. 16–18), van Baalen und Ramakers (2001, S. 114 ff.).

[334] Den Unterschied zwischen der GPV und der SGP erläuterte Lucardie mit folgenden Worten: „Ebenso wie die SGP strebte die GPV einen christlichen Staat an, aber unter Wahrung der vollständigen Freiheit für andere Religionen. Der Staat hatte nicht allein zur Aufgabe, das Recht zu wahren und einen Verfall der Sitten (Schwangerschaftsabbruch, Ehescheidung, Pornografie und Prostitution) zu bekämpfen, sondern auch das Land zu verwalten und zu entwickeln. Dieser ‚Kulturauftrag' unterschied die GPV von der pessimistischeren und konservativeren SGP." Lucardie (2007b, S. 70, Übersetzung durch den Verfasser).

[335] Ausführliche Informationen zur Geschichte des GPV finden sich in: Klei (2010, S. 11 ff.), Buelens und Lucardie (1997, S. 137 ff.).

[336] Vgl. hierzu: van Mulligen (2010, S. 32 ff.).

[337] Zur Geschichte der RPF siehe: van Mulligen (2010, S. 31–50).

Aufgrund ihrer programmatischen Gemeinsamkeiten hatte es zwischen der GPV und der RPF schon lange vor der Fusion Gespräche über einen Zusammenschluss gegeben, an denen zum Teil auch Vertreter der SGP beteiligt waren.[338] Bei verschiedenen Wahlen auf kommunaler, regionaler und europäischer Ebene schlossen sich die Parteien bereits weit vor Gründung der CU zusammen, um ihre Chancen auf einen Wahlerfolg zu erhöhen.[339] Nachdem sich die Gespräche ab Beginn der 1990er Jahre intensiviert hatten, traten GPV und RPF bei der Wahl zur Zweiten Kammer im Jahr 1998 letztmals getrennt an. Zu Beginn des Jahres 2000 wurde dann der Beschluss zur Gründung der *ChristenUnie* gefasst.[340] Mit diesem Namen nahm man dann auch an den dicht aufeinander folgenden Wahlen 2002 und 2003 teil, bei denen die CU 2,5 und 2,1 % der Stimmen erhielt. Im Anschluss an diese enttäuschenden Ergebnisse – die sich unter anderem dadurch erklären, dass viele Wähler, die der CU nahe standen, aus taktischen Gründen den CDA wählten – lösten sich die GPV und die RPF Ende 2003, nachdem die Kooperation immer enger geworden war, endgültig auf.[341] Hinsichtlich der programmatischen Ausrichtung der CU ist festzuhalten, dass diese sich stark an den Inhalten und Zielen der zuvor bestehenden Parteien orientiert. Die Forderung, christliche Werte politisch umzusetzen, ist von Seiten der CU vor allem bei ethischen Fragen immer wieder laut zu hören. Im Lauf der Zeit hat sich die Wahrnehmung der Partei insofern geändert, als dass sie stärker in der politischen Mitte angesiedelt wird.[342]

Das Amt des politischen Leiters der Partei übernahm André Rouvoet im November 2002 von Kars Veling. Rouvoet war zuvor für die RPF als Leiter des wissenschaftlichen Büros und ab 1994 als Parlamentarier aktiv gewesen. Die CU, die 2005 gegen den Europäischen Verfassungsvertrag eintrat und weitere öffentlichkeitswirksame Kampagnen durchführen konnte, erhielt bei der Wahl 2006 4,0 % der Stimmen und erzielte damit ihren bisher größten Erfolg.[343] Im Anschluss bildete die Partei zusammen mit dem CDA und der PvdA das Kabinett Balkenende IV, in dem die CU mit Rouvoet und van Middelkoop, der in seiner Funktion als Parlamentarier und Vorsitzender mehrere Kommissionen über Jahre hohes Ansehen erlangt hatte, zwei Minister stellte. Hierbei handelte sich zweifelsohne um eine Zäsur in der Parteigeschichte, da zuvor weder die CU noch eine ihrer Vorgängerorganisationen an der Regierung beteiligt gewesen waren.[344] Ermöglicht wurde die

---

[338] Zum Thema siehe: Hippe und Voerman (2010a, S. 51 ff.), Hippe (2010, S. 71 ff.), Klei (2010, S. 29 f.), van Mulligen (2010, S. 49 f.).
[339] Vgl. Hippe und Voerman (2010a, S. 62 ff.).
[340] Vgl. hierzu: Lucardie et al. (2001, S. 161 ff.). Die Geschichte der CU von 2000 bis 2010 wird beleuchtet in: Voerman (2010c, S. 91 ff.).
[341] Vgl. hierzu: Voerman (2010c, S. 92 ff.).
[342] Vgl. zur Programmatik der CU: Harinck und Scherff (2010, S. 134 ff.), Jager-Vreugenhil und Leyenaar (2006, S. 195 ff.). Zu den Haltungen der Parteimitglieder zu verschiedenen politischen Fragen siehe: Lucardie und van Schuur (2010b, S. 158 ff.).
[343] Vgl. Voerman (2010c, S. 119 ff.).
[344] Dementsprechend entbrannten Diskussionen in der Partei darüber, ob einen Regierungsteilnahme sinnvoll ist. Bald nach Bildung des Kabinetts entstand ein Konflikt über die Frage, ob Beamte die Vollstreckung gleichgeschlechtlicher Ehen aus Gewissensgründen ablehnen können sollten. Vgl.

6.3 Die wichtigsten Gruppierungen in der aktuellen Politik

Regierungsteilnahme der CU unter anderem dadurch, dass die Partei auf weitreichende Forderungen beispielsweise hinsichtlich einer Neuregelung der gesetzlichen Bestimmungen bei der Sterbehilfe oder beim Schwangerschaftsabbruch verzichtete. Das gute Ergebnis von 2006 konnte die CU bei der Wahl 2010 nicht wiederholen. In den Koalitionsgesprächen nach der Wahl kam ihr keine bedeutende Rolle zu. Seit Antritt der Regierung Rutte I ist die Partei somit wieder in der Opposition. An der Spitze der Partei gab es im April 2011 einen Wechsel: Arie Slob, der seit 2002 Abgeordneter der CU in der Zweiten Kammer ist, übernahm den Fraktionsvorsitz in der Zweiten Kammer und die Position des politischen Leiters der Partei von André Rouvoet.[345]

Wahlergebnisse und Mitgliederzahlen

In Abb. 6.18 werden die Wahlergebnisse der CU und ihrer Vorgängerorganisationen dargestellt. Die Grafik zeigt unter anderem, dass die Partei bei der Wahl 2006 ihr bisher bestes Resultat erzielen konnte.

Hinsichtlich der Mitgliederzahlen wurde bereits darauf hingewiesen, dass die GPV und die RPF im Lauf ihrer Geschichte die Zahl ihrer Anhänger deutlich erweitern konnten. Für die CU liegen ab 2002 Zahlen vor, die zeigen, dass die Partei seither recht konstante Mitgliederzahlen aufweist. Zu Beginn des Jahres 2011 gehörten ihr 25.480 Personen an (Abb. 6.19).[346]

Zentrale Daten zur CU

Gründungsdatum	22. Januar 2000
Homepage	www.christenunie.nl
Politischer Leiter	Arie Slob
Parteivorsitzender	Peter Blokhuis
Fraktionsvorsitzender (Zweite Kammer)	Arie Slob
Mitgliederzahl (2011)	25.480
Wissenschaftliches Institut	*Mr. G. Groen van Prinsterer Stichting*
Jugendorganisation	*PerspectieF, ChristenUnie-jongeren*
Politische Leiter	Kars Veling, 2001–2002
	André Rouvoet, 2002–2011
	Arie Slob, ab 2011
Ministerpräsidenten	–
Regierungsbeteiligungen (national)	2007–10: CDA, PvdA, CU (Balkenende IV)
Wahlergebnis 2010	3,3 % (305.094 Stimmen, 5 Mandate)

Lucardie und Voerman (2007, S. 21 f.). Ausführlich mit den Reaktion auf die Regierungsteilnahme der CU befassen sich: Pasterkamp (2008), Voerman (2010c, S. 121 ff.).
[345] Mögliche Perspektiven der CU beleuchten: Hippe und Voerman (2010b, S. 219 ff.).
[346] Zum Profil der Mitglieder der CU siehe: van Holsteyn und Koole (2010, S. 199 ff.).

Abb. 6.18 Wahlergebnisse der CU und ihrer Vorgängerorganisationen (1952–2010)

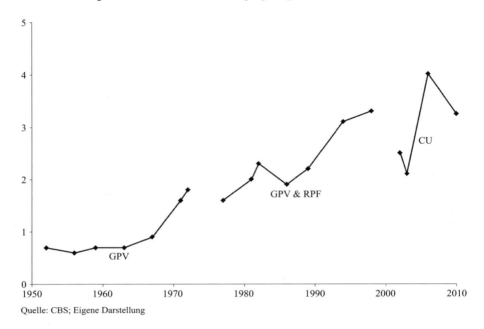

Quelle: CBS; Eigene Darstellung

Abb. 6.19 Mitgliederentwicklung der CU (2002–2011)

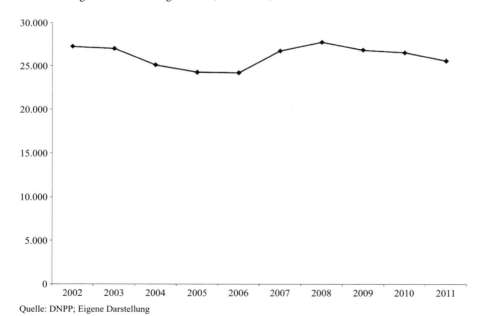

Quelle: DNPP; Eigene Darstellung

6.3.9 Staatkundig Gereformeerde Partij (SGP)

Bei der *Staatkundig-Gereformeerde Partij* (SGP) handelt es sich um eine orthodox-protestantische Partei, die seit 1922 permanent im niederländischen Parlament vertreten ist. Die Erfolge der Partei basieren auf einer zwar kleinen, aber überaus treuen Mitglieder- und Wählerschaft, die sich unter anderem durch die dogmatischen Positionen der SGP bei ethischen Fragen – wie beispielsweise hinsichtlich der Themen Sterbehilfe, Abtreibung, Prostitution oder Drogen – angesprochen fühlt. Trotz ihrer langen Präsenz im parlamentarischen Geschehen war die SGP bisher noch nie an einer Regierung beteiligt.[347] Bei der Wahl 2010 erhielt die SGP 1,7 % der Stimmen, seither ist sie erneut mit zwei Abgeordneten in der Zweiten Kammer vertreten.

Geschichtliche Entwicklung

Die SGP wurde am 24. April 1918 von orthodoxen Protestanten gegründet, die sich für das Ziel einer protestantischen Nation, deren Politik sich an biblischen Grundlagen orientiert, einsetzten und auf dieser Grundlage unter anderem strikt gegen eine Kooperation mit Katholiken und gegen die Einführung des Frauenwahlrechts waren.[348] Bei der ersten Wahl, an der die Partei im Jahr 1918 teilnahm, erzielte die SGP mit ihrem Spitzenkandidaten, dem Pfarrer Gerrit Hendrik Kersten, der die Partei bis zum Zweiten Weltkrieg anführte, zunächst ein enttäuschendes Ergebnis. 1922 gelang der Partei dann mit einem Abgeordneten der Einzug in die Zweite Kammer. Bei den beiden folgenden Wahlen konnte die Zahl der Mandate auf zwei erhöht werden. Hinsichtlich der Wahlergebnisse lässt sich seither ein überaus großes Maß an Kontinuität feststellen: Die SGP hat bei allen Parlamentswahlen zwischen 1925 und heute zwischen 1,5 und 2,5 % der Stimmen erhalten und war auf dieser Grundlage stets mit zwei oder drei Abgeordneten in der Zweiten Kammer vertreten (Abb. 6.20). Einzug in die Erste Kammer erhielt die SGP erstmals 1956, seit Beginn der 1970er Jahre ist sie auch in dieser kontinuierlich vertreten.

Hinsichtlich der inhaltlichen Ausrichtung der SGP ist ebenfalls ein hohes Maß an Kontinuität zu konstatieren. Die Partei setzt sich seit ihrer Gründung dafür ein, dass politische Entscheidungen auf der Grundlage biblischer Werte getroffen werden sollen.[349] Die Ein-

---

[347] Es ist an dieser Stelle darauf hinzuweisen, dass die politische Bedeutung der SGP nach dem Amtsantritt der Regierung Rutte im Herbst 2010 gewachsen ist. Grund hierfür ist die Tatsache, dass die drei an der Regierung beteiligten Gruppierungen (VVD, CDA, PVV) in der Ersten Kammer keine Mehrheit haben und in vielen Bereichen auf die Unterstützung der SGP angewiesen sind.

[348] Vgl. zu den Diskussionen, die von den niederländischen Protestanten über das Frauenwahlrecht geführt wurden, sowie zur Entstehung der SGP: Post (2009, S. 53 ff.). Die Entstehungshintergründe der SGP beleuchtet auch: Dölle (2005, S. 101 ff.).

[349] Auf der Homepage der Partei heißt es hierzu: „Die Standpunkte der SGP basieren auf der Bibel. Die SGP ist davon überzeugt, dass Gott alle Ehre zukommt und biblische Werte und Normen gut für jeden sind." Auf derselben Seite erläutert die Partei: „Die Bibel, das Wort Gottes, ist die Basis, von der aus politische Standpunkte bestimmt und Diskussionen geführt werden. Nun steht in der Bibel nicht alles. Wir können in ihr beispielsweise nichts über die Lärmschutzrichtlinien für Schi-

führung einer protestantischen Staatskirche lehnt sie zwar ab, sie erachtet es jedoch für erforderlich, dass religiösen Belangen eine wichtige Rolle in der Politik und im staatlichen Handeln zukommt. Zudem sieht sie es als Aufgabe des Staates an, den „wahren Glauben" zu fördern und gegen „falsche Religionen" vorzugehen.[350] Auf dieser Grundlage setzte sie sich vor allem in den ersten Jahrzehnten ihres Bestehens gegen einen zu großen Einfluss der katholischen Kirche auf die niederländische Politik und Gesellschaft ein.[351] Aufgrund der Tatsache, dass es sich bei der SGP fortdauernd um eine kleine Partei handelte, konnte sie stets nur einen geringen Einfluss auf politische Entscheidungen ausüben. Ihre Stimme war jedoch insbesondere bei der Regelung ethischer Fragen häufig deutlich zu vernehmen. Die SGP übte beispielsweise in den letzten Jahren und insbesondere während der Regierungszeit der violetten Koalition heftige Kritik an den ihrer Auffassung zufolge zu liberalen Bestimmungen in den Bereichen Sterbehilfe, Abtreibung, Drogen und Prostitution. Vorwiegend kritisch steht die Partei, die für die Wiedereinführung der Todesstrafe eintritt, dem Europäischen Integrationsprozess gegenüber – unter anderem, da dieser die niederländische Identität gefährde.

Personell erfolgte nach dem Krieg ein Wechsel an der Spitze der Partei: Kersten, der die Geschicke der Partei als Fraktions- und Parteivorsitzender über viele Jahre gelenkt hatte, verlor seine Position wegen seines Verhaltens während der Besatzung und wurde vom Pfarrer Pieter Zandt, der bis 1961 als politischer Leiter der SGP fungierte, abgelöst. Die Nachfolger von Zandt waren bis 1986 dann Cornelis Nicolaas van Dis (1961–1971), Hette Gerrit Abma (1971–1981) und Henk van Rossum (1981–1986). Von 1986 bis 2010 hatte der im Jahr 1942 geborene Bas van der Vlies, der nach seinem Studium an der Technischen Hochschule in Delft erst als Lehrer arbeitete und die SGP ab 1981 in der Zweiten Kammer vertrat, die Spitzenposition in der Partei inne. Sein Nachfolger wurde Kees van der Staaij, der bei der Wahl 2010 erstmals als Spitzenkandidat der Partei fungierte.

Obwohl die Geschichte der SGP vor allem durch Kontinuitäten geprägt ist, fanden im Lauf der Jahrzehnte immer wieder Konflikte zwischen verschiedenen Parteigruppierungen über den Kurs der Partei statt. Ein Thema, das insbesondere in jüngerer Vergangenheit immer wieder im Fokus der Aufmerksamkeit steht, ist das Frauenbild der Partei. Wie im Abschn. 6.1 bereits erläutert wurde, verwehrte die SGP, die über Jahrzehnte gegen das Frauenwahlrecht eintrat, Frauen über lange Zeit die Möglichkeit zur vollwertigen Mitgliedschaft. Diese Regelung, Grundlage vieler kritischer Kommentare und Proteste war und die vor einiger Zeit zu den bereits angesprochenen Gerichtsverfahren führte, war parteiintern überaus umstritten und wurde über Jahre kontrovers diskutiert. Die von der SGP

---

phol lesen. Allerdings wollen wir auch dann einen Standpunkt aus biblischer Perspektive einnehmen. Beim Lärmschutz können wir beispielsweise an die Belastung der Umwelt und die Bedeutung für die Wirtschaft denken. Also ist auch ein Standpunkt über Lärmschutzrichtlinien auf eine auf der Bibel basierte Politik zurückzuführen." Vgl. www.sgp.nl/Home/Partij (Übersetzungen durch den Verfasser). Zur Programmatik der SGP siehe auch: Dölle (2005, S. 103 ff.).

[350] Vgl. Hippe und Voerman (2010a, S. 52).

[351] Anschaulich hierzu: Lucardie (2007b, S. 69).

vertretene Haltung zum politischen Engagement von Frauen behinderte zudem auch die Kooperation mit anderen orthodox-protestantischen Parteien. Die SGP trat zwar bei verschiedenen Wahlen auf europäischer, kommunaler und Provinzebene auf einer gemeinsamen Liste mit der GPV und RPF bzw. später der CU an, die Erstellung der jeweiligen Kandidatenlisten verlief jedoch häufig schwierig. Eine weiterreichende Zusammenarbeit bzw. sogar ein Zusammenschluss mit den anderen orthodox-protestantischen Kräften kam trotz gelegentlicher Gespräche nicht zustande. Der Umstand, dass die SGP als die älteste in unveränderter Form bestehende Partei der Niederlande angesehen wird, ist auch vor diesem Hintergrund zu bewerten.

Wahlergebnisse und Mitgliederzahlen

Im Vorangegangenen wurde bereits angesprochen, dass die SGP seit langer Zeit über eine treue Anhängerschaft verfügt, die spezifische Charakteristika aufweist. Es handelt sich in Anbetracht der speziellen programmatischen Ausrichtung der SGP vor allem um Personen, die eine enge konfessionelle Bindung und eine orthodox-protestantische Wertorientierung aufweisen. Bei der Betrachtung der Wahlergebnisse ist darüber hinaus die spezifisch regionale Verankerung der SGP zu beobachten: Noch stärker als bei der CU fällt auf, dass die Partei vor allem im sogenannten *Bible Belt* der Niederlande ihre Anhänger findet.

Hinsichtlich der Mitgliederzahlen der SGP ist erstens darauf hinzuweisen, dass sich diese seit 1945 von 10.000 auf 27.700 Mitglieder nahezu verdreifacht haben (Abb. 6.21). Die entsprechende Aufwärtsentwicklung, die in ihrer Tendenz dem allgemeinen Trend bei den niederländischen Parteien widersprach, verlief kontinuierlich und zeigt keine größeren Auf- bzw. Abwärtsbewegungen. Zweitens ist auf den Umstand hinzuweisen, dass sich das Verhältnis zwischen Mitglieder- und Wählerzahl deutlich anders als bei anderen Parteien darstellt, die SGP einen hohen Organisationsgrad aufweist. Besonders bemerkenswert ist drittens, dass die Jugendorganisation der SGP die größte aller niederländischen Parteien ist. Die genannten Punkte zeigen deutlich, dass die SGP nicht nur eine feste Wählerschaft, sondern auch eine starke Mitgliederbasis verfügt.[352]

---

[352] Diese Basis setzt sich – wie zu erwarten – ausschließlich aus aktiven Protestanten und zu wesentlichen Teilen aus Männern zusammen: Der Frauenanteil unter den Parteimitgliedern lag 2008 bei circa 5 %. Vgl. van Holsteyn und Koole (2010, S. 199 ff.).

Abb. 6.20 Wahlergebnisse der SGP (1918–2010)

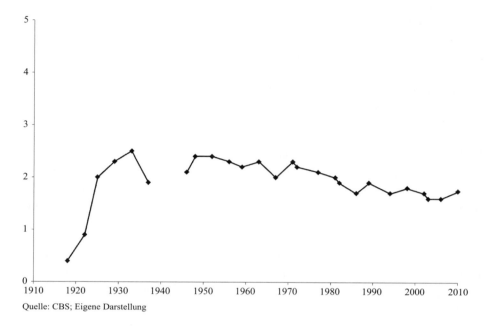

Quelle: CBS; Eigene Darstellung

Abb. 6.21 Mitgliederentwicklung der SGP (1945–2011)

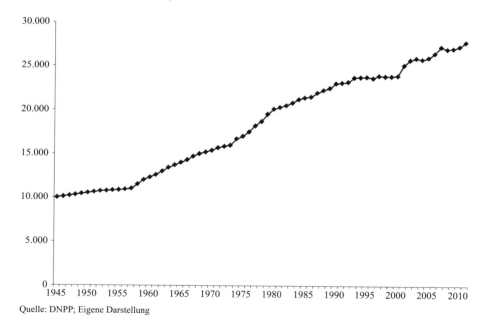

Quelle: DNPP; Eigene Darstellung

Zentrale Daten zur SGP

Gründungsdatum	24. April 1918
Homepage	www.sgp.nl
Politischer Leiter	Kees van der Staaij
Parteivorsitzender	Arie van Heteren
Fraktionsvorsitzender (Zweite Kammer)	Kees van der Staaij
Mitgliederzahl (2011)	27.687
Wissenschaftliches Institut	*Guido de Brès-Stichting*
Jugendorganisation	*SGP-jongeren*
Politische Leiter	Gerrit Hendrik Kersten, 1918 bis 1945 Pieter Zandt, 1945 bis 1961 Cornelis Nicolaas van Dis, 1961 bis 1971 Hette Gerrit Abma, 1971 bis 1977 Henk van Rossum, 1981 bis 1986 Bas van der Vlies, 1986 bis 2010 Kees van der Staaij, ab 2010
Ministerpräsidenten	–
Regierungsbeteiligungen (national)	–
Wahlergebnis 2010	1,7 % (163.581 Stimmen, 2 Mandate)

6.3.10 *Partij voor de Dieren* (PvdD)

Die *Partij voor de Dieren* (PvdD) hat im Jahr 2006 als erste Partei weltweit, die den Tierschutz als ihr zentrales Anliegen betrachtet, den Einzug in ein nationales Parlament geschafft. Seither ist sie mit zwei Abgeordneten in der Zweiten Kammer vertreten: Marianne Thieme, die zugleich politische Leiterin der Partei ist, und Esther Ouwehand. Auf der Homepage der PvdD wird das programmatisches Kernziel der Partei, die Verbesserung des menschlichen Umgangs mit Tieren, mit folgenden Worten formuliert: „Wir wollen das Leid von Tieren beenden. Menschen denken mit ihrem Geldbeutel, das geht zu Lasten der Tiere. Wir sprechen hier ein großes Unrecht an, das viel über unsere Gesellschaft sagt. Wer gesittet mit Tieren umgeht, geht auch miteinander gesittet um."[353]

Geschichtliche Entwicklung

Die PvdD wurde am 28. Oktober 2002 von einer Gruppe Tierschützern gegründet, die sich für die Belange von Tieren im Allgemeinen und insbesondere gegen tierfeindliche politische Maßnahmen einsetzen wollte. Konkreter Anlass der Parteigründung waren verschiedene Entscheidungen der Regierung Balkenende, die im Widerstreit zu den Anliegen der

---

[353] Vgl. www.partijvoordedieren.nl/departij/faq (Übersetzung durch den Verfasser).

Tierschützer standen.[354] Die Partei nahm bereits wenige Monate nach ihrer Gründung an der Parlamentswahl des Jahres 2003 teil. Mit einem Wahlergebnis von 0,5 %, das einer Gesamtzahl von knapp 48.000 Stimmen entsprach, verpasste sie allerdings den Einzug in die Zweite Kammer. Bei der im anschließenden Jahr stattfindenden Wahl zum Europäischen Parlament erhielt die PvdD dann bereits über 150.000 Stimmen. In Anbetracht der niedrigen Wahlbeteiligung war diese Stimmenzahl gleichbedeutend mit einem Wähleranteil von 3,2 %. Dieses Ergebnis reichte zwar nicht für ein Mandat im Europäischen Parlament aus, es machte jedoch Hoffnung für weitere Wahlen. Nachdem die Partei sich entschieden hatte, nicht an den Gemeinderatswahlen im Frühjahr 2006 teilzunehmen, konzentrierte sie ihre Kraft auf den Einzug in die Zweite Kammer. Im Wahlkampf 2006 vertrat sie ihre Anliegen auch mit Hilfe vieler prominenter Niederländer, die sich in unterschiedlicher Form für die Partei einsetzten.[355] Da die Partei zudem großzügige finanzielle Unterstützung erhielt, war sie in der Lage, die Bürger auf verschiedenen Wegen auf ihre Inhalte aufmerksam zu machen. Das Ergebnis der Wahl war dann ein großer Triumph: Die Partei erhielt etwa 180.000 Stimmen und konnte somit mit zwei Vertreterinnen in die Zweite Kammer einziehen. Dass es sich hierbei nicht um einen einmaligen Erfolg handelte, zeigte sich nicht nur in stabilen Umfrageergebnissen, sondern auch bereits bei der Wahl zu den Provinzparlamenten im März 2007. Die PvdD stellte sich in elf Provinzen zur Wahl und konnte im Anschluss mit neun Mandaten in acht Provinzparlamente einziehen. Auf der Grundlage dieses Wahlergebnisses gelang es ihr auch, Zugang zur Ersten Kammer zu finden – in dieser ist sie seit 2007 mit einem Abgeordneten, Niko Koffeman, vertreten. Bei der Europawahl im Juni 2009 konnte die PvdD ihr starkes Ergebnis von 2004 leicht verbessern: sie erhielt etwa 158.000 Stimmen, was einem Wahlergebnis von 3,5 % entsprach. Vor der Wahl 2010 wurde die Berichterstattung über die PvdD dann von internen Schwierigkeiten geprägt. Trotzdem konnte die Partei ihre Position in der niederländischen Politik behaupten und mit einem Wahlergebnis von 1,3 % wiederum mit zwei Kandidatinnen in die Zweite Kammer einziehen.

Diese Erfolge erzielte die Partei programmatisch vor allem dadurch, dass sie sich immer wieder für die Interessen von Tieren, die nach Auffassung der Partei als fühlende Wesen umfangreiche Rechte besitzen sollten, einsetzt und beispielsweise Missstände in der industriellen Tierhaltung oder in der Fischerei beseitigen sowie die Möglichkeiten für Tierversuche rigide begrenzen will. Die Kritik, die manche Kommentatoren an die PvdD richten, besteht darin, dass diese nur eine one-issue-Partei sei, die inhaltlich in anderer Hinsicht wenig zu bieten habe. Grundlage dieser Kritik ist zum einen der Umstand, dass die Partei sich in ihren programmatischen Schriften und parlamentarischen Tätigkeiten na-

---

[354] Vgl. Lucardie (2006a, S. 159), Lucardie (2003, S. 208 f.).
[355] Krouwel und Lucardie schreiben hierzu „Support from celebrities played an important role in the electoral success of the Animal Rights Party (Partij voor de Dieren, PvdD) in 2006. In 2003 the PvdD had come close to a seat with modest resources and an effective campaign, yet without celebrity support; three years later about half of ist 30 parliamentary candidates were actors, novelists or other writers and entertainers – and the party won two seats." Krouwel und Lucardie (2008, S. 292 f.).

hezu ausschließlich mit dem Thema Tierschutz beschäftigt. Zum anderen erlangten bisher vor allem Aktivitäten und Äußerungen Aufmerksamkeit, die im direkten Zusammenhang zu diesem Thema stehen.[356] Die Partei selbst äußert sich zu dieser Kritik mit folgenden Worten: „100 % für die Tiere bedeutet auch 100 % für die Menschen (…). Es ist für Menschen schöner in einer Gesellschaft zu leben, in der sorgsam und liebevoll mit Tieren und Menschen umgegangen wird, als in einer Gesellschaft, in der Gewalt gegenüber Tieren und ihre Ausbeutung die Norm sind."[357]

Prägende Figur in der bisherigen Geschichte der PvdD ist die Juristin Marianne Thieme, die bereits vor ihrer Tätigkeit als Parlamentsabgeordnete in unterschiedlichen Einrichtungen – unter anderem bei der *Stichting Bont voor Dieren* und bei der *Stichting Wakker Dier* – für die Belange von Tieren gekämpft hat. Thieme war nicht nur eine der Mitbegründerinnen der Partei, sondern auch Spitzenkandidatin der PvdD bei den Wahlen 2003, 2006 und 2010. Aktuell ist sie Fraktionsvorsitzende in der Zweiten Kammer, das Amt des Parteivorsitzenden übernahm Ende 2010 Luuk Folkerts. In organisatorischer Hinsicht befindet sich die PvdD im Aufbau. Die Partei verfügt mit *Pink!* bereits über eine Jugendorganisation und mit der Nicolaas G. Pierson-Stiftung, die nach einem wichtigen Finanzier der Partei benannt ist, über eine wissenschaftliche Einrichtung. Gleichzeitig erlebte die Partei erste interne Konflikte und Querelen, die sich beispielsweise um die Zugehörigkeit von Thieme und Koffeman zu einer religiösen Gruppe, um die Produktionsmethoden des Parteispenders Pierson, um den (eher aktivistischen oder parlamentarischen) Kurs der Partei und um parteiinterne Konflikte drehten.

Wahlergebnisse und Mitgliederzahlen

Die PvdD hat – wie soeben geschildert wurde – bisher erst an drei Wahlen zur Zweiten Kammer teilgenommen. Nachdem sie 2003 mit einem Wahlergebnis von 0,5 % der Stimmen scheiterte, gelang ihr 2006 mit einem Stimmenanteil von 1,8 % der parlamentarische Durchbruch. Vier Jahre später konnte sie diesen Erfolg trotz gewisser Verluste mit einem Wahlergebnis von 1,3 % bestätigen.

Hinsichtlich der Entwicklung der Mitgliederzahlen liegen Daten für die Jahre ab 2005 vor. Zu Beginn diesen Jahres waren etwa 1800 Personen in der PvdD organisiert, dieser Wert erhöhte sich bis Januar 2006 auf 2400. Das Jahr 2006 brachte dann nicht nur den Einzug in die Zweite Kammer, sondern auch einen großen Anstieg in der Mitgliederzahl mit sich: Anfang 2007 lag diese bei knapp 6400. Auch in den folgenden Jahren konnte die PvdD die Zahl ihrer Anhänger weiter ausbauen: Am 1. Januar 2011 hatte sie 11.610 Mitglieder.

---

[356] Vgl. hierzu: Sitalsing und Wansink (2010, S. 81 ff.).
[357] Vgl. www.partijvoordedieren.nl/departij/faq (Übersetzung durch den Verfasser).

Zentrale Daten zur PvdD

Gründungsdatum	28. Oktober 2002
Homepage	www.partijvoordedieren.nl
Politische Leiterin	Marianne Thieme
Parteivorsitzender	Luuk Folkerts
Fraktionsvorsitzende (Zweite Kammer)	Marianne Thieme
Mitgliederzahl (2011)	11.610
Wissenschaftliches Institut	*Nicolaas G. Pierson-Stiftung*
Jugendorganisation	*Pink!*
Politische Leiter	Marianne Thieme, ab 2002
Ministerpräsidenten	–
Regierungsbeteiligungen (national)	–
Wahlergebnis 2010	1,3 % (122.317 Stimmen, 2 Mandate)

7 Provinzen und Gemeinden

Ebenso wie in den meisten anderen europäischen Staaten existieren auch in den Niederlanden neben der nationalen weitere Ebenen, auf denen Politik geplant und durchgeführt wird. Historisch besitzen die Niederlande in dieser Hinsicht eine ausgeprägte Tradition: Über lange Zeit wurden politischen Entscheidungen von den Gemeinden und Provinzen getroffen, die im nationalen Rahmen durchgeführte Politik beschränkte sich auch lange nach der internationalen Anerkennung der Niederlande zunächst nur auf wenige Bereiche.[1] Die Ausführungen des zweiten Kapitels (Abschn. 2.1) haben gezeigt, dass sich das Zentrum der politischen Macht jedoch Ende des 18. bzw. Anfang des 19. Jahrhunderts verschob. Seither bilden die Niederlande einen „dezentralen Einheitsstaat".[2] Mit diesem Begriff wird ausgedrückt, dass die nationale Ebene in der niederländischen Politik bestimmenden Einfluss besitzt, zugleich jedoch mit den Provinzen und den Gemeinden untergeordnete Ebenen ohne eigene Souveränität existieren, die nicht nur die Entscheidungen der niederländischen Regierung umsetzen, sondern – je nach Willen der nationalen Ebene – im gewissen Maße auch über eigene Aufgabenbereiche, Entscheidungsbefugnisse und Ressourcen verfügen.[3] Auf den nächsten Seiten wird näher auf diese beiden Ebenen der

---

[1] Van Dooren schreibt hierzu: „Bereits im Mittelalter war in unseren Breiten eine starke Kultur lokaler Autonomie entstanden, eine Kultur, die mit der Tatsache zusammenhing, dass jede lokale Gemeinschaft auf ganz eigene Weise den typisch niederländischen Kampf gegen das Wasser führen musste. Da der Widerstand gegen die spanische Herrschaft auch durch die Ablehnung der Versuche Philipps II., die Macht der Provinzen zugunsten einer stärkeren zentralen Autorität zu brechen, genährt wurde, lag es nicht nahe, dass die Republik der Vereinigten Niederlande eine stark zentralistischen Charakter erhalten würde." Van Dooren (2005, S. 14, Übersetzung durch den Verfasser).
[2] Bezeichnend ist die Tatsache, dass nur noch im Ausland von den Niederlanden im Plural gesprochen wird, in den Niederlanden selbst spricht man von *Nederland* im Singular. Zum Begriff siehe: Stuurman (2006, S. 183 f.).
[3] Die beiden Schlagworte zur Kennzeichnung der Aufgabenbereiche der Provinzen und Gemeinden lauten somit *autonomie* und *medebewind*. Für weiterführende Informationen über die allgemeine Aufgabenverteilung zwischen den politischen Ebenen, deren Grundlagen im siebten Kapitel der niederländischen Verfassung (Artikel 123–136) zu finden sind, siehe: van Deth und Vis (2006, S. 94 ff.),

Politik eingegangen. Das Vorgehen besteht dabei jeweils darin, dass zunächst allgemeine Angaben gemacht werden. Im Anschluss wird sich mit dem organisatorischen Aufbau der Provinzen bzw. Gemeinden und ihrer Bedeutung auseinandergesetzt.

7.1 Die Provinzen

Die Niederlande gliedern sich in zwölf Provinzen, die sich bezüglich der Größe und der Einwohnerzahl stark voneinander unterscheiden (Tab. 7.1).[4] Von der Fläche her sind Friesland, Gelderland und Nordbrabant die größten, Utrecht, Limburg und Flevoland die kleinsten Provinzen. Die bevölkerungsreichsten Provinzen sind Südholland (ca. 3,5 Mio. Einwohner), Nordholland (ca. 2,6 Mio.), Nordbrabant (ca. 2,4 Mio.) und Gelderland (ca. 2,0 Mio.) – etwa zwei Drittel der Niederländer wohnen in einer dieser vier Provinzen. Was die Bevölkerungsdichte angeht, stechen vor allem die drei Randstad-Provinzen Südholland, Nordholland und Utrecht hervor, in denen diese um ein Mehrfaches höher ist als beispielsweise in Drenthe, Friesland oder Seeland. Ein Teil der niederländischen Provinzen blickt auf eine lange Historie zurück. Dies gilt natürlich vor allem für die Provinz Holland, deren politische, wirtschaftliche und kulturelle Bedeutung lange Zeit überaus hoch war. Sie wurde 1840 in einen nördlichen und einen südlichen Teil unterteilt. Die jüngste Provinz der Niederlande ist Flevoland. Sie wurde 1986 gegründet, ihr Gebiet ist durch Landgewinnung im IJsselmeer entstanden.

7.1.1 Wichtige Akteure auf der Ebene der Provinzen

Die Parlamente der Provinzen, die sogenannten Provinzialstaaten (*Provinciale Staten*) werden alle vier Jahre nach dem Prinzip der Verhältniswahl gewählt. Wahlberechtigt sind alle Einwohner der jeweiligen Provinz, die über 18 Jahre alt sind und die niederländische Staatsangehörigkeit besitzen. Die Zahl der Abgeordneten in den Provinzparlamenten richtet sich nach der Bevölkerungszahl der Provinz und variiert seit der Wahl 2007 zwischen 39 (in Flevoland und Seeland) und 55 (in Süd-Holland, Nord-Holland und Nordbrabant).[5] Die Abgeordneten in den Provinzialstaaten üben ihr Mandat nebenberuflich aus, sie erhalten

---

Belinfante und de Reede (2005, S. 201 ff.), de Meij und van der Vlies (2004, S. 216 ff.), Kortmann und Bovend'Eert (1998, S. 174 f.).

[4] Allgemeine Informationen zu den Provinzen und weiterführende Links sind zu finden unter www.ipo.nl, www.rijksoverheid.nl/onderwerpen/provincies und www.rijksoverheid.nl/onderwerpen/gemeenten. Die rechtlichen Regelungen zu den Provinzen sind in der niederländischen Verfassung (Artikel 123–136) und im *Provinciewet*, das (in niederländische Sprache) online unter wetten.overheid.nl/cgi-bin/deeplink/law1/title=Provinciewet eingesehen werden kann, festgehalten.

[5] Die Zahl der Abgeordneten in den Provinzparlamenten wurde damit gegenüber den vorherigen Legislaturperioden deutlich von insgesamt 764 auf 564 verkleinert. Die aktuelle Mandatsverteilung in

7.1 Die Provinzen

Tab. 7.1 Die niederländischen Provinzen

Name	Hauptstadt	Einwohner (in 1000)	Fläche (in 1000 ha)
Drenthe	Assen	490	268
Flevoland	Lelystad	383	241
Friesland	Leeuwarden	645	575
Gelderland	Arnheim	1991	514
Groningen	Groningen	574	296
Limburg	Maastricht	1123	221
Nordbrabant	's Hertogenbosch	2435	508
Nordholland	Haarlem	2646	409
Overijssel	Zwolle	1125	342
Seeland	Middelburg	381	293
Südholland	Den Haag	3482	342
Utrecht	Utrecht	1211	145

Quelle: CBS

kein Gehalt, sondern lediglich Aufwandsentschädigungen. Die Provinzparlamente, deren Entscheidungen in verschieden ausgerichteten und organisierten Ausschüssen vorbereitet werden, treten in der Regel einmal im Monat unter dem Vorsitz des jeweiligen, in diesem Gremium nur mit beratender Stimme ausgestatteten Kommissars der Königin zusammen. Sie stehen laut niederländischer Verfassung (Artikel 125) an der Spitze der Provinzen, sie legen demnach die Inhalte der Politik fest und schaffen die rechtlichen und finanziellen Grundlagen für deren Durchführung. Eine ihrer weiteren Aufgaben besteht darin, die Exekutive der Provinz, die sogenannten Deputiertenstaaten (*gedeputeerde staten*), zu wählen und zu kontrollieren. Zudem entscheiden die Mitglieder der Provinzparlamente über die Zusammensetzung der Ersten Kammer. Die entsprechenden Wahlen erfolgen drei Monate nach den Wahlen zu den Provinzparlamenten. Da sich die Abgeordneten bei ihrer Wahlentscheidung an ihrer jeweiligen Parteizugehörigkeit orientieren, steht das Ergebnis der Wahlen zur Ersten Kammer bereits vor dem Wahlgang fest. Es ist wichtig festzuhalten, dass die Mitglieder der Ersten Kammer sich trotz ihrer Wahl durch die Provinzialstaaten nicht als Interessenvertreter „ihrer" Provinz definieren und somit in ihrem Handeln auch nicht die Belange der Provinzen auf nationaler Ebene vertreten. Die Erste Kammer hat somit ein vollkommen anderes Selbstverständnis als beispielsweise der deutsche Bundesrat.

Die Provinzparlamente entscheiden über die Zusammensetzung der Deputiertenstaaten. In der Vergangenheit wurden diese Gremien häufig auf der Grundlage von Proporzüberlegungen gebildet: Die wichtigsten der im jeweiligen Provinzparlament vertretenen

---

den einzelnen Provinzen ist unter www.ipo.nl zugänglich, eine differenzierte Darstellung der Wahlergebnisse zu den Provinzparlamenten ist zudem auch unter www.verkiezingsuitslagen.nl abzurufen.

Parteien sollten etwa entsprechend ihrer Stärke vertreten sein. Es entstanden auf diese Weise sogenannte *afspiegelingscolleges*. In den vergangenen Jahren hat sich jedoch eine Tendenz zur stärkeren Politisierung der entsprechenden Verhandlungen herausgebildet. Der Besetzung der Deputiertenstaaten gehen somit heute Besprechungen voraus, die den Koalitionsvereinbarungen auf nationaler Ebene ähneln. Es entstehen im Ergebnis keine *afspiegelingscolleges*, sondern sogenannte *programcolleges* oder *meerderheidscolleges*. Die Ergebnisse der Verhandlungen werden schriftlich festgehalten, zudem werden zwischen den koalierenden Parteien auch die zu besetzenden Ämter verteilt. Aktuell setzt sich die Exekutive der einzelnen Provinzen aus mindestens drei bis höchstens sieben Deputierten zusammen, die jeweils einem eigenen Geschäftsbereich vorstehen. Entscheidungen werden gemeinschaftlich getroffen und vertreten.[6] Die Deputiertenstaaten treten weitaus häufiger zusammen als die Provinzparlamente, auch der Arbeitsaufwand für die einzelnen Deputierten ist wesentlich höher als für die Abgeordneten in den Parlamenten. Die Mandatsträger üben ihre Aufgaben somit auch hauptberuflich aus. Sie können aus den Provinzialstaaten rekrutiert werden, dies ist jedoch keine Voraussetzung mehr. Die Mitglieder der Exekutive dürfen seit Anfang 2003, als das *Wet dualisering provinciebestuur* in Kraft trat, nach Amtsantritt kein Abgeordnetenmandat mehr innehaben. Auf diese Weise soll die Unabhängigkeit der Institutionen erhöht, die Verteilung der Aufgaben verbessert und die Kontrolle der Provinzexekutive erleichtert werden. Bei den Besprechungen der Deputiertenstaaten führt der jeweilige Kommissar der Königin, der hier über das Stimmrecht verfügt, den Vorsitz. Die Deputiertenstaaten sind für die Vorbereitung und Umsetzung der auf nationaler bzw. Provinzebene getroffenen politischen Beschlüsse zuständig.[7] Sie werden dabei von den Provinzparlamenten kontrolliert. Die Deputierten sind in ihrem Handeln, ähnlich wie die Minister auf nationaler Ebene, vom Vertrauen der Provinzparlamente abhängig. Ein Unterschied zur nationalen Ebene besteht jedoch darin, dass für eine Provinz keine Neuwahlen ausgeschrieben werden können, wenn das Deputiertengremium zurücktreten muss. Die Abgeordneten im Provinzparlament müssen sich in einem solchen Fall folglich auf ein neues Gremium einigen.

Der oberste Vertreter jeder Provinz wird nicht direkt oder indirekt gewählt, sondern durch königlichen Erlass für einen Zeitraum von sechs Jahren bestellt. Bei diesem Vorgang wird einerseits darauf geachtet, dass alle größeren politischen Parteien der Niederlande entsprechende Amtsträger in ihren Reihen haben. Andererseits haben die Provinzparlamente einen immer stärkeren Einfluss auf die Besetzung der entsprechenden Stellen erhalten. In der Praxis bedeutet dies, dass das Provinzparlament zunächst ein Qualifikationsprofil (*profielschets*) erstellt. Der Innenminister überprüft die eingehenden Bewerbungen dahin

---

[6] Ein Zugang zu allen aktuellen Amtsträgern in den Depurtiertengremien der einzelnen Provinzen ist zu finden unter www.ipo.nl. Über diese Internetseite gelangt man auch an Informationen zu den derzeitigen Kommissaren der Königin, die im Folgenden angesprochen werden.

[7] Die Deputiertenstaaten sind laut einer aktuellen Publikation „responsible for the day-to-day running of the province and the execution of policies, laid down by the council. It ensures that the work of the province is carried out by provincial civil servants and does the groundwork for provincial council meetings." Instituut voor Publiek en Politiek (2008, S. 57).

gehend, ob die Kandidaten den gestellten Anforderungen entsprechen. Seine Vorauswahl an Bewerbungen legt er der sogenannten Vertrauenskommission vor, die aus gewählten Mitgliedern des Provinzparlaments besteht. Die Vertrauenskommission führt Gespräche mit den Bewerbern und wählt dann zwei Kandidaten aus. Über diese Personalvorschläge wird im Provinzparlament diskutiert und anschließend wird dem Innenminister eine Person zur Besetzung der Stelle empfohlen. Der Innenminister folgt dieser Empfehlung nur dann nicht, wenn gegen die Berufung der entsprechenden Person schwere Bedenken geäußert werden.

Bei den Kommissaren der Königin handelt es sich oft um erfahrene Politiker, die durch ihr Amt eine doppelte Rolle ausfüllen: Sie sind nicht nur oberster Repräsentant der Provinz nach außen, sondern zugleich Vertreter der Zentralgewalt in der Provinz. Sie führen – wie bereits erwähnt – sowohl den Vorsitz im Provinzparlament als auch im Deputiertengremium. Zu ihren Aufgaben zählt es weiterhin, bei der Besetzung der Bürgermeisterposten mitzuwirken. Darüber hinaus erfüllen die Kommissare der Königin repräsentative Funktionen und Aufgaben im Bereich der öffentlichen Ordnung und Sicherheit. Die aktuellen Änderungen in der Organisation der Provinzen hat ihre Funktion insofern verstärkt, als der Kommissar der Königin nun im Deputiertengremium über das Agendarecht verfügt. Da sie von der Zentralregierung ernannt werden, üben sie eher die Funktion eines politischen Beamten, aber nicht die eines Politikers mit eigener Legitimationsbasis aus.[8] Nach Ablauf von sechs Jahren kann ein Kommissar der Königin sein Amt für eine weitere Amtsperiode verliehen bekommen. Auch in diesem Prozess kommt der Vertrauenskommission und dem Provinzparlament, die die bisherige Arbeit des Kommissars prüfen, eine zentrale Bedeutung zu.

7.1.2 Die Bedeutung der Provinzen im niederländischen Staatsaufbau

Zum aktuellen Stellenwert der Provinzen im niederländischen Staatsaufbau ist zunächst festzuhalten, dass diese – anders als beispielsweise die deutschen Bundesländer – keine eigene Staatlichkeit und somit beispielsweise keine eigenen Verfassungen besitzen. Weitere Unterschiede zum föderalen Systems Deutschlands sind darin zu sehen, dass die niederländischen Provinzen über kaum eigene politische Hoheitsbereiche verfügen und zudem ihr Einfluss auf die auf nationaler Ebene getroffenen Entscheidungen sehr begrenzt ist. Ihre Aufgabe besteht vor allem darin, die nationale Politik auszuführen, ihnen obliegen somit Verwaltungs- und Durchführungsfunktionen. Hierbei dienen sie als Bindeglied zwischen nationaler und kommunaler Ebene. Bezüglich der Gemeinden kommt den Provinzen ei-

---

[8] In den letzten Jahren wurde über den Artikel 131 der niederländischen Verfassung, in dem es heißt: „Der Kommissar des Königs und der Bürgermeister werden durch königlichen Erlass ernannt" immer wieder diskutiert. Bisher ist eine Änderung dieser konstitutionellen Regelung allerdings ebenso wenig Realität geworden wie Vorschläge, den Kommissaren der Königin den Vorsitz der Provinzparlamente zu nehmen.

ne koordinierende Funktion zu, zudem dienen sie als Kontroll- und Berufungsinstanz. Darüber hinaus haben sie auf einigen Feldern, beispielsweise im Bereich der Raumordnung, der Infrastrukturplanung, des Umweltschutzes und der Kultur, eigene Kompetenzen und Gestaltungsmöglichkeiten.[9] Die Provinzen können zudem Entscheidungen in für sie relevanten Bereichen treffen, solange diese nicht dem nationalen Recht widersprechen. Finanziell sind die Provinzen in hohem Maße von der nationalen Regierung abhängig, wobei ein großer Teil der ihnen zur Verfügung gestellten Mittel zweckgebunden zugewiesen wird.[10]

Insgesamt ist die Bedeutung der Provinzen im niederländischen Staatsaufbau als nicht sehr groß einzuschätzen. In Anbetracht der niederländischen Geschichte erscheint dieser Sachverhalt bemerkenswert, Andeweg und Irwin halten daher fest: „It is ironic that the once sovereign provinces now form the most impotent of the three layers of government (national, provincial and municipal)."[11] Auch das Verhältnis der Bürger zu den Provinzen wird vorwiegend kritisch bewertet. Nur wenige Niederländer wissen exakt, welche Aufgaben die Provinzen erfüllen.[12] Dieser Sachverhalt hat sich auch vor dem Hintergrund der Tatsache, dass in den Niederlanden immer mehr politische Aufgaben dezentralisiert werden, bisher noch nicht verändert. Er erklärt sich unter anderem dadurch, dass es den Provinzen an klaren Zuständigkeiten mangelt und diese im Rahmen ihrer Tätigkeiten mit den anderen Politikebenen, Wirtschaftsbetrieben und gesellschaftlichen Gruppen kooperieren, jedoch selten Kontakt zu einzelnen Bürgern haben. Die Provinzen bleiben somit in der öffentlichen Wahrnehmung weitgehend unsichtbar. Trotz der großen regionalen Unterschiede innerhalb der Niederlande, sowohl was ihre wirtschaftliche und soziale Struktur als auch was ihre religiös-konfessionelle Zusammensetzung angeht, ist die Identifikation der Bürger mit „ihrer" Provinz dann auch meistens gering.[13] Als Indikator für die mangelnde Verbundenheit der Niederländer mit den Provinzen und für deren unklare Kompetenzen kann die Wahlbeteiligung bei den Wahlen zu den Provinzparlamenten dienen. Diese liegt stets deutlich unter jener bei den Wahlen zur Zweiten Kammer und auch noch niedriger als bei kommunalen Wahlen – jedoch über jener bei den Wahlen zum Europäischen Parlament.[14] Bei den Wahlen zu den Provinzparlamenten lassen sich die niederländischen Bürger zudem nicht nur, oftmals nicht einmal primär, von den Belangen der jeweiligen Pro-

---

[9] Zu den Funktionen der Provinzen siehe: Instituut voor Publiek en Politiek (2008, S. 53 ff.) und die Angaben auf der Internetseite www.ipo.nl.
[10] Siehe hierzu: Belinfante und de Reede (2005, S. 208 ff.), de Meij und van der Vlies (2004, S. 238), Kortmann und Bovend'Eert (1998, S. 184 f.).
[11] Andeweg und Irwin (2009, S. 192).
[12] Vgl. Instituut voor Publiek en Politiek (2006, S. 34).
[13] Ein überdurchschnittliches Maß an Identifikation mit der eigenen Provinz ist in Friesland und einigen südlichen Provinzen zu beobachten.
[14] Bei den Wahlen auf Provinzebene gingen am 7. März 2007 nur 46,4 % der Wahlberechtigten tatsächlich wählen. Die Wahlbeteiligung bei der Wahl 2011 lag mit 57 % wesentlich höher. Dieser Umstand erklärt sich wesentlich dadurch, dass dieser Wahl in Anbetracht der knappen Mehrheitsverhältnisse eine große Bedeutung für die nationale Politik zugemessen wurde.

vinz beeinflussen, vielmehr spiegeln die Wahlergebnisse häufig die politische Stimmung auf der nationalen Ebene wieder.[15]

Vor dem eben skizzierten Hintergrund ist es nicht verwunderlich, dass seit geraumer Zeit Reformdiskussionen stattfinden, bei denen für die Aufteilung der Niederlande in kleinere oder größere Einheiten plädiert wird.[16] Die entsprechenden Planungen haben bisher noch zu keinen substantiellen Modifikationen geführt. Die Pläne für die Schaffung einer großen Randstad-Provinz (bestehend aus den Provinzen Nordholland, Südholland, Utrecht und Flevoland) werden seit einigen Jahren nicht weiter verfolgt.[17] Das im Herbst 2010 angetretene Kabinett Rutte strebt allerdings mit Nachdruck eine stärkere Zusammenarbeit der Provinzen an. Vor diesem Hintergrund werden aktuell unter anderem Pläne behandelt, die einen Zusammenschluss der Provinzen, Utrecht, Nordholland und Flevoland vorsehen.[18] Unterhalb der Ebene der Provinzen existieren bereits seit längerer Zeit verschiedene Formen der regionalen Kooperation, zudem sind die Niederlande, beispielsweise wenn es um die Vertretung in der EU geht, neben der Einteilung in die 12 Provinzen auch in vier sogenannte Landesteile aufgeteilt.[19] Neben den Überlegungen zur organisatorischen Neustrukturierung wird auch die Aufgabenverteilung zwischen nationaler, regionaler und kommunaler Ebene immer wieder und in letzter Zeit mit großer Intensität erörtert.[20]

7.2 Die Gemeinden

Noch eher als die Provinzen haben die Gemeinden in den Niederlanden begonnen, wichtige Funktionen, beispielsweise im typisch niederländischen Kampf gegen das Wasser, zu erfüllen. Für die Herausbildung der heutigen Organisationsstrukturen der niederländischen Kommunen waren die Verfassungsänderung von 1848 und das Gemeindegesetz von

---

[15] Vor diesem Hintergrund überrascht es nicht, dass beispielsweise bei der Wahl 2007 nur 12 der 564 Sitze von nur regional aktiven Parteien gewonnen wurden.
[16] Vgl. hierzu: van Dooren (2005, S. 135), Andeweg und Irwin (2009, S. 193 f.), van Deth und Vis (2006, S. 103). Die grundsätzlichen Möglichkeiten zur Veränderung der regionalen Gliederung der Niederlande, sind im Artikel 123 der niederländischen Verfassung festgehalten. Dort heißt es: „1. Durch Gesetz können Provinzen und Gemeinden aufgelöst und können neue gebildet werden. 2. Die Änderung von Provinz- und Gemeindegrenzen regelt das Gesetz."
[17] Für die Schaffung einer solchen „Superprovinz" war unter anderem von einer Expertenkommission unter Leitung des ehemaligen Ministerpräsidenten Wim Kok, der *Advies Commissie Versterking Randstad*, die ihren Bericht Anfang 2007 veröffentlichte, plädiert worden.
[18] Informationen hierzu finden sich unter www.rijksoverheid.nl/onderwerpen/provincies.
[19] Die Einteilung in die vier Landesteile erstreckt sich auf einen nördlichen (Provinzen Friesland, Groningen und Drenthe), östlichen (Provinzen Gelderland und Overijssel), westlichen (Provinzen Nordholland, Südholland, Utrecht, Flevoland) und südlichen (Provinzen Seeland, Limburg und Nordbrabant) Teil.
[20] Zu den aktuellen Erörterungen siehe unter anderem den Bericht der hierzu eingestellten Expertenkommission (der sogenannten *Gemengde commissie decentralisatievoorstellen provincies*) mit dem Titel *Ruimte, Regie en Rekenschap*.

1851 von wichtiger Bedeutung. Drei Institutionen bestimmen seither das politische Geschehen auf der kommunalen Ebene: der Gemeinderat, der Gemeindevorstand und der Bürgermeister.[21] Bevor auf diese Institutionen näher eingegangen wird, sei darauf hingewiesen, dass sich die Zahl der Gemeinden im Lauf der Zeit durch Zusammenlegungen sehr deutlich reduziert hat. Zu Beginn des Jahres 2010 lag sie bei 418 – gegenüber dem Jahr 1970 bedeutet dies einen Rückgang um mehr als 50 %. Mitte des 19. Jahrhunderts existierten sogar noch etwa 1200 Gemeinden in den Niederlanden. Die vor allem im Lauf der letzten Jahrzehnte vorgenommene Bündelung kleinerer Gemeinden zu größeren Einheiten wird insbesondere damit begründet, dass viele Probleme, unter anderem im Bereich der Siedlungspolitik, des Umweltschutzes, der Wirtschaftsförderung, in einem größeren Kontext behandelt werden müssen. Zudem strebt man – auch vor dem Hintergrund, dass die Kommunen mit immer mehr Handlungsfeldern konfrontiert werden – die Bildung finanz- und organisationsstärkerer Gemeinden an.[22] Die bevölkerungsreichsten Städte der Niederlande waren 2010 Amsterdam (767.000 Einwohner), Rotterdam (593.000 Einwohner), Den Haag (489.000 Einwohner) und Utrecht (307.000 Einwohner). Insgesamt bestehen in den Niederlanden derzeit 26 Städte mit mehr als 100.000 Einwohnern, in denen ungefähr ein Drittel der niederländischen Bevölkerung lebt.

7.2.1 Wichtige Akteure auf kommunaler Ebene

Bei den Wahlen auf kommunaler Ebene wählen die Niederländer nach dem Prinzip der Verhältniswahl alle vier Jahre den Gemeinderat, der je nach Einwohnerzahl der Kommune zwischen 9 und 45 Abgeordnete umfasst. Anders als bei den Wahlen auf nationaler und Provinzebene dürfen seit Mitte der 1980er Jahre auch Ausländer, die sich seit mindestens fünf Jahren legal in den Niederlanden aufhalten, an den Wahlen auf kommunaler Ebene teilnehmen. Ein weiterer Unterschied zu den Wahlen auf den anderen Politikebenen besteht darin, dass in den Gemeinderäten nicht nur die großen niederländischen Parteien vertreten sind, sondern auch lokalen Gruppierungen eine recht hohe Bedeutung zukommt: „In the municipalities, about 25 % of the councillors have been members of parties which

---

[21] Van Dooren schreibt folglich über die Kontinuität hinsichtlich der Organisationsstrukturen auf kommunaler Ebene, dass sich im Lauf der Zeit zwar viele Kommissionen mit dieser Thematik befasst haben, die Grundstrukturen von 1851 jedoch weitgehend erhalten blieben. Vgl. van Dooren (2005, S. 127). In ähnlicher Weise äußern sich auch: de Meij und van der Vlies (2004, S. 217). Zu den geschichtlichen Grundlagen des Themas siehe: Randeraad (1998, S. 247 ff.).
[22] Van Deth und Vis schreiben zur Verdeutlichung: „In kleinen Gemeinden ist es oft schwierig, einen Verwaltungs- und Ausführungsapparat mit ausreichendem Umfang zu erhalten, obwohl die Verwaltungsprobleme so komplex sind, dass stets mehr Expertenwissen verlangt wird. Zusammenschluss und Neueinteilung von Gemeinden bietet dann die Möglichkeit, einen größeren Gemeindeapparat einzurichten und die Gebietsgrenzen stärker in Einklang mit den aktuellen sozialen und sozioökonomischen Verhältnissen zu bringen." Van Deth und Vis (2006, S. 104, Übersetzung durch den Verfasser). Diese Aspekte thematisiert auch: van Dooren (2005, S. 133 f.).

operate exclusively on a local basis. The rest belongs to local branches of national parties."[23] Ebenso wie die Provinzparlamente besitzen auch die Gemeinderäte eine durch die Verfassung herausgehobene Funktion. Ihre Aufgabe besteht erstens darin, die Inhalte der kommunalen Politik festzulegen. Zweitens kontrollieren sie den Gemeindevorstand und drittens üben sie auch eine Repräsentationsfunktion für die Bürger der jeweiligen Gemeinde aus. Die Räte tagen zumeist einmal in Monat, in den großen Städten ist ein häufigeres Zusammentreten üblich. Auch in den kommunalen Parlamenten werden Ausschüsse gebildet, die – zum Teil in Kooperation mit dem Gemeindevorstand – die Inhalte der Politik und die Beschlussfassung der Gemeinderäte vorbereiten. Die Abgeordneten in den Gemeinderäten erhalten für ihre Tätigkeiten kein festes Gehalt, sondern lediglich bestimmte Vergütungen und Aufwandsentschädigungen.[24] In den größten Städten der Niederlande richten die Gemeinderäte zum Teil Stadtteilräte ein, die durch die Einwohner des jeweiligen Bezirks gewählt werden. Die Aufgaben dieser Stadtteilräte weist der jeweilige Gemeinderat zu, ihre Einrichtung soll bürgernähere Entscheidungen ermöglichen.[25]

Die Gemeinderäte wählen, wiederum je nach Einwohnerzahl der Gemeinde, zwei bis neun hauptamtlich tätige Beigeordnete, die zusammen mit dem Bürgermeister die Exekutive der Kommune, den Gemeindevorstand (*college van burgermeester en wethouders*) bilden. Die Bestimmung der Beigeordneten gleicht mittlerweile der Regierungsbildung auf nationaler Ebene und dem entsprechenden Prozedere auf Ebene der Provinzen: Nach den Wahlen finden auf der Grundlage der Mandatsverteilung Gespräche zwischen den Parteien statt, die in Zusammenschlüssen zu Koalitionen münden. Die alte Regelung, nach der alle großen Parteien im Gemeindevorstand repräsentiert sein sollen, hat ihre Bedeutung hingegen weitgehend verloren.[26] Bei den Beigeordneten handelt es sich oftmals um

---

[23] Instituut voor Publiek en Politiek (2008, S. 65). Erinnert sei in diesem Zusammenhang unter anderem an die Erfolge, die die verschiedenen lokalen *Leefbaar*-Parteien (beispielsweise *Leefbaar Hilversum*, *Leefbaar Utrecht* und *Leefbaar Rotterdam*) in den vergangenen Jahren verzeichnen konnten. Van Dooren sieht als Kennzeichen dieser Gruppen, dass diese relativ autonom agieren und sie sich gegen die bestehende politische Elite richten, die ihrer Auffassung zufolge den Kontakt zu den Bürgern verloren hat. Allgemein hält der Autor fest, dass die lokalen Parteien sich in verschiedenen Punkten stark voneinander unterscheiden: Einige weisen eine ausgereifte Organisationsstruktur auf, andere sind wenig professionell aufgebaut; einige haben ein umfangreiche Progammatik, andere befassen sich nahezu ausschließlich mit einem Thema; einige werden von einer breiten Basis getragen, andere drehen sich nur um eine bekannte Person usw. Zur Bedeutung der lokalen Gruppierungen schreibt van Dooren: „Lokale Parteien haben zweifelsohne dazu beigetragen, dass die Dominanz der nationalen Politik und national bekannter Politiker bei Kommunalwahlen durchbrochen wird und dass dort, wo lokale Listen eine große Rolle spielen, auch lokale Themen während der Wahlkampagnen eine zentralere Bedeutung erhalten." Van Dooren (2005, S. 127, Übersetzung durch den Verfasser).
[24] Die Höhe der Vergütungen und der Aufwandsentschädigungen richtet sich nach Einwohnerzahl der jeweiligen Gemeinde: In den kleinsten Gemeinden erhalten die Mitglieder des Gemeinderats weniger als 300 €, in den größten deutlich über 2000 €.
[25] Vgl. Belinfante und de Reede (2005, S. 226). Eine aktuelle Untersuchung zur Zusammensetzung der Gemeinderäte bieten: Denters et al. (2011, S. 369 ff.).
[26] Zum Thema siehe u. a.: de Meij und van der Vlies (2004, S. 223), Kortmann und Bovend'Eert (1998, S. 177 f.).

Personen, die in den Gemeinderat gewählt wurden, dies ist jedoch keine Voraussetzung. Es ist sogar möglich, dass Personen, die noch nicht in der jeweiligen Gemeinde wohnen, ein Beigeordnetenamt übernehmen.[27] Da ebenso wie auf der Ebene der Provinzen auch auf der der Gemeinden vor einigen Jahren eine stärkere Trennung zwischen Gemeinderat und Gemeindevorstand implementiert wurde, dürfen die Beigeordneten nach Amtsantritt kein Mandat im Gemeinderat mehr ausüben. Die Beigeordneten sind in den Gemeinden zumeist für einen eigenen Politikbereich (beispielsweise Bildung, Finanzen, Sport und Kultur) zuständig, alle Entscheidungen werden jedoch gemeinsam getroffen. Der Gemeindevorstand bereitet die Beschlüsse des Gemeinderats vor und führt diese aus. Darüber hinaus erfüllen die Gemeindevorstände auch Funktionen, die ihnen direkt von einer höheren Politikebene übertragen werden. In seiner Arbeit wird der Gemeindevorstand vom Gemeinderat kontrolliert. Verliert der Gemeinderat das Vertrauen in einen Beigeordneten, muss dieser zurücktreten. Auch dem gesamten Gemeindevorstand kann das Vertrauen entzogen werden, in diesem Fall muss im Gemeinderat, da vorzeitige Neuwahlen nicht möglich sind, eine neue Mehrheit gebildet werden.

Den Vorsitz im Gemeinderat und im Gemeindevorstand hat der Bürgermeister inne. Während er im Gemeinderat nicht stimmberechtigt ist, kann er im Gemeindevorstand sehr wohl sein Votum, bei Stimmengleichheit sogar das entscheidende, abgeben. Bürgermeister sind für die öffentliche Ordnung und öffentliche Sicherheit in ihren Kommunen verantwortlich, in kleineren Gemeinden sind sie zudem häufig für einen bestimmten Politikbereich zuständig. Neben diesen Funktionen erfüllen die Bürgermeister repräsentative Aufgaben. Hieraus und durch ihre Einbindung in viele Entscheidungsprozesse ergibt sich häufig eine hohe Bekanntheit: „Obwohl der Bürgermeister der einzige nicht-gewählte Funktionär in der Gemeindeverwaltung ist, ist er oder ist sie die bekannteste Figur in der lokalen Politik. Die Mehrzahl der Einwohner kennt den Namen ‚ihres' Bürgermeisters, während Beigeordnete und Mitglieder des Gemeinderats bei den Bürgern nahezu unbekannt sind."[28] Bei den Bürgermeistern handelt es sich manchmal um bekannte Politiker, das Bürgermeisteramt kann aber auch umgekehrt zum Sprungbrett für eine weitere Karriere als Minister oder Staatssekretär auf nationaler Ebene dienen.[29]

Die Bürgermeister werden in den Niederlanden nicht gewählt, sondern auf Vorschlag des Innenministers durch königlichen Beschluss für die Dauer von sechs Jahren ernannt.[30]

---

[27] In diesem Fall wird jedoch von den Beigeordneten verlangt, dass sie innerhalb einer bestimmten Zeit in die entsprechende Gemeinde umziehen.
[28] Van Deth und Vis (2006, S. 106, Übersetzung durch den Verfasser).
[29] „Occasionally, national politicians are parachuted into a mayoralty of one of the larger municipalities, but in general mayors are recruited more for their managerial skills or expertise in local government (for example as an alderperson in some other town) than for their political experience." Andeweg und Irwin (2009, S. 196).
[30] Umfassende Informationen zum Verfahren finden sich in der vom Innenministerien zur Verfügung gestellten Informationsbroschüre *Handreiking benoemingsproces burgemeesters*, die im Internet unter www.rijksoverheid.nl/onderwerpen/gemeenten/documenten-en-publicaties/brochures einzusehen ist. Zum Thema siehe auch: Pels (2011, S. 191 ff.), Belinfante und de Reede (2005,

Es ist in diesem Kontext wichtig anzumerken, dass die Gemeinderäte und insbesondere die von diesen eingesetzten Vertrauenskommissionen in den letzten Jahren einen immer stärkeren Einfluss auf die Besetzung der Bürgermeisterposten gewonnen haben. Sie erstellen nicht nur ein allgemeines Anforderungsprofil, auf deren Grundlage der zuständige Kommissar der Königin die eingehenden Bewerbungen sortiert, sondern sie empfehlen der Krone nach entsprechenden Beratungen in der Regel zwei konkrete Personen. Die niederländische Regierung benennt, sofern dem nicht schwerwiegende Gründe entgegenstehen, den erstgenannten Kandidaten zum Bürgermeister. Um zu bestimmen, welcher von zwei Kandidaten von Seiten der Kommune Priorität erhalten soll, wurde in den letzten Jahren in einigen Fällen auf Beschluss des jeweiligen Gemeinderats hin ein beratendes Referendum durchgeführt. Derartige Voten fanden allerdings nur dann Berücksichtigung, wenn sich an dem Wahlgang genügend Bürger (30 %) beteiligt haben. Aufgrund mangelnder Resonanz wurde von diesem Prozedere mittlerweile Abstand genommen.[31] Die Kompetenzen der Gemeinderäte wurden nicht nur hinsichtlich der Benennung der Bürgermeister erweitert, sondern auch bezüglich deren Entlassung. So kann der Innenminister einen von einem Gemeinderat eingereichten Antrag auf Entlassung nur wegen triftiger Gründe ablehnen.[32]

Obwohl die Gemeinden durch die soeben angesprochenen Veränderungen einen immer stärkeren und mittlerweile recht großen Einfluss auf die Besetzung der Bürgermeisterstellen erhalten haben, diskutierte man – wie im Vorangegangenen (Abschn. 2.1) bereits erörtert wurde – in den letzten Jahren intensiv über eine grundlegende Änderung des bestehenden Verfahrens. Im Sinne der angestrebten Direktwahl der Bürgermeister wurde argumentiert, dass eine solche Wahl den Bezug der Wähler zur kommunalen Politik stärken und ihre Einflussmöglichkeiten erhöhen würde. Zudem hätte ein gewählter Bürgermeister eine stärkere Stellung und Legitimation. Gegen die Einführung entsprechender Direktwahlen wenden Kritiker vor allem ein, dass diese die kommunale Machtbalance, insbesondere das Zusammenspiel zwischen Gemeinderat und Bürgermeister, gefährden würde. Es wird in diesem Kontext auch vor Populisten gewarnt, die durch eine Direktwahl Zugang zu wichtigen politischen Ämtern erhalten könnten. Für das bestehende Verfahren spricht nach Einschätzung einiger Experten zudem, dass ein ernannter Bürgermeister

---

S. 230 f.), Andeweg und Irwin (2009, S. 197) und www.rijksoverheid.nl/onderwerpen/gemeenten/burgemeesters/benoeming-vacatures-en-ontslag. Andeweg und Irwin weisen in diesem Kontext auf folgenden Punkt hin: „Despite the power of the central government over their appointments and careers, mayors rarely act as agents of The Hague's central government and they are not subject to instructions from above; neither are they part of a bureaucratic hierarchy or mayoral grand corps." Andeweg und Irwin (2009, S. 196).

[31] Andeweg und Irwin weisen darauf hin, dass zwischen 2001 und 2008 nur acht Wahlen zwischen zwei Kandidaten stattfanden und dass die Beteiligung bei den Voten in der Regel gering war. Vgl. Andeweg und Irwin (2009, S. 197). Die Probleme derartiger Abstimmungen dokumentieren auch: Lucardie und Voerman (2007, S. 9 f.).

[32] An dieser Stelle sei darauf hingewiesen, dass die niederländische Regierung in der letzten Zeit Bemühungen unternimmt, um mehr Frauen und Menschen mit Migrationshintergrund für Bürgermeisterämter zu interessieren.

Stabilität, Überparteilichkeit und Professionalität gewährleiste. Insgesamt befürwortet die Mehrheit der Bürger und Parlamentarier in den Niederlanden die Modifikation des bisherigen Besetzungsverfahrens. Nachdem die Einführung von Direktwahlen 2005 knapp scheiterte, steht ein erneuter Anlauf zu ihrer Umsetzung, obwohl die Kontroversen weiter voranschreiten, aktuell nicht auf der politischen Tagesordnung.

7.2.2 Die Bedeutung der Gemeinden im niederländischen Staatsaufbau

Die Kommunen sind erstens für die Umsetzung der auf nationaler und regionaler Ebene getroffenen Entscheidungen zuständig. Im Rahmen einer zunehmenden funktionalen Dezentralisierung ist dabei seit geraumer Zeit die Tendenz zu erkennen, dass die niederländische Regierung den Gemeinden in immer mehr Bereichen Aufgaben zuweist.[33] Hierbei beschränkt sie sich häufig darauf, bestimmte Richtlinien zu erstellen – die Kommunen können auf diesen Grundlagen dann relativ frei über die Ausführung dieser Vorgaben entscheiden. Diesem Vorgehen liegt natürlich der Gedanke zugrunde, dass viele Probleme im lokalen Kontext besser bewertet und behandelt werden können.[34] Die Gemeinden haben zweitens unter anderem im Bereich der Infrastruktur, der Stadtentwicklung, der Bildung, der Kultur sowie der öffentlichen Ordnung und Sicherheit eigene Zuständigkeiten.[35] Sie können darüber hinaus selbstständig Regelungen in Bereichen treffen, in denen keine Vorgaben von den Provinzen oder der nationalen Ebene vorhanden sind. In ihrem Handeln werden die kommunalen Entscheidungsträger von den Provinzen und von der niederländischen Regierung kontrolliert.[36] Ihre Belange vertreten die Gemeinden auf nationaler Ebene gemeinsam: Durch die Vereinigung niederländischer Gemeinden (*Vereniging van Nederlandse Gemeenten*, VNG), in der die Kommunen zusammengeschlossen sind, ist es ihnen in einem gewissen Maße möglich, auf die nationale Politik einzuwirken. Andeweg und Irwin weisen auf die besondere Schlagkraft der VNG hin, indem sie konstatieren: „The VNG is generally considered to be among the most powerful organized interests in Dutch policymaking."[37]

---

[33] Andeweg und Irwin halten in diesem Zusammenhang fest: „The municipalities rather than the provinces are (...) the main beneficiaries of the government's policy of decentralization." Andeweg und Irwin (2009, S. 194).

[34] „In many respects, municipalities are dependent on the central and the provincial government. In recent years however, the central government has delegated more and more duties and responsibilities to the municipal authorities. The main guidelines still emanate from the central government, but the municipality has been given some freedom to implement them as they see fit. This is for example the case in social security benefits, education and nurseries." Instituut voor Publiek en Politiek (2008, S. 62).

[35] Vgl. Instituut voor Publiek en Politiek (2008, S. 61 f.), van Dooren (2005, S. 130 f.).

[36] Siehe hierzu: Belinfante und de Reede (2005, S. 239 f.), de Meij und van der Vlies (2004, S. 238 ff.).

[37] Andeweg und Irwin (2009, S. 198). Auf der Internetseite der VNG (www.vng.nl) findet sich eine Vielzahl an Informationen zu aktuellen Themen und zu den Tätigkeiten der Vereinigung.

7.2 Die Gemeinden

Finanziell sind die Gemeinden weiterhin stark von den Zuwendungen der Regierung abhängig, etwa 80 % ihres Budgets erhalten sie von der nationalen Ebene. Bei der Zuweisung der Mittel werden verschiedene Kriterien verwendet, vor allem die Einwohnerzahl, die Größe und spezifische Faktoren finden Berücksichtigung. Darüber hinaus erhalten die Kommunen Gelder für bestimmte Zwecke zugeteilt. In den letzten Jahren ist die Tendenz zu erkennen, dass ein immer größerer Teil der nationalen Zuwendungen ohne eine derartige Zweckbindung übermittelt wird. Hierdurch erhalten die Kommunen mehr Freiheiten in ihrer Haushaltsplanung, sie können eher eigene Schwerpunkte setzen und spezifische Konzepte ausprobieren. Die eigenen Einnahmen der niederländischen Gemeinden resultieren vor allem aus Steuern und Gebühren sowie aus den Einkünften aus Vermögen und Besitz. Durch diese Posten nehmen die Gemeinden durchschnittlich etwa 20 % ihres Budgets ein.[38]

Das politische Handeln auf der kommunalen Politikebene ist grundsätzlich dadurch gekennzeichnet, dass die Bürger sehr konkret von den Entscheidungen betroffen sind. Hierdurch ergeben sich bei den Bürgern zumindest in der Theorie ein gewisses politisches Interesse und auch eine Bereitschaft zum politischen Engagement. Das Verhältnis der Niederländer zur kommunalen Politik wird entgegen solcher Erwägungen seit vielen Jahren kritisch bewertet. Als wichtigster Indikator für die vorhandenen Probleme wird – neben der mangelnden Bereitschaft vieler Bürger kommunalpolitisch selbst aktiv zu werden – die Beteiligung bei Kommunalwahlen gesehen. Diese liegt in vielen, vor allem größeren Gemeinden bei unter 50 %. Van Dooren kommt folglich zu dem Schluss, dass Gemeinderatswahlen von vielen als relativ unbedeutend bewertet werden. Zudem scheinen die Lokalpolitiker in der Bevölkerung weitgehend unbekannt zu sein.[39] Andeweg und Irwin geben darüber hinaus zu bedenken, dass auch die Wähler, die an einer Kommunalwahl teilnehmen, sich in ihrer Entscheidungsfindung häufig nicht an kommunalen Aspekten orientieren: „However, with the exception of these local parties, municipal elections are in essence second-order national elections, and the fate of local chapters of national parties is less dependent upon local performance than how the national party has performed at the national level."[40] In den Niederlanden unternimmt man vor den genannten Hintergründen seit einiger Zeit verschiedene Anstrengungen, um den Bezug der Bürger zur kommunalen Politik zu verstärken.[41] So fanden in den letzten Jahren in verschiedenen Gemeinden zu unterschiedlichen Themen Referenden statt, deren Ausgang in die Entscheidung des jeweiligen Gemeinderates einfloss.[42] Weiterhin können Bürger im Rahmen von Anhörungen Stellung zu bestimmten Sachfragen nehmen. Im Zuge der so genannten interaktiven

---

[38] Vgl. Instituut voor Publiek en Politiek (2006, S. 30). Weitere Informationen zum Thema finden sich bei: Andeweg und Irwin (2009, S. 198 f.).
[39] Vgl. van Dooren (2005, S. 131 f.).
[40] Andeweg und Irwin (2009, S. 195).
[41] Vgl. hierzu: Leyenaar und Jacobs (2011, S. 94 ff.).
[42] Die Kritik an diesem Vorgehen richtet sich vor allem auf die Tatsache, dass auch auf diesem Weg zu wenig Bürger erreicht werden können und die Beteiligung an den Referenden somit eher gering ausfällt.

Politikgestaltung versucht man des Weiteren, die Bürger möglichst frühzeitig in politische Entscheidungsprozesse einzubeziehen und ihnen damit größeren Einfluss auf bestimmte Weichenstellungen zu geben. Auch Bürgerinitiativen, mit deren Hilfe bestimmte Themen auf die Agenda des zuständigen Gemeinderates gelangen können, gewinnen an Bedeutung. Inwieweit diese Anstrengungen tatsächlich zu einem stärkeren Interesse der Bürger an der Kommunalpolitik und zu einer erhöhten Bereitschaft zur politischen Partizipation führen, ist derzeit noch nicht abschließend zu beantworten.

Anhang

Der Anhang setzt sich aus zwei Teilen zusammen: Erstens einer deutschen Übersetzung der niederländischen Verfassung und zweitens Übersichten über die niederländischen Wahlergebnisse im Zeitraum von 1918 bis 2010. Die Übersetzung der niederländischen Verfassung wurde von der Internetseite www.denederlandsegrondwet.nl übernommen, auf der zudem auch zahlreiche Informationen zur Verfassungsgeschichte und aktuellen Verfassungsdiskussionen zu finden sind. Die Übersicht über die Wahlergebnisse basiert auf Daten des CBS.

8.1 Die Verfassung des Königreichs der Niederlande

Kapitel I: Grundrechte

Artikel 1
Alle, die sich in den Niederlanden aufhalten, werden in gleichen Fällen gleich behandelt. Niemand darf wegen seiner religiösen, weltanschaulichen oder politischen Anschauungen, seiner Rasse, seines Geschlechtes oder aus anderen Gründen diskriminiert werden.

Artikel 2
1. Die niederländische Staatsangehörigkeit wird durch Gesetz geregelt.
2. Die Zulassung und Ausweisung von Ausländern wird durch Gesetz geregelt.
3. Eine Auslieferung kann nur aufgrund eines Vertrages erfolgen. Weitere Vorschriften über die Auslieferung werden durch Gesetz erlassen.
4. Jeder hat das Recht, das Land zu verlassen, außer in den durch Gesetz bezeichneten Fällen.

Artikel 3
Alle Niederländer haben gleichermaßen Zugang zu öffentlichen Ämtern.

Artikel 4
Alle Niederländer haben gleichermaßen das Recht, die Mitglieder allgemeiner Vertretungsorgane zu wählen und sich zum Mitglied dieser Organe wählen zu lassen, unbeschadet der im Gesetz vorgesehenen Einschränkungen und Ausnahmen.

Artikel 5
Jeder hat das Recht, schriftlich Gesuche an die zuständigen Stellen zu richten.

Artikel 6
1. Jeder hat das Recht, seine Religion oder Weltanschauung einzeln oder in Gemeinschaft mit anderen frei zu bekennen, unbeschadet der Verantwortung jedes einzelnen vor dem Gesetz.
2. Hinsichtlich der Ausübung dieses Rechts außerhalb von Gebäuden und geschlossenen Räumen können zum Schutz der Gesundheit, Interesse des Verkehrs und zur Beseitigung oder Abwehr von Störungen gesetzliche Vorschriften erlassen werden.

Artikel 7
1. Niemand bedarf der vorherigen Erlaubnis, seine Gedanken oder Meinungen in Druckerzeugnissen zu äußern, unbeschadet der Verantwortung jedes einzelnen vor dem Gesetz.
2. Für den Hörfunk und das Fernsehen gelten gesetzliche Vorschriften. Es gibt keine Vorzensur für Hörfunk- und Fernsehsendungen.
3. Was den Inhalt seiner Gedanken oder Meinungen angeht, bedarf niemand der vorherigen Erlaubnis, sie mit anderen als den in Absatz 1 und 2 genannten Mitteln zu äußern, unbeschadet der Verantwortung jedes einzelnen vor dem Gesetz. Für Veranstaltungen, die Personen unter sechzehn Jahren zugänglich sind, können zum Schutz der guten Sitten gesetzliche Vorschriften erlassen werden.
4. Die vorhergehenden Absätze gelten nicht für Wirtschaftswerbung

Artikel 8
Das Recht auf Bildung von Vereinen wird anerkannt. Dieses Recht kann im Interesse der öffentlichen Ordnung durch Gesetz eingeschränkt werden.

Artikel 9
1. Das Recht zur Versammlung und Demonstration wird anerkannt, unbeschadet der Verantwortung jedes einzelnen vor dem Gesetz.
2. Zum Schutze der Gesundheit, im Interesse des Verkehrs und zur Beseitigung oder Abwehr von Störungen können gesetzliche Vorschriften erlassen werden.

Artikel 10
1. Jeder hat, unbeschadet der Einschränkungen durch Gesetz oder kraft Gesetzes, das Recht auf Wahrung seiner Privatsphäre.
2. Der Schutz der Privatsphäre wird im Zusammenhang mit der Speicherung und Weitergabe persönlicher Daten durch Gesetz geregelt.
3. Der Anspruch von Personen auf Einblick in die über sie gesammelten Daten und deren Verwendung sowie auf Berichtigung solcher Daten wird durch Gesetz geregelt.

Artikel 11
Jeder hat, unbeschadet der Einschränkungen durch Gesetz oder kraft Gesetzes, das Recht auf körperliche Unversehrtheit.

Artikel 12
1. Das Betreten einer Wohnung ohne Zustimmung des Bewohners ist nur den durch Gesetz oder kraft Gesetzes bezeichneten Personen in den durch Gesetz oder kraft Gesetzes bezeichneten Fällen erlaubt.
2. Für das Betreten einer Wohnung gemäß Absatz 1 ist die vorherige Legitimation und die Mitteilung des Zwecks des Betretens der Wohnung erforderlich, unbeschadet der im Gesetz vorgesehenen Ausnahmen.
3. Der Bewohner erhält schnellstmöglich eine schriftliche Benachrichtigung über das Betreten der Wohnung. Wenn das Betreten der Wohnung im Interesse der nationalen Sicherheit oder der Strafverfolgung erfolgt ist, kann nach durch Gesetz festzustellenden Regeln die Benachrichtigung zurückgestellt werden. In den durch Gesetz zu bezeichnenden Fällen kann die Benachrichtigung unterbleiben, wenn sie dem Interesse der nationalen Sicherheit dauerhaft zuwiderläuft.

Artikel 13
1. Das Briefgeheimnis ist unverletzlich; Ausnahmen sind nur auf richterliche Anordnung in den durch Gesetz bezeichneten Fällen möglich.
2. Das Fernmeldegeheimnis ist unverletzlich; Ausnahmen sind nur in den durch Gesetz bezeichneten Fällen für hierzu gesetzlich Beauftragte oder für Personen möglich, die von ihnen bevollmächtigt worden sind.

Artikel 14
1. Eine Enteignung ist nur im Interesse der Allgemeinheit und gegen eine im Voraus garantierte Entschädigung zulässig, und zwar gemäß durch Gesetz oder kraft Gesetzes zu erlassenden Vorschriften.
2. Die Entschädigung braucht nicht im Voraus garantiert zu sein, wenn im Notfall eine unverzügliche Enteignung erforderlich ist.
3. In den durch Gesetz oder kraft Gesetzes bezeichneten Fällen besteht ein Anspruch auf vollständige oder teilweise Entschädigung, wenn das Eigentum von den zuständigen

Stellen im Interesse der Allgemeinheit vernichtet oder unbrauchbar gemacht wird oder wenn die Ausübung des Eigentumsrechts eingeschränkt wird.

Artikel 15
1. Außer in den durch Gesetz oder kraft Gesetzes bezeichneten Fällen darf niemandem die Freiheit entzogen werden.
2. Jemand, dem die Freiheit ohne richterliche Anordnung entzogen wird, kann seine Freilassung beim Richter beantragen. Er wird in diesem Falle innerhalb einer durch Gesetz festzusetzenden Frist vom Richter gehört. Der Richter ordnet die sofortige Freilassung an, wenn er die Freiheitsentziehung für unrechtmäßig hält.
3. Die Sache, derentwegen jemandem die Freiheit entzogen wurde, wird innerhalb einer angemessenen Frist verhandelt.
4. Derjenige, dem die Freiheit rechtmäßig entzogen worden ist, kann in er Ausübung von Grundrechten eingeschränkt werden, soweit diese it der Freiheitsentziehung nicht vereinbar ist.

Artikel 16
Eine Tat kann nur bestraft werden, wenn die Strafbarkeit gesetzlich festgelegt war, bevor die Tat begangen wurde.

Artikel 17
Niemand darf gegen seinen Willen dem gesetzlichen Richter entzogen werden.

Artikel 18
1. Jeder kann sich in Rechts- und Verwaltungssachen beistehen lassen.
2. Für die Beiordnung eines Rechtsbeistands an Unbemittelte gelten gesetzliche Vorschriften.

Artikel 19
1. Die Schaffung von genügend Arbeitsplätzen ist Gegenstand der Sorge des Staates und der anderen öffentlich-rechtlichen Körperschaften.
2. Vorschriften über die Rechtsstellung derjenigen, die Arbeit verrichten, über den Arbeitsschutz und über die Mitbestimmung werden durch Gesetz erlassen.
3. Das Recht jedes Niederländers auf freie Wahl der Arbeit wird anerkannt, unbeschadet der Einschränkungen durch Gesetz oder kraft Gesetzes.

Artikel 20
1. Die Existenzsicherheit der Bevölkerung und die Verteilung des Wohlstandes sind Gegenstand der Sorge des Staates und der anderen öffentlich-rechtlichen Körperschaften.
2. Vorschriften über den Anspruch auf soziale Sicherheit werden durch Gesetz erlassen.
3. Niederländer, die ihren Lebensunterhalt nicht selbst bestreiten können, haben hierzulande einen durch Gesetz zu regelnden Anspruch auf öffentliche Sozialhilfe.

Artikel 21
Die Sorge des Staates und der anderen öffentlich-rechtlichen Körperschaften gilt der Bewohnbarkeit des Landes sowie dem Schutz und der Verbesserung der Umwelt.

Artikel 22
1. Der Staat und die anderen öffentlich-rechtlichen Körperschaften treffen Maßnahmen zur Förderung der Volksgesundheit.
2. Die Schaffung von genügend Wohnraum ist Gegenstand der Sorge des Staates und der anderen öffentlich-rechtlichen Körperschaften.
3. Der Staat und die anderen öffentlich-rechtlichen Körperschaften schaffen Voraussetzungen für die soziale und kulturelle Entfaltung und für die Freizeitgestaltung.

Artikel 23
1. Das Unterrichtswesen ist Gegenstand ständiger Sorge der Regierung.
2. Die Erteilung von Unterricht ist frei, vorbehaltlich der behördlichen Aufsicht und, was die im Gesetz bezeichneten Unterrichtsarten betrifft, vorbehaltlich der Prüfung der Befähigung und der sittlichen Eignung der Lehrkräfte. Näheres wird durch Gesetz geregelt.
3. Der öffentliche Unterricht wird unter Wahrung der Freiheit des religiösen und weltanschaulichen Bekenntnisses durch Gesetz geregelt.
4. In jeder Gemeinde sorgen die öffentlich-rechtlichen Körperschaften dafür, dass an einer ausreichenden Anzahl öffentlicher Schulen genügend allgemein bildender Grundschulunterricht erteilt wird. Nach durch Gesetz zu erlassenden Vorschriften kann von dieser Bestimmung abgewichen werden, sofern die Gelegenheit geboten wird, an dieser Art von Unterricht teilzunehmen.
5. Die Anforderungen, die an die Qualität des ganz oder teilweise aus öffentlichen Mitteln zu finanzierenden Unterrichts zu stellen sind, werden durch Gesetz geregelt; soweit es sich um Unterricht an Privatschulen handelt, ist die Freiheit der religiösen und weltanschaulichen Ausrichtung zu gewährleisten.
6. Diese Anforderungen werden für den allgemein bildenden Grundschulunterricht so geregelt, dass die Qualität des ganz aus öffentlichen Mitteln finanzierten privaten Unterrichts und des öffentlichen Unterrichts gleichermaßen gewährleistet wird. Bei dieser Regelung ist insbesondere die Freiheit des privaten Unterrichts bei der Wahl der Lehrmittel und der Anstellung der Lehrkräfte zu gewährleisten.
7. Der private allgemein bildende Grundschulunterricht, der die durch Gesetz festzulegenden Bedingungen erfüllt, wird nach demselben Maßstab aus öffentlichen Mitteln finanziert wie der öffentliche Unterricht. Es wird durch Gesetz bestimmt, unter welchen Bedingungen für den privaten allgemein bildenden Sekundarunterricht und für den vorwissenschaftlichen Unterricht Beiträge aus öffentlichen Mitteln geleistet werden.
8. Die Regierung unterrichtet die Generalstaaten alljährlich über die Lage im Bildungsbereich.

Kapitel II: Regierung

Abschnitt 1: Der König

Artikel 24
Die Königswürde geht durch Erbfolge auf die gesetzlichen Nachfolger König Wilhelms I., Prinz von Oranien-Nassau, über.

Artikel 25
Beim Tode des Königs geht die Königswürde durch Erbfolge auf seine gesetzlichen Nachkommen über, wobei das älteste Kind Vorrang hat, für dessen Nachfolge dieselbe Regel gilt. Hat der verstorbene König keine eigenen Nachkommen, geht die Königswürde in gleicher Weise auf die gesetzlichen Nachkommen zunächst des elterlichen Zweiges, dann des großelterlichen Zweiges innerhalb der Erbfolgelinie über, sofern der verstorbene König mit ihnen nicht entfernter blutsverwandt war als im dritten Grade.

Artikel 26
Das zum Zeitpunkt des Todes des Königs ungeborene Kind gilt im Sinne der Erbfolge als bereits geboren. Kommt es tot zur Welt, gilt es als nie geboren.

Artikel 27
Bei einem Verzicht auf die Königswürde kommt es zur Erbfolge entsprechend den Regeln in den vorstehenden Artikeln. Nach dem Verzicht geborene Kinder und ihre Nachkommen sind von der Erbfolge ausgeschlossen.

Artikel 28
1. Schließt der König eine Ehe ohne gesetzliche Zustimmung, verzichtet er auf die Königswürde.
2. Schließt jemand, der vom König die Königswürde erben kann, eine solche Ehe, sind er, seine aus dieser Ehe hervorgegangenen Kinder und ihre Nachkommen von der Erbfolge ausgeschlossen.
3. Die Generalstaaten beraten und beschließen über eine Gesetzesvorlage zur Gewährung der Zustimmung in einer Vollversammlung.

Artikel 29
1. Wenn außergewöhnliche Umstände dies erfordern, können durch Gesetz eine oder mehrere Personen von der Erbfolge ausgeschlossen werden.
2. Die entsprechende Vorlage wird vom König oder in seinem Auftrag eingebracht. Die Generalstaaten beraten und beschließen darüber in einer Vollversammlung. Für die Annahme der Vorlage ist eine Mehrheit von mindestens zwei Dritteln der abgegebenen Stimmen erforderlich.

Artikel 30
1. Wenn voraussichtlich ein Nachfolger fehlen wird, kann ein Nachfolger durch Gesetz ernannt werden. Die Vorlage wird vom König oder in seinem Auftrag eingebracht. Nach Einbringung der Vorlage werden die Kammern aufgelöst. Die neuen Kammern beraten und beschließen über die Vorlage in einer Vollversammlung. Für die Annahme der Vorlage ist eine Mehrheit von mindestens zwei Dritteln der abgegebenen Stimmen erforderlich.
2. Wenn beim Tode des Königs oder beim Verzicht auf die Königswürde ein Nachfolger fehlt, werden die Kammern aufgelöst. Die neuen Kammern treten innerhalb von vier Monaten nach dem Tod oder nach dem Verzicht in einer Vollversammlung zusammen, um über die Ernennung eines Königs zu entscheiden. Sie können einen Nachfolger nur mit einer Mehrheit von mindestens zwei Dritteln der abgegebenen Stimmen ernennen.

Artikel 31
1. Die Nachfolge eines ernannten Königs kann kraft Erbfolge nur von seinen gesetzlichen Nachkommen angetreten werden.
2. Die Bestimmungen über die Erbfolge und Absatz 1 dieses Artikels gelten entsprechend für einen ernannten Nachfolger, solange er noch nicht König ist.

Artikel 32
Nach seiner Amtsübernahme leistet der König so bald wie möglich seinen Eid, und es wird ihm so bald wie möglich in der Hauptstadt Amsterdam in einer öffentlichen Vollversammlung der Generalstaaten gehuldigt. Er schwört oder gelobt Treue zur Verfassung und die gewissenhafte Ausübung seines Amtes. Das Nähere regelt ein Gesetz.

Artikel 33
Der König übt sein Amt erst nach Vollendung des achtzehnten Lebensjahres aus.

Artikel 34
Das Gesetz regelt die elterliche Gewalt und die Vormundschaft über den minderjährigen König und die Aufsicht über die elterliche Gewalt und die Vormundschaft. Die Generalstaaten beraten und beschließen hierüber in einer Vollversammlung.

Artikel 35
1. Wenn der Ministerrat der Auffassung ist, der König sei außerstande, sein Amt auszuüben, teilt er dies unter Vorlage der hierzu vom Staatsrat erbetenen Empfehlung den Generalstaaten mit, die daraufhin zu einer Vollversammlung zusammentreten.
2. Teilen die Generalstaaten diese Auffassung, dann erklären sie, der König sei außerstande, sein Amt auszuüben. Diese Erklärung wird auf Anordnung des Vorsitzenden der Versammlung bekannt gegeben und wird sofort wirksam.

3. Sobald der König wieder zur Ausübung seines Amtes imstande ist, wird dies durch Gesetz erklärt. Die Generalstaaten beraten und beschließen hierüber in einer Vollversammlung. Sofort nach Bekanntmachung dieses Gesetzes übt der König sein Amt wieder aus.
4. Das Gesetz regelt erforderlichenfalls die Aufsicht über die Person des Königs, wenn erklärt worden ist, er sei außerstande, sein Amt auszuüben. Die Generalstaaten beraten und beschließen hierüber in einer Vollversammlung.

Artikel 36

Der König kann kraft eines Gesetzes sein Amt vorübergehend nicht ausüben und kraft eines Gesetzes, dessen Vorlage vom König oder in seinem Auftrag eingebracht wird, seine Amtstätigkeiten wieder aufnehmen. Die Generalstaaten beraten und beschließen in einer Vollversammlung über diese Vorlage.

Artikel 37

1. Das Amt des Königs wird von einem Regenten ausgeübt:
    a. solange der König das achtzehnte Lebensjahr nicht vollendet hat;
    b. wenn ein ungeborenes Kind die Königswürde übernehmen könnte;
    c. wenn erklärt worden ist, der König sei außerstande, sein Amt auszuüben;
    d. wenn der König sein Amt vorübergehend nicht ausübt;
    e. solange es nach dem Tode des Königs oder nach seinem Verzicht auf die Königswürde keinen Nachfolger gibt.
2. Der Regent wird durch Gesetz ernannt. Die Generalstaaten beraten und beschließen hierüber in einer Vollversammlung.
3. In den in Absatz 1 Buchstabe c und d genannten Fällen ist der Nachkomme des Königs, der sein mutmaßlicher Nachfolger ist, von Rechts wegen Regent, wenn er das achtzehnte Lebensjahr vollendet hat.
4. Der Regent schwört oder gelobt Treue zur Verfassung und die gewissenhafte Ausübung seines Amtes in einer Vollversammlung der Generalstaaten. Näheres über die Regentschaft sowie die Nachfolge und die Vertretung des Regenten regelt ein Gesetz. Die Generalstaaten beraten und beschließen hierüber in einer Vollversammlung.
5. Für den Regenten gelten die Artikel 35 und 36 entsprechend.

Artikel 38

Solange die Ausübung des Amtes des Königs nicht geregelt ist, wird es vom Staatsrat ausgeübt.

Artikel 39

Das Gesetz regelt, wer Mitglied des Königshauses ist.

Artikel 40

1. Der König erhält jährlich Zuwendungen zu Lasten des Reiches gemäß einer gesetzlichen Regelung. Dieses Gesetz bestimmt, welche anderen Mitglieder des Königshauses Zuwendungen zu Lasten des Reiches erhalten und regelt diese Zuwendungen.
2. Die den Mitgliedern des Königshauses gewährten Zuwendungen zu Lasten des Reiches sowie die für die Ausübung ihres Amtes verwendeten Vermögensbestandteile sind frei von Personensteuer. Ferner ist dasjenige, was der König oder sein mutmaßlicher Nachfolger gemäß Erbrecht oder durch Schenkung eines Mitglieds des Königshauses erhält, frei von Erbschaft-, Übertragung- und Schenkungsteuer. Weitere Steuerbefreiungen können durch Gesetz gewährt werden.
3. Für die Annahme der Vorlagen von in den vorstehenden Absätzen bezeichneten Gesetzen durch die Kammern der Generalstaaten ist eine Mehrheit von mindestens zwei Dritteln der abgegebenen Stimmen erforderlich.

Artikel 41

Der König ordnet sein Haus unter Berücksichtigung des öffentlichen Interesses.

Abschnitt 2: König und Minister

Artikel 42

1. Die Regierung besteht aus dem König und den Ministern.
2. Der König ist unverletzlich; die Minister sind verantwortlich.

Artikel 43

Der Ministerpräsident und die übrigen Minister werden durch königlichen Erlass ernannt und entlassen.

Artikel 44

1. Durch königlichen Erlass werden Ministerien eingerichtet. Sie werden von einem Minister geleitet.
2. Es können auch Minister ernannt werden, die nicht mit der Leitung eines Ministeriums betraut sind.

Artikel 45

1. Die Minister bilden gemeinsam den Ministerrat.
2. Der Ministerpräsident ist Vorsitzender des Ministerrats.
3. Der Ministerrat berät und beschließt über die allgemeine Regierungspolitik und sorgt für die Einheitlichkeit dieser Politik.

Artikel 46

1. Durch königlichen Erlass können Staatssekretäre ernannt und entlassen werden.
2. Ein Staatssekretär tritt in den Fällen, in denen der Minister dies für notwendig hält, unter Befolgung der Weisungen des Ministers an dessen Stelle. Der Staatssekretär ist in dieser Eigenschaft verantwortlich, unbeschadet der Verantwortung des Ministers.

Artikel 47

Alle Gesetze und königlichen Erlasse werden vom König und von einem oder mehreren Ministern oder Staatssekretären unterzeichnet.

Artikel 48

Der königliche Erlass, durch den der Ministerpräsident ernannt wird, wird von ihm mitunterzeichnet. Die königlichen Erlasse, durch die die übrigen Minister und die Staatssekretäre ernannt und entlassen werden, werden vom Ministerpräsidenten mitunterzeichnet.

Artikel 49

Auf die durch Gesetz vorgeschriebene Weise leisten die Minister und Staatssekretäre bei ihrem Amtsantritt vor dem König einen Reinigungseid beziehungsweise geben eine Reinigungserklärung und ein Reinigungsgelöbnis ab und schwören oder geloben Treue zur Verfassung und die gewissenhafte Ausübung ihres Amtes.

Kapitel III: Generalstaaten

Abschnitt 1: Organisation und Zusammensetzung

Artikel 50

Die Generalstaaten vertreten das gesamte niederländische Volk.

Artikel 51

1. Die Generalstaaten bestehen aus der Zweiten Kammer und der Ersten Kammer.
2. Die Zweite Kammer hat einhundertfünfzig Mitglieder.
3. Die Erste Kammer hat fünfundsiebzig Mitglieder.
4. Bei einer Vollversammlung werden die Kammern als Einheit betrachtet.

Artikel 52

1. Die Wahlperiode beider Kammern dauert vier Jahre.
2. Wenn für die Provinzialstaaten durch Gesetz eine andere Dauer der Wahlperiode als vier Jahre angesetzt wird, wird damit die Wahlperiode der Ersten Kammer entsprechend geändert.

Artikel 53

1. Die Mitglieder beider Kammern werden auf der Grundlage des Verhältniswahlrecht innerhalb der durch Gesetz festzulegenden Grenzen gewählt.
2. Die Wahlen sind geheim.

Artikel 54

1. Die Mitglieder der Zweiten Kammer werden in unmittelbarer Wahl von den Niederländern gewählt, die das achtzehnte Lebensjahr vollendet haben, unbeschadet der durch Gesetz zu bestimmenden Ausnahmen in Bezug auf Niederländer, die keine Landesansässigen sind.
2. Vom Wahlrecht ausgeschlossen ist, wer wegen einer durch Gesetz bezeichneten Straftat mit rechtskräftiger gerichtlicher Entscheidung zu einer Freiheitsstrafe von mindestens einem Jahr verurteilt worden ist und wem hierbei gleichzeitig das Wahlrecht aberkannt wurde.

Artikel 55

Die Mitglieder der Ersten Kammer werden von den Mitgliedern der Provinzialstaaten gewählt. Die Wahl findet, außer im Falle einer Auflösung der Kammer, innerhalb von drei Monaten nach der Wahl der Mitglieder der Provinzialstaaten statt.

Artikel 56

Wer Mitglied der Generalstaaten werden will, muss niederländischer Staatsangehöriger sein, das achtzehnte Lebensjahr vollendet haben und darf nicht vom Wahlrecht ausgeschlossen sein.

Artikel 57

1. Niemand kann Mitglied beider Kammern sein.
2. Ein Mitglied der Generalstaaten kann nicht gleichzeitig Minister Staatssekretär, Mitglied des Staatsrats, Mitglied der Allgemeinen Ombudsmann mitglied des Hohen Rates, Generalstaatsanwalt oder Untergeneralstaatsanwalt beim Hohen Rat sein.
3. Gleichwohl kann ein Minister oder Staatssekretär, der sein Amt zur Verfügung gestellt hat, gleichzeitig Mitglied der Generalstaaten sein, bis über die Zurverfügungstellung entschieden worden ist.
4. Das Gesetz kann bestimmen, dass andere öffentliche Ämter nicht gleichzeitig mit der Mitgliedschaft in den Generalstaaten oder in einer der beiden Kammern ausgeübt werden können.

Artikel 57a

Das Gesetz regelt die zeitliche Vertretung eines Mitglieds der Generalstaaten wegen Schwangerschaft und Entbindung, sowie wegen Krankheit.

Artikel 58
Jede Kammer prüft die Vollmachten ihrer neu ernannten Mitglieder und entscheidet unter Berücksichtigung der durch Gesetz festzustellenden Regeln über Streitigkeiten, die in Bezug auf die Vollmachten oder die Wahl selbst entstehen.

Artikel 59
Alles Weitere über das Wahlrecht und die Wahlen wird durch Gesetz geregelt.

Artikel 60
Auf die durch Gesetz vorgeschriebene Weise leisten die Mitglieder der Kammern bei ihrem Amtsantritt in der Versammlung einen Reinigungseid beziehungsweise geben eine Reinigungserklärung und ein Reinigungsgelöbnis ab und schwören oder geloben Treue zur Verfassung und die gewissenhafte Ausübung ihres Amtes.

Artikel 61
1. Jede der beiden Kammern ernennt aus ihrer Mitte einen Präsidenten.
2. Jede der beiden Kammern ernennt einen Schriftführer. Der Schriftführer und die übrigen Beamten der Kammern können nicht gleichzeitig Mitglied der Generalstaatenp sein.

Artikel 62
Der Präsident der Ersten Kammer leitet die Vollversammlung.

Artikel 63
Finanzielle Zuwendungen zugunsten von Mitgliedern und ehemaligen Mitgliedern der Generalstaaten und ihren Hinterbliebenen werden durch Gesetz geregelt. Die Kammern können eine diesbezügliche Gesetzesvorlage nur mit einer Mehrheit von mindestens zwei Dritteln der abgegebenen Stimmen annehmen.

Artikel 64
1. Jede der beiden Kammern kann durch königlichen Erlass aufgelöst werden.
2. Der Erlass zur Auflösung enthält gleichzeitig die Vorschrift zur Neuwahl der aufgelösten Kammer und zum Zusammentreten der neugewählten Kammer innerhalb von drei Monaten.
3. Die Auflösung wird an dem Tag wirksam, an dem die neugewählte Kammer zusammentritt.
4. Das Gesetz setzt die Dauer der Wahlperiode der Zweiten Kammer nach einer Auflösung fest; sie darf nicht länger sein als fünf Jahre. Nach einer Auflösung endet die Wahlperiode der Ersten Kammer zu dem Zeitpunkt, zu dem die Wahlperiode der aufgelösten Kammer abgelaufen wäre.

Abschnitt 2: Verfahren
Artikel 65
An jedem dritten Dienstag im September oder zu einem durch Gesetz festzulegenden früheren Zeitpunkt wird vom König oder in seinem Namen in einer Vollversammlung der Generalstaaten eine Erklärung über die von der Regierung zu verfolgende Politik abgegeben.

Artikel 66
1. Die Sitzungen der Generalstaaten sind öffentlich.
2. Die Öffentlichkeit wird ausgeschlossen, wenn ein Zehntel der anwesenden Mitglieder dies beantragt oder der Präsident dies für nötig hält.
3. Die Kammer beziehungsweise die Vollversammlung entscheidet sodann, ob unter Ausschluss der Öffentlichkeit beraten und beschlossen werden soll.

Artikel 67
1. Die Kammern dürfen einzeln und in einer Vollversammlung nur beraten oder beschließen, wenn mehr als die Hälfte ihrer Mitglieder anwesend sind.
2. Beschlüsse werden mit Stimmenmehrheit gefasst.
3. Die Mitglieder sind bei der Stimmabgabe nicht weisungsgebunden.
4. Die Abstimmung erfolgt mündlich und namentlich, wenn ein Mitglied dies beantragt.

Artikel 68
Die Minister und die Staatssekretäre erteilen den Kammern gesondert und in einer Vollversammlung mündlich oder schriftlich die von einem oder mehreren Mitgliedern erwünschten Auskünfte, wenn dies nicht dem Interesse des Staates widerspricht.

Artikel 69
1. Die Minister und die Staatssekretäre sind zu den Sitzungen zugelassen und können an den Beratungen teilnehmen.
2. Sie können von den Kammern gesondert und in einer Vollversammlung aufgefordert werden, der Sitzung beizuwohnen.
3. Sie können sich in den Sitzungen von ihnen beauftragten Personen assistieren lassen.

Artikel 70
Beide Kammern haben gesondert und in der Vollversammlung das durch Gesetz zu regelnde Enqueterecht.

Artikel 71
Die Mitglieder der Generalstaaten, die Minister, die Staatssekretäre und andere Personen, die an den Beratungen teilnehmen, können für das, was sie in den Sitzungen der Generalstaaten oder der Parlamentsausschüsse gesagt haben oder diesen schriftlich vorgelegt haben, nicht rechtlich belangt oder haftbar gemacht werden.

Artikel 72
Die Kammern geben sich gesondert und in der Vollversammlung eine Geschäftsordnung.

Kapitel IV: Staatsrat, Allgemeine Rechnungskammer, Nationaler Ombudsmann und ständige Beratungsgremien

Artikel 73
1. Der Staatsrat oder eine Abteilung des Staatsrats wird zu Gesetzesvorlagen und Entwürfen von Rechtsverordnungen sowie zu Vorschlägen zur Zustimmung zu Verträgen seitens der Generalstaaten gehört. In durch Gesetz zu bezeichnenden Fällen kann die Anhörung unterbleiben.
2. Dem Staatsrat oder einer Abteilung des Staatsrats obliegt die Untersuchung der Verwaltungsstreitigkeiten, über die durch königlichen Erlass entschieden wird; der Staatsrat beziehungsweise seine Abteilung empfiehlt eine Entscheidung.
3. Durch Gesetz kann die Entscheidung in Verwaltungsstreitigkeiten dem Staatsrat oder einer Abteilung des Staatsrats übertragen werden.

Artikel 74
1. Der König ist Vorsitzender des Staatsrats. Der mutmaßliche Nachfolger des Königs hat nach Vollendung des achtzehnten Lebensjahres von Rechts wegen Sitz im Staatsrat. Durch Gesetz oder kraft Gesetzes können andere Mitglieder des Königshauses Sitz im Staatsrat erhalten.
2. Die Mitglieder des Staatsrats werden durch königlichen Erlass auf Lebenszeit ernannt.
3. Sie werden auf eigenen Wunsch oder bei Erreichen einer durch Gesetz festzulegenden Altersgrenze entlassen.
4. In den durch Gesetz bezeichneten Fällen können sie vom Staatsrat suspendiert oder entlassen werden.
5. Ihre Rechtsstellung ist im Übrigen durch Gesetz geregelt.

Artikel 75
1. Organisation, Zusammensetzung und Zuständigkeit des Staatsrats regelt das Gesetz.
2. Durch Gesetz können dem Staatsrat oder einer Abteilung des Staatsrats auch andere Aufgaben übertragen werden.

Artikel 76
Der Allgemeinen Rechnungskammer obliegt die Prüfung der Einnahmen und Ausgaben des Reiches.

Artikel 77

1. Die Mitglieder der Allgemeinen Rechnungskammer werden durch königlichen Erlass auf Lebenszeit auf Vorschlag der Zweiten Kammer der Generalstaaten ernannt, die jeweils drei Kandidaten vorschlägt.
2. Sie werden auf eigenen Wunsch oder bei Erreichen einer durch Gesetz festzulegenden Altersgrenze entlassen.
3. In den durch Gesetz bezeichneten Fällen können sie vom Hohen Rat suspendiert oder entlassen werden.
4. Ihre Rechtsstellung ist im Übrigen durch Gesetz geregelt.

Artikel 78

1. Organisation, Zusammensetzung und Zuständigkeit der Allgemeinen Rechnungskammer regelt das Gesetz.
2. Durch Gesetz können der Allgemeinen Rechnungskammer auch andere Aufgaben übertragen werden.

Artikel 78a

1. Der Nationale Ombudsmann untersucht auf Antrag oder aus eigener Initiative die Handlungen von Verwaltungsorganen des Reichs und die Handlungen anderer durch Gesetz oder kraft Gesetzes bezeichneter Verwaltungsorgane.
2. Der Nationale Ombudsmann und ein stellvertretender Ombudsmann werden für eine durch Gesetz festzusetzende Frist von der Zweiten Kammer der Generalstaaten ernannt. Sie werden auf eigenen Wunsch oder bei Erreichen einer durch Gesetz festzulegenden Altersgrenze entlassen. In den durch Gesetz bezeichneten Fällen können sie von der Zweiten Kammer der Generalstaaten suspendiert oder entlassen werden. Ihre Rechtsstellung ist im Übrigen durch Gesetz geregelt.
3. Das Gesetz regelt die Zuständigkeit und Arbeitsweise des Nationalen Ombudsmanns.
4. Durch Gesetz oder kraft Gesetzes können dem Nationalen Ombudsmann auch andere Aufgaben übertragen werden.

Artikel 79

1. Ständige Beratungsgremien auf dem Gebiet der staatlichen Gesetzgebung und Verwaltung werden durch Gesetz oder kraft Gesetzes eingesetzt.
2. Organisation, Zusammensetzung und Zuständigkeit dieser Gremien regelt das Gesetz.
3. Durch Gesetz oder kraft Gesetzes können diesen Gremien auch andere als beratende Aufgaben übertragen werden.

Artikel 80

1. Die Gutachten der in diesem Kapitel bezeichneten Gremien werden nach durch Gesetz zu erlassenden Vorschriften veröffentlicht.

2. Gutachten zu Gesetzesvorlagen, die vom König oder in seinem Auftrag eingebracht werden, werden außer in den durch Gesetz zu bezeichnenden Ausnahmen den Generalstaaten vorgelegt.

Kapitel V: Gesetzgebung und Verwaltung

Abschnitt 1: Gesetze und andere Vorschriften

Artikel 81
Gesetze werden von der Regierung und den Generalstaaten gemeinsam erlassen.

Artikel 82
1. Gesetzesvorlagen können vom König oder in seinem Auftrag und von der Zweiten Kammer der Generalstaaten eingebracht werden.
2. Gesetzesvorlagen, deren Behandlung in der Vollversammlung der Generalstaaten vorgeschrieben ist, können vom König oder in seinem Auftrag und, soweit dies gemäß den betreffenden Artikeln in Kapitel 2 zulässig ist, von der Vollversammlung eingebracht werden.
3. Von der Zweiten Kammer beziehungsweise von der Vollversammlung einzubringende Gesetzesvorlagen werden ihr von einem oder mehreren Mitgliedern unterbreitet.

Artikel 83
Vom König oder in seinem Auftrag eingebrachte Gesetzesvorlagen werden an die Zweite Kammer oder, wenn deren Behandlung in der Vollversammlung der Generalstaaten vorgeschrieben ist, an dieses Gremium gesandt.

Artikel 84
1. Solange eine vom König oder in seinem Auftrag eingebrachte Gesetzesvorlage nicht von der Zweiten Kammer beziehungsweise von der Vollversammlung angenommen worden ist, kann sie von ihr auf Vorschlag eines oder mehrerer Mitglieder und auf Betreiben der Regierung geändert werden.
2. Solange die Zweite Kammer beziehungsweise die Vollversammlung eine von ihr einzubringende Gesetzesvorlage nicht angenommen hat, kann sie von ihr auf Vorschlag eines Mitglieds oder mehrerer Mitglieder und von dem Mitglied oder den Mitgliedern, von dem beziehungsweise denen sie unterbreitet worden ist, geändert werden.

Artikel 85
Sobald die Zweite Kammer eine Gesetzesvorlage angenommen hat oder beschlossen hat, eine Vorlage einzubringen, leitet sie sie der Ersten Kammer zu, die die Vorlage in der Form berät, in der sie ihr von der Zweiten Kammer zugeleitet worden ist. Die Zweite Kammer

kann eines oder mehrere ihrer Mitglieder beauftragen, eine von ihr eingebrachte Vorlage in der Ersten Kammer zu verteidigen.

Artikel 86
1. Solange eine Gesetzesvorlage nicht von den Generalstaaten angenommen worden ist, kann sie von demjenigen, der sie eingebracht hat, oder in seinem Auftrag zurückgezogen werden.
2. Solange die Zweite Kammer beziehungsweise die Vollversammlung eine von ihr einzubringende Gesetzesvorlage nicht angenommen hat, kann sie von dem Mitglied oder den Mitgliedern, von dem beziehungsweise denen sie unterbreitet worden ist, zurückgezogen werden.

Artikel 87
1. Eine Vorlage wird Gesetz, sobald sie von den Generalstaaten angenommen und vom König bestätigt worden ist.
2. Der König und die Generalstaaten unterrichten sich gegenseitig von ihren Beschlüssen über Gesetzesvorlagen.

Artikel 88
Die Verkündung und das In-Kraft-Treten der Gesetze regelt das Gesetz. Die Gesetze treten erst nach ihrer Verkündung in Kraft.

Artikel 89
1. Rechtsverordnungen ergehen durch königlichen Erlass.
2. Vorschriften in Rechtsverordnungen, deren Nichtbefolgung unter Strafe gestellt ist, können nur kraft Gesetzes erlassen werden. Die Strafen werden durch Gesetz bestimmt.
3. Die Verkündung und das In-Kraft-Treten der Rechtsverordnungen regelt das Gesetz. Sie treten erst nach ihrer Verkündung in Kraft.
4. Die Absätze 2 und 3 gelten entsprechend für andere vom Reich erlassene allgemein verbindliche Vorschriften.

Abschnitt 2: Sonstige Bestimmungen

Artikel 90
Die Regierung fördert die Entwicklung der internationalen Rechtsordnung.

Artikel 91
1. Ohne vorherige Zustimmung durch die Generalstaaten ist das Königreich nicht an Verträge gebunden und werden Verträge nicht gekündigt. Die Fälle, in denen keine Zustimmung erforderlich ist, bezeichnet das Gesetz.

2. Durch Gesetz wird bestimmt, in welcher Weise die Zustimmung erteilt wird. Das Gesetz kann eine stillschweigende Zustimmung vorsehen.
3. Enthält ein Vertrag Bestimmungen, die von der Verfassung abweichen beziehungsweise eine solche Abweichung erforderlich machen, können die Kammern ihre Zustimmung nur mit einer Mehrheit von mindestens zwei Dritteln der abgegebenen Stimmen erteilen.

Artikel 92
Durch Vertrag oder kraft eines Vertrags können völkerrechtlichen Organisationen Gesetzgebungs-, Verwaltungs- und Rechtsprechungsbefugnisse übertragen werden, erforderlichenfalls unter Berücksichtigung von Artikel 91 Absatz 3.

Artikel 93
Bestimmungen von Verträgen und Beschlüssen völkerrechtlicher Organisationen, die ihrem Inhalt nach allgemein verbindlich sein können, haben Verbindlichkeit nach ihrer Veröffentlichung.

Artikel 94
Innerhalb des Königreichs geltende gesetzliche Vorschriften werden nicht angewandt, wenn die Anwendung mit allgemein verbindlichen Bestimmungen von Verträgen und Beschlüssen völkerrechtlicher Organisationen nicht vereinbar ist.

Artikel 95
Die Veröffentlichung von Verträgen und Beschlüssen völkerrechtlicher Organisationen regelt das Gesetz.

Artikel 96
1. Nur nach vorheriger Zustimmung der Generalstaaten kann erklärt werden, dass sich das Königreich im Krieg befindet.
2. Die Zustimmung ist nicht erforderlich, wenn sich infolge eines faktisch bereits bestehenden Kriegszustands Beratungen mit den Generalstaaten als nicht möglich erwiesen haben.
3. Die Generalstaaten beraten und beschließen hierüber in einer Vollversammlung.
4. Die Bestimmungen in Absatz 1 und 3 gelten entsprechend für eine Erklärung zur Beendigung eines Krieges.

Artikel 97
1. Zum Zwecke der Verteidigung und des Schutzes der Interessen des Königreichs wie auch zur Aufrechterhaltung und Förderung der internationalen Rechtsordnung gibt es Streitkräfte.
2. Die Regierung hat den Oberbefehl über die Streitkräfte.

Artikel 98
1. Die Streitkräfte setzen sich aus Freiwilligen zusammen. Den Streitkräften können auch Wehrpflichtige angehören.
2. Das Gesetz regelt die Wehrpflicht und die Befugnis zur Zurückstellung vom Wehrdienst.

Artikel 99
Das Gesetz regelt die Befreiung vom Wehrdienst aufgrund ernsthafter Gewissensbedenken.

Artikel 99a
Nach durch Gesetz festzustellenden Regeln können Pflichten für die Zivilverteidigung auferlegt werden.

Artikel 100
1. Die Regierung erteilt den Generalstaaten im Voraus Auskünfte über den Einsatz und die Bereitstellung der Streitkräfte zur Aufrechterhaltung oder Förderung der internationalen Rechtsordnung. Hierzu zählt das Erteilen von Auskünften im Voraus über den Einsatz oder die Bereitstellung der Streitkräfte für humanitäre Hilfsleistungen im Falle eines bewaffneten Konflikts.
2. Absatz 1 findet keine Anwendung, wenn zwingende Gründe der Erteilung von Auskünften im Voraus entgegenstehen. In diesem Fall werden Auskünfte schnellstmöglich erteilt.

Artikel 101
(aufgehoben durch Königreichsgesetz vom 10. Juli 1995, Stb. 401)

Artikel 102
(aufgehoben durch Königreichsgesetz vom 22. Juni 2000, Stb. 294)

Artikel 103
1. Es wird durch Gesetz bestimmt, in welchen Fällen zur Aufrechterhaltung der äußeren und inneren Sicherheit durch königlichen Erlass ein durch Gesetz als solcher zu bezeichnender Ausnahmezustand erklärt werden kann; das Gesetz regelt die Folgen.
2. Dabei kann von den Verfassungsbestimmungen über die Befugnisse der Verwaltungsorgane der Provinzen, Gemeinden und Wasserverbände, von den Grundrechten nach Artikel 6, soweit es um die Ausübung des in jenem Artikel beschriebenen Rechts außerhalb von Gebäuden und geschlossenen Räumen geht, nach Artikel 7, 8, 9, 12 Absatz 2 und 3, 13 sowie von Artikel 113 Absatz 1 und 3 abgewichen werden.
3. Unmittelbar nach der Erklärung des Ausnahmezustands und im Weiteren immer dann – solange der Ausnahmezustand nicht durch königlichen Erlass aufgehoben worden ist –, wenn sie es für notwendig erachten, entscheiden die Generalstaaten über seine Fortdauer und beraten und beschließen darüber in einer Vollversammlung.

Artikel 104
Reichssteuern werden kraft eines Gesetzes erhoben. Andere Reichsabgaben werden durch Gesetz geregelt.

Artikel 105
1. Der Reichshaushalt wird durch Gesetz festgestellt.
2. Jedes Jahr werden Vorlagen für allgemeine Haushaltsgesetze vom König oder in seinem Auftrag zu dem in Artikel 65 bezeichneten Zeitpunkt eingebracht.
3. Den Generalstaaten wird über die Einnahmen und Ausgaben des Reiches entsprechend den gesetzlichen Bestimmungen Rechenschaft abgelegt. Die von der Allgemeinen Rechnungskammer gebilligte Haushaltsrechnung wird den Generalstaaten vorgelegt.
4. Das Gesetz enthält Vorschriften über die Verwaltung der Reichsfinanzen.

Artikel 106
Das Währungssystem ist durch Gesetz geregelt.

Artikel 107
1. Das bürgerliche Recht, das Strafrecht, das Zivilprozessrecht und das Strafprozessrecht sind in allgemeinen Gesetzbüchern geregelt; bestimmte Gegenstände können in gesonderten Gesetzen geregelt werden.
2. Das Gesetz enthält allgemeine verwaltungsrechtliche Vorschriften

Artikel 108
(aufgehoben durch Gesetz vom 25. Februar 1999, Stb. 133)

Artikel 109
Die Rechtsstellung der Beamten ist durch Gesetz geregelt. Das Gesetz enthält gleichzeitig Vorschriften über den Arbeitsschutz und die Mitbestimmung der Beamten.

Artikel 110
Die Behörden stellen bei der Durchführung ihrer Aufgaben Öffentlichkeit gemäß durch Gesetz zu erlassenden Vorschriften her.

Artikel 111
Ritterorden werden durch Gesetz gestiftet.

Kapitel VI: Rechtsprechung

Artikel 112
1. Der richterlichen Gewalt obliegt die Rechtsprechung in bürgerlichen Rechtsstreitigkeiten und in Bezug auf Schuldforderungen.

2. Das Gesetz kann die Entscheidung in Streitigkeiten, die nicht aufgrund bürgerlicher Rechtsverhältnisse entstanden sind, entweder der richterlichen Gewalt oder Gerichten überlassen, die nicht der richterlichen Gewalt angehören. Das Verfahren und die Folgen der Entscheidungen regelt das Gesetz.

Artikel 113
1. Der richterlichen Gewalt obliegt des Weiteren die Rechtsprechung in Strafsachen.
2. Das öffentliche Disziplinarrecht wird durch Gesetz geregelt.
3. Eine Freiheitsstrafe kann ausschließlich von der richterlichen Gewalt verhängt werden.
4. Für Rechtsprechung außerhalb der Niederlande und für das wehrstrafrecht können durch Gesetz abweichende Regelungen erlassen werden.

Artikel 114
Die Todesstrafe darf nicht verhängt werden.

Artikel 115
In Bezug auf die in Artikel 112 Absatz 2 bezeichneten Streitigkeiten ist Verwaltungsbeschwerde möglich.

Artikel 116
1. Das Gesetz bezeichnet die Gerichte, die zur richterlichen Gewalt gehören.
2. Organisation, Zusammensetzung und Zuständigkeit der richterlichen Gewalt regelt das Gesetz.
3. Das Gesetz kann bestimmen, dass an der Rechtsprechung der richterlichen Gewalt Personen beteiligt sind, die ihr nicht angehören.
4. Das Gesetz regelt die Aufsicht über die Amtsausübung von Mitgliedern der richterlichen Gewalt, die mit der Rechtsprechung betraut sind, und von im vorigen Absatz bezeichneten Personen durch Mitglieder der richterlichen Gewalt, die mit der Rechtsprechung betraut sind.

Artikel 117
1. Die mit der Rechtsprechung betrauten Mitglieder der richterlichen Gewalt und der Generalstaatsanwalt beim Hohen Rat werden durch königlichen Erlass auf Lebenszeit ernannt.
2. Sie werden auf eigenen Wunsch oder bei Erreichen der gesetzlichen Altersgrenze entlassen.
3. In den durch Gesetz vorgeschriebenen Fällen können sie von einem durch Gesetz bezeichneten, zur richterlichen Gewalt gehörenden Gericht suspendiert oder entlassen werden.
4. Ihre Rechtsstellung ist im Übrigen durch Gesetz geregelt.

Artikel 118

1. Die Mitglieder des Hohen Rates der Niederlande werden auf Vorschlag der Zweiten Kammer der Generalstaaten ernannt, die jeweils drei Kandidaten vorschlägt.
2. Dem Hohen Rat obliegt in den durch Gesetz bezeichneten Fällen und innerhalb der gesetzlichen Grenzen die Kassation richterlicher Entscheidungen wegen Verletzung des Rechts.
3. Durch Gesetz können dem Hohen Rat auch andere Aufgaben übertragen werden.

Artikel 119

Die Mitglieder der Generalstaaten, die Minister und die Staatssekretäre werden wegen Verbrechen im Amte, auch nach ihrem Rücktritt, vor dem Hohen Rat zur Verantwortung gezogen. Die Anordnung zur Verfolgung wird durch königlichen Erlass oder durch Beschluss der Zweiten Kammer gegeben.

Artikel 120

Der Richter beurteilt nicht die Verfassungsmäßigkeit von Gesetzen und Verträgen.

Artikel 121

Mit Ausnahme der durch Gesetz bezeichneten Fälle sind die Gerichtsverhandlungen öffentlich und werden die Urteile begründet. Die Urteilsverkündung ist öffentlich.

Artikel 122

1. Ein Gnadenerweis wird durch königlichen Erlass auf Empfehlung eines durch Gesetz bezeichneten Gerichts und unter Berücksichtigung der durch Gesetz oder kraft Gesetzes erlassenen Vorschriften gewährt.
2. Amnestie wird durch Gesetz oder kraft Gesetzes gewährt.

Kapitel VII: Provinzen, Gemeinden, Wasserverbände und andere öffentlich-rechtliche Körperschaften

Artikel 123

1. Durch Gesetz können Provinzen und Gemeinden aufgelöst und können neue gebildet werden.
2. Die Änderung von Provinz- und Gemeindegrenzen regelt das Gesetz.

Artikel 124

1. Die Befugnis zur Regelung und Verwaltung des Haushalts der Provinzen und Gemeinden wird deren Verwaltungen überlassen.
2. Die Regelung und Verwaltung kann den Provinzial- und Gemeindeverwaltungen durch Gesetz oder kraft Gesetzes abverlangt werden.

Artikel 125

1. An der Spitze der Provinz stehen die Provinzialstaaten, an der Spitze der Gemeinde steht der Gemeinderat. Ihre Sitzungen sind außer in den durch Gesetz zu regelnden Fällen öffentlich.
2. Zur Provinzialverwaltung gehören auch die Deputiertenstaaten und der Kommissar des Königs, zur Gemeindeverwaltung der Gemeindevorstand und der Bürgermeister.

Artikel 126

Durch Gesetz kann bestimmt werden, dass dem Kommissar des Königs die Ausführung von Weisungen der Regierung obliegt.

Artikel 127

Die Provinzialstaaten und der Gemeinderat erlassen außer in durch Gesetz oder von ihnen kraft Gesetzes zu bezeichnenden Ausnahmefällen die Provinzial- beziehungsweise Gemeindeverordnungen.

Artikel 128

Außer in den in Artikel 123 bezeichneten Fällen kann die Übertragung von Befugnissen im Sinne von Artikel 124 Absatz 1 auf andere als die in Artikel 125 genannten Organe nur von den Provinzialstaaten beziehungsweise vom Gemeinderat vorgenommen werden.

Artikel 129

1. Die Mitglieder der Provinzialstaaten und des Gemeinderats werden unmittelbar von den in der Provinz beziehungsweise in der Gemeinde ansässigen Niederländern gewählt, die die für die Wahl der Zweiten Kammer der Generalstaaten geltenden Voraussetzungen erfüllen. Für die Mitgliedschaft in einem der beiden Gremien gelten dieselben Voraussetzungen.
2. Die Mitglieder werden auf der Grundlage des Verhältniswahlrechts innerhalb der durch Gesetz festzulegenden Grenzen gewählt.
3. Artikel 53 Absatz 2 und Artikel 59 sind anzuwenden.
4. Die Wahlperiode der Provinzialstaaten und des Gemeinderats dauert außer in den durch Gesetz zu bezeichnenden Ausnahmefällen vier Jahre.
5. Das Gesetz bestimmt, welche Ämter nicht gleichzeitig mit der Mitgliedschaft ausgeübt werden können. Das Gesetz kann bestimmen, dass sich für die Mitgliedschaft Hindernisse durch Verwandtschaft oder Eheschließung ergeben und dass die Vornahme durch Gesetz bezeichneter Handlungen zum Verlust der Mitgliedschaft führen kann.
6. Die Mitglieder sind bei der Stimmabgabe nicht weisungsgebunden.

Artikel 130

Das Gesetz kann das Recht, Mitglieder des Gemeinderats zu wählen, und das Recht, Mitglied des Gemeinderats zu sein, Landesansässigen zuerkennen, die keine Niederländer sind, sofern sie zumindest die Voraussetzungen erfüllen, die für Landesansässige gelten, die Niederländer sind.

Artikel 131
Der Kommissar des Königs und der Bürgermeister werden durch königlichen Erlass ernannt.

Artikel 132
1. Die Organisation der Provinzen und Gemeinden sowie die Zusammensetzung und Zuständigkeit ihrer Verwaltungen regelt das Gesetz.
2. Die Aufsicht über diese Verwaltungen regelt das Gesetz.
3. Beschlüsse dieser Verwaltungen können nur in den durch Gesetz oder kraft Gesetzes zu bezeichnenden Fällen einer vorhergehenden Prüfung unterworfen werden.
4. Beschlüsse dieser Verwaltungen können nur durch königlichen Erlass aufgehoben werden, wenn sie im Widerspruch zum geltenden Recht oder zum Allgemeininteresse stehen.
5. Das Gesetz trifft Vorkehrungen bei Unterlassungen in Bezug auf die nach Artikel 124 Absatz 2 vorgeschriebene Regelung und Verwaltung. Abweichend von Artikel 125 und 127 können durch Gesetz Vorkehrungen für den Fall getroffen werden, dass die Verwaltung einer Provinz oder einer Gemeinde ihre Aufgaben grob vernachlässigt.
6. Das Gesetz bestimmt, welche Steuern die Provinzial- und Gemeindeverwaltungen erheben können; es regelt auch die finanziellen Beziehungen der Provinzen und Gemeinden zum Reich.

Artikel 133
1. Die Auflösung und Gründung von Wasserverbänden, die Regelung ihrer Aufgaben und ihre Organisation sowie die Zusammensetzung ihrer Verwaltungen werden durch Provinzialverordnung nach durch Gesetz zu erlassenden Vorschriften geregelt, soweit durch Gesetz oder kraft Gesetzes nichts anderes bestimmt ist.
2. Die Verordnungsbefugnisse und andere Zuständigkeiten der Wasserverbandsverwaltungen sowie die Öffentlichkeit ihrer Sitzungen regelt das Gesetz.
3. Die Aufsicht über diese Verwaltungen durch die Provinz und die sonstige Aufsicht regelt das Gesetz. Beschlüsse dieser Verwaltungen können nur aufgehoben werden, wenn sie im Widerspruch zum geltenden Recht oder zum Allgemeininteresse stehen.

Artikel 134
1. Durch Gesetz oder kraft Gesetzes können öffentliche Berufs- und Gewerbeverbände und andere öffentliche Körperschaften gegründet und aufgelöst werden.
2. Die Aufgaben und die Organisation dieser öffentlichen Körperschaften, die Zusammensetzung und Zuständigkeit ihrer Verwaltungen sowie die Öffentlichkeit ihrer Sitzungen regelt das Gesetz. Durch Gesetz oder kraft Gesetzes können ihren Verwaltungen Verordnungsbefugnisse übertragen werden.

3. Das Gesetz regelt die Aufsicht über diese Verwaltungen. Beschlüsse dieser Verwaltungen können nur aufgehoben werden, wenn sie im Widerspruch zum geltenden Recht oder zum Allgemeininteresse stehen.

Artikel 135
Das Gesetz enthält Vorschriften zur Regelung von Angelegenheiten, an denen zwei oder mehrere öffentliche Körperschaften beteiligt sind. Dabei kann die Gründung einer neuen öffentlichen Körperschaft vorgesehen sein; in diesem Fall gilt Artikel 134 Absatz 2 und 3.

Artikel 136
Über Streitigkeiten zwischen öffentlichen Körperschaften wird durch königlichen Erlass entschieden, es sei denn, sie fallen in die Zuständigkeit der richterlichen Gewalt oder die diesbezügliche Entscheidung ist durch Gesetz Dritten übertragen worden.

Kapitel VIII: Änderung der Verfassung

Artikel 137
1. Durch ein Gesetz wird erklärt, dass eine Verfassungsänderung, wie sie darin vorgeschlagen ist, beraten werden soll.
2. Die Zweite Kammer kann aufgrund eines vom König oder in seinem Auftrag eingereichten Vorschlags oder von sich aus die Vorlage eines solchen Gesetzes teilen.
3. Nach Verkündung eines Gesetzes im Sinne von Absatz 1 wird die Zweite Kammer aufgelöst.
4. Nachdem die neue Zweite Kammer zusammengetreten ist, beraten beide Kammern in zweiter Lesung über die Änderungsvorlage im Sinne von Absatz 1. Für ihre Annahme ist eine Mehrheit von mindestens zwei Dritteln der abgegebenen Stimmen erforderlich.
5. Die Zweite Kammer kann aufgrund eines vom König oder in seinem Auftrag eingebrachten Vorschlags oder von sich aus mit einer Mehrheit von mindestens zwei Dritteln der abgegebenen Stimmen eine Änderungsvorlage teilen.

Artikel 138
1. Bevor die in zweiter Lesung angenommenen Vorlagen zur Änderung der Verfassung vom König bestätigt werden, können durch Gesetz:
    a. die angenommenen Vorlagen und die unveränderten Verfassungsbestimmungen soweit wie nötig aufeinander abgestimmt werden;
    b. die Einteilung in Kapitel, Paragraphen und Artikel, deren Anordnung sowie die Überschriften geändert werden.
2. Eine Gesetzesvorlage, die Bestimmungen im Sinne von Absatz 1 Buchstabe a enthält, können die Kammern nur mit einer Mehrheit von mindestens zwei Dritteln der abgegebenen Stimmen annehmen.

Artikel 139

Die von den Generalstaaten angenommenen und vom König bestätigten Verfassungsänderungen treten sofort nach ihrer Verkündung in Kraft.

Artikel 140

Bestehende Gesetze und andere Regelungen und Erlasse, die im Widerspruch zu einer Verfassungsänderung stehen, gelten so lange, bis eine diesbezügliche, der Verfassung entsprechende Maßnahme getroffen worden ist.

Artikel 141

Der Wortlaut der geänderten Verfassung wird durch königlichen Erlass verkündet; dabei können Kapitel, Paragraphen und Artikel umnummeriert und Verweise entsprechend geändert werden.

Artikel 142

Die Verfassung kann durch Gesetz mit dem Statut für das Königreich der Niederlande in Einklang gebracht werden. Die Artikel 139, 140 und 141 gelten entsprechend.

8.2 Übersichten über die Wahlergebnisse von 1918 bis 2010[1]

---

[1] In die Übersichten sind nur jene Parteien aufgenommen werden, die im Verlauf dieses Buches thematisiert wurden.

CDA, PvdA, VVD sowie die jeweiligen Vorgängerorganisationen

	ARP	CHU	RKSP*	KVP	CDA	SDAP	VDB	CDU	PvdA	LSP*	PvdV	VVD
1918	13,4	6,5	30,0			22,0	5,3	0,8	14,6			
1922	13,7	10,9	29,9			19,4	4,6	0,7	9,3			
1925	12,2	9,9	28,6			22,9	6,1	0,5	8,7			
1929	11,6	10,5	29,6			23,8	6,2	0,4	7,4			
1933	13,4	9,1	27,9			21,5	5,1	1,0	7,0			
1937	16,4	7,5	28,8			21,9	5,9	2,1	3,9			
1946	12,9	7,8		30,8					28,3	6,4		
1948	13,2	9,2		31,0					25,6			7,9
1952	11,3	8,9		28,7					29,0			8,8
1956	9,9	8,4		31,7					32,7			8,8
1959	9,4	8,1		31,6					30,4			12,2
1963	8,7	8,6		31,9					28,0			10,3
1967	9,9	8,1		26,5					23,6			10,7
1971	8,6	6,3		21,8					24,6			10,3
1972	8,8	4,8		17,7					27,3			14,4
1977					31,9				33,8			17,9
1981					30,8				28,3			17,3
1982					29,4				30,4			23,1
1986					34,6				33,3			17,4
1989					35,3				31,9			14,6
1994					22,2				24,0			20,0
1998					18,4				29,0			24,7
2002					27,9				15,1			15,4
2003					28,6				27,3			17,9
2006					26,5				21,2			14,7
2010					13,6				19,6			20,5

Weitere im Parlament vertretene Parteien sowie die jeweiligen Vorgängerorganisationen

	PVV	SP	D66	CPN*	PSP	PPR	EVP	GL	GPV	RPF	CU	SGP	PvdD
1918				2,3								0,4	
1922				1,8								0,9	
1925				1,2								2,0	
1929				2,0								2,3	
1933				3,2								2,5	
1937				3,4								1,9	
1946				10,6								2,1	
1948				7,7								2,4	
1952				6,2					0,7			2,4	
1956				4,7					0,6			2,3	
1959				2,4	1,8				0,7			2,2	
1963				2,8	3,0				0,7			2,3	
1967			4,5	3,6	2,9				0,9			2,0	
1971			6,8	3,9	1,4	1,8			1,6			2,3	
1972			4,2	4,5	1,5	4,8			1,8			2,2	
1977		0,3	5,4	1,7	0,9	1,7			1,0	0,6		2,1	
1981		0,3	11,1	2,1	2,1	2,0	0,5		0,8	1,2		2,0	
1982		0,5	4,3	1,8	2,3	1,7	0,7		0,8	1,5		1,9	
1986		0,4	6,1	0,6	1,2	1,3	0,2		1,0	0,9		1,7	
1989		0,4	7,9					4,1	1,2	1,0		1,9	
1994		1,3	15,5					3,5	1,3	1,8		1,7	
1998		3,5	9,0					7,3	1,3	2,0		1,8	
2002		5,9	5,1					7,0			2,5	1,7	
2003		6,3	4,1					5,1			2,1	1,6	0,5
2006	5,9	16,6	2,0					4,6			4,0	1,6	1,8
2010	15,5	9,8	7,0					6,7			3,2	1,7	1,3

Weitere Parteien

	NSB	BP	DS'70	NVU	CP86*	CD	AOV	Unie 55+	LN	LPF	TON	Sonstige
1918												4,7
1922												8,8
1925												7,9
1929												6,2
1933												9,3
1937	4,2											4,0
1946												1,1
1948												3,0
1952												4,0
1956												0,9
1959		0,7										0,5
1963		2,1										1,6
1967		4,8										2,5
1971		1,1	5,3									4,2
1972		1,9	4,1									2,0
1977		0,8	0,7	0,4								0,8
1981		0,2	0,6	0,1	0,1							0,5
1982		0,3	0,4	0,0	0,8							0,1
1986					0,4	0,1						0,8
1989						0,9						0,8
1994					0,4	2,5	3,6	0,9				1,3
1998						0,6		0,5				1,9
2002									1,6	17,0		0,8
2003									0,4	5,7		0,4
2006												1,1
2010											0,6	0,5

*: Inklusive Vorgängerorganisationen

Quellen- und Literaturverzeichnis

Aarts, K., und H.A. Semetko. 1999. Representation und responsibility: the 1998 Dutch election in perspective. *Acta Politica* 34: 111–129.

Aarts, K., und H. van der Kolk (Hrsg.). 2005. *Nederlanders en Europa. Het referendum over de Europese grondwet*. Amsterdam.

Aarts, K., H. van der Kolk, und M. Rosema (Hrsg.). 2007. *Een verdeeld electoraat. De Tweede Kamerverkiezingen van 2006*. Utrecht.

Aarts, K., und J. Thomassen. 2008. Dutch voters and the changing party space 1989–2006. *Acta Politica* 43: 203–234.

Adriaansen, M.L., und P. van Praag. 2004. Hoe systematisch zijn partijen op zoek naar hun kiezers? Politieke doelgroepmarketing bij de verkiezingen van 2002. In *Jaarboek 2004*, Hrsg. DNPP, 146–172. Groningen.

Aerts, R. 2007a. Op gepaste afstand. De plaats van het parlement in de natievorming van de negentiende eeuw. In *Jaarboek parlementaire geschiedenis 2007: de moeizame worsteling met de nationale identiteit*, Hrsg. CPG, 13–24. Amsterdam.

Aerts, R. 2007b. Een staat in verbouwing. Van republiek naar constitutioneel koninkrijk. In *Land van kleine gebaren. Een politieke geschiedenis van Nederland 1780–1990*, 5. Aufl., Hrsg. R. Aerts et al., 11–95. Nijmegen/Amsterdam.

Aerts, R. 2009. *Het aanzien van de politiek. Geschiedenis van een functionele fictie*. Amsterdam.

Algemene Rekenkamer. 2011. *Financiering politieke partijen*. Den Haag.

Andeweg, R.B. 1994. De formatie van de paarse coalitie. Democratisch en politocologisch gehalte van een kabinetsformatie. In *Jaarboek 1994*, Hrsg. DNPP, 149–171. Groningen.

Andeweg, R.B. 2006. Towards a stronger parliament? Electoral engineering of executive-legislative relations. *Acta Politica* 41: 232–248.

Andeweg, R.B. 2008. Coalition politics in the Netherlands: from accomodation to politicization. *Acta Politica* 43: 254–277.

Andeweg, R.B., und G.A. Irwin. 2009. *Governance and politics of the Netherlands*, 3. Aufl. Basingstoke.

Andeweg, R., und J. Thomassen. 2011. *Van afspiegelen naar afrekenen. De toekomst van de Nederlandse democratie*. Leiden.

Arblaster, P. 2006. *A history of the low countries*. Basingstoke.

van Ark, R. et al. 2005. *25 jaar CDA. Tussen macht en inhoud*. Baarn.

Arntz, F. 2010. *Endstation Niederlande. Eine Untersuchung zur Integration der Molukker seit den 1950er Jahren.* Münster.

Auswärtiges Amt. 2010. *Länderinformation Niederlande.* Oktober 2010. www.auswaertiges-amt.de/DE/Aussenpolitik/Laender/Laenderinfos/01-Nodes_Uebersichtsseiten/Niederlande_node.html. Zugegriffen: 15.12.2010.

van Baalen, C., und W. Breedveld. 2001. Zonder oppositie, geen democratie. Paul Rosenmöller: ‚Oppositie voeren wordt onderschat en ondergewaarderd'. In *Jaarboek parlementaire geschiedenis 2001*, Hrsg. CPG, 106–113. Den Haag.

van Baalen, C., und J. Ramakers. 2001. ‚Ik ben echt een volksvertegenwoordiger'. G.J. Schutte over twintig jaar kamerlidmaatschap. In *Jaarboek parlementaire geschiedenis 2001*, Hrsg. CPG, 114–123. Den Haag.

van Baalen, C., und W. Breedveld. 2002. Nederland kan niet zonder achterkamer. Een vraagesprek met de nieuwkomer uit de jaren zestig: Hans van Mierlo. In *Jaarboek parlementaire geschiedenis 2002: nieuwkomers in de politiek*, Hrsg. CPG, 104–111. Den Haag.

van Baalen, C., und W. Breedveld. 2003. De passie moet terug in de politiek. Interview met Wouter Bos over de periode na Fortuyn. In *Jaarboek parlementaire geschiedenis 2003: emotie in de politiek*, Hrsg. CPG, 128–135. Den Haag.

van Baalen, C. 2008. Mehr Demokratie – mehr Partizipation? Erfolge und Misserfolge auf dem Weg zu mehr Demokratie im niederländischen politischen System 1966–2006. In *Jahrbuch des Zentrums für Niederlande-Studien*, Bd. 19, 11–22.

van Baalen, C., und J. Ramakers. 2008. Prinsjesdag. ‚De eenige politieke feestdag die ons volk kent'. In *Jaarboek parlementaire geschiedenis 2008: het feest van de democratie. Rituelen, symbolen en tradities*, Hrsg. CPG, 27–45. Amsterdam.

van Baalen, C., und A. Bos. 2008. In vergadering bijeen. Rituelen, symbolen, tradities en gebruieken in de Tweede Kamer. In *Jaarboek parlementaire geschiedenis 2008: het feest van de democratie. Rituelen, symbolen en tradities*, Hrsg. CPG, 61–77. Amsterdam.

van Baarle, H.A. 1996. *Johan Rudolph Thorbecke. Een overzicht in vogelvlucht van zijn leven en zijn werk*. Doesburg.

Bak, P., G. Harinck, und R. Kuiper. 2001. Van ARP naar CDA 1973–1980. In *De Antirevolutionaire Partij. 1829–1980*, Hrsg. G. Harinck, R. Kuiper, P. Bak, 281–296. Hilversum.

Bank, J. 2007. Köngin Beatrix: Aristokratin in einer Mediendemokratie. In *Jahrbuch des Zentrums für Niederlande-Studien*, Bd. 18, 47–62.

Barkhuysen, T. 2004. Politieke participatie van discriminerende partijen: ondersteunen, gedogen of bestrijden. In *Grondrechten in de pluriforme samenleving*, Hrsg. M.M. Groothuis et al., 42–54. Leiden.

Barkhuysen, T., M.L. van Emmerik, W.J.M. Voermans, et al. 2009. *De Nederlandse Grondwet geëvalueerd: anker- of verdwijnpunt*. Alphen aan den Rijn.

de Beaufort, F., und P. van Schie. 2008. Vrijheid, en vervolgens... De ideologische ontwikkeling van de VVD. In *Zestig jaar VVD*, Hrsg. P. van Schie, G. Voerman, 137–164. Amsterdam.

de Beaufort, F., P. van Schie, und G. Voerman. 2008. De bijdrage van de VVD aan de vormgeving van Nederland. Verworvenheden, tekortkomingen en toekomst. In *Zestig jaar VVD*, Hrsg. P. van Schie, G. Voerman, 165–175. Amsterdam.

Becker, F., und R. Cuperus. 2004. *The party paradox: political parties between irrelevance and omnipotence. A view from the Netherlands*. Bonn.

Becker, F., und R. Cuperus. 2006. Die Wahlen am 22. November 2006 und die Unruhe in der niederländischen Wählerschaft. In *Jahrbuch des Zentrums für Niederlande-Studien*, Bd. 17, 83–100.

Becker, F., und R. Cuperus. (Hrsg.). 2007. *Verloren slag. De PvdA en de verkiezingen van 2006.* Alphen aan den Rijn.

Becker, F., und R. Cuperus. 2007a. Inleiding. In *Verloren slag. De PvdA en de verkiezingen van 2006,* Hrsg. F. Becker, R. Cuperus, 7–17. Alphen aan den Rijn.

Becker, F., und R. Cuperus. 2007b. De sociaal-democratische spagaat. Over de electorale en sociologische instabiliteit van de PvdA. In *Verloren slag. De PvdA en de verkiezingen van 2006,* Hrsg. F. Becker, R. Cuperus, 19–66. Alphen aan den Rijn.

Becker F., und R. Cuperus. 2010. *Politics in a fragmented society. The 2010 elections in the Netherlands.* Juli 2010. http://library.fes.de/pdf-files/id/ipa/07318.pdf. Zugegriffen: am 13.02.2011.

Becker, F. 2010. Vom Poldermodell zum Populismus. Die Niederlande als politisches Laboratorium. *Jahrbuch des Zentrums für Niederlande-Studien,* Bd. 21, 11–25.

Becker F., und R. Cuperus. 2011. *Social Democracy in the Netherlands. Three Future Options.* März 2011. http://library.fes.de/pdf-files/id/ipa/07953.pdf. Zugegriffen: am 11. April 2011.

Beekelaar, H. 2009. Uitvinding en herijking. Crises in het Nederlandse politieke bestel tussen 1795 en 1848. In *Jaarboek parlementaire geschiedenis 2009: in tijden van crises,* Hrsg. CPG, 27–36. Amsterdam.

Beelen, H. 2003. Toleranz gegenüber Fremden. Eine Diskussion vor dem Hintergrund der niederländischen Migrationsgeschichte. In *Einwanderungsland Niederlande. Politik und Kultur,* Hrsg. D. Vogel, 59–82. Frankfurt.

Bélanger, E., und K. Aarts. 2006. Explaining the rise of the LPF: issues, discontent, and the 2002 Dutch election. *Acta Politica* 41: 4–20.

Belinfante, A.D., und J.L. de Reede. 2005. *Beginselen van het Nederlands staatsrecht,* 15. Aufl. Deventer.

van den Berg, J.T.J., und B. van den Braak. 2004. Kamerleden als passanten in de Haagse politiek. De maatschappelijke herkomst van Tweede-Kamerleden 1970–2004. In *Jaarboek parlementaire geschiedenis 2004: het democratisch ideaal,* Hrsg. CPG, 69–81. Den Haag.

Berndt, U. 2010. Zwischen Selbstbeschränkung und Parteipolitik: die „Erste Kammer" der Niederlande. In *Zweite Kammern,* 2.überarb. u. erw. Aufl., Hrsg. G. Riescher, S. Ruß, C.M. Haas, 389–405. Oldenbourg.

de Beus, J., K. Brants, und P. van Praag. 2011. Media en hun rol in de Nederlandse democratie. In *Democratie doorgelicht. Het functioneren van de Nederlandse democratie,* Hrsg. R. Andeweg, J. Thomassen, 387–405. Leiden.

van Biezen, I.C. 2010. *De maakbare partijendemocratie? Over de (grond)wettelijke regulering van politieke partijen.* Leiden.

Bijleveld-Schouten, A.T.B. 2008. *Kabinetsstandpunt advies Burgerforum Kiesstelsel.* Den Haag.

van Bijsterveld, S.C. 2008. Op weg naar articulatie van constitutionele identiteit. In *De Grondwet herzien. 25 jaar later, 1983–2008,* Hrsg. Minsterie van Binnenlandse Zaken en Koninkrijksrelaties, 69–84. Den Haag.

van Bijsterveld S., et al. Zorg dat de Grondwet richtinggevend wordt, in: *NRC Handelsblad.* 6. März 2008.

Blais, A., und K. Aarts. 2006. Electoral systems and turnout. *Acta Politica* 41: 180–196.

Bleich, A. 2008. *Joop den Uyl 1919–1987. Droomer en doordouwer.* Amsterdam.

Blömker, M. 2005. Politische Partizipation in Deutschland und den Niederlanden im Vergleich. In *Jahrbuch des Zentrums für Niederlande-Studien,* Bd. 16, 73–84.

Blok, A., und J. van Melle. 2008. *Veel gekker kan het niet worden.* Hilversum.

Böcker, A., und K. Groenendijk. 2004. Einwanderungs- und Integrationsland Niederlande. Tolerant, liberal und offen? In *Länderbericht Niederlande. Geschichte – Wirtschaft – Gesellschaft*, Hrsg. F. Wielenga, I. Taute, 303–362. Bonn.

Böcker, A., und D. Thränhardt. 2003. Erfolge und Misserfolge der Integration – Deutschland und die Niederlande im Vergleich. *Aus Politik und Zeitgeschichte* 26: 3–11.

de Boer, B. et al. 1997. Kroniek 1997. Overzicht van de partijpolitieke gebeurtenissen van het jaar 1997. In *Jaarboek 1997*, Hrsg. DNPP, 13–90. Groningen.

de Boer, B. et al. 1998. Kroniek 1998. Overzicht van de partijpolitieke gebeurtenissen van het jaar 1998. In *Jaarboek 1998*, Hrsg. DNPP, 14–94. Groningen.

de Boer, B. et al. 1999. Kroniek 1999. Overzicht van de partijpolitieke gebeurtenissen van het jaar 1999. In *Jaarboek 1999*, Hrsg. DNPP, 13–88. Groningen.

de Boer, B. et al. 2000. Kroniek 2000. Overzicht van de partijpolitieke gebeurtenissen van het jaar 2000. In *Jaarboek 2000*, Hrsg. DNPP, 141–210. Groningen.

Boom, W. 2010. *De val van Balkenende. Wat ging er fout?* Amsterdam.

Bootsma, P., und W. Breedveld. 1999. *De verbeelding aan de macht. Het Kabinet-Den Uyl 1973–1977*. Den Haag.

Bootsma, P., und J. van Merrienboer. 2002. ‚Den Uyl heef dat kabinet bedorven'. De valse start van het kabinet-Van Agt II in 1981. In *Jaarboek parlementaire geschiedenis 2002: nieuwkomers in de politiek*, Hrsg. CPG, 59–68. Den Haag.

Bornewasser, J.A. 1995. Katholieke Volkspartij 1945–1980. *Herkomst en groei (tot 1963)*, Bd. I Nimwegen.

Bornewasser, J.A. 2000. Katholieke Volkspartij 1945–1980. *Herorientatie en integratie (1963–1980)*, Bd. II Nimwegen.

Bos, A., und W. Breedveld. 2002. Verwarring en onvermogen. De pers, de politiek en de opkomst van Pim Fortuyn. In *Jaarboek parlementaire geschiedenis 2002: nieuwkomers in de politiek*, Hrsg. CPG, 39–48. Den Haag.

Bos, A., und J. Loots. 2004. Kop van Jut: zesentachtig jaar kritiek op de evenredige vertegenwoordiging. In *Jaarboek parlementaire geschiedenis 2004: het democratisch ideaal*, Hrsg. CPG, 24–33. Den Haag.

Bos, A., und W. Breedveld. 2005. ‚Iedereen wil aan de oude werkelijkheid vasthouden, maar dat is Utopia'. Interview met Ayaan Hirsi Ali. In *Jaarboek parlementaire geschiedenis 2005: God in de Nederlandse politiek*, Hrsg. CPG, 122–129. Den Haag.

Bos, A., und W. Breedveld. 2007. De PvdA heeft een historische vergissing begaan. Interview met Jan Marijnissen. In *Jaarboek parlementaire geschiedenis 2007: de moeizame worsteling met de nationale identiteit*, Hrsg. CPG, 143–149. Amsterdam.

Bosmans, J. 2008. Die Zukunft der politischen Partei. Das Fallbeispiel Niederlande. In *Jahrbuch des Zentrums für Niederlande-Studien*, Bd. 19, 109–125.

Bosmans, J., und A. van Kessel. 2011. *Parlementaire geschiedenis van Nederland*. Amsterdam.

Bosscher, D.F.J. 2003. De buitenkant van Fortuyn. In *Jaarboek 2003*, Hrsg. DNPP, 232–248. Groningen.

Bovend'Eert, P.P.T. 2005. De minister-president: een regeringsleider zonder bevoegdheden? In *Over de versterking van de positie van de minister-president. Drie opstellen en het verslag van een colloquium*, Hrsg. P.P.T. Bovend'Eert, R.J. Hoekstra, D.J. Eppink, 9–33. Nimwegen.

Bovend'Eert, P.P.T., und H.R.B.M. Kummeling. 2010. *Het Nederlandse Parlement*, 11. Aufl. Deventer.

Bovens, M., und A. Wille. 2010. The education gap in participation and its political consequences. *Acta Politica* 45: 393–422.

Bovens, M., und A. Wille. 2011. Politiek vertrouwen in Nederland: tijdelijke dip of definitieve daling? In *Democratie doorgelicht. Het functioneren van de Nederlandse democratie*, Hrsg. R. Andeweg, J. Thomassen, 21–43. Leiden.

van den Braak, B. 2000. Met de tijd meegegaan. Eerst kamer van bolwerk van de Kroon tot bolwerk van de burgers. In *Jaarboek parlementaire geschiedenis 2000*, Hrsg. CPG, 44–59. Den Haag.

van den Braak, B. 2009. Geen zelfreflectie, maar zelfbewustzijn. De Eerste Kamer in de periode 1995–2009. In *Jaarboek parlementaire geschiedenis 2009: in tijden van crises*, Hrsg. CPG, 85–95. Amsterdam.

Brand, C., und N. van der Sijs. 2007. Geen taal, geen natie. Parlementaire debatten over de relatie tussen de Nederlandse taal en de nationale identiteit. In *Jaarboek parlementaire geschiedenis 2007: de moeizame worsteling met de nationale identiteit*, Hrsg. CPG, 43–56. Amsterdam.

Brants, K., und P. van Praag (Hrsg.). 1995. *Verkoop van de politiek. De verkiezingscampagne van 1994*. Amsterdam.

Brants, K., und P. van Praag (Hrsg.). 2005. *Politiek en media in verwarring. De verkiezingscampagnes in het lange jaar 2002*. Amsterdam.

Braun-Poppelaars, C., J. Berkhout, und M. Hanegraff. 2011. Belangenorganisaties in de Nederlandse democratie: beleidsexperts of vertegenwoordigers? In *Democratie doorgelicht. Het functioneren van de Nederlandse democratie*, Hrsg. R. Andeweg, J. Thomassen, 139–159. Leiden.

Breeman, G. et al. 2009. Political attention in a coalition system: analysing queen's speeches in the Netherlands 1945–2007. *Acta Politica* 44: 1–27.

van den Brink, G. 2005. Der mündige Bürger in der Zivilgesellschaft: Wege in die niederländische Partizipationsdemokratie. In *Jahrbuch des Zentrums für Niederlande-Studien*, Bd. 16, 85–96.

van den Broek, I.M. 1999. Amateurs op het binnenhof. De Partij van de Arbeid en het kabinet-Den Uyl. In *Jaarboek 1999*, Hrsg. DNPP, 216–239. Groningen.

van den Broek, I. 2002. *Heimwee naar de politiek. De herinnering aan het kabinet-Den Uyl*. Amsterdam.

Broeksteeg J.L.W., E.T.C. Knippenberg, und L.F.M. Verhey. 2004. *De minister-president in vergelijkend perspectief*. www.jaarverslagpolitie.nl/aspx/download.aspx?file=/contents/pages/8657/m-peindrapport.definC1.pdf. Zugegriffen: am 21.10.2010.

Broer, T., und M. van Weezel (Hrsg.). 2007. *De geroepene. Het wonderlijke premierschap van Jan Peter Balkenende*. Amsterdam.

Brouwer, J.W., und P. van der Heiden (Hrsg.). 2005. *Drees, minister-president 1948–1958*. Den Haag.

van der Brug, W. 2002. Zwevende of geemancipeerde kiezers? In *Jaarboek 2002*, Hrsg. DNPP, 230–251. Groningen.

van der Brug, W., und H. Pellikaan. 2003. Preface. *Acta Politica* 38: 1–4.

van der Brug, W. 2003. How the LPF fuelled discontent: empirical tests of explanations of LPF support. *Acta Politica* 38: 89–106.

van der Brug, W. 2004. Voting for the LPF: some clarifications. *Acta Politica* 39: 84–91.

van der Brug, W., und P. van Praag. 2007. Erosion of political trust in the Netherlands: structural or temporarily? A research note. *Acta Politica* 42: 443–458.

van der Brug, W. 2008. Een crisis van de partijendemocratie? *Res Publica* 1: 33–48.

van der Brug, W., C. de Vries, und J. van Spanje. 2011. Nieuwe strijdpunten, nieuwe scheidslijnen? Politieke vertegenwoordiging in Nederland. In *Democratie doorgelicht. Het functioneren van de Nederlandse democratie*, Hrsg. R. Andeweg, J. Thomassen, 283–300. Leiden.

de Bruijn, H. 2011. *Geert Wilders speaks out. The rhetorical frames of a European populist*. Den Haag.

de Bruijn, J. 2008. *Abraham Kuyper. Een beeldbiografie*. Amsterdam.

Buelens, J., und A.P.M. Lucardie. 1997. Ook nieuwe partijen worden oud. Een verkennend onderzoek naar de levensloop van nieuwe partijen in Nederland en Belgie. In *Jaarboek 1997*, Hrsg. DNPP, 118–151. Groningen.

Burgerforum Kiesstelsel. 2006. *Met één stem meer keus*. www.parlement.com/9291000/d/advbrgk.pdf. Zugegriffen: am 29.02.2008.

Buruma, I. 2007. *Die Grenzen der Toleranz*. München.

Camphuis, W. 2009. *Tussen analyse en opportuniteit. De SER als adviseur voor de loon- en prijspolitiek*. Amsterdam.

CBS (Hrsg.). 2008. *Het nationaal kiezersonderzoek 2006. Opzet, uitvoering en resultaten*. Voorburg.

CBS. 2010. *Duitsland: veruit belangrijkste handelspartner*. www.cbs.nl/nl-NL/menu/themas/internationale-handel/publicaties/artikelen/archief/2010/2010-ih-duitsland-art.htm. Zugegriffen: am 15.12.2010.

Chorus, J., und M. de Galan. 2002. *In de ban van Fortuyn. Reconstructie van een politieke aardschok*. Amsterdam.

Cliteur, P.B., und W.J.M. Voermans. 2009. *Preambules*. Alphen aan den Rijn.

Commissie Frissen. 2010. *Verder na de klap. Evaluatie en perspectief*. Den Haag.

Cox, G.W. 2006. How electoral reform might affect the number of political parties in the Netherlands. *Acta Politica* 41: 133–145.

CPB und PBL. 2010. *Keuzes in kaart 2011–2015. Effecten van negen verkiezingsprogramma's op economie en milieu*. Den Haag.

Cuperus, R. 2003. Vom Poldermodell zum postmodernen Populismus. Die Fortuyn-Revolte in den Niederlanden. In *Jahrbuch des Zentrums für Niederlande-Studien*, Bd. 14, 43–64.

Cuperus, R. 2009. *De wereldburger bestaat niet. Waarom de opstand der elites de samenleving ondermijnt*. Amsterdam.

Cuperus, R. 2011. Der populistische Dammbruch. Die niederländischen Volksparteien unter Druck. In *Populismus in der modernen Demokratie. Die Niederlande und Deutschland im Vergleich*, Hrsg. F. Wielenga, F. Hartleb, 163–178. Münster.

Daalder, H. 2003a. *Willem Drees 1886–1988. Gedreven en behoedzaam: de jaren 1940–1948*. Amsterdam.

Daalder, H. 2003b. *Willem Drees 1886–1988. Vier jaar nachtmerrie: de Indonesische kwestie 1945–1949*. Amsterdam.

Daalder, H. 2006. *Drees en Soestdijk. De zaak-Hofmans en andere crises*. Amsterdam.

van Dam, P. 2008. Sind die Säulen noch tragfähig? „Versäulung" in der niederländischen Historiographie. *Schweizerische Zeitschrift für Religions- und Kulturgeschichte* 102: 415–443.

van Dam, P. 2011a. *Staat van verzuiling. Over een Nederlandse mythe*. Amsterdam.

van Dam, P. 2011b. Een wankel vertoog. Over ontzuiling als karikatuur. *Bijdragen en Mededelingen betreffende de Geschiedenis der Nederlanden – Low Countries Review* 126: 52–77.

van Dam, P. 2012. Polarisierung und Poldermodell. Versäulung und Entsäulung in den Niederlanden seit 1945. In *Konkordanzdemokratie. Ein Demokratietypus der Vergangenheit?*, Hrsg. S. Köppl, U. Kranenpohl. Baden-Baden. (in Vorbereitung)

Davids, W.J.M. et al. 2010. *Rapport commissie van onderzoek besluitvorming Irak*. Amsterdam.

Decker, F. 2011. Demokratischer Populismus und/oder populistische Demokratie? Bemerkungen zu einem schwierigen Verhältnis. In *Populismus in der modernen Demokratie. Die Niederlande und Deutschland im Vergleich*, Hrsg. F. Wielenga, F. Hartleb, 39–54. Münster.

Dekker, P. 2003. Politisches Engagement und Politikverdrossenheit in den Niederlanden. In *Jahrbuch des Zentrums für Niederlande-Studien*, Bd. 14, 91–104.

Dekker, P., und J. den Ridder. 2011. De publieke opinie. In *De sociale staat van Nederland 2011*, Hrsg. SCP, 55–76. Den Haag.

Denters, B. et al. 2011. Politieke gelijkheid bij diverse vormen van electorale en non-electorale politieke participatie. In *Democratie doorgelicht. Het functioneren van de Nederlandse democratie*, Hrsg. R. Andeweg, J. Thomassen, 119–137. Leiden.

Denters, B., M. de Groot, und P.J. Klok. 2011. „Staan voor" en „gaan voor"…: vertegenwordiging in de lokale democratie. In *Democratie doorgelicht. Het functioneren van de Nederlandse democratie*, Hrsg. R. Andeweg, J. Thomassen, 369–383. Leiden.

Denters, S.A.H. 1999. Parlementaire democratie. In *Staatkunde. Nederland in drievoud*, Hrsg. H.M. de Jong, P.A. Schuszler, 57–72. Bussum.

Derkx, P. 2005. Moet de democratie zelf fundamentalistisch worden om het fundamentalisme te kunnen bestrijden? In *Jaarboek parlementaire geschiedenis 2005: God in de Nederlandse politiek*, Hrsg. CPG, 22–32. Den Haag.

Deschouwer, K., und M. Hooghe. 2008. *Politiek. Een inleiding in de politieke wetenschappen*, 2. Aufl. Amsterdam.

van Deth, J.W., und J.C.P.M. Vis. 2006. *Regeren in Nederland. Het politieke en bestuurlijke bestel in vergelijkend perspectief*, 3. Aufl. Assen.

van Deursen, A. 2001. Van antirevolutionaire richting naar antirevolutionaire partij 1829–1871. In *De Antirevolutionaire Partij (1829–1980)*, Hrsg. G. Harinck, R. Kuiper, P. Bak, 11–52. Hilversum.

van Dijk, J. 2007. *Dit kan niet en dit mag niet. Belemmering van de uitingsvrijheid in Nederland*. Utrecht.

van den Doel, W. 2004. Das kleine Land mit dem großen Imperium. Die moderne niederländische Kolonialgeschichte. In *Länderbericht Niederlande. Geschichte – Wirtschaft – Gesellschaft*, Hrsg. F. Wielenga, I. Taute, 241–301. Bonn.

Dölle, A.H.M. 2005. De SGP onder vuur. In *Jaarboek 2005*, Hrsg. DNPP, 99–122. Groningen.

van Dooren, R. 2005. *Traditie en transformatie. Politiek en staatsinrichting in Nederland*, 3. überarb. Aufl. Amsterdam.

Drentje, J. 2004. *Thorbecke. Een filosoof in de politiek*. Amsterdam.

Drentje, J. 2006. Den Haag: het Plein. De grondwetswijziging van 1848, liberaal onder Oranjes hoede. In *Plaatsen van herinnering. Nederland in de negentiende eeuw*, Hrsg. J. Bank, M. Mathijsen, 148–161. Amsterdam.

Drögemöller, M. 2007. Von Abhängigkeiten, Gegensätzen und Zusammenarbeit. Die deutsche und niederländische Sozialdemokratie im 19. und 20. Jahrhundert. In *Jahrbuch des Zentrums für Niederlande-Studien*, Bd. 18, 176–188.

van der Dunk, H.W. 2005. Godsdienst in de Nederlandse politiek. In *Jaarboek parlementaire geschiedenis 2005: God in de Nederlandse politiek*, Hrsg. CPG, 12–21. Den Haag.

van Dyk, S. 2006. The Poldermodell and its order of consensus: a Foucauldian perspective on power and discourse within the process of consensus creation. *Acta Politica* 41: 408–429.

Eckardt, F. 2003. *Pim Fortuyn und die Niederlande. Populismus als Reaktion auf die Globalisierung*. Marburg.

Eerste Kamer. 2008. *De Eerste Kamer in vogelvlucht*. Den Haag.

Eerste Kamer. 2010. *Jaarbericht parlementair jaar 2008/2009*. Den Haag.

van der Eijk, C. 1994. Protest-, strategisch en oprecht stemmen. Observaties naar anleiding van de verkiezingen in 1994. In *Jaarboek 1994*, Hrsg. DNPP, 113–122. Groningen.

van der Eijk, C., und P. van Praag. 2006. Partijen, kiezers en vervagende scheidslijnen. In *Politicologie. Basisthema's & Nederlandse politiek*, Hrsg. U. Becker, P. van Praag, 126–154. Apeldoorn/Antwerpen.

Ellemers, J.E. 2002. Het fenomeen Fortuyn. De revolte verklaard. In *Jaarboek 2002*, Hrsg. DNPP, 252–266. Groningen.

Ellemers, J.E. 2005. Erfelijk bepaald gezag in een moderne maatschappij. De Nederlandse monarchie in sociologisch perspectief. In *De stijl van Beatrix. De vrouw en het ambt*, Hrsg. C.A. Tamse, 53–72. Amsterdam.

Elzinga, D.J. 1998. De betekenis van de Nederlandse Grondwet in de 19e eeuw. In *De eeuw van de grondwet. Grondwet en politiek in Nederland*, Hrsg. N.C.F. van Sas, H. te Velde, 80–95. Den Haag.

Elzinga, D.J., und G. Voerman. 2002. *Om de stembus. Verzkiezingsaffiches 1918–1998*. Amsterdam.

Elzinga, D.J. 2006. Monarchie en constitutioneel neutrum. Over de betekenis van de ‚pouvoir neutre' in de Nederlandse democratie. In *De Nederlandse constitutionele monarchie in een veranderend Europa*, Hrsg. D.J. Elzinga, 7–21. Alphen aan den Rijn.

Engelen, B. 2007. Why compulsory voting can enhance democracy. *Acta Politica* 42: 23–39.

Engelen, E. 2004. The economic incorporation of immigrants: the Netherlands. In *Employment strategies for immigrants in the European Union*, Hrsg. J. Blaschke, B. Vollmer, 445–496. Berlin.

Fasseur, C. 1998. *Wilhelmina. De jonge koningin*. Amsterdam.

Fasseur, C. 2001. *Wilhelmina. Krijgshaftig in een vormeloze jas*. Amsterdam.

Fasseur, C. 2009. *Juliana & Bernhard. Het verhaal van een huwelijk. De jaren 1936–1956*. Amsterdam.

Fennema, M. 2009. *Geldt de vrijheid van meningsuiting ook voor racisten? H.J. Schoolezing 2009*. Amsterdam.

Fortuyn, P. 1997. *Tegen de islamisering van onze cultuur. Nederlandse identiteit als fundament*. Utrecht.

Fortuyn, P. 2002a. *De puinhopen van acht jaar Paars*. Uithoorn.

Fortuyn, P. 2002b. *Autobiografie van een babyboomer. Het persoonlijke en openhartige levensverhaal van een eigenzinnige outsider die zich, tegen de stroom in, ontwikkelde tot een politicus van groot formaat*, 2. Aufl. Rotterdam.

Fraanje, R., und J. de Vries. 2010. *Gepland toeval. Hoe Balkenende in het CDA aan de macht kwam*. Amsterdam.

Frissen, P.H.A. 2008. Grondwet, begrenzing en terughoudendheid. In *De Grondwet herzien. 25 jaar later, 1983–2008*, Hrsg. Minsterie van Binnenlandse Zaken en Koninkrijksrelaties, 25–46. Den Haag.

Frissen, P.H.A. 2009. *Gevaar verplicht. Over de noodzak van aristocratische politiek*. Amsterdam.

Fröhlich-Steffen, S. 2006. Rechtspopulistische Herausforderer in Konkordanzdemokratien. Erfahrungen aus Österreich, der Schweiz und den Niederlanden. In *Populismus in Europa*, Hrsg. F. Decker, 144–164. Bonn.

Garvert, K. 2007. Die Niederlande im europäischen Integrationsprozess. In *Nachbar Niederlande. Eine landeskundliche Einführung*, Hrsg. F. Wielenga, M. Wilp, 207–238. Münster.

Gemengde commissie decentralisatievoorstellen provincies. 2008. *Ruimte, regie en rekenschap.* Den Haag.

Geysels, J., S. de Lange, und M. Fennema. 2008. Het cordon sanitaire en het ontluiken der democratie? *Res Publica* 1: 49–64.

Gijsberts, M., und M. Lubbers. 2009. Wederzijdse beeldvorming. In *Jaarrapport integratie 2009*, Hrsg. M. Gijsberts, J. Dagevos, 254–290. Den Haag.

de Graaff, B. 1996/97. Von der Kolonie zur Unabhängigkeit. Dekolonisierung Niederländisch-Indiens 1945–1950. *Jahrbuch des Zentrums für Niederlande-Studien* 7/8: 9–18.

de Graaf, B., und G. Dimitriu. 2009. Die niederländische Mission in Uruzgan: Politische und militärische Lehren. In *Jahrbuch des Zentrums für Niederlande-Studien*, Bd. 20, 31–50.

Groupe d'Etats contre la corruption 2008. *Evaluatierapport over Nederland inzake „Transparantie in de financering van politieke partijen".* Straßburg.

Gschwend, T., und H. van der Kolk. 2006. Split ticket voting in mixed member proportional systems: the hypothetical case of the Netherlands. *Acta Politica* 41: 163–179.

de Haan, I. 1998. Het onderwijs in de Grondwet. Van staatszorg tot vrijheidsrecht. In *De eeuw van de grondwet. Grondwet en politiek in Nederland*, Hrsg. N.C.F. van Sas, H. te Velde, 182–217. Den Haag.

Hagemann, C. et al. 2004. Professionalisering en personalisering? De websites van de Nederlandse partijen en hun kandidaten bij de campagne voor de Europese verkiezingen van 2004. In *Jaarboek 2004*, Hrsg. DNPP, 173–192. Groningen.

Hagen, P. 2010. *Pieter Jelles Troelstra. Politicus uit hartstocht.* Amsterdam.

Hakhverdian, A., und C. Knoop. 2007. Consensus democracy and support for populist parties in Western Europe. *Acta Politica* 42: 401–420.

Harinck, G., R. Kuiper, und P. Bak (Hrsg.). 2001. *De Antirevolutionaire Partij. 1829–1980.* Hilversum.

Harinck, G., und H. Scherff. 2010. Oude wijn in nieuwe zakken. Over de continuiteit in politieke visie en standpunten tussen GPV en RPF en de ChristenUnie. In *Van de marge naar de macht. De ChristenUnie 2000–2010*, Hrsg. J. Hippe, G. Voerman, 133–155. Amsterdam.

Hazan, R.Y., und G. Voerman. 2006. Electoral systems and candidate selection. *Acta Politica* 41: 146–162.

Heidar, K. 2006. Parliamentary party group unity: does the electoral system matter? *Acta Politica* 41: 249–266.

van der Heiden, P., und J. van Merrienboer. 2001. Politiek is werkelijk een kunst. Harm van Riels recept om de VVD de grootste partij te maken. In *Jaarboek parlementaire geschiedenis 2001*, Hrsg. CPG, 94–103. Den Haag.

van der Heiden, P. 2006. Leve het spoeddebat! In *Jaarboek parlementaire geschiedenis 2006: de waan van de dag*, Hrsg. CPG, 99–106. Amsterdam.

van der Heiden, P., und A. van Kessel (Hrsg.). 2010. *Rondom de Nacht van Schmelzer. De kabinetten-Marijnen, – Cals en – Zijlstra 1963–1967.* Amsterdam.

Heij, K., und W. Visser. 2007. *De Grondwet in eenvoudig Nederlands.* Den Haag.

Hellema, D. 2007. Das Ende des Fortschritts. Die Niederlande und die siebziger Jahre. In *Jahrbuch des Zentrums für Niederlande-Studien* 18: 85–101.

Hellema, D. 2009. *Dutch foreign policy. The role of the Netherlands in world politics*. Dordrecht.

Hellemans, S. 2006. Zuilen en verzuling in Europa. In *Politicologie. Basisthema's & Nederlandse politiek*, Hrsg. U. Becker, P. van Praag, 239–266. Apeldoorn/Antwerpen.

den Hertog, J. 2007. *Cort van der Linden (1846–1935). Minister-president in oorlogstijd. Een politieke biografie*. Amsterdam.

Hippe, J., P. Lucardie, und G. Voerman. 1994. Kroniek 1994. Overzicht van de partijpolitieke gebeurtenissen van het jaar 1994. In *Jaarboek 1994*, Hrsg. DNPP, 14–91. Groningen.

Hippe, J., P. Lucardie, und G. Voerman. 1995. Kroniek 1995. Overzicht van de partijpolitieke gebeurtenissen van het jaar 1995. In *Jaarboek 1995*, Hrsg. DNPP, 14–91. Groningen.

Hippe, J. et al. 1996. Kroniek 1996. Overzicht van de partijpolitieke gebeurtenissen van het jaar 1996. In *Jaarboek 1996*, Hrsg. DNPP, 13–86. Groningen.

Hippe, J., P. Lucardie, und G. Voerman. 2002. Kroniek 2002. Overzicht van de partijpolitieke gebeurtenissen van het jaar 2002. In *Jaarboek 2002*, Hrsg. DNPP, 18–180. Groningen.

Hippe, J., P. Lucardie, und G. Voerman. 2003. Kroniek 2003. Overzicht van de partijpolitieke gebeurtenissen van het jaar 2003. In *Jaarboek 2003*, Hrsg. DNPP, 15–137. Groningen.

Hippe, J. et al. 2004. Kroniek 2004. Overzicht van de partijpolitieke gebeurtenissen van het jaar 2004. In *Jaarboek 2004*, Hrsg. DNPP, 14–105. Groningen.

Hippe, J. et al. 2005. Kroniek 2005. Overzicht van de partijpolitieke gebeurtenissen van het jaar 2005. In *Jaarboek 2005*, Hrsg. DNPP, 14–98. Groningen.

Hippe, J. 2010. Aanvallen en verdedigen. Het GPV en RPF op weg naar de ChristenUnie (1994–2000). In *Van de marge naar de macht. De ChristenUnie 2000–2010*, Hrsg. J. Hippe, G. Voerman, 71–89. Amsterdam.

Hippe, J., und G. Voerman. 2010a. Reformatisch Staatkundig Verbond? Over de samenwerking tussen SGP, GPV en RPF (1975–2000). In *Van de marge naar de macht. De ChristenUnie 2000–2010*, Hrsg. J. Hippe, G. Voerman, 51–69. Amsterdam.

Hippe, J., und G. Voerman. 2010b. Slotbeschouwing. In *Van de marge naar de macht. De ChristenUnie 2000–2010*, Hrsg. J. Hippe, G. Voerman, 217–226. Amsterdam.

Hirsch Ballin, E. 2010. *Spreektekst minister Hirsch Ballin bij lancering website over Grondwet tijdens zomerconferentie Montesquieu-instituut ‚bouwen aan vertrouwen'*. 23.8.2010. www.rijksoverheid.nl/onderwerpen/grondwet-en-statuut/documenten-en-publicaties/toespraken/2010/08/23/spreektekst-minister-hirsch-ballin-bij-lancering-website-over-grondwet-tijdens-zomerconferentie-montesquieu-instituut-bouwen-aan-vertrouwen.html. Zugegriffen: am 27.12.2010.

Hirsi, A.A. 2004a. *De zoontjesfabriek. Over vrouwen, islam en integratie*. Amsterdam.

Hirsi, A.A. 2004b. *De maagdenkooi*. Amsterdam.

Hirsi, A.A. 2006. *Mein Leben, meine Freiheit. Die Autobiographie*. München.

Hoetink, C. 2002. Boegbeeld van een sektarische partij. Hans Janmaat (1934–2002). In *Jaarboek parlementaire geschiedenis 2002: nieuwkomers in de politiek*, Hrsg. CPG, 140–143. Den Haag.

Hoetink, C., und E. Tanja. 2008. ‚Een moeijlijk te analyseren, onvervangbare sfeer'. Omgevingsfactoren en debatcultuur in de Tweede Kamer. In *Jaarboek parlementaire geschiedenis 2008: het feest van de democratie. Rituelen, symbolen en tradities*, Hrsg. CPG, 77–90. Amsterdam.

Hol, A.M. 2006. Kwetsbaar koningschap. Gezag en sentimenten. In *De Nederlandse constitutionele monarchie in een veranderend Europa*, Hrsg. D.J. Elzinga, 43–49. Alphen aan den Rijn.

van Holsteyn, J.J.M., G.A. Irwin, und J.M. den Ridder. 2003. In the eye of the beholder: the perception of the list Pim Fortuyn and the parliamentary elections of may 2002. *Acta Politica* 38: 69–87.

van Holsteyn, J.J.M., und R.B. Andeweg. 2006. Niemand is groter dan de partij. Over de personalisering van de Nederlandse electorale politiek. In *Jaarboek 2006*, Hrsg. DNPP, 105–134. Groningen.

van Holsteyn, J., und G. Irwin. 2006. Wijsheid en waan. Opiniepeilingen en het politieke proces. In *Jaarboek parlementaire geschiedenis 2006: de waan van de dag*, Hrsg. CPG, 55–66. Amsterdam.

van Holsteyn, J., und R. Koole. 2010. Fuseren is vooruitzien. Over de partijleden van ChristenUnie, CDA en SGP. In *Van de marge naar de macht. De ChristenUnie 2000–2010*, Hrsg. J. Hippe, G. Voerman, 197–216. Amsterdam.

van Holsteyn, J., und G. Irwin. 2011. Slechts de wereld van gisteren? Over de opvattingen van de kiezersaanhang van het CDA, 1977–2010. In *De conjunctuur van de macht. Het Christen Democratisch Appèl 1980–2010*, Hrsg. G. Voerman, 155–178. Amsterdam.

Holthausen, J. 2010. Internationale Reputation versus Parteipolitik: Das Scheitern des Kabinetts Balkenenende IV (2007–2010). In *Jahrbuch des Zentrums für Niederlande-Studien*, Bd. 21, 41–55.

de Hond, M. 2010. *Volledig uit het lood*. www.peil.nl. Zugegriffen am: 23.07.2010.

de Hond, M. 2011. Koninginnendagonderzoek 2011. www.peil.nl. Zugegriffen am: 14.05.2011.

Hoogerwerf, A. 1999. Policy successes and failures of the first purple cabinet. *Acta Politica* 34: 158–178.

ten Hooven, M. 2010. *U bevindt zich hier. Orientaties op maatschappij, politiek en religie*. Amsterdam.

ten Hooven, M. 2011. Een machtspartij met idealen. Een geschiedenis van het CDA, 1980–2010. In *De conjunctuur van de macht. Het Christen Democratisch Appèl 1980–2010*, Hrsg. G. Voerman, 59–108. Amsterdam.

Hooykaas, G.J. 1996/97. J.R. Thorbecke und seine Biographie. In *Jahrbuch des Zentrums für Niederlande-Studien*, Bd. 7/8, 45–60.

ter Horst, G. 2008. *Toespraak bij symposium „De onzichtbare grondwet"*. www.rijksoverheid.nl/documenten-en-publicaties/toespraken/2008/02/27/toespraak-minister-ter-horst-bij-symposium-de-onzichtbare-grondwet.html. Zugegriffen: am 29.11.2008.

ter Horst, G. 2009. *Spreektekst minister Ter Horst bij ontvangst Rob-advies ‚Democratie vereist partijdigheid. Politieke partijen en formaties in beweging'*. Den Haag.

van der Horst, H. 2007. *Onze premiers (1901–2002). Hun weg naar de top*. Amsterdam.

Hosch-Dayican, B. 2011. Individualisering en politiek vertrouwen in Nederland. Welke rol spelen waardeorientaties? In *Democratie doorgelicht. Het functioneren van de Nederlandse democratie*, Hrsg. R. Andeweg, J. Thomassen, 45–63. Leiden.

Houwaart, D. 1998. *Van Drees tot Kok. Een halve eeuw regeren*. Kampen.

van Houwelingen, P., J. de Hart, und P. Dekker. 2011. Maatschappelijke en politieke participatie en betrokkenheid. In *De sociale staat van Nederland 2011*, Hrsg. SCP, 185–207. Den Haag.

Informationsdienst der niederländischen Regierung. 2005. *Das Königshaus*. Den Haag.

Instituut voor Publiek en Politiek. 2006. *Politieke basisinformatie*. Amsterdam.

Instituut voor Publiek en Politiek. 2008. *The Dutch political system in a nutshell*. Amsterdam.

Irwin, G.A., und J.J.M. van Holsteyn. 1999. Parties and politicians in the parliamentary election of 1998. *Acta Politica* 34: 130–157.

Irwin, G.A., und J.J.M. van Holsteyn. 2008. Scientific progress, educated guess or speculation? On some old predictions with respect to electoral behaviour in the Netherlands. *Acta Politica* 43: 180–202.

Irwin, G.A., und J.J.M. van Holsteyn. 2011. Sterft, gij oude vormen en gedachten? Over kiezers, verkiezingen en het kiesstelsel in Nederland. In *Democratie doorgelicht. Het functioneren van de Nederlandse democratie*, Hrsg. R. Andeweg, J. Thomassen, 335–348. Leiden.

Jager-Vreugenhil, M., und M. Leyenaar. 2006. Feminisering van de ChristenUnie? In *Jaarboek 2006*, Hrsg. DNPP, 195–222. Groningen.

Jansen, C.J.H. 1998. Klassieke grondrechten. Achtergrond en ontwikkeling, 1795–1917. In *De eeuw van de grondwet. Grondwet en politiek in Nederland, 1798–1917*, Hrsg. N.C.F. van Sas, H. te Velde, 96–113. Den Haag.

Jaspers, T., B. van Bavel, und J. Peet (Hrsg.). 2010. *SER 1950–2010. Zestig jaar denkwerk voor draagvlaak*. Amsterdam.

de Jong, R. 2008. De Christelijk-Historische Unie 1908–1980. In *Geschiedenis van de Christelijk-Historische Unie 1908–1980*, Hrsg. M. ten Hooven, R. de Jong, 107–315. Amsterdam.

de Jong, R., und J. Loots. 2008. Valt er wat te vieren op verkiezingsdag? Verkiezingen als feest van de democratie, als feest van de partij of als bedreiging van de natie, 1848–1946. In *Jaarboek parlementaire geschiedenis 2008: het feest van de democratie. Rituelen, symbolen en tradities*, Hrsg. CPG, 47–60. Amsterdam.

Kalma, P. 2001. Der lange Marsch zum ‚Dritten Weg'. Die niederländische Partei der Arbeit (PvdA) seit den 1970er Jahren. In *Jahrbuch des Zentrums für Niederlande-Studien* 12: 177–190.

Keman, H., und P. Pennings. 2011. Oude en nieuwe conflictdimensies in de Nederlandse politiek na 1989: een vergelijkende analyse. In *Democratie doorgelicht. Het functioneren van de Nederlandse democratie*, Hrsg. R. Andeweg, J. Thomassen, 247–266. Leiden.

Kennedy, J.C. 2004a. Die Grenzen der Toleranz. Freiheit, Autorität und niederländische Gesellschaft. In *Länderbericht Niederlande. Geschichte – Wirtschaft – Gesellschaft*, Hrsg. F. Wielenga, I. Taute, 189–240. Bonn.

Kennedy, J. 2004b. De democratie als bestuurskundig probleem. Vernieuwingsstreven in de Nederlandse politiek sinds 1918. In *Jaarboek parlementaire geschiedenis 2004: het democratisch ideaal*, Hrsg. CPG, 12–23. Den Haag.

Kennedy, J.C. 2006. Nederland als het meest progressieve land ter wereld. In *Nederland als voorbeeldige natie*, Hrsg. W. van Noort, R. Wichie, 105–118. Hilversum.

Kennedy, J., und H.M. ten Napel. 2011. Geen buigingen naar rechts? Enkele opmerkingen over de programmatische ontwikkeling van het CDA tussen 1980 en 2010. In *De conjunctuur van de macht. Het Christen Democratisch Appèl 1980–2010*, Hrsg. G. Voerman, 109–130. Amsterdam.

van Kersbergen, K. 1995. Hopen en macht. De neergang van de Nederlandse christen-democratie in vergelijkend perspectief. In *Jaarboek 1995*, Hrsg. DNPP, 92–112. Groningen.

van Kersbergen, K., und B. Vis. 2006. Staat, macht en sociale politiek. In *Politicologie. Basisthema's & Nederlandse politiek*, Hrsg. U. Becker, P. van Praag, 296–321. Apeldoorn/Antwerpen.

van Kersbergen, K., und A. Krouwel. 2007. De slalom van het CDA. In *Verloren slag. De PvdA en de verkiezingen van 2006*, Hrsg. F. Becker, R. Cuperus, 165–185. Alphen aan den Rijn.

van Kersbergen, K. 2011. De christendemocratische feniks en de moderne, niet seculiere politiek. In *De conjunctuur van de macht. Het Christen Democratisch Appèl 1980–2010*, Hrsg. G. Voerman, 197–216. Amsterdam.

Kersten, A. 2002. Ein Drama auf dem Balkan – eine Affäre in den Niederlanden. Der Srebrenica-Bericht des NIOD. In *Jahrbuch des Zentrums für Niederlande-Studien*, Bd. 13, 115–132.

van Kessel, A. 2010. Acht Jahre Balkenende. Versuch einer historischen Ortsbestimmung. In *Jahrbuch des Zentrums für Niederlande-Studien*, Bd. 21, 27–40.

van Kessel, S., und A. Krouwel. 2011. Van vergankelijke radicale dissidenten tot kwelgeesten van de gevestigde orde: nieuwe politieke partijen in Nederland en de toekomst van de representatieve democratie. In *Democratie doorgelicht. Het functioneren van de Nederlandse democratie*, Hrsg. R. Andeweg, J. Thomassen, 301–317. Leiden.

Kiesraad, und Ministerie van Binnenlandse Zaken en Koninkrijkrelaties. 2002. *Verkiezingen*. Den Haag.

Kiesraad. 2007. Statistische gegevens. *Tweede Kamerverkiezing 22. November 2006*. Den Haag.

Kiesraad. 2010. Statistische gegevens. *Uitslag van de verkiezing van de leden van de Tweede Kamer van 9 juni 2010*, Bd. 2. Den Haag.

Klaassen, W. 2000. *De progessieve samenwerking van PvdA, D'66, PPR en PSP, 1966–1977*. Alphen aan den Rijn.

Klei, E. 2010. „Een toevlucht voor de Zijnen". Het Gereformeerd Politiek Verbond (1948–2003). In *Van de marge naar de macht. De ChristenUnie 2000–2010*, Hrsg. J. Hippe, G. Voerman, 11–30. Amsterdam.

Kleinfeld, R. 1998. Niederlande-Lexikon. Geschichte, Politik, Wirtschaft, Gesellschaft. In *Vorbild Niederlande? Tips und Informationen zu Alltagsleben, Politik und Wirtschaft*, Hrsg. B. Müller, 115–232. Münster.

Kleinnijenhuis, J., et al. (Hrsg.). 1995. *De democratie op drift. Een evaluatie van de verkiezingscampagne van 1994*. Amsterdam.

Kleinnijenhuis, J., et al. Takens. 2007a. Personalisering van de politiek. In *Jaarboek 2007*, Hrsg. DNPP, 101–127. Groningen.

Kleinnijenhuis, J. et al. 2007b. *Nederland vijfstromenland. De rol van de media en stemwijzers bij de verkiezingen van 2006*. Amsterdam.

Kleinnijenhuis, J., und J. Takens. 2011. Het politieke nieuwsaanbod van dagbladen en televisie: objectief en pluriform? In *Democratie doorgelicht. Het functioneren van de Nederlandse democratie*, Hrsg. R. Andeweg, J. Thomassen, 407–424. Leiden.

Klemann, H.A.M., und F. Wielenga (Hrsg.). 2009. *Deutschland und die Niederlande. Wirtschaftsbeziehungen im 19. und 20. Jahrhundert*. Münster.

van Klinken, G. 2003. *Actieve burgers. Nederlanders en hun politieke partijen*. Amsterdam.

Klijnsma, M.H. 2008. *Om de democratie. De geschiedenis van de Vrijzinnig-Democratische Bond 1901–1946*. Amsterdam.

Koch, J. 2006. *Abraham Kuyper. Een biografie*. Amsterdam.

van der Kolk, H., und J. Thomassen. 2006. The dutch electoral system on trial. *Acta Politica* 41: 117–132.

van der Kolk, H. 2010. Van radicaal naar normaal? Kiezers van en over GroenLinks. In *Van de straat naar de staat? GroenLinks 1990–2010*, Hrsg. P. Lucardie, G. Voerman, 177–199. Amsterdam.

van der Kolk, H., und K. Aarts. 2011. Verschillen Nederlandse politieke partijen in de ogen van de kiezers. In *Democratie doorgelicht. Het functioneren van de Nederlandse democratie*, Hrsg. R. Andeweg, J. Thomassen, 267-281. Leiden.

Koning, E.A. 2009. Women for women's sake: assessing symbolic and substantive effects of descriptive representation in the Netherlands. *Acta Politica* 44: 171-191.

Koole, R. 1995. *Politieke partijen in Nederland. Ontstaan en ontwikkeling van partijen en partijstelsel*. Utrecht.

Koole, R. 2009. Le culte de l'incompetence! Antipolitiek, populisme en de kritiek op het Nederlandse parlementaire stelsel. In *Jaarboek parlementaire geschiedenis 2009: in tijden van crises*, Hrsg. CPG, 47-57. Amsterdam.

Koole, R. 2010. *Mensenwerk. Herinneringen van een partijvoorzitter, 2001-2007*. Amsterdam.

Koole, R., und J. van Holsteyn. 2011. Religie of regio? Over de bloegroepen van het CDA. In *De conjunctuur van de macht. Het Christen Democratisch Appèl 1980-2010*, Hrsg. G. Voerman, 131-153. Amsterdam.

Koole, R. 2011. Partijfinanciën in Nederland: ontwikkelingen en regelgeving. In *Democratie doorgelicht. Het functioneren van de Nederlandse democratie*, Hrsg. R. Andeweg, J. Thomassen, 221-237. Leiden.

Koop, C., und J. van Holsteyn. 2008. Burke leeft und woont in Nederland. *Res Publica* 3: 275-299.

Koopmans, R. 2007. Die Krise des niederländischen Multikulturalismus in ländervergleichender Perspektive. In *Jahrbuch des Zentrums für Niederlande-Studien*, Bd. 18, 31-47.

Kortmann, C.A.J.M., und P.P.T. Bovend'Eert. 1998. *Inleiding constitutioneel recht*, 3. Aufl. Deventer.

Kortmann, C.A.J.M. 2008. Wegwerprecht, oude dame of frisse juf? In *De Grondwet herzien. 25 jaar later, 1983-2008*, Hrsg. Minsterie van Binnenlandse Zaken en Koninkrijksrelaties, 7-24. Den Haag.

Koster, A. 2008. *De eenzame fietser. Insiders over de politieke loopbaan van Dries van Agt (1971-1982)*. Culemborg.

Kramer, P., T. van der Maas, und L. Ornstein (Hrsg.). 1998. *Stemmen in stromenland. De verkiezingen van 1998 nader bekeken*. Den Haag.

Kranenburg, M. 2006. Nederland, Europa en het nee tegen de Europese Grondwet. In *Jaarboek parlementaire geschiedenis 2006: de waan van de dag*, Hrsg. CPG, 82-86. Amsterdam.

Krause, A. 2010. *Geert Wilders' Wahlprogramm 2010: Systemfrage und Kulturkampf*. Berlin.

Krouwel, A. 2001. Het politieke onvermogen. De moeizame oppositie van christen-democraten in Nederland. In *Jaarboek parlementaire geschiedenis 2001*, Hrsg. CPG, 20-30. Den Haag.

Krouwel, A., und P. Lucardie. 2008. Waiting in the wings: new parties in the Netherlands. *Acta Politica* 43: 278-307.

Kunze, R.U. 2007a. Oranje boven: Die Oranier und die niederländische Gesellschaft. In *Nachbar Niederlande. Eine landeskundliche Einführung*, Hrsg. F. Wielenga, M. Wilp, 93-132. Münster.

Kunze, R.U. 2007b. Das Haus Oranien-Nassau in der Neuzeit. Ein Überblick. In *Jahrbuch des Zentrums für Niederlande-Studien*, Bd. 18, 11-32.

Lademacher, H. 1993. *Die Niederlande. Politische Kultur zwischen Individualität und Anpassung*. Berlin.

Lademacher, H. 1996/97. Widersetzlichkeit in den Niederlanden – Anmerkungen zu einer Spielart der politischen Kultur. In *Jahrbuch des Zentrums für Niederlande-Studien*, Bd. 7/8, 61-78.

Lademacher, H. 2007. *Phönix aus der Asche? Politik und Kultur der niederländischen Republik im Europa des 17. Jahrhunderts*. Münster.

van der Land, M. 2003. *Tussen ideaal en illusie. De geschiedenis van D66, 1966–2003.* Den Haag.

de Lange, S.L., und M. Rooduijn. 2011. Een populistische tijdgeest in Nederland? Een inhoudsanalyse van de verkiezingsprogramma's van politieke partijen. In *Democratie doorgelicht. Het functioneren van de Nederlandse democratie*, Hrsg. R. Andeweg, J. Thomassen, 319–334. Leiden.

Langeveld, H. 2009. Grotendeels buitenspel. Het Nederlandse parlement en de crisis van de jaren dertig van de twintigste eeuw. In *Jaarboek parlementaire geschiedenis 2009: in tijden van crises*, Hrsg. CPG, 37–46. Amsterdam.

Leenders, M. 2007. Loyaliteit en Nederlandschap. Staatsburgerschapswetgeving tussen 1850 en 1985. In *Jaarboek parlementaire geschiedenis 2007: de moeizame worsteling met de nationale identiteit*, Hrsg. CPG, 43–56. Amsterdam.

Leenders, M. 2008. Het fitna-debat. Spanning tussen elementaire rechten. In *Jaarboek parlementaire geschiedenis 2008: het feest van de democratie. Rituelen, symbolen en tradities*, Hrsg. CPG, 101–111. Amsterdam.

Leenders, M. 2010. Rauwheid en formalisme. Het spoeddebat over de ‚politieke situatie rondom de besluitvorming Uruzgan' (18. Februar 2010). In *Jaarboek parlementaire geschiedenis 2010: waarheidsvinding en waarheidsbeleving*, Hrsg. CPG, 97–111. Amsterdam.

van Leeuwen, K., M. Molema, und I. Raaijmakers (Hrsg.). 2010. *De rode canon. Een geschiedenis van de Nederlandse sociaal-democratie in 32 verhalen.* Den Haag.

Leiprecht, R., und H. Lutz. 2003. Verschlungene Wege mit Höhen und Tiefen. Minderheiten- und Antidiskriminierungspolitik in den Niederlanden. In *Einwanderungsland Niederlande. Politik und Kultur*, Hrsg. D. Vogel, 89–118. Frankfurt.

Lepszy, N. 1979. *Regierung, Parteien und Gewerkschaften in den Niederlanden. Entwicklung und Strukturen.* Düsseldorf.

Lepszy, N., und W. Woyke. 1985. *Belgien, Niederlande, Luxemburg. Politik – Gesellschaft – Wirtschaft.* Opladen.

Lepszy, N., und M. Wilp. 2009. Das politische System der Niederlande. In *Die politischen Systeme Westeuropas*, 4. akt. u. überarb. Aufl., Hrsg. W. Ismayr, 405–450. Wiesbaden.

Leyenaar, M., und K. Jacobs. 2011. Burperparticipatie: last of lust. In *Democratie doorgelicht. Het functioneren van de Nederlandse democratie*, Hrsg. R. Andeweg, J. Thomassen, 83–102. Leiden.

de Liagre-Böhl, H. 2007. Consensus en polarisatie. Spanningen in de verzorgingsstaat, 1945–1990. In *Land van kleine gebaren. Een politieke geschiedenis van Nederland 1780–1990*, 5. Aufl., Hrsg. R. Aerts et al., 263–342. Nijmegen/Amsterdam.

Lijphart, A. 2007. *Verzuiling, pacificatie en kentering in de Nederlandse politiek.* Amsterdam. Nachdruck der 9. Auflage (1992)

List, J. 2003. „Das multikulturelle Drama". Analyse einer Debatte zur Einwanderungsgesellschaft in einer großen niederländischen Tageszeitung. In *Einwanderungsland Niederlande. Politik und Kultur*, Hrsg. D. Vogel, 119–158. Frankfurt.

Loots, J. 2004. *Voor het volk, van het volk. Van districtenstelsel naar evenredige vertegenwoordiging.* Amsterdam.

van der Louw, A. 2005. *De razendsnelle opmars van Nieuw Links.* Den Haag.

Lucardie, A.P.M. 1994. Binnenkommers en buitenstanders. Een onderzoek naar partijen die in 1994 hun entree in de Tweede Kamer trachtten te maken. In *Jaarboek 1994*, Hrsg. DNPP, 123–148. Groningen.

Lucardie, P., I. Noomen, und G. Voerman. 2001. Kroniek 2001. Overzicht van de partijpolitieke gebeurtenissen van het jaar 2001. In *Jaarboek 2001*, Hrsg. DNPP, 15–95. Groningen.

Lucardie, A.P.M. et al. 2001. Het kader van de ChristenUnie. Voorlopig verslag van enquete onder de deelnemers aan de congressen van het Gereformeerd Politiek Verbond en de Reformatorische Politieke Federatie op 27 mei 2000. In *Jaarboek 2001*, Hrsg. DNPP, 161–183. Groningen.

Lucardie, P. 2003. Ex oriente lux. Nieuwe partijen in Nederlande vergeleken met Duitse soortgenoten. In *Jaarboek 2003*, Hrsg. DNPP, 198–231. Groningen.

Lucardie P. *Partijen in de penarie: hoe de pijlers van ons politiek bestel in financiele nood geraken.* http://dnpp.eldoc.ub.rug.nl/FILES/root/publicatieLucardie/partindepenarie/part-penarie.pdf. Zugegriffen: am 21. Oktober 2010.

Lucardie, A.P.M., und W.H. van Schuur. 2005. Vergrijst GroenLinks? Een vergelijkende analyse van de politieke opvattingen van leden van GroenLinks in 1992 en 2002. In *Jaarboek 2005*, Hrsg. DNPP, 144–153. Groningen.

Lucardie, P. et al. 2006. Kroniek 2006. Overzicht van de partijpolitieke gebeurtenissen van het jaar 2006. In *Jaarboek 2006*, Hrsg. DNPP, 15–104. Groningen.

Lucardie, A.P.M. 2006a. Twee in, dertien uit. Electoraal success en falen von nieuwe partijen in 2006. In *Jaarboek 2006*, Hrsg. DNPP, 154–174. Groningen.

Lucardie, P. 2006b. Das Parteiensystem der Niederlande. In *Die Parteiensysteme Westeuropas*, Hrsg. R. Stöss, M. Haas, O. Niedermayer, 331–350. Wiesbaden.

Lucardie, P., und G. Voerman. 2007. Kroniek 2007. Overzicht van de partijpolitieke gebeurtenissen van het jaar 2007. In *Jaarboek 2007*, Hrsg. DNPP, 3–71. Groningen.

Lucardie, P. 2007a. Rechts-extremisme, populisme of democratisch-patriotisme? Opmerkingen over de politieke plaatsbepaling van de Partij voor de Vrijheid en Trots op Nederland. In *Jaarboek 2007*, Hrsg. DNPP, 176–190. Groningen.

Lucardie, P. 2007b. *Nederland stromenland. Een geschiedenis van de politieke stromingen*, 4. Aufl. Assen.

Lucardie, P. 2008. De positie van de VVD in het Nederlandse partijstelsel: Invloedrijk maar excentrisch. In *Zestig jaar VVD*, Hrsg. P. van Schie, G. Voerman, 13–26. Amsterdam.

Lucardie, P., und P. Pennings. 2010. Van groen en rood naar groen en paars? De programmatische ontwikkeling van GroenLinks. In *Van de straat naar de staat? GroenLinks 1990–2010*, Hrsg. P. Lucardie, G. Voerman, 149–162. Amsterdam.

Lucardie, P., und W. van Schuur. 2010. Meer vertrouwen in de staat dan in de straat? Een vergelijkende analyse van de opvattingen en achtergronden van de leden van GroenLinks in 1992, 2002 en 2010. In *Van de straat naar de staat? GroenLinks 1990–2010*, Hrsg. P. Lucardie, G. Voerman, 163–175. Amsterdam.

Lucardie, P., und G. Voerman. 2010. De toekomst van GroenLinks. In *Van de straat naar de staat? GroenLinks 1990–2010*, Hrsg. P. Lucardie, G. Voerman, 217–226. Amsterdam.

Lucardie, P., und W. van Schuur. 2010b. Samen op weg naar het politieke midden? Het middenkader van de ChristenUnie in 2000 en 2009. In *Van de marge naar de macht. De ChristenUnie 2000–2010*, Hrsg. J. Hippe, G. Voerman, 157–173. Amsterdam.

Lucardie, P., G. Voerman, und F. Wielenga. 2011. Extremismus in den Niederlanden. In *Extremismus in den EU-Staaten*, Hrsg. E. Jesse, T. Thieme, 247–263. Wiesbaden.

Lucardie, P. 2011. Populismus: begriffshistorische und theoretische Bemerkungen. In *Populismus in der modernen Demokratie. Die Niederlande und Deutschland im Vergleich*, Hrsg. F. Wielenga, F. Hartleb, 17–37. Münster.

Lucardie, P., und G. Voerman. 2011. Democratie binnen partijen. In *Democratie doorgelicht. Het functioneren van de Nederlandse democratie*, Hrsg. R. Andeweg, J. Thomassen, 185–201. Leiden.

van Luin, T. (Hrsg.). 2005. *Hoe nu verder? 42 visies op de toekomst van Nederland na de moord op Theo van Gogh*. Utrecht.

Lunshof, K. 2004. *Van polderen en polariseren. Dertig jaar in de Nederlandse politiek*. Amsterdam.

Maarleveld, D.H. 2011. *In gesprek met Mark Rutte. Een liberaal premier*. Amsterdam.

Mair, P. 2008. Electoral volatility and the dutch party system: a comparative perspective. *Acta Politica* 43: 235–253.

Mak, G. 2005. *Der Mord an Theo van Gogh. Geschichte einer moralischen Panik*. Frankfurt.

Mamadouh, V., und H. van der Wusten. 2002. Eindstand von een diffusieproces. Het geografisch patroon van de steun voor de LPF. In *Jaarboek 2002*, Hrsg. DNPP, 181–205. Groningen.

Mat, J. 2008. ‚Pedopartij' gaat de straat op. In *NRC Handelsblad*. 29. Juli 2008. http://vorige.nrc.nl/binnenland/article1706790.ece/Pedopartij_gaat_de_straat_op?service=Print. Zugegriffen: am 12.01.2011.

de Meij, J.M., und I.C. van der Vlies. 2004. *Inleiding tot het staatsrecht en het bestuursrecht*, 9. Aufl. Deventer.

van Merrienboer, J. 1999. Carambole! De nacht van Wiegel in de parlementaire geschiedenis. In *Jaarboek parlementaire geschiedenis 1999*, Hrsg. CPG, 59–71. Den Haag.

van Merrienboer, J., P. Bootsma, und P. van Griensven. 2008. *Van Agt biografie. Tour de force*. Amsterdam.

Michels, A. 2008. Debating democracy: the Dutch case. *Acta Politica* 43: 472–492.

van Mierlo, H. 2011. *Het kind en ik. Ingeleid door Connie Palmen*. Amsterdam.

Ministerie van Binnenlandse Zaken en Koninkrijksrelaties. 1999. *Nota wijziging kiesstelsel*. Den Haag.

Ministerie van Binnenlandse Zaken en Koninkrijksrelaties. 2007. *Subsidiëring van politieke partijen*. Den Haag.

Minsterie van Binnenlandse Zaken en Koninkrijksrelaties (Hrsg.). 2008. *De Grondwet herzien. 25 jaar later, 1983–2008*. Den Haag.

Ministerie van Buitenlandse Zaken. 2006. *De Nederlandse staatsinrichting, 2006*. Den Haag.

Ministerie van Buitenlandse Zaken. 2010. *Duitsland*. www.minbuza.nl/nl/Reizen_en_Landen/Landenoverzicht/D/Duitsland. Zugegriffen am: 15.12.2010.

Ministerie voor Bestuurlijke Vernieuwing en Koninkrijksrelaties. 2003. *Hoofdlijnennotitie nieuw kiesstelsel „Naar een sterker parlement"*. Den Haag.

Mörke, O. 2010. *Willem van Oranje (1533–1584). Vorst en „vader" van de republiek*. Amsterdam.

Mouw, R.J. 2011. *Abraham Kuyper. A short and personal introduction*. Cambridge.

Muller, E.R., und N.J.P. Coenen. 2002. *Parlementair onderzoek in Nederland*. Den Haag.

van Mulligen, R. 2010. Tussen evanglisch en reformatorisch. Het politiek getuigenis van de RPF (1975–2003). In *Van de marge naar de macht. De ChristenUnie 2000–2010*, Hrsg. J. Hippe, G. Voerman, 31–50. Amsterdam.

ten Napel, H.M. ‚Een wet mag de zedelijke draagkracht van het volk niet te boven gaan'. De opstelling van het CDA-in-woording in het parlement. In *De conjunctuur van de macht. Het Christen Democratisch Appèl 1980–2010*, Hrsg. G. Voerman, 33–58. Amsterdam.

Nationale Conventie. 2006. *Hart voor de publieke zaak. Aanbevelingen van de Nationale conventie voor de 21e eeuw*. o.O.

Nehmelmann, R. 1999. Ondoorzichtig partijfinancering. De Wet subsidiëring politieke partijen en de financiele verantwoordingsplicht van politieke partijen. In *Jaarboek 1999*, Hrsg. DNPP, 156–174. Groningen.

Nijhuis, T. 2003. Rechtspopulismus in Deutschland und in den Niederlanden. Betrachtungen zum unterschiedlichen Erfolg rechtspopulistischer Parteien. In *Jahrbuch des Zentrums für Niederlande-Studien*, Bd. 14, 81–90.

Nijhuis, T. 2010. *Wahlentwicklung in den Niederlanden. Volksparteien in der Krise*. www.kas.de/upload/Publikationen/2009/IP_Volksparteien/volksparteien_nijhuis.pdf. Zugegriffen: am 21.10.2010.

van Noort, W. 2006. Het Nederlandse poldermodell: achterhaald of eigentijds. In *Nederland als voorbeeldige natie*, Hrsg. W. van Noort, R. Wichie, 129–140. Hilversum.

Norris, P. 2006. The impact of electoral reform on women's representation. *Acta Politica* 41: 197–213.

Otjes, S. 2011. The Fortuyn effect revisited: how did the LPF affect the Dutch parlamentary party system. *Acta Politica* 46: 400–424.

van Paridon, K. 2004. Wiederaufbau – Krise – Erholung. Die niederländische Wirtschaft seit 1945. In *Länderbericht Niederlande. Geschichte – Wirtschaft – Gesellschaft*, Hrsg. F. Wielenga, I. Taute, 363–422. Bonn.

Partij van de Arbeid. 2005. *Beginselen. Manifest vastgesteld op 29 januari 2005*. Delft.

Pas, N. 2003. *Imaazje! De verbeelding van Provo 1965-1967*. Amsterdam.

Pasterkamp, R. 2008. *ChristenUnie op het pluche. De mensen, de idealen, de werkelijkheid*. Kampen.

Pastoors, S. 2005. *Anpassung um jeden Preis. Die europapolitischen Strategien der Niederlande in den Neunziger Jahren*. Münster.

Pellikaan, H. 2002. Partijen in een politieke ruimte. In *Jaarboek 2002*, Hrsg. DNPP, 206–229. Groningen.

Pellikaan, H., T. van der Meer, und S. de Lange. 2003. The road from a depoliticized to a centrifugal democracy. *Acta Politica* 38: 23–49.

Pels, D. 2003. *De geest van Pim. Het gedachtegoed van een politieke dandy*. Amsterdam.

Pels, D. 2007. De Hollandse tuin: of hoe de Nederlandse Leeuw worstelt met zijn identiteit. In *Jaarboek parlementaire geschiedenis 2007: De moeizame worsteling met de nationale identiteit*, Hrsg. CPG, 13–24. Amsterdam.

Pels, D. 2011. *Het volk bestaat niet. Leiderschap en populisme in de mediademocratie*. Amsterdam.

Pennings, P., und H. Keman. 2003. The Dutch parliamentary elections in 2002 und 2003: the rise and decline of the Fortuyn movement. *Acta Politica* 38: 51–68.

Pennings, P., und H. Keman. 2008. The changing landscape of Dutch politics since the 1970s: a comparative exploration. *Acta Politica* 43: 154–179.

Peters, J.A. et al. 2009. *Het recht op leven in de Nederlandse Grondwet. Een verkennend onderzoek*. Alphen aan den Rijn.

Post, H. 2009. *In strijd met de roeping der vrouw. De Staatkundig Gereformeerde Partij en het vrouwenkiesrecht*. Heerenveen.

van Praag, P. 1994. Electorale strategie in onzekere tijden. In *Jaarboek 1994*, Hrsg. DNPP, 92–112. Groningen.

van Praag, P., und K. Brants. 1999. The 1998 campaign: an interaction approach. *Acta Politica* 34: 179–199.

van Praag, P., und K. Brants (Hrsg.). 2000. *Tussen beeld en inhoud. Politiek en media in de verkiezingen van 1998*. Amsterdam.

van Praag, P. 2001. De LPF-kiezer. Rechts, cynisch of modaal. In *Jaarboek 2001*, Hrsg. DNPP, 96–116. Groningen.

van Praag, P. 2003. The winners and losers in a turbulent political year. *Acta Politica* 38: 5–22.

van Praag, P. 2006a. Politiek en media. In *Politicologie. Basisthema's & Nederlandse politiek*, Hrsg. U. Becker, P. van Praag, 155–180. Apeldoorn/Antwerpen.

van Praag, P. 2006b. Hoe uniek is de Nederlandse consensusdemocratie. In *Politicologie. Basisthema's & Nederlandse Politiek*, Hrsg. U. Becker, P. van Praag, 267–295. Apeldoorn/Antwerpen.

van Praag, P. 2006c. Rutte versus Verdonk. Was dit nu echt het probleem van de VVD. In *Jaarboek 2006*, Hrsg. DNPP, 135–153. Groningen.

van Praag, P. 2007. Wanneer ging het mis met de PvdA-campagne? In *Verloren slag. De PvdA en de verkiezingen van 2006*, Hrsg. F. Becker, R. Cuperus, 85–106. Alphen aan den Rijn.

van Praag, P. 2010. Doen de media nog aan waarheidsvinding? In *Jaarboek parlementaire geschiedenis 2010: waarheidsvinding en waarheidsbeleving*, Hrsg. CPG, 75–85. Amsterdam.

Prak, M. 2009. Die Niederlande als Beispiel für eine „moderne" Gesellschaft im Goldenen Zeitalter. In *Jahrbuch des Zentrums für Niederlande-Studien*, Bd. 20, 129–145.

Raad van State. 2008. *Adviesaanvraag inzake opdrachtverlening aan de staatscommissie Grondwet*. Den Haag 2008. www.raadvanstate.nl/adviezen. Zugegriffen am: 30. September 2009.

Raad van State. 2010. *Jaarverslag 2009*. Den Haag.

Raad voor het openbaar bestuur. 2009. *Democratie vereist partijdigheid. Politieke partijen en formaties in beweging*. Den Haag.

Raad voor het openbaar bestuur. 2010. *Vertrouwen op democratie*. Den Haag.

Ramakers, J. 2010. Het parlementaire jaar 2009-10. In *Jaarboek parlementaire geschiedenis 2010: waarheidsvinding en waarheidsbeleving*, Hrsg. CPG, 165–187. Amsterdam.

Randeraad, N. 1998. Gemeenten tussen wet en werkelijkheid. In *De eeuw van de grondwet. Grondwet en politiek in Nederland, 1798-1917*, Hrsg. N.C.F. van Sas, H. te Velde, 246–265. Den Haag.

Reef, J. 1998. Das niederländische Poldermodell. Mit Konsens zum Erfolg? *Jahrbuch des Zentrums für Niederlande-Studien*, Bd. 9, 211–224.

Reuter, G. 2009. *Rechtspopulismus in Belgien und den Niederlanden. Unterschiede im niederländischsprachigen Raum*. Wiesbaden.

Reuter, G. 2011. Unmut zwischen Maas und Marschen. Rechtspopulisten in Belgien und den Niederlanden. In *Populismus in der modernen Demokratie. Die Niederlande und Deutschland im Vergleich*, Hrsg. F. Wielenga, F. Hartleb, 55–75. Münster.

van Reybrouck, D. 2009. *Pleidooi voor populisme*. Amsterdam/Antwerpen.

Richter, R. 2010. Reform oder Kahlschlag? 30 Jahre Hochschulpolitik in den Niederlanden. In *Jahrbuch des Zentrums für Niederlande-Studien*, Bd. 21, 101–119.

de Ridder, J. 2007. Nieuws doet ertoe. Over hoe de PvdA kopje-onder ging in het killle mediabad. In *Verloren slag. De PvdA en de verkiezingen van 2006*, Hrsg. F. Becker, R. Cuperus, 67–84. Alphen aan den Rijn.

den Ridder, J., J. van Holsteyn, und R. Koole. 2011. De representativiteit van partijleden in Nederland. In *Democratie doorgelicht. Het functioneren van de Nederlandse democratie*, Hrsg. R. Andeweg, J. Thomassen, 165–184. Leiden.

van Rij, M. 2002. *Duizend dagen in de landspolitiek. Leiderschapscrises in het CDA.* Amsterdam.

Rijksvoorlichtingsdienst. 2007. *Het cabinet Balkenende IV: Samen werken, samen leven. Coalitieakkord, regeringsverklaring, bewindspersonen, formatieverloop.* Den Haag.

Roosendaal, J. 2005. Inleiding. In *Staatsregeling voor het Bataafsche volk 1798. De eerste Grondwet van Nederland,* 9–52. Nimwegen.

de Rooy, P. 2005. *Republiek van rivaliteiten. Nederland sinds 1813.* Amsterdam.

de Rooy, P., und H. te Velde. 2005. *Met Kok over veranderend Nederland.* Amsterdam.

de Rooy, P. 2007. Een zoekende tijd. De ongemakkelijke democratie, 1913–1949. In *Land van kleine gebaren. Een politieke geschiedenis van Nederland 1780–1990,* 5. Aufl., Hrsg. R. Aerts et al., 177–262. Nijmegen/Amsterdam.

Rosenmöller, P. 2006. *Een mooie hondenbaan,* 3. Aufl. Amsterdam.

Rosenthal, U. 2008. Zwevende kiezers, zwevende partijen. Electorale trends. In *Zestig jaar VVD,* Hrsg. P. van Schie, G. Voerman, 53–92. Amsterdam.

Ross, A. 2010. Doe eens normaal, man! Ein Kommentar zur politischen Situation in den Niederlanden. In *Jahrbuch des Zentrums für Niederlande-Studien,* Bd. 21, 83–85.

Rüdig, W. 2010. Verschillend sinds de geboorte. De leden van GroenLinks vergeleken met leden van andere groene partijen in Europa. In *Van de straat naar de staat? GroenLinks 1990–2010,* Hrsg. P. Lucardie, G. Voerman, 201–215. Amsterdam.

van Santen, R.A. 2007. De digitale verkiezingsfolder voorbij? Partijwebsites in de verkiezingscampagne van 2006. In *Jaarboek 2007,* Hrsg. DNPP, 151–175. Groningen.

van Sas, N.C.F., und H. te Velde. 1998. De eeuw van de grondwet. In *De eeuw van de grondwet. Grondwet en politiek in Nederland, 1798–1917,* Hrsg. N.C.F. van Sas, H. te Velde, 8–19. Den Haag.

van Sas, N.C.F. 1998. Onder waarborging eener wijze constitutie. Grondwet en politiek, 1813–1848. In *De eeuw van de grondwet. Grondwet en politiek in Nederland, 1798–1917,* Hrsg. N.C.F. van Sas, H. te Velde, 114–145. Den Haag.

Schenderling, P. (Hrsg.). 2010. *De toekomst van de christen-democratie in Nederland. Een onderscheidende rol voor het CDA in het nieuwe politieke landschap.* Delft.

van Schie, P. 2005. *Vrijheidsstreven in verdrukking. Liberale partijpolitiek in Nederland 1901–1940.* Amsterdam.

Schikhof, M. 2002. Opkomst, ontvangst en ‚uitburgering' van een nieuwe partij en een nieuwe politicus. DS'70 en Wim Drees jr. In *Jaarboek parlementaire geschiedenis 2002: nieuwkomers in de politiek,* Hrsg. CPG, 20–28. Den Haag.

Schnabel, P. 2005. Die Zukunft im Blick. In *Jahrbuch des Zentrums für Niederlande-Studien,* Bd. 16, 97–108.

Schnabel, P. 2008. Nationalität und Identität. Wie eine Lösung zum Problem wurde. In *Jahrbuch des Zentrums für Niederlande-Studien,* Bd. 19, 23–34.

Schulte, A., und B. Soetenhorst. 2003. *De achterkamer. Het drama van de PvdA 1998–2002.* Amsterdam.

Schulte, A., und B. Soetenhorst. 2007. *Daadkracht & Duidelijkheid. 5 jaar crisis in de VVD.* Amsterdam.

Schutte, G.J. 2004. Eine calvinistische Nation? Mythos und Wirklichkeit. In *Länderbericht Niederlande. Geschichte – Wirtschaft – Gesellschaft,* Hrsg. F. Wielenga, I. Taute, 131–188. Bonn.

Schwegman, M. 2010. In een achterkamer zoeken naar de waarheid. Terugblik op het Irakonderzoek door een lid van de commissie-Davids. In *Jaarboek parlementaire geschiedenis 2010: waarheidsvinding en waarheidsbeleving*, Hrsg. CPG, 87–93. Amsterdam.

SCP. 2008. *Betrekkelijke betrokkenheid. Studies in sociale cohesie*. Den Haag.

SCP (Hrsg.). 2011. *De sociale staat van Nederland 2011*. Den Haag.

Sitalsing, S., und H. Wansink. 2010. *De kiezer heeft altijd gelijk. Tijd voor change in Den Haag*. Amsterdam.

Slager, K. 2001. *Het geheim van Oss. Een geschiedenis van de SP*. Amsterdam/Antwerpen.

Slotboom, R., und D. Verkuil. 2010. *De Nederlandse politiek in een notendop*. Amsterdam.

van Spaning, H. 2001. Van vrij-antirevolutionairen naar Christelijk-Historische Unie. In *De Antirevolutionaire Partij. 1829–1980*, Hrsg. G. Harinck, R. Kuiper, P. Bak, 113–122. Hilversum.

van Spanje, J., und W. van der Brug. 2009. Being intolerant of the intolerant. The exclusion of Western European anti-immigrant parties and its consequences for party choice. *Acta Politica* 44: 353–384.

Staatscommissie Grondwet. 2010. *Rapport Staatscommissie Grondwet*. November 2010. www.staatscommissiegrondwet.nl. Zugegriffen: am 20.12.2010.

Statistisches Bundesamt 2010. *Rangfolge der Handelspartner im Außenhandel der Bundesrepublik Deutschland 2009*. Wiesbaden.

van der Steen, P. 1994. De doorbrak van de ‚gewone mensen'-partij. De SP en de Tweede-Kamerverkiezingen van 1994. In *Jaarboek 1994*, Hrsg. DNPP, 172–189. Groningen.

Steinmetz, B. 2000. *Ruud Lubbers. Peetvader van het poldermodel*. Amsterdam.

Stichting, Dr. J.M. den Uyl-lezing (Hrsg.). 2009. *In het spoor van Den Uyl. Den Uyl-lezingen 1988–2008*. Amsterdam.

van Stipdonk, V.P., und J.J.M. van Holsteyn. 1995. Wat ouderen verbond. Verklaringen van het ontstaan en succes van een nieuwe partij. In *Jaarboek 1995*, Hrsg. DNPP, 127–148. Groningen.

Strupp, C. 2001. Monarchie und nationale Einheit. Eine neue Biographie über Königin Wilhelmina. In *Jahrbuch des Zentrums für Niederlande-Studien*, Bd. 12, 191–208.

Stuurman, S. 2006. Ontstaan en karakter van de eerst Noord-Nederlandse staat. In *Politicologie. Basisthema's & Nederlandse politiek*, Hrsg. U. Becker, P. van Praag, 181–214. Apeldoorn/Antwerpen.

Swart, E. 2007. *De scheppende kracht van de natie. Het liberalisme volgens J. R. Thorbecke*. Amsterdam.

Tamse, C.A. 2005. Meer licht op het Nederlandse koningschap. In *De stijl van Beatrix. De vrouw en het ambt*, Hrsg. C.A. Tamse, 7–26. Amsterdam.

van der Tang, G.F.M. 2008. Een grondwet voor de politieke samenleving. In *De Grondwet herzien. 25 jaar later, 1983–2008*, Hrsg. Minsterie van Binnenlandse Zaken en Koninkrijksrelaties, 85–113. Den Haag.

van Thijn, E. 2008. *Kroonprinsenleed. Machtswisselingen in de politiek*. Amsterdam.

Thomassen, J.J.A., und R.B. Andeweg. 2005. Fractiediscipline. Vooroordelen en misverstanden. In *Jaarboek 2005*, Hrsg. DNPP, 154–175. Groningen.

Thomassen, J., und P. Esaiasson. 2006. Role orientations of members of parliament. *Acta Politica* 41: 217–231.

Thomassen, J. 2011. De permanente crisis van de democratie. *Res Publica* 2: 211–228.

Thränhardt, D. 2002. Einwanderungs- und Integrationspolitik in Deutschland und den Niederlanden. *Leviathan* 2: 220–249.

Tillie, J. 2009. *Partijen, kiezers en de multiculturele samenleving*. Amsterdam.

Timmermans, A., und C. Moury. 2006. Coalition governance in Belgium and the Netherlands: rising government stability against all electoral odds. *Acta Politica* 41: 389–407.

Timmermans, A., P. Scholten, und S. Oostlander. 2008. Gesetzgebung im politischen System der Niederlande. In *Gesetzgebung in Westeuropa: EU-Staaten und Europäische Union*, Hrsg. W. Ismayr, 271–301. Wiesbaden.

Timmermans, A., und G. Breeman. 2010. Politieke waarheid en dynamiek van de agenda in coalitiekabinetten. In *Jaarboek parlementaire geschiedenis 2010: waarheidsvinding en waarheidsbeleving*, Hrsg. CPG, 47–62. Amsterdam.

Tromp, B. 2002. *Het sociaal-democratisch programma. De beginselprogramma's van SDB, SDAP en PvdA 1878–1977*. Amsterdam.

Tromp, B. 2005. Zur Lage der politischen Landschaft der Niederlande. In *Jahrbuch des Zentrums für Niederlande-Studien*, Bd. 16, 57–72.

Tweede Kamer. 2008a. *De Kamer aan het werk in 2007*. Den Haag.

Tweede Kamer. 2008b. *Reglement van Orde van de Tweede Kamer, oktober 2008*. Den Haag.

Tweede Kamer. 2009. *Vertrouwen en zelfvertrouwen. Uitkomsten van een parlementaire zelfreflectie*. Den Haag.

Tweede Kamer. 2010. *Jaarverslag 2009. Dienstbaar in een veranderende organisatie*. Den Haag.

Tweede Kamer. 2011. *Jaarcijfers 2010*. Den Haag.

te Velde, H. 1996/97. Bürgertum und Bürgerlichkeit in den Niederlanden des 19. und 20. Jahrhunderts – Zugleich ein Beitrag zur politischen Kultur des Landes. In *Jahrbuch des Zentrums für Niederlande-Studien*, Bd. 7/8, 161–176.

te Velde, H. 1998. Constitutionele politiek. De parlementair-politieke praktijk en de grondwet van 1848. In *De eeuw van de grondwet. Grondwet en politiek in Nederland, 1798–1917*, Hrsg. H. te Velde, N.C.F. van Sas, 146–181. Den Haag.

te Velde, H. 2003. Drees und Fortuyn. Der Stil politischer Führerschaft in den Niederlanden seit 1945. In *Jahrbuch des Zentrums für Niederlande-Studien*, Bd. 14, 11–26.

te Velde, H. 2005. Continuiteit en karakter. Het ‚moderne' en ‚elitaire' koningschap van Beatrix. In *De stijl van Beatrix. De vrouw en het ambt*, Hrsg. C.A. Tamse, 149–169. Amsterdam.

te Velde, H. 2006. Inleiding. In *De Grondwet van Nederland*, 15–42. Amsterdam.

te Velde, H. 2007a. Oranien zwischen Staatsrecht und Mythos. Zur politischen Geschichte des Königshauses. In *Jahrbuch des Zentrums für Niederlande-Studien*, Bd. 18, 33–46.

te Velde, H. 2007b. Van grondwet tot grondwet. Oefenen met parlement, partij en schaalvergroting, 1848–1917. In *Land van kleine gebaren. Een politieke geschiedenis van Nederland 1780–1990*, 5. Aufl., Hrsg. R. Aerts et al., 97–175. Nijmegen/Amsterdam.

te Velde, H. 2008. De partij van Oud en Wiegel. Leiderschap in de VVD en het primaat van het electoraat. In *Zestig jaar VVD*, Hrsg. P. van Schie, G. Voerman, 27–51. Amsterdam.

te Velde, H. 2010. *Van regentenmentaliteit tot populisme. Politieke tradities in Nederland*. Amsterdam.

van der Velden, S. 2010. *Links. PvdA, SP en GroenLinks*, Amsterdam.

Velema, W.R.E. 1998. Revolutie, Republiek en Constitutie. De ideologische kontext van de eerste Nederlandse grondwet. In *De eeuw van de grondwet. Grondwet en politiek in Nederland, 1798–1917*, Hrsg. N.C.F. van Sas, H. te Velde, 20–45. Den Haag.

Verkuil, D. 2010a. Van Groen Links naar GroenLinks. Op zoek naar evenwicht (1990–1994). In *Van de straat naar de staat? GroenLinks 1990–2010*, Hrsg. P. Lucardie, G. Voerman, 63–86. Amsterdam.

Verkuil, D. 2010b. GroenLinks was er klaar voor. Triomf en tragiek van Paul Rosenmöller (1994–2002). In *Van de straat naar de staat? GroenLinks 1990–2010*, Hrsg. P. Lucardie, G. Voerman, 87–113. Amsterdam.

Verkuil, D. 2010c. Vrijzinnig links. Zin in de toekomst met Femke Halsema (2002–2010). In *Van de straat naar de staat? GroenLinks 1990–2010*, Hrsg. P. Lucardie, G. Voerman, 115–145. Amsterdam.

Vermeulen, H., und R. Penninx. 2000. Introduction. In *Immigrant integration. The dutch case*, Hrsg. H. Vermeulen, R. Penninx, 1–35. Amsterdam.

Vingerling, H., und C.C. Schouten. 2003. *Democratisch socialisten '70. Nevenstroom in de sociaaldemocratie?* Rotterdam.

Vis, J.J. 2005. De staatsrechtelijke ruimte van koningin Beatrix. In *De stijl van Beatrix. De vrouw en het ambt*, Hrsg. C.A. Tamse, 27–52. Amsterdam.

Vis, J. 2010. Gepassioneerd betrokken bij de publieke zaak. Hans van Mierlo (1931–2010). In *Jaarboek parlementaire geschiedenis 2010: waarheidsvinding en waarheidsbeleving*, Hrsg. CPG, 149–152. Amsterdam.

Vis, J., und W. van Schuur. 2011. Politieke kennis van kiezers. In *Democratie doorgelicht. Het functioneren van de Nederlandse democratie*, Hrsg. R. Andeweg, J. Thomassen, 65–81. Leiden.

Visscher, G. 1999. Geen onderzoek met ‚eene tegen het gouvernment vijandige strekking'? De parlementaire enquete in verleden en heden. In *Jaarboek parlementaire geschiedenis 1999*, Hrsg. CPG, 12–26. Den Haag.

Visscher, G. 2000. Staatkundige vernieuwing in de twintigste eeuw: vechten tegen de bierkaai? In *Jaarboek parlementaire geschiedenis 2000*, Hrsg. CPG, 12–27. Den Haag.

Visscher, G. 2006. De spiegel van het dagelijks gebeuren. Een eeuw vragenrecht in de Tweede Kamer. In *Jaarboek parlementaire geschiedenis 2006: de waan van de dag*, Hrsg. CPG, 87–98. Amsterdam.

Visser, R.K. 2008. *In dienst van het algemeen belang. Ministeriele verantwoordelijkheid en parlementair vertrouwen*. Amsterdam.

Voerman, G. 2004. Plebiscitaire partijen? Over de vernieuwing van de Nederlandse partijorganisaties. In *Jaarboek 2004*, Hrsg. DNPP, 217–244. Groningen.

Voerman, G. 2005. „Een unie, niet een partij". Over de partijcultuur van de Christelijk-Historische Unie. In *Jaarboek 2005*, Hrsg. DNPP, 206–218. Groningen.

Voerman, G., und M. Boogers. 2006. Het rekruteringsvermogen van de politieke partijen bij de gemeenteraadsverkiezingen van 2006. In *Jaarboek 2006*, Hrsg. DNPP, 175–194. Groningen.

Voerman, G., und P. Lucardie. 2007. De sociaal-democratisering van de SP. In *Verloren slag. De PvdA en de verkiezingen van 2006*, Hrsg. F. Becker, R. Cuperus, 139–164. Alphen aan den Rijn.

Voerman, G. 2008. Linkspopulismus im Vergleich. Die niederländische Socialistische Partij und die deutsche Linke. In *Jahrbuch des Zentrums für Niederlande-Studien*, Bd. 19, 35–56.

Voerman, G., und L. Oosterholt. 2008. *De VVD visueel. Liberale affiches in te twintigste eeuw*. Amsterdam.

Voerman, G., und E. Dijk. 2008. „Van kiesvereniging tot moderne politieke partij". De ontwikkeling van de organisatie en cultuur van de VVD. In *Zestig jaar VVD*, Hrsg. P. van Schie, G. Voerman, 93–135. Amsterdam.

Voerman, G. 2010a. Communisten, pacifistisch-socialisten, radicalen en progressieve christenen. De voorlopers van Groen Links. In *Van de straat naar de staat? GroenLinks 1990–2010*, Hrsg. P. Lucardie, G. Voerman, 15–36. Amsterdam.

Voerman, G. 2010b. Een fusie in drie bedrijven. De moeizame totstandkoming van Groen Links (1986–1990). In *Van de straat naar de staat? GroenLinks 1990–2010*, Hrsg. P. Lucardie, G. Voerman, 37–61. Amsterdam.

Voerman, G. 2010c. Van de marge naar de macht. De ChristenUnie (2000–2010). In *Van de marge naar de macht. De ChristenUnie 2000–2010*, Hrsg. J. Hippe, G. Voerman, 91–131. Amsterdam.

Voerman, G. 2011. Inleiding. In *De conjunctuur van de macht. Het Christen Democratisch Appèl 1980–2010*, Hrsg. G. Voerman, 9–31. Amsterdam.

Voerman, G., und W. van Schuur. 2011. De Nederlandse politieke partijen en hun leden (1945–2010). In *Democratie doorgelicht. Het functioneren van de Nederlandse democratie*, Hrsg. R. Andeweg, J. Thomassen, 203–220. Leiden.

Vollaard, H. 2010. Christelijke sporen in der Nederlandse politiek. De verhouding tussen Christen-Unie, SGP en CDA. In *Van de marge naar de macht. De ChristenUnie 2000–2010*, Hrsg. J. Hippe, G. Voerman, 175–195. Amsterdam.

Vossen, K. 2002. Dominees, rouwdouwers en klungels. Nieuwkomers in de Tweede Kamer 1918–1940. In *Jaarboek parlementaire geschiedenis 2002: nieuwkomers in de politiek*, Hrsg. CPG, 20–28. Den Haag.

Vossen, K. 2003. *Vrij vissen in het Vondelpark. Kleine politieke partijen in Nederland 1918–1940*. Amsterdam.

Vossen, K. 2004. De andere jaren zestig. De opkomst van de Boerenpartij (1963–1967). In *Jaarboek 2004*, Hrsg. DNPP, 245–266. Groningen.

Vossen, K. 2011. Vom konservativen Liberalen zum Nationalpopulisten. Die ideologische Entwicklung des Geert Wilders. In *Populismus in der modernen Demokratie. Die Niederlande und Deutschland im Vergleich*, Hrsg. F. Wielenga, F. Hartleb, 77–103. Münster.

Vree, J. 2006. *Kuyper in de kiem. De precalvinistische periode van Abraham Kuyper 1848–1874*. Hilversum.

de Vries, B. 2005. *Overmoed en onbehagen. Het hervormingskabinet-Balkenende II*. Amsterdam.

de Vries, B. 2006. *Haagse taferelen. De VVD 2003–2006*. Amsterdam.

de Vries, J., und S. van der Lubben. 2005. *Een onderbroken evenwicht in de Nederlandse politiek. Paars II en de revolte van Fortuyn*. Amsterdam.

de Vries, J., et al. 2011. Populisme: zegen of vloek. *Res Publica* 2: 229–244.

van der Waal, J., W. de Koster, und P. Achterberg. 2011. Stedelijke context en steun voor de PVV. Interetnische nabijheid, economische kansen en cultureel klimaat in 50 Nederlandse steden. *Res Publica* 2: 189–207.

Wallage, J. 2005. Verwirrung im Polder. In *Jahrbuch des Zentrums für Niederlande-Studien*, Bd. 16, 33–44.

Walter, A.S., und J.J.M. van Holsteyn. 2005. Pim in prenten. De weergave van Pim Fortuyn in politieke tekeningen. In *Jaarboek 2005*, Hrsg. DNPP, 176–205. Groningen.

Walter, A.S. 2007. „Met Bos bent u de klos". Negative campagnevoering tijdens de Tweede-Kamerverkiezingen van 2002, 2003 und 2006. In *Jaarboek 2007*, Hrsg. DNPP, 128–150. Groningen.

Walter, A., und J. van Holsteyn. 2007. *Fortuyn in beeld. De weergave van Pim Fortuyn in politieke spotprenten*. Amsterdam.

Wansink, H. 2004. *De erfenis van Fortuyn. De Nederlandse democratie na de opstand van de kiezers*. Amsterdam.

van Weezel, M., und L. Ornstein. 1999. *Frits Bolkestein. Portret van een liberale vrijbuiter*. Amsterdam.

Wendt, G. 2010. *Referenden (un-)erwünscht? Eine Untersuchung der Kontroversen zur Einführung von Volksabstimmungen in den Niederlanden*. Münster.

Wielenga, F. 2000. *Vom Feind zum Partner. Die Niederlande und Deutschland seit 1945*. Münster.

Wielenga, F. 2001. Ausgrenzung und Integration. „1968" und die Folgen in Deutschland und den Niederlanden. In *Jahrbuch des Zentrums für Niederlande-Studien*, Bd. 12, 137–162.

Wielenga, F. 2004. Konsens im Polder? Politik und politische Kultur in den Niederlanden nach 1945. In *Länderbericht Niederlande. Geschichte–Wirtschaft–Gesellschaft*, Hrsg. F. Wielenga, I. Taute, 13–130. Bonn.

Wielenga, F. 2007. Deutsche Prinzgemahle am niederländischen Hof. Bilaterale Beziehungen im Spiegel hoheitlicher Damenwahl. In *Jahrbuch des Zentrums für Niederlande-Studien*, Bd. 18, 63–84.

Wielenga, F. 2008. *Die Niederlande. Politik und politische Kultur im 20. Jahrhundert*. Münster.

Wielenga, F. 2010. Die Niederlande und die rechtspopulistische Herausforderung – ein Essay. In *Jahrbuch des Zentrums für Niederlande-Studien*, Bd. 21, 75–82.

Wielenga, F., und F. Hartleb. 2011. Einleitung. In *Populismus in der modernen Demokratie. Die Niederlande und Deutschland im Vergleich*, Hrsg. F. Wielenga, F. Hartleb, 7–16. Münster.

Wielenga, F. 2012. *Kleine Geschichte der Niederlande*. Stuttgart. (in Vorbereitung)

Wijfjes, H. 2007. Die niederländische Medienlandschaft seit Beginn des 20. Jahrhunderts. In *Nachbar Niederlande. Eine landeskundliche Einführung*, Hrsg. F. Wielenga, M. Wilp, 273–304. Münster.

Wijne, J.S. 1999. *De ‚vergissing' van Troelstra*. Hilversum.

van Wijnen, P. 1999. The role of policy preferences in the Dutch national elections of 1998. *Acta Politica* 34: 200–235.

van Wijnen, P. 2000. Candidates and voting behaviour. *Acta Politica* 35: 430–458.

Wilders, G. 2005. *Kies voor vrijheid. Een eerlijk antwoord*, 2. Aufl. o.O.

Wilhelmina. 1980. *Eenzaam maar niet alleen*, 10. Aufl. Baarn.

Wille, A. 2011. Democratische drempels: de moeizame relatie tussen participatie en democratie. In *Democratie doorgelicht. Het functioneren van de Nederlandse democratie*, Hrsg. R. Andeweg, J. Thomassen, 103–118. Leiden.

Tjeenk Willink, H.D. 2006. Voorwoord. In *De Grondwet van Nederland*, 7–14. Amsterdam.

Tjeenk Willink, H.D. et al. (Hrsg.). 2011. *De Raad van State in perspectief*. Den Haag.

Wilp, M. 2006. Das Ende der Toleranz? Integrationskontroversen in den Niederlanden. In *Jahrbuch des Zentrums für Niederlande-Studien*, Bd. 17, 11–30.

Wilp, M. 2007a. *Die Arbeitsmarktintegration von Zuwanderern in Deutschland und den Niederlanden. Hintergründe, aktuelle Entwicklungen und politische Maßnahmen*. Münster

Wilp, M. 2007b. Das politische System der Niederlande. In *Nachbar Niederlande. Eine landeskundliche Einführung*, Hrsg. F. Wielenga, M. Wilp, 61–92. Münster.

Wilp, M. 2007c. Migration und Integration: Entwicklungen und Kontroversen. In *Nachbar Niederlande. Eine landeskundliche Einführung*, Hrsg. F. Wielenga, M. Wilp, 239–272. Münster.

Wilp, M. 2008. Das niederländische Wahlrecht in der Diskussion. In *Jahrbuch des Zentrums für Niederlande-Studien*, Bd. 19, 127–149.

Wilp, M. 2010. Machtwechsel in Den Haag: Die politischen Geschehnisse des Jahres 2010 im Überblick. In *Jahrbuch des Zentrums für Niederlande-Studien*, Bd. 21, 57–73.

Wilp, M. 2011. Die Krise der christ- und sozialdemokratischen Parteien in Deutschland und in den Niederlanden: Entwicklungen, Hintergründe, Perspektiven. In *Populismus in der modernen Demokratie. Die Niederlande und Deutschland im Vergleich*, Hrsg. F. Wielenga, F. Hartleb, 129–161. Münster.

van Winssen, T. (Hrsg.). 2010. *Wacht op onze daden. Alle regeringsverklaringen van Lubbers tot en met Rutte*. Amsterdam.

Witteveen, W. 2006. Het dictaat van de waan van de dag: of hoe een Onverschrokken Heilige het opnam tegen de Vrouw van Staal. In *Jaarboek parlementaire geschiedenis 2006: de waan van de dag*, Hrsg. CPG, 14–27. Amsterdam.

Woerdman, E. 1999. *Politiek en politicologie*. Groningen.

Woldendorp, J., und L. Delsen. 2008. Dutch corporatism: does it still work? Policy formation and macroeconomic performance 1980–2005. *Acta Politica* 43: 308–332.

Woldendorp, J. 2008. English language sources for the study of dutch politics 1998–2008. *Acta Politica* 43: 381–428.

Wolfrum, D.J. 2010. Witte pakken en integraalhelmen. Waarheidsvinding in de tweede golf van parlementaire enquetes, 1983–2003. In *Jaarboek parlementaire geschiedenis 2010: waarheidsvinding en waarheidsbeleving*, Hrsg. CPG, 63–73. Amsterdam.

van der Woude, W. 2009. *Democratische waarborgen*. Alphen aan den Rijn.

Woyke, W. 2002. Politische Landschaft in Bewegung. Die Wahlen in den Niederlanden 2002/2003. In *Jahrbuch des Zentrums für Niederlande-Studien*, Bd. 13, 145–158.

Zalm, G. 2009. *De romantische boekhouder*. Amsterdam.

van Zanten, J. 2006. Het strand van Scheveningen. De aankomst van Willem I. op 30 november 1813. In *Plaatsen van herinnering. Nederland in de negentiende eeuw*, Hrsg. J. Bank, M. Mathijsen, 60–71. Amsterdam.

Zemni, S. 2008. FITNA en de teloorgang van de politiek. *Res Publica* 3: 303–318.

Ziemann, K. 2009. Elite support for constitutional reform in the Netherlands. *Acta Politica* 44: 314–336.

Zijderveld, A.C. 2009. *Populisme als politiek drijfzand*. Amsterdam.

van der Zijl, A. 2010. *Bernhard. Een verborgen geschiedenis*. Amsterdam.

van Zoonen, L. 2006. Personalisering van de politiek en de waan van de dag. In *Jaarboek parlementaire geschiedenis 2006: de waan van de dag*, Hrsg. CPG, 28–42. Amsterdam.

van Zoonen, L. 2007. De zachte krachten zullen zeker winnen in 't eind. Het bindend leiderschap van Wouter Bos. In *Verloren slag. De PvdA en de verkiezingen van 2006*, Hrsg. F. Becker, R. Cuperus, 67–84. Alphen aan den Rijn.

van der Zwan, A. 2004. How the LPF fuelled discontent: a comment. *Acta Politica* 39: 79–83.

van der Zwan, A. 2008. *Van Drees tot Bos. Zestig jaar succes en mislukking. Geschiedenis van de PvdA*. Amsterdam.